हिन्दी भाषा

विज्ञान एवं प्रयोग

सन्दर्भित विख्यात विद्वान

(बायें से डॉ. रामकिशोर मौर्य, डॉ. द्वारिकाप्रसाद सक्सैना, श्री भवानीप्रसाद मिश्र, श्री महेश चन्द्र गौड़, श्री सुरेश चन्द्र अग्रवाल, डॉ. सोमप्रकाश 'सुधेश')

हिन्दी भाषा

विज्ञान एवं प्रयोग

डॉ. जगदीश चन्द्र शास्त्री

राज पब्लिकेशन्स
नई दिल्ली- 110002

हिन्दी भाषाः विज्ञान एवं प्रयोग

प्रथम संस्करणः 2018

₹ 1495

आई.एस.बी.एन. 978–81–937721–0–2

प्रकाशक : **राज पब्लिकेशन्स**
108, 4855/24, अंसारी रोड़,
दरियागंज, नई दिल्ली– 110002
दूरभाष– 011–23250939, 09811010939
ई–मेलः– rajpublications@yahoo.co.in
www.onlinerajpublications.com

शब्द संयोजक : मनप्रीत ग्राफिक्स, दिल्ली – 110084

मुद्रक : बालाजी ऑफसेट प्रिन्टर्स, दिल्ली– 110052

विषय सूची

आत्म निवेदन 7

समर्पण एवं कृतज्ञता 11

1. भाषा विज्ञान 13

2. प्राकृत भाषा का विस्तृत अध्ययन 109

3. हिन्दी का प्रथम महाकाव्य (पृथ्वीराज रासौ) 123

4. मैथिल कोकिल विद्यापति 136

5. हिन्दी भाषा का इतिहास पूर्ण विश्लेषण 149

6. हिन्दी साहित्य का कालानुसार विश्लेषण 157

7. हिन्दी का भक्तिकाल 177

8. हिन्दी का रीतिकाल 185

9. हिन्दी का आधुनिक काल 214

10. भक्ति काल के प्रमुख कवियों का विस्तृत अध्ययन 248

11. काव्यशास्त्रः विस्तृत अध्ययन 289

12. काव्य भेद और उसकी विधाएँ 369

13. कला का स्वरूप और उसके भेद 409

14. काव्य की आत्मा पर विभिन्न मत 432

15. मेरी स्मृति स्मरण योग्य 444

16. आचार्य रामचन्द्र शुक्ल एवं नंद दुलारे वाजपेयी 541

आत्म निवेदन

वाग्देवी माँ सरस्वती को प्रणामपूर्वक आत्मनिवेदन प्रस्तुत है कि, इस कृति के कलेवर में समाहित, इसके स्वरूप निर्धारण में मूलतः मेरे विद्यार्थी जीवन की वे भावरियाँ हैं, जिन्हें स्मरण करके मैं आज भी निस्तब्ध एकान्त में भी भावाविष्ट होकर व्यंजक ध्वनियों के स्फुरण से स्फूर्तिमय हो जाता हूँ। यद्यपि वे भावरियाँ आज स्मृति मात्र शेष रह गई हैं, तदपि वे मेरे भावपुंज अतीत के आवरण से आच्छादित होकर भी अनायास एकत्रीभूय सजीव एवं सक्रिय से प्रतीत होने लगते हैं। मेरी ये विविध भावों से भावित भावरियां भावी भविष्य के लिए चिर जीवन्त बनी रहें, यही मेरी आत्माभिलाषा है। तात्पर्य यह है कि, मेरा मुख्य प्रयोजन गुरुजनों की गरिमामयी गौरव गाथा, उनकी संस्मरणीय स्मृति, उनका सद् व्यववहार, उनका सदाचार, उनका श्रेष्ठतम अध्यापन, उनका उत्तमोत्तम वैदुष्य और अब तक व्याप्त उनकी श्रेष्ठ तथा यश कीर्ति को चिरंतन बनाये रखना है। गुरुजनों की सरस, सुरभित सद्‍गुणमय वाणी मुझे मेरे बोधयुग से अद्यावधि पर्यन्त समाकृष्ट करती आ रही है। परिणामतः यह कृति गुरुजनों का कृपा प्रसाद बन गई, “प्रसादस्तु प्रसन्नता” अर्थात् प्रसाद रुपी प्रसन्नता को अधिकाधिक वितरित करना चाहिए, सो मैंने गुरुज्ञानगरिमा को भाव और शब्दों के परिधान से परिधानित कर सुधी पाठकों के समक्ष प्रस्तुत किया है। संभवतः गुरुजनों की ज्ञान गरिमा को उपयुक्त भावशब्दपरिधान मुझसे संभव न हो

सका हो तो, यथा "गच्छतः स्खलनं क्वापि"। सुधीजन पाठक विद्वान उसका समाधान कर लेंगे। मेरी त्रुटि को उपहास्य न बनावेंगे। अस्तु-इस संकलन में हिन्दी भाषा और उसके इतिहास को भाषा विज्ञान के धरातल पर परखते हुए, विश्लेषण प्रधान, विश्वस्तरीय भाषा विज्ञान के मानक सिद्धान्तों के अनुरुप दर्पण से देखने का प्रयास किया है। भाषा की उत्पत्ति और व्युत्पत्ति को उल्लिखित कर वैदिक साहित्य की भाषा और उसके व्याकरण को दृष्टिगत करके भाषा विज्ञान का अन्य शास्त्रों से क्या संबंध है, को भी दर्शाया गया है। तदनन्तर वैदिक, लौकिक, संस्कृत पाली, प्राकृत, अपभ्रंश आदि भाषाओं के भेद-प्रभेदों की सम्पृक्ति को स्पष्ट करके इनसे निर्गत क्षेत्रीय बोलियों एवं भाषा के विभिन्न रूपों को भी प्रदर्शित किया गया है। हिन्दी के उद्‌भव और विकास को निर्धारित किया गया है। तत्कालीन विशिष्ट रचनाओं का भाषा वैज्ञानिक अध्ययन दृष्टव्य है। हिन्दी भाषा का इतिहास, काल विभाजन एवं इतिहास लेखन की आधारभूत सामग्री का उल्लेख भी किया है। विशिष्ट काव्य कृति और काव्यकारों को भी चिन्हित किया है। भारतीय एवं पाश्चात्य काव्यशास्त्रीय मान्यताओं को उनसे सन्दर्भित भारतीय एवं पाश्चात्य विद्वानों के मतानुसार स्थापित किया गया है। काव्य और उसकी विधायें और उनके विधायक विद्वानों के मत मतान्तर दर्शाकर कला जीवन के लिए सिद्धान्त को व्याख्यायित किया है। और काव्यात्मा 'रसो वै सः' को ही माना है। इसके पश्चात् भक्तिकालीन उपलब्धि, साधारणीकरण, गीतिकाव्य, उपन्यास आदि विधाओं का विश्लेषण, तुलसी का मानस एवं गुप्त जी का साकेत, प्रसाद की कामायनी, निराला की शक्ति पूजा प्रसाद, पंत की प्रकृति, ब्रजभाषायी रचनाकारों और अत्याधुनिक युग के ज्ञेय जो अज्ञेय हैं, आदि पर भी विस्तार से प्रकाश डालने का प्रयास किया है। तात्पर्य यह है कि, गुरुओं से प्राप्त अध्ययन को लेखक ने मौलिक भाव पल्लवन पद्धति के अनुरुप उल्लिखित किया है। इस प्रकार यह कृति मेरे आत्मतोष के साथ विद्वान पाठकों के परितोष की भी अपेक्षा करती है। यह प्रयास हिन्दी साहित्य के स्नातक/स्नातकोत्तर विद्यार्थियों एवं अनुसंधित्सुओं का कुछ भी हित कर पायेगा, तो मेरा श्रम सार्थक हो जायेगा।

इस कृति के प्रकाशन में गुरुजनों की प्रेरणा से परिपूर्ण अनुज्ञा, मेरी

आत्माभिलाषा और मेरी सहधर्मिणी पत्नी देवी स्वरुपा श्रीमती नूतन शर्मा, आत्मज हेमेन्द्र, पुत्र वधू अनीता, पुत्री लक्ष्मी, ज्योति एवं तन्वी तथा पौत्री मानसी, पौत्र पुष्कर ने यथोचित, यथा संभव सहयोग करके सुरभित नवीन पवन से विकसित राजीव की तरह इस कृति को विभूषित करने का जो प्रयास किया है, एतदर्थ उन्हें बहुत-बहुत धन्यवाद एवं शुभाशिष। तथा विशेष रूप से प्रकाशक श्री पवन कुमार गोयल जी का भी आभार व्यक्त करता हूँ जिन्होंने अपने श्रम को मेरे श्रम से जोड़ कर परिश्रम करके जो रूचि और तत्परता इसके प्रकाशनार्थ की है, वह सदा अविस्मरणीय रहेगी। सहयोग में श्री संदीप जी का सहयोग भी सराहनीय है। सभी को साधुवाद।

शुभमस्तु

डॉ. जगदीश चन्द्र शास्त्री

(पूर्व प्राचार्य)

श्री माधव संस्कृत स्नात्तकोत्तर महाविद्यालय

गोवर्धन, मथुरा, उ. प्र.

समर्पण एवं कृतज्ञता

प्रस्तुत पुस्तक को मैं प्रातः स्मरणीय पूज्य पिता श्री स्व. श्री पण्डित श्री श्रीराम शर्मा 'नगाइच' के यशःशरीर के कर कमलों में अर्पित करता हूँ जो मुझे और मेरे भविष्य को, मेरी किशोरावस्था में ही निहारते हुए परमधाम प्रस्थान कर गये थे। पूज्या माँ का तो मुझे मेरे अध्यापक और गृहस्थ होने तक परिपूर्ण सामीप्य एवं ममत्व प्राप्त रहा। पिताश्री की गणना तात्कालिक विद्वानों में होती है, परम्परया उनके शिष्य आज भी उनके व्यक्तित्व एवं कृतित्व को प्रशस्तिपरक दृष्टि से याद करते हैं। आज भी उन्हें बड़े पंडित जी बाबा महाराज कहकर लोग स्मरण करते हैं। सहोदर अग्रज भ्राता श्री बृजमोहन, श्री अयोध्या प्रसाद जी का क्रमशः स्नेह और पूर्ण संरक्षण मुझे प्राप्त हुआ और अब तो एक मात्र अग्रज माता श्री ओमप्रकाश जी का औदार्य मेरे साथ है।

संस्कृत शिक्षा हेतु सद्गुरुदेव स्व. श्री पं. गणेशदत्त पाण्डेय काशी स्व. श्री पं. रामकिशोर शर्मा सोरौं (एटा) एवं स्व. श्री पं. प्रभुदयालु शास्त्री गोवर्धन (मथुरा) उत्तर प्रदेश का आभारी हूँ। तथा हिन्दी के क्षेत्र में स्व. श्री डॉ. द्वारिकाप्रसाद सक्सेना, डॉ. श्री रामकिशोर मौर्य, डॉ. सोमप्रकाश सुधेश, डॉ. सुरेन्द्रपाल स्नातक एवं श्री सुरेश चन्द्र अग्रवाल जी का अनुग्रहीत हूँ। यहां मैंने इन्ही गुरुजनों की सीख को पल्लवित करने का प्रयास किया है। अब मैं उस विशिष्ट विभूति का पावन स्मरण करता हूँ, जिन्हें

लोग भागवत कथा के क्षेत्र में 'आधुनिक शुक' कहते हैं, वे थे गुजरात प्रांत के संत श्री रामचन्द्र केशव जी डौंगरे महाराज जिन्होंने मुझ पर अहैतुकी कृपा करके गोवर्धन (मथुरा) में आवास प्रदान किया और अपने अंत समय तक सामीप्य प्रदान करते रहे। और श्री पं. गया प्रसाद जी, बाबा गणेशदास, ठाकुरदास, रामेश्वरदास रामायणी, श्री राजेन्द्र दास जी एवं श्री सिया राम दास जी प्रभृति संतों का कृपा प्रसाद भी प्राप्त होता रहा है और हो रहा है। अंत में उस बाल कलरव का स्पृह स्मरण करता हूँ जिसे दौहित्र प्रणव, वैभव, दौहित्री जिया एवं समृद्धि यदा कदा करते रहते थे, जिसके मध्य में भी मैं क्रियाशील रहा।

स्वस्तिरस्तु

- डॉ. जगदीश चन्द्र शास्त्री

1

भाषा विज्ञान

भाषा का स्वरूप- हम इसे दो रूपों में विभक्त करके देखते हैं- प्रथम प्राचीन तथा द्वितीय अर्वाचीन।

प्राचीन से तात्पर्य वैदिक युग से लेकर अपभ्रंश काल तक तथा अर्वाचीन से तात्पर्य है, अंग्रेजों के आगमन से लेकर अब तक। भारत में भाषा ज्ञान का विस्तृत अध्ययन 1900वीं शती के उत्तरार्ध से अधिकांशतः उपलब्ध होता है। वैसे हमारे राष्ट्र में वैदिक युग से ही भाषा सम्बन्धी ज्ञान का पूर्ण भंडार संस्कृत वाड.मय में उपलब्ध है। यहाँ हमारा "प्राचीन" से तात्पर्य यह है कि हमारे यहाँ वैदिक युग में वेद मंत्रों का शुद्ध उच्चारण करने के लिए मंत्रपाठ, पदपाठ, क्रमपाठ, जटापाठ, ध्वनिपाठ की प्रणाली खोज ली थी। इससे प्रत्येक मंत्र को पदों में बांटा और प्रत्येक पद का संधि विच्छेद करके संधि नियम बनाये गये। इसी तरह ध्वनि सम्बन्धी नियम भी वैदिक युग में बनाये गये। "वेदाः अपौरूषेयाः"अर्थात् वेद ईश्वर की वाणी हैं। इनको व्याख्यायित करने हेतु वर्ण ज्ञान, लिपिज्ञान ध्वनि-ज्ञान और मानव के वाचन तंत्र को व्यवस्थापित करना और उसकी सटीक स्थिति को निर्धारित करना एक कठिन कार्य रहा होगा। तात्कालिक ऋषियों के शोधपूर्ण प्रयास का ही यह परिणाम है कि आज हमारी भाषा और उसका उपयोग इतना सटीक और वैज्ञानिक है। जिसे विश्व की अन्य भाषाओं के वेत्ताओं ने भी मान्यता प्रदान की है। वेद के छः अंगों का विभक्तीकरण भी वेद

को समझने की दिशा में सरलीकरण का ही द्योतक है। वेदों के ये छः अंग निर्धारित किये गये। निरुक्त-व्याकरण-शिक्षा-कल्प-ज्योतिष और छंद। वेद के व्याकरण को "प्रातिशाख्य" नामक ग्रन्थों ने विश्लेषित किया। इनमें वैदिक भाषा की ध्वनियों का वर्गीकरण किया गया है, तथा शब्दों की सूची का निर्माण हुआ है। उस समय प्रत्येक वेद का पृथक्-पृथक् प्रातिशाख्य निर्मित हुआ। इस तरह ध्वनि विषयक सामग्री और रुप (लिपि) सम्बन्धी ज्ञान इन प्रातिशाख्य ग्रन्थों से होता है।

प्रथम वेदाङ्ग "निरुक्त" मुनि यास्ककृत प्रसिद्ध ग्रन्थ है। इसमें शब्दों की उत्पत्ति एवं उनके अर्थों पर विचार किया गया है। वैसे तो यास्क से पूर्व ब्राह्मण ग्रन्थों में भी वेद मंत्रों को समझने के क्षेत्र में व्यापक कार्य उपलब्ध है और "निघण्टु" ग्रन्थ में भी तात्कालिक शब्दों की सूची बताई गई है। निरुक्त और निघण्टु ग्रन्थों में रूप (लिपि) और ध्वनि सम्बन्धी ज्ञान का स्रोत उपलब्ध है। तदनन्तर व्याकरण का युग प्रारंभ होता है। आपिशाली, कश्यप, गार्ग्य और इन्द्र आदि वैयाकरणों ने व्याकरण ग्रन्थ लिखे। इन व्याकरण ग्रन्थों का आधार माहेश्वर 14 सूत्र हैं। जैसे कि-

"नृतावसाने नट राजराजो ननाद ढ़क्कां नव पंचवारम्
उद्धर्तुकामः सनकादि शिष्यान् एतत् विमर्शः शिवसूत्र जालम्"

अर्थात् भगवान महेश्वर ने नृत्य के समय अपनी डमरू से 14 बार जिस ध्वनि का स्फोट किया वे ही 14 सूत्र माहेश्वर सूत्र कहलाये और शब्द शास्त्र की आधारभूमि बने और आज की विश्व की प्रत्येक भाषा के वे ही उत्पादक हैं और विशेषकर संस्कृत (वैदिक और आधुनिक) के तो ये 14 सूत्र ही जनक हैं। इन्हीं को आधार मानकर महर्षि पाणिनि ने तो 'अष्टाध्यायी' रच डाली जिसमें इन्हीं 14 सूत्रों से चार हजार सूत्रों को उत्पन्न किया और इन्हीं से वैदिक एवं लौकिक संस्कृत का अद्भुत और प्रामाणिक सर्वश्रेष्ठ व्याकरण तैयार किया। पाणिनि का समय छठी शती के पूर्व का माना जाता है। इस व्याकरण द्वारा ध्वनि विज्ञान, व्युत्पत्ति शास्त्र, शब्द विज्ञान, वाक्य विज्ञान और तुलनात्मक व्याकरण के क्षेत्र में अद्भुत कार्य हुआ है। इसके पश्चात् कात्यायन ने अष्टाध्यायी के संशोधन में वार्तिकों की रचना की। इसके बाद पतंजलि ने व्याकरण महाभाष्य की रचना की तथा पाणिनि के सूत्रों को महत्व

दिया। ये तीनों “मुनित्रयम्” के नाम से प्रसिद्ध हैं। तथा इनकी रचित सामग्री ने भाषा विज्ञान को अतुल सामग्री प्रदान की है। इसके बाद टीकाकारों का युग आता है- जयादित्य, वामनाचार्य ने “अष्टाध्यायी” की टीका “काशिका” के रूप में लिखी। भतृहरि ने “वाक्यपदीयम” लिखा। भट्टोजिदीक्षित ने “वैयाकरण सिद्धान्तकौमुदी” लिखी। कश्मीरी पं. कैयट ने इसके अतिरिक्त महाभाष्य दीप टीका लिखी। इसके अतिरिक्त प्राकृत और अपभ्रंश व्याकरण लिखे गये। जिनमें वररूचि का प्राकृत प्रकाश और मार्कण्डेय का ‘प्राकृत सर्वस्व’ उल्लेखनीय हैं। हेमचन्द्र ने “सिद्ध हेमचन्द्र शब्दानुशासन” प्रसिद्ध अपभ्रंश व्याकरण ग्रन्थ लिखा। कात्यायन ने पालि भाषा का व्याकरण लिखा है। इस तरह यह कार्य 11वीं सदी तक चलता रहा। ऋषियों का यह कार्य भाषा विज्ञान के लिए बहुत उपयोगी सिद्ध हुआ है।

अर्वाचीन युग के अन्तर्गत भारत में अंग्रेजों के आगमन के उपरान्त भाषा विज्ञान अध्ययन की परंपरा पुनः स्थापित हुई। सर्वप्रथम 1856 ई. में “विशक् काडवेल” ने द्रविण भाषाओं का तुलनात्मक व्याकरण लिखा। 1872 ई. में ‘‘जान वीम्स’ ने आधुनिक आर्यभाषाओं का व्याकरण ध्वनि संज्ञा और सर्वनाम तीन भागों में 1871, 75, 79 में क्रमशः प्रकाशित किया। डॉ. ट्रम्प ने 1872 में “सिन्धी भाषा का व्याकरण लिखा जिसमें संस्कृत, प्राकृत आदि तत्कालीन भाषाओं की सिन्धी भाषा से तुलना की है। 1876 ई. में अमेरिका के पादरी के “केलाग” ने हिन्दी भाषा का व्याकरण लिखा। इसमें अन्य भारतीय भाषाओं की हिन्दी से तुलना की गई है। यह व्याकरण प्रामाणिक माना जाता है।

1877 ई. में बम्बई विश्वविद्यालय में रामकृष्ण गोपाल भंडारकर ने भारतीय आर्य भाषाओं पर सात भाषण दिये। इसके पश्चात् हार्नले ने 1880 में पूर्वी हिन्दी की बोलियों और गौड़ीय भाषाओं पर तुलनात्मक अध्ययन किया। जार्ज ग्रियर्सन ने 1883 से 1887 तक बिहारी भाषाओं के सात व्याकरण लिखे। इसके बाद 1894 से 1927 तक ‘भाषा सर्वेक्षण’ ग्रन्थ लिखा। एक फ्रान्सीसी विद्वान जून ब्लॉक ने फ्रेन्च भाषा में ‘मराठी भाषा की बनावट’ 1919 में लिखी। यह कार्य नागपुर नगर में रहकर किया। इसमें वैज्ञानिक अध्ययन सुस्पष्ट है। डॉ. सुनीति कुमार चटर्जी ने 1921 में ‘बंगला का उद्भव और विकास’ लिखा। श्री टर्नर ने 1931 में ‘नेपाली

भाषा का कोष' लिखा, और 1962 में भारतीय आर्य भाषाओं का तुलनात्मक व्युत्पत्ति कोष लिखा। इन्होंने ग्रन्थ के पीछे Index में सभी भाषाओं के तुलनात्मक शब्द दिये हैं। डॉ. बाबूराम सक्सैना ने 1931 में डी. लिट्. का शोध प्रबंध अवधी का विकास पेरिस विश्वविद्यालय से लिखा। डॉ. धीरेन्द्र वर्मा ने 1944 में 'ब्रजभाषा का विकास' लिखा। पंजाबी पर बनारसीदास जैन ने, गुजराती पर भषाड़ी ने, उड़िया पर विनायक मिश्र ने असमिया पर, ब्रानीकान्त काव्याली ने राजस्थानी पर, पुरुषोत्तम मैनारिया ने, छत्तीसगढ़ी पर, हीरालाल काव्योपाध्याय ने, तमिल पर, नीलकण्ठ शास्त्री ने, मलियालम पर, चन्द्रशेखरन ने, कन्नड़ पर नरसिंहचार्य ने, उर्दू पर मसऊद खाँ आदि ने उल्लेखनीय कार्य किये हैं।

इसके पश्चात् धीरेन्द्र वर्मा कृत 'हिन्दी भाषा का इतिहास', डॉ. बाबूराम सक्सैना कृत 'दक्खिनी हिन्दी और सामान्य भाषा विज्ञान, डॉ. सुनीती कुमार चटर्जी कृत भारतीय आर्य भाषा और हिन्दी, डॉ. उदयनारायन तिवारी कृत भोजपुरी भाषा और साहित्य, हिन्दी भाषा का उद्‌भव और विकास, डॉ. विश्वनाथ प्रसाद कृत 'भोजपुरी का ध्वनि विज्ञान' और 'ध्वनि प्रक्रिया', डॉ. हरदेव बाहरी कृत 'हिन्दी का अर्थ विज्ञान', किशोरीलाल वाजपेयी कृत 'भारतीय भाषा विज्ञान' तथा 'हिन्दी शब्दानुशासन' डॉ. अम्बाप्रसाद 'सुमन' कृत अलीगढ़ और बुलन्दशहर जिले की बोलियों का तुलनात्मक अध्ययन, डॉ. रामस्वरूप चतुर्वेदी कृत 'आगरा' जिले की बोलियों का अध्ययन, 'डॉ. महावीरशरण जैन कृत' बुलन्दशहर और खुर्जा तहसील की बोलियों का अध्ययन, डॉ. श्यामसुन्दर दास कृत 'भाषा विज्ञान' डॉ. श्यामसुंदर दास और पद्‌म नारायण आचार्य कृत 'भाषा रहस्य' डॉ. बाबूराम सक्सैना कृत 'सामान्य भाषा विज्ञान' प्रो. नलिनीमोहन सान्याल कृत 'भाषा विज्ञान' डॉ. मंगलदेव शास्त्री कृत 'तुलनात्मक भाषा विज्ञान' इसमें संस्कृत, प्राकृत अपभ्रंश आदि का उल्लेख है। डॉ. भोलानाथ तिवारी कृत 'भाषा विज्ञान', डॉ. हरीश शर्मा कृत 'भाषा विज्ञान की रूपरेखा' (अमरीकन आधार पर) डॉ. सरयूप्रसाद अग्रवाल कृत भाषा विज्ञान इसमें हिन्दी का प्राकृत और अपभ्रंश से सम्बन्ध जोड़ा है। डॉ. रामविलास शर्मा कृत 'भाषा और समाज' इसमें भारतीय भाषाओं का सम्बन्ध भारोपीय भाषाओं से न होकर रूसी भाषा से बताया है। डॉ. देवेन्द्रनाथ शर्मा कृत ''भाषा विज्ञान की भूमिका'' संस्कृत के आधार पर लिखी है तथा डॉ. डी.पी. सक्सेना ने संस्कृत को ही

आधार माना है। भाषा विज्ञान पर इन सभी ग्रन्थों में विद्वानों ने भाषा विषयक ज्ञान का अपने-अपने ग्रन्थों में अपनी प्रज्ञा शक्ति के और अपने पूर्ववर्ती उपलब्ध भाषा ज्ञान को आधार मानकर तथा अपनी मौलिक उद्‌भावनाओं के साथ प्रस्तुत करके इस क्षेत्र में आगे भी शोध एवं गवेषणा हेतु सामग्री प्रस्तुत की है। यह सुनिश्चित है कि भाषा विज्ञान विषयक ज्ञान हेतु इन विद्वानों ने प्रशंसनीय प्रयास किया है।

निष्कर्षतः कहा जा सकता है कि वर्ण, शब्द, पद, वाक्य एवं ध्वनि, लिपि आदि की उत्पत्ति-विकास एवं निरंतर प्रगति के मूल में संस्कृत का वैदिक एवं लौकिक आधार ही हिन्दी एवं अन्य भाषाओं की बुनियाद के रूप में प्राप्त हुआ है। इसीलिए संस्कृत को भाषाओं की जननी तक यह दिया गया है। यह भी सुनिश्चित है कि भारत की विश्व में प्रतिष्ठा संस्कृत और संस्कृति से ही है।

"भारतस्य प्रतिष्ठे द्वे संस्कृतं संस्कृतिस्तथा"

आरंभतः हम विचार करते हैं कि- भाषा विज्ञान क्या है और इसका अन्य शास्त्रों से क्या सम्बन्ध है? अध्ययन से ज्ञात होता है, कि सर्वप्रथम जर्मन में भाषा विज्ञान का अध्ययन आरंभ हुआ। लैटिन, ग्रीक् और गाथिक के शब्दों का मिलान संस्कृत से किया गया। धीरे-धीरे 18वीं शताब्दी में भाषा विज्ञान की परंपरा बनी। प्रो. टकल ने 'साइंस ऑफ लैंग्वेज' नाम दिया। इंग्लैण्ड में 'लैंग्वेस्टिक' तथा Glottology ग्लैटौलोजी अर्थात् "साइंस ऑफ टंग" जिह्वा का विज्ञान नाम दिया गया। फिर इसका नाम Philology फिलौलौजी अंग्रेजी में दिया गया। तथा "लिग्विस्टिक" नाम लैटिन, यूरोप और अमेरिका में ये नाम प्रसिद्ध है।

हिन्दी में इसका पहला नाम 'भाषा तत्व' मिलता है। महावीर प्रसाद द्विवेदी तक यही नाम प्रचलित था। फिर "भाषा रचना तत्व" नाम रखा गया। इसे फिर तुलनात्मक भाषा विज्ञान भी कहा गया। लेकिन फिलौलौजी का शाब्दिक अर्थ भाषा विज्ञान ही हो गया। इस प्रकार भाषा का विज्ञान ही भाषा विज्ञान इसकी परिभाषा बन गई। डॉ. श्यामसुन्दरदास ने लिखा है कि जिस शास्त्र के अन्दर भाषा के विकास, ह्रास, बनावट या परिवर्तनों का वैज्ञानिक अध्ययन किया जाय वही भाषा विज्ञान है। डॉ. बाबूराम सक्सैना ने माना है कि जिसमें भाषा के तत्वों का विवेचन किया जाए

वही भाषा विज्ञान है, और डॉ. मंगलदेव शास्त्री भाषा के तत्वों के सर्वांगीण अध्ययन को ही भाषा विज्ञान मानते हैं। श्री भोलानाथ तिवारी लिखते हैं कि जिस शास्त्र में भाषा का ऐतिहासिक अध्ययन किया जाय वही भाषा विज्ञान है। इस प्रकार भाषा का विकास परिवर्तन, परिवर्धन ऐतिहासिक विकास, तुलनात्मक विकास आदि प्रकरण भाषा विज्ञान के ही अंग हैं। उदाहरण के लिए पिता शब्द का संस्कृत एवं विकसित शब्द पितृ है। और उसे ह्रास की दृष्टि से लैटिन गाथिक में पीटर, पेटर पिटर, पेंडर आदि रूप में भी जाना जाता है। वैदिक काल में छान्दस् भाषा थी। जब व्याकरणबद्ध हुई तो वही शुद्ध संस्कृत भाषा के रूप में प्रचलित हुई। पुरानी छान्दस् भाषा में परिवर्तन हुआ, परिष्कार हुआ। यहीं ह्रास का विकसित रूप विकास है। फिर अपभ्रंश का भी विकास हुआ और इनका भी व्याकरण बना, और साहित्य की भाषा बनीं। तदनन्तर ब्रज, राजस्थानी, गुजराती, पंजाबी, हरियाणवी, मराठी आदि भाषायें बनीं। जब भाषा का ह्रास होता है वहीं विकास भी होता है। यह कार्य भाषा विज्ञान का ही है। फिर बनावट/परिवर्तन होते रहते हैं। जैसे- उपाध्याय, ओज्झाय, ओझा और झा आदि शाब्दिक परिवर्तन हुए। तथा पर्यङ्क ग्रन्थि, पलत्थी और पालती हो गया। अर्थ परिवर्तन, ध्वनि परिवर्तन और रूप रचना परिवर्तन का कार्य भाषा विज्ञान का है। जैसे महाराज पहले राजा को और पुरोहित को कहते थे, अब भोजन बनाने वाले को भी कहते हैं। तथा "देवानां प्रिय" पहले अशोक को कहा गया अब 'मूर्ख' को कहते हैं। इस प्रकार निष्कर्षतः हम कह सकते हैं कि भाषा विज्ञान में भाषा के ऐतिहासिक और तुलनात्मक अध्ययन के आधार पर उसके ह्रास, विकास, परिवर्तन और परिवर्धन और बनावट का वैज्ञानिक अध्ययन किया जाता है। अब हम भाषा के स्वरूप और निर्मित्ति पर विचार करेंगे।

भाषा विज्ञान के अंग जानने से पूर्व हम यह जानना चाहेंगे कि भाषा क्या है? विभिन्न ध्वनियों के समूह को भाषा कहते हैं। अतः हम कह सकते हैं कि जिन ध्वनियों के माध्यम से अपना अभिप्राय दूसरे व्यक्ति तक जिस माध्यम से संप्रेषित होता है वही भाषा है। ध्वनि से वर्ण की उत्पत्ति होती है। वर्ण समूह शब्द बन जाता है और शब्द समूह वाक्य बन जाता है और वाक्य का अर्थ जाना जाता है, तब भाषा अपने उद्देश्य में पूर्ण हो पाती है। अतः हम भाषा के तत्व ध्वनि, शब्द और वाक्य तथा अर्थ को विज्ञान

मानकर इन पर विस्तृत विचार करते है। 1. ध्वनि विज्ञान- ध्वनि वर्ण के साथ शब्द की निर्माता है। 2. शब्द विज्ञान-विभिन्न शब्दों के योग का नाम वाक्य कहलाता है। 3. वाक्य विज्ञान- वाक्य के विभिन्न भेद, प्रभेदों का ज्ञान। 4. अर्थ-विज्ञान- अर्थों में अन्तर, विस्तार विकास आदि का ज्ञान। 5. लिपि विज्ञान- जैसे प्र, अ, फ बार-बार के लिए 2-2 लिखना आदि। अर्थ की दृष्टि से देखा जाय तो पहले तिल के तेल को तेल कहते थे अब किसी से भी निकलने वाले को तेल ही कहते हैं। पहले जंगल के सभी पक्षी जानवरों को मृग कहते थे मृ-जंगल-ग-जो घूमे। अब केवल हिरण को ही मृग कहते हैं। इसी को अर्थ संकोच या अथदिश कहते हैं। वातावरण के आधार पर अर्थ परिवर्तन होता है। जैसे नाई से बालों में कलम ठीक कराना। पेड़ों में कलम लगाना और अध्यापक से कलम बनवाना। ये भी अर्थ विज्ञान के अंग हैं। और अपने घर को सभ्यता के अनुसार गरीबखाना कहना और दूसरे के घर को दौलतखाना कहना। अर्थ परिवर्तन में भेदीकरण का सिद्धान्त भी होता है। जैसे रोग ठीक करने वाले को कोई डॉक्टर कहता है, कोई वैद्य, हकीम, कविराज आदि। गोष्ठी, दल, भीड़ आदि भी ऐसे ही उदाहरण हैं। अर्थ परिवर्तन में एक उद्‌बोधन सिद्धान्त भी है, जैसे कैसी नवाबी चाल है। यहाँ नवाब शब्द में ई प्रत्यय लगने से अर्थ में परिवर्तन आ गया है।

इस प्रकार निष्कर्षतः यह कहा जा सकता है कि भाषा विज्ञान के अंगों का विश्लेषण करने से शब्द शब्दार्थ, शब्द व्युत्पत्ति और शब्द शक्ति के अनुसार अर्थ परिवर्तन होता है- यह सुनिश्चित है। तभी तो शब्द को ब्रह्म तक कहा गया है और इसे नित्य भी कहा गया है। शब्द कभी नष्ट नहीं होता, क्योंकि "शब्दगुणकमाकाशम्" आकाश की तरह ही अक्षर भी अनन्त है और कभी क्षरित नहीं होता। इसी से हम इसे अक्षर भी कहते हैं।

भाषा विज्ञान का अन्य शास्त्रों से सम्बन्ध-संसार में अनेकों भाषायें हैं। उन उन भाषाओं में उनके साहित्य, विज्ञान एवं अन्य विविध विषयों का भंडार सुरक्षित है। हम यहाँ भाषाओं के विज्ञान का अन्य विविध विषयों से क्या और कैसा सम्बन्ध है? पर विचार करेंगे। सर्वप्रथम व्याकरण का भाषा विज्ञान से क्या संबंध संभव है? पर विचार करते हैं। "व्याक्रियन्ते व्युत्पाद्यन्ते शब्दाः अनेन इति व्याकरणम्" अर्थात् जिस माध्यम से शब्द उत्पन्न होते, विकसित होते हैं और प्रतिपादित होकर नियमों

में बंध जाते हैं उस शास्त्र को व्याकरण कहते हैं और व्याकरण अपने आदि ग्रन्थों वेदों का अंग भी माना जाता है। व्याकरण भी शब्द शास्त्र है और शब्दों से वाक्य और भाषा की निर्मिति होती है अतः व्याकरण भाषा विज्ञान का निकट सम्बन्धी है। जैसे अष्टाध्यायी में शब्दों की निर्मिति के आधार सूत्रों का व्याख्यान है। भाषा विज्ञान भी एक भाषा की आचार संहिता है और व्याकरण भी भाषा की स्वरूप स्थिति को सुदृढ़ बनाती है। अतः दोनों एक ही कार्य सिद्धि के दो प्रयास होते हुए एक दूसरे से सुसम्बद्ध हैं। अब साहित्य को देखें तो साहित्य तो प्रत्येक भाषा का संचित भंडार है।

व्याकरण का कार्य किसी भाषा के टुकड़े-टुकड़े करके उसका ठीक-ठीक स्वरूप दिखाना है पहले तो भाषा विज्ञान और व्याकरण में अन्तर ही नहीं मानते थे। तभी इसे तुलनात्मक व्याकरण भी कहते थे। इनमें साम्य भी है कुछ भेद भी है। इनमें साम्यता वर्णन, इतिहास विश्लेषण और तुलना को लेकर है, और भाषा विज्ञान व्याकरण के स्वरूप का निर्धारक है। व्याकरण एक भाषा का होता है। भाषा व ज्ञान का क्षेत्र व्याकरण से ज्यादा व्यापक है। व्याकरण शुद्धि अशुद्धि देखता है- भाषा व ज्ञान भाषा के जन्म से लेकर अब तक का दृष्टा है। अतः व्याकरण भाषा विज्ञान का अनुयायी है। व्याकरण पुरातन को लेकर बनता है तो भाषा विज्ञान वर्तमान और प्रगति को लेकर चलता है। यह सच है कि भाषा विज्ञान की नींव व्याकरण की ईंटों से ही भरी जाती है। भाषा विज्ञान को व्याकरण का व्याकरण कह दिया जाय तो कोई अत्युक्ति नहीं होगी। वाक्य पदीयम् में व्याकरण की परिभाषा की है।

"साधुत्वज्ञान विषया सैवा व्याकरण स्मृतिः"
कथं पुनरिदं भगवतः पाणिनेराचार्यस्य,
लक्षणं प्रवृतं सिद्धे शब्दार्थ सम्बन्धे,

अर्थात् शब्द, अर्थ स्वतः सिद्ध मानव व्याकरण की रचना पाणिनि ने की।

व्याकरण की तरह भाषा विज्ञान, इतिहास, मनोविज्ञान, समाजशास्त्र, राजनीति, भौतिक, जीव विज्ञान, पुरातत्व विज्ञान, शरीर विज्ञान और शिक्षा शास्त्र से भी सहायता लेता रहता है।

भाषा विज्ञान का इतिहास से भी सम्बन्ध सुस्पष्ट है क्योंकि समाज राजनीति

और धार्मिक कृत्य इतिहास बनते हैं और भाषा उसे भाषा के विज्ञान से जोड़ देती है। भूगोल के परिवर्तन/परिवर्धन भी भाषा विज्ञान के क्षेत्र में आ ही जाते हैं, क्योंकि भूगोल पर्यटन से जुड़ा है और पर्यटक उस स्थान की भाषा से जुड़ते हैं और भूगोल भी भाषा के क्षेत्र में आ जाता है। मनोविज्ञान भी भाषा विज्ञान से जुड़ा हुआ है क्योंकि मानसिक परिस्थितियों में भाषा एवं शब्दों का स्वरूप परिवर्तन देखा व सुना जाता है। यथा प्रसन्नता के क्षणों की भाषा और भयभीत स्थिति के क्षणों की भाषा में स्वरूप एवं भाव परिवर्तन होता है अतः मनोविज्ञान भी भाषा विज्ञान से सम्बन्धित रहता है। पुरातत्व विज्ञान तो भाषा विज्ञान में लिपि, शब्द और ध्वनि और रूप आदि का संरक्षण करते हुए जुड़ा रहता है। जीव विज्ञान भौतिक एवं रसायन विज्ञान सम्बन्धी शब्दावली भी इन विषयों को भाषा विज्ञान से जोड़े रखते हैं। तात्पर्य यह है कि जीवन का प्रत्येक शास्त्र भाषा और उसके विज्ञान से कभी भी पृथक नहीं हो सकता। अब भाषा के स्वरूप का विश्लेषण करते हैं। हर प्रकार के ध्वनि संकेतों को भाषा कहते हैं जिनसे हम अपनी भावाभिव्यक्ति व्यक्त करते हैं। आचार्य पंतजलि के अनुसार वर्णा वाची और व्यक्ता अर्थात् वाणी वर्णों से होती है। वाणी स्वर और वर्णों में व्यक्त होती है। वह भाषा होती है, जिसमें स्वर व्यंजन आते हैं। डॉ. श्यामसुन्दर दास मानते हैं कि ध्वनि संकेत भाषा है, जिसमें विचारों का आदान-प्रदान होता है। पतंजलि और मंगलदेव शास्त्री और डॉ. बाबूराम सक्सैना आदि विद्वान भी मानते हैं कि व्यवसाय, साधन के समान ही व्यक्ति की भाषा के अनेक रूप बन जाते हैं, जैसे सराफे की भाषा, कबीर की भाषा, देहात की भाषा आदि अनेक रूप भाषा के मिल जाते हैं। जैसे आपणां, काँई हो रोऐ, टंकारा, श्रंगारा, दूखण आदि क्षेत्रज, देशज एवं जातियों के स्वभाव व शब्द भाषा को विविध रूप प्रदान करते रहते हैं।

अतः भाषा विज्ञान भाषा के प्रमुखतः पाँच रूप निर्धारित करता है-

1. बोली- जिसका संबंध केवल मुख से होता है, और बोली का व्यवहार घरेलू होता है। इसे लिपिबद्ध करने का प्रयास नहीं किया जाता। जैसे ब्रजक्षेत्र की बोली, अवधी, भोजपुरी राजस्थानी, छत्तीसगढ़ी आदि ये बोलियाँ अपने-अपने क्षेत्र में प्रचलित हैं और सुरक्षित है।

2. विभाषा- वह वाणी है जो मुख तक सीमित न रहकर विस्तार को भी प्राप्त होती है और इसका क्षेत्र भी बढ़ जाता है। इसे कुछ व्यक्ति लिखने भी लगते हैं। और पत्र व्यवहार के क्षेत्र में भी आ जाती है, और क्षेत्रीय पत्र भी इसमें निकलने लगते हैं, परन्तु विभाषा का क्षेत्र सीमित ही रहता है, जैसे ब्रजभाषा का क्षेत्र ब्रजमण्डल है। और अवधी, भोजपुरी, पंजाबी, हरियाणवी आदि। ये अपने क्षेत्र से बाहर निकलने का प्रयास भी नहीं करती।

3. परिनिष्ठित भाषा- जो विभाषा पर्याप्त परिष्कृत हो जाती है तथा व्याकरणवद्ध हो जाती है, वही परिनिष्ठित भाषा होती है। इसे टकसाली भाषा भी कह दिया जाता है। इसका प्रचार एक प्रदेश में न रहकर कई प्रदेशों तक फैल जाता है। इसके नियम बन जाते है, जैसे खड़ी बोली हिन्दी भाषा। इसमें कवितायें, पत्र, पत्रिका आदि भी छपने लगती हैं। इसमें भाषण और शिक्षित व्यक्ति भी बहुध इसका प्रयोग करने लगते हैं। यह नियम विरूद्ध होने पर त्रुटिपूर्ण मानी जाती है। उच्चवर्ग इसमें सम्भाषण करता है। और अपने को सभ्य मानता है।

4. राजभाषा- जिसका प्रयोग राज के कार्यों में हो वह राज भाषा कही जाती है। देखा है वह हमेशा बदलती रही है। भारत में पहले "आभीर" राज्य में उनकी भाषा प्राकृत थी, फिर मुसलमान राज्य में फारसी राजभाषा रही। अंग्रेजों ने अंग्रेजी को राजभाषा बनाया। उत्तर प्रदेश, राजस्थान, बिहार, मध्यप्रदेश और हरियाणा में हिन्दी राजभाषा रही। प्रायः एक राज्य की राजभाषा राज्य तक ही सीमित रहती है। इसका क्षेत्र परिनिष्ठित भाषा से सीमित रहता है।

5. राष्ट्रभाषा- किसी सम्पूर्ण एक राष्ट्र की प्रतिनिधि भाषा ही राष्ट्र भाषा होती है। राष्ट्र भाषा विदेश में अपने देश की प्रतिनिधि भाषा मानी जाती है। दुर्भाग्य है, संविधान में राष्ट्र भाषा के रूप में 14 सितम्बर 1948 को संविधान सभा में हिन्दी को राष्ट्रभाषा मान तो लिया और 14 सितम्बर को हिन्दी दिवस की संज्ञा भी दे दी गई किन्तु अभी भी इस हिन्दी को यह पद प्राप्त नहीं हुआ, आज भी 70 वर्ष की स्वतंत्रता में भी अंग्रेजी ही सम्पर्क भाषा बनकर राष्ट्र भाषा बनी बैठी है। इस ओर कौन ध्यान देगा, कौन कहेगा और कौन मानेगा? यह सब भविष्य के गर्भ में है। भारत

में विभिन्न भाषायें हैं यद्यपि वे सब राष्ट्रीय भाषायें ही हैं, किन्तु क्षेत्र के हिसाब से उनका प्रचलन हो रहा है- जैसे संस्कृत, उर्दू, गुजराती, पंजाबी, मराठी, तमिल, तेलूगु, बंग्ला, उड़िया, असमिया आदि किन्तु बहुजन संस्कृतनिष्ठ हिन्दी, अंग्रेजी आदि का ही प्रयोग करते हैं। अतः सरकारें भी हिन्दी/अंग्रेजी का अधिकांशतः प्रयोग कर रही हैं। अतः राष्ट्रभाषा का पद अभी भी राष्ट्रभाषा की उपस्थिति के बाद भी रिक्त ही है क्यों न सब इस पर विचार करें।

अब हम भाषायी उत्पत्ति सम्बन्धी सिद्धान्तों पर विचार करते हैं। भाषा का सर्वप्रथम एवं प्रमुख विकासवाद का सिद्धान्त है। इसी के कारण भाषा में विभिन्न परिवर्तन दृष्टिगोचर होते हैं इससे और भी आवश्यक सिद्धान्त हैं जिनके परिणामस्वरूप भाषा की उत्पत्ति की अपेक्षा बनती है। जैसे-

1. दैवीयसिध्दान्त- धार्मिक प्रवृत्ति के लोग सम्पूर्ण सृष्टि की उत्पत्ति ईश्वर ने की है, उसी तरह भाषा की उत्पत्ति भी ईश्वर ने की है, ऐसा मानते हैं। जैनी, ईसाई, बौद्ध और मुसलमान आदि सभी अपनी-अपनी भाषा को ईश्वर कृत ही मानते हैं। प्रश्न यह है कि ईश्वर ने यदि भाषा को बनाया होता तो सबकी एक ही भाषा होती, लेकिन ऐसा नहीं है। भाषा मनुष्य ने ही बनाई है। यही आधुनिक परिप्रेक्ष्य में ठीक प्रतीत होता है।

2. संकेत सिद्धान्त- कुछ विद्वानों ने भाव संप्रेषण एवं आपसी सम्पर्क हेतु कुछ संकेतों का निर्धारण किया होगा। वे संकेत ही ध्वनि के रूप में भाषा बने होंगे किन्तु इसके भी कोई प्रमाण प्राप्त नहीं है यदि संकेत ही भाषा बने होंगे तो वह कौन सी भाषा थी? अतः यह सिद्धान्त पूर्व के दैवीय सिद्धान्त की तरह उचित प्रतीत नहीं होता। कोई तो इसका प्रमाण होता।

3. अनुकरण सिद्धान्त- जो ध्वनि सुनाई पड़ती है उसका अनुकरण तो किया जा सकता है, जैसे काँव-काँव ध्वनि के आधार पर काक और Crow कह दिया गया होगा। भौं-भों और हिन-हिन से भौंकना, हिनहिनाना आदि क्रियायें बनी, यह सिद्धान्त भी सार्वभौमिक प्रतीत नहीं माना जा सकता। इसमें कुछ भाषा की उत्पत्ति सम्बन्धी सत्यांश तो अवश्य है। किन्तु यह प्रामाणिकता नहीं है कि मनुष्य आदि

शब्द किस अनुकरण के आधार पर बने।

4. मनोभाव सिद्धान्त- मनुष्य जब किसी आश्चर्य रूपी घटना, वस्तु या दुख का अनुभव करता है, तो उसके मुख से अनायास और अचानक कुछ ध्वनियाँ निकल पड़ती है जैसे वाह! आह! ओह! हाय! अरे! ओ! आदि ये शब्द भी बन गये। इस सिद्धान्त में भी सत्यांश प्रतीत होता है। इसी सिद्धान्त को पूर्ण सिद्धान्त नहीं माना जा सकता।

5. श्रम ध्वनि सिद्धान्त- जब हम कोई परिश्रम करते हैं तो कोई न कोई आवाज निकलती है जैसे धोबी की छिऊ छिऊ, सड़क कूटने बाले कि हिं हिं ऐसे ही घड़ी की टिक टिक और ग्वालाओं की हट, बच आदि ध्वनियाँ निकलती रहती हैं। यह सुनिश्चित है कि परिश्रम करने पर स्वरतंत्रियों पर खिंचाव पड़ता है, तथा परिश्रम को आराम भी मिलता है। इंग्लैण्ड के प्रो. नायर का मत है कि इन्हीं श्रम ध्वनियों से ही भाषा की उत्पत्ति हुई, यह भी पूर्णत सत्य नहीं माना जा सकता क्योंकि केवल श्रम ध्वनि से सारी भाषा की निर्मिति संभव नहीं है।

6. धातु सिद्धान्त- प्रो. मैक्समूलर (जर्मनी) ने यह सिद्धान्त बनाया कि अधिकांश भाषाओं के शब्द ऐसी धातुओं से बने हैं जैसे चर्च के घण्टे की आवाज से डिंग डैंग शब्द निकला। उसी तरह की अन्य धातुओं की विभिन्न ध्वनियों से विभिन्न शब्द बने। इसी को भाव क्षेत्र में अपनाया गया होगा- जैसे किसी मानव हृदय को चोट पड़ी या दबाव अनुभव हुआ, अथवा प्रसन्नता की अनुभूति हुई तो हृदय की नव विभाविका शक्ति ने शब्द बना दिये होंगे। इस सिद्धान्त के अनुसार जड़ पदार्थों पर चोट पड़ने पर तो ध्वनि की प्रतीति संभव है। किन्तु चेतन अंग ध्वनि नहीं दे सकता यह बात मौक्षमूलर ने अंततः स्वीकार की है।

7. इङ्गित सिद्धान्त- यह एलैक्सजैण्डर विदेशी विद्वान का मत है कि जब कोई मनुष्य आश्चर्यजनक वस्तु देखता है, तो उसकी आकृति पर कुछ इशारे बनते हैं जैसे पानी पीने में ओष्ठ सहायक होते हैं। तो पापा, पानी, पीना, प्यास आदि शब्दों की निर्मिति संभव है। तथा खाने में दांत सहायक हैं- तो अत्ति, रोटी आदि शब्द बन सकते हैं। आंखों से देखने पर दृश्य-दृष्टि दीखना, दिखाना आदि शब्द भी बन सकते

हैं। सारे शब्दों का निर्माण भी इस सिद्धान्त के अन्तर्गत नहीं आ सकता, यह भी सीमित है।

8. प्रतिक्रिया ध्वनि सिद्धान्त- हर क्रिया अपनी प्रतिक्रिया रखती है, जैसे बिल्ली को देखकर चिड़ियाँ एक सी ध्वनि करने लगती हैं, और आनन्द ध्वनि आनंद का अनुभव करने के पश्चात् निकलती है। यह सिद्धान्त आधुनिक है और अमेरिका में अधिक प्रचलित है, यह भी पूर्णतः सत्य नहीं। यह तो मनोभावों में भी आ सकता है।

9. विकासवाद का सिद्धान्त- जैसे-जैसे मानव का विकास हुआ जैसे वानर किन्नर, गन्धर्व फिर मानव जंगली फिर विकसित हुआ जैसे मत्स्यावतार, वाराहावतार- हयग्रीवावतार- हंसावतार- परशुरामावतार- रामावतार- कृष्णावतार ये ईश्वरीय अवतार होने के साथ-साथ विकास के प्रतीक हैं। उसी तरह भाषा का भी विकास हुआ है समस्त भाषाओं के निर्माण में विकास ही एक मात्र मूल तत्व एवं सिद्धान्त सिद्ध होता है अनुकरण, मनोभाव, ध्वनि, प्रतिक्रिया प्रतीक आदि से शब्दों की निर्मित हुई है और उसमें समयानुसार विकास की गति ने परिवर्तन किये हैं और भाषायें बनी हैं। जैसे शाश्वत शब्द हिन्दी, अंग्रेजी एवं फारसी में भी बोला जाता है। औपचारिक शब्दों के आधार पर भी भाषा का निर्माण हुआ है। जैसे किसी वस्तु को जानने पर उसके रंगरूप को देखकर कोई नाम दे दिया जाय जैसे नीले रंग की गाय को नील गाय कह दिया। जैसे गौ रखने वाले को सबसे बड़ा सम्पत्तिशाली कहा जाता था, उसे गोस्वामी कहते थे। गोस्वामी धनी व्यक्ति को पर्याय बना और सम्मान में उसे श्रेष्ठ स्थान प्राप्त हुआ भले ही वर्ण की दृष्टि से वह क्षत्रिय, वैश्य अथवा शूद्र ही क्यों न हो। तुलसीदास जी ने रामगुसाई शब्द का प्रयोग भी रामचरित मानस में किया है। तथा द्वापर में सूतजी भी विद्वान और बहुज्ञ होकर व्यासासन पर बैठकर शौनकादि ऋषियों को भागवत-उपदेश दिया करते थे। यह बात बलदेव को अच्छी नहीं लगी थी। पुनः उनको ब्राह्मण संज्ञा से अलंकृत किया गया। तात्पर्य यह है कि भाषा की उत्पत्ति में तात्कालिक परिस्थितियाँ भी सहयोगी होती है। भाषा का स्वभाव है कि वह अपने समय के नागरिकों के अनुरूप अपना स्वरूप निर्धारित करती रहती है। समाज का

शिक्षित वर्ग, सम्भ्रान्त वर्ग अपनी भाषा का प्रयोग करता है तो वहीं पर दूसरा अशिक्षित समुदाय भाषा तो वही बोलने का प्रयास करता है। किन्तु शिक्षा की असमर्थता के कारण उसकी स्वयं भी शब्द निर्भिति भी एक भाषा बन जाती है जैसे- मैं जो जाऊँगा तथा मैं तो जाऊँगा। वह दौड़ता है, वह भागता है आदि से यह सुस्पष्ट है।

भाषा की प्रकृति

भाषा के दस प्रकार के स्वभाव बताये गये हैं। (1) भाषा सामाजिक सम्पत्ति होती है। भाषा का समाज से सीधा सम्बन्ध है। जैसे चीनी समाज का समग्र ज्ञान चीनी भाषा से ही हो सकता है अन्य से नहीं। (2) भाषा परम्परागत वस्तु होती है। परम्परा से अर्थात् पीढ़ी दर पीढ़ी भाषा स्वतः और सहज सरल भाव से स्वतः बालक सीख जाता है- जैसे माँ से दूध कहना सीखता है। अंग्रेज बालक माँ से अंग्रेजी सीखता है। (3) भाषा अर्जित वस्तु भी होती है। परिश्रम से भी भाषा का अर्जन होता है परिश्रम करके हम मातृभाषा से भिन्न किसी भी भाषा को सीख सकते हैं। (4) भाषा परिवर्तनशील होती है, अधिकांशतः भाषाओं में समयानुसार परिवर्तन होता रहता है। जैसे वैदिक युग की प्रथम छान्दस, फिर संस्कृत, प्राकृत तथा अपभ्रंश आदि भाषायें लोकभाषायें बनी। आधुनिक समय में खड़ी बोली हिन्दी का परिवर्तन उल्लेखनीय है। यह पहले मेरठ के आसपास की भाषा थी, अब सर्वत्र व्याप्त है। (5) भाषा का प्रवाह-नैसर्गिक और अविच्छिन्न होता है। भाषा का विकास स्वाभाविक होता है। यथा- "संस्कृत खारी कूप जल, भाषा-बहता नीर"। (6) भाषा अनुकरण से सीखी जाती है। अरस्तू के मतानुसार अनुकरण मनुष्य का सबसे बड़ा गुण है। बच्चा अनुकरण से ही भाषा सीखता है। अंग्रेजी में अनुकरण आवश्यक है क्योंकि उसमें कहीं कहीं लिखा कुछ जाता है और बोला कुछ जाता है। (7) भाषा मानव जीवन से पोषित होती है। मानव ही भाषा का पोषण करता है। पशु पक्षी नहीं, क्योंकि मानव मुख में ही ध्वनि यंत्र होते हैं। जो मानसिक दृष्टि से उचित होते हैं। पक्षी तो केवल अनुकरण और अभ्यास से ही बोल पाते हैं। (8) भाषा भाव प्रेषनीयता का माध्यम होती है। एक से दूसरे तक भाव पहुँचाने में भाषा ही माध्यम है। भाषा के योग प्रयोग से ही हम पारस्परिक भावों को समझ पाते हैं। (9) भाषा किसी की पैतृक सम्पत्ति नहीं,

सार्वजनिक होती है। भाषा किसी एक व्यक्ति तक ही सीमित नहीं होती, और न हो सकती है। जैसे एक ब्रिज को किसी ने हेमल्टन, ब्रिज कहा, तो दूसरे ने अम्महन ब्रिज कहा और तीसरे ने बारबर्स ब्रिज कहा। (10) भाषा जटिलता से सरलता की ओर उन्मुख होती है। अथवा संहृति या समास प्रधान होती है। अतः भाषा समास से व्यास की ओर चलती है। अथवा संक्षेपण से पल्लवन की ओर जाती है। और उसका समस्त स्वरूप व्यवहृति अर्थात् व्यवहार की भाषा का रूप धारण कर लेता है। वाक्य का खण्ड खण्ड हो जाना व्यवहृति या व्यास पद्धति है। जैसे गच्छाम्यहम् का अहं गच्छामि तथा मैं जाता हूँ यह प्रक्रिया ही समास से व्यास ही ओर कही जाती है और जटिलता से सरलता का उदाहरण यह है- सतेन्द्र, सतेन, सत्तो और सत कहकर पुकारने में सरलता है। और मानव का स्वभाव भी मुख सुविधा चाहता है। वैसे ही बोलता भी है।

भाषा का वर्गीकरण - "आकृति मूलक या रूपात्मक"- भाषाओं के आकृतिमूलक या रूपात्मक वर्गीकरण की उपयोगिता पर विचार करते हैं। वाक्य रचना तथा आकार प्रकार को देखकर संसार की भाषाओं का जब वर्गीकरण किया जाता था, तब हम उसे रूपात्मक या आकृतिमूलक अथवा वाक्यमूलक वर्गीकरण की संज्ञा देते हैं। इसका मूल आधार वाक्य रचना है। वाक्य रचना पर विचार करने से ज्ञात होता है कि संसार की सभी भाषाओं में चार प्रकार के वाक्य प्राप्त होते हैं। (1) व्यास प्रधान -जिनमें सभी वाक्य स्वतंत्र हों। (2) समास प्रधान- जिनमें संश्लिष्ट पद हों। (3) प्रत्यय प्रधान - वे वाक्य जिनका अर्थ व्याकरण के प्रत्यय से ज्ञात होता है। (4) विभक्ति प्रधान - जहाँ विभक्ति ही अर्थ की प्रतिपादिका हो। एक और वर्गीकरण- पारिवारिक वर्गीकरण है जो भाषा की वंश परंपरा देखकर किया जाता है, इसे वंशानुक्रम वर्गीकरण भी कहते हैं। इनको आधार बनाकर ही समस्त भाषाओं का वर्गीकरण किया गया है। भाषाओं के भी दो प्रकार निश्चित किये गये हैं। (1) अयोगात्मक या निरबयब भाषायें - जिनमें सभी शब्द स्वतंत्र होते हैं। जैसे व्यास प्रधान भाषायें (2) योगात्मक या सावयव भाषायें - जैसे समास प्रधान भाषायें - इस प्रकार इनको भी चार विभागों में बाँटा गया है-

1. व्यास प्रधान भाषायें - जिन वाक्यों में मुख्यतः अर्थतत्व की प्रधानता

रहती है और वह अर्थ तत्व ही अपने स्थान के बल पर रूपकत्व का बोध कराता है। तथा जिनके प्रत्येक शब्द पृथक पृथक होते हैं, उन्हें व्यास, अयोगात्मक या निरवयवीय भाषायें कहते हैं। इस वर्ग में अफ्रीका की सूड़ानी भाषा, एशिया की चीनी, बर्मी, अनामी, श्याम, मलय आदि भाषायें और भारत के उत्तर की तिब्बती भाषा भी आती है। इन भाषाओं के सभी शब्द स्वतंत्र एवं अविकारी हैं। क्योंकि उनके रूपों में कोई परिवर्तन नहीं होता। इनमें कारक और काल रचना का भी अभाव रहता है। केवल स्थान भेद या स्वर भेद से अर्थ का बोध होता है। इनमें प्रायः तीन बातों का ध्यान दिया जाता है, शब्द, क्रम और निपात स्वर (बोलना) जैसे चीनी भाषा में शब्द क्रम की प्रधानता है। इसका उदाहरण है- न्गो. ता. नी. अर्थात् मैं तुम्हें मारता हूँ। नी. ता. न्गो - तुम मुझे मारते हो। न्गोत्र मैं, तात्र मारता हूँ, नीत्र तुमको। बर्मी, तिब्बती भाषायें निपात (ढ़ले ढ़लाये शब्द) प्रधान हैं। किन्तु उनमें स्वर की विशेषता है। जैसे तिब्बती परिवार की मणीपुरी में 'मा' ह्रस्व स्वर में बोलने पर इसका अर्थ 'वह' होता है। तथा दीर्घ बोलने पर माता अर्थ होता है। और प्लुत स्वर (तेज आवाज) से इसका अर्थ 'खटमल' हो जाता है। इस प्रकार व्यास प्रधान भाषाओं में सभी शब्द स्वतंत्र तथा एक एक अक्षर करके बोले जाते हैं।

2. समास प्रधान भाषायें- इन भाषाओं को संश्लिष्ट भाषायें भी कहते हैं। इनके वाक्यों में शब्द एक दूसरे से इतने संश्लिष्ट रहते हैं कि वाक्य और शब्दों का भेद करना कठिन हो जाता है। व्यास प्रधान भाषाओं में जो अर्थ अनेक शब्दों से निकलता है, उसके लिए समास प्रधान भाषा का एक ही शब्द पर्याप्त रहता है। इनके दो भाग हैं (क) पूर्णतः समास प्रधान भाषायें - अमेरिका महाद्वीप की भाषायें पूर्णतया समास प्रधान हैं, जैसे उत्तरी अमेरिका की "चैरोकी" भाषा में "नाथोलिनन" "हमें एक नाव लाओं" एक संश्लिष्ट पद है। यूरोप की "वास्क" भाषा में "दकर्किओत्" मैं इसे उसके पास ले जाता हूँ। (ख) अंशतः समास प्रधान भाषायें - इनमें हिन्दी की तरह न तो शब्द बिखरे रहते हैं और न अधिक संश्लिष्ट रहते हैं। इनमें संस्कृत, गुजराती, पंजाबी, बंगला आदि भाषायें आती हैं। जैसे संस्कृत में गच्छामि, जाता हूँ। गुजराती में "मकुज्जे"- मैने कहा कि। वैसे तो संस्कृत का वैदिक और लौकिक रूप समास प्रधान है। जैसे बाणभटट् की 'कादम्बरी'।

3. प्रत्यय प्रधान भाषायें - इन्हें असंश्लिष्ट भाषा भी कहते हैं। इनमें व्याकरण का सम्बन्ध प्रत्यय के संयोग से जाना जाता है। यद्यपि ये प्रत्यय सर्वाङ्ग पूर्ण नहीं होते तथापि इनका स्वतंत्र अस्तित्व स्पष्ट रहता है। क्योंकि ये अपनी प्रकृति में (मूल धातु) सर्वथा लीन नहीं होते। इनका व्याकरण बड़ा सीधा और सरल होता है। इन भाषाओं को चार भागों में बांटा जा सकता है।

(क) पुर प्रत्यय संयोगी भाषायें - इनमें प्रत्यय अपनी प्रकृति (धातु) से पहले जुड़कर विविध अर्थो का बोध कराता है। जैसे अफ्रीका की "जुलू" भाषा में - 3 मुं तु बे तु, ओमचित, उपवोनकल, अर्थात हमारा आदमी देखने में सुन्दर है।

(ख) पर प्रत्यय संयोगी भाषायें - जिनमें प्रत्यय प्रकृति के पीछे लगे, इस वर्ग में - यूराल, अल्ताई और द्रविण परिवार की भाषायें आती हैं। जैसे अल्ताई परिवार की तुर्की भाषा में 'सेव' का अर्थ है प्रेम करना। इसके पीछे प्रत्यय लगाने से "सेवमेक" का अर्थ "प्रेम करने के लिए। और सेवमेमेक का अर्थ, प्यार न करने के लिए। "सेवइश्मेक" का अर्थ एक दूसरे से प्यार करने के लिए प्रयुक्त होता है।

(ग) ईषत्प्रत्यय संयोगी भाषायें - जिन भाषाओं में कहीं कहीं प्रत्यय हो तथा साथ में विभक्ति, समास का भी पुट हो, ऐसी भाषा जापान की "हाऊसा" भाषा है। और काफीसस की भाषाये भी इसी श्रेणी में आती हैं।

(घ) पूर्ण प्रत्यय संयोगी भाषायें - इन भाषाओं में प्रायः यह देखा जाता है कि यदि शब्द दो अक्षरों का है, तो प्रत्यय शब्द से पूर्व और पर दोनों स्थानों पर प्रयुक्त होता है इसमें अफ्रीका की भाषायें आती हैं।

4. विभक्ति प्रधान भाषायें - इन्हें श्लिष्ट भाषायें भी कहते हैं, इनमें व्याकरण का सम्बन्ध विभक्तियों द्वारा ज्ञात होता है। यद्यपि विभक्तियाँ भी प्रत्यय जैसी होती हैं, फिर भी प्रत्यय का अस्तित्व अलग रहता है। जबकि विभक्ति प्रत्यय के साथ, घुल मिल जाती है। इनके दो भाग हैं। (1) अन्तर्विभक्ति प्रधान भाषायें - जिनमें विभक्ति शब्द के मध्य में जुड़े जैसे- अरबी में कतल- उसने मारा, कुतिल- वह मारा गया, कातिल- मारने वाला और किल्ल- शत्रु। (2) बहिर्विभक्ति प्रधान भाषायें - जिनमें विभक्ति बाहर से जुड़कर रूप परिवर्तन करे। जैसे संस्कृत में राम

सु = रामः। राम + अम् = रामम् हिन्दी भी संस्कृत के निकट होने के कारण विभक्ति प्रधान भाषा है तथा बहिर्विभक्ति प्रधान है।

इस वर्गीकरण में भाषाओं के वर्गीकरण के क्षेत्र में बहुत सूक्ष्म दृष्टि से विचार किया गया है। किन्तु सम्पूर्ण विश्व की भाषाओं को चार भागों में ही विभक्त किया है। अतः यह वर्गीकरण पूर्णतः वैज्ञानिक नहीं माना जा सकता। एक ही वर्ग में विभिन्न भाषाओं को रखना संभवतः भाषाओं की प्रकृति के विपरीत सा प्रतीत होता है। कहीं प्रतिनिधि भाषाओं का उल्लेख न होना अथवा भाषा के वर्ग को स्पष्ट न करना भी इस वर्गीकरण की कमी सिद्ध हो सकती है। समस्त भाषाओं का विकास मूलप्रकृति अर्थात् धातुओं से ही होना सम्भव है, यह भी इस वर्गीकरण से सुस्पष्ट नहीं होता। अतः भाषा विज्ञान के प्रमुख विद्वानों ने इस वर्गीकरण को न्यायसंगत और तर्क संगत नहीं माना है, किन्तु इस वर्गीकरण के विश्लेषण से यह तो ज्ञात है कि हमारे भाषाविदों ने गंभीर और गहन अध्ययन करके एक गवेषणापूर्ण प्रयास करके विश्व की भाषाओं का अध्ययन अवश्य किया है और उन्हें जो तत्व उपलब्ध हुआ है उसे इस वर्गीकरण के माध्यम से अध्येताओं को परोस दिया है। भाषा का क्षेत्र वस्तुतः बहुत व्यापक है।

भाषाओं का पारिवारिक वर्गीकरण- भाषाओं के पारिवारिक वर्गीकरण के चार आधार माने जाते हैं। (क) ध्वनि साम्य - उच्चारण में एक सी समता हो तो उसे एक परिवार की भाषा कहा जाता है। (ख) शब्द साम्य -शब्दों की समानता जिन भाषाओं में होती है वह शब्द साम्यता है। एक परिवार में एक जैसे शब्द मिलें और जनसमुदाय में एक से प्रयोग मिलें और व्यवहार में आने वाले शब्दों का प्रयोग एक जैसा हो जैसे कोट, बाल्टी, टिकट, रेल, कारतूस आदि। कला, विज्ञान और साहित्य में जिन शब्दों का एक जैसा प्रयोग हो जैसे आक्सीजन, नाइट्रोजन, डी डी टी, यूरिया, लैम्प आदि (ग) व्याकरण साम्य - धातुओं से जो शब्द बनाये जाते हैं वैसी प्रक्रिया सभी भाषाओं में नहीं। धातु से प्रतिपादिक संज्ञा के बाद विभक्ति लाकर जो शब्द बनते हैं वह भाषा संस्कृत है। अंग्रेजी में तो टेली लगाकर टेलीविजन, टेलीफोन, टेलीग्राफ आदि प्रयुक्त होते हैं। शब्दों के अनुरूप ही वाक्य रचना भी होती है। तभी वह भाषा व्याकरण सम्मत होती है। (घ) स्थानीय साम्य - एक भाषा की निकटता

दूसरी से हो तो वे एक ही परिवार की भाषा मानी जायेगी जैसे संस्कृत हिन्दी प्राकृत और पालि आदि।

इस प्रकार समस्त संसार की भाषाओं को चौदह परिवारों में बांटा गया है। (1) यूरेशिया - के अन्तर्गत सात परिवार हैं, भारोपीय, द्रविड़, तिब्बत, चीनी, सामी, काकेसी, यूराल अल्ताई परिवार। (2) अफ्रीका में तीन परिवार हैं- हामी, सूडानी, वन्तु परिवार। (3) प्रशान्त महासागरीय में तीन परिवार हैं। मलययालेनेशियाई, पावुई और आस्ट्रेलिया परिवार। (4) अमेरिका में एक परिवार उत्तरी दक्षिणी अमेरिका, 14 अवर्गीकृत भाषाओं का परिवार - **(1) भारोपीय परिवार** - इसके कई नाम मिलते हैं। इसको आर्य, भारत जर्मनी एवं जफैटिक नाम से भी जाना जाता है। भारत जर्मनी यह परिवार सबसे प्राचीन है। इसे भारोपीय परिवार भी कहते हैं। सबसे अधिक भाषायें इसी की फैली हुई हैं। उत्तरी भारत, अफगानिस्तान, तथा सम्पूर्ण यूरोप में फैली हैं। सबसे प्राचीन भाषा संस्कृत, पालि, ग्रीक, लैटिन आदि भाषाओं में प्राचीन ग्रन्थ मिलते हैं। आधुनिक में हिन्दी, बंगला, अंग्रेजी, फ्रान्सीसी, नई ईरानी आदि हैं। सबसे पुराना संस्कृत का ग्रन्थ ऋग्वेद है। ग्रन्थों के निर्माण में अंग्रेजी, हिन्दी तथा फ्रान्सीसी आदि भाषायें अग्रणी हैं। **(2) द्रविड़ परिवार** - मैसूर राज्य से लेकर दक्षिणी भाग में फैला हुआ है। तमिलनाडु की तमिल, आन्ध्र प्रदेश की तेलगु और कन्नड़ मैसूर की कन्नड़ तथा केरल की मलयानल भाषा इसी परिवार में हैं। तमिल भाषा बहुत प्राचीन है, सिन्धु घाटी की सभ्यता से अपना सम्बन्ध जोड़ती है। बलूचिस्तान की ब्राहूमुई, इसी परिवार की भाषा है। बम्बई की सीमा पर तुजू भाषा प्रचलित है, वह भी इसी परिवार की भाषा है। मलयालम में बहुत लिखा जा चुका है। तमिल प्राचीनता के कारण और मलयालम आधुनिक होने से महत्वपूर्ण है। **(3) तिब्बत चीनी परिवार** - चीन, तिब्बत, बर्मा और श्याम इन प्रदेशों में मुख्य रूप से फैला है। इसकी तीन शाखायें हैं- (क) चीनी भाषा है, जो चीन में बोली जाती है। चीनी भाषा को बोलने वालों की संख्या अधिक है। (ख) थाई चीनी शाखा- इसके अन्तर्गत श्यामी भाषा बहुत प्रचलित है। श्याम प्रदेश में इसका महत्व है, इसमें आधुनिक ग्रन्थ लिखे गये हैं। (ग) तिब्बती भाषा में बौद्ध धर्म का बाहुल्य है, दलाई लामा आदि की यह धार्मिक भाषा है। **(4) सामी परिवार** - सेमेटिक परिवार की अरब के आस पास बोनेशिया,

आलविया और अरीमिया भाषा हैं। कुरान शरीफ की भी भाषा यही है। हिब्रू भाषा में बाइबिल लिखी गई थी। इस परिवार का महत्व है कि उसमें कुरान तथा बाइबिल मिलते हैं। ये भाषायें धार्मिक कारण से प्रसिद्ध है। **(5) यूराल अल्ताई परिवार**-यूराल, अल्ताई। यूराल शाखा- उत्तरी रूस से श्वेत सागर तक फैला हुई हैं। इसकी भाषा फिनी है। इसमें आधुनिक साहित्य मिलता है। अल्ताई शाखा- तुर्किस्तान, मंचूरिया, मंगोलिया में यह शाखा फैली है यहाँ तुर्की प्रसिद्ध है। **(6) काकेशी परिवार** - यह परिवार काकेशस पर्वत के आसपास फैला हुआ है। यह परिवार दो भागों में विभक्त है। (1) उत्तरी काकेशी (2) दक्षिण काकेशी। यहाँ सदकशी ओर लेगी भाषायें हैं। दक्षिण परिवार में जार्जी भाषा प्रमुख है। जिसमें आधुनिक साहित्य लिखा गया है। **(7) होमी परिवार** - उत्तरी अफ्रीका में फैला हुआ है। इस परिवार की सबसे प्रमुख मिश्र प्रदेश में मिश्री भाषा है। यह सबसे अधिक प्रसिद्ध भाषा है। **(8) सूडानी परिवार**- अफ्रीका के मध्य में भूमध्य रेखा के उत्तर तथा पश्चिम की ओर यह परिवार फैला है। हाऊसा इसकी समृद्ध भाषा है जो परिवार और व्यापार आदि में काम आती है। **(9) वान्तु परिवार** - दक्षिणी अफ्रीका में फैला हुआ है। जन्जीबार बन्दरगाह में स्वाहिली भाषा प्रसिद्ध है तथा पूर्वी तट पर बोली जाती है। जुलू, काफिर, कागगोई भाषा इसी परिवार की है। **(10) मलययालेनेशियाई परिवार**- प्रशान्त महासागर के मध्य में जावा, सुमात्रा, बोर्निया, मैंडागास्कर आदि में फैला हुआ है। सन्साथी की भाषा भी इसी परिवार की है। **(11) पापुई परिवार**- यह प्रशान्त महासागर का परिवार है। सोलोमन द्वीप न्यूगिनी आदि में फैला है। न्यूगिनी की भाषा प्रसिद्ध है। **(12) आस्ट्रेलियाई परिवार** सारे आस्ट्रेलिया में फैला हुआ है। अंग्रेजी का वहाँ प्राधान्य है। ये भाषायें प्रायः लुप्त होती जा रही है। **(13) अमेरिकी परिवार** तीन भाग उत्तर में कनाडा और संयुक्त राज्य की भाषा जिसमें अथ्वार की यूरेकिया होका आदि भाषायें आती हैं। शिक्षित लोग अंग्रेजी तथा फ्रैंच भाषा बोलते है। मध्य अमेरिका या मैक्सिसको की यही भाषा हैं। जो आदिवासियों में प्रचलित हैं। दक्षिणी अमेरिका भाषा परिवार इसमें कोइचुआ और अरवक आदि भाषायें दक्षिणी अमेरिका में बोली जाती हैं। **(14) क्रीटि, सुमेरी और खदन्ती** आदि प्राचीन भाषायें भी हैं, जिनका कोई परिवार नहीं हैं। जापानी, कोरियाई और अन्दमानी और वास्क भाषाओं का पता नहीं

लगा कि ये किस परिवार में रखी जाती हैं। यह व्याख्यान डॉ. द्वारका प्रसाद सक्सैना ने 8.8.1971 को दिया। अब हम डॉ. सोमप्रकाश सुधेश के 23.7.1971 के व्याख्यान पर विचार करेंगे। यह विश्व के भाषा परिवरों के परिप्रेक्ष्य में हैं। यह व्याख्यान हिन्दी भाषा के उद्भव और विकास से संदर्भित है।

1. भारोपीय परिवार Indo Aryan भारत हिन्दी परिवार (हित्ती) HITTAIT हित्तायत जर्मनी वालों ने इसे Indo germanic इन्डो जर्मनिक भी कहा है।

भारोपीय भाषा परिवार Indo यूरोपीयन के दो भाग (1) केन्तुम् वर्ग में छ भाषायें - इसी के अन्तर्गत सौ ग्रीक भाषायें आती है। (2) सतम् वर्ग - इसमें पांच भाषायें आती हैं। तथा इसी में सौ अवेस्ता भाषायें भी आती हैं। इसी सतम् वर्ग में से ही भारत ईरानी- भाषाओं का उद्‌गम हुआ। भारत ईरानी से तीन शाखाओं का प्रादुर्भाव हुआ। (1) आर्य भाषा - (2) दरद शाखा (3) ईरानी (Indo Aryan) - इसी आर्य शाखा से तीन शाखायें निकली। (1) प्राचीन आर्य भाषा- जिसका समय 1500 ई. पू. से 500 ई. पू. तक हैं। इसी भाषा में ऋग्वेद की भाषा भी आती है। इसे ही वैदिक भाषा (प्राचीन संस्कृत) अथवा छान्दस् भी कहते हैं। वेद की भाषा काव्य भाषा है, ग्रामीण नहीं। इसमें एकरूपता नहीं है क्योंकि कहीं युवा, युवम् और वाम् आदि शब्द मिलते हैं। आर्य भाषा की द्वितीय शाखा से मध्यकालीन आर्यभाषा निकली जिसका समय 500 ई. पू. से 1000 ई. पू. तक का है। आर्य भाषा की तृतीय शाखा आधुनिक आर्य भाषा है, जिसका समय 1000 ई. से अब तक का है। वेदों के बाद उपनिषद् तथा ब्राह्मण ग्रन्थों की भाषा में अन्तर है। वेदों की भाषा जनभाषा से अलग है। तथा उपनिषदों की भाषा जनभाषा के निकट है। इनके बाद सूक्त लिखे गये। पाँचवी शताब्दी में पाणिनि से इसे व्याकरणबद्ध करके इसे संस्कृत बना दिया। अब हम इन तीनों आर्य भाषाओं का विश्लेषणपरक अध्ययन करते हैं।

1. वैदिक प्राचीन आर्य सभा - 1500 ई. पू. से लेकर 500 ई. पू. के बीच विकसित हुई। आर्यभाषा का प्राचीनतम रूप वेदों में मिलता है। जिनका रचनाकाल 1200 ई. पू. से लेकर 900 ई. पू. के लगभग है। वेदों की भाषा में एकरूपता नहीं है। प्राचीन आर्य भाषा का रूप ऋग्वेद में मिल सकता है। जो कि वेदों में सबसे प्राचीन है वेदों की भाषा काव्य भाषा है। पर उसपर उस समय की देशी भाषाओं का प्रभाव दिखाई

देता है। हर युग में बोलचाल की भाषा और साहित्यिक भाषा में एक अन्तर देखने को मिलता है। वेदों के बाद ब्राह्मण, ग्रन्थों और उपनिषदों की रचना हुई। जिनकी भाषा वेदों की है। उपनिषदों के गद्य भाग की भाषा तत्कालीन बोलचाल की भाषा के अधिक निकट है। प्राचीन आर्य भाषा का निरंतर विकास होता रहा। वैदिक भाषा का विकसित रूप सूक्तों में मिलता है। सूक्तों की भाषा बहुत विकसित है, यह भाषा पाणिनिय संस्कृत के पास पहुँच गई है। लगभग 5 वीं शताब्दी में पाणिनि ने प्राचीन आर्य भाषा के रूप को परिष्कृत करके नियमबद्ध किया था। इसके बाद ही इसे संस्कृत कहा जाने लगा।

संस्कृत- वेदकालीन कथित भाषा से ही संस्कृत उत्पन्न हुई। जो स्थान आजकल हमारी हिन्दी को प्राप्त है एवं प्राकृत काल में जो महाराष्ट्री को प्राप्त था। वही स्थान उस समय संस्कृत का था। वैदिक भाषा बोल चाल के कुछ निकट थी। संस्कृत धीरे-धीरे शिष्ट लोगों की भाषा बन गई क्योंकि उसे साहित्यिक भाषा का स्थान मिल गया था। संस्कृत की स्थिति तक पहुँचते-पहुँचते प्राचीन आर्य भाषा प्रादेशिक स्वरूप से आगे बढ़कर राष्ट्रिय बन गई थी। उसमें सार्वदेशिक सर्वबोध्य शब्दों का अधिक प्रचलन और प्रचार था। साहित्यिक संस्कृत में भी धीरे-धीरे विकास होता गया। वाल्मिकी रामायण और महाभारत की भाषा पाणिनि के बाद की है। पुराणों की भाषा और भी परवर्ती है। जबकि संस्कृत परिनिष्ठित (standardised) साहित्यिक और नियमबद्ध है। वैदिक रूपों की जटिलता है, तथा वैदिक जनभाषा के अधिक निकट है, अधिक स्वच्छंद है और संस्कृत विशिष्ट जनों की भाषा है और अधिक स्वच्छंद नहीं नियमबद्ध है।

प्राचीन आर्य भाषा →(1) वैदिक संस्कृत - (2) लौकिक संस्कृत → 500 ई. पू.

↓

(2) ये मध्यकालीन आर्य भाषायें हैं ← पालि → 500 ई. पू. से प्रथम ई. तक

↓

प्राकृत → प्रथम ई. से 500 ई. तक

↓

(3) आधुनिक आर्य भाषायें → अपभ्रंश - 500 ई. से 1000 ई. तक

अपभ्रंश में से 06 आर्य भाषायें प्रस्फुटित हुई इन्हें ही 'आधुनिक आर्य भाषायें कहा जाता है।

1.	2.	3.	4.	5.	6.
शौर सैनी से ↓ हिन्दी खड़ी बोली ब्रजभाषा हरियाणवी पहाड़ी राजस्थानी गुजराती आदि भाषा से निकली	अर्ध मागधी से ↓ भोजपुरी मिथिला अवधी बिहारी आदिभाषायें	मागधी से ↓ बंगाली असमिया उड़िया आर्य भाषायें निकली	महाराष्ट्री से ↓ मराठी	पैशाची से ↓ लंहदा पंजाबी	ब्राचड़ से ↓ सिंधी

पालि- कुछ विद्वानों ने प्राकृत के प्रथम रूप को ही पालि का नाम दिया है। वैदिक भाषा की अनेक विशेषतायें संस्कृत में न मिलकर प्राकृत भाषा में मिलती हैं। क्योंकि प्राचीन वैदिक भाषा से ही प्राकृत की उत्पत्ति हुई। अर्वाचीन (नवीन) संस्कृत से नहीं। डॉ. बाबूराम सक्सेना के अनुसार पालि का विकास वैदिक तथा तत्कालीन बोलियों से हुआ। उत्तरकालीन संस्कृत से नहीं। महात्मा बुद्ध ने इसीलिए अपने उपदेशों के लिए पालि को चुना। पालि दक्षिणी बौद्धों की भाषा कही जाती है। वह साधारण जनता की बोलचाल की भाषा थी। लेकिन अशोक के समय तक वह साहित्यिक भाषा बन चुकी थी। कुछ लोग पालि को मागधी नाम से भी पुकारते हैं सिंहल द्वीप (लंका) के लोग इसे मागधी इसलिए कहते हैं कि पालि के ग्रन्थों में भाषा के लिए मागधी नाम का प्रयोग किया गया है और मूल पाठ के लिए पालि का प्रयोग। डॉ. भोलानाथ तिवारी के अनुसार पालि शोरेसैनी प्राकृत का पूर्व रूप है। विधु शेखर भट्टाचार्य के अनुसार पालि शब्द संस्कृत के पंक्ति शब्द से विकसित हुआ है। यथा- पंक्ति → पन्ति → पत्ति → पटिट → पल्लि- पालि। प्रारंभ में महात्मा बुद्ध की पंक्तियों के लिए या त्रिपटक की पंक्तियों के लिए या पालि शब्द का प्रयोग किया

गया बाद में यह शब्द भाषा के लिए भी चल पड़ा। डॉ. धीरेन्द्र वर्मा के अनुसार पालि का मूलाधार पश्चिमी मध्यप्रदेश (पूर्वी पंजाब तथा पश्चिमी उत्तर प्रदेश) की कोई तात्कालिक बोली है। डॉ भोलानाथ तिवारी भी उसे मध्य की ही भाषा मानते हैं। इस प्रकार पालि भाषा का उद्‌गम क्रमशः वैदिक संस्कृत के ही गर्भ से तत्कालीन सामाजिक बोलियों से ही हुआ है। जिसे बौद्धवतार ने अपने धार्मिक उपदेशों के लिए उपयुक्त माना।

प्राकृत- प्रकृतिः संस्कृतं तत्मात् आगतम् प्राकृतम् अर्थात् मूल प्रकृति संस्कृत से आगत ही प्राकृत है। प्राकृत-प्रकृत-प्राक्कृत-पूर्वकृत अर्थात् स्वाभाविक और अकृत्रिम भाषा को ही हम प्राकृत कहते हैं। इसका उद्‌गम संस्कृत से ही हुआ है। डॉ. ग्रिर्यसन का मत है कि यह संस्कृत से पूर्व ही विकसित हो चुकी थी। हिन्दी के विद्वान आचार्य किशोरीदास वाजपेयी के अनुसार आदि प्राकृत वैदिक भाषा का दूसरा नाम है। दूसरी अवस्था की प्राकृत प्रचलित अर्थ में ग्रहीत प्राकृत है और तीसरी अवस्था वाली प्राकृत अपभ्रंश है। प्रायः विद्वान प्राकृत को संस्कृत से उत्पन्न मानते हैं। पर यह मानना समीचीन नहीं है। डॉ. भोलानाथ तिवारी के अनुसार यह प्राकृत भाषा वैदिक या लौकिक संस्कृत से उद्‌भूत नहीं है, अपितु तत्कालीन जनभाषा से उद्‌भूत है। ऐसा अनुमान लगता है कि जनभाषा का संस्कार करके संस्कृत संज्ञा से विभूषित किया गया। तो वह जनभाषा जो उसकी तुलना में असंस्कृत थी, जो प्रकृत या सामान्य लोगों में बोली जाती थी। सहज ही प्राकृत नाम की अधिकारिणी बन बैठी। अतः यह भी कहा जा सकता है कि प्राकृत उन बोलियों से निकली जो उस समय जन भाषायें थीं। जो कि संस्कृत के समकालीन थी।

अपभ्रंश- तत्सम शब्द का तद्‌भव या विकृत रूप ही अपभ्रंश होता है। भरतमुनि ने विभ्रष्ट शब्दों को ही अपभ्रंश कहा है। भरत ने प्राचीन भाषाओं के नाम बताये। जिनमें अपभ्रंश कोई भाषा नहीं है। न तो बोलियों में ही उसका उल्लेख किया है। भरत का समय दूसरी शताब्दी का है। जब अपभ्रंश भाषा नहीं थी। आगे चलकर कुछ भाषा रूपों के लिए यह नाम आने लगा। जिनमें विभ्रष्ट प्रयोगों का आधिक्य था। इसके अन्य नाम अवहंस, अवहत्य, अवहद, ओहद भी लिये गये हैं। अपभ्रंश

की उत्पत्ति डॉ. भोलानाथ तिवारी लगभग 600 ई. मानते हैं। इसका तात्पर्य यह है कि छठवीं शताब्दी में अपभ्रंश भाषा का पुस्तक रूप मिलता है। अर्थात् अपभ्रंश 6वीं शताब्दी से पहले बोली जाती रही होगी। इस प्रकार 5वीं शताब्दी का समय अपभ्रंश का आरंभ काल है और छठवीं शताब्दी में अपभ्रंश काव्य भाषा बन चुकी थी। डॉ. नामवर सिंह 7 वीं शताब्दी से अपभ्रंश का जन्म मानते हैं और डॉ. बाबूराम सक्सेना का भी यही मत है। लेकिन 5वीं शताब्दी अधिक उपयुक्त प्रतीत होती है। इसका क्षेत्र निर्धारण करने से पूर्व यह भी स्पष्ट कर दिया जाय कि अपभ्रंश भाषा नाम की कोई एक भाषा नहीं है। यह अनेक भाषाओं के रूपों का नाम है। ये भाषा रूप उत्तरी पश्चिमी भारत में बोले जाते थे। भरत मुनि के आधार पर अपभ्रंश का विकास और प्रयोग 5वीं शताब्दी से 14वीं शताब्दी तक रहा, लेकिन इसका स्वर्णकाल 6 से 11वीं शताब्दी तक है। प्रारंभिक या प्राचीन अपभ्रंश पश्चिमोत्तर भारत में गूंजा और अहीर समुदायो में इसके अनेक रूप मिलते थे। इसका प्रमाण डॉ. कीथ ने दिया है। भरत मुनि इसे आभीरी भाषा कहते हैं। अपभ्रंश प्राकृत भाषाओं और आधुनिक भाषाओं के बीच की कड़ी है। अपभ्रंश के अनेक रूप देखने को मिलते हैं और जब यह साहित्यिक भाषा बनी। जो अपभ्रंश पूर्व में बोली जाती थी तो इससे उड़िया, मराठी का विकास हुआ। इसका मूल केन्द्र जो हिन्दी का ही है सो इसका है। अर्थात् मध्य देश ही अपभ्रंश भाषाओं का केन्द्र स्थान है। अतः हिन्दी का सीधा सम्बन्ध अपभ्रंश से है। हिन्दी ने संस्कृत प्राकृत से भी बहुत कुछ लिया है। हिन्दी भी उतनी ही प्राचीन है जितनी संस्कृत। कुछ लोग अपभ्रंश को ही पुरानी हिन्दी मानते हैं। जैसे चन्द्रधर शर्मा गुलेरी। हिन्दी के निकट तो उत्तरकालीन अपभ्रंश है। न कि प्राचीन अपभ्रंश। मध्य देश का पश्चिमी उत्तर प्रदेश अपभ्रंश का केन्द्र है। राजस्थान, गुजरात, बंगाल तक अपभ्रंश में रचनायें लिखी गई।

आधुनिक आर्य भाषाओं का वर्गीकरण - Hornley का वर्गीकरण 1000 से अब तक- हार्नले ने आर्यभाषाओं को Godian गौड़ीय कहा है। तथा इन भाषाओं को चार भागों में बांटा है। (1) पूर्वी गौडियन (2) पश्चिमी गौडियन (3) उत्तरी गौडियन और (4) दक्षिणी गौडियन। पूर्वी गौडियन में पूर्वी हिन्दी, बिहारी, बंगला, असमिया और

उड़िया को रखा है। पश्चिमी गौडियन में पश्चिमी हिन्दी, राजस्थानी, गुजराती, सिन्धी और पंजाबी को रखा है। उत्तरी गौडियन में गढ़वाली और नेपाली। दक्षिणी गौडियन में मराठी को रखा है। हार्नले ने दक्षिण की तमिल, तेलगु, मलयालम, कन्नड आदि भाषाओं को अलग रखा क्योंकि ये द्रविण भाषायें हैं। प्रारंभ में द्रविणों का आर्यों से युद्ध हुआ। भाषा वैज्ञानिको ने आर्यभाषाओं को आधार बनाया तथा डॉ. चटर्जी ने कश्मीरी को भी, इस वर्गीकरण से अलग रखा, लेकिन डॉ. रामविलास शर्मा ने इसका खंडन किया। तथा उक्त सभी भाषाओं को आर्य भाषाओं में रखा है। हार्नले ने कहा है कि आर्य भारत मे दो बार आये, लेकिन लोकमान्य तिलक ने बताया कि आर्य यहाँ के मूल निवासी थे।

हार्नले के अनुसार पहली बार आये आर्य पंजाब में फैल गये तथा दूसरी बार आने वाले आर्य मध्य देश में बस गये। मध्य देश के बाहर बसने वाले आर्य बाहरी बने तथा अन्दर रहने वाले भीतरी बने। हार्नले ने आर्य भाषाओं को गोडीय क्यों कहा, प्राचीन काल में मागधी, अपभ्रंश को पूर्व में गौड़ीय अपभ्रंश कहते थे। वररूचि के व्याकरण में मागधी को गौड़ीय कहा है। यह शौरसैनी गौड़ीय अपभ्रंश कहते थे। वर रूचि के व्याकरण में मागधी को गौड़ीय कहा है। यह शौरसैनी अपभ्रंश की शाखा है। हार्नले इसे मागधी अपभ्रंश से जोड़ते हैं। यह व्यापक और उपयुक्त वर्गीकरण नहीं है। पश्चिमी, पूर्वी हिन्दी को ये अलग-अलग मानते हैं। हिन्दी में बिहारी को भी शामिल किया है। यह भी उचित प्रतीत नहीं होता। यह वर्गीकरण प्राचीन होते हुए भी सदोष प्रतीत होता है।

"लिंग्वस्टिक सर्वे ऑफ इंडिया" के अनुसार- ग्रियर्सन का वर्गीकरण

↓

बाहरी आर्य भाषायें

↓ ↓ ↓

उत्तर पश्चिमी — दक्षिणी — पूर्वी

↓ ↓ ↓

लहंदा, पंजाबी, सिन्धी — मराठी — उडिया, बिहारी, बंगाल, असमिया

हार्नले के आधार पर-

मध्य आर्य भाषायें — भीतरी आर्य भाषायें (केन्द्रीय)

पूर्वी हिन्दी — (1) पश्चिमी हिन्दी, (2) पंजाबी, (3) गुजराती (4) भीली (5) खान्देसी (6) राजस्थानी (7) पहाड़ी

गुजराती के बोलने वाले दक्षिण में हैं। लेकिन इन्होंने इसे भीतरी भाषाओं में रखा है। इसका कारण बताया कि इसके बोलने वाले भीतरी निवासी भी हैं। ग्रियर्सन ने आधुनिक आर्यभाषाओं का जो विभाजन किया वह हार्नले की मान्यताओं पर आधारित है, आर्यो के आक्रमण के सम्बन्ध में ग्रियर्सन हार्नले से सहमत नहीं है। लेकिन भीतरी तथा बाहरी भाषाओं के सम्बन्ध में दोनो एकमत हैं ग्रियर्सन के वर्गीकरण का पहला आधार तो मध्य प्रदेश की स्थिति है। (1) मध्य प्रदेश के भीतर उन्होनें उत्तर में हिमालय से लेकर दक्षिण में विन्ध्याचल पर्वत तक पश्चिम में सरहिन्द से लेकर पूर्व में गंगा-यमुना तट तक माना है। (2) दोनों उपशाखाओं (भीतरी + बाहरी) की भाषाओं के व्याकरण की भिन्नता- 'ई' प्रत्यय बाहरी वर्ग की भाषाओं में है। भीतरी वर्ग की भाषाओं में नहीं। लेकिन डॉ. चटर्जी, डॉ. तिवारी आदि ने उदाहरण देकर यह सिद्ध किया है कि ऐसे प्रत्यय बाहरी वर्ग में ही नहीं अपितु भीतरी वर्ग में भी है। जैसे गाती, की, बेटी, लड़की, बड़ी आदि। (3) स्वरूपों की भिन्नता- ग्रियर्सन के अनुसार केन्द्रीय या भीतरी उपशाखा की भाषायें, विश्लेषणात्मक अवस्था में हैं। इनमें अर्थ तत्व से सम्बन्ध तत्व अलग दिखाई देता है। जैसे सज्जनता, सभ्यता, देवत्व। उनके अनुसार बाहरी भाषायें संश्लिष्टावस्था की ओर अग्रसर हैं। जैसे बंगला में 'एर' विभक्ति संज्ञा से संश्लिष्ट होकर रामेर बनती है। जैसे राम का में विभक्ति अलग है, तथा बंगला में रामेर में एर संश्लिष्ट है। सज्जनता तो संश्लिष्ट है। सज्जन है अर्थतत्व तथा ता है सम्बन्ध तत्व। तथा राम की पुस्तक में राम और पुस्तक है अर्थतत्व तथा 'की' है सम्बन्ध तत्व। जिन भाषाओं के अर्थ तत्व और सम्बन्ध तत्व का विश्लेषण हो सके वे विश्लेषणात्मक भाषायें होती हैं। Analytical। तथा जिसमें अर्थ तत्व में ही संबंध तत्व संश्लिष्ट हो वे संलिष्ट भाषायें है। जैसे बंगला

में 'रामेई बोर्ड' का अर्थ है राम की पुस्तक, इसमें संबंध तत्व संश्लिष्ट है। राम में मिला हुआ है। रामस्य और बलात् में 'स्य' और आत् सम्बन्ध तत्व है। लेकिन हैं मिले हुए यानी संश्लिष्ट हैं। डॉ. ग्रियर्सन की मान्यता का खण्डन करते हुए डॉ. सुनीति कुमार चटर्जी ने कहा है कि भीतरी वर्ग की भाषाओं में ही संयोगात्मक प्रयोग बहुत मिलते हैं। जैसे- पूतहिं (पुत्र को) मनहि (मन में) भवनहि (भवन में) मेरा (मैं+का) आदि प्रयोग। इस प्रकार शब्द रूपों की भिन्नता, भीतरी व बाहरी वर्ग का भेदकतत्व नहीं माना जा सकता। ग्रियर्सन मराठी बंगाली में साम्य मानते हैं सिन्धी, बंगाली में साम्य मानते हैं। लेकिन डॉ. चटर्जी ने यह सिद्ध करने का प्रयास किया है कि मराठी, बंगाली में उतनी समानता नहीं है जितनी हिन्दी और बंगाली में हैं। **(4) क्रिया रूप**- ग्रियर्सन का विचार है कि बाहरी वर्ग की भाषाओं में कर्मवाच्य के कृदन्तीय रूपों में सर्वनाम के लघुरूपों का प्रयोग होता है। जैसे मया (मेरे द्वारा) भीतरी भाषाओं में कृदन्तीय रूपों के साथ सर्वनाम के लघुरूपों का प्रयोग नहीं होता। परिणामतः प्रत्येक पुरूष तथा वचन में क्रिया के एकरूप का व्यवहार मिलता है। जैसे मैने मारा, हमने मारा। तुमने मारा इत्यादि। डॉ. चटर्जी ने इस बात का खण्डन करते हुए कहा है कि क्रिया रूपों को लेकर आधुनिक आर्य भाषाओं को भीतरी या बाहरी वर्ग समूह में विभाजित नहीं किया जा सकता। यदि उनके क्रियारूपों को देखा जाये तो सभी आधुनिक आर्य भाषाओं को "कर्तरि" प्रयोगनिष्ठ का "कर्मणि" प्रयोगनिष्ठ रूपों में विभाजित किया जा सकता है। **(5) ध्वन्यात्मक भिन्नता**- डॉ. ग्रियर्सन के अनुसार र > ल हो जाता है। ड = ड़ हो जाता है बाहरी वर्ग की भाषा में। द > ड़, द > ड़, म्ब > म हो जाता है, बाहरी वर्ग की भाषा में। तथा "म्ब" भीतरी वर्ग की भाषाओं में 'ब' हो जाता है। डॉ. चटर्जी तथा डॉ. भोलानाथ तिवारी ग्रियर्सन की इस मान्यता से सहमत नहीं है। उन्होंने ब्रजभाषा, अवधी और खड़ी बोली के अनेक उदाहरण देकर यह बताया है कि ये ध्वन्यात्मक विशेषतायें भीतरी वर्ग में भी हैं। जैसे डॉ. तिवारी के अनुसार गर = गला, वर = बल, दृष्टि = दीठि, दण्ड = डंडा, दंश = डसना, जम्बुक =जामुन, ताम्र = तांमा, तांबा। **(6) ग्रियर्सन का मत** है कि उष्म ध्वनियाँ "श स ष र ह" बाहरी भाषाओं में मिलती हैं। गुजराती में करशे, लंहदा, में करेसी' तथा बंगाली में भी मिलती हैं। शषस- शखह इसका खंडन डॉ.

चटर्जी ने किया है उन्होने बताया है कि उक्त ध्वनियों का प्रयोग भीतरी एवं बाहरी दोनों भाषाओं में मिलता है। द्वादश = बारह, तस्य = ताहि। खड़ी बोली एवं ब्रज भाषा भीतरी वर्ग की भाषायें हैं। बारह, ताहि खड़ी बोली एवं ब्रज भाषा के शब्द हैं। **7. डॉ. ग्रियर्सन कहते हैं** कि बाहरी भाषाओं में महाप्राण-ध्वनियां अल्पप्राण हो जाती हैं। **महाप्राण ध्वनि** ख, घ, छ, झ, ठ, ढ़, थ, ध, फ, म, म्ह, न्ह, ल्ह। **अल्पप्राण ध्वनि**- ख, ग, च, ज, ट, त, द। डॉ. चटर्जी ने इसका भी खण्डन किया तथा भीतरी भाषाओं यानी हिन्दी में भगिनी = भइनी = बहिन आदि की विशेषतायें मिलती हैं जैसे भेष-वेश-बेश। **8. डॉ. ग्रियर्सन कहते हैं**- बाहरी भाषाओं के शब्दों के अंतिम स्वर इ, ए, उ मिलते हैं। भीतरी में नहीं। कश्मीरी में अछि, सिन्धी में अखि खड़ी बोली में आंख। डॉ. चटर्जी ने इसका भी खण्डन किया और बताया है कि यह विशेषता भीतरी भाषाओं में भी है। भीतरी बिहारी भाषा में आंखि मिलता है। पूर्वी हिन्दी उड़िया, अवधी आदि भीतरी भाषाओं में भी यह विशेषता मिलती है। फिरि, मातु, सांचु, हाथु, अगहनु बांटु विरज (ब्रज) **9. ग्रियर्सन ने कहा था** कि बिहारी भाषाओं में 'ल' प्रत्यय विशेषण बनाने के लिए मिलता है। इसका कारण है भारोपीय प्रभाव। चटर्जी ने बताया यह विशेषता भीतरी भाषाओं में यानी पश्चिमी हिन्दी में भी है- लजीला, स्वपनिल, स्नेहिल, पंकिल, धूमिल गिरल (मैथिली)। डॉ. ग्रियर्सन के इस वर्गीकरण को डॉ. चटर्जी ने बिल्कुल यथार्थ नहीं माना बल्कि आंशिक सत्य माना।

डॉ. चटर्जी का वर्गीकरण- 1. उदीच्य (उत्तरी) सिन्धी, लंहदा, पूर्वी पंजाबी। 2. प्रतीच्य (पश्चिमी) गुजराती, राजस्थानी। 3. मध्य देशीय (पश्चिमी हिन्दी) 4. प्राच्य (पूर्वी) कौशली या पूर्वी हिन्दी, बिहारी, उड़िया बंगला, असमिया 5. दाक्षिणात्य (मराठी) डॉ. चटर्जी ने अपने इस वर्गीकरण को भौगोलिक आधार दिया है। इस वर्गीकरण में कश्मीरी, सिंहली आदि भाषाओं को स्थान नहीं दिया, यह अपूर्णता है। इसमें पूर्वी पहाड़ी (नेपाली) पश्चिमी पहाड़ी (चम्बाली) कुल्लई, मण्डिआली आदि भाषाओं को भी स्थान नहीं मिला है। मध्य पहाड़ी (गढ़वाली) को भी स्थान नहीं मिला। इनको दरद परिवार की भाषा माना, आर्य भाषाओं में नहीं माना। उर्दू को भी स्थान नहीं मिला। लेकिन इसमें तर्क दिया है कि, हिन्दी का रूप ही उर्दू है। राजस्थानी को भी स्थान नहीं दिया। खानदेशी, भीली को भी स्थान नहीं दिया। चटर्जी ने इन तीनों को मिश्रित-भाषा कहा। और आर्य

भाषाओं में नहीं माना। ग्रियर्सन ने इन सभी को स्थान दिया है। कश्मीरी को चटर्जी, ग्रियर्सन ने आर्य भाषा नहीं माना, अपितु डॉ. राम विलास शर्मा ने इसे आर्य भाषा माना, और संस्कृत से मिलती-जुलती भाषा माना। यथा-

कश्मीरी	संस्कृत	कश्मीरी	संस्कृत
↓	↓	↓	↓
वशुम	उष्ण	गुरूख	गोरस
अर्चान	अर्चना	ग्रस्त	गृहस्थ, कृषक
अशु	अश्रु	ग्रीथ	उद्‌गीथ, गीत,
अथवार	आदित्यवार		

इस प्रकार राजस्थानी पूर्वी हिन्दी, बिहारी आदि को हिन्दी से अलग माना है। यह मत डॉ. चटर्जी का है। लेकिन एक विद्वान डॉ. हरदेव बाहरी ने कहा है कि ये भाषायें हिन्दी में ही सम्मिलित हैं। डॉ. बाबूराम सक्सेना- डॉ. धीरेन्द्र वर्मा ने डॉ. चटर्जी के मत को ही माना है। डॉ. वर्मा प्रतीच्य में केवल गुजराती को ही मानते हैं। राजस्थान को नहीं तथा मध्यदेशीय में राजस्थानी को लाते हैं। तथा यहीं पर पूर्वी हिन्दी एवं बिहारी को भी रखते हैं। यही अन्तर केवल चटर्जी और वर्मा के वर्गीकरण में हैं।

डॉ. भोलानाथ तिवारी का वर्गीकरण-- डॉ. तिवारी ने भौगोलिक आधार एवं अपभ्रंशों के आधार पर वर्गीकरण किया है। अपभ्रंशों के आधार को इन्होंने महत्व दिया है। 1. शौरसेनी- पश्चिमी हिन्दी, पहाड़ी, राजस्थानी, गुजराती। 2. मागधी- बिहारी बंगाली, आसामी, उड़िया 3. अर्धमागधी- पूर्वी हिन्दी। 4. महाराष्ट्री- मराठी 5. ब्राचड़- सिंधी, लहरा, पंजाबी। यह वर्गीकरण वैज्ञानिक है, लेकिन चटर्जी के आधार पर है। चटर्जी का वर्गीकरण अधिक माना है। आर्य भाषाओं का वर्गीकरण भाषाओं की उत्पत्ति के आधार पर होना चाहिए।

डॉ. हरदेव बाहरी का वर्गीकरण- 1. हिन्दी वर्ग 2. हिन्दीतर वर्ग (अहिन्दी वर्ग)।

1. हिन्दी वर्ग- मध्य पहाड़ी, राजस्थानी, पश्चिमी हिन्दी, पूर्वी हिन्दी और बिहारी।

2. अहिन्दी वर्ग (हिन्दीतर)- नेपाली, पंजाबी, सिन्धी, गुजराती सिंहली, मराठी, उड़िया, बंगला, असमिया। इन्होंने हिन्दी वर्ग में मध्यदेशीय भाषाओं को रखा है। ये मध्यदेश के आधार पर चले हैं। पर वर्गीकरण भी कुछ स्पष्ट नहीं है। इन सभी विद्वानों के वर्गीकरण को व्यापक दृष्टि से अर्थात् सार्वभौमिक दृष्टि से और विशेषकर भारत की अस्मिता और वर्चस्व की दृष्टि से देखते हैं तो विदेशीय और भारतीय विद्वानों ने विश्लेषण एवं गवेषणापूर्ण वर्गीकरण करने का पूरा-पूरा प्रयास किया है। और जैसा कि मैंने कक्षा में गुरूदेव डॉ. द्वारिका प्रसाद सक्सैना और डॉ. सोमप्रकाश सुधेश से पढ़ा और सुना तथा लिखा उसे आधार मानकर तो मेरा निजी मंतव्य यही है कि भारतीय भाषाओं का वर्गीकरण वही सटीक और वैज्ञानिक माना जाना चाहिए जो भाषाओं की उत्पत्ति के समयानुसार व्यवहार में आया है और सुधी विद्वानों ने जिसे उपयुक्त समझा है। इस दृष्टि से यहाँ प्रस्तुत विदेशी विद्वानों और भारतीय विद्वानों के वर्गीकरण अपनी-अपनी दिशा और दशा से उचित ही है। किसी को असंगत कहना विद्वानों के परिश्रम को नकारना होगा। सारांशतः कहा जा सकता है कि डॉ. ग्रियर्सन और डॉ. सुनीति कुमार चटर्जी के वर्गीकरण ही आधारभूत और प्रधान वर्गीकरण हैं।

हिन्दी शब्द की उत्पत्ति-निरुक्ति एवं इसका अर्थ और क्षेत्र का निर्धारण

प्राचीन काल में उत्तरी भारत को भरतखण्ड तथा जम्बू द्वीप गया है। संस्कृत ग्रन्थ श्रीमद्‌भागवत के पंचम स्कन्ध के द्वितीय अध्याय के अनुसार इस वर्ष (देश) को 'भारतम् व्यपदिशन्ति' अर्थात् भारत कहा जाने लगा। बौद्धधर्म के पालिग्रन्थों में भी जम्बूद्वीप शब्द मिलता है। इसका हिन्दू नाम सिंधु शब्द का प्रतिरूप है। ईरान अथवा फारस के निवासी सिन्धु नदी के तटीय प्रदेश को हिन्द और वहां के निवासियों को हिन्दू कहा करते थे। ग्रीक लोग सिंधु नदी को 'इन्दोस' कहा करते थे। और निवासियों की 'इन्दोई' और उस प्रदेश को 'इन्द्रिके' अथवा 'इंदिका' कहते थे। जिसका लैटिन रूप 'इन्दिया' है। अंग्रेजी का India इंण्डिया शब्द इसी से बना है। इस प्रकार हिन्द शब्द पहले पश्चिमोत्तर प्रदेश का वाचक था। वाद में समग्रदेश का

वाचक हो गया। हिन्द शब्द फारस से अरब पहुँचा। अरब निवासियों ने सिंध को जीता, तो उसे सिन्ध या हिन्द कहने लगे। इसी हिन्द से हिन्दी शब्द बना। हिन्दी शब्द पहले 'हिन्द का निवासी' के लिए प्रयुक्त होता था। अमीर खुसरो ने भारतीय मुसलमानों के लिए- हिन्दू शब्द प्रयोग किया है, और उन्हीं की भाषा को बाद में हिन्दी कहा गया। इस तरह हिन्दी का सम्बन्ध हिन्द से है। यह सिन्धु से बना तथा सिंध भी मिलता है। यह पहले सिंधु नदी के लिए, फिर स्थान के लिए और फिर प्रदेश के लिए प्रयुक्त हुआ है। इससे पूर्व आर्यावर्त, जम्बूद्वीप आदि प्रयुक्त होते थे। हिन्द शब्द का प्रचार मुसलमानों ने किया। फारसी में 'स' को 'ह' हो जाता है। जैसे सप्ताह को हफ्ता भी कहते हैं। फारसी में कहीं सिन्ध तो कहीं हिन्द शब्द भी मिलता है। हिन्द का अर्थ भारत वर्ष तथा सिन्धु नदी के आस-पास का प्रदेश है। हिन्द में ई प्रत्यय से हिन्दी बना, इसका अर्थ निवासी फिर भारत की भाषा भी हो गया। India भी लैटिन के इण्डिया का अंग्रेजी रूपान्तरण है। ईक् प्रत्यय लगाने पर हिन्दी क् फिर ग्रीक में इन्दिके शब्द आया। लैटिन में इन्दिके इन्दिका इन्दिआ और इंडिया हो गया। हिन्द पहले स्थान वाचक फिर भाषा वाचक हो गया।

इस प्रकार हिन्दी और हिन्द शब्द का विकास हुआ। अतः हिन्द फारसी शब्द सिद्ध हुआ और फिर हिन्दी मुसलमानों की भाषा कही जाने लगी। डॉ. धीरेन्द्र वर्मा ने ठीक ही लिखा है कि संस्कृत, प्राकृत अथवा आधुनिक आर्य भाषाओं के किसी भी प्राचीन ग्रन्थ में इसका व्यवहार नहीं किया गया। भाषा के अर्थ में हिन्दी शब्द का प्रयोग मुसलमानों ने शुरू किया। भारत के निवासी प्राचीन काल में अपनी भाषा के लिए 'भाषा' शब्द का प्रयोग करते आ रहे थे। भाषा शब्द का प्रयोग क्रमशः संस्कृत, प्राकृत, अपभ्रंश के लिए होता रहा। मुसलमानों ने भारत की भाषा को "ज़बाने-हिन्द" या "हिन्दी ज़बान" या केवल हिन्दी शब्द से पुकारना शुरू किया। छठी शताब्दी में ईरानी साहित्य में "जवान-ए-हिन्दी" का प्रयोग भारतीय भाषाओं के लिए होता रहा। अनेक पुस्तकों में से उसके प्रमाण दिये जा सकते हैं। हिन्दी शब्द का प्रयोग भाषा के अर्थ में सबसे पहले "इब्नबतूता" ने अपनी पुस्तक में किया जो कि 14वीं शताब्दी का है। अमीर खुसरो ने हिन्दी शब्द का प्रयोग भारतीय मुसलमानों के लिए और हिन्दवी शब्द का प्रयोग मध्यदेशीय भाषा के लिए किया है। हिन्दू लोग

अपनी जिस भाषा को भाखा के नाम से पुकारते थे। मुसलमानों ने उसे हिन्दवी कहना शुरू किया। इस प्रकार हिन्दुवी या हिन्दवी वह भाषा थी, जो शौरसेनी अपभ्रंश से विकसित हुई थी। और मध्यप्रदेश में सहज रूप से विकसित हो रही थी। भारतीय मुसलमानों ने इसे अपनाया। पर धार्मिक या सांस्कृतिक कारणों से उनकी भाषा में अरबी, फारसी, तुर्की शब्द अधिक थे। उस भाषा के लिए शुरू में हिन्दी शब्द चल पड़ा पर हिन्दुवी और हिन्दी का यह भेद बहुत दिन नहीं चला। हिन्दी शब्द मूलतः मुसलमानों की हिन्दी के लिए प्रयुक्त हुआ। धीरे-धीरे वह हिन्दुओं की भाषा की ध्वनि देने लगा। हिन्दी शब्द के भाषा के अर्थ में प्रयोग की अविच्छिन्न परंपरा दक्खिनी या दक्खिनी हिन्दी के कवियों या गद्य लेखकों द्वारा शुरू हुई, जैसे- "शाहमीराजी" ने लिखा है "यों देखत हिन्दी बोल"। मुल्लाबज़ही ने "सवरस" की भूमिका में लिखा है कि- "हिन्दोस्तां में हिन्दी जवां से" यह पुस्तक 16वीं सोलहवी सदी की है।

17वीं शताब्दी से हिन्दी शब्द का प्रयोग उत्तर भारत में भी होने लगा था। बरकतुल्ला प्रेमी के "अबारके हिन्दी" (पृष्ठ) में तथा अन्य लेखकों की रचनाओं में हिन्दी शब्द का प्रयोग मिलता है। 1773 ई. में सूफी कवि नूर मुहम्मद लिखता है "हिन्दू मग पर पॉव न राख्यो, का जो बहुतै हिन्दी भाख्यौ" इससे यह संकेत मिलता है कि 17वीं शताब्दी तक हिन्दी शब्द हिन्दुओं की भाषा के लिए प्रयुक्त होने लगा था। और उस भाषा में से संस्कृत शब्दों को निकालकर अरबी, फारसी शब्दों के प्रयोग द्वारा उर्दू की नीवं पड़ी। हिन्दुओं की भाषा के लिए पहले हिन्दवी शब्द का प्रयोग किया गया। और मुसलमानों की भाषा के लिए हिन्दी या हिन्दुस्तानी शब्द का व्यवहार किया गया। विदेशी मुसलमान भारत के लोगों को हिन्दू कहते थे। यद्यपि यहां दूसरे धर्म को मानने वाले भी थे, उनके लिए हिन्दू शब्द भारतीय का पर्यायवाची था। इस प्रकार उनकी भाषा के लिए मुसलमानों ने हिन्दुई, हिन्दुवी, हिन्दवी शब्द चलाया। भाषा के अर्थ में हिन्दवी शब्द हिन्दी से पुराना है। फारसी कवि मुहम्मद ओफी और अमीर खुसरो ने इस शब्द का प्रयोग किया है। जायसी ने भी 16वीं शताब्दी के उत्तरार्ध में हिन्दवी शब्द का प्रयोग किया है। हिन्दवी का प्रयोग सन् 1300 ई. से 1800 ई. तक होता रहा। 19वीं शताब्दी के बहुत से उर्दू शायर भी जैसे 'हातिम नासिख' सौदा, मीर, गालिब ने अपने शेरों को हिन्दी शेर कहा है। सन् 1820 में प्रकाशित 'ग्रिलक्राइस्ट'

की पुस्तक में "कवानीने सर्फो न हो हिन्दी" हिन्दी का प्रयोग उर्दू या रेख्ता के लिए किया गया है। बाद में हिन्दू मुसलमानों में भेद डालने के लिए 'ग्रिलक्राइस्ट' अरबी फारसी से युक्त भाषा को हिन्दुस्तानी कहने लगे जो वास्तव में उर्दू थी, और हिन्दुओं की संस्कृत मिश्रित भाषा के लिए हिन्दी शब्द का प्रयोग करने लगे। इस प्रकार हिन्दी को आधुनिक अर्थ अंग्रेजों ने प्रदान किया। इस नवीन अर्थ में हिन्दी शब्द का प्रयोग सबसे पहले 'केप्टिन टेलर' ने किया। संक्षेप में कहा जा सकता है कि हिन्दी शब्द का प्रयोग अनेक अर्थों में होता रहा है। शुरू में हिन्दी का अर्थ था 'हिन्द का निवासी' कालान्तर में उसका अर्थ हो गया हिन्द की भाषा। अरबी फारसी साहित्य में से दोनों अर्थ लिये गये। फिर विदेशी मुसलमान भारतीय मुसलमानों को हिन्दी और उनकी भाषा को भी हिन्दी कहने लगे। और भारतीयों की भाषा को तो बहुत पहले हिन्दवी कहने लगे थे। फिर धीरे-धीरे हिन्दवी और हिन्दी का भेद मिटता गया। हिन्दी शब्द पहले हिन्दू और मुसलमानों दोनों की भाषा के लिए प्रयुक्त होने लगा। लेकिन अंग्रेजों की भेदनीति के कारण हिन्दी शब्द हिन्दुओं की संस्कृत निष्ठ भाषा के लिए रूढ़ हो गया।

हिन्दी साहित्य के इतिहास ग्रन्थों में हिन्दी शब्द का अर्थ है- बिहार, उत्तर प्रदेश, मध्य प्रदेश, राजस्थान, दिल्ली, पूर्वी पंजाब और हिमाचल प्रदेश की भाषा। इस क्षेत्र में पांच उपभाषायें और उनसे सम्बन्धित 17 सत्रह बोलियाँ आ जाती है। ग्रियर्सन ने भाषा वैज्ञानिक आधार पर पश्चिमी हिन्दी, पूर्वी हिन्दी को ही हिन्दी माना है। अर्थात् राजस्थानी, बिहारी और पहाड़ी को हिन्दी क्षेत्र से बाहर निकाल दिया है। एक भाषा वैज्ञानिक डॉ. सुनीति कुमार चटर्जी का मत है, जो उन्होंने सन् 1952 के बाद प्रकट किया। बाद में उन्होंने मान लिया कि पश्चिमी हिन्दी ही हिन्दी है। अर्थात् केवल पश्चिमी हिन्दी के अन्तर्गत आने वाली पांच बोलियों के समूह का नाम ही हिन्दी है। डॉ. भोलानाथ तिवारी का मत है कि भाषा वैज्ञानिक दृष्टि से हिन्दी के अन्तर्गत आठ बोलियां माननी चाहिए। इस प्रकार व्यावहारिक दृष्टि से तो 17 सत्रह बोलियों के समूह का नाम हिन्दी है। लेकिन भाषा वैज्ञानिक दृष्टि से आठ बोलियों के समूह को ही हिन्दी कहना चाहिए। इस सम्बन्ध में डॉ. वीरेन्द्र वर्मा का मत अधिक उपयुक्त है- "शब्दार्थ की दृष्टि से हिन्दी शब्द का प्रयोग भारत में बोली जाने

वाली किसी भाषा के लिए हो सकता है किन्तु आज कल वास्तव में इसका व्यवहार उत्तर भारत के मध्य देश के हिन्दुओं की वर्तमान साहित्यिक भाषा के अर्थ में मुख्य तथा साथ ही इसी भूमिभाग की उपभाषाओं उनसे सम्बन्ध रखने वाले प्राचीन साहित्यिक रूपों के अर्थ में साधारणतया होता है।" आधुनिक राज्य भाषा तथा राष्ट्रभाषा की दृष्टि से खड़ी बोली का परिनिष्ठित रूप ही आजकल हिन्दी माना जाता है। लेकिन यह मत भाषा वैज्ञानिक दृष्टि से अधूरा है। "हिन्दी की पाँच उपभाषायें- ये हैं- 1. राजस्थानी 2. बिहारी 3. पहाड़ी 4 पश्चिमी हिन्दी 5. पूर्वी हिन्दी।"

1. राजस्थानी के अनतर्गत मारवाड़ी, जयपुरी मेवाती और मालवी।

2. बिहारी के अन्तर्गत भोजपुरी मैथिली और मराठी।

3. पहाड़ी के अन्तर्गत पश्चिमी पहाड़ी बोलियां, मध्य पहाड़ी (गढ़वाली) पूर्वी पहाड़ी (नेपाली)।

4. पश्चिमी हिन्दी अन्तर्गत खड़ी बोली, बांगठ, हरियाणवी, ब्रजभाषा, कन्नौजी, बुन्देलखण्डी।

5. पूर्वी हिन्दी के अन्तर्गत अवधी, बघेली, छत्तीसगढ़ी।

"**हिन्दी की बोलियाँ**-- पश्चिमी हिन्दी यह मध्य देशीय भाषा है। यह इलाहाबाद से लेकर कानपुर उन्नाव के पश्चिमी क्षेत्र तक इसका क्षेत्र है। इसका सम्बन्ध शौसेनी अपभ्रंश से है। इसका सम्बन्ध प्राकृत से होते हुए संस्कृत से है। इसमें तीन भाषाऐं आती है।"

1. खड़ी बोली--- मेरठ और दिल्ली के निकट सहारनपुर आदि खड़ी बोली का क्षेत्र है।

विशेषता

(i) खड़ी बोली में क्रिया के तद्भव और कृदन्तीकृत रूप, विशेषता तथा संज्ञापद के आकारान्त रूप मिलते हैं। जबकि पश्चिमी हिन्दी की अन्य बोलियों में आकारांत या औकारांत रूप मिलते हैं। जैसे-भला, मारा, गया, घोड़ी- भलौ, मारौ, घोरो

आदि।

(ii) इसमें मूर्धन्य व्यंजनों का अधिक व्यवहार होता है। ऐसा ही पंजाबी, राजस्थानी और गुजराती में होता है। "ऋटुरषाणाम् मूर्धा" ऋ ट वर्ग (ट ठ ड ढ़ ण) र तथा ष का उच्चारण स्थान मूर्धा है। यथा- मानुस > माणुस। न > ण। ल > ळ गुजराती वर्ण। जंगळ > जंगल। वळद > नकद। अपना > अपणा। पानी > पाणी। इन शब्दों का लिखने का रूप तो सही होता है, लेकिन मात्र उच्चारण में रूप बदल जाता है। तथा कहीं कहीं उच्चारण में भी कोई परिवर्तन नहीं होता जैसे- चला, चलेंगे।

(iii) **बोलचाल** की खड़ी बोली में ड, ढ़ का उच्चारण होता है। लेकिन साहित्यिक खड़ी बोली में (ड़) लड़का > लडका मिलता है। गाड़ी > गाड़ी तथा गड्डी मिलता है। चढ़ना > चढना में उच्चारणगत विशेषतायें हैं।

(iv) **स्वराघात** युक्त दीर्घ स्वर के बाद का व्यंजन द्वित्व में बदल जाता है और दीर्घ स्वर प्रायःह्रस्व बोला जाता है। बाप > बापु > बप्पु। बासन > बास्सण। भूखा > भुख्खा। रोटी > रोट्टी। रेती > रेत्ती।

(v) संज्ञाओं के तिर्यक रूप (Oblique) के अंत में ओं या उँ, ऊँ का प्रयोग होता है। मर्द > मर्दों। घरों। मरदूँ। चोक्खे। यादम्यूँ। घरुँ।

(vi) खड़ी बोली में पर सर्ग 'ने' की भी विशेषता है। राम ने रावण को मारा।

2. बांगरु (हरियाणवी, जाटू बोली, देश वाली, देशणी)- यह बोली करनाल, दिल्ली और रोहतक, हिसार, पटियाला, नाभा, जींद के गांवें में बोली जाती है। बांगरु शब्द बांगर से बना है। इसका अर्थ है, उजाड़ भूमि। इसके पूर्व में यमुना नदी है। उत्तर में अम्बाला है। दक्षिण में गुरुग्राम, पश्चिम में पटियाला, दक्षिण में हिसार तक इसका क्षेत्र है। यह बांगरु कुछ अंतर होते हुए भी खड़ी बोली का ही रूप है। इसी कारण इसे भाषाविद् स्वतंत्र बोली नहीं मानते। यह पंजाबी और राजस्थानी मिश्रित खड़ी बोली है।

विशेषतायें– इसमें मूर्धन्य ध्वनियों का प्रयोग मिलता है। जैसे काल > काल्क। पानी > पाणी। अपना > अपणा। इसमें द्वित्व 'ल्ल' का उच्चारण हमेशा मूर्धन्य 'ल्क' नहीं

होता जैसे- चलना > चाल्लणा। ड़ की जगह ड मिलता है, गाड़ी > गड्डी। संज्ञा के तिर्यक् बहुवचन के रूप 'आँ' ध्वनि में अंत होते हैं। ऐसा ही दक्खिनी, पंजाबी और राजस्थानी में होता है। लेकिन ऐसा खड़ी बोली में नहीं होता। जैसे घोड़ा > घोड़े > घोड़ो खड़ी बोली में हैं लेकिन इसमें घोड़ाँ, दिनाँ, खेताँ, बरसाँ, घोड़ों, दिनों, खेतों और बरसों के लिए प्रयुक्त हैं। सम्बन्ध अनुसर्ग खड़ी बोली में तो का, की, के, हैं। लेकिन बांगरू में केवल 'ने' का प्रयोग होता है। रामपरदेश ने (को) गया। अंततः यही कहा जा सकता है कि बांगरु खड़ी बोली के अधिक निकट है।

3. ब्रजभाषा (अन्तर्वेदी) गंगा यमुना के मध्य के 'दो आव' को अन्तर्वेद कहते हैं। वहीं यह बोली जाती है। इसे ब्रज या विरज बोली भी कहते हैं। इसका क्षेत्र मथुरा, आगरा, अलीगढ़, धौलपुर, करौली, ग्वालियर के पश्चिम भाग, जयपुर के पूर्वी भाग और गुड़गांव के पूर्वी भाग में ब्रजभाषा बोली जाती है। ब्रजभाषा का शुद्ध और आदर्श रूप मथुरा, अलीगढ़ और आगरा के पश्चिम भाग में मिलता है। बुलंदशहर की ब्रजभाषा में खड़ी बोली का मिश्रण है। आगरा के पूर्वी क्षेत्र की ब्रजभाषा पर बुन्देली का प्रभाव है। एटा की तरफ कन्नौजी का प्रभाव है। ब्रजभाषा की विशेषता है कि इसमें नपुंसकलिंग भी मिलता है। जोकि प्राचीनता का द्योतक है। उत्तर भारत की अधिकांश बोलियों से नपंसकलिंग लुप्त होकर पुल्लिंग में बदल गया था लेकिन ब्रजभाषा में 'औ' प्रत्यय का अधिक प्रयोग होता है। जैसे- घोडौ, चलौ, भलौ, घोड़ा कौ। वर्तमान कृदन्तरूपों के कर्तृवाच्य के रूप तु, त से अंत होते हैं। मारतु, मारत, पिबतु, पिबत, चलतु, चलत। अतीतकाल के कृदन्त का रूप 'थौ' प्रत्ययान्त होता है। जैसे मारयौ मारौ आदि शब्द भी मिलते हैं। 'य' ध्वनि संस्कृत की 'इ' ध्वनि का रूप है। पूर्वी हिन्दी में अवधी, छत्तीसगढ़ी बोली आती है। 'अवधी' यह लखनऊ, उन्नाव, रामपुर, बरेली, सीतापुर, खीरी, फ़ैजाबाद, गौंडा, बहराइच, सुल्तानपुर, प्रतापगढ़ और बाराबंकी की बोली है। दक्षिण में इलाहाबाद, फतेहपुर, कानपुर, जौनपुर जिलों में भी इसका प्रचार है। इसका मिश्रित रूप बिहार के मुजफ्फरपुर तक मिलता है। इस बोली के लिए कुछ और नाम भी प्रचलित हैं। कौशली या बसबाड़ी। लेकिन अवधी प्रचलित नाम है। यह केवल अवध प्रदेश की ही बोली नहीं, उसके बाहर भी बोली जाती है। इसकी विशेषतायें निम्नलिखित हैं--

1. ध्वन्यात्मक है- 1. ए और ओ के ह्रस्व तथा दीर्घ दोनों रूप मिलते हैं। जैसे 'नेरे' में 'ए' दीर्घ है। तथा 'कहेसि' में ए ह्रस्व बोली जाती है। 2. इ, उ, ए के जपित रूप (जपित ध्वनि वह ध्वनि है जिसका पूर्णरूप से उच्चारण न हो सके) मिलते हैं। जैसे स्कूल में आरंभ में 'इ' का जप हम मन ही मन कर लेते हैं। जैसे गीलि, सांपु, कहेसि। 3. श, स, ष > स में बदल जाते हैं- अवधी में। यथा- श्वास > सांस। षोडश > सोरह। 4. अकारण अनुनासिकता भी अवधी में मिलती है। जैसे सर्प > सांपु, सांस। 5. समीकरण की प्रवृत्ति भी अवधी में मिलती है। (कुछ ध्वनियों का इकट्ठा हो जाना समीकरण है। जैसे- सातदिन = साद्दिन। 6. ल के स्थान पर र हो जाता है और ऋ का रि हो जाता है। जैसे मूसल > मूसर। हल > हर। बल > वर। ऋषि > रिसि।

2. व्याकरण सम्बन्धी-- 1. संज्ञा के तीन रूप अवधी में मिलते हैं ह्रस्व, दीर्घ, दीर्घतर। जैसे- घोड़े- ह्रस्व। घोड़वा-दीर्घ। घोडौना, घोडउना- दीर्घतर। नार, नरिया, नरीना। कुत्ता, कुतबा, कुत उना। संज्ञा में एक एकरूपता नहीं विविधता है। 2. संज्ञा तथा विशेषण के लिंग के सम्बन्ध में अवधी के नियम पश्चिमी हिन्दी के मुकाबले ढ़ीले हैं। बिहारी बोली इनसे मुक्त है। लेकिन अवधी में लिंग सम्बन्धी विशिष्टतायें भी है, जैसे विशेषण शब्दों में लिंग परिवर्तन जैसे- आपन (पुल्लिंग) आपिनि (स्त्रीलिंग) ऐस (पुल्लिंग) ऐसि (स्त्रीलिंग) ओकरि (पुल्लिंग) ओकरी उसका (स्त्रीलिंग) 3. पुल्लिंग व्यंजनान्त शब्दों में प्रायः 'उ' का प्रयोग होता है। जैसे- सांस > सांसु (पुल्लिंग) स्त्रीलिंग किताबई और स्त्रीलिंग व्यंजनान्त शब्दों में प्रायः इ का प्रयोग होता है। जैसे वातई। 4. उत्तम तथा मध्यमपुरुष के भविष्यत् काल के रूप 'ब' संयुक्त करके सम्पन्न होते हैं। जैसे देखि > देखिबौ। उत्तम पुरुष भविष्यत् काल करब > करिबौ। व > ब में बदल जाता है। 5. कर्ता के साथ ने अनुसर्ग खड़ी बोली में अधिक प्रयुक्त है। इसका अवधी बिहारी में बिल्कुल अभाव है। 6. 'कर्म' को की जगह अवधी में का, के अनुसर्ग का प्रयोग होता है। राम का दीन = राम को दिया। अधिकरण में, पर की जगह अवधी में 'मा' अनुसर्ग का प्रयोग होता है। उइमा (उसमें) 7 वर्तमान काल की सहायक क्रिया के रूप अहै, वाटै, वाट शब्दों को जोड़कर बनाये जाते हैं। जैसे- रोटी खाता है (खड़ी बोली) खात अहै (अवधी)।

"हिन्दी की स्वर ध्वनियों का विकास"-- स्वर वे घोष ध्वनियाँ हैं, जिनके उच्चारण में वायु किसी अवरोध या संघर्ष के बिना मुख एवं नासिका से निर्गत होती है। स्वर ऐसी सघोष ध्वनियाँ है- जिनके उच्चारण में मुख विवर बराबर खुला रहता है एवं घोष तंत्रियों से ऊपर किसी प्रकार के श्रुतिगम्य संघर्ष के बिना श्वास निर्बाध गति से मुख तथा कभी-कभी नासिका के संकोच विकोच द्वारा परिणत होता हुआ इस प्रकार बाहर निकल जाता है कि उसमें एक विशेष लक्षण या नाद का संचार होता है। हिन्दी की स्वर ध्वनियों का विकास तीन रूप में हुआ है। 1. प्राचीन आर्यभाषा की ध्वनियाँ मध्यवर्ती आर्यभाषाओं में विकसित हुई। चौदह स्वर अ, आ, इ, ई, उ, ऊ, ऋ, ॠ, लृ, ऌ, ल्ल, ए, ऐ, ओ, औ इनका विकास मध्यकालीन आर्य भाषा में हुआ। ऋ ॠ लृ ॡ, ऐ औ ध्वनि मध्यकालीन आर्यभाषा में लुप्त हो गई। शेष आठ स्वर प्राचीन रह गये। तथा ए, ओ, भी आये। 2. मध्यकालीन आर्यभाषा में ऋ का विकास मिलता है। अ इ उ के रूप में मिलता है। नृत्य > नच्च > नाच। शृगाल > सिगाल। सिआर > स्यार। पृच्छ > पुच्छ पूछना। वृद्ध > बुडढ़ > बूढ़ा 3. ऐ औ > ए ओ हो गई। जैसे तैल > तेल। औषधि > ओषधि। हिन्दी की स्वर ध्वनियाँ मध्यकालीन आर्यभाषा की स्वर ध्वनियों से विकसित हुई। अ, आ, इ, ई, उ, ऊ, ए, ऐ, ओ, औ आदि मध्यकालीन ध्वनियाँ अपरिवर्तित रूप में हिन्दी में मिलती है। ऐ, औ स्वर और आये। ये प्राचीन आर्यभाषा में भी थे। किन्तु उच्चारण में उनसे इनका कोई सम्बन्ध नहीं था। जैसे- ऐ = अ, इ (प्राचीन में) (तथा औ = अ, उ) हिन्दी में ऐ = अ एँ, औ = अ ओ जैसे ऐनक, औरत आदि। 4. ऑ ध्वनि भी हिन्दी में आई। कॉलिज College। जो व्यंजन लोप के कारण अवशिष्ट रह जाय, उद्वृत्त स्वर होता है जैसे ई। स्वर के मध्य ग, द, ज, क, च, प, ये व्यंजन आये तो लुप्त हो गये। इस प्रकार मूल स्वर ध्वनियाँ अ, आ, इ, ई, उ, ऊ, ए, ओ प्राचीनकालीन है। एँ ओ मध्यकालीन आर्यभाषा में आई। ऐ, औ के संयुक्त मानते हैं। अतः 11 स्वर ही कुछ विद्वान मानते हैं। 'ऑ' का प्रयोग 20वीं शताब्दी में शुरू हुआ।

"हिन्दी की व्यंजन ध्वनियों का विकास"--- व्यंजन के अन्तर्गत वे सघोष या अघोष ध्वनियाँ आती हैं, जो मुख, नासिका या कंठ में श्वास मार्ग के पूर्ण या अपूर्ण अवरोध के द्वारा बनती हैं। यह अवरोध या संकोच मुख विवरस्थ उच्चारण स्थान के

किसी विशेष भाग जिहूवा में जिहूवा मूलादि कारणों के द्वारा सम्पन्न होता है। व्यंजन ध्वनियां हिन्दी में कैसे विकसित हुई। इसके लिए हमको प्राचीन आर्यभाषा की ओर जाना होगा। मूल भारोपीय आर्यभाषा की व्यंजन ध्वनियां ही आर्य भाषा की व्यंजन ध्वनियां है। ट ठ ड ढ़ ण प्राचीन आर्य भाषा में विकसित हुई। कुछ लोग कहते हैं कि द्रविण भाषाओं के प्रभाव से मूल भाषायें आयी। प्राचीन आर्य भाषा पांच वर्गों में बांटी जाती है। (1) 'क' वर्ग- क ख ग घ ड़ (2) 'च' वर्ग- च छ ज झ ञ (3) 'प' वर्ग- प फ ब भ म (4) 'त' वर्ग- त थ द ध न (5) 'ट' वर्ग- ट ठ ड ढ़ ण-- ये 25 व्यंजन है। प्राचीन आर्य भाषा में भी ये व्यंजन ध्वनियां थीं। चार अर्ध स्वर भी इसी में सम्मिलित हैं। य व र ल। तीन उष्म ध्वनियां है। श, स, ष। एक ध्वनि महाप्राण ध्वनि है। जो कि प्राचीन आर्यभाषा की विशेषता लिए हुए है। वैदिक भाषा में 'ल' के स्थान पर ळ, ळह प्रयोग होते हैं। इस प्रकार प्राचीन आर्यभाषा में 35 व्यंजन ध्वनियां विकसित हुई। यही ध्वनियां मध्यकाल की भाषा में विकसित हुई। तथा प्राकृत और हिन्दी भाषा में विकसित हो गई। आदि व्यंजनों को मध्यकालीन भाषा ने ज्यों का त्यों अपना लिया। प्राचीन जिन असंयुक्त आदि व्यंजनों का प्रयोग होता था। मध्यकाल में ज्यों के त्यों अपना लिए गये। केवल य व न श ष व्यंजनों में कुछ परिवर्तन मिलते हैं। संस्कृत का 'य' मध्यकालीन भाषा में 'ज' सर्वत्र हो जाता है। जैसे- यवनिका > जवनिका। व > ब हो गया तथा ब > व हो गया। शौर सैनी और अर्ध मागधी में व का व ही मिलता है। संस्कृत का न 'ण' हो गया। श > स > श > ष > स > श। मागधी अपभ्रंश में श ष के स्थान पर दन्त्य 'स' का ही प्रयोग मिलता है। अपभ्रंश में आदि व्यंजन को सुरक्षित रखने की प्रवृत्ति मिलती है। कभी आदि व्यंजन का महाप्राण रूप और कमी अल्पप्राण रूप और कहीं मूर्धन्य रूप हो जाते हैं। कीलिका > खिल्लियई। ज्वल > झल्ल > झलप। क्षुभित > खुट्टियट > कुटिटय। स्तब्ध > ठउढ़।

मध्यम व्यंजन-- अपभ्रंश में प्रायः लोप हो जाता है। परकीया > पराइय इस उदाहरण में 'की' के स्थान पर 'ई' उद्वृत्त स्वर आ गया है। योगिन > जोई। चतुर्थ > चउत्थ > चौथ अपभ्रंश में। महाप्राण व्यंजनों के स्थान पर 'ह' व्यंजन आ जाता है। दीर्घ > दहि। कथा > कहा। शोभा > सोहा। हिन्दी व्यंजनों का विकास मध्यकालीन

भारतीय आर्य भाषा के व्यंजनों से हुआ। अर्थात् इसमें वे सारी ध्वनियां हैं जोकि प्राकृत अपभ्रंश में थी। डॉ. धीरेन्द्र वर्मा के अनुसार ड, ढ़, व, न्ह, म्ह हैं लेकिन डॉ. तिवारी के अनुसार व का प्रयोग प्राचीन वैदिक काल से चला आ रहा है। ड ढ हिन्दी में मिलती हैं। पढ़ना, लड़का प्राकृतकाल में हो गया था। न्ह म्ह महाप्राण व्यंजन अपभ्रंश के अंतिम चरण में आ गये। अतः डॉ. तिवारी के अनुसार ये नवीन व्यंजन ध्वनियां नहीं है। डॉ. धीरेन्द्र वर्मा के अनुसार ये नये व्यंजन है। ढ़ ड़ ध्वनियां प्राकृत काल में ही आ गई थीं, परन्तु इनका व्यवहार अधिक नहीं था। परन्तु हिन्दी में ये आ गई हैं। ये हिन्दी की ही ध्वनियां हैं। फारसी के प्रभाव से नये व्यंजन विकसित हुए हैं। क़ ख़ ग़ ज़ फ़। ड़ का ह् बिहारी बोलियों में आया। ग को 'न' के रूप में बोलते हैं। ये नये व्यंजन हिन्दी में आये। ये अपभ्रंश में नहीं थे। आधुनिक हिन्दी में दन्त्योष्ठ्य 'म' का प्रयोग एक नई बात है। प्राचीन काल में इस प्रकार का उच्चारण नहीं मिलता था। और मध्यकाल में दन्त्योष्ठ्य 'म' का ह्रस्व रूप मिलता था। और प्राचीन काल में दन्त्योष्ठ्य 'म' के स्थान पर अनुस्वार प्रयोग होता था। संवेदना, संवेग, संवाद, संवेग, सम्वाद। ॠ > रि तथा ष का श उच्चारण होता था। च वर्ग, ट वर्ग ध्वनियां क्रमश = तालव्य तथा मूर्धन्य हैं। लेकिन आजकल 'वर्त्स्य' (मसूड़े) होती जा रही हैं। यह अंग्रेजी का प्रभाव है। चैन में च तालव्यी है। Chain में च वर्त्स्य है। तथा Life लाइफ में लाइफ बोलते हैं, अंग्रेज लोग F को बहुत Soft बोलते हैं। ण ळ का लोप होकर इनके स्थान पर 'न' ड़ आ गये हैं। संस्कृत में ण का प्रयोग आदि में नहीं होता था। मध्य या अंत में होता था। प्राकृत में 'ण' का बहुत प्रचार हुआ। और 'न' से शुरू होने वाले सभी शब्द ण से प्रारंभ होने लगे। हिन्दी में 'ण' का प्रयोग प्रायः तत्सम शब्दों में हैं। अथवा राजस्थानी, बांगरु, कौरवी और पहाड़ी बोलियों में हैं। लेकिन ब्रज, बुदेली, कन्नौजी, अवधी, छत्तीसगढ़ी बिहारी सब में ण के स्थान पर 'न' का प्रयोग होता है। स्वर मध्यवर्ती ट ठ ड और ढ़ अगर दो स्वरों के बीच में आयें तो हिन्दी में प्रायः ड, द, बन जाती हैं। मध्यवर्ती म के स्थान पर 'व' श्रुति आ जाती है। और पूर्व स्वर का सानुनासिकीकरण हो गया। जैसे कमल का कॅवल। निष्कर्ष यह है कि हिन्दी में व्यंजनों की 40 निम्न ध्वनियाँ है। क वर्ग, ड् ह, च वर्ग, ट वर्ग, ड़ ढ़, त वर्ग, न प वर्ग, न्ह, य, व, र, रह, ल, ल्ह, श, ह्, [:]।

हिन्दी में आगत विदेशी ध्वनि

हिन्दी में विदेशी शब्दों की कुछ ध्वनियाँ आई हैं। विशेषतया, अरबी, फारसी, तुर्की और अंग्रेजी शब्दों के अधिक प्रचार से। हिन्दी फारसी शब्द अधिक आये। अतः फारसी ध्वनियां भी आई। अरबी ध्वनियां फारसी के माध्यम से आई। विदेशियों के शासन काल में फारसी वर्षों तक शासकीय भाषा रही। इसलिए हिन्दी में भी विशेष अर्थ वाचक शब्द ही नहीं बल्कि सम्बन्ध वाचक शब्द प्रत्यय आदि भी फारसी के हैं। हिन्दी भाषियों को भी यह पता नहीं चलता कि ये विदेशी शब्द हैं। जो कुछ विदेशी ध्वनियों को लेकर आये हैं। समान ध्वनियों में आ इ ई उ ऊ ए ओ तथा क ग त द प व उ म ब आते हैं। त ल समान भी हैं और नहीं भी। तोप b ते ﭖ। क़ ख़ ग़ आदि फारसी से आयी कुछ अंग्रेजी से आयीं है। जैसे- कॉलिज, लॉ V.W.।

उपसर्ग-- शब्द के आरंभ में लगकर अर्थ बदल दे। उपसर्ग उस वर्ग समूह को कहते हैं, जिसका स्वतंत्र प्रयोग न होता हो और जो किसी शब्द के पूर्व अर्थ की विशेषता लाने को जोड़ा जाय। डॉ. तिवारी इसे एक व्याकरणिक ईकाई कह सकते हैं। जैसे प्र + बल, अ + बल। आजकल उपसर्ग का स्वतंत्र अस्तित्व कोई अर्थ नहीं रखता। किन्तु पूर्व काल में वैदिक समय में इनका अलग अस्तित्व भी होता था। इनकी संख्या किसी ने 20 किसी ने 25 किसी ने 40 मानी है। संस्कृत में उपसर्ग, प्र, परा, अप्, सम, अनु, अव, निस्, निर्, दुस् दुर वि, आङ्. नि, अधि, अपि, सु, उद्, अभि, प्रति, परि, उप 22 हैं। हिन्दी के उपसर्ग में स्वदेशी- तत्सम् तथा तद्भव एवं विदेशी उपसर्ग आते हैं। डॉ. उदयनारायण तिवारी 10 स्वदेशी तथा 10 विदेशी उपसर्ग मानते हैं। डॉ. मुरारी लाल उप्रैति ने 25 उपसर्ग माने हैं। स्वदेशी उपसर्ग तत्सम- अ, अन, जैसे अबोध, अनवन अनगिनत। अति-अतिवल, अत्यन्त। अब, अप-अवगुण, अपमान। 'कु' तत्सम नहीं हैं, फिर भी तत्सम में आता है। कुदृष्टि, कुमति, कुकर्म, कुठार, कुपुत्र। दु (दुर्) दुबला, दुर्बल, दुलार, दुर्गति नि- (निर-निस)- निर्दय, निठुर। सु- स- सुफल-सपूत- सजग। पर, सर, उ, ऊन औ आदि उपसर्ग है। उभरना, औगुन, औघट, न्यून (कम) उनतीस, उनचास, उनतालीस आदि। विदेशी- अल-अलमस्त। अलबत्ता (फारसी) दर-दरअसल, दर हकीकत (फारसी से) फिल-हाल, बदस्तूर, बखूबी, बतौर, बनाम आदि फारसी से। बा, वा कायदा, बे- बेचैनी, ला- लावारिस,

लापरवाही, हम-हमदर्द, वह-वहराल। अंग्रेजी से-- सब-सबडिप्टी, सब इन्स्पैक्टर। हैड- हैडमास्टर। कम-खुश-गैर, फी, वर, हर, हाफ आदि। ये उपसर्ग डॉ. उदयनारायण तिवारी ने खोजे हैं। डॉ. भोलानाथ इन्हें उपसर्ग नहीं मानते। कामताप्रसाद गुरू ने भी ऐसे ही उपसर्ग माने हैं। डॉ. धीरेन्द्र वर्मा भी इनके समर्थक हैं। सारांश यह है कि, हिन्दी के उपसर्ग संस्कृत से आये कहीं-कहीं उनमें परिवर्तन भी कर दिया है। निर, उर, का, दु, नि, कर, आदि को भी लिया। और फारसी अंग्रेजी से भी उपसर्ग लिए है।

प्रत्यय– "शब्द के जिस अंश में स्वतंत्र अस्तित्व द्योतक कोई अर्थ गर्भित नहीं होता और वाक्य में स्वतंत्रता पूर्वक प्रयुक्त होने की जिसमें क्षमता नहीं होती तथा जो प्रकृति (धातु) मूल प्रकृति अथवा व्युत्पन्न प्रकृति अथवा पद प्रकृति के आश्रय से उसके पूर्व अथवा पश्चात् आकर अर्थवान होता है। उसे प्रत्यय कहते हैं।" Affix प्रत्यय अंग्रेजी में पहले जुड़ने वाले Prifix मध्य में जुड़ने वाले Insuffix। अंत में जुड़ने वाले Suffix। संस्कृत के विद्वान मानते हैं कि प्रत्यय वह व्याकरणिक इकाई है जो किसी शब्द या धातु के अंत में जोड़ी जाती है। और उसके अर्थ में कुछ परिवर्तन आ जाता है। इस इकाई का स्वतंत्र रूप से प्रयोग नहीं होता। संस्कृत में दो प्रकार के प्रत्यय माने गये हैं। कृदन्त और तद्धित्। कृत् प्रत्यय- धातु के बाद वाले प्रत्यय जैसे कत्वा → भुक्त्वा, तद्धित् प्रत्यय धातु को छोड़कर सभी शब्दों के बाद वाले प्रत्यय। कृत् प्रत्यय लगने के बाद बना शब्द ही कृदत्त है। तथा कृदन्त के बाद तद्धित् लगता है। तथा तद्धित् प्रत्यय, संज्ञा, सर्वनाम, विशेषण आदि के बाद में लगते हैं।

जैसे साहित्य + ढ़ - इक् साहित्यिक तद्धित प्रत्यय है। स्वकीय में छ का ईय प्रत्यय होता है। तद्धित प्रत्यय है। संस्कृत के बाद प्राकृत भाषा में भी कृत् तथा तद्धित् दोनों प्रत्ययों को अपनाया गया। इसके पश्चात् हिन्दी में प्रत्यय का विकास इस प्रकार हुआ। **(1) विभक्ति**- बालकों ने किताब पढ़ी - बालक + ओं - विभक्ति वे ध्वनियाँ हैं, जो किसी शब्द के अंत में लगकर उसका अंग बन जाती है। जैसे संस्कृत में रामम्, रामेण, इन्हैं कारकों के चिन्ह भी कहते हैं। पढ़ी में पढ़ + ई विभक्ति है। "ने" पर-सर्ग है। **(2) परसर्ग**- किसी पद के बाद में लगते हैं। लेकिन अन्य पद से व्याकरणिक संबंध स्थापित करते हैं। वे परसर्ग प्रत्यय होते हैं। ये अपना अलग

अस्तित्व रखते हैं। किसी शब्द का अंग नहीं बनते। जैसे - "ध्यानपूर्वक पढ़ो" में पूर्वक परसर्ग है। **(3) निपात**- निपात वे शब्द हैं जो किसी वाक्य के बीच और कहीं भी आ जाते हैं- जैसे लड़का तोकर गया यहां 'तो' निपात है। निपात वाक्य में निक्षिप्त होने वाले वे अंश हैं, जो किसी प्रकार की वाक्यात्मक विधि अथवा व्याकरणिक रूढ़ि को प्रकट करते हैं जैसे- "मैंने भी उसे ही पत्र लिखा" इस वाक्य में भी और ही निपात शब्द है। संस्कृत में निपात को अव्यय भी कहते हैं। हिन्दी में प्रत्यय के तीन स्रोत हैं, **(i) प्राचीन आर्य भाषायें**- संस्कृत, पाली, प्राकृत, अपभ्रंश। इनसे तत्सम और तद्भव प्रत्यय आये **(ii) देशी भाषायें**- अवधी, ब्रज, भोजपुरी आदि **(iii) विदेशी भाषायें** इनसे हिन्दी में प्रत्यय आये। संस्कृत से जो प्रत्यय प्राप्त हुए वे तत्सम हैं और अन्य से जो प्रत्यय प्राप्त हुए वे तद्भव प्रत्यय हैं, देशी भाषाओं से प्राप्त देशी प्रत्यय और विदेशी भाषाओं से प्राप्त प्रत्यय विदेशी प्रत्यय हैं।

भाषा परिवर्तन की दिशायें, भाषा की गतिशीलता और उसके कारण, भाषा का विकास अर्थात् रूप परिवर्तन पर विस्तृत विचार करते हुए दिनांक 12-8-1971 के व्याख्यान में श्री डॉ. द्वा.प्र.सक्सेना डी. लिट्. ने बताया था कि भाषा परिवर्तन की पांच दिशायें होती हैं।

(1) **ध्वनि परिवर्तन**- जैसे पहले अग्नि बोलते थे, फिर अग्गि और अब आग हो गया। लैन्टर्न का लालटैन हो गया यह परिवर्तन ध्वनि परिवर्तन है। (2) **शब्द परिवर्तन**- उपाध्याय का झा रह गया। इससे पूर्व ओज्झाय, ओझा रहा यह शब्द परिवर्तन है। (3) **पद परिवर्तन**- पहले कर्त्ता, क्रिया, कर्म पद निश्चित नहीं होता था, लेकिन अपभ्रंश में आकर निश्चित हो गया। जैसे पहले संस्कृत में रामः ग्रामं गच्छति तथा गच्छति रामः ग्रामम् में कोई अंतर नहीं था। (4) **वाक्य परिवर्तन**- विभक्ति युक्त शब्द पद होता है। तथा पदों का समुच्चय वाक्य होता है। जब पद परिवर्तन हुआ तो वाक्यों में परिवर्तन हुआ अर्थात् छोटे वाक्य कहने की प्रथा चल पड़ी। नहीं से पूरे वाक्य का बोध होने लगा जैसे तुम गांव नहीं जाते हो? उत्तर- 'नहीं' से पूर्ण वाक्य 'नहीं' 'मैं गांव नहीं जाता' का बोध हो गया। पूरा वाक्य नहीं बोलना पड़ा। (5) **अर्थ परिवर्तन**- स्वर्गवास का अर्थ अब मृत्यु है। महाराज का अर्थ अब रोटी पकाने वाला है। स्याही पहले काले रंग को कहते थे, अब केवल लिखने मात्र

की स्याही है। Capital city का अर्थ प्रमुख शहर था अब Capital राजधानी हो गया।

भाषा परिवर्तन के दो कारण होते है। बाह्य और आंतरिक।

1. बाह्य सात प्रकार के हैं- **(i) भौगोलिक**- पहाड़ी प्रदेश की अपेक्षा मैदानी भाग की भाषा स्पष्ट होती है। जो स्थान रमणीक होता है। वहीं आवागमन रहता है। तथा भाषा परिवर्तन होना स्वाभाविक है। जैसे मेज, कुर्सी, अलमारी, बाल्टी आदि शब्द हिन्दी के नहीं है। **(ii) राजनैतिक-** जिसकी सत्ता हुई उसने अपनी भाषा थोपी, जैसे आमीरों की अपभ्रंश। फिर मुसलमानों की फारसी तथा अंग्रेजी अंग्रेजों की क्रमशः आती रहीं। अर्थात् भाषाओं का परिवर्तन होता रहा। अमेरिका तथा आस्ट्रेलिया में वहां की भाषायें लुप्त होती गई तथा अंग्रेजी का प्राधान्य हो गया। **(iii) धार्मिक-** धर्म का आधार लेकर मुसलमानों ने मुस्लिम धर्म को स्वीकार कराने के लिए एक हाथ में तलवार और एक हाथ में कुरान का सहारा लिया। और फारसी को थोपा। उसी तरह ईसाइयों ने अंग्रेजी को। अब भी बहुत से नेता अंग्रेजी को मातृभाषा मानते हैं और उसी में शपथ लेते हैं और कार्य करते हैं। **(iv) सामाजिकीकरण**- जब दो समाज एक दूसरे में घुल मिल जाते हैं तो शब्दों तथा भाषा में भी विनिमय हो जाता है। पर्वतेश्वर नाम था, अंग्रेजों ने Porus कहा और आज पुरू कहते हैं। **(v) साहित्यिक कारण**- साहित्यकार निरंकुश होता है। मनचाही भाषा का प्रयोग करता है। प्रेमचंद ने उपन्यास जन भाषा में लिखे। उर्दू मिश्रित जन भाषा लिखी। जैसे गुलाब शब्द फारसी का है हिन्दी में भी प्रचलित है। **(vi) वैज्ञानिक कारण-** जैसे ऑक्सीजन को ओसजन शब्द का प्रयोग हुआ। और डॉ. रघुवीर ने टेलीविजन को दूरदर्शन शब्द का प्रयोग किया, इनका आधार वैज्ञानिक है। **(vii) वैयक्तिक कारण**- अंग्रेज लोग तव को, ट और द को, ड बोलते हैं अतः हमारे यहाँ भी देहरादून को डेहरादून और दिल्ली को डलही कहते है।

2. आन्तरिक नौ प्रकार के हैं- **(i) मुखसुख या प्रयत्नलाघव**- मानव का स्वभाव है कि कम बोलने से ही अभीष्ट सिद्धि हो जाये। कोई वक्ता जब प्रमादवश पदार्थ बोध के लिए कम शब्दों का प्रयोग करता है तो भाषा में परिवर्तन हो जाता

है। जैसे मास्टर साहब का मास्साव। रामजी लाल शर्मा को R.L. Sharma, यहां यह भी बताना उचित होगा कि संस्कृत वैयाकरण मुखसुख अथवा प्रयत्न लालव को व्याकरण सम्मत बताते हुए लिखते हैं कि “अर्धमात्रालाघवेन पुत्रोत्सवं मन्यन्ते वैयाकरणा”: अर्थात् व्याकरण के नियमानुसार यदि संस्कृत में आधी मात्रा का लाभ भी यदि लिखने, बोलने से होता है तो वैयाकरण पुत्रोत्सवत् प्रसन्नता का अनुभव करता है। **(ii) अपूर्ण अनुकरण**- प्रायः अशिक्षा, असावधानी, प्रमाद, लिपि दोष या अशुद्ध लिखावट के कारण एक व्यक्ति दूसरे का जहां अनुकरण नहीं कर सकता, इससे भाषा का परिवर्तन होता है। जैसे इन्सपैक्टर का इसपटटर। ओउम् नमः सिद्धम्- का ओनामासीधम् **(iii) मिथ्या सादृश्य**- जब व्यक्ति पहले से विद्यमान शब्दों में नये शब्द ढ़ालने लगता है। तो भाषा परिवर्तन होता है। क्योंकि उनमें वही ध्वनि और वही लय लगा देता है। जैसे करि का तृतीया में करिना था तो हरि का हरिना बना दिया। निर्गुण की तरह सगुण कर दिया। **(iv) बलाघात**- बलवान ध्वनि पास की ध्वनि को निगल जाती है। और मोटी हो जाती है। तो भाषा परिवर्तन होता है जैसे-आभ्यांतर का भीतर, गोष्ठी का गोठ, विल्ब का बेल। सिम्ब का सेम। निम्ब का नींम हो गया। **(v) भावातिरेक**- भावुकता, अतिप्रेम, दुलार, क्रोध, भय आदि भाषा को बदल देते हैं, कृष्ण को कन्हैया, रामेश्वर को रामो, कल्याण का कलुआ, बंदूक को दम्बूक, बहू को बहुरिया। जगदीश को जग्गो। **(vi) प्रमाद या असावधानी**- प्रमादवश या पाण्डित्य दिखाने वाले इच्छा को इक्छा और सौन्दर्य को सौन्दर्यता कहते हैं। **(vii) नव निर्माण की प्रवृत्ति**- फिल्म बनाई को फिल्माया, स्वीकारना या नकारना आदि नई प्रवृत्ति है। **(viii) अंधानुकरण**- सिम्पली का सरली, गड़वड़ेशन आदि शब्द अंधानुकरण का फल है। ये ही प्रमुख कारण है जिनके कारण भाषा परिवर्तन होता रहता है। मानवीय स्वभाव एवं प्रवृत्ति अपने परिवेश के अनुरूप ही सहज, सरल तरीके से अपने विचारों का आदान-प्रदान करना भाषा परिवर्तन का मुख्य हेतु होता है। फिर वही परिवर्तन समाज को मान्य एवं स्वीकार्य हो जाता है। परिनिष्ठित भाषा और व्याकरण बद्ध भाषा में परिवर्तन नहीं हो पाता क्योंकि व्याकरण शृंखला उसे नहीं होने देती। बोलियाँ तो प्रायः बदलती रहती हैं।

ध्वनि और ध्वनि उच्चारण के अवयव-- ध्वनि दो प्रकार की होती है। (1)

निरर्थक ध्वनि, (2) सार्थक ध्वनि। सार्थक ध्वनि तीन प्रकार की होती है। (i) नाद ध्वनि-- मिली हुई स्वर तंत्रियों को धक्का देकर बाहर निकलने वाली ध्वनि को नाद कहते हैं। (ii) श्वास ध्वनि-- स्वर तंत्रियों के बीच की ध्वनि। (iii) जपित ध्वनि-- काना फुंसी, फुसफुसाहट आदि। स्वर तंत्रियों के साथ-साथ अन्य अंगों से भी ध्वनि उत्पन्न होती है। जैसे ध्वनि का मूल स्थान (i) फेफड़ा (ii) श्वासनली (iii) भोजननली (iv) स्वर यंत्र (v) स्वर तंत्रि (स्वरतंत्रियों के कोमल एवं कठोर होने के नाते स्वर कोमल एवं कठोर होता है। (vi) काकल (vii) अभिकाकल (श्वासनली के ऊपर होता है जिसे टॉन्सिल कहते हैं) (viii) कण्ठ पिटक (गले का छेद) (ix) कण्ठमार्ग (कण्ठविल, गलविल) (x) कण्ठ (xi) कउआ (कोमल तालु के नीचे) (xii) नासिका विवर (xiii) मुख विवर (xiv) कोमल तालु (कण्ठ के आगे का कउआ के पास का हिस्सा) (xv) कठोर तालु (आगे का हिस्सा) (xvi) दन्त मूल (xvii) दन्त (xviii) वर्त्स्य (मसूड़ा) (xix) मूर्धा (दांतों के पास कठोर तालु के बीच का खुरदरा भाग) (xx) जिह्वा- बोलने का सबसे अधिक कार्य करती है। इसीलिए भाषा को जवान Toung टंग कहते है। (xxi) जिह्वानीक, (जीभ की नौंक स्वाद के प्रयुक्त अग्रभाग) (xxii) जिहवाग्र (नौंक के पास का हिस्सा) (xxiii) जिहवा मध्य (जीभ का मध्यभाग) (xxiv) जिहवा पश्च (पीछे का भाग) (xxv) जिह्वामूल (जीभ की जड़) (xxvi) ओष्ठ इस प्रकार ध्वनि उच्चारण के ये 26 अवयव हैं।

ध्वनियों का वर्गीकरण और इसका मूल आधार

भाषागत अर्थात् वास्तविक ध्वनियां दो प्रकार की होती है। **1. स्वर--** बाधाहीन ध्वनि- अ से अः तक **2. व्यंजन--** क ख ग आदि ध्वनियों के वर्गीकरण के तीन आधार होते हैं। (i) स्थान (ii) प्रयत्न (iii) करण- सामान्य होता है अर्थात् उच्चारण में प्रमुख सहायक अंग होता है।

स्थान और प्रयत्न के आधार के आधार पर स्वरों का वर्गीकरण स्थान की दृष्टि से स्वर नौ प्रकार के होते हैं।

(i) कष्ठ्य- अ, आ, अः (ii) तालव्य- ई (iii) मूर्धन्य ॠ, ष (iv) दन्त्य-

लृ (v) ओष्ठ्य उ (vi) अनुनासिक- अं, अँ (vii) कण्ठतालव्य- ए ऐ। (viii) कष्ठ्योष्ठ्य- ओ औ (ix) दन्त्योष्ठ्य- व।

प्रयत्न की दृष्टि से स्वर → प्रयत्न की दृष्टि से स्वरों का वर्गीकरण चार प्रकार से होता है।

1. काल परिमाण या मात्रा की दृष्टि से → उच्चारण में लगने वाली अवधि को काल परिमाण या मात्रा कहते हैं। इस अवधि (मात्रा) की दृष्टि से स्वर तीन होते हैं। (i) ह्रस्व → जिस स्वर के उच्चारण में एक मात्रा की अवधि लगे अ इ, उ। (ii) दीर्घ → जिस स्वर के उच्चारण में दो मात्रा की अवधि लगे जैसे आ, ई, ऊ। (iii) प्लुत → जिस स्वर के उच्चारण में तीन मात्रा की अवधि लगे जैसे ओ उ म्।

2. जीभ की अवस्था की दृष्टि से → जीभ की दो अवस्थाओं के आधार पर स्वर विभक्त है। (i) जीभ की आड़ी स्थिति के विचार से स्वर तीन प्रकार के होते हैं। (क) अग्रस्वर → जब जिह्वा स्वर त्रिकोण के बाई ओर पड़े - इ, ई, ए, ऐ, ई ख। (ख) पश्च स्वर → जब जिह्वा स्वर त्रिकोण के दाई ओर पड़े - ऊ, ओ, औ। (ग) मध्यम स्वर → जब जिह्वा स्वर त्रिकोण के मध्य और पड़े - अ, आ। (ii) जीभ की खड़ी स्थिति के विचार से स्वर चार प्रकार के होते हैं। (क) संवृत → जिसके उच्चारण में जिह्वा बिना बाधा के ऊँची उठ जाय जैसे ऊ। (ख) विवृत → जिसके उच्चारण में जिह्वा काफी नीचे आ जाय जैसे आ। (ग) ईषत्संवृत → जिसके उच्चारण में जिह्वा संवृत से एक तिहाई दूरी पर रहे जैसे ए। (घ) ईषत्विवृत → जिसके उच्चारण में जिह्वा विवृत से एक तिहाई दूरी पर रहे जैसे ओ।

3. ओष्ठों की स्थिति के आधार पर → स्वर तीन प्रकार के होते हैं (i) वृत्ताकार स्वर- ओष्ठ गोल रहे- ऊ। (ii) अर्धवृत्ताकार स्वर- ओष्ठ अर्ध गोल रहे- आ। (iii) अवृत्ताकार स्वर- ओष्ठ गोल न रहे- इ, ए।

4. मांसपेशियों के आधार पर → स्वर दो प्रकार के होते हैं (i) दृढ़ स्वर- मांसपेशी तन जायें जैसे- ई ऊ (चिबुक (ठोड़ी) पर जोर पड़े)। (ii) शिथिल स्वर- मांसपेशी तने जैसे- इ, उ (चिबुक पर जोर न पड़े)।

स्थान और प्रयत्न के आधार पर व्यंजनों का वर्गीकरण

स्थान की दृष्टि से व्यंजन आठ प्रकार के होते हैं।

(i) काकल्य- जो काकल से बोला जाय, जैसे दृ।

(ii) कण्ठ्य- जो कण्ठ से बोला जाय, जैसे क ख ग घ ड़।

(iii) तालव्य- जो तालु से बोला जाय, जैसे इ च छ ज झ ञ य श।

(iv) मूर्धन्य- जो मूर्धा से बोला जाय ऋ ट ठ ड ढ ण र ष।

(v) वर्त्स्य- जो वर्त्स (मसूड़ा) से बोला जाय, जैसे म्ह, न्ह।

(vi) दन्त्य- जो दांत से बोला जाय, जैसे लृ त थ द ध न ल, स।

(vii) ओष्ठ्य- जो दोनों ओष्ठों से बोला जाय जैसे उ प फ ब भ म इनको द्वयोष्ठ्य भी कहते हैं। इन्हीं में दन्त्योष्ठ्य घ, ब भी जाते हैं।

(viii) जिह्वामूलीय- जो जीभ की जड़ से बोला जाय, क़ ख़ ग़ ख़री।

प्रयत्न की दृष्टि से व्यंजन आभ्यन्तर (आन्तरिक) और बाह्य दो प्रकारों में विभक्त है। 1. आभ्यन्तर या आन्तरिक संस्कृत के अनुसार पांच प्रकार के माने गये हैं- (i) स्पृष्ट (ii) ईषत्स्पृष्ट (iii) ईषत्विवृत (iv) विवृत (v) संवृत। किन्तु इन्हें ही हिन्दी के विद्वान आठ भागों में विभक्त करते हैं-

(क) स्पर्श संघर्षी- एक ओर स्पर्श दूसरी ओर हवा का मुख से संघर्षण होना जैसे- च, झ, ज, छ।

(ख) संघर्षी- श्वास जब निकले तो रगड़ अनुभव हो, जैसे- श, स, ष, ज्ञ।

(ग) पार्श्विक- जीभ के अगल बगल से हवा निकल जाय जैसे- ल।

(घ) लुण्ठित- जीभ बेलन की तरह हो जाय जैसे- हुररा, रोजमर्रा।

(ड़) उत्क्षित- जीभ तालु के किसी भाग को वेग से मारकर हट जाये जैसे- ड़ ढ़।

(च) अर्धस्वर- वे व्यंजन जो साधारणतः व्यंजन होते हैं, कभी-कभी स्वर बन जाते हैं जैसे य, ब।

(छ) अनुनासिक- मुख एक स्थान पर बंद हो जाए। कण्ठ इतना झुक जाये कि हवा नासिका से निकल जाय। वर्ग का पंचम वर्ण अनुनासिक है। जैसे- ञ म ड़ ण न म्।

संस्कृत के अनुसार क से म तक व्यंजन स्पर्श कहलाते हैं इनका आभ्यत्तर प्रयत्न स्पृष्ट है। य र ल प अन्तस्थों का ईषत्स्पृष्ट है श ष सह को शल कहते हैं ये ही ऊष्म व्यंजन हैं इनका आभ्यनतर प्रयत्न ईषत् विवृत है। अ से च स्वरों का विवृत प्रयत्न है। ह्रस्व अ बोलने में संवृत वैसे विवृत है तभी तो अ + आ = आ (अकः सवर्णे दीर्घः) होता है।

बाह्य प्रयत्न संस्कृत के अनुसार ग्यारह प्रकार के होतें हैं। 1. विवार 2. संवार 3. श्वास 4. नाद 5. घोष 6. अघोष 7. अल्पप्राण 8. महाप्राण 9. उदात्त 10. अनुदात्त 11. स्वरित। यहाँ यह स्पष्ट करना है कि खर प्रत्याहार अर्थात् ख फ छ ठ थ च ट त क घ श ष स का बाह्य प्रयत्न विवार, श्वास और अघोष है। और हश प्रत्याहार ह प व र ल ञ म ड़ ण न झ भ ध ढ़ ध जबगड़द का संवार, नाद, घोष प्रयत्न है। वर्गो का पहला, तीसरा, पांचवा, अक्षर जैसे क च ट त प ग, ज ड द ब ड़ ञ ण न म और यर लव का अल्पप्राण प्रयत्न है। वर्गों का दूसरा, चौथा वर्ण यथा- ख छ ठ थ फ घ झ ढ़ घ म और शल् प्रत्याहार श ष स ह का महाप्राण प्रयत्न है। हिन्दी के विद्वानों ने इस संस्कृत के प्रयत्न को इस प्रकार विश्लेषित किया है। आधार संस्कृत से ही लिया है।

1. विवार- स्वर तंत्री पूरी खुली- क प च ट त व।

2. संवार- स्वर तंत्री बंद रहे- ग ज उ ब।

3. श्वास- श्वास अबाधगति से चले- ख फ छ।

4. नाद- जिसमें कम्पन हो म ण न।

5. अघोष- प्रत्येक वर्ग प्रथम द्वितीय वर्ण- क ख च छ प फ ट त।

6. घोष- प्रत्येक वर्ग का तृतीय, चतुर्थ, पंचम वर्ण क ग ड़ च ज ञ KRG।

7. अल्पप्राण- प्रत्येक वर्ग का प्रथम, तृतीय, पंचम वर्ण क ग ड़ च ज ञ KRG

8. महाप्राण- प्रत्येक वर्ग द्वितीय चतुर्थ वर्ण ख घ छ फ Kh, Ph, Gh

"प्रयत्न ज्ञापक यंत्र"

बाह्य प्रयत्न	विवार श्वास अघोष अल्पप्राण	विवार श्वास अघोष महाप्राण		संवार, नाद, घोष, अल्पप्राण				संवार, नाद, घोष महाप्राण
					उदात्त	अनुदास, स्वरित		
अक्षर वर्ण	क	ख		ग ड़	अ	इ ए		घ
	च	छ	श	ज ञ		उ ओ		झ
	ट	ठ	ष	ड ण		ऋ ऐ	र	ठ
	त	थ	स	ठ न		लृ ओ	ल	ध
	प	फ	ह	प म				म
आभ्यंतर (आंतरिक) प्रयत्न	स्पृष्ट		ईषत् विवृत	स्पृष्ट	संवृत	विवृत	ईषत् स्पृष्ट	स्पृष्ट ईषत् विवृत

इस विवरण से हम सहज जान सकते हैं और शुद्ध उच्चारण भी कर सकते हैं। जिस स्वर और स्वंजन को किस बाह्य एवं आन्तरीक प्रयत्न के द्वारा किस-किस स्थान से कौन सा स्वर अथवा व्यंजन बोला जा सकता है उसकी उच्चारण शुद्धता मुख तंत्र के कौन से स्थान से बोलने को सुनिश्चित है। इतना वैज्ञानिक उच्चारण अन्य किसी भाषा के व्याकरण में नहीं है। मानव अपनी सुविधानुसार या अज्ञान से किसी शब्द का उच्चारण यदि गलत करता है तो उसकी पहचान इसी नियमावली से ही संभव है। यह शाब्दिक नियम शास्त्र व्याकरणबद्ध है काल्पनिक नहीं है वैज्ञानिक है। भाषा विज्ञान के विद्वान चाहे विदेशी हो अथवा स्वदेशी सभी ने इन नियमों को आधार मानकर ही अपने मत्तव्य प्रस्तुत किये हैं और सभी ने एक स्वर में संस्कृत के व्याकरण की प्रशंसा की है, जिससे ही हिन्दी का व्याकरण प्रतिपादित

हुआ है। और शुद्ध खड़ी बोली हिन्दी के प्रचलन का प्रचार हुआ है।

अब हम ध्वनि के परिवर्तन अथवा उसके विकास पर विचार करते हैं। ध्वनि तो मुख्य रूप से सत्रह प्रकारों, विकास एवं परिवर्तन की दृष्टि से विभक्त हैं। जैसे-

आगम

स्वरागम व्यंजनागम

→ आदि स्वरागम → स्टूल, स्नान, स्तुति, स्कूल-बोलने में 'इ' स्वरागम होता है।

→ मध्य स्वरागम → कृपा, किरया। प्रसाद > परसाद। पूर्व > पूरब, मध्य में स्वरागाम है।

→ अन्त्य स्वरागम → भ्रू- भौंह स्वरागम है।

व्यंजनागम

→ आदि व्यंजनागम → ओष्ठ- होठ

→ मध्य व्यंजनागम → पण- प्रण। शाप- श्राप। आलस्य- आरकस।

→ अन्त्य स्वरागम → दवा- दवाई। संदेश-संदेशा, स्वप्न, सपना में अंत में स्वरागम है।

2. लोप-- (i) स्वर लोप (ii) व्यंजन लोप (iii) अक्षर लोप

→ आदि स्वरलोप → अनाज का नाज, उपाइन का वायना।

→ मध्य स्वरलोप → गरदन का गर्दन, जनता का जन्ता। कृपया का कृपा।

→ अन्त्य स्वरलोप → निद्रा का नींद, दूर्वा का दूब, बाहु का बांह।

→ आदि व्यंजनलोप → स्थान का थान। स्थाली की थाली।

→ मध्य व्यंजनलोप → कोकिल का कोइल। सूचि का सुई।

→ अन्त्य व्यंजनलोप → निम्ब का नीम, आम्र का आम।

→ आदि अक्षरलोप → त्रिशूल का शूल, उमराव का राव।

→ मध्य अक्षरलोप → गेंहूँ चना का गोचना, फलाहार का फलाद।

→ अन्त्य अक्षरलोप → मातृ जाया का भावज, मर्कटिका का मकड़ी इसमें समअक्षर का लोप भी हो जाता है- जैसे नाककटा का नकटा। मानस सरोवर का मानसरोवर।

3. विपर्यय→ शब्द का बदल जाना। यह तीन प्रकार का है। (i) स्वर विपर्यय (ii) व्यंजन विपर्यय (iii) अक्षर विपर्यय

→ स्वर विपर्यय → अंगुली का उंगली, उल्का का लूका।

→ व्यंजन विपर्यय → लखनऊ का नखलऊ। जलेबी की जबेली। बंदूक- दम्बूक।

→ अक्षर विपर्यय → दाल चावल- चाल दावल। दाल में काला- काल में दाल। पट्टी बस्ता का बस्ती पटठा।

4. मात्राभेद→ मात्रायें कहीं ह्रस्व से दीर्घ और दीर्घ से ह्रस्व हो जाती हैं। अक्षत का आखत। लज्जा का लाज (ह्रस्व से दीर्घ) शून्य का सुन्न। ऑफीसर का अफसर (दीर्घ से ह्रस्व)। 5. समीकरण या सावर्ण्य→ कहीं शब्द पीछे वाले को अपने जैसा बना लेता है। और कभी आगे वाला शब्द पीछे वाले को। (i) पुरोगामी समीकरण या पूर्ण सावर्ण्य जैसे पत्र का पत्ता। मंद्र का भद्दा। (ii) पश्चगामी समीकरण या पर सावर्ण्य जैसे- शर्करा का शक्कर। कर्म का कम्म। धर्म का धम्म। 6. विषमीकरण (असावर्ण्य) पहला शब्द पीछे वाले को अपने जैसा नहीं रहने देता तथा पीछे वाला पहले को अपने जैसा नहीं रहने देता। इसके भी दो प्रकार हैं- (i) पुरोगामी विषमीकरण- जैसे पुरुष का पुरस या पुलिस। कंकण का कंगन।(ii) पश्चगामी विषमीकरण- जैसे नवनीत का लवनी- लौनी। नूपुर का नेउर। 7. सघोषीकरण→ जो ध्वनियाँ अघोष थीं वे सघोष हो जाती है। जैसे शकुन का शगुन। प्रकट का प्रगट। 8. अघोषीकरण→ जब सघोष अघोष हो जाय जैसे मदद का मदत्त। अदद का अदत्। अज्ञातक का अचानक। 9. अल्पप्राणीकरण→ महाप्राण अल्पप्राण हो जाय जैसे- भगिनि का बहिन। भीख का भीक। 10. महाप्राणीकरण→ अल्पप्राण महाप्राण हो

जाय, जैसे- हस्त का हाथ। शुष्क का सूखा। 11. उष्मीकरण→ जो ध्वनियां स्पर्श हैं वे उष्म हो जाय जैसे केन्टुम् का सतम्। 12. अनुनासिकीकरण→ जो अनुनासिक नहीं थी वह अनुनासिक हो जाय। जैसे सर्प का सांप, सत्य का सांच। 13. संधीकरण→ पहले शब्द अलग थे, फिर एक हो जाना जैसे वचन का बैन। स्थविर का थेर। चँवर का चौर। कबन का कौन। प्यारा का पियार। 14. अक्षरावस्थान या अवश्रुति→ जहां व्यंजन ज्यों के त्यों रहें, स्वर बदलते रहें जैसे- हिमर का हमीर। किताब का कुतुब। 15. अक्षर परिवर्तन (अभिश्रुति)→ इसमें सारे शब्द बदल जाते हैं। पहले कोई स्वर आया, फिर बदल जाय जैसे मनिका का मइन फिर मेन का मैन। 16. संस्वरागम (अपनिहिति)→ समान स्वर का आगम हो, भवति का बवइति। तरुण- तउरुन। 17. भ्रामक व्युत्पत्ति→ अनजान होने के नाते कोई शब्द बोला जाय। लाइब्रेरी- रायबरेली। एडवान्स- अठवांस। मैक्समूलर- मोक्षमूलर। एलेक्सजैण्डर-अलक्षेन्द्र।

ध्वनि परिवर्तन के कारण- 1. बाह्य → व्यक्तिगत, भौगोलिक, सामाजिक, ऐतिहासिक, राजनैतिक, धार्मिक, वैज्ञानिक। 2. आन्तरिक → प्रयत्न लाघव या मुखसुख- जैसे मास्टर साहब का मास्साव, पर्यङ्क ग्रन्थि का पालती। श्रुति (पूर्वश्रुति और परश्रुति) स्नान-स्टेशन-प्रसाद। 3. उपमान- अंध- सादृश्य- निगुण के आधार पर सगुण दुख सुख, चेला, चमेला। पोथी पोथा। 4. कवियों के द्वारा कलात्मक स्वतंत्रता → राय, राई, राजा, राजन। बिहारी ने नय वय कहा है। गय हय आदि। 5. प्रमाद या आसक्ति → प्रमाद और न बोली जाने वाली ध्वनि- जेक्ली। 6. अज्ञान या अशिक्षा → गांधी कैप टोपी, सनलाइटसोय साबुन। 7. बलाघात → जिस पर बल दिया जाय। जैसे वह जीवित रही। जिस पर बल नहीं दिया जाय- वह मिट गई। आभ्यत्तर- का भीतर। निम्ब का नींम। 8. भावावेश → में रामेश्वर को रमुआ, रामू, रम्भो आदि कहते हैं। 9. उच्चारण त्वरा → तेज बोलने में उच्चारण स्पष्ट नहीं हो पाता जैसे ॐ नमः सिधम् का ओनामासीधम्। 10. प्रतिध्वनि प्रवृत्ति → रोटी वोटी। काम धाम। पापड़ सापड़। पानी वानी। मोटा झोटा। छोटा मोटा आदि। 11. लिपि की अपूर्णता → कोई लिपिपूर्ण नहीं मानी जाती। रोमन लिपिपूर्ण मानी जाती है। वह मत डॉ. चटर्जी का है। लेकिन डॉ. सक्सैना ने इसे अपूर्ण बताया। जैसे सिंहारण Singharan Gupta गुप्त तथा गुप्ता में लिंग परिवर्तन भी है। कॉलिज, कोलेज, कालिज। राम को रामा, रमा, रम

आदि रोमन के कारण हैं। इस प्रकार ध्वनि परिवर्तन और विकास का विश्लेषण प्रस्तुत है। और उसके यथासंभव कारणों को भी स्पष्ट कर दिया गया है। ध्वनि परिवर्तन अथवा विकास क्षेत्र प्रान्त के अनुसार भी वहां के परिवेश और परिप्रेक्ष्य के आधार पर भी होता है। वहाँ के निवासी शिक्षित हैं तो भाषा भी तदनुरूप विकसित होगी, और यदि अशिक्षित हैं तो उनकी भाषा बोली व स्वरूप एवं उच्चारण उनकी ही तरह होगा। यही ध्वनि परिवर्तन एवं विकास की दशा और दिशा है।

ध्वनि गुण- ध्वनि गुण से तात्पर्य यह है कि ध्वनियों के उच्चारण की भिन्न-भिन्न विशेषतायें होती हैं। वे तीन होती हैं। (i) मात्रा (ii) स्वर (iii) आघात। पाणिनि के अनुसार (iv) वृत्ति भी है। ये चार गुण या विशेषतायें ध्वनि की बताई गई हैं।

(i) मात्रा- उच्चारण की अवधि ही मात्रा है। ये तीन होती हैं। (क) ह्रस्व- एक मात्रा वाले अ इ उ तथा सभी व्यंजन। (ख) दीर्घ - दो मात्रा वाले आ ऊ ई ए ऐ ओ औ अः आदि। कभी में क ह्रस्व भी दीर्घ है। (ग) प्लुत- उ मात्रा बाला ओउम्। संयुक्ताक्षर से पूर्व बाला अक्षर दीर्घ माना है। यह छन्दशास्त्र का नियम है। (ii) स्वर- वैदिककाल से ही भाषा के क्षेत्र में स्वर की महत्ता है। ये तीन होते है। (क) उदात्त- जो स्वर उच्च रूप में बोला जाय, उच्चैरुदातः। (ख) अनुदात्त- जो स्वर नीचे स्वर से बोला जाय- नीचैरनुदात्तः। (ग) स्वरित- जो मध्यस्वर से बोला जाय। समाहारः स्वरितः। भ्रातृ में भ में 'आ' उदात्तस्वर है। मनोज में ज में अ अनुदात्त स्वर है। कमल में म में 'अ' स्वरित स्वर है। कमल में क में अ स्वरित स्वर है। (iii) आघात- इसे बलाघात (स्वराघात) भी कहते हैं। ये तीन प्रकार के होते हैं (क) संगीतात्मक- इसमें स रे ग म प ध नी वर्ण आते हैं। संगीत के आरोह अवरोह और अन्तरा भी इसमें आते हैं। जैसे झूमझूम- झरझर निर्झर। निराला की कविता संगीतात्मक आघात में आती है। (ख) बलात्मक- जहां किसी एक शब्द को बल देकर बोला जाय वहाँ बलात्मक आघात होता है। जैसे इन्द्र शत्रोः में 'र' पर जोर देने से 'इन्द्र' है शत्रु जिसका बहुव्रीहि समास बनता है। तथा 'त्रो' पर जोर देने पर 'इन्द्र का शत्रु' तत्पुरूष समास बनेगा। ग्रीक भाषा में भी एक शब्द Patro Ktonos पेट्रोक्टोनस में टो पर जोर दें तो अर्थ होगा 'पिता को मारने वाला' तथा 'रो' पर जोर दें तो अर्थ होगा 'पिता

द्वारा मारा गया' इसी तरह 'Conduct' शब्द में 'O' पर जोर दें तो 'चरित्र' संज्ञावाचक अर्थ होगा तथा 'D' पर जोर दे तो अर्थ होगा 'काम करना' क्रिया वाचक। हिन्दी में 'किसान' में सा पर जो दिया गया है। यह उपान्त अर्थात् बीच के शब्द का बलात्मक स्वराघात है। (ग) रुपात्मक- कोई मधुर, कोई कर्कश, कोई मोटी कोई महीन आवाज बोलता है उसे रुपात्मक स्वराघात कहते हैं। जितने व्यक्ति होते हैं, उतनी ही ध्वनि होती हैं। इसका प्रयोग अभिनय में अधिक होता है। जैसे एक कलाकार कई ध्वनि बोलता है। (iv) वृत्ति- ये भी तीन होती है- (क) द्रुत- जो ध्वनि काफी तेज बोलने से समझ में न आये। (ख) मध्यम- जो मध्यम ढंग से बोली जाय वह मध्यम होती है। (ग) विलम्बित- जो ध्वनि पढ़ाने समझने के प्रयोग में आये वह विलम्बित ध्वनि है।

ध्वनिग्राम → एक ही उच्चरित ध्वनि जब भिन्न भिन्न स्थानों से बोली जाय तो वह ध्वनि समूह ही ध्वनिग्राम होता है, जैसे- "सासनी की सड़क पर सांप सर्र्र् सर्र्र् सरक रहा था" में "सा" महाप्राण 'स' 'दन्त' 'से' दन्तमूल एक ही ध्वनि है, तथा विभिन्न स्थानों से बोली जा रही है।

ध्वनि नियम → ध्वनि परिवर्तन या विकास को देखकर बनाया गया नियम ही ध्वनि नियम है। ध्वनि नियम- 1. विशिष्टकाल से सम्बन्धित होता है। जैसे अग्ग-आग-अग्नि तथा 2. विशिष्ट भाषा से सम्बन्धित होता है जैसे पउम (प्राकृत) पद्म (संस्कृत) और 3. विशिष्ट परिस्थिति से भी सम्बन्धित होता है। खरग-खडग-खड्ग। तरवार-तलवार आदि इन तीनों विशिष्ट काल, विशिष्ट भाषा और विशिष्ट परिस्थिति के आधार पर ही ध्वनि नियम बनते हैं और ये नियम प्राकृतिक नियमों की तरह अकाट्य और नियमित नहीं होते। इसमें दो अपवाद हैं- (i) अन्य भाषा भाषी शब्दों का आगमन तथा (ii) साहश्य शब्द हमेशा सब भाषाओं में एक ध्वनि के आधार पर अनेक ध्वनियाँ बना ली जाती है, जैसे अंग्रेजी में Wild का Would, Shall का Should की तरह Can का could सादृश्य के आधार पर बन गया। Brother, Father आदि सादृश्य के आधार पर बने।

(क) **ग्रिमनियम** → Grim जैकब का पहला व्याकरण 1819 ई. में निकला।

डैनी बिडान "रेस्मस्रास्क" ने एक नियम निकाला किन्तु उस पर कुछ कार्य न हो सका। तब 1822 ई. में ग्रिम नियम इसी के आधार पर ध्वनि नियम निकाला, जो ग्रिम नियम नाम से प्रसिद्ध हो गया। यह दोषपूर्ण नियम था क्योंकि इसमें दो वर्ण परिवर्तनों को एक साथ उपस्थित किया गया वह सदोष नियम इस प्रकार है।

सदोष नियम- अ म स म सा सा म - अ, म, स, म, स, अ, स, अम

संस्कृत, ग्रीक, लैटिन आदिभाषाओं में	डच, गाथिक, निम्न जर्मन अंग्रेजी आदि भाषाओं में	उच्च जर्मन में
अघोष- क, त, प →	महाप्राण- ह, थ, प →	सघोष- ग, द, ब हो जाता है।
महाप्राण- ह, थ, फ →	सघोष- ग, द, व →	अघोष- क, त, ष हो जाता है।
सघोष- ग, द, व →	अघोष- क, त, प →	महाप्राण- ह, थ, फ हो जाता है।

अर्थात् इस नियम के अनुसार दो परिवर्तन होते हैं। एक तो अघोष का महाप्राण, महाप्राण का सघोष तथा सघोष वर्ण का अघोष वर्ण परिवर्तन होता है। तथा दूसरे महाप्राण वर्ण, सघोषवर्ण, सघोषवर्ण अघोष वर्ण और अघोष वर्ण महाप्राण वर्ण हो जाते हैं। इस नियम में तीन प्रकार के दोष थे।

1. कालदोष → ग्रिम जिन दो वर्ण परिवर्तनों की चर्चा अपने इस नियम में करता है उनमें से पृथक वर्ण परिवर्तन (अ-म, म-स, स-अ) ईशा से बहुत पहले प्रागैतिहासिक काल में हो गया था। लेकिन दूसरा वर्ण परिवर्तन (म-स, स-अ, अ-म) ईशा से बहुतवाद 7वीं शताब्दी में हुआ था।

2. क्षेत्रदोष → ग्रिम दोनों वर्ण परिवर्तनों का बड़ा विस्तृत और विशाल क्षेत्र मानता है। जबकि दूसरा वर्ण परिवर्तन केवल जर्मन भाषाओं में हुआ था और उसका कोई सम्बन्ध मूल भारोपीय भाषाओं संस्कृत, लैटिन, ग्रीक आदि से नहीं है।

3. अपूर्णता → जिस द्वितीय वर्ण परिवर्तन के ग्रिम ने निम्न जर्मन और उच्च जर्मन भाषाओं में दिखलाया है उनमें भी यह पूर्ण रूप से नहीं हुआ था।

निर्दोष नियम

संस्कृत, ग्रीक, लैटिन आदि भाषाओं में	उच्च, गाथिक, निम्न जर्मन अंग्रेजी आदि
अघोष- क, त, प →	महाप्राण- ह, थ, प हो जाता है।
महाप्राण- घ, ध, म →	सघोष- ग, द, व हो जाता है।
सघोष- ग, द, ब →	अघोष- क, त, प हो जाता है।

अर्थात् ग्रिम का प्रथम वर्ण परिवर्तन मात्र ही उपयुक्त है। जैसे-

संस्कृत	अंग्रेजी	संस्कृत	अंग्रेजी
क → कः →	Who = ह	घ → हंस (धंस) →	Goore = ग
त → त्रि →	Three = थ	ध → विधवा →	Widow= द
प → पितृ →	Father = फ	भ → भ्रू →	Brow = ब

संस्कृत	अंग्रेजी
ग → गौ →	Cow = क
द → द्वि →	Tow = त
ब → लव →	Lip = प

ग्रिम नियम के अपवाद → (i) यदि कहीं संयुक्ताक्षर स्क्, स्त्, स्प् आते हैं तो ग्रिम नियम के अनुसार कोई परिवर्तन नहीं होता।

लैटिन	गाथिक
स्क् - Piseus ---	Fisks
स्त् - est ---	Inst

(ii) यदि कहीं संयुक्ताक्षर क्त्, प्त् आये तो भी परिवर्तन नहीं होगा।

लैटिन	गाथिक
क्त् - Okta - x	Akto - x
प्त् - Captus -x	Hafts - x

2. ग्रासमान का नियम → Grassmau (1809 ई. से 1877 ई.)- ग्रिम नियम के अनुसार संस्कृत, लैटिन, ग्रीक आदि भाषाओं में ग द ब का गाथिक, अंग्रेजी निम्न जर्मन में क, त, प हो जाता है। किन्तु कहीं ग, द, ब, की जगह पर कोई परिवर्तन नहीं होता। जैसे-

संस्कृत	गाथिक
दभ् -	Daubs
बोधति -	Biudev

यह नियम ग्रासमान ने निकाला। संस्कृत में दधाभि, बभार मिलता हैं। "बभार" में भू + भू द्वित्व होने पर 'भभार' बना। तब महाप्राण की दो ध्वनि हुई तो एक महाप्राण कर दी गई। तथा गाथिक में "तिथेमि" (Tithemi) तथा "पेफुका" (Pephuka) शब्द मिलते हैं। जिनमें पहली ध्वनि अल्पप्राण तथा दूसरी महाप्राण है। तब ग्रासमान का यह नियम प्रसिद्ध हुआ-- "जब दो महाप्राण ध्वनियां एकसाथ आयेंगी, तो पहली अल्पप्राण तथा दूसरी महाप्राण हो जायेंगी।" पहले दभ् के स्थान पर 'धम्' रहा होगा, तथा बोधति का भोधति रहा होगा इसलिए कालान्तर में अल्पप्राणीकरण हो गया है। किन्तु गाथिक में अल्पप्राणीकरण पहले ही हो चुका है, और वही धम् में से ध के स्थान पर 'द' (Daubs) और भोधति में से भ के स्थान पर ब (Bivdiu) हो गया है। जो ग्रिम नियम के अनुसार है। इस प्रकार ग्रासमान ने इन अपवादों का समाधान अपने जिस नियम द्वारा किया वही ग्रासमान का नियम कहलाता है।

3. वर्नर का नियम → Verner (1846 ई. से 1896 ई.)- ग्राममान के नियम के द्वारा किये गये समाधान के बाद भी ग्रिम नियम में कुछ और अपवाद मिले जैसे मूल भारोपीय भाषाओं में से संस्कृत, ग्रीक, लैटिन भाषाओं में जहाँ क, त, प ध्वनियाँ थीं, उनके स्थान पर गाथिक् अंग्रेजी आदि में ह, थ, फ होने के बजाय ग, द, ब मिले जो ग्रिम नियम के प्रतिकूल हैं। जैसे-

लैटिन, संस्कृत, ग्रीक	गाथिक	अंग्रेजी
क → Juvencus → युवक	→ Juggs →	Young = ग
त → Centum → शतम्	→ Hunda→	Hundred = द
प → Septem → सप्तम्	→ Sibun →	Seven = ब

इस अपवाद का समाधान डेनी विद्वान वर्नर ने 1875 ई. में किया। बर्नर ने पता लगाया कि मूल भारोपीय भाषाओं में से संस्कृत, ग्रीक, लैटिन के क, त, प के स्थान पर गाथिक, अंग्रेजी, जर्मन आदि भाषाओं में ह, थ, फ तभी होगा जबकि क, त, प से पहले अव्यवहित रूप में कोई उदात्त स्वर आया हो तो ग, द, ब, हो जायेगा- जैसे भ्रातृ शब्द में उदात्त स्वर त से अव्यवहित (सटा हुआ) पूर्व में है, इसलिए संस्कृत 'त' का अंग्रेजी में 'थ' th हो जाता है। Brother = भातृ। मुख्यतया ये ही तीन नियम प्रसिद्ध है। इनके अतिरिक्त तालव्य नियम, ग्रीक नियम, लैटिन नियम, फारसी नियम, ओष्ठ्य नियम तथा मूर्धन्य नियम आदि अनेक और भी ध्वनि नियम हैं।

रूप विज्ञान- शब्द - पद और वाक्य का आन्तरिक विश्लेषण

शब्द → सार्थक ध्वनियों के समुदाय को शब्द कहते हैं। भाषा विज्ञान में नाद शब्द का अध्ययन नहीं होता। स्फोट का होता है। स्फोट ही शब्द है, नाद तो किसी भी वस्तु, पक्षी, आदि की आवाज भी हो सकती है। स्फोट मानव मुख से निस्सरित ध्वनि होती है। नाद ध्वनि से बनी सार्थक ध्वनि का अध्ययन भाषा विज्ञान करता है। "शब्दो ब्रह्मः" ब्रह्म की असीमता के समतुल्य ही शब्द की असीमता है।

पद → शब्द का प्रयोग जब वाक्य में होने लगता है, तो वह पद बन जाता है। शब्द में विभक्ति या प्रत्यय का योग ही पद है। जैसे- पाणिनि का सूत्र "सुप्तिडान्तं पदम्" अर्थात् सु औ जस्। अम् और शस्। टा, भ्याम् भिस्। डे, म्याम्, भ्यस्। ङसि, म्याम्, म्यस्। ङ.स, ओस्, आम्। ङि, ओस्, सुप्। ये 21 प्रत्यय सुप् कहे जाते हैं। जो प्रकृति के अर्थात् अपने अर्थ को कहे उसे प्रत्यय कहते हैं। जिससे प्रत्यय किया जाय उसे प्रकृति कहते हैं। इसके अतिरिक्त ङ्यन्त (ङीप, ङीष्, ङीन्) और आबन्त (आप्, टाप्, ङाप् और चाप्) आदि स्त्रीलिंग बाची प्रत्यय भी इन्हीं सुप् प्रत्ययान्तर्गत आते हैं। यहाँ सु एकवचन और द्विवचन और जस, बहुवचन में प्रयुक्त होता है। इसी क्रम से अन्य अम् और शस् आदि भी तीन वचनों में प्रयुक्त होते हैं। ये सुबंत हैं। अब तिङन्त पर विचार करें। यथा तिप्, तस्, झि। सिप्, थस्, थ, मिप्, वस्, मस्। इट्, वहि, महिङ्। ये नौ आत्मेनपद् तिङन्त प्रत्यय हैं। ये अठारह हैं। इनका प्रयोग संस्कृत के 10 लकारों (कालवाची) के स्थान पर 'आदेश' के रूप में

होता है। परस्मैपद से तात्पर्य है कर्ता की प्रधानता जैसे रामः पचति (राम पकाता है) तथा जहाँ कर्म की प्रधानता होती है वहाँ पच्यते- रामेण- अर्थात् आत्मनेपदी क्रिया रूप आया- पच्यते। यहाँ सकर्मक क्रिया और अकर्मक को भी स्पष्ट कर दें- "फलव्याधिकरण व्यापार बाचकत्वं सकर्मकत्वम्" कर्मयुक्त फलवाचक सकर्मक क्रिया तथा "फलसमानाधिकरण व्यापार बाचकत्वम् अकर्मकत्वम्" फल प्राप्ति के समान व्यापार की वाचक अकर्मक क्रिया होती है। इस प्रकार सुवन्त तिङन्त पदों को जो वाक्य में प्रयोग की अर्हता रखते हैं उन पदों को 'रूप' भी कहते हैं। वाक्य में प्रयोगार्थ कोई शब्द विभक्ति धारण करके ही 'पद' अथवा 'रूप' कहलाता है। विभक्ति, प्रत्यय, लिंग, वचन पद की रचना के प्रमुख सहयोगी हैं। इन्हें ही 'सम्बन्ध तत्व' कहते हैं तथा कुछ विद्वान 'रूप मात्र' भी कहते हैं।

"वाक्य"→ पूर्ण अर्थ की प्रतीति कराने वाले शब्द समूह को वाक्य कहते हैं। पहले इसकी परिभाषा में क्रिया की उपस्थिति आवश्यक थी। लेकिन अब नहीं। क्योंकि एक शब्द से भी पूरे वाक्य की प्रतीति हो जाती है। राम तुम जाओगे? हां। वाक्य विकार अंग्रेजी संस्कृत भाषा के आधार पर हुआ जैसे- वाक्य में योग्यता- आकांक्षा- सन्निधि का होना आवश्यक है। जैसे आग से सींचता है। यहां आग में सीचने की योग्यता नहीं है। तथा वाक्य सुनकर कोई आकांक्षा या इच्छा अर्थ से सम्बन्धित न रहे और तीसरे सन्निधि यानी समीपता एक साथ ही सब शब्दों का उच्चारण होना चाहिए। समयान्तर से नहीं। अर्थात् वाक्य उन सार्थक शब्दों का समूह है जो सम्बन्ध तत्वों से युक्त होकर प्रयुक्त होते हैं।

"सम्बन्ध तत्व (रुपमात्र) तथा अर्थतत्व (अर्थमात्र)" के अन्तर को स्पष्ट करते हुए सम्बन्ध तत्व के भेदों पर विचार करते हैं- वाक्य के दो तत्व होते हैं 1. सम्बन्ध तत्व तथा अर्थ तत्व। दोनों में प्रधान अर्थ तत्व है। जिसे अंग्रेजी में Semanteme (सेमन्टेम) कहते हैं। दूसरे सम्बन्ध तत्व का कार्य है विभिन्न अर्थ तत्वों का आपस में सम्बन्ध दिखवा देना जैसे- "राम ने रावण को बाण से मारा" इस वाक्य में चार अर्थ तत्व हैं, राम, रावण, बाण, और मारना। तथा सम्बन्ध जोड़ने के लिए चार ही सम्बन्ध तत्व हैं। ने, को, से तथा मारना में मारा पद बनाने में सम्बन्ध तत्व इसी में मिल गया है। अतः सम्बन्ध तत्व भी विभिन्न प्रकार के होते हैं। तथा वाक्य बनाने

वाले रुप कर्त्ता, क्रिया, कर्म होते हैं। विशेषण, सर्वनाम, पुरुष, लिंग, वचन आदि व्याकरण रुप भी (i) संज्ञा के साथ आते हैं। इसी तरह पद का दूसरा भाग 2. क्रियापद में अकर्मक, सकर्मक, भूतकालिक आदि रूप आते हैं। अतः अर्थ तत्व के ये दो प्रमुख रूप हैं। (i) संज्ञापद (ii) क्रियापद।

"सम्बन्ध तत्व के भेद"→ 1. विभक्ति- संस्कृत में संज्ञा, क्रिया आदि रूपों में जैसे- राम + सु = रामः। 2. प्रत्यय- संस्कृत के त्वा, क्तवतु, हिन्दी में करना में आ आदि। प्रत्यय दो प्रकार के होते हैं। (i) व्याकरणिक (ii) रचनात्मक। व्याकरणिक रुप साधक प्रत्यय होते है।

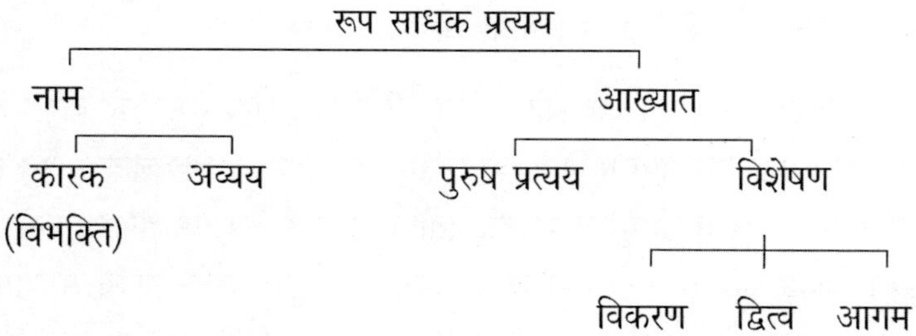

1. रचनात्मक प्रत्ययों को शब्द साधक प्रत्यय भी कहते हैं। जो शब्दार्थ में भेद एवं विकार उत्पन्न करें। (i) कृदन्त- धातुओं के अंत में जोड़े जाने वाले जैसे ज्ञा से ज्ञात। (ii) तद्धित्- क्रिया के अतिरिक्त सभी शब्दों में जुड़ने वाले जैसे पुत्र से पुत्रवती। शब्द के मध्य में आया शब्द विकरण होता है जैसे- करवाया में 'वा' विकरण है। बाद में आया शब्द प्रत्यय होता है। धातु, शब्द के मध्य आया वर्ण आगम होता है। ऐसे ही उपसर्ग पर सर्ग आदि आते हैं। उपसर्ग 22 होते हैं- प्र, परा, अप, सम्, अनु, अम, निस् निर्, दुस्, दुर्, वि, आङ, नि, अधि, अपि, अति, सु, उद्, अभि, प्रति, परि, उप। (iii) अपश्रुति- जिनमें विभक्ति अन्दर ही हो जैसे- हिमर- एक गधा, हमीर- बहुत गधे। लड़का से लड़के। फीट- फुट, किताब- कुतुब, कातिब। (iv) स्वतंत्र शब्द- जैसे इव, अपि, इति, ने, से, के, का For-Upon, till, From आदि। (v) बलाघात- (सुर) इन्द्रशत्रोः में र और त्रो पर जोर देने से अलग-अलग अर्थ निकलता है। जैसे- Patro Kno nos के भी दो विपरीत अर्थ निकलते हैं। ऐसे Conduct में भी है।

(vi) अभावात्मक शब्द- जिनके रुप परिवर्तन हों Sheep, Fish, Deer ये सदैव एक जैसे रहते हैं। तथा रिक्शा कहने पर रिक्शे वाले का बोध होता है, ये अभावात्मक शब्द हैं। (vii) स्थान- Light House का अर्थ है बिजली घर इसी का स्थान परिवर्तन होने पर Light House का अर्थ घर की बिजली हो गया। मल्ल ग्राम- मल्लों का ग्राम- ग्राममल्ल का अर्थ ग्राम का मल्ल हो गया। चीनी में न्य गो ता नी का भी अर्थ परिवर्तन स्थान परिवर्तन के साथ हो जाता है। (viii) द्वित्व- किसी शब्द का दो बार प्रयोग होता है "रामलीला की घर घर धूम है" दो बार घर के प्रयोग से सभी घरों का बोध होता है। (ix) स्वराभाव- यह प्राचीन भाषाओं में होता था, जहाँ स्वरों के आधार पर अर्थ परिवर्तन होता है। जैसे संस्कृत शब्द "देवासः" में स्वर रहे तो अर्थ होगा समस्त देवता तथा स्वर रहित हो जाने पर अर्थ होगा 'हे देवताओ! इन्हीं तत्वों के आधार पर सम्बन्ध तत्व (रूपमात्र) की चर्चा होती है।'

"रूप परिवर्तन या पद परिवर्तन (विकार) की दिशायें"

भाषा विज्ञान में उन रुप विकारों को महत्वपूर्ण स्थान प्राप्त हैं, जिनके फलस्वरूप कुछ रूप घिस कर नष्ट हो जाता है, कुछ बदल जाते हैं, कुछ नया आकार ग्रहण कर लेते हैं। ये विकार या परिवर्तन विभिन्न पदों में निम्नलिखित पांच रुपों में देखे जाते हैं।

1. संज्ञा- हिन्दी के संज्ञा रूपों को देखने से पता चलता है कि इनमें विभक्तियों के योग से विचित्र रूपान्तर हो जाते हैं। ये विभक्तियां दो प्रकार की होती है। (i) अविकारी- ये वो हैं जिनके शब्दों का मूल ज्यों का त्यों बना रहता है और विभक्तियों से कोई रूप नहीं बदलता। जैसे लड़का, लड़की गाय आदि। (ii) विकारी- जहाँ कारक चिन्हों के लगते ही शब्द विकृत हो जाते हैं, जैसे- लड़को, लड़कियों, गायों। कहीं-कहीं अविकारी शब्द भी विकृत हो जाते हैं जैसे बहुत से राम आये। बहुत से लोग आये। तथा कुछ शब्द स्वरान्त लिखे जाते हैं और व्यंजनान्त बोले जाते हैं। राम को राम् कमल को कमल् कहते हैं।

2. सर्वनाम- हिन्दी में सर्वनामों के रूपों के अन्तर्गत दो वचन होते हैं। कारकों में संस्कृत की तरह आठ कारक न होकर केवल दो रूप ही मिलते हैं। विकारी

और अविकारी, जैसे मुझसे, तुझसे, हमको, हमसे आदि विकारी रूप हैं। और मुझ, तुझ, हम आदि अविकारी रूप हैं।

3. लिंग- हिन्दी में लिंगों में पर्याप्त परिवर्तन देखा जाता है। पहले संस्कृत में तीन लिंगों का प्रावधान है, किन्तु हिन्दी में दो रह गये। तथा नपुंसकलिंग से कुछ पुल्लिंग तथा कुछ स्त्रीलिंग बने। पोथी- स्त्रीलिंग। ग्रन्थपुल्लिंग। बंगला, उड़िया असमिया में लिंग भेद नहीं होता। हिन्दी में फल पुल्लिंग है तो जामुन स्त्रीलिंग बना लिया। यह लिंग सम्बन्धी लिंग विकार हिन्दी में बड़ा महत्वपूर्ण है। यह विकार पुल्लिंग स्त्रीलिंग में ही है। कैसे लेखनी, खो गई, पैन खो गया। कलम खो गई। पत्ता, पत्ती, टहनी, पुतली, तारा आदि किस आधार पर पुल्लिंग, स्त्रीलिंग बने?

4. वचन- पहले संस्कृत में एक वचन, द्विवचन, बहुवचन थे सबसे पहले पालि ने द्विवचन को छोड़ दिया, फिर बिल्कुल ही समाप्त हो गया। हिन्दी में एक के वाद सब बहुवचन है। द्विवचन कैसे लुप्त हो गया? हो सकता है शिक्षित लोगों ने द्विवचन को रखा होगा यह पद्धति ऋग्वेद से लेकर संस्कृत साहित्य तक रही है। लोक भाषा में यह पद्धति नहीं रही। अब दो ही वचन हिन्दी में शेष रहे लड़का और लड़के।

5. क्रिया- क्रिया का परिवर्तन महत्वपूर्ण है, एक रुपता और सरलीकरण लाने के लिए हिन्दी ने संस्कृत की बहुत सी क्रियाओं को लिया। आशीर्लिंग, विधिलिंग, लोट्लकार और अन्य लकारों की संस्कृत की परम्परा को हिन्दी में 'ए' लगाकर ही सर्वत्र क्रिया का कार्य सम्पन्न किया जैसे- आशार्लिंग में बालक सुखी रहे (आशीष) वह बड़ों का आदर करे- यह विधि सम्बन्धी है। वह घर जाये- यह आज्ञा सम्बन्धी है। यदि वह बीमार पड़े यह क्रियातिपत्ति सम्बन्धी है। राम जाता है। सीता जाती है। लिंग के आधार पर क्रिया बदल जाती है। लेकिन संस्कृत में क्रिया नहीं बदलती, राम जाता है- रामः गच्छति। सीता जाती है- सीता गच्छति ही रहता है। इसके अतिरिक्त हिन्दी की क्रिया पद या रूप वचनों के आधार पर तीन वचनों के द्योतक नहीं होते। दो के ही होते हैं। वह जाता है तथा वे जाते हैं।

रूप (पद) परिवर्तन के कारण- जिस प्रकार भाषाओं में ध्वनि परिवर्तन के विविध कारण होते हैं, उसी प्रकार ध्वनि निर्मित रूपों या पदों के विकार सम्बन्धी

अनेक कारण हुआ करते हैं। प्रायः ये सब रूप परिवर्तन सभी भाषाओं में मिलते हैं। इनपर समय तथा संस्कृति दोनों का प्रभाव पड़ता है। किन्तु रूप विकार के कुछ प्रमुख ऐसे कारण हैं जिनका सम्बन्ध आन्तरिक मनोवृत्तियों से भी होता है। इन अन्तर्बाह्य कारणों को विद्वानों ने सात भागों में बांटा है।

(i) सरलीकरण की प्रवृत्ति- जिस प्रकार बोलने में मुख सुख कार्य करता है, उसी तरह रूपों के उच्चारण तथा लिखने में सरलीकरण की प्रवृत्ति कार्य किया करती है। प्रायः भाषाओं की आरंभिक अवस्थाओं में रूपों की विविधता तथा जटिलता थी, जिन्हें याद रखना मानवों के लिए अत्यन्त कठिन था। धीरे-धीरे उस जटिलता को दूर करने के लिए तथा उसमें एकरुपता लाने के लिए उनको सरल बनाने का प्रयत्न किया गया। इसके फलस्वरूप इन रूपों के आकार प्रकार बदलते चले गये जैसे संस्कृत में पहले अनेक विभक्तियां प्रचलित थी। किन्तु गुर्जरों और आभीरों के आगमन के पश्चात् जैसे ही प्राकृत एवं अपभ्रंश भाषाओं का प्रादुर्भाव हुआ, वैसे ही उनमें से बहुत सी विभक्तियाँ लुप्त हो गई। और संस्कृत के रूप एक से बनने लगे जैसे रामाभ्याम् रामाम्याम् रामेभ्यः रामेभ्यः आदि एक जैसे हैं, समान रूप हैं। इसी प्राकृत और अपभ्रंश में भी कई कारकों के रूप एक से चलते हैं। अंग्रेजी में पहले बहुवचन बनाने के लिए S, en दोनों प्रत्ययों का व्यवहार होता था Book-Books। Cow का बहुवचन Kine/ Brother का बहुवचन Brotherine। ox का oxen बनते थे। किन्तु बाद में सरलता पाने के लिए केवल S लगाकर बहुवचन बनने लगे Cow का Cows। Brother का Brothers आदि।

(ii) सादृश्य- जिन शब्दों से हम भलीभांति परिचित होते हैं, उनके आधार पर वैसी ही शब्द रचना कर देना ही सादृश्य है। जैसे संस्कृत में बुद्ध शब्द का चतुर्थी में बुद्धाय और षष्ठी में बुद्धीभ्यः बनता है, इसी भांति पालि भाषा में बुद्धस्स- बुद्धस्य रूप बना दिये। इकारान्त शब्द अग्नि और उकारान्त वायु इनके चतुर्थी षष्ठी विभक्ति में अलग-अलग रूप हैं, लेकिन पालि में अग्गिस, वायुस्स बन गया यही है मिथ्या सादृश्य। आभ्यन्तर का भीतर, बाहूय भीतर शब्द के आधार पर बना। निर्गुण, सगुण दुख सुख, का Shall का Should, Will का Would, Can का Could बने यही सादृश्य है। इसी भाँति हिन्दी में पश्चिम से पाश्चात्य शब्द बना है। पूर्व से

पौरस्त्य, पौर्वस्य बना है। शुद्ध तो पौरत्स्य है। यही सादृश्य है।

(iii) सांस्कृतिक विचारधारा- शब्दों के परिवर्तन पर सांस्कृतिक विचारधारा का बड़ा प्रभाव पड़ता है। संस्कृति के आधार पर शब्द परिवर्तन होते हैं। पहले यज्ञ होते थे, यजमान के लाभ के लिए पुरोहित उसकी तरह से कार्य करता था, अर्थात् आत्मनेपद का प्रयोग अपने लिए और दूसरे (यजमान) के लिए परस्मैपद का प्रयोग करता था। फिर बौद्ध आये उन्होंने यज्ञ का खण्डन किया फलतः पालि में केवल परस्मैपद क्रिया का ही प्रयोग होने लगा। हम प्रसाद शब्द का प्रयोग करते थे लेकिन अरबी फारसी संस्कृति के प्रभाव से संयुक्ताक्षर समाप्त हो गये तो प्रसाद के परसाद और प्रकाश को परकाश कहा जाने लगा। मथुरा को अंग्रेज मुतरा, वाराणसी को बनारस, लखनऊ को लकनऊ कहा जाने लगा।

(iv) स्पष्टता की आवश्यकता- जब कोई शब्द किसी भाषा में कई अर्थों का द्योतक हो जाता है। तब भाव प्रकाशन की सहायता के लिए उसमें परिवर्तन कर दिया जाता है। इससे अनेक रूप विकार हो जाते हैं। जैसे अवधी में पहले कर्ता के एकवचन, बहुवचन में एक से रुप चलते थे, जैसे लरिका गा, लरीका गै। परन्तु इन दोनों के बहुवचन में 'न' प्रत्यय लगाने लगा। लरिका- लरिकन, भैया- भैयन। ऐसे ही लोग एकवचन भी है, तथा बहुवचन भी है। इसकी स्पष्टता के लिए बहुवचन में लोगों कर दिया। अनेक बहुवचन है फिर भी अनेकों कर दिया। बहुत का बहुतों कर दिया- और इनका प्रयोग भी होने लगा।

(v) बल प्रयोग- कुछ रूप विकार किसी बात के बलपूर्वक कहने से होते हैं, जैसे हिन्दी में 'मैं' के स्थान पर बहुत से लोग 'हम' शब्द का प्रयोग करते हैं। क्योंकि इस हम में गुरुता, बड़प्पन के भाव विद्यमान हैं। जो 'मैं' में नहीं है। किन्तु जब 'हम' का प्रयोग एक वचन में अधिक होने लगा, तो बहुवचन बनाने के लिए आवश्यकता पड़ी तो बहुवचन में हमलोग कहने लगे। तथा बहुत का बहुतों हो गया। मैं गया था की जगह हम गये थे। यह सब पंजाबी भाषा से आया।

(vi) अज्ञान- अज्ञान के कारण सबसे अधिक रूप विकार होता है। जो शुद्ध शब्द हैं उन्हें भी कुछ लोग स्वयं विद्वान या पण्डित सिद्ध करने के लिए तथा

अशिक्षितों पर रौब जमाने के लिए अशुद्ध करके बोलते हैं। जैसे- इच्छा को इक्छा, क्षीर को खीर, शाप को श्राप, सौन्दर्य को सौंदर्यता लावण्य को लावण्यता, प्रखरता को प्राखर्य। दयालुताई- दयालुता को। तथा कुटिलताई, अभेदता आदि शब्द अशुद्ध हैं, संस्कृत में इन्हें दुष्ट प्रयोग कहते हैं।

(vii) नवीनता की प्रवृत्ति- बहुत से रूप विकार नवीनता की तीव्र लालसा के कारण हुआ करते हैं। Jesperson का कथन है कि मानव में एक ऐसी प्रवृत्ति है जो रूढ़िगत अभिव्यक्ति से संतुष्ट न होकर नये ढंग नये शब्द खोजा करती है, या फिर पुराने शब्दों पर नये अर्थों का आरोप किया करती है। इसी से रूप विकार हो जाते हैं। इसके कारण मृदुता से मार्दव प्रचुरता से प्राचुर्य, प्रखरता से प्राखर्य, धवित से प्रधावित, भावना से प्रभावना, निंदित से विनिन्दित आदि। इस प्रकार की प्रवृत्ति से रूप (पद) परिवर्तन की उपर्युक्त सात स्थितियां बनती है। इनसे भाषा के रूप स्वरूप और अर्थ अभिप्राय पर भी प्रभाव संभव है, किन्तु यह ध्यान रखने की बात है कि मूलभाव तत्व कहीं शब्दों की उलझन से प्रभावित न हो जाय। मूलभाव की सुदृढ़ता पर रुप परिवर्तन (विकार) का प्रभाव नहीं पड़ना चाहिए। क्योंकि इस प्रकार उपसर्ग लगने से शब्द के अर्थ में विकार आ जाता है जैसे 'हृ हरणे' धातु से हार शब्द बना, इसमें वि उपसर्ग लगा तो विहार हो गया। सम् उपसर्ग लगा तो संहार हो गया- वि, अब लगे तो व्यवहार हो गया। आङ् उपसर्ग से आहार हो गया आदि।

वाक्य विज्ञान- से तात्पर्य है, "सुप्तङन्तं पदम्" अर्थात् ऐसा शब्द समूह वाक्य कहता है जिसमें सु औजस् से ङि ओस् सुप् सुवन्त कर्ता प्रत्यय के (विभक्ति) तथा तिप् तस् झि से मिथ् वस् मस् तक तथा त आताम् झ से ध्वम्- बहिङ, महिङ् तक तिङन्त क्रिया प्रत्यय (विभक्ति) का सुयोग हो, वही सार्थक वाक्य होता है जो "वागर्थाविव सम्पृक्तौ" वागर्थप्रतिपत्तये'' की भाँति संयुक्त एवं सार्थक हो अर्थात् वाणी से अर्थ की संयुक्ति और उस वाणी के अर्थ का भाव बोध भी हो वही वाक्य है। इसमें योग्यता आकांक्षा और सन्निधि की अनिवार्यता होती है। शब्द की योग्यता से आगे की आंकाक्षा सद्य = सन्निधि (निकटता) के साथ आकर जिज्ञासा की शांति उत्पन्न हो जाय। वही वाक्य विज्ञान है। अर्थात् क्रिया सहित पद समूह ही वाक्य है। हिन्दी में यही वाक्य विज्ञान है। अंग्रेजी और संस्कृत में वाक्य विज्ञान पर विस्तार

से विचार किया गया है।

अर्थ विज्ञान- ध्वनि से शब्द बनता है। शब्द से रूप बनता है। और प्रत्येक सार्थक अर्थ का कुछ न कुछ अर्थ होता है। और अर्थ से पदार्थ का बोध होता है और बोध से ही अभिप्राय बोध होता है। अर्थ भाषा विज्ञान का प्रमुख अंग है। अर्थ का शब्द के साथ समवाय सम्बन्ध है। अर्थात् नित्य सम्बन्ध है और आत्मिक सम्बन्ध है। इस प्रकार हम कह सकते हैं कि प्रत्येक शब्द में अर्थ अवश्य रहता है। *"अर्थ विज्ञान के भौतिक नियम अथवा शब्दार्थ सिद्धान्त"*- शब्दों के अर्थ में परिवर्तन होने पर जो नियम बनाये गये वे ही शब्दार्थ सिद्धान्त या बौद्धिक नियम कहलाते हैं। अर्थात् शब्द के बदलने में कोई न कोई बौद्धिक कारण अवश्य होता है। ध्वनि नियम और बौद्धिक नियम में अन्तर इतना है कि भाषा के उच्चरित रूप में जो विकार उत्पन्न होते रहते हैं, उनसे सम्बन्ध रखने वाले नियमों को ध्वनि नियम कहते हैं और शब्दों के अर्थों में जो परिवर्तन होता रहता है वह बौद्धिक नियमों द्वारा बताया जाता है। ध्वनि नियम कालगत और देशगत होते हैं। बौद्धिक नियमकाल तथा देश की सीमा की परवाह नहीं करते। बौद्धिक नियम आठ होते हैं।

(i) विशेषी भाव का नियम- पहले विभिन्न प्रत्यय विभिन्न अर्थों के बोधक थे, अंत में उनमें से एक दो शेष रह जाये तो इसे विशेषीभाव का नियम कहते हैं। यथा- लघुत्तर, लघुत्तम, महीयस, लघीयस। अंग्रेजी में पहले of का प्रयोग होता था, अब केवल is से काम चलता है। यही विशेषता लाने के लिए विशेषी भाव है।

(ii) भेदीकरण का नियम- Law of Diffencetiation जो शब्द पर्यायवाची होते हैं, उनमें जिस प्रक्रिया द्वारा विभिन्न अर्थ प्रदान किया जाता है, उसे भेदीकरण कहते हैं, जैसे- स्कूल, मदरसा, पाठशाला, विद्यालय, कॉलिज, विश्वविद्यालय। बछड़ा, बछेड़ा, पड्डा, कटरा, मित्रों की टोली, काव्य गोष्ठी, कविगोष्ठी, पशुओं की हेर, डाकुओं का गिरोह, टिढ्ढी दल, वक पंक्ति, सेना की टुकड़ी, नमस्ते, नमस्कार, जैरामजी की, सलाम, आदाब अर्ज, वैद्य, हकीम, कविराज, डॉक्टर, घैंटा (सूअर) मैमना (बकरी का बच्चा) पौना (बकरी) पोआ (सांप) पिल्ला (कुत्ते का बच्चा) आगे उक्त सभी के अलग अलग अर्थ हैं।

(iii) उद्योतन का नियम- जिस क्रिया से अच्छा खराब या अन्य कोई दूसरा विशेष अर्थ किसी पद विशेष के साथ जुड़ जाता है, और इससे उसमें जो द्योतकता आ जाती है, उसे उद्योतन नियम कहते हैं, जैसे- 'ई' प्रत्यय लग जाने से- साहबी, नवाबी, स्कूली, 'आ' प्रत्यय लग जाने से धोता, सत्ता, 'ह' प्रत्यय से भी स्कूलिह, मोटरहा, पुरविहा।

(iv) विभक्तियों के भग्नावशेष का नियम- कुछ विभक्तियां कुछ कारणवश लुप्त हो जाती हैं। फिर भी उनके कुछ अंश मन में बने रहते हैं। समय आने पर प्रगट हो जाते हैं। तथा रूपों से जुड़ जाते हैं। यही विभक्तियों के भग्नावशेष का नियम है। संस्कृत के कृदन्त प्रत्ययों के आधार पर रटन्त था। मनगढ़न्त, फलन्त, गयावक्त संस्कृत के गतः के आधार पर बना, मुआबैल, मृतवृषभ के आधार पर। सोया आदमी सुप्त के आधार पर तथा दैवात, हठात् आदि।

(v) मिथ्या प्रतीति का नियम- प्रायः हम अनुचित शब्दों का प्रयोग मनमाने ढंग से करने लग जाते हैं। जैसे काबुली वाला- काबुल वाला होना चाहिए। सोने का लोटा, गंगा जल पानी। गांधी कैथ टोपी, सनलाइट सोप साबुन, गुलरोगन का तेल, दरअसल में, दर का ही अर्थ में है। विविध का अर्थ है अनेक प्रकार फिर भी प्रकार अलग से लगा देते हैं। ऐसे ही सज्जन आदमी, विन्ध्यान्चल पर्वत।

(vi) उपमान का नियम- हर आदमी अनुकरण प्रिय होता है। एक शब्द के समान दूसरा शब्द बना लेना ही उपमान है। देहात के आधार पर देहाती, शहराती, शरारती, स्वीकारना, फिल्माया। तथा तेतालीस के आधार पर चौंतालीस आदि।

(vii) नये लाभ का नियम- हमेशा भाषा में से कुछ नष्ट होता है तो कुछ नया भी आता है। (क) अव्यय कृदन्त- चलना, फिरना आदि क्रियाओं से टहलना, बैठना, आदि संज्ञा शब्द बनते हैं। इससे नये अर्थ की प्रतीति होती है। (ख) क्रियाविशेषण- धीरे धीरे जाना, मस्त होके नाचना। आदि क्रिया विशेषण का भी प्रयोग होने लगा। यह पता Breal ब्रील ने लगाया।

(viii) अनुपयोगी रूपों के विनाश का नियम- जब एक ही भाव का बोध कराने के लिए कितने ही पर्यायवाची शब्द संचित हो जाते हैं, तो उनमें से अपेक्षाकृत कम काम में आने वाले शब्दों का ह्रास हो जाता है। उदाहरणार्थ- वैदिककालीन

संस्कृत में 'देखने' क्रिया के लिए दो धातु थीं- स्पश्, दृश् आज पश्य आदेश माना जाता है। पहले सस्मात् सस्मिन् थे अब तस्मात् तस्मिन् प्रयोग होते हैं।

"अर्थ विकास की दिशायें"

अर्थ विकार, अर्थ विकास और अर्थ परिवर्तन एक ही अर्थ के द्योतक हैं। फ्रांसीसी विद्वान ब्रील ने अर्थ विकास को भाषा विज्ञान में लाने का कार्य किया। इन्होंने अर्थ परिवर्तन की तीन दिशायें बताई हैं।

(i) अर्थ विस्तार- Explain of Meaning जब अर्थों की प्रवृत्ति एक से अधिक की ओर हो जैसे- स्याही काले रंग के लिए प्रयुक्त थी। अब सब रंगों में है। गोली शब्द से तात्पर्य गोल पदार्थ से है। अब दवा की गोली कांच की गोली बंदूक की गोली भी जानी/ बोली जाती है। कुशल पहले, कुशलाने में निपुण को कहते थे, अब निपुण के लिए प्रयुक्त है। तेल तिल के सार को कहते थे, अब सब वस्तुओं को सार तेल कहलाता है। हरिशचन्द्र शब्द व्यक्तिवाचक संज्ञा से जाति वाचक बन गया जैसे तुम बड़े हरिश्चन्द्र हो। इसी तरह नारद जयचंद्र आदि भी।

(ii) **अर्थ संकोच-** जब अर्थों की प्रवृत्ति अनेक से एक की ओर हो जैसे मृग जंगल में घूमने वाले प्रत्येक जानवर को कहते थे आजकल केवल हिरण को ही मृग कहते हैं। धान्य से तात्पर्य सभी धनों से था आज केवल धान से हैं। आदित्य अदिति का पुत्र था, अब सूर्य है। मुर्ग फारसी में सभी पक्षियों को कहते हैं। हिन्दी में केवल मुर्गे के लिए प्रयुक्त है।

(iii) **अर्थादेश**- किसी शब्द का अर्थ बिल्कुल ही बदल जाय, जैसे मुनि से मौन, महाराज आज रोटी बनाने को कहते हैं। उष्ट्र पहले भैंसा था, अब केवल ऊँट है। इन्फैन्ट पहले बिल्कुल न बोलने वाला था, अब इन्फैण्ट बच्चे को कहते हैं। कामरेड का अर्थ कमरे में रहने वाला था- अब पार्टनर बन गया। दरिया का अब अर्थ नदी है गुजराती में समुद्र का दरिया कहते हैं। मिठाई समस्त मिष्ठानों के लिए आज प्रयुक्त है।

आधुनिक विद्वानों ने तीन दिशायें और मानी हैं।

1. अर्थोत्कर्ष- जब किसी शब्द का अर्थ बुरे से अच्छा हो जाता है जैसे

साहसिक शब्द संस्कृत का है, डाकुओं के लिए प्रयुक्त था, अब हिम्मत वाले को साहसिक कहते हैं। मुग्ध का अर्थ मूर्ख था अब उसका अर्थ अनुरक्त हो गया। कर्पट् जीर्ण शीर्ण वस्त्र था अब सभी वस्त्रों के लिए प्रयुक्त है।

2. अर्थापकर्ष- वह शब्द जो पहले कभी बड़े अच्छे अर्थों में आने के कारणवश बुरे अर्थ में आने लगते हैं- जैसे स्वर्गवास पहले शुभ था अब बुरा मानते हैं। महाजन पहले श्रेष्ठ वाचक था अब मात्र वैश्य के लिए प्रयुक्त है। भैया जी, नौकर दूध लाने वाला है पाखण्डी पहले बौद्ध साधु को कहते थे, अब पाखण्डी, कपटी और ढ़ौंगी को कहते हैं।

3. अर्थापदेश- किसी अशुभ बात को उसका बुरापन दूर करने के लिए सुन्दर शब्द से अभिव्यक्त करना जैसे- चेचक को शीतलमाता, दुकान बंद करने को दुकान बढ़ाना, चूड़ी बढ़ाना, दीपक बढ़ाना आदि।

डॉ. श्यामसुन्दर दास जी ने अर्थ विकार की चार दिशायें ओर बताई हैं

1. मूर्तिकरण का अमूर्तीकरण- जब अर्थ मूर्त से अमूर्त तथा अमूर्त से मूर्त हो जाय जैसे मीठा तथा नमकीन अमूर्त स्वाद के द्योतक हैं, जब मीठा और नमकीन लाओ तो मूर्त हो गये। रोटी मूर्त है। लेकिन रोटी के लिए मनुष्य क्या क्या नहीं करता यहाँ अमूर्त हो गया।

2. एकोच्चरित समूह- जब कुछ शब्द साथ प्रयुक्त होने से वाद में किसी एक अर्थ के द्योतक बन जाये जैसे- श्री गणेशाय नमः सिद्ध श्री सर्वोपरि, ओम् नमः सिद्धम्।

3. समास- समास भी एक प्रकार का अर्थ परिवर्तन है जैसे- दौड़धूप का अर्थ दौड़ना और धूप लगना था अब दौड़ धूप परिश्रम के लिए प्रयुक्त है। ऐसे ही चीरफाड़ करना- आलोचना करना आदि समस्त पद हैं।

4. रूपक- जब मुख्य अर्थ का बोध हो जाये और एक नवीन अर्थ का बोध होने लगे जैसे- बैल कहीं का, आस्तीन का सांप, अकल की पुड़िया, शेरे कश्मीर, बुद्धि का अजीर्ण आदि रूपक पद हैं। इस प्रकार अर्थ विकार, विकास और परिवर्तन की विभिन्न परिस्थितियाँ समयानुसार आती रहती हैं। इन सबका नियामक और प्रयोजक

समाज और समय ही है।

अर्थ परिवर्तन के कारण

अर्थ परिवर्तन की प्रक्रिया समय/अवधि के अधीन है। विद्वानों में भी इस अर्थ परिवर्तन को लेकर मतभेद मिलते हैं। अर्थ परिवर्तन के कुछ प्रमुख कारण इस प्रकार हैं।

(i) वातावरण- वातावरण बदलने पर शब्दों के अर्थ में परिवर्तन हो जाता है। एक कलम से लिखा जाता है। दूसरी वालों की कलम तथा तीसरी पोधों की कलम। तथा चौथी सिर कलम कर देना आदि (केश) एक शब्द के कई अर्थ हो गये हैं। इसी तरह बहिन जी- स्कूल की, अस्पताल की और सभी बहिन जी घर की। द्विवेदी, त्रिवेदी और चतुर्वेदी पहले धार्मिकता के द्योतक थे किन्तु आज जाति विशेष के। उपाध्याय पहले अध्यापक वाची था, आज गोत्र वाची हो गया।

(ii) अशुभ के लिए शुभ शब्दों का प्रयोग- प्रायः अमंगल एवं अश्लील शब्दों का बुरापन दूर करने के लिए शुभ शब्दों के प्रयोग करने से अर्थ बदल जाता है। जैसे राम नाम सत्य है। स्वर्गवास होना, अल्लाह का प्यारा होना। पाँव भारी होना आदि में दूषितार्थ दूर हो गया है।

(iii) शिष्टता एवं नम्रता प्रदर्शन- शिष्टतावश भी अर्थ परिवर्तन हो जाता है। अंधे को सूरदास या प्रज्ञाचसु कहना- चमार को रैदास, अछूत को हरिजन, महतरानी, विकलांग को दिव्यांग तथा अछूत धनाढ्य को चौधरी साहब, कर्दम जी, बाल्मिकि, पुलिस के सिपाही को दीवान जी, परघर को दौलत खाना, अपने घर को गरीब खाना, अध्यापक को गुरूजी।

(iv) आलंकारिक प्रयोग- आलंकारिक प्रयोगों से अर्थ बदल जाता है, जैसे काला नाग (बुरा आदमी) आस्तीन का सांप (विश्वासघाती) बृकोदर (भीम, पेटू) सांपिन (दुष्ट स्त्री) अक्ल की पुड़िया (चालाक) तोता (रट्टू) हरिश्चन्द्र का अवतार (महाझूठा) लक्ष्मीपति (गरीब आदमी) सुदामा (गरीब ब्राह्मण) आदि में अर्थ परिवर्तन स्पष्ट है।

(v) भावावेश- बहुत से अर्थ विकार भावावेश से हुआ करते हैं। कोई पिता पुत्र को भावावेश में सूअर, गधा, शैतान कह देता है। क्रोध में साला, बेटा का भी प्रयोग

होता है।

(vi) अज्ञान- अज्ञानवश अर्थ का अनर्थ हो जाता है, जैसे कैलाश, शिवजी के स्थान को स्वर्ग या आकाश कहना, सनलाइट सोप साबुन, गांधी कैपटोपी, गुल, मेंहदी का फूल, गुल हो जाना (गायब होना) बत्ती गुल हो गई। कविलास- कैलाश- विन्धयाचल पर्वत।

(vii) पीढ़ी परिवर्तन- पीढ़ी परिवर्तन के साथ अर्थ परिवर्तन भी हो जाता है। जैसे पत्र का अर्थ पत्ता अब चिठ्ठी है, फिर पत्तर, पत्तल, चांदी का सोने का पत्तर।

(viii) विभाषाओं से शब्द उधार लेना- जब एक शब्द दूसरी भाषा में जाता है। तो अर्थ बदल जाता है। फारसी में मुर्ग सभी पक्षियों का द्योतक है। हिन्दी में सिर्फ मुर्गा के लिए ही प्रयुक्त है। अंग्रेजी में (Glass) कांच होता है। हिन्दी में दर्पण है। दरिया- फारसी में नदी का द्योतक है। लेकिन गुजराती, मराठी में समुद्र का द्योतक है। हिन्दी में गिलास पात्र वाचक भी है।

(ix) संक्षिप्तीकरण- संक्षिप्तीकरण से भी शब्द का अर्थ बदल जाता है। पहले प्रधान अध्यापक Principal Teacher होता था, आजकल मात्र Principal है। Capital City बड़ा शहर आज Capital राजधानी हो गया। रिक्शा कहने पर रिक्शे वाले का बोध। माइक्रोफोन को माइक Postal Stamp अब Stamp रह गया। रामलाल वर्मा को R.L. Sharma कहना। भारतीय जनता पार्टी को भाजपा, जदूयू एल.डी. M.P. M.L. A आदि संक्षेपीकरण है।

(x) विशेषता का प्राधान्य- जैसे वर्ग विशेषता का वाचक सफेद टोपी (कांग्रेस) लाल टोपी (कम्यूनिष्ट) पीली टोपी (जनसंघ) हरा रंग (पाकिस्तान) लाल रंग (अंग्रेजी राज्य)।

(xi) लाक्षणिकता- लाक्षणिक प्रयोग वाच्चार्थ से अलग होता है। जैसे- "बांधा था किसने विधु को काली जंजीरों से" उसका वाच्चार्थ तो है कि किसने चन्द्रमा को काली जंजीरों से बांधा था, किन्तु इसका लाक्षणिक अर्थ है कि- चन्द्रमा जैसे मुख पर काले केश फैले थे। "कुर्सी की किसको चाह नहीं" अर्थात् कुर्सी अर्थात् पद की किसको चाह नहीं यह लक्ष्यार्थ है।

नाम, अर्थ का अन्तर और सम्बन्ध- नाम, पदार्थ, व्यक्ति, और अर्थ में चारों पृथक्-पृथक् अर्थवान संज्ञायें हैं। इनमें पारस्परिक कोई भाषा वैज्ञानिक सम्बन्ध नहीं है। प्राचीनकाल के जो नाम मिलते हैं, सबकी व्युत्पत्ति है और सभी सार्थक भी हैं। किन्तु आज के सभी नामों की व्युत्पत्ति करना असंभव है यथा- रिंकू, टिंकू अर्थहीन एवं व्युत्पत्तिहीन निरर्थक शब्द हैं। शब्द की सार्थकता उसे सत्ता प्रदान करती है। निरर्थक शब्दों का जीवन भी अल्पकाल होता है। या तो वे पुनः सार्थकता की ओर चलते हैं अथवा विलुप्त हो जाते हैं। वैसे यह भी कहना उपयुक्त ही है कि नाम समाजशास्त्र का विषय है। भाषा विज्ञान का नहीं। भाषा विज्ञान तो उत्पत्ति से निरन्तरता के लिए उस ही भाषा की जननी है। निरर्थकता तो उसके क्षेत्र में आती ही नहीं।

लिपि और उसका विकास

13 सितम्बर 1971 का डॉ. सक्सैना का कक्षा का व्याख्यान, सार्थक ध्वनि चिन्ह को लिपि कहते हैं। अंग्रेजी में (Script) स्क्रिप्ट कहते हैं। ध्वनियों के उच्चारण को देखकर जो ध्वनि चिन्ह सामान्यतः लोगों ने बना दिये, वे चिन्ह ही लिपि है। प्राचीन बुद्धिवादियों के अनुसार वेद, कुरान, बाइबिल की लिपि क्रमशः ईश्वर, अल्लाह और ईशा कृत हैं। लेकिन यह तर्क उपयुक्त नहीं, क्योंकि ईश्वर कृत तो सभी वेद, कुरान, बाईबिल की एक ही लिपि होनी चाहिए, भिन्न-भिन्न नहीं। जबकि ये अनेक लिपियाँ हैं। अतः यह सिद्ध हो जाता है कि लिपि चीनी, रूसी, देवनागरी लिपियाँ मानवकृत ही हैं। आवश्यकतानुसार लिपि का विकास हुआ। संसार का लिपि विकास ईसा से 10 हजार वर्ष पूर्व से हो रहा है। चार हजार वर्ष पूर्व तक लिपियाँ विकसित हो गई। प्राचीन ब्राहमी लिपि ईशा से 4000 वर्ष पूर्व विकसित थी। लिपियों की रुपरेखाओं के छः रूप मिलते हैं।

1. चित्र लिपि- विचारों की अभिव्यक्ति के लिए दीवारों पर चित्र अंकित होते थे। दक्षिणी फ्रान्स, यूनान, ब्राजील, आस्ट्रेलिया और कैलीफोर्निया में ये चित्र मिले हैं। इस लिपि में निम्न कमियाँ दृष्टिगोचर होती है।

(i) व्यक्तिवाचक संज्ञाओं के चित्र नहीं बन सकते।

(ii) उन चिन्हों से भावों का ज्ञान होना असम्भव है।

(iii) ये चिन्ह लिपि की तरह शीघ्रता में नहीं बन सकते।

(iv) इनमें कोई कलात्मकता नहीं थी।

(v) इनमें युग की अभिव्यक्ति असम्भव थी। अर्थात् समय के भाव स्पष्ट होने का साधन नहीं था।

2. सूत्रलिपि- यह बहुत प्राचीनकाल में स्मृति के लिए सूत्र में गांठ लगाने की लिपि थी। वर्षगांठ आदि के लिए पीरु द्वीप में रस्सियों में गांठ लगी मिलती थी।

3. प्रतीकात्मक लिपि- प्रतीकों के माध्यम से अपने भावों की अभिव्यक्ति जैसे सफेद झंडा युद्ध में दिखाने से संधि का सूचक था। 1857 के गदर में प्रत्येक घर में एक रोटी और एक कमल का फूल दिया जा रहा था, उसका मतलब था कि हम रोटी के लिए लड़ रहे हैं, वैसे हम कमलवत् पानी से ऊपर हैं। आजकल भी हल्दी, सुपारी, चावल, कौना फटा पत्र आदि प्रतीक चलते हैं। अफ्रीका में केले के पत्ते के चार भाग करके भेजना युद्ध का प्रतीक है। यह चीन, ऑस्ट्रेलिया, कांगों, अफ्रीका और उत्तरी भारत में भी प्रचलित प्रतीक है।

4. भावमूलक लिपि- यह चित्र लिपि का ही भाव है। यह लिपि अमेरिका में मिली है। संयुक्त राष्ट्र अमेरिका में एक सरदार ने संधिसूचक एक चित्र बनाकर भेजा था। भारत में भी करवाचौथ, अहोई अष्टमी एवं दीपावली पर भावचित्र बनाये जाते हैं।

5. भाव ध्वनिमूलक लिपि- यह भी चित्रलिपि का रुप है। इसमें ध्वनि तथा भावों का प्रयोग है। एक चित्र सिंधु घाटी में मिला है। अजन्ता ऐलौरा की बुद्ध की मूर्ति से तीन भाव प्रगट होते हैं। समाधि- मुस्कुराहट और क्रोध।

6. ध्वनिमूलक लिपि- इसका विकास 1000 ई. से 4000 ई. पूर्व तक हो गया था। अंग्रेजी अरबी, ब्राहमी, देवनागरी आदि ध्वनिमूलक लिपि है। ये दो प्रकार की है।

(i) वर्णात्मक- रोमन लिपि - KAMLA

(ii) अक्षरात्मक- देवनागरी लिपि - K M L क, के, को (जो व्यंजन वर्ण सहित बोला जाय वह अक्षर कहलाता है।)

संसार की प्रमुख लिपियों का विकास

ये दो प्रकार की मिलती हैं। 1. अक्षर और वर्णहीन चित्रात्मक लिपि- यह सात प्रकार की हैं। (i) क्यूनीफार्म या तिकौनी लिपि। (ii) हीरोग्लाईफिक (Heroglyfick) या पवित्राक्षर लिपि। (iii) क्रीट की लिपियाँ (iv) सिन्धुघाटी की लिपि (v) हिट्टायट लिपि (Hittayat) (vi) चीनी लिपि (Cheenes) (vii) मध्य अफ्रीका और मैस्किको की लिपि।

2. अक्षर और वर्णयुक्त लिपि- ये नौ प्रकार की हैं। (i) दक्षिणी सामी लिपि (ii) हिब्रू लिपि (बाइबिल) (iii) फौनेशियन (iv) खरोष्ठी (v) आर्मेइक (vi) अरबी (कुरान) (vii) भारतीय (viii) ग्रीक (ix) लैटिन।

प्रमुख लिपियों की जानकारी

1. क्यूनीफार्म या तिकौनी लिपि- इसका ध्वनि चिन्ह तिकौना है। ईशा से 4000 वर्ष पूर्व इसका पता फिनलैण्ड निवासी थामस हाइट ने लगाया था। यह पहले ऊपर से नीचे लिखी जाती थी। फिर दांये से बांये तथा बांये से दांये लिखी जाने लगी इसका सम्बन्ध चीनी लिपि से है।

2. हीरोग्राईफिक (पवित्र खुदे हुए अक्षर)- यह भी ई. से 4000 वर्ष पूर्व से मिलती है। यह पहले चित्रात्मक, भावात्मक फिर अक्षरात्मक हुई। पहले ऊपर से नीचे फिर दांये से बांये लिखी जाने लगी। 4000 ई. पू. से 2000 तक इसका प्रयोग मिलता है। तथा छठवीं एवं सातवीं शताब्दी में भी यह मिलती है।

3. क्रीट की लिपि- यह चित्रात्मक तथा रेखात्मक रुप में मिलती है। यह मिश्र में मिली। इसके 135 ध्वनि चिन्ह मिलते हैं। तथा रेखाओं के 90 नब्बे चिन्ह हैं। 3000 ई. पू. से 1200 ई.पू. तक मिलते हैं। यह अरब प्रदेश में चली।

4. हिट्टायट लिपि- यह प्राचीन है। ई.पू. 1500 से 1600 ई.पू. तक इसका प्रयोग मिलता है। यह चित्रात्मक थी। इसके 419 चिन्ह मिलते हैं। यह दांये से बांये लिखी जाती थी। एशिया माइनर के पास मिली है।

5. चीनी लिपि- यह पुरानी होते हुए भी ईशा से 3200 वर्ष पूर्व से अब तक प्रचलित है। इसका आविष्कार “त्सं-की” ने किया। आज तक की सभी लिपियों में

यह अब भी विद्यमान है। इसमें विकास होता रहा है। पहले चित्रात्मक थी, फिर भाव, ध्वनिवाचक हुई। इसका विकास चार भागों में हुआ है।

1. चित्रात्मक रूप - सूर्य, पहाड़, नदी

2. संयुक्त चित्रात्मक रूप - कुछ चित्र तथा कुछ शब्द का मिला रूप, दो चित्र बनाकर भावों का बोध करना

3. भाव चिन्ह - प्रकाश के लिए सूर्य चन्द्र बना देना, पुरुषार्थ के लिए खेत और आदमी का चित्र, पूर्व दिशा के लिए पेड़ और सूर्य का चित्र।

4. ध्वन्यर्थ संयुक्त चिन्ह - फैंग का अर्थ बुनना और कमरा दो हैं। फैंग के लिए सिल्क के कपड़े तथा दरवाजे का चित्र बना देना - ध्वनि और अर्थ का संयुक्त प्रयोग है। चीनी लिपि ऊपर से नीचे को लिखी जाती थी, जो आज तक है। इसमें नामों का प्रयोग अर्थ के आधार पर लिखा जाता है। जैसे मा= घोड़ा= ヨ। करीब 40 या 50 हजार चिन्ह चीनी भाषा के हैं। अब केवल 500 ध्वनि चिन्हों से काम होता है।

(6) अरबी लिपि- यह प्राचीन लिपि है, इसे सामी लिपि भी कहते हैं इसके दो भाग हैं। (1) उत्तरी सामी (2) दक्षिणी सामी। यह मुख्य रूप से मक्का, मदीना और दमिश्क में चली। 7 वीं सदी में इसका काफी प्रचार था। इसके पहले 28 अक्षर थे। फिर 4 बढ़े, फिर 7 और बढ़े इस तरह 37 अक्षर हो गये। तुर्की, पश्तो, मलय, फारसी आदि इसी लिपि में लिखी जाती है। यह व्यंजन प्रधान है। इसमें स्वर नहीं है। यह इस भाषा की कमी है। जैसे - ख़ुदा का जुदा हो जाता है।

भारतीय लिपियों का विकास और देवनागरी लिपि

सिन्धु घाटी की लिपि सबसे प्राचीन है, यह चित्रात्मक है। इसके विषय में कई मत हैं। दूसरा मत है कि यह द्रविड़ लोगों की लिपि है। इसके समर्थक H. हेरास तथा जॉन मार्शल है। दूसरा मत है कि यह सुमेरी लिपि से निकली है। इसके समर्थक L.A. बैडेल तथा डॉ. प्राणनाथ एवं राजबली पाण्डेय हैं। तीसरा मत है कि यह असुरों की लिपि है। यह पूर्णतः सत्य नहीं। उपर्युक्त दो मत ही उपयुक्त हैं। उनमें भी यह कि यह द्रविड़ लोगों की लिपि है। इसीलिए इसके ध्वनि चिन्हों के

बारे में तीन मत हैं। (1) हण्टर के मतानुसार - 253, लैण्डन के अनुसार 228 तथा स्मिथ के अनुसार 396 हैं। मार्शल ने जब खुदाई की थी तब भारत में लिपि का विकास हुआ। तथा मैक्समूलर के अनुसार चौथी शताब्दी में भारत में लिपि का विकास हुआ, बर्लिन भी इससे सहमत है। डॉ. बूलर ने बताया कि भारत में ई. से 500 ई. पूर्व लिपि का विकास हुआ, इसके प्रमाण ग्रन्थ और शिलालेख हैं। ग्रीक भाषा की ''इण्डिका'' पुस्तक में (समय 326 ई.पू.) संकेत है कि भारत में कागज भी बनता था और लिखाई भी होती थी। मेगस्थनीज ने 305 ई. पू. में लिखा है कि यहाँ पत्थर पर लिखाई भी होती थी। लिखाई का उल्लेख हवेनचांग ने भी किया है। चीनी भाषा का विश्वकोष भी बताता है कि 250 ई. पू. ब्रहमा ने ब्राहमी लिपि का निर्माण किया। बौद्ध ग्रन्थ ''सुतंत्र'' में लिखा है कि 450 ई.पू. में अक्षरों का विकास हो गया। विनयपिटक में लिखा है कि 500 ई.पू. लेखन कला का उदय हो गया था। डॉ. औझा लिखते हैं कि ई. से 6 शताब्दी पूर्व जातकों में लेखन कला का उल्लेख है। रामायण और महाभारत में भी लेखन कला के उल्लेख हैं। कौटिल्य के अर्थशास्त्र में भी इसका संकेत है। तथा 500 ई. पू. के शिलालेख भी मिलते हैं। सबसे पुराना शिलालेख 487 ई. पू. का मिला है। इसमें कोई अत्युक्ति नहीं कि भारत में लिपि का विकास 500 ई.पू. हो गया था।

भारत की पहली लिपि - पहले पहल भारत में दो लिपियो का विकास हुआ- (1) ब्राहमी (2) खरोष्ठी। खरोष्ठी लिपि का लेख सहवाजगढ़ी तथा मनसेरा मध्य प्रदेश में ईसा से पूर्व मिला था। इसका स्वरूप हिब्र से मिलता है। डॉ. तिवारी ने तो इसके स्वरूप को खर अर्थात गधा और घोड़ा के ओष्ठ के अनुरूप माना है। इसीलिए इसका विकास 'आर्मेइक' से मानते हैं। एक लेख इसका तक्षशिला में भी मिला है। डॉ. गौरी शंकर हीराचंद ओझा, डॉ. राजबली पाण्डेय का मत है कि यह भारत की ही लिपि है। कुछ लोगों का मत है कि खरोष्ठी से ही ब्राहमी लिपि का विकास हुआ, यह दांये से बायें लिखी जाती थी, इसका नाम विभिन्न आधारों पर आधारित है। चीनी विश्वकोष के अनुसार खरोष्ठ एक व्यक्ति था। कुछ लोग गदहे की खाल पर लिखी जाने वाली बताते हैं और कुछ गधे के औष्ठ के आकार के अनुसार इसे खरोष्ठी कहते हैं। कुछ विद्वान खरोष्ठ का अर्थ लिखावट करते हैं। इसके कुछ संकेत इस प्रकार हैं- अ =१ , ई = ˥, क = h , ज = y, ल = ल।

ब्राहमी लिपि- कहते हैं कि यह लिपि ब्रहमा ने बनाई है। चीनी लोग इसका विकास चीनी लिपि से मानते हैं। यूनानी अपनी लिपि से इसका विकास मानते हैं। डॉ. ओझा का मत है कि इसका साम्य किसी भी लिपि से हो लेकिन इसका विकास तो स्वतंत्र रूप से ही हुआ है। ब्राहमी लिपि के नमूने शिलालेख, पत्र, दीवारों पर 500 ई.पू. से ही मिलते हैं। क= + यह चिन्ह खरोष्ठी तथा ब्राहमी में एक जैसा है। मध्य प्रदेश के कुछ सिक्कों पर तथा अशोक के शिलालेखों पर यह लिपि मिली है। इसका विकास द्रविड़ से हुआ इसपर कुछ लोग आपत्ति उठाते हैं तथा कहते हैं कि इसका आन्ध्र तथा तमिल से कुछ तो साम्य होता। भारतीय लोगों ने ही इसका विकास किया। साम्य किसी से भी हो इसकी लिखावट बायें से दायें है। क = +, ट = C, ब= □, ठ = O, थ= ʘ , ग=, र= ई= , अ = अ, कुछ अंग्रेजी विद्वान मानते हैं कि ब्राहमी लिपि में पहले -5-6 व्यंजन थे फिर इनमें धीरे-धीरे विकास हुआ।

ब्राहमी लिपि का विकास और देवनागरी का उद्भव - 5वीं शताब्दी ई.पू. से लेकर 350 ई. तक (850 वर्ष का समय) की सभी लिपियाँ ब्राहमी लिपि से सम्बन्धित हैं। ब्राह्मी लिपि के दो रूप मिलते हैं। (1) उत्तरी ब्राह्मी लिपि (2) दक्षिणी ब्राह्मी लिपि। उत्तरी ब्राह्मी लिपि के भी तीन रूप मिलते हैं। (1) गुप्त लिपि - गुप्त साम्राज्य के राजाओं की लिपि (2) कुटिल लिपि- इसकी आकृति एवं भाषायें टेढ़ी होती थीं। इसी से शारदा लिपि का विकास हुआ। (3) प्राचीन नागरी लिपि- यह नौवीं शताब्दी तक प्रचलित रही, नागरी से ही देवनागरी का विकास मानते हैं। तथा गुजराती, राजस्थानी, बंगला, मराठी और गुरूमुखी इसी से निकली है। गुजरात के नागर ब्राह्मणों की भाषा होने के कारण इसे नागरी कहते हैं। तथा बौद्ध ग्रन्थ 'ललित विस्तर' में नागरी लिपि का उल्लेख है। बताया गया है कि नाग लोगों ने इसका निर्माण किया। कुछ लोग तांत्रिक चिन्हों को देवनगर कहते थे, इन्हीं से मिलती जुलती होने के कारण इसे देवनागरी कहते हैं। श्री आर साम शास्त्री के अनुसार देवनगर नामक स्थान पर इसका उद्भव हुआ। अधिकांश उपयुक्त यही है कि यह नगरों की भाषा की लिपि थी। इससे शारदा लिपि निकली जो कश्मीर में प्रचलित है। इसी से लहंदा, डोंगरी, गुरुमुखी निकली। जिसका पंजाब, सिन्धु में प्रचार है। कश्मीर में शारदा की पूजा होने के कारण इसे शारदा लिपि मानते हैं। टाकरी लिपि

भी देवनागरी से मिलती जुलती है। इसे टक्क लोगों की लिपि मानते हैं। (टक्क-ठक्क-ठाकुर) डोंगरी तथा मुलतानी लिपि भी इसी से निकली। गुरुमुखी लिपि का गुरु अंगद ने 16वीं शताब्दी में प्रचार किया।

नागरी या देवनागरी लिपि- इसका विकास ब्राहमी लिपि से हुआ। इसके अंक तथा अक्षरों का विकास होता रहा है। इसी का विकसित रूप मराठी, गुजराती, बंगाली, तथा राजस्थानी है।

देवनागरी की अवैज्ञानिकता- इसके उच्चारण में दोष है। ऋ ऌ का लुप्त हो जाना। ष का उच्चारण लुप्त होना। 'रव' में र और व का संयोग है। व का उच्चारण ओष्ठ और दांत से होता है। यद्यपि पाणिनि व्याकरण की दृष्टि से यह उचित है। 'वकारस्य दन्तोष्ठम्'। संयुक्ताक्षरों में वही असुविधा है जैसे प्रेम में र आधा मालुम पड़ता है तथा प पूरा प्रतीत होता है जबकि प आधा है और र पूरा। Prem/ क्रम Kram/ Prakashak। ई की मात्रा पहले लग जाती है, जैसे चंद्रिका में वास्तव में तो ई की मात्रा र पर लगनी चाहिए लेकिन न द पर लग रही है। एक ही र के तीन रूप हैं- क्रम, धर्म, राष्ट्र। क्ष त्र ज्ञ (क + ष=क्ष) (त+र=त्र) (ज+ञ ज्ञ) के स्वतंत्र चिन्ह बनाने की आवश्यकता नहीं थी। न्ह, ल्ह, म्ह तथा ओ ए के ध्वनि चिन्ह नहीं हैं। उ ऊ ए ऐ के पीछे ध्वनि चिन्ह हैं जबकि आगे होने चाहिए। कुछ अक्षरों के कई ध्वनि चिन्ह हैं जैसे ल, अ, ण। कुछ स्वरों के कई रूप हो गये हैं। उनकी मात्राओं का चिन्ह नहीं है। अ का प्रयोग व्यंजनों के साथ होता है जैसे कमल से अ शामिल है, अ का कोई ध्वनि चिन्ह नहीं है यह अ उच्चारण के लिए है ''हकारादिष्वकारः उच्चारणार्थः'' यह पाणिनि के व्याकरण का नियम है। आ का भी कोई ध्वनि चिन्ह नहीं है, डॉक्टर कॉलिज। ओ औ का भी ध्वनि चिन्ह होना चाहिए।

देवनागरी की वैज्ञानिकता - आधे अक्षरों का एक ही चिन्ह होता है- उत्तम। हस्वओ का गोलाकार बडा आ की ध्वनि का जो अभाव था, उसकी पूर्ति बड़े आ के ॉ चिन्ह बनाकर कर दी है- डॉक्टर कॉलिज। 'रव' की असुविधा एवं अवैज्ञानिकता दूर करने के लिए र और व को मिला दिया गया है जैसे ख। रा की जगह ण प्रयोग होता है। त्त की जगह ल प्रयोग होता है क ध्वनि नई आयी इसे स्वीकार किया गया है।

त्र की त्र का प्रयोग होता है। त्त की जगह त्त प्रयोग होता है। ॉ का प्रयोग होता है। हस्व ए के लिए ऍ का प्रयोग होता है- कॉलेज। राष्ट्र भाषा परिषद् ने हिन्दी देवनागरी जानने के लिए एक स्वर अ तथा अन्य सभी मात्राओं का ज्ञान होना चाहिए यह नियम बहुत समय पहले बनाया था, आ, अि ओ अे ओ अे सा। आजकल एक नई खोज हो रही है कि मात्रायें वर्ण से आगे लगनी चाहिए, जिससे छपने में सुविधा हो, यह अभी लागू नहीं है। पूर्ण वैज्ञानिक होने पर लागू हो सकेगी। क् र े क े क े र े के रे।

इस प्रकार हम इस निष्कर्ष पर पहुँचते हैं, कि देवनागरी लिपि के उद्भव और विकास के मर्म तक पहुँचने के लिए यह सुविचारित निर्णय एवं तथ्य प्राप्त होता है कि भारत मे लिपि का विकास बहुत पीछे हुआ, वैदिककालीन लोग लिखना नहीं जानते थे वे केवल स्मृति द्वारा वेद मंत्रों को सुरक्षित रखते थे- मोहनजोदड़ो और हड़प्पा की खुदाई जॉन स्मिथ ने कराई थी, उसकी लिपि 4000 ई.पू. की मानी जाती है। कुछ विद्वान सुमेरी लिपि से उक्त लिपि का सम्बन्ध मानते है। यह लिपि अभी तक अस्पष्ट है। सार तत्व तो यही है कि वैदिक काल में लेखन कला थी। अजमेर जिले की बडनी बस्ती और नेपाल की तराई, पिप्रावा स्थान खुदाई से जो शिलालेख मिले हैं, उनमें से एक तीर्थंकर महावीर के निर्वाण से 84 वर्ष पूर्व का है। इनका निर्वाण 527 ई. पू. हुआ था, अतः यह लेख लगभग 443 ई. पू. का है, और दूसरा 487 ई.पू. के कुछ बाद का है। ये दोनों लेख ब्राहमी लिपि में हैं अतः सिद्ध हो जाता है कि अशोक से पूर्व भारत में लिपि विद्यमान थी। ऋग्वेद के दशम मंडल में आये हुए सूक्तों से भारतीय लिपि ज्ञान का आभास होता है। तैत्तरीय उपनिषद में वर्ण और मात्रा लिपि की ओर संकेत करते हैं। छान्दोग्य उपनिषद् में आया हुआ अक्षर शब्द लिपि की ओर संकेत करता है। देवनागरी के बारे में जैसे संस्कृत में देव शब्द जोड़कर देववाणी कहा जाता है, उसी प्रकार नगर की लिपि को नागरी कहकर उसमें भी देव शब्द जोड़कर देवनागरी कहा जाता है। अथवा डॉ. आर श्याम शास्त्री के मतानुसार देवी देवताओं के चित्र से विकसित यह देवनागरी कहलाई। पहले पाटलिपुत्र नगर को नगर और चन्द्रगुप्त मौर्य का देव शब्द से सम्बोधित किया गया अतः तत्कालीन लिपि भी देवनागरी कहलाई। दक्षिण में नन्दि नगरी की लिपि को नन्दिनागरी कहते हैं। देवनागरी लिपि का प्रथम प्रयोग गुजरात

के राजा जयभटट् के 8 वीं शताब्दी के शिलालेख में मिलता है। आठवीं शताब्दी के राष्ट्रकुट नरेशों और नौंवी शताब्दी के बड़ौदा महाराज ध्रुवराज ने अपनी राजाज्ञाओं में देवनागरी लिपि का प्रयोग किया है।

दक्षिण के विजयनगर और कोंकण में भी देवनागरी का प्रचलन था। ताम्रपत्र शिलालेख और हस्तलेख देवनागरी में प्राप्त होते हैं। अतः यह सिद्ध है कि भारत की विभिन्न बोली भाषाओं की लिपि देवनागरी ही थी। मेवाड़ के गुहिल वंशी राजा मारवाड के परिहार राजा, मध्यप्रदेश के हैहय, राठौर, और कल्चुरी राजा, कन्नौज के गहैरवार और गुजरात के सोलंकी इसी लिपि का प्रयोग करते रहे हैं। 21वीं शताब्दी तक देवनागरी की वर्तमान वर्णमाला स्थिर हो चुकी थी। पहले, अ, आ, ध, प म य श स की शिरोरेखा दो अंशों में विभाजित रहती थी, किन्तु बाद में मिलकर एक हो गई। आधुनिक प्रवृत्ति शिरोरेखा को हटा देने की है। 17 वी शताब्दी में शिरोरेखा हटाकर गुजराती ने स्वतंत्र विकास कर लिया। मुड़िया लिपि भी शिरोरेखा बन गई है। देवनागरी के अंकों की उत्पत्ति बहुत प्राचीन मानी जाती है। कुछ विद्वानों का विचार है कि अंको की सर्वप्रथम उत्पत्ति भारत में ही हुई, क्योकि अरबी भाषा में गणित को 'हिन्दशः' कहा जाता है। यह हिन्द शब्द भारत का वाचक है। पहले केवल आड़ी लकीर खींचकर अंक लिखे जाते थे अतः विद्वान यह मानते हैं कि अंकों का विकास देवनागरी अक्षरों से ही हुआ है क्योंकि अंको के सूचक शब्दों में प्रथम अक्षर की जैसी आकृति होती है वैसे ही अंक बने हैं। जैसे- एक = 1, द्वि = द = 2, तृ = त = 3, च = 4, पंच = 5 प्राचीन शैली में 0 का चिन्ह नहीं मिलता, वहाँ 10, 20, 100, 1000 आदि के लिए अलग- अलग चिन्ह थे। किन्तु पांचवीं शताब्दी में 0 का विकास हो गया। इस प्रकार देवनागरी लिपि के अक्षर और अंक उत्तरोत्तर विकसित होते हुए वर्तमान रूप को प्राप्त हुए हैं। अधिकांश अक्षरों की खड़ी पाई सीधी और लम्बी हो गई है, और अक्षरों की वर्तुल आकृति बहुत सुन्दर लगने लगी है। अतः हम कह सकते हैं कि ब्राह्मी लिपि से विकसित देवनागरी अत्यंत सुंदर बहुत कुछ पूर्ण मानी जाती है।

भाषा विज्ञान में रूपग्राम विज्ञान- इसके भेद-प्रभेद तथा उसका संरूप

रूपग्राम विज्ञान में किसी भाषा के रूपों का अनुशीलन करके उनके अर्थ एवं

वितरण आदि के आधार पर रूप ग्राम तथा संरूप (Allomorph) का निर्धारण किया जाता है। साथ ही दो या दो से अधिक रूप ग्रामों के जोर से जब किसी संयुक्त रूप ग्राम या मिश्रित रूप ग्राम का निर्माण होता है, तब यह भी देखा जाता है कि इस योग के पूर्व की तुलना में उसमें कोई ध्वन्यात्मक परिवर्तन तो नहीं हुआ है और यदि हुआ है तो उसका आधार क्या है? रूप से तात्पर्य उन शब्दों से है जो वाक्य के योग्य होकर प्रयुक्त होते हैं अर्थात् जिन्हे पद कहते हैं। जैसे "मोहन रसोई घर में खाना बनाता है" इस वाक्य में पांच पद हैं। जो रूप कहलाते हैं, जिन्हें सामान्य भाषा में शब्द कहा जाता है। ये सभी रूप या पद एक से नहीं हैं। कुछ ऐसे हैं, जिनके खंड हो सकते हैं और कुछ ऐसे हैं जिन्हें टुकड़ों में नहीं बांटा जा सकता। जैसे रसोईघर ऐसा रूप है जो दो टुकड़ों में अर्थात् 'रसोई' 'घर' को बांटा जा सकता है। यदि मोहन को छोटे छोटे टुकड़ों में बांटना चाहें तो मो-ह-न नामक तीन खंडों में बांटा तो जा सकता है, किन्तु ये खंड सार्थक नहीं होते। जबकि रसोई और घर दोनों खंड सार्थक हैं। अतः भाषा या वाक्य की लघुत्तम सार्थक इकाई को रूप ग्राम कहते हैं। उसका अभिप्राय यह है कि उक्त वाक्य में मोहन, रसोई, घर, में, खाना, बनाता है, ये सात रूप ग्राम प्रयुक्त हुए हैं। इन रूप ग्रामों का सम्यक् अध्ययन ही रूप ग्राम विज्ञान में किया जाता है। विद्वानों ने रूप ग्राम के विविध दृष्टि से भेद किये हैं जो इस प्रकार बनते हैं।

1. रचना और प्रयोग की दृष्टि से- इस दृष्टि से रूप ग्राम मुख्यतया दो प्रकार के होते हैं।

(1) मुक्त रूप ग्राम - जो रूप ग्राम स्वतंत्र या अकेला ही वाक्य में प्रयुक्त होता है वह मुक्त या स्वतंत्र रूप ग्राम कहलाता है। जैसे श्याम घर जाता है, इस वाक्य में श्याम-घर और जाना तीनों मुक्त रूप ग्राम हैं।

(2) बद्ध रूप ग्राम- जिन रूप ग्रामों को विभक्त नहीं किया जा सकता या जो स्वतंत्र नहीं होते, शब्द के साथ जुड़े रहते हैं। वे बद्ध रूप ग्राम कहलाते हैं जैसे- 'ता' (सुन्दरता) 'ई' (भलाई-घोड़ी) आदि कुछ विद्वान इस बद्ध रूप ग्राम के तीन भेद करते हैं। (1) मुक्त (2) बद्ध (3) बद्ध मुक्त- जैसे अंग्रेजी के From, with आदि मुक्त ग्राम हैं। ly, ness, ed (only) (thickness) Granted ये बद्ध हैं। उसको,

इसको, उसका, हमारा, आदि में का की के रा री ये बद्ध मुक्त रूप ग्राम हैं।

(2) अर्थ और कार्य की दृष्टि से - इस दृष्टि से रूप ग्राम के दो प्रमुख भेद माने गये हैं- जैसे, (1)अर्थदर्शी रूप ग्राम -जहाँ रूप ग्राम स्पष्ट अर्थ का ओतक होता है औ अर्थ व्यक्त करने के अलावा और कुछ कार्य नहीं करता उसे अर्थदर्शी रूप ग्राम कहते हैं। वैयाकरण इन्हे धातु या Root या स्टेक कहते हैं। ये भाषा के मूलाधार होते हैं। जैसे क्रिया में Go (हो-जा) संज्ञा में राम, किताब किट आदि। सर्वनाम- वह, तुम आदि विशेषण- सुन्दर Good आदि। इस प्रकार के अर्थदर्शी रूप ग्राम प्रत्येक भाषा में हजारों की संख्या में होते हैं। (2) सम्बन्ध दर्शी रूप ग्राम- जो रूप ग्राम शब्दों के व्याकरणिक सम्बन्ध दिखाने के लिए प्रयुक्त होते हैं, वे सम्बन्धदर्शी रूप ग्राम कहलाते हैं। इन्हें "कार्यात्मक रूप ग्राम" भी कहते हैं। इनका ही नाम रूप विज्ञान में सम्बन्ध तत्व है, जैसे संस्कृत के प्रत्यय हिन्दी के परसर्ग आदि। इनमें से सम्बन्ध वाचक रूप ग्रामों का प्रयोग सर्वाधिक होता है। ये रूप ग्राम प्रत्येक भाषा में मिलते हैं। (3) अर्थतत्व की दृष्टि से- ये भी दो होते हैं (i) संयुक्त रूप ग्राम - जहाँ दो या दो से अधिक रूप ग्राम मिलकर किसी एक अर्थ तत्व के द्योतक होते हैं, वहाँ उस पूरे रूप ग्राम को संयुक्त रूप ग्राम कहते हैं। जैसे उसके सफाई होगी, इन तीन रूप ग्रामों में उस + के, सफा+ई, हो+गी - छः रूप ग्राम मिलकर तीन संयुक्त रूप ग्राम बना रहे हैं। (ii) मिश्रित रूप ग्राम- यदि एक से अधिक अर्थतत्व के द्योतक रूप ग्राम एक स्थान पर मिले हुए हों तो उन्हें मिश्रित रूप ग्राम कहते हैं। जैसे रसोईघर, बिजलीघर, शफाखाना, डाकखाना आदि। (4) खंडीकरण की दृष्टि से- कुछ विद्वान खंडीकरण के आधार पर भी रूप ग्राम के दो भेद हो करते हैं। (i) खण्ड रूप ग्राम- जिन रूप ग्रामों को तोड़कर अलग किया जा सकता है, वे खण्ड रूप ग्राम कहलाते हैं जैसे भला+ई=भलाई। बात+चीत=बातचीत। दौड़+धूप = दौड़धूप आदि (ii) अखण्ड रूप ग्राम-जिन रूप ग्रामों को तोड़कर अलग करना सर्वथा असंभव होता है वे अखण्ड रूप ग्राम होते है। जैसे बलाघात, या, सुर, लहर, मनोहर इसी तरह जैसे रा ऽ ऽ म, ओउम्।

"संरूप Allomorph- प्रायः देखा जाता है कि एक वचन से बहुवचन बनाने के लिए प्रायः किसी एक ही रूप ग्राम का प्रयोग किया जाता है, किन्तु वह प्रयोग या वितरण दृष्टि से अलग-अलग बंट जाता है, क्योंकि जहाँ एक आता है,

वहाँ दूसरा नहीं आता, जहाँ दूसरा आता है वहाँ तीसरा नहीं आता परन्तु उनमें परस्पर कोई विरोध नहीं होता उन सभी को रूप ग्राम के 'संरूप' कहते हैं। जैसे S प्रायः एकवचन से बहुवचन बनाने में अंग्रेजी में S का प्रयोग होता हो किन्तु यह S तीन ध्वनि देती है। कहीं 'स' की ध्वनि जैसे Hats, Cats, Books. कहीं 'ज' की ध्वनि देती है जैसे eyes, flies, boys और कहीं 'इज' की आवाज देती है। जैसे Horses हॉर्सेज, Bridgs, Roses आदि। प्रायः यह देखा जाता है कि एक अर्थ वाले रूप ग्राम अलग-अलग न होकर एक ही रूप ग्राम के अंग हुआ करते हैं। इस प्रकार जिन दो या दो से अधिक समानार्थी रूपों के एक रूप ग्राम के अंग होने का संदेह होता है, उन्हें 'संदिग्ध युग्म' (सस्पीसियर्स पेयर) लेकिन संदिग्ध युग्म होने के आधार पर ही उन्हें एक रूप ग्राम के अन्तर्गत नहीं रखा जा सकता। संदेह मिटाने के लिए यह देखना पड़ता है कि ये रूप परिपूरक वितरण में हैं या नहीं इसका अर्थ यह है कि जिन परिस्थितियों में एक रूप ग्राम का प्रयोग होता है। उन्हीं में दूसरों का भी होता है। और कभी सबका अलग-अलग परिस्थितियों में भी प्रयोग होता है। यदि सबका एक ही परिस्थिति में प्रयोग होता है तो इसका अर्थ यह है कि उनका आपस में विरोध है, और एक के स्थान पर दूसरा भी आ जाता है यदि ऐसा ही होता है तो उन्हें एक रूप ग्राम का अंग नहीं माना जा सकता, क्योंकि वे सभी अलग-अलग रूप ग्राम होते हैं। यदि वे परिपूरक वितरण में हैं अर्थात् वितरण या प्रयोग की दृष्टि से सभी का स्थान अलग-अलग बंटा है क्योंकि जहाँ एक आता है, वहाँ दूसरा नहीं आता, और जहाँ दूसरा आता है, वहाँ तीसरा नहीं आता, तो इसका अर्थ यह है कि उनका आपस में विरोध नहीं है और ऐसी स्थिति में वे सभी एक ही रूप ग्राम के संरूप होते हैं। उदाहरण के लिए जब हम 'स', 'ज', 'इज', 'इन', 'रिन' तथा शून्य रूप ग्राम के वितरण का विश्लेषण करते हैं, तो ज्ञात होता है कि (स-S) तो ऐसे शब्दों के अंत में आता है जिनके अंत में श, स के अतिरिक्त और कोई अघोष व्यंजन होता है, जैसे Hats, Cats, Books आदि और 'ज' ऐसे शब्दों के अन्त में आता है, जिनके अंत में 'ज' को छोड़कर कोई और घोष व्यंजन या कोई स्वर जैसे eyes, dogs आदि इज ऐसे शब्दों के अंत में लगता है, जिनके अंत में स, ज, श, ध्वनि हो जैसे Horses, Roses Brides। 'इन' कुछ निश्चित शब्दों के अंत

में ही आता है, जिनमें से ox, brother, child आदि प्रसिद्ध हैं। Oxen, Brotheren, Children। कुछ शून्य रूप ग्राम वाले भी शब्द मिलते हैं, जिनमें बहुवचन के अन्तर्गत कुछ नहीं होता और जो एकवचन, तथा बहुवचन में एक से रहते हैं, जैसे Dear, Sheep इसका आशय यह है कि ये विरोधी नहीं हैं, और इनका वितरण परिपूरक है। विशिष्ट परिस्थितियों में एक आता है और उसमें दूसरा नहीं आता, अतः इन्हें एक ही रूप ग्राम के संरूप माना जा सकता है। निष्कर्ष यह है कि यदि कई रूप समानार्थी हों, एक प्रकार की रचना में आयें और परिपूरक वितरण में हों अर्थात सबके आने की स्थिति निश्चित रूप से अलग-अलग हो, उनमें कोई विरोध न हो अथवा एक ही स्थिति में एक से अधिक न आते हों तो इन सबको एक ही रूप ग्राम के संरूप माना जाता है, इन संरूपो में से ही किसी एक को रूप ग्राम की संज्ञा दे दी जाती है। जैसे अंग्रेजी में संज्ञा शब्दों के बहुवचन बनाने में 'ज' रूप ग्राम का प्रयोग होता है। इसी ज रूप ग्राम के कई संरूप हैं। जो ज,स, इज, इन, रिन अथवा शून्य के रूप में प्रयुक्त होते हैं। 'ज' घोष ध्वनियों के अंत होने वाले शब्दों के साथ आता है और अघोष ध्वनियों से अंत होने वाले शब्दों में 'ज' ही अघोष होकर 'स' हो जाता है। स, श, ज से अंत होने वाले शब्दों में 'ज' का उच्चारण ठीक नहीं होता, अतः ऐसी स्थिति में बीच में एक स्वर ई, E और डाल दिया जाता है, जिससे इज बन जाता है। इस प्रकार 'ज' रूप ग्राम परिस्थितियों के कारण ज, स, इज संरूप ग्रहण करता रहता है। कुछ विदेशी शब्दों रूपों या रूप ग्रामों में ज के स्थान पर इन, रिन का या शून्य का प्रयोग होता है, अतः परिपूरक वितरण ध्वन्यात्मक या रूपात्मक या दोनों परिस्थितियों पर निर्भर रहता है। यही बात हिन्दी के रूप ग्रामों में भी देखी जाती है, जैसे हिन्दी में किसी संज्ञा का बहुवचन बनाने के लिए 'ओं' रूप ग्राम का प्रयोग होता है, जैसे लड़कों, बहुओं, मानवों, घोड़ो आदि किन्तु इस एक 'ओ' रूप ग्राम के कई संरूप मिलते हैं। जैसे ओं, पुस्तकों, हाथियों, साधुओं, भालुओं आदि। (2) यों, लड़कियों, कवियों, हाथियों, शक्तियों आदि। (3) ओ सम्बोधन में बहुवचन के लिए ओ के स्थान पर केवल ओ का प्रयोग होता है। जैसे साधुओ। घोड़ो। लड़को। लोगो आदि। (4) यो यह भी सम्बोधन में प्रयुक्त होता है। जो प्रायः इकारान्त या ई कारान्त शब्दों के बाद आता है। कवियों! लड़कियों! आदि। (5) ए कहीं-कहीं वचन में ओ का प्रयोग न होकर ए का प्रयोग होता है जो अकारान्त पुल्लिंग शब्दों

में अपर सर्ग रूप के लिए होता है। जैसे घोड़े, लड़के, बेटे आदि। (6) एँ कभी-कभी अपर सर्ग रूप के लिए व्यंजनान्त एँ का प्रयोग देखा जाता है, जैसे किताबें, मातायें, वस्तुएँ आदि। (7) आं बहुवचन के लिए शब्दों में आं या के साथ प्रयुक्त होता है। जातियाँ, नदियाँ। (8) ँ कहीं-कहीं बहुवचन में या कारान्त शब्दों में केवल चन्द्र बिन्दी का प्रयोग होता है। चिड़ियाँ, गुडियाँ आदि (9) 0 शून्य का भी प्रयोग होता है। कई अकारान्त, इकारान्त, ई कारान्त, उकारान्त शब्दों का प्रयोग बहुवचन में बिना किसी रूप ग्राम के भी होता है। इसे 0 संरूप माना जाता है। जैसे घर, लोग, कवि, हाथी, साधु, भालू आदि। सारांश यह है कि रूप ग्रामों का प्रयोग विभिन्न प्रकारों से होता है, किन्तु बहुवचन बनाने में एक ही रूप ग्राम के कई संरूप भाषाओं में प्रयुक्त होते हैं। जैसे अंग्रेजी में एक रूप ग्राम ज के मुख्यतया छः संरूप प्रचलित हैं। और हिन्दी में बहुवचन के रूप ग्रामओं के मुख्यतया नौ संरूप प्रचलित हैं। अतः यह ध्यान देने की बात है कि एक ही बहुवचन के लिए जितने भी रूपों का प्रयोग होता है, वे सभी संरूप कहलाते हैं। और उनमें से किसी एक को रूप ग्राम माना जा सकता है। वैसे रूप ग्राम कोई भी हो सकता है परन्तु या तो उसे रूप ग्राम मानते हैं। जिसके आधार पर वितरण को तर्कसंगत रूप से रूप ध्वनि ग्रामीण परिवर्तनों के साथ समझा जा सके अन्य या उसे रूप ग्राम मानते हैं जिसका प्रयोग सबसे अधिक होता है या उसे रूप ग्राम मानते हैं। जो ऐतिहासिक दृष्टि से सबसे प्राचीन या महत्वपूर्ण होता है।

हिन्दी शब्द का उद्गम विश्लेषण और वर्गीकरण

हिन्दी भाषा मे जितने शब्दों का प्रयोग किया जाता है, उन्हें हिन्दी शब्द समूह के नाम से अभिहित किया जाता है, हिन्दी के ये शब्द विविध स्रोतों से आये हैं। कुछ शब्द भारतीय आर्य भाषाओं की देन हैं। कुछ अनार्य भाषाओं से आये हैं। जिनका विकास भारत में हुआ है और कुछ पूर्णतया विदेशी शब्द हैं। जो विदेशियों के आगमन के उपरान्त हिन्दी भाषा में प्रयुक्त होने लगे हैं। उद्गम की दृष्टि से विचार करने पर हमें ज्ञात होता है कि मूलतः हिन्दी के शब्द तीन स्रोतों से आये हैं और इसीलिए हम उन्हें पहले तीन भागों में विभक्त कर लेते हैं।

1. भारतीय आर्य भाषाओं के शब्द- हिन्दी भाषा को जो शब्द हिन्दी के विकास से पूर्ववर्ती आर्यभाषाओं से प्राप्त हुए हैं वे भारतीय आर्यभाषा के शब्द कहलाते

हैं। इनमें से कुछ ऐसे शब्द हैं जो पूर्णतया संस्कृत के समान ही प्रयुक्त होते हैं कुछ ऐसे हैं- जिनका रूपान्तर प्राकृत और अपभ्रंश के प्रभाव से हो गया है। कुछ ऐसे शब्द है जिनका उद्‌भव स्थानीय बोलियों से हुआ है। तथा कुछ दो भाषाओं के योग से बने हुए शब्द हैं। इस प्रकार भारतीय आर्यभाषाओं के विविध शब्द हिन्दी में प्रयुक्त होते हैं। सुविधा की दृष्टि से हम उन्हें निम्नलिखित दस भागों में विभाजित कर सकते हैं।

(1) तत्सम शब्द- जो शब्द हिन्दी में सीधे संस्कृत से आये हैं, तथा जिनमें रूपान्तर नहीं हुआ है, वे तत्सम शब्द कहलाते हैं। ये सब हिन्दी में संस्कृत की तरह ही प्रयुक्त होते हैं। जैसे राजा, पुस्तक, वस्त्र, पत्र, देव, फल, भवन आदि।

(2) तद्‌भव शब्द- हिन्दी के जो शब्द या तो सीधे प्राकृत भाषाओं से आते हैं या जो पूर्व प्राकृत से होते हुए संस्कृत से विकसित हुए हैं, उन्हें तद्‌भव शब्द कहते हैं। हिन्दी में इन तद्‌भव शब्दों की बड़ी भारी संख्या है, क्योंकि इनका निर्माण जनसाधारण ने अपनी बोलचाल की सुविधा की दृष्टि से किया है और इनका प्रयोग स्थानीय बोलियों में भी अधिकाधिक होता है, जैसे थाली, सांप, बच्चा, पोथी, आग, ठग आदि।

(3) अर्ध तत्सम शब्द- हिन्दी में प्रयुक्त जिन संस्कृत शब्दों का प्राकृत भाषियों द्वारा युक्त विकर्ष या प्रतिभा समान वर्ण विकार होते होते भिन्न रूप हो गया है, वे अर्धतत्सम कहलाते हैं। इन शब्दों का प्रयोग बोलियों में बहुत होता है और हिन्दी की प्राचीन कविता में भी इनकी भरमार है, जैसे अच्छर, बच्छ, करिया, अगिनि, पिरथवी आदि।

(4) तत्समाभास - हिन्दी भाषा में कुछ ऐसे शब्द भी मिलते हैं जो तत्सम जैसे जान पड़ते हैं, किन्तु तत्सम नहीं होते अपितु जिनका निर्माण अर्धशिक्षित या अशिक्षित व्यक्तियों द्वारा अपना पाण्डिय प्रदर्शन के लिए होता है। इन शब्दों की संख्या अधिक नहीं है और न इनका प्रयोग साहित्य में अधिक होता है। किन्तु बोलचाल में अधिक सुने जाते हैं। जैसे श्राप (शाप), सिंचन (सेचन), राष्ट्रीय (राष्ट्रिय), जागृत (जाग्रत), पौर्वत्यि (पुरत्स्य), अनुग्रहीत (अनुगृहीत) आदि।

(5) तद्‌भवाभास- हिन्दी में कुछ ऐसे भी शब्द प्रयुक्त होते हैं, जिनके उद्‌गम

का ठीक पता नहीं चलता है और जो अंध सादृश्य के आधार पर बना लिये जाते हैं। इन्हें तद्भवाभास शब्द कहते हैं। जैसे संस्कृत के ''मातृस्वसा'' में ई प्रत्यय लगाकर मौसी शब्द बनता है। इसी को देखकर इसका पुल्लिंग मौसा शब्द बना लिया गया है। जिसके उद्गम का ठीक-ठीक कोई पता नहीं, ऐसे ही धोती, पोथी और सती शब्दों के आधार पर क्रमशः धोता, पोथा, सत्ता आदि पुल्लिंग शब्द बना लिये गये हैं। जिनका प्रयोग साहित्य में तो नहीं, बोलचाल में प्रायः होता है।

(6) देशज- हिन्दी में कुछ ऐसे शब्द भी मिलते हैं, जिनका प्रयोग केवल स्थानीय बोलियों में होता है, और जिनकी मूल व्युत्पत्ति का कुछ पता नहीं चलता, इन्हें देशज शब्द कहते हैं जैसे हंसिया, तैंदुआ, ठर्रा, ठेस, घौंटू आदि।

(7) अनुकरणात्मक शब्द- हिन्दी में जिन शब्दों का निर्माण किसी पदार्थ की वास्तविक या कल्पित ध्वनि के आधार पर हुआ है, वे अनुकरणात्मक शब्द कहलाते हैं। इनमें से क्रियाओं का प्रयोग हिन्दी में बहुत अधिक होता है। जैसे खटखटाना, मिमियाना, घिघियाना, पट् पट् करना, चट कर जाना, हड़बड़ आदि।

(8) द्विज(संकर) हिन्दी में कुछ ऐसे शब्द भी मिलते हैं, जिनका निर्माण दो भिन्न भाषाओं से हुआ है। प्रायः इन शब्दों के निर्माण में उन लोगों का हाथ अधिक रहा है, जो बहुभाषायी होते हैं और जो स्पष्टता लाने के लिए किसी भी भाषा के प्रचलित शब्द को ग्रहण कर लेते हैं। इस तरह दो भाषाओं के शब्दों के योग से बने शब्द द्विज कहलाते हैं जैसे अमन-सभा, कौंसिल-निर्वाचन, रेल-गाड़ी अजाइब-घर आदि। इनमें से कुछ ऐसे भी शब्द हैं जो विजातीय प्रकृति के योग से बने हैं और जिनमें प्रत्यय भारतीय भाषाओं के हैं। लाटत्व, शहराती आदि और कुछ शब्द ऐसे भी जिनकी प्रकृति में विजातीय प्रत्यय लगा हुआ है जैसे गुरूडम, रट्टाफिकेशन, रटन्त, पढ़न्त, मरन्त आदि।

(9) प्रतिध्वनिबाले शब्द- हिन्दी के शब्द भंडार में कुछ उन शब्दों का भी योग है जिनका निर्माण कुछ शब्दों के प्रकार सादृश्य या सम्बन्ध का बोध कराने के लिए उनकी ध्वनि की आंशिक आवृति के आधार पर हुआ है। इन्हें प्रतिध्वनि वाले शब्द कहते हैं। कुछ विद्वान इनका नाम 'यदृच्छा शब्द' भी कहते हैं। जैसे लोटा वोटा, रोटी

वोटी थाली वाली आदि।

(10) दृश्यात्मक शब्द- हिन्दी भाषा में उद्‌गम की दृष्टि से उन शब्दों का भी महत्व है जिनका निर्माण किसी दृश्यात्मक अनुभूति की अभिव्यक्ति कराने के लिए हुआ है? ऐसे शब्द भी अधिक नहीं है, फिर भी इनके प्रयोग पर्याप्त मात्रा में मिलते हैं। जगमग, टीमटांम, सजधज, चकमक, लकलक वग वग आदि।

2. भारतीय आर्यभाषा के शब्द- इस वर्ग के अन्तर्गत हिन्दी के वे शब्द आते हैं, जो हिन्दी में आर्यभाषाओं से इतर तमिल, तेलगु, मुण्डा आदि भाषाओं से आयें हैं और जिन भाषाओं का प्रयोग भारत में होता है जैसे पिल्ल (तमिल) कौड़ी (तेलंग) सपड़ी (तमिल) आदि।

3. विदेशी शब्द- हिन्दी में विदेशी शब्द प्रचुर मात्रा में मिलते हैं, विद्वानों का विचार है कि हिन्दी में तुर्कभाषा के लगभग 70 शब्द, अरबी, फारसी के 7 हजार शब्द, अग्रेंजी के लगभग 4 हजार शब्द, पुर्तगाली के लगभग 80 शब्द, डच भाषा के कुछ शब्द और कुछ फ्रांसीसी भाषा के शब्द मिलते हैं। इन सम्पूर्ण विदेशी शब्दों को पांच भागों में बांटा जा सकता है।

(1) अरबी, फारसी, तुर्की आदि मुस्लिम भाषाओं के शब्द आका, उज़बक, उर्दू, कैंची, गलीचा, चाकू, खानदान, आबाद, अचकन, बेगम, चुगलखोर, अक्लमंद, किताब, पेशगार आदि।

(2) अंग्रेजी के शब्द- इंजिन, अपील, अर्दली, ऑफिस, इन्सपैक्टर, इंजीनियर, क्लर्क, कुनैन, टिकट, गजट, ट्रंक, तारकोल, दर्जन, नोटबुक, फिराक, फीस, मशीन, रंग हट, रिजल्ट, लालटेन, सोडा वाटर, सर्कस आदि।

(3) पुर्तगाली शब्द- अल्मारी, अचार, आया, कमीज, कप्तान, पादरी, पिस्तौल, फीता, बोटल आदि

(4) फ्रांसीसी शब्द- कारतूस, कूपन, अंग्रेज, रेस्तरां आदि

(5) डच शब्द- तुरूप, बम(गाड़ी का)- इस प्रकार हिन्दी के शब्द समूह का अध्ययन करने पर पता चलता है कि हिन्दी भाषा ने केवल पूर्ववर्ती भाषाओं से ही

शब्द ग्रहण नहीं किये हैं अपितु स्थानीय बोलियों से भी पर्याप्त मात्रा में शब्द लिए हैं, इतना ही नहीं जबसे हिन्दी भाषा भाषी क्षेत्र का सम्बन्ध विदेशी जातियों से हुआ है तबसे हिन्दी में न केवल अरबी, फारसी के शब्दों का बाहुल्य हुआ है अपितु यूरोपीय भाषाओं के शब्द भी प्रचुर मात्रा में अपना लिये गये हैं। इस प्रकार हिन्दी भाषा का शब्द भंडार उत्तरोतर विकसित होता चला गया है और विभिन्न भाषाओं के शब्दों को पचाने की शक्ति भी हिन्दी में आती चली गई है। इसी शब्द समूह के आधार पर यह स्पष्ट कहा जा सकता है कि हिन्दी भाषा एक विकासशील भाषा है। जिसका यह शब्द समूह नित्य बढ़ता रहता है।

हिन्दी के कारकों का उद्‌भव और विकास अथवा हिन्दी की विभक्तियों का इतिहास

संज्ञा के विकृत रूपों में कारक चिन्ह लगाकर विभक्तियों के रूप बनाये जाते हैं। प्राचीन तथा मध्यकालीन आर्यभाषाओं के संयोगात्मक रूपों के धीरे-धीरे घिस जाने पर मध्यकाल के अंत में संज्ञा का मूलरूप प्रायः भिन्न-भिन्न विभक्तियों में प्रयुक्त होने लगा था, ऐसी अवस्था में अर्थ के समझने में कठिनाई पड़ती थी, इसलिए भिन्न-भिन्न कारकों के अर्थों को स्पष्ट करने के लिए ऊपर से पृथक शब्द इन मूलरूपो के साथ जोड़े जाने लगे। हिन्दी के वर्तमान कारक चिन्ह मध्यकाल के अंत में प्रयुक्त इन्हीं सहकारी शब्दों के अवशेष मात्र हैं। जो घिसते-घिसते इतने छोटे हो गये हैं कि इनके मूलरूपों का पहचानना भी प्रायः दुष्कर हो गया है और भाषा के साधारण शब्द समूह में इनका पृथक अस्तित्व नहीं रह गया है। इसलिए इन्हें संज्ञा के मूलरूपों के साथ लिखने की प्रवृति चल पड़ी है।

1. कर्ता- हिन्दी में कर्ता कारक का चिन्ह प्रयुक्त नहीं होता संस्कृत और प्राकृत में भी संज्ञा का प्रथम रूप अपरिवर्तित रहता है किन्तु पश्चिमी हिन्दी में स प्रत्यय कर्ता का चिन्ह 'ने' प्रयुक्त होता है। बोलना, भूलना, बकना, लाना, समझना आदि सकर्मक क्रियाओं को छोड़कर शेष सकर्मक क्रियाओं तथा नहाना, छींकना, खांसना आदि अकर्मक क्रियाओं के भूत कालिक कृदन्त से बने कालों के साथ 'ने' चिन्ह आता है। जैसे राम ने छींका।(1) इस कारक चिन्ह 'ने' की व्युत्पत्ति के सम्बन्ध में पर्याप्त मतभेद हैं। ''बीम्स'' इसका विचारकरण कारक के अन्तर्गत करते हैं। उनका

कहना है कि गुजराती, नेपाली, मराठी आदि अनेक भाषाओं में सम्प्रदान तथा करण कारक के चिन्ह समान थे। (2) ट्रम्प तथा कुछ अन्य विद्वानों का विचार है कि 'ने' का विकास संस्कृत के करण कारक के चिन्ह 'एन' से हुआ है। किन्तु इस पर आपत्ति यह है कि 'एन' का रूप रासो में और मराठी मे 'एँ' मिलता है और गुजराती में 'ए' मिलता है, तब हिन्दी में 'ने' होना असंभव है इसीलिए बीम्स ने 'ने' का विकास 'एन' से नहीं माना है। (3) हार्नली का कहना है कि सम्प्रदान कारक के लिए ब्रजभाषा में 'कौ' या 'को' और मारवाड़ी में 'नै' या 'ने' का प्रयोग होता है। संभवतः मारवाड़ी के 'नै' या ने से हिन्दी में कारक चिन्ह 'नै' या 'ने' आ गया हो।(4) डॉ. ग्रियर्सन ने 'ने' का विकास 'तन- से माना है, जिसका समर्थन 'ब्लाक' ने भी किया है। (5) डॉ. उदयनारायण तिवारी ने 'ने' का विकास संस्कृत 'कर्ण' से माना है, जिसका पुराना रूप 'कनै' मिलता है। इस संस्कृत कर्ण का प्राकृत में ''कन्न'', अपभ्रंश में 'कन्नहि' पुरानी हिन्दी में 'कनै' और आधुनिक हिन्दी में 'क' का लोप हो जाने पर 'नै' हो गया है।

2. कर्म या सम्प्रदान- हिन्दी में कर्म और सम्प्रदान के लिए को तथा के लिए चिन्ह प्रयुक्त होते हैं। (1) ट्रम्प के विचार से को का विकास संस्कृत से हुआ है। जिसका प्राकृत रूप 'कि तो' अपभ्रंश 'कियो' और हिन्दी में 'को' रूप बना है। (2) हार्नली और बीम्स 'को' का विकास संस्कृत 'कक्ष' से मानते हैं। जिसका प्राकृत 'कक्ख' अपभ्रंश 'काहं' पुरानी हिन्दी 'कह' या कौ तथा आधुनिक हिन्दी में को रूप बनता है। (3) दूसरे चिन्ह 'के लिए' में से 'के' का सम्बन्ध संस्कृत 'कृते' से माना जाता है। सत्य जीवन वर्मा ने इसका विकास 'करक' से माना है। (4) 'के लिए' में से 'लिये' की उत्पत्ति हार्नली आदि विद्वानों ने संस्कृत 'लग्ने' से मानी है। जिसका प्राकृत 'लग्गे' पुरानी हिन्दी 'लगि' तथा आधुनिक हिन्दी में 'लिए' रूप बनता है।

3. करण और अपादान- दोनों में 'से' चिन्ह का प्रयोग होता है। किन्तु अपादान में 'के लिए' चिन्ह भी प्रयुक्त होता है। बीम्स के अनुसार 'से' का विकास संस्कृत 'समं' से माना गया है। हार्नली ने 'से' का विकास संस्कृत अस् और प्राकृत 'सन्तो' या 'सुन्तो' से स्थापित किया है। डॉ. उदयनारायण तिवारी ने 'से' का विकास संस्कृत 'सम एन' से माना है। जिसका प्राकृत रूप 'सयँ' और अपभ्रंश रूप सइँ

बनता है, के लिए चिन्ह की व्युत्पत्ति संस्कृत के 'कृते' लाने से मानी जाती है।

4. सम्बन्ध कारक- सम्बन्ध कारक में का की के चिन्हों का प्रयोग होता है। बीम्स और हार्नली ने का की के का विकास संस्कृत कृतः से माना है जिसका प्राकृत रूप करितो या केरको बनता है। पुरानी हिन्दी में केरो और आधुनिक हिन्दी में का की के रूप हो जाता है। पिछेल ने का की के की उत्पत्ति संस्कृत 'कार्य' से मानी है। केलाग ने प्राकृत कृदः से का कौ का सम्बन्ध स्थापित किया है। डॉ. चटर्जी ने प्राकृत :क्क' से 'का' की व्युत्पत्ति सिद्ध की है। किन्तु बीम्स और हार्नली का मत ही अधिक मान्य है। अधिकरण कारक में में और पर चिन्ह प्रयुक्त होते हैं। 'में' के विषय में सभी विद्वान एकमत हैं। सभी ने संस्कृत 'मध्ये' से विकास माना है। जिसके प्राकृत में 'मज्झे' या 'मज्झि' पुरानी हिन्दी में 'मांहि' और आधुनिक हिन्दी में 'में' रूप बनता है। 'पर' का विकास हार्नली ने संस्कृत 'परे' तथा प्राकृत 'परि' से स्वीकार किया है। डॉ. उदयनारायण तिवारी ने भी 'पर' का विकास 'परे' से माना है। परन्तु संस्कृत 'उपरि' से 'पर' का सम्बन्ध स्पष्ट जान पड़ता है। विदित हो कि भाषाविज्ञान में किसी भाषा के उद्भव, विकास, रचना, बनावट एवं ह्रास एवं परिवर्तन परिवर्धन आदि का वैज्ञानिक अध्ययन किया जाता है। इस वैज्ञानिक अध्ययन के लिए कभी तो वर्णन का सहारा लिया जाता है, कभी इतिहास का, कभी तुलना का और कभी प्रयोग को आधार बनाकर कार्य किया जाता है। इस दृष्टि से भाषा विज्ञान के अध्ययन की चार प्रमुख पद्धतियाँ प्रचलित हैं। (1) वर्णनात्मक (2) ऐतिहासिक (3) तुलनात्मक (4) प्रयोगात्मक।

(1) वर्णनात्मक पद्धति- इस पद्धति के द्वारा किसी एक भाषा की ध्वनि, रूप, अर्थ आदि के विवरण प्रस्तुत किये जाते हैं और यह बताया जाता है कि अमुक भाषा की कितनी ध्वनियाँ हैं। उसमें किस प्रकार संज्ञा, सर्वनाम, विशेषण, क्रिया आदि के रूप प्रचलित हैं। कौन-कौन से ध्वनि विकारों से उसके शब्द प्रभावित हैं। अर्थ की दृष्टि से उस भाषा के शब्दों में क्या-क्या परिवर्तन हुआ है और उस भाषा में व्याप्त ध्वनि विकार, रूप विकार, अर्थविकार, आदि के कौन- कौन से कारण हैं। इस प्रकार किसी एक भाषा का सांगोपांग वैज्ञानिक अध्ययन वर्णनात्मक पद्धति के अंतर्गत आता है। इसी पद्धति के आधार पर उस भाषा विज्ञान को भी वर्णनात्मक भाषा विज्ञान

कहते हैं। जिसमें किसी एक भाषा की रचना ध्वनि, रूप, अर्थ आदि का सांगोपांग विवेचन किया जाता है। भारत के प्राचीन 'प्रातिशाख्य'' व्याकरण, निरूक्त आदि ग्रंथों में इसी वर्णनात्मक पद्धति का प्रयोग हुआ है। इसीलिए उनमें भाषा विज्ञान संबंधी जो भी बातें मिलती हैं, उनका एकमात्र संबंध संस्कृत भाषा से है। परवर्ती ग्रंथों में केवल प्राकृत भाषाओं का सांगोपांग विवेचन मिलता है और उसके पश्चात जो अपभ्रंश के व्याकरण मिलते हैं उनमें केवल अपभ्रंश भाषा का ही विवेचन किया गया है। इसलिए भारतीय भाषा विज्ञान संबंधी प्राचीन कार्य अधिकांश वर्णनात्मक पद्धति पर ही हुआ है।

(2) ऐतिहासिक पद्धति- भाषा विज्ञान जब किसी भाषा के क्रमिक विकास का अध्ययन प्रस्तुत करता है तब उसे इतिहास का सहारा लेना पड़ता है, क्योंकि इतिहास ही यह बता सकता है कि अमुक भाषा का प्राचीन रूप क्या था? उसकी कौन कौन सी ध्वनियाँ थीं, उसके कौन कौन से प्राचीन रूप थे, और उसके कौन-कौन से शब्द प्राचीन अर्थो में प्रयुक्त होते थे। कालान्तर में उस भाषा के अंतर्गत क्या-क्या परिवर्तन हुए, जिन परिवर्तनों के फलस्वरूप उस भाषा की रचना में अन्तर आया, उसकी ध्वनियाँ परिवर्तित हुई उसके रूपों में अंतर आया और उसके अर्थ भी बदल गये भाषा के समयानुकूल परिवर्तन कहीं और नहीं मिलते, जिनका लेखा-जोखा इतिहास में ही सुरक्षित रहता है क्योंकि भाषाओं का इतिहास ही यह कहानी बताता है, कि कौन सी भाषा मे कितनी प्राचीन ध्वनियाँ थीं और कैसे-कैसे वे ध्वनियाँ परिवर्तित होकर नये-नये रूप ग्रहण करती चली गई कौन-कौन से उसके प्राचीन शब्द किन-किन रूपों से शब्द पहले किन-किन अर्थों में आते थे, फिर उनमें कैसे परिवर्तन हुआ और उनके अर्थ बदलते बदलते आज कहाँ पहुँच गये, इस प्रकार इतिहास को आधार बनाकर जब भाषाओं का वैज्ञानिक अध्ययन किया जाता है, तब वहाँ ऐतिहासिक पद्धति दृष्टिगोचर होती है। उदाहरण के लिए संस्कृत मे पहले 16 स्वर प्रचलित थे। अ, आ, इ, ई, उ, ऊ, ऋ, ॠ, लृ, लृ, ॡ, ए, ऐ, ओ, औ, अं, अः किन्तु कालान्तर में परिवर्तन हुआ और पहले केवल 13 स्वर जीवित रहे अर्थात ऋ, ॠ, लृ तीन स्वर अनुपयोगी होने के कारण लुप्त हो गये। आज हिन्दी में 12 स्वरों का ही प्रचार अधिक है। अब ॠ स्वर भी लुप्त होता जा रहा है। ऐसे ही पहले संस्कृत में अनेक संज्ञा रूपों के तीन वचन, तीन लिंग प्रचलित

थे। किन्तु धीरे-धीरे समय ने पलटा खाया और हिन्दी में आते-आते दो वचन और दो ही लिंग शेष रह गये। यही बात शब्दार्थो के बारे में भी है। एक युग था जब संस्कृत 'मृग' शब्द का अर्थ जंगली जानवर होता था, आज मृग एकमात्र हिरन के लिए ही प्रयुक्त है। संस्कृत में महाराज शब्द का अर्थ सम्राट या माण्डलिक राजा होता था। किन्तु हिन्दी में आते-आते इसका अर्थ रसोइया हो गया। इस प्रकार विविध ध्वनि परिवर्तनों, रूप परिवर्तनों आदि का इतिहास प्राप्त करने के लिए हमें भाषाओं के इतिहास से सहारा लेना पड़ता है और इसे इतिहास के माध्यम से जब हम भाषाओं का वैज्ञानिक अध्ययन करते हैं, तब वहाँ ऐतिहासिक पद्धति होती है और ऐसे भाषा विज्ञान को ऐतिहासिक भाषा विज्ञान कहते हैं।

(3) तुलनात्मक पद्धति- आजकल भाषाओ के अध्ययन की सबसे सरल और वैज्ञानिक पद्धति यह है कि समकालीन भाषाओं से तुलना करके यह देखा जाय कि कौन सी भाषा किससे अधिक सम्बद्ध है। किस परिवार से उसका विकास हुआ है, किस भाषा परिवार की ध्वनियाँ उसमें जीवित हैं। किस भाषा परिवार की रूप रचना उसमें प्रचलित हैं और किस भाषा परिवार के शब्दार्थो का वह प्रयोग करती हैं। किस भाषा का उसकी समकालीन पूर्ववर्ती या परवर्ती भाषाओं से तुलना करते हुए जब वैज्ञानिक अध्ययन किया जाता है, तब वहाँ तुलनात्मक पद्धति के दर्शन होते हैं। उदाहरण के लिए संस्कृत, मातृ फारसी, मादर, लैटिन मेटर, अंग्रेजी-मदर, तथा संस्कृत पितृ फारसी-पिदर, लेटिन-पेटर, अंग्रेजी- फादर शब्दों का तुलनात्मक अध्ययन यह बताता है कि ये सभी शब्द किसी एक भाषा परिवार के हैं। इन भाषाओं में रूप साम्य है, ध्वनि साम्य है और अर्थ साम्य भी है। अतः भाषाओं के परिवारों की जानकारी के लिए तुलनात्मक पद्धति बड़ी उपयोगी होती है। इस पद्धति पर जिन भाषाओं का अध्ययन किया जाता है, उसे भाषा विज्ञान की तुलनात्मक भाषा विज्ञान कहते हैं और इस पद्धति को तुलनात्मक पद्धति के नाम से जाना जाता है।

(4) प्रयोगात्मक पद्धति- भाषा विज्ञान की प्रयोगात्मक पद्धति से अभिप्राय उन प्रयोगों से है जिनके माध्यम से भाषाओं की विभिन्न ध्वनियों उनके रूपों आदि का वैज्ञानिक अध्ययन किया जाता है। इस प्रयोगात्मक पद्धति के लिए काइमोग्राफ (बनावटी तालु) आदि संयंत्रों का सहारा लेना पड़ता है। कायमोग्राफ द्वारा ध्वनियों

के सूक्ष्मातिसूक्ष्म रूपों का अध्ययन बड़ी सुविधा से होता है। साधारणतया उच्चारण में हम यह नहीं जान पाते कि ह्रस्व ध्वनि में कितना समय लगता है। दीर्घ ध्वनि कितनी मात्रा की होती है और प्लुत ध्वनि कितना समय लेती है। परन्तु संयंत्रों के द्वारा इन ध्वनियों की यात्राओं, इनके कालों आदि का अध्ययन बड़ी सरलता से किया जा सकता है। इतनी ही नहीं दन्त्य ध्वनि और वत्सूर्य ध्वनि में क्या अंतर है तालव्य और दन्त्य ध्वनियाँ कैसे बोली जाती हैं। प्रयोगात्मक पद्धति के लिए भाषा विज्ञान की एक ऐसी प्रयोगशाला आवश्यक होती है, जिसमें सभी प्रकार के ध्वनि यंत्रों को लगाया जाता है। जिसमें अन्य कृत्रिम तालु आदि यंत्र भी रखे रहते हैं। और जहाँ बैठकर हम ध्वनियों की तरंगों शब्द, रूपों आदि का वैज्ञानिक पद्धति पर अध्ययन कर सकते हैं। भारतवर्ष में कोलकता विश्वविद्यालय में एक पूर्ण सुसज्जित भाषा विज्ञान की प्रयोगशाला है। जहाँ सभी भाषाओं के शब्दों रूपों आदि का अध्ययन प्रयोगात्मक आधार पर होता है। आगरा विश्वविद्यालय के के. एम. हिन्दी इन्स्टीट्यूट में भी कतिपय संयंत्र हैं। जिनके द्वारा ध्वनियों का अध्ययन किया जाता है। इस प्रकार प्रयोगशालाओं में बैठकर विविध प्रकार के संयंत्रों के द्वारा भाषा की ध्वनियों रूपों, पदों आदि के अध्ययन की पद्धति को प्रयोगात्मक पद्धति कहते हैं। और जिस भाषा विज्ञान में इस प्रयोगात्मक पद्धति को आधार बनाकर भाषा की ध्वनियों के ह्रास और विकास का अध्ययन प्रस्तुत किया जाता है उसे प्रयोगात्मक भाषा विज्ञान कहते हैं। इस प्रकार हम इस निष्कर्ष पर पहुँचते हैं कि भाषा विज्ञान शब्द, वर्ण, पद, वाक्य, वाक्यार्थ, एवं इनके परिवर्तन परिवर्धन पर पूर्ण ध्यानमग्न होकर विचार करता है तथा भाषा को वैज्ञानिकता प्रदान करता है। व्याकरणादि शास्त्र भी भाषा विज्ञान का अनुगमन करते हैं। अन्य शास्त्रों का क्षेत्र एवं कार्य सीमित हैं किन्तु भाषा विज्ञान विश्व की समस्त भाषाओं की मूल प्रवृति को लेकर चलता है, और चलता ही रहता है उसे विश्राम कहाँ? जहाँ-जहाँ जो भी भाषा प्रयुक्त है वहाँ-वहाँ उन भाषाओं के कार्य कलाप व्यवहार एवं उनके विकास एवं ह्रास पर भाषा विज्ञान की दृष्टि लगी रहती है। विश्व की समस्त भाषाओं की समस्त क्रियायें भाषा विज्ञान के क्षेत्र में आती हैं और यह विज्ञान भाषाओं का सटीक इतिहास सुरक्षित रखता है। वैदिक काल से अथवा सृष्टि के आरंभ से अब तक का भाषा इतिहास भाषा विज्ञान के द्वारा ही सुरक्षित है।

2

प्राकृत भाषा का विस्तृत अध्ययन

प्राकृत भाषाओं की उत्पत्ति- जन साधारण अशिक्षा के कारण या स्वाभाविक तथा सरल उच्चारण के कारण भाषाओं के मूल शब्दों के भिन्न-भिन्न उच्चारण करता है, वह व्याकरण सम्मत प्रयोगों की अपेक्षा नहीं करता, उसे शब्दों की मूल प्रकृति से कोई प्रयोजन नहीं, वह तो उस मूल प्रकृति से निष्पन्न शब्दों का ही प्रयोग करता है। इस तरह शब्दों की मूल प्रकृति में अनेक परिवर्तन होते रहते हैं, जो उच्चारण सुगमता के कारण ही होते हैं। भारतीय आर्यशाखा की वैदिक भाषा ही कालान्तर में संस्कृत में परिणत हुई, और वही पुनः प्राकृत, अपभ्रंश आदि रूपों को धारण करती हुई देशी भाषाओं के रूप में ही प्रचलित हुई है। जैसे वेदों का 'वैश्वानर' अग्नि वाचक शब्द अब वैशन्दुर, वसन्दर हो गया, अस् धातु का रूप हम एवं युष्माकम् से तुम्हार आदि रूप बने हैं। इसका मूल प्रकृति से सम्बन्ध तो है ही। इसी तरह परिवर्तन हो जाता है और आगे चलकर लोग इसका व्याकरण निर्धारण करते हैं। ये शब्द मूल प्रवृति की अपेक्षा मधुर एवं रूचिपूर्ण लगते हैं। किसी ने कहा है (1)"अहो तत्प्राकृतं हारि, प्रिया वक्त्रेन्दु सुन्दरम्। सूक्तयो यत्र राजन्ते, सुधा निष्यन्त निर्झराः।।" अमृत के झरनों की भांति जहाँ सूक्ति हैं, वह प्राकृत प्रिया के मुखमंडल की तरह प्रिय है। इसी तरह नाटकों में भी साहित्यिक भाषा के साथ प्राकृत को अपनाया गया, क्योंकि प्राकृत सर्वजन सुलभ थी। (2) भरत मुनि ने कहा है, " एतदेव विपर्यस्तं संस्कारगुण वर्जितम्, विज्ञेयं प्राकृतं पाठ्यं

नानावस्थान्तरात्मकम्।।" अर्थात् संस्कृत मूल प्रकृति के पदों को विपर्यय करके अर्थात् इधर-उधर करके पढ़ना, जानना ही प्राकृत है। (3) भर्तृहरि लिखते हैं - दैवीवाक् व्यवकीर्णे यमशक्तैरभि धातृभिः" अर्थात् दैवीवाक् संस्कृत को न जानने वाले ही विविध रूप प्राकृत शब्द बना लेते हैं। (4) महाभाष्यकार तो इन प्राकृत शब्दों को 'अपशब्द' की संज्ञा देते हैं तथा इन्हें जानने में अधर्म बताते हैं। (5) दूसरे आचार्य लिखते हैं, संस्कृतात् प्राकृतं श्रेष्ठं ततोऽपभ्रंशभाषणम्।" (6) बाग्भटट्- प्रान्तं एवं देशज भाषा को अपभ्रंश कहते हैं। (7) दण्डी महाराष्ट्री प्राकृत को आदर्श प्राकृत मानते हैं। यह निस्संदेह है कि ये प्राकृत भाषायें लोकप्रिय थीं। तभी तो भारत ने नाटको में इसके लिए स्थान दिया। कुछ लोग प्राकृत को संस्कृत से पहले की भाषा मानते हैं तथा संस्कार की गई भाषा ही संस्कृत है। ऐसा बताते हैं किन्तु यह तर्क नितान्त असत्य है क्योंकि पाणिनि आदि वैयाकरणों ने संस्कृत से पहली वैदिक भाषा का तो उल्लेख किया है। लेकिन प्राकृत का नहीं, ऐसा कैसे हो सकता है कि वे प्राकृत का उल्लेख न करते। तथा सभी प्राकृत के आचार्यों ने संस्कृत को मूल प्रकृति माना है, प्राकृत मंजरीकार लिखता है, प्राकृत के विशद वर्णन से गिरा (वाणी) विकसित हुई। अर्थात् संस्कृत ने ही विकसित होकर प्राकृत रूप धारण किया। तात्पर्य यह है कि "प्रकृतिः संस्कृतम्, तस्मात् आगतम् प्राकृतम् मूल आधार संस्कृत है, उससे ही आई वाणी प्राकृत कहलाई गयी। जयदेव ने लिखा है, "संस्कृतात् प्राकृतं दृष्टं ततो अपभ्रंश भाषणम्" प्राकृत के जितने भी व्याकरण हैं सबने संस्कृत को मूल प्रकृति माना तथा लोक ने सुविधानुसार शब्दों की रचना की। तथा अन्य नाम न होने से, प्राकृत नाम ही उचित समझा गया । फिर प्रान्तों के आधार पर महाराष्ट्र, मागधी शौर सेनी आदि नाम पड़े। व्याकरण के कठिन नियमों वाली भाषा संस्कृत लोगों से दूर हो गई, जरा सी अशुद्धि विद्वानों को असहनीय थी, शूद्रों पर प्रतिबंध था। अतः संस्कृत ज्ञान सीमित हो गया। तब लोगों ने अपनी सुविधानुसार शब्दों की रचना की और प्रयोग करने लगे। प्रत्येक प्रान्त में अनेक तरह के शब्द प्रयुक्त हुए, अलग-अलग भाषायें बनीं, तब आगे चलकर इनके व्याकरण बने।

प्राकृत भाषाओं का वर्गीकरण

1. वररूचि (कात्यायन) का वर्गीकरण प्राकृत (महाराष्ट्री), पैशाची, मागधी, शौर

सेनी चार भागों में किया है। दण्डी महाराष्ट्री प्राकृत को उत्कृष्ट प्राकृत कहते हैं।

2. हेमचन्द ने प्राकृत के सात भेद स्वीकारे हैं- प्राकृत पैशाची, चूलिका पैशाची, मागधी, आर्षी, शौरसेनी, अपभ्रंश। आर्ष प्राकृत ही अर्धमागधी है। जो जैन साधुओं की सम्भावित भाषा है।

3. मार्कण्डेय का वर्गीकरण भाषाओं को चार भागों में बांटा, फिर उनके भेद किये।

(1) भाषा- महाराष्ट्री, शौरसेनी, प्राच्या, अवन्ती, मागधी (अर्ध-मागधी)

(2) विभाषा- शकारी, चाण्डाली, शावरी, आभीरिकी, शाक्वी (शारबी)

(3) अपभ्रंश के 27 भेद किये हैं। आर्द्री, द्रावणी नहीं हैं। तथा नागर, ब्राचड़, उपनागर ये तीन और हैं इस तरह तीस भेद है।

(4) पैशाची- कैकेयी, शौरसेनी, पांचाली, इस तरह मार्कण्डेय ने पांच भाषा के, पांच विभाषा के, तीस अपभ्रंश के, तीन पैशाची के कुल तेंतालीस भेद किये हैं। राम तर्क वागीश इसी वर्गीकरण को स्वीकार करते हैं। महाराष्ट्र, पैशाची, मागधी, शौरसेनी इनको सबने स्वीकार किया है।

(4) रूद्रट ने प्राकृत-संस्कृत-अपभ्रंश रूपों में बांटा है। प्राकृत और अपभ्रंश अलग-अलग मानी हैं।

(5) वाग्भटट ने संस्कृत, प्राकृत, अपभ्रंश तथा भूत भाषित चार मानी है। भूतभाषित ही पैशाची है।

(6) भरतमुनि- मागधी, सूरसैनी, अवन्तिजा, प्राच्या, अर्धमागधी, बाह्लीका, दाक्षिणात्या। पैशाची महाराष्ट्री का उल्लेख नहीं किया है। विभाषायें भी शबर, आमीर, चाण्डाल, सचर, द्रविड़, उद्रजा और हीना मानी हैं। जो घूमने वालों की बोलियाँ हैं। भरत मुनि ने तत्कालीन समाज की दृष्टि से नाटकों को सभी लोग समझ लें इस ध्येय से यह वर्गीकरण किया, जिससे विभिन्न भाषाओं को विभिन्न समुदाय समझ लें। इनके अतिरिक्त प्राकृत वैयाकरणों ने अनेक टीकायें लिखी तथा ग्रन्थ भी लिखे जिनमें

प्राकृत भाषाओं का सम्बन्ध लौकिक संस्कृत से माना है, किन्तु वैदिक संस्कृत से सम्बन्ध होना चाहिए। प्राकृत भाषाओं का प्रयोग संस्कृत नाटकों में अधिक हुआ है जहाँ नायक, नायिका एवं सम्भ्रान्त पात्र तो संस्कृत में संभाषण करते हैं, इतर पात्र प्राकृत का प्रयोग करते हैं। पालि भाषा बौद्धों ने अपनाई और अर्धमागधी जैनियों ने। तथा अशोक ने प्रान्तीय भाषाओं में शिलालेख आदि लिखवाये। प्राकृत साहित्य ई. पू. 2, 3 शताब्दी से उपलब्ध है। बौद्धों और जैनों ने तत्कालीन ब्राह्मण समाज द्वारा प्रतिपादित यज्ञ कर्मो की अवहेलना की, उनके ग्रन्थों की भाषा संस्कृत को भी त्याग दिया। ये लोग संस्कृत जानते तो थे, किन्तु ब्राह्मण धर्म के विरोधी होने के कारण इन लोगों ने सातवीं, आठवीं सदी तक प्राकृत भाषाओं में ही अपना साहित्य लिखा। कुछ विदेशी विद्वान प्राकृत शब्दों के आधार पर वैदिक भाषा का प्रादुर्भाव प्राकृत भाषा से मानते हैं। लेकिन उन्हें मालूम नहीं कि आर्यो की भाषा वैदिक संस्कृत थी, वैदिक तथा संस्कृत में 95 प्रतिशत साम्यता है। जबकि वैदिक तथा प्राकृत में 1-2 प्रतिशत ही साम्यता है। वेदों के शब्दकोष निघण्टु में संस्कृत के शब्द हैं। प्राकृत नहीं के बराबर। हाँ परंपरा से तो सम्बन्ध वैदिक से प्राकृतों का हो सकता है। वेदों के शब्दों के अनुरूप संस्कृत शब्द हैं। प्राकृत शब्द नहीं तथा आज तक कोई ऐसा व्याकरण ग्रन्थ नहीं मिला जिससे पता चले कि फलां प्राकृत शब्द से वैदिक या संस्कृत शब्द निकले। हाँ 'भूतम्' से 'हुआ', द्वादश से बारह आदि तो मिलते हैं, किन्तु बारह से द्वादश, हुआ से भूतम् कहीं नहीं मिलता। अतः वैदिक और संस्कृत के बाद प्राकृत विकसित हुई। प्राकृत के अनेक रूप हैं। किस प्राकृत से संस्कृत विकसित हुई। संस्कृत सम्पूर्ण भारत में एक सी है। एक मूल से तो कई शाखायें निकल सकती हैं। किन्तु कई शाखाओं की उत्पत्ति एक ही मूल रहे यह उचित नहीं क्योंकि कई शाखाओं की कई मूल होनी चाहिए। नाटकों में हीन पात्र ही प्राकृत बोलते थे ऊँचे पात्र संस्कृत। यहाँ प्राकृत को निम्न स्थान क्यों दिया? अतः यह सिद्ध होता है कि संस्कृत प्रधान थी। पतंजलि ने प्राकृत को अपशब्द कहा। यह सत्य है कि संस्कृत से प्राकृत निकली। ऐसा कोई शास्त्रीय प्रमाण नहीं, जिससे यह सिद्ध हो कि प्राकृतों से संस्कृत का विकास हुआ। भाषायें क्लिष्टता से सरलता की ओर समस्त से व्यस्त (समास से व्यास) की ओर जाती हैं। अतः प्राकृत विद्वानों के आधार पर हमारा भी यही विचार है कि प्राकृतों की मूलभूता

संस्कृत ही है। प्राकृत भाषाओं की विशेषताओं पर विचार करने पर ज्ञात होता है, कि (i) प्राकृत भाषाओं में स्वरों में इस प्रकार परिवर्तन प्राप्त होते हैं। अ को आ, आ = इ, अ = ए, अ = ओ, आ = अ, आ इ, इ = ए, इ = अ, इ = उ, इ = ई, ई = र, ई = ए, उ = ओ, उ = अ, ॠ = अ, आदि ॠ = ई, आदि ऋ = रि, आदि ऐ = ऐ, ऐ = अई, औ = ओ, औ = अउ, औ = उ प्राप्त होते हैं। (ii) विशिष्ट पदों में भी परिवर्तन पाये जाते हैं। जैसे- यमुना = जउणा। (iii) व्यंजन लोप भी मिलता है। सागर = साअूरो, नयनम् = नअणम् (iv) महाप्राण ध्वनि अल्पप्राण हो जाती है। मुखम् = मुहम्, मेखला = मेडला। (v) 'न' ध्वनि प्राकृत में होती ही नहीं है। (vi) ण = ज हो जाता है। संयुक्त वर्णों में भी परिवर्तन हुए ये परिवर्तन देश या प्रान्त के मेद से भिन्न-भिन्न है। इसके अतिरिक्त प्राकृत साहित्य एक तो स्वतंत्र ग्रन्थों के रूप में तथा संस्कृत नाटकों के रूप में मिलता है। जैन बौद्धों ने इन भाषाओं में सर्वाधिक लिखा है। दूसरी सदी से आठवीं, नवमी सदी तक प्राकृत भाषाओं का अभ्युदय काल है। जैन साहित्य छ भागों में है। अंग, उवंग, छेयासुत्त, मूलसुत्त, परण्ण, चूलियासुत्त। इनके ग्रन्थों में प्राकृत भाषाओं का ज्ञान विस्तृत रूप से हो सकता है। कथा, कहानी, उपन्यास भी मिलते हैं। कुवलयमाला कथा, उवएसमाला, कुमारपालप्रतिरोध, समरादित्यकथा, कर्पूर मंजरी आदि मिलते हैं। ये कथायें हैं। कहानी धूर्त्ताख्यान, कथा महोदधि, तथा उपन्यास भुवन सुन्दरी, रत्न शेखर कथा। चरित्र काव्य पउमचरिउ, तथा स्तोत्र भी मिलते हैं। ॠषिमण्डलस्तव, महावीरस्तव आदि प्राप्त हैं दर्शनाचार श्रावकाचार आदि ग्रन्थ गद्य तथा पद्य में मिलते हैं। प्रबंधकाव्य सेतुबन्ध, गौडवहो, लोलावई, मुहमुख विअअ, आदि हैं। इसके अतिरिक्त सरस्वतीकण्ठामरण, काव्य प्रकाश आदि के प्राकृत के अनेक पद्य हैं। संस्कृत के कवियों ने प्राकृत का खूब प्रयोग किया है। प्राकृत साहित्य का अध्ययन न होने से इसके साहित्य का प्रचार कम हुआ है।

विभिन्न प्राकृत भाषायें तथा उनकी विशेषतायें

1. प्राकृत धम्मपद- 1892 में फ्रान्सीसी यात्री ने कुछ लेख (खोगन में) खरोष्ठी लिपि में प्राप्त किये। विभिन्न विद्वानों ने इनका अनुसंधान किया। तथा कलकत्ता विश्वविद्यालय से 1981 में उक्त नाम का संस्करण प्रकाशित हुआ। इसकी भाषा पश्चिमोत्तर प्रदेश की भाषा से मिलती है। ज्यूल्स ब्लॉक ने खोज की और बताया

कि, इसका मूलभारत में ही लिखा गया है। खरोष्ठी अक्षर होने से इसका नाम खरोष्ठी धम्मपद पड़ गया। वैसे भाषा की दृष्टि से तो प्राकृत धम्मपद ही उपयुक्त है। इसमें 23 छन्द हैं, 200 ई. के लगभग की रचना है।

2. निय प्राकृत- सर मोरेल स्टेइन ने चीन तुर्किस्तान में कई खरोष्ठी लेखों की खोज की, इसने 1900 से 1914 तक तीन यात्राओं मे नियप्रदेश से लेख प्राप्त किये तथा उनका सम्पादन रेप्सन ने 1927 में सेनार्ट ने 1929 में और व्यावर ने 1920 में क्रमशः खरोष्ठी शिलालेख नाम से किया। निय प्रदेश में मिलने के कारण उसका नाम निय प्राकृत पड़ गया। हीवरो इन्हें तीसरी सदी की भारतीय राजकीय भाषा में इसे लिखा हुआ बताते हैं। इसका मूल स्थान पेशावर के आस पास बताया जाता है। क्योंकि इसका सम्बंध खरोष्ठी धम्म पद, शिलालेखों से है। इसमें राजकीय उल्लेख ही मिले हैं। इसकी विशेषता है कि दीर्घ स्वरों अन्य स्वरों और सघोष उष्म ध्वनियों के लिए जिनका प्रयोग भारतीय प्राकृत में नहीं होता। लिपि चिन्ह मिलते हैं। उद्भव काल 3वीं सदी है।

3. शिलालेखी प्राकृत- प्राचीन प्राकृतों में शिलालेखों की भाषा की भी गणना की जाती है। 300 ई. पू. के शिलालेख महत्त्वपूर्ण हैं। जैसे- महास्थान का शिलालेख, जो गीभार गुफालेख सोह गौरा कापर टकेट लेख, वेसनगर स्तम्भ लेख आदि ग्रन्थ हैं। अशोक के भी शिलालेख ब्राहमी लिपि में मिलते हैं। यह लिपि छः तरह की थी। जिनमें विभिन्न लेख मिले हैं। अशोक का शिलालेखी भारत उदीच्य, प्रतीच्य, प्राच्यमध्य और प्राच्य चार भागों में है ये लिपियां शिलालेखी प्राकृत कही गई। कुछ लेख लाटों पर है। अतः लाट विभाषा भी इसे कहते हैं। इन लेखों का सम्बन्ध प्राकृत से है। अशोक के अतिरिक्त 300 ई. से 400 तक अन्य ब्राह्मी लिपि में लिखे शिलालेख मिले हैं। जिनकी संख्या 2000 दो हजार के लगभग हैं। इनमें कुछ लेख लम्बे तथा कुछ एक पंक्ति वाले हैं। इनमें विभिन्न प्राकृतों का उल्लेख है। ये चांदी सोना, ईंट, पत्थर आदि के हैं। इनकी अपेक्षा अशोक के लेख बड़े हैं। इनकी गणना दाराशिकोह के प्राचीन फारसी के शिलालेखों के मध्य की जाती है। सिक्कों पर भी लेख मिलते हैं। जो सोन, चांदी, तांबे के हैं। और 300 ई. के बाद मिले हैं। जिन पर ब्राह्मी, खरोष्ठी लिपियों में महत्वपूर्ण लेख हैं। जिनसे प्राकृतों के ध्वनि विवेचन

का पता चलता है। मध्य प्रदेश के सागर जिले के 'एराम' स्थान पर धर्मपाल का सिक्का मिला हैं, जिस पर धर्मपालस्थ लिखा है। तथा दूसरे सिक्के पर "महरजस अपरिजितमसदिमें" लिखा है। प्राकृत भाषा में लिखे अनेक ग्रन्थों से स्पष्ट होता है कि संस्कृत भाषा पर भी प्राकृत का प्रभाव है।

4. नाटकीय प्राकृत- संस्कृत नाटकों में प्राकृत का पर्याप्त प्रयोग मिलता है। नाट्य शास्त्र (भरत मुनि) दशरूपक (धनंजय) और साहित्यदर्पण (विश्वनाथ) के अनुसार उच्च श्रेणी की पुरूष, महिलायें, भिक्षुणी, अग्रमहिषी राजपुत्रियाँ, महिला कलाकार आदि संस्कृत बोलते थे, तथा अन्य स्त्री वर्ग, अप्सरा आदि प्राकृत बोलते थे। कुमार संभव (कालिदास) आदि में शिव का कथन संस्कृत में और पार्वती का प्राकृत में मिलता है। विदूषक भी स्त्री सम्बोधन में प्राकृत बोलता है। स्त्रीजन तो प्राकृत ही बोलते हैं। ऐसा सब मानते हैं पुरुष वार्तालाप में प्राकृत ही बोलते हैं। गीत संस्कृत में गाते हैं। यथा- कंसवध में द्वारपाल, धरण्य में नापित आदि। सर्वप्रथम 100 ई.पू. के अश्वघोष के नाटकों में प्राकृत का प्रयोग मिला है। जो तीन रूपों में है। दुष्ट की भाषा प्राचीन मागधी, गणिका और विदूषक की भाषा प्राचीन शौर सैनी, तापस की भाषा प्राचीन अर्धमागधी। फिर भास के नाटकों में प्राकृत मिलती है। यह प्राकृत का प्रारंभिक रूप है। शूद्रक का 'मृच्छकटिकम्' भी प्राकृत में है। 1100 ई. तक तो प्राकृत का प्रयोग नाटकों में मिलता ही है। किन्तु बाद में वैयाकरण, नाट्य शास्त्रियों के नियमानुसार मिलता है। कालिदास आदि ने प्राकृत प्रयोग व्यवहार की दृष्टि से किया है, किन्तु बाद में वह नियम बन गया। विभिन्न नाटकों में विभिन्न प्राकृत प्रयुक्त हैं। शौरसेनी महिला विदूषक आदि बोलते हैं। महाराष्ट्री गीतों के लिए है। मागधी का प्रयोग निम्न वर्ग ही करता है। प्रबोधचन्द्रोदय, मुद्राराक्षस, वेणीसंहार, आदि में मागधी का प्रयोग निम्न लोग ही करते हैं। कहीं शौरसेनी भी मिलती है। अतः संस्कृत के नाटकों में पर्याप्त प्राकृत मिलती है। मागधी कई विभाषा रूपों की भाषा थी। ढक्की मागधी और अपभ्रंश की बीच की कड़ी है। ढ़क्की का रूप निर्धारण नहीं किया जा सकता। शौरसेनी की एक विभाषा अवन्तिजा भी है। यह मथुरा की भाषा थी। मार्कण्डेय इसे महाराष्ट्री और शौर सेनी का मिश्रित रूप मानते हैं।

5. साहित्यिक प्राकृत- (i) महाराष्ट्र प्राकृत (ii) शौर सेनी (iii) मागधी

(iv) अर्धमागधी (v) पैशाची।

(i) महाराष्ट्री प्राकृत- इसका मूल स्थान महाराष्ट्र है। फिर अन्य क्षेत्रों में भी इसका प्रयोग हुआ। इसको प्राकृतों का मूल माना गया है। ध्वनि परिवर्तन में सबसे बढ़कर है। स्वरों की अधिकता से गीत काव्य के लिए अधिक प्रयुक्त है। हाल कवि द्वारा रचित-

(क) गाथा सप्तशती- महाराष्ट्री के गीतकाव्यों में सर्वाधिक प्रसिद्ध रचना है। यह किसी एक कवि की रचना न होकर अनेक कवियों के गीतों का संग्रहीत रूप है। इसकी टीकाओं में उन कवियों के नामों के उल्लेख भी मिलते हैं। टीकाकारों ने 112 नामों से लेकर 384 नाम तक दिये हैं और प्रत्येक कवि के द्वारा रचित गीतों में भी पर्याप्त मतभेद मिलता है। इनका रचनाकाल 300 ई. से 700 ई. तक माना गया है। अंग्रेजी में सतसई के 370 छन्दों का "बेवर" ने "सप्तशतकम्" नाम से प्रकाशन 1870 ई. में किया। 1881 ई. में इसका जर्मन भाषा में अनुवाद हुआ। बेवर ने अंग्रेजी के प्रकाशन में भुवनपाल की टीका का उल्लेख किया है। फिर 1889 में गंगाधर की टीका दुर्गाप्रसाद आदि द्वारा प्रकाशित हुई, ऐसा विश्वास है कि सतसई के प्रत्येक छंद में कवि नाम की छाप थी, बाद में वह लुप्त हो गई। पिशेल ने इसके रचयिता हाल अथवा सातवाहन के माना है। भुवनपाल के अनुसार सतसई के 220 से 369 छंदों के रचयिता देवराज हैं। जिसका उल्लेख हेमचंद के देवी नाममाला में हुआ है। सतसई के कुछ छंदों का रचयिता 'अभिमान चिन्ह' को भी बताया गया है। (ख) बज्जालग्गं- महाराष्ट्री प्राकृत का दूसरा महत्वपूर्ण जयवल्लभ रचित संग्रह ग्रन्थ है। निम्न छंद इसे विविध कवियों द्वारा विरचित कविताओं का संग्रह सिद्ध करता है। "विविहकद् विरइयाणं गाहाणं वर कुलाणि धेत्तूण, रइयं बज्जालग्गं विहिणा जयबल्लहं नाम"। जयवल्लभ श्वेताम्बर जैन थे। उक्त ग्रन्थ के 48 परिच्छेदों में 795 छन्दों का संग्रह है। कुछ सतसई के छन्दों से मिलते हैं। 1336 ई. में रत्नदेव ने इसकी संस्कृत भाषा (छाया) लिखी। इसके विभिन्न छंद संस्कृत के विभिन्न ग्रन्थों में पाये जाते हैं। महाराष्ट्री प्राकृत गीतों की भाषा के साथ ही महाकाव्य की भी भाषा है। (ग) इसके अन्य ग्रन्थ प्रवर सैन रचित 'रावण वहो' अथवा 'दहमुहबहो' और इसका संस्कृत अनुवाद सेतु बन्ध एवं वप्पइराअ रचित "गडडबहो" 7वीं शताब्दी की मुख्य रचना है। यह रचना बाणभट्ट तथा

हर्ष से पूर्व की है। प्रवर सेन को कश्मीर का राजा माना है। रावण बहो के तीन प्रकाशन हुए। चौथा संस्कृत में 'सेतुसर्राण' के नाम से मिलता है। गडडवहो के रचयिता बप्पईराअ है। ये वाक्पतिराज कन्नौज के राजा यशोवर्धन के आश्रित कवि थे। यह महाकाव्य 1209 आर्या छन्दों में है। इसके कई संस्करण मिलते हैं। महाराष्ट्री साहित्य भरा पूरा है। यह व्यापक भाषा थी। महाराष्ट्री प्राकृत का गद्य श्वेताम्बर जैनों के धार्मिक साहित्य में प्रयुक्त हुआ है। इसमें कहानियाँ अधिक हैं। अधिक संग्रह 'आवश्यक' ग्रन्थ में मिलता है। आठवीं सदी में हरीभद्र ने "समरैच्चकहा" के पद्य भाग में जैन महाराष्ट्री का प्रयोग किया है। उपदेशमाला, कालकाचार्य कथानक, ऋषभपज्जाशिका, इरावती आदि भी जैन महाराष्ट्री की रचनायें है। 14वीं सदी तक इनका प्रयोग होता रहा।

(ii) शौरसेनी प्राकृत- शौरसेनी प्राकृत के स्वतंत्र ग्रन्थ अभी तक उपलब्ध नहीं हो सके हैं। संस्कृत नाटकों की प्रयुक्त भाषा अधिकांशतः शौरसेनी है। यह शूर सेन जनपद की भाषा थी, जिसकी राजधानी मथुरा थी। नाटक की नायिका, सहेली, उच्च वर्ग की स्त्रियों की यही भाषा थी। प्राच्यासिद्धिः शौरसेन्याः अर्थात् प्राच्य शौरसेनी से निकली है। शौरसेनी का मूलाधार संस्कृत है। दासी, बालक नपुंसक और विदूषक भी इसी भाषा को बोलते थे। इसके 29 नियम भी वररूचि ने बनाये हैं। तथा शेष महाराष्ट्रीवत् कहा है। यूरोपीय विद्वान इसे दिगम्बरी कहते हैं। कुन्दकाचार्यकृत 'पवयणसार' इसकी प्रसिद्ध रचना है। इनकी अन्य रचनायें भी इसी भाषा में है। "कत्तिगेयाणुपेक्खा, छप्पाहुअ, समयसार" आदि इसी में हैं। किन्तु इनमें प्रामाणिकता का अभाव है। पिशेल इसका विकास दक्षिण भारत से मानते हैं। क्योंकि उत्तर भारत में अन्य प्राकृतें मिलती है। संभव है, अधिक रचनाओं के उपलब्ध होने से उक्त भाषा पर अधिक प्रभाव पड़ सके।

(iii) मागधी प्राकृत- शौर सेनी के सदृश ही मागधी प्राकृत में भी कोई स्वतंत्र रचना उपलब्ध नहीं होती। केवल नाटकों में ही उसका प्रयोग विभिन्न विभाषाओं सहित मिलता है। मागधी और अर्धमागधी में अधिक अंतर नहीं माना जाता। कोलन्तुम् जैन सम्प्रदाय की भाषा मागधी मानते हैं। तथा यह काव्य और नाटक की भाषा से भिन्न है। इसका विकास संस्कृत के आधार पर पाली के सदृश ही है। लेसन इसे महाराष्ट्री

से मिली जुली मानते हैं। याकोनी इसे प्राचीन महाराष्ट्री कहते हैं।

(iv) अर्धमागधी प्राकृत- जैन ग्रन्थों में अर्ध मागधी अथवा आर्य भाषा का उल्लेख कई स्थलों पर मिलता है। इसका परिचय महावीर स्वामी ने 'समवायंग सुत्त' में दिया है। "अद्धमागहीये भाषाये"। 'वाग्भट्टालंकार तिलक' में भी उल्लेख है। महावीर अपने उपदेशों का प्रचार इसी में करते थे। प्राचीन जैन सूत्र अर्धमागधी में ही लिखे गये। नाट्यशास्त्र में अर्धमागधी के साथ अन्य भी हैं। साहित्यदर्पण के अनुसार यह चरों, राजपुत्रों, सेठों की भाषा थी। "चेटानां राजपुत्राणां श्रेष्ठिनां चार्धमागधी"। इसे आर्यों और देवताओं की भाषा कहते हैं। अर्धमागधी में जैन साहित्य पर्याप्त है। इसके 12 अंग है। इसके 45-50 ग्रन्थ है। इसके बाद अपभ्रंश का युग आ गया था। अर्धमागधी प्राकृत, साहित्यिक, भाषा की दृष्टि से विशेष महत्व रखती है। महाराष्ट्री के बाद अर्धमागधी का साहित्य सम्पन्न है। इसी कारण इसका व्याकरण भी संभव हो सका।

(v) पैशाची प्राकृत- पैशाची प्राकृत एक प्राचीन विभाषा मानी है। इसे पैशाची, पैशाचिका, पैशाचिक, चूलिका पैशाची और मृतभाषित नाम भी दिये हैं। किसी ने इसके 11 भेद किये हैं। लक्ष्मीधर कहते हैं, कि इसका नामकरण पिशाच प्रदेश के आधार पर पड़ा। महाभारत में पिशाच जाति का उल्लेख है। "पिशाचानां भाषा पैशाची" यह वाग्भट्ट का वाक्य है। राक्षसवर्ग की भाषा होने के कारण इसे भूतभाषा, भूत वचन आदि कहते हैं। पिशैल पिशाच जाति के आधार पर पैशाची कहते हैं। दशरूपक के अनुसार निम्नवर्ग की भाषा है। भोजदेव उच्च वर्ग के लोगों को इसे न बोलने को कहते हैं। वररूचि ने पैशाची का आधार शौरसेनी कहा है। हेमचन्द संस्कृत पालि से इसका सम्बन्ध जोड़ते हैं। पैशाची में गुणाढ्य की 'बृहत्कथा' है। यह ग्रन्थ अनुपलब्ध है। हम्मीर मद मर्दन, मोहराजय राजय आदि नाटकों में कुछ पात्र पैशाची बोलते हैं। 100 ई. से 600 ई. के बीच किसी समय बृहत्कथा का रचना काल माना जा सकता है। हार्नले के अनुसार पैशाची आर्य भाषा थी, जिसका प्रयोग द्रविड़ भी करते थे। सेनार ने यह नहीं माना। पश्चिम प्रदेश ही इसका क्षेत्र नहीं अपितु मध्यदेश में भी यह बोली जाती थी। कथा सरित्सागर बाल रामायण आदि इसी भाषा में है। पर्याप्त सामग्री के अभाव में पैशाची भाषा के सम्बन्ध में विस्तृत विवेचन नहीं हो पाया है।

अपभ्रंश भाषा- पउमचरिउ (पद्मचरित्र) नौवीं सदी (ई.) के महाकवि 'स्वयंभूदेव' और उनके पुत्र त्रिभुवन की यह संयुक्त रचना है। यह कृति अपभ्रंश की प्राचीनतम कृति है। कृति का परिमाण- 90 संधि, 1269 कड़वक एवं 12000 छन्द हैं। इसका वर्ण्य विषय जैन सम्प्रदाय में प्रचलित रामकथा है। जैनों की रामकथा की दो परंपरायें हैं। गुणभद्राचार्य के 'उत्तर पुराण' की दूसरी विमलसूरी की 'पउनचरियं' की। विमलसूरी की कथा से मिली जुली ही यह स्वयंभू की कथा है। राक्षस विद्याधरों के वंशों में रत्नाश्रव और कैकेशी के रावण, मानुकर्ण, विभीषण एवं चन्द्रनखा चार संतान पैदा हुई। तीनों भाईयों ने अनेक विद्यायें सीखीं। रावण ने अनेक राजाओं को वश में कर लिया। अयोध्या के राजा दशरथ की चार रानियाँ अपराजिता, सुमित्रा, कैकेयी और सुप्रभा के क्रमशः राम, लक्ष्मण, भरत, शत्रुघ्न पैदा हुए। मिथिला नरेश जनक और उनकी पत्नी विदेहा से सीता और भामण्डल दो संतानें पैदा हुई। जनक के यहाँ स्वयंवर में बज्रावर्त और सभुद्रावर्त नामक दो धनुषों को चढ़ा देने पर राम और सीता का विवाह हुआ। कैकयी के वर के अनुसार भरत को राज्य देकर राम, लक्ष्मण और सीता वन गये और लक्ष्मण ने जाते समय अनेक राजाओं का मानमर्दन तथा अनेक राजकुमारियों से पाणिग्रहण किया। खर की पत्नी चन्द्रनखा, जो पुत्र शोक से पीड़ित थी, राम लक्ष्मण को देखकर कामासक्त हो गई, तथा प्रणय निवेदन किया, अस्वीकृत होने पर अपने पति से मिथ्या दोषारोपण किया। खर, दूषण और राम का युद्ध हुआ।

उधर रावण को चन्द्रनखा ने सीता सौन्दर्य कहा, तब रावण ने कामासक्त होकर अनवलोकिनी विद्या के प्रभाव से सीता को हर लिया। हनुमान ने सुन्दर लंका को नष्ट करके और स्वच्छंद फलोपभोग करके सीता से भेंट की। अक्षय कुमार को मारा। हनुमान ने रावण को दार्शनिक उपदेश भी दिया, तथा फिर राम के पास आ गये। राम ने युद्ध को प्रस्थान किया। विभीषण अपमानित होकर राम से आ मिला। राम ने संधि के लिए अंगद को रावण के पास भेजा परन्तु रावण ने सीता को लौटाना नहीं चाहा। युद्ध में चौथे दिन लक्ष्मण को रावण से युद्ध करते हुए शक्ति लगी। द्रोणधन की लड़की विशल्पा के आने पर लक्ष्मण स्वस्थ हुए। रावण ने संधि के लिए प्रस्ताव भेजा, किन्तु व्यर्थ रहा। रावण ने बहुरूपिणी विद्या ग्रहण की और लक्ष्मण के हाथों रावण की मृत्यु हुई। राम अयोध्या लौटे, भरत ने राज्य त्याग दिया। सीता पुनर्वनवास

के राम की स्वसा (बहिन) के पति के यहाँ गई। वहाँ लवण और अंकुश दो पुत्र पैदा हुए। इनका राम लक्ष्मण से युद्ध हुआ, राम और लक्ष्मण पराभूत हुए। नारद जी ने परिचय दिया। सीता की अग्नि परीक्षा के बाद सीता विरक्त हो गई। इसके साथ कवि ने अवान्तर कथाओं के साथ इस काव्य की समाप्ति की है। अतिशयोक्ति पूर्ण वर्णन जैसे रावण को दशमुख कहना, वैसे नौ लखा (नौ मुख वाला) हार रावण पहनता था, तथा जिस तरह पंचानन सिंह को कहते हैं उसी तरह दस दिशाओं का ज्ञाता होने से उसे भी दशानन कहा जाता था। राक्षस वंश के पूर्वज का नाम महाराक्षस था, इसीलिए इन्हें राक्षस कहा जाता है। वानरवंश का नामकरण वानरद्वीप में रहने के कारण और ध्वजाओं पर वानर अंकित होने के कारण इन्हें वानर कहा जाता था, इन्हें अनेक विद्यायें आती थीं। इन्द्र, वरुण, कुबेर, यम आदि अनेक शासक थे। उनके वंश का नाम देवता था। आदि परिवर्तनों से इस कथा को कवि ने रोचक बनाया है। मुख्य कथा के साथ प्रासंगिक कथाओं की संख्या पर्याप्त है। विद्याधर काण्ड में रावण की विजयों, उसके शौर्य और साहस का उल्लेख है। तथा अयोध्याकांड में लक्ष्मण के शौर्य वर्णित है। पउमचरिउ में अनेक उपाख्यान है कुछ तो मौलिक हैं, जिनका यथा स्थान प्रयोग किया गया है। काव्य शास्त्रीय तत्व कसौटी पर पउमचरिउ की परीक्षा करने पर हमें ये तथ्य प्राप्त होते हैं यथा- "कथानक रूढ़ि या अभिप्राय" मुख्य उद्देश्य की सिद्धि के लिए जिन तत्वों का काव्य की वस्तु में समावेश किया जाता है, उन्हें कथानक रूढ़ि या अभिप्राय कहते हैं। पउमचरिउ में ये मुख्य हैं-

1. प्रेम का आरम्भ

(i) प्रेम का आरम्भ- रूप, गुण श्रवण द्वारा- जैसे रावण से उपरम्भा का प्रेम।

(ii) चित्र दर्शन- सीता का चित्र देखकर भामण्डल में प्रेमोत्पत्ति।

(iii) प्रत्यक्ष दर्शन- सागर + तिलककेशा, रावण + मंदोदरी, कल्याण माला + लक्ष्मण का प्रेम।

2. विवाह के लिए धनुष चढ़ाने की शर्त- सीता विवाह के लिए

3. घोड़े का छोड़ना- राजा सागर

4. वन में सुन्दरी का साक्षात्कार- प्रेम विवाह- सागर तिलककेशा।

5. भविष्यवाणी का सत्य होना।

6. भावान्तर स्मरण या जातिस्मर- रूप या वेश परिवर्तन, मठों का नाश करने वाले मदोन्मत्त गज, गज का वश में करना, स्वप्न दर्शन, जैन मुनि की अवतारणा, बहु विवाह, स्वर्गनरक की प्राप्ति आदि अनेक रूढ़ियों का प्रयोग कवि ने समुचित ढंग से किया है।

काव्य रूढ़ि- पउमचरिउ में काव्य रूढ़ियों हैं। प्रथम संधि में ही मंगलाचरण, गुरुवंदना, 24 तीर्थंकरों की वंदना, रामकथा की परंपरा, आत्मलघुत्व वर्णन, सज्जन स्तुति, दुर्जन निन्दा, वक्ता, श्रोता का उल्लेख इनके अतिरिक्त अनेक काव्य रूढ़ियां इस प्रकार हैं- मगध देशवर्णन, राजगृह, नगर वर्णन, युद्ध वर्णन, सैन्य वर्णन, व्यूह वर्णन विधाओं के वर्णन आदि रूढ़ियों का प्रयोग किया है। जिनमें कवि की मौलिकता दृष्टिगोचर होती है तथा प्रकृति वर्णन भी यत्र तत्र मिलता है। संध्या, सूर्योदय, चन्द्रोदय, रात्रि का वर्णन अनेक जगह है। नदी, पर्वत, वन, ऋतु, जल क्रीडा का वर्णन भी है। कवि ने इन वर्णनों में आलंकारिक ढ़ंग से मौलिकता प्रस्तुत की है। यद्यपि प्रकृति चित्रण कम है।

कवि समय -आकाशवाणी, देवताओं का दुन्दुिर्भि बजाना, देवताओं के हार, पुष्प रहित होना, क्रौंच पक्षी का अपने प्रिय के लिए तड़फना, चकवा चकवी का विछोह, गर्भिणी की इच्छा आदि का प्रयोग कवि ने यथा स्थान किया है।

भाव योजना में दो पक्ष होते हैं (1) भाव पक्ष (2) कला पक्ष। भाव पक्ष को काव्य की आत्मा कहा गया है। पदमचरित में अनेक भाव, रस, भंगिमाओं का उल्लेख है। किन्तु मर्यादा और अभिरूचि के कारण शृंगार, वीर रौद्र, शांत रस, की ही अभिव्यक्ति हुई है। शृंगार के दोनों पक्ष संयोग वियोग का चित्रण यथास्थान बड़ा रोचक है। इसमें संयोग के लिए सीता मंदोदरी आदि के सौन्दर्य वर्णन तथा जलक्रीड़ा आदि उल्लेखनीय हैं। तथा वियोग में राम का वियोग, अंजना का वियोग, पवनंजय का वियोग, उल्लेखनीय है। कवि ने वियोग में कालिदास से ऋण लिया है। (2) वीर रस- कवि ने अनेक स्थलों पर युद्ध सम्बन्धी स्थलों की उद्भावना करके वीररस की

योजना की है।

छन्द योजना- अपभ्रंश कवियों ने कड़वक शैली को जन्म दिया, इनके काव्य संधियों में विभक्त रहते हैं। संधि का वही अर्थ है जो कि, सर्ग का या निश्वास का होता है। कड़बक के तीन भाग होते हैं (i) कड़बक का प्रथम भाग मुख की अनिवार्य स्थिति में नहीं मिलता। (ii) कड़बक का मध्य भाग मुख्य माना जाता है। इसमें युगल आठ पंक्तियाँ होती हैं। यह महत्वपूर्ण अंग है। (iii) अंतिम भाग को "छत्ता" कहते हैं। ध्रुवा, ध्रुवक कड़बक के आदि और अंत में प्रयुक्त होता है। कड़बक के शुरू में ये छंद है, मंजरी, हेला, स्थलभंजिका, कामलेखा, द्विपदी, दोहा आदि। कड़बक के मुख्य भाग में पारणक, पछड़िया और वदनक प्रयुक्त है। इनके अतिरिक्त वर्णनों के अनुसार अनेक छंद प्रयुक्त है। पउमचरिड में कुल 88 प्रकार के छंद हैं 9 अक्षरवृत्त तथा तीन दण्डक वृत्तों के अलावा सभी मात्रिक हैं। स्वयंभू ने छंदों में मौलिक प्रयोग भी किये हैं। पउमचरिड का चन्द्रकाल दण्डक छंद ही अतुकान्त है। तथा केवल तीन बार ही उसका प्रयोग हुआ है। यह अपवाद स्वरूप है। छंदों में संगीतात्मकता है। राहुल सांस्कृत्यायन ने स्वंयभू को उस काल के कवियों में श्रेष्ठ कहा है। डॉ. मथाणी ने छंद प्रयोग की कुशलता तथा विचार सौन्दर्य में स्वयंभू को सिद्धहस्त कहा है। स्वयंभू क्रांतिकारी थे, इन्होनें अनेकों मौलिक प्रयोग किये। इन्हें अपभ्रंश का आदि कवि इनके पूर्ववर्ती रचनाकारों के अभाव में कहा जाता है। परवर्ती कवि इनका स्मरण करते हैं। तथा इनके प्रभाव से काव्य का प्रणयन किया। अपभ्रंश का समस्त उत्तरकालीन साहित्य स्वयंभू की कृतियों से व्यापक रूप से प्रभावित है।

3

हिन्दी का प्रथम महाकाव्य (पृथ्वीराज रासौ)

पृथ्वी राज रासौ (चन्द्रवरदायी कृत) का विश्लेषण-

हिन्दी के आदिकाल की रचनायें रासौ नाम से विख्यात हुई। हिन्दी साहित्य में रासौ शब्द की व्युत्पत्ति के विषय में नाना प्रकार की धारणायें प्रचलित है। जो इस प्रकार हैं। 1. कविराज श्यामल दास तथा डॉ. काशी प्रसाद जायसवाल रासौ की व्युत्पत्ति संस्कृत भाषा के रहस्य शब्द से मानते हैं। वे रासौ को किसी राजा का पद्यमय जीवन चरित्र विशेषतः वह जीवन चरित्र जिसमें युद्ध और वीरता का वर्णन मानते हैं। 2. रसायण- आचार्य रामचन्द्र शुक्ल रासौ की उत्पत्ति या व्युत्पत्ति रसायण से मानते हैं, वे कहते हैं, बीसलदेव रासौ में काव्य के अर्थ में रसायण शब्द बार-बार आता है। अतः हमारी समझ में रसायण शब्द ही कालान्तर में रासौ हो गया। 3. रास- काशी नागरी प्रचारिणी सभा से प्रकाशित 'रासौ के सम्पादकों ने 'रास' नामक संस्कृत शब्द से रासौ शब्द व्युत्पन्न माना है। रास शब्द संस्कृत में शब्द, ध्वनि, क्रीड़ा, शृंखला, विलास, गर्जन, नृत्य एवं कोलाहल आदि अर्थो में प्रयुक्त होता है। डॉ. दशरथ शर्मा भी रास शब्द से ही रासौ शब्द की व्युत्पत्ति मानते हैं। 4. रासक- चन्द्रबली पाण्डेय विश्वनाथ प्रसाद मिश्र और हजारी प्रसाद द्विवेदी आदि रासौ शब्द की व्युत्पत्ति रासक से मानते हैं। मिश्र जी रासक शब्द का अर्थ काव्य बताते हैं। उनका कथन है कि

जिस प्रकार संस्कृत 'घोटक' शब्द ब्रजभाषा में 'घोरो' खड़ी बोली में घोड़ा तथा अवधी में घोड़ हो जाता है, उसी प्रकार रासक से, रासक से, रास, रासा, रासौ बना। 5. राजस- फ्रांसीसी इतिहासकार गार्सा दतासी ने राजसूय शब्द के आधार पर रासौ की उत्पत्ति बताई है। राजसूय से तात्पर्य महान यज्ञ से होता है। जिसमें बलिदान दिया जाता है। बलि से तात्पर्य कोई जीव हिंसा नहीं अपितु अपनी सम्पूर्ण शक्ति अथवा बल (सामर्थ्य) से है। इसी तरह जिसका काव्य या रचना में कवि अपनी पूर्ण कल्पना शक्ति को लगा दे और उसे पढ़ने, सुनने अथवा देखने पर पाठक, श्रोता या दर्शक उससे उत्पन्न रस में पूरा सराबोर हो जाये वही रास अथवा रासौ है। 6. राजयस्- हरिप्रसाद शास्त्री तथा विन्ध्येश्वरी प्रसाद पाठक रासौ की उत्पत्ति राजयस् अर्थात् राजा की यश प्रशस्ति में जो राजा को आनंदानुभूति होती है। वही रस समूह रासौ कहलाता है। 7. रभस्- रभस् से रासौ की उत्पत्ति भावना परक है क्योंकि रासौ में रस भावना निहित है और रभस यानी उत्साह भी रस क्षेत्र के अन्तर्गत आता है। 8. रासऊ- संदेशरासक में एक पंक्ति है 'कहबहुरू बदऊ रासदऽअभासय' इसमें प्रयुक्त रासउ शब्द रासउ और राउ के बीच की कड़ी मालुम पड़ता है। सम्भवतः रासक से रासड और रासऊ से रासो शब्द बना लिया होगा। इस प्रकार रासौ शब्द की व्युत्पत्ति के लिए जो कल्पनायें की गई हैं, वे अधिकतम भ्रामक है। तथा पूर्ण निर्देशन कोई भी विद्वान नहीं कर सके हैं। इस विषय की वास्तविक स्थिति पर पहुँचने के लिए आज भी अनुसंधान आवश्यक है। किन्तु यह तो निर्विवाद प्रतीत होता है कि रासौ का सम्बन्ध 'रस' से ही है। 'रसोवैसः' यह काव्य शास्त्र का वाक्य है तथा काव्य की आत्मा भी रस बताई गई है, अतः काव्य सुनने पढ़ने या नाटक देखने से जो सहृदय, पाठक, श्रोता, अथवा दर्शक को जो रसानुभूति होती है वही रास है और कह सकते हैं कि सम्पूर्ण जीवन की कथा में रस की समग्रता को ही रास अथवा रासौ शब्द से अभिहित किया गया हो। सारांश यह है कि किसी राजा के सम्पूर्ण इतिहास(कथानक) के वर्णन को ही रासौ नाम दिया गया है। अर्थात् रस परिपाकपरक रचना ही रासौ कही गई है।

"पृथ्वीराज रासौ का ऐतिहासिक महत्व"- हिन्दी साहित्य के इस प्रथम महाकाव्य के ऐतिहासिक महत्व को स्वीकारते हुए हमें तात्कालिक भारतवर्ष की राजनैतिक, सामाजिक, धार्मिक, आर्थिक आदि स्थितियों का ज्ञान होता है। उस समय

भारतवर्ष छोटे-छोटे राज्यों में विभाजित था, ये परस्पर लड़ते रहते थे। उस समय दिल्ली के राज्य पर पृथ्वीराज चौहान, कन्नौज पर जयचंद, समुद्र शिखर पर विजयपाल शिवाली में कुमुदमणि, राजा राज्य करते थे। इसी प्रकार अन्य राज्यों में भी अन्य राजाओं के नाम प्राप्त होते हैं। उस समय राजा निंरकुश होता था, बड़े राजाओं के अधीन छोटे-छोटे राजा होते थे। जो सामंत कहलाते थे। उनको बड़ा राजा समय पड़ने पर सेना सहित बुला लेता था। उत्सवों के समय पर भी बुलाया जाता था। राजा सेना पर बहुत धन व्यय करता था। सेना के चार अंग थे (चतुरंगिनी) हाथी, घोड़ा, रथ, पैदल, उस समय युद्ध स्थल में धनुष बाण और तलवार, भाले, छुरी, कनात आदि शस्त्रास्त्र को प्रयोग में लाया जाता था। समाज चार जाति (वर्ग) में विभक्त था, ब्राह्मण, क्षत्रिय, वैश्य और शूद्र। शूद्र जाति में कई जातियाँ भी थीं। राजघरानों में विवाह के लिए स्वयंवर प्रथा प्रचलित थी क्योंकि पद्मावती और संयोगिता के विवाह के लिए स्वयंवर रचाने का वर्णन इस ग्रन्थ में है। बलशाली किसी भी स्त्री का अपहरण कर ले जाता था। स्वयं पृथ्वीराज द्वारा संयोगिता का अपहरण प्रसंग इस ग्रंथ में हैं। बाल विवाह प्रथा भी प्रचलित थी। कन्याओं को राजपूत अक्सर मार देते थे। बहुपत्नीवाद भी था। पृथ्वीराज की भी अनेक पत्नियाँ थी। दासी प्रथा भी थी। राजमहलों में रानियों, राजकुमारियों की सेवा में दासियाँ रहती थीं। सती प्रथा और पर्दा प्रथा का भी प्रचलन था। उस समय देश धनधान्य से परिपूर्ण था, तभी तो बड़ी-बड़ी सेना होती थी और राजाओं के भोगविलास और ठाट बाट इसके प्रमाण हैं। हिन्दू धर्म में कई धर्म सम्प्रदाय हो गये थे और इस्लाम का भी वर्चस्व था। साहित्यिक दृष्टि से यह ग्रन्थ हिन्दी का प्रथम महाकाव्य कहा जाता है। इसके भावपक्ष एवं कला पक्ष दोनों पर विचार करते हैं। इसके रचयिता पृथ्वीराज चौहान के दरबारी कवि एवं उसके सेनापति चन्द्रवरदाई हैं। काव्य सौष्ठव की दृष्टि से पृथ्वीराज रासौ में रसभाव की दृष्टि से प्रमुखतः शृंगार, वीभत्स, करूण, रौद्र आदि रसों का परिपाक हुआ है। किन्तु यह काव्य वीर रस प्रधान है। हास्य रस इसमें है ही नहीं। क्योंकि हास्य वीर रस का विरोधी रस है। शैली की दृष्टि से कवि ने विन्यास शैली के अन्तर्गत व्यूह वर्णन, नगर, पनघट, विवाह, ज्यौनार, युद्ध, स्त्रीभेद, तथा षट्‌ ऋतुवर्णन का भरपूर प्रयोग किया है। रासौ में आन्हलवाड़ा, कन्नौज, दिल्ली आदि नगरों का वर्णन बड़े ही आकर्षण के साथ

प्रस्तुत किया है, जिससे ऐसा आभास होता है कि चन्द्रवरदाई ने इन नगरों का भ्रमण किया हो। व्यूहवर्णन की प्रेरणा चन्द्रबरदाई को महाभारत के चक्रव्यूह से प्राप्त हुई प्रतीत होती है। रूपवर्णन में कवि ने पद्मावती के वयः संधि के सौन्दर्य को मनोहारी ढंग से प्रस्तुत किया है। जैसे ''कुट्टिल केश सुदेश पहुप रचियत पिक्क सद्द, कमल-गंध वयसंध हंसगति चलत मंद मंद।'' पनघट वर्णन में पनघट और जल भरने वाली नारियों का अच्छा वर्णन है। युद्ध में चन्द्रकवि राजा के साथ युद्ध करते थे, अतः युद्धवर्णन बहुत स्वाभाविक और सजीव है। ऋतुवर्णन में पुण्डी रानी ग्रीष्म ऋतु के बारे में कहती है। ''पीन तरूनी तरूतपै नित वावरयन दिन दिश चारयों पर गलै नहि-कहौ शीत अरथ विनु'' और वर्षा ऋतु के वर्णन को इन्द्रावती ने इस प्रकार व्यक्त किया है ''घन गरजै घर हरै पलकनिशि रैन, निधि है सजल सरोवर दिषर्स दियौं तत वन धन छैहैं।'' जैसा कि स्पष्ट है कि यह महाकाव्य वीर रस प्रधान काव्य है। पृथ्वीराज के शौर्य वर्णन में कवि लिखता है ''सम्भार नरेश सोमेश पूति देवंतरूप अवतारधूत सामन्त सूर सब्बे अपार भुजान भीम जिय सार भार जियपकर साह साहाबलीन तिहुँ वैरि करै पानी विहीन संगिनि सुसक्ति गुण चढ़ि जंजीर चुक्कैन सवद वेधन्ततीर''। श्रृंगार रस के दोनों पक्ष संयोग और वियोग दोनों का समीचीन वर्णन मिलता है। शब्दालंकारों में अनुप्रास, यमक का प्रयोग अधिक है। अर्थबोध की दृष्टि से यत्र तत्र दुर्बोधता सी प्रतीत होती है। प्रायः सभी अलंकारों का प्रयोग दृष्टिगोचर होता है। इसके छंदों में मुख्य रूप से गाहा, दूहा, पद्धरि, अरिल्ल, चौपाई, कवित्त, कुण्डलियाँ हाटक, भुजंगपयात, भुजंगी आदि हैं। इस काव्य में 68 प्रकार के छंदों का प्रयोग प्राप्त होता है। कवित्त नामधारी छप्पय छंद तो इतना प्रसिद्ध हुआ कि पीछे के रासौ ग्रंथों का अंग ही बन गया। संस्कृत के शार्दूलविक्रिडित, मालिनी का भी प्रयोग किया है। सरस्वती वंदना शार्दूल विक्रीडित छंद में ही है। ''मुक्ताहार विहग सार सुबुधा, अवधा बुआ गोपिनी, सैंद चौरि शरीर नीर गहिरा, गौरी गिरा जोगिनी'' वीनापानि सुवानि जानि, दुधिजा हंसारसा आसिनी लम्बे जा चिरूरार भार जघनविध्ना धना नाशिनी।'' इस प्रकार छंदों ने कथा को गति प्रदान की। चन्द्रवरदाई कृत पृथ्वीराज रासौ की भाषा के विषय में विद्वानों के पृथूक पृथक मत हैं। कोई विद्वान इसकी भाषा अपभ्रंश मानते हैं तो कोई पुरानी राजस्थानी भाषा डिंगल तो कोई प्राचीन भाषा पिंगल मानते हैं। कुछ विद्वान अनेक भाषाओं का मिश्रण भी मानते हैं। किन्तु

भाषा में अभिव्यक्ति की सफलता दृष्टव्य है। जिसमें चित्रमयता, अनुकरणात्मकता और संगीतात्मकता विद्यमान है। भाषा के शब्दों में भावानुरूप उतार चढ़ाव भी देखने को मिलते है। वीर रस सम्बन्धी भाषा में डकार बहुलता पाई जाती है। विविध भाव अनुभाव, शब्द शक्ति और गुणों का भाषा में समावेश इसे एक अच्छा प्रबंध काव्य बना रहा है। ऋतुवर्णन, प्रकृतिवर्णन, नायक की उदात्तता से यह महाकाव्य प्रमाणित होता है। अतः हम कह सकते हैं कि समस्त काव्य गुणों से सुसम्पन्न यह काव्य वीर गाथा काल का अनुपम महाकाव्य है। इस ग्रंथ की प्रमाणिकता और अप्रमाणिकता पर विचार करते हैं। साधारणतया विद्वानों में यह बात प्रचलित है कि पृथ्वीराज रासौ की रचना उन्हीं के दरबारी कवि चन्द्रवरदाई ने की थी, परन्तु कुछ विद्वान मानते हैं कि इस ग्रंथ की रचना न तो चन्द्रवरदाई ने की है और न किसी एक कवि द्वारा लिख गया ग्रन्थ है, पृथ्वीराज रासौ की रचना को सम्पूर्ण विद्वान हिन्दी का आदि महाकाव्य मानते हैं, इसकी प्रमाणिकता तथा अप्रमाणिकता मानने का प्रश्न हिन्दी साहित्य जगत में उस समय उत्पन्न हुआ जब बंगाल की 'रॉयल एशियाटिक सोसाइटी'' ने इसको प्रकाशित किया, तबसे लेकर भारतीय एवं विदेशी विद्वानों में अनेकानेक मत प्रचलित हुए हैं। इन मतों को हम दो भागों में विभक्त कर सकते हैं। 1. अप्रमाणिक मानने वाले- सर्वप्रथम अप्रमाणिक मानने वालों में डॉ. बूलर, कविराज श्यामलदास, मुंशी देवीप्रसाद, गौरीशंकर हीरानंद औझा और आचार्य रामचन्द्र शुक्ल प्रमुख हैं। ये सभी मानते हैं कि इन तीन कारणों से यह अप्रमाणित ग्रंथ हैं (1) नाम, घटना संबंधी कारण (2) काल संबंधी कारण (3) भाषा संबंधी कारण। पृथ्वीराज रासौ में दिये गये अधिकांश नाम एवं घटनायें इतिहास सम्मत नहीं है। तथा भ्रांतिजनक हैं जैसे पृथ्वीराज रासौ में चौहान, चालुक्य एवं परमार वंशीय राजा अग्निवंशीय माने गये हैं। परन्तु वे सूर्यवंशी हैं। जैसा कि प्राचीन ग्रंथों एवं शिलालेखों से प्रकाशित है, दूसरे पृथ्वीराज को अनंगपाल का दौहित्र अर्थात् पुत्री का पुत्र और राठौर वंशीय बताया गया है। जबकि शिलालेखों से यह सिद्ध हो चुका है कि जयचंद गैहरवारंम क्षत्रिय था, तथा पृथ्वीराज की माता अनंगपाल की पुत्री नहीं थी। तीसरे गौरी शंकर हीराचंद ओझा जी ने संयोगिता स्वयंवर के वर्णन को प्रमाणिक न मानकर कपोलकल्पित माना है। इस ग्रंथ में पृथ्वीराज की माता का नाम कमला बताया है तथा दिल्ली के राजा अनंगपाल की पुत्री माना है जबकि इतिहास के अनुसार उसकी माता का नाम कमला

नहीं था और न उस समय दिल्ली का राजा अनंगपाल ही था। इसमें वर्णित गुजरात के राजा भीमसेन को पृथ्वीराज ने मारा था, यह घटना असत्य है, क्योंकि भीमसेन के एक दान पत्र से यह सिद्ध होता है कि भीमसेन पृथ्वीराज के पश्चात् 50 वर्ष तक जीवित रहा। पृथ्वीराज पद्‌मावती का विवाह इतिहास सम्मत नहीं है। इसी तरह समरसिंह का वध शहाबुददीन ने और सोमेश्वर का वध पृथ्वीराज ने किया ये दोनों घटनायें भी इतिहास सम्मत नहीं है। इनके अतिरिक्त अन्य घटनायें जैसे पृथ्वीराज का दिल्ली आना, मेवाती मुगल युद्ध, संयोगिता स्वयंवर आदि सम्वत् 1407 के आसपास की हैं किन्तु ये वर्णन हमीर महाकाव्य में भी नहीं मिलते। इस ग्रंथ में लिखा है कि पृथ्वीराज ने पद्‌मावती से विवाह के पूर्व ही मुहम्मद गौरी को तीन बार परास्त किया था, लेकिन इतिहास में 1191 ई. में ही होने वाले तराइन के प्रथम युद्ध में ही गौरी के परास्त होने का उल्लेख मिलता है। रासौ के अनुसार गौरी की मृत्यु पृथ्वीराज द्वारा और चौहान की मृत्यु चन्द्रबरदायी की कटारी से और चन्द्रबरदायी की मृत्यु चौहान की कटारी से हुई है। परन्तु इतिहास के अनुसार चौहान का वध तराइन के द्वितीय युद्ध में हार जाने के बाद पकड़े जाने पर गौरी द्वारा हुआ था और गौरी की मृत्यु एक 'खोखर' जाति के उस पुरूष द्वारा है, जिसके पिता को गौरी ने मरवाया था।

2. काल सम्बन्धी- रासौ द्वारा दी गई सम्पूर्ण तिथियाँ अशुद्ध और असंगत हैं। कर्नल टॉड के अुनसार रासौ में दिये गये सम्वतों एवं ऐतिहासिक सम्वतों में 100 वर्ष का अन्तर प्रत्येक जगह मिलता है। रासौ मे पृथ्वीराज की मृत्यु का सम्वत् 1158 दिया है जबकि इतिहास में 1248 ई. माना हैं और जन्म का सम्वत् 1115 है जबकि इतिहास 1200 ठहराता है। इसी प्रकार आबू पर चालुक्य के आक्रमण, शहाबुददीन के साथ पुण्डौर का युद्ध आदि की तिथियाँ भी गलत हैं। रासौ के अनुसार गौरी पृथ्वीराज द्वारा 1249 में मारा गया। परन्तु इतिहास के अनुसार 1263 में गक्खरों द्वारा उसका वध किया गया।

3. भाषा सम्बन्धी- विद्वान भाषा के दृष्टिकोण से रासौ को 16 वीं शताब्दी के आसपास की रचना मानते हैं इसके दो कारण है- रासौ की भाषा में 10 प्रतिशत शब्द अरबी, फारसी के मिलते हैं। अतः इसकी भाषा पर फारसी का प्रभाव लक्षित

होता है और फारसी शब्दों का प्रयोग काव्यों में तब से हुआ जब भारत पर मुसलमानों का पूर्ण आधिपत्य हो गया। यहाँ मुसलमानों का आधिपत्य गौरी के बाद गुलामवंश की स्थापन होने पर हुआ था। भाषा में संस्कृत के सविभक्तिक और अनुस्वारान्त शब्दों की प्रचुरता मिलती है। अनुस्वारान्त शब्दों का प्रयोग रासौ को 15वीं या 16 शताब्दी की रचना होने की ओर संकेत करता है।

प्रामाणिक मानने वालो का मत- पृथ्वीराज रासौ को प्रामाणिक ग्रन्थ सिद्ध करने वालों में से मिश्र बंधु विनोद, मोहनलाल विष्णुलाल पण्डया, और डॉ. दशरथ शर्मा आदि प्रमुख हैं इन विद्वानों ने रासौ की प्रामाणिकता को सिद्ध करने के लिए निम्न तर्क दिये हैं।

(1) नाम, घटना सम्बन्धी- रासौ में स्थान-स्थान पर दृष्टिगत होने वाली ऐतिहासिक भ्रान्तियों का निराकरण करते हुए लिखा है कि रासौ में यह त्रुटियाँ कल्पना के आधिक्य से एवं अतिश्योक्ति पूर्ण वर्णन से आ गई हैं। रासौ की चार प्रमाणित प्रतियाँ मिलती हैं। उनमें से प्रथम रूपान्तर में एक लाख छंद, दूसरे में 10 हजार छंद और तीसरे में चार हजार और चौथे में दो हजार छंद हैं। डॉ. दशरथ शर्मा रासौ की प्रमाणिकता को सिद्ध करने के लिए प्रथम तीन प्रतियों को प्रामाणिक न मानकर चतुर्थ को प्रामाणिक मानते हैं और सिद्ध करते हैं कि यह न तो जाली ग्रन्थ है और न इसका रचनाकाल 1600 विक्रमी सम्वत् है। लघुतम प्रतियों के आधार पर घटना वैषम्य, काल वैषम्य, एवं भाषा सम्बन्धी सभी शंकाओं का समाधान हो जाता है। उदाहरणतः इन लघुतम प्रतियों में न तो राजकुलों की उत्पत्ति का वर्णन आबू के अग्निकुंडों से ही है और न ही पृथ्वीराज पृथा का विवाह, शहाबुददीन का युद्ध, तथा भीम सोमेश्वर पृथ्वीराज के युद्ध का ही वर्णन है। इतना ही नहीं पृथ्वीराज और पदमावती के विवाह की कथा भी नहीं है।

(2) काल सम्बन्धी- त्रुटियों को दूर करने के लिए मोहनलाल विष्णुलाल पण्डया ने लिखा है कि रासौ की तिथियों और इतिहास की तिथियों में नब्बे वर्ष का अन्तर पाया जाता है। यह स्वाभाविक है क्योंकि पृथ्वीराज आदि क्षत्रिय राजा नंदवंशीय शूद्र राजाओं के शासन काल को जिसकी अवधि नब्बे वर्ष है अपने सम्वत्

में नहीं गिनते इस प्रकार इन्होने 'आनन्द' सम्वत् की कल्पना की है।

(3) भाषा सम्बन्धी- मिश्र बन्धु के अनुसार उस समय से बहुत पहले से ही मुसलमानों के आक्रमण शुरू हो गये थे। सिन्ध और मुलतान पर अधिकार कर लिया था। चन्द्र लाहौर का रहने वाला था, अतः बाल्यावस्था से ही उसे अरबी फारसी के शब्दों का ज्ञान हो गया था। रासौ का बहुत सा भाग प्रसिद्ध है। अतः परवर्ती काल में मुसलमानी आतंक के साथ भाषा पर फारसी का प्रभाव होना स्वाभाविक है। इसीलिए इसमें 10 प्रतिशत शब्द फारसी के हैं। जहाँ तक अुनस्वारान्त शब्दों का बाहुल्य का प्रश्न है वह तो डिंगल भाषा के प्रभाव के कारण है। इस विश्लेषण के पश्चात हम कह सकते हैं कि रासौ की भाषा में हिन्दी भाषा का प्राचीनतम रूप सुरक्षित है। भाषा विज्ञान की दृष्टि से रासौ एक अत्यधिक महत्वपूर्ण ग्रन्थ है। यह आदिकाल की रचना है और इसमें भाषा सम्बन्धी प्राचीनतम रूपों के निर्धारण करने में महत्वपूर्ण सहयोग देने की पूर्ण सामर्थ्य है। अन्य ग्रन्थों से इतनी सहायता मिलना सम्भव नहीं। किन्तु यह भी विचारणीय प्रश्न है कि उपलब्ध रासौ की प्रतिलिपियों के आधार पर इसकी भाषा के सम्बन्ध में निर्णय करना यदि असम्भव नहीं तो कठिन कार्य अवश्य है। इसका मुख्य कारण यह है कि अभी तक रासौ का प्रामाणिक संस्करण नहीं हो पाया है। प्राचीन प्रतियों के मिलान करने पर एक और कठिनाई का सामना करना पड़ता है, वह यह है कि एक ही शब्द विभिन्न प्रकार से लिखा हुआ मिलता है। कहीं - कहीं तो यह भी पाया जाता है कि एक ही प्रति में एक ही शब्द विविध रूप में मिलता है। यथा धर्म, शब्द-धन्य, धम्म, तथा धरम के रूप में प्राप्त होता है। भाषा विज्ञानी के लिए यह एक समस्या बन जाती है। पृथ्वीराज रासौ के आधार पर यह कहा जा सकता है कि लेखक ने नाना प्रकार की भाषाओं का प्रयोग किया है। "विमल अमल वाणी विशाल नयल वानी बरनन, उक्तिन, नयन विनोद मोर स्रोतन मन हरनन। उक्त धर्म विशालस्य राजनीति नवमू रसमू षटभाषा पुराणं च कुरानं कथितं मया।। इन अवतरणों में अमल वानी, वयन वानी, षटभाषा कुरानं पद विशेष विचारणीय है। इन पदों की विविध व्याख्यायें की गई है। कुछ विद्वान रासौ में संस्कृत बोलचाल की भाषा एवं छः भाषायें तथा उसकी फारसी भाषाओं से मिली जुली भाषाओं का प्रयोग स्वीकार करते हैं। इस बात को स्वीकार करने पर

भी जिज्ञासा समाप्त नहीं हो पाती। षट्भाषा पद विशेषकर दृष्टव्य है, रासौकार के लिए कौन कौन सी छः भाषाऐं थी, यह स्पष्ट नहीं पाता। रासौ कार से एक शताब्दी पूर्व बाणभटट् ने अपने अलंकार सूत्र में छः भाषाओं के नाम इस प्रकार गिनाये हैं। "संस्कृतं प्राकृतं च वापभृंशे दपिशाचिकाः मागधी शौरसेनी च भाषा षट् सम्प्रकीर्तिताः" अर्थात् छः भाषायें- संस्कृत, प्राकृत, अपभ्रंश, पैशाची, मागधी ओर शौरसेनी है। नौवीं शताब्दी में रूद्रट द्वारा भी इसी प्रकार से भाषाओं की गणना की गई है। अतः यह सिद्ध हो जाता है कि चन्द्र से पहले भी भाषा की विविधता साहित्यकारों ने स्वीकार कर ली थी। परन्तु नामों के विषय में बड़ा मतभेद था। उस युग की विविधताओं पर ध्यान रखकर ही रासौ के विषय में भी नाना प्रकार के मत पाये जाते हैं। मुख्यतया चार मत हैं। (1) रासौ अपभ्रंश रचना है (2) रासौ राजस्थानी डिंगल की रचना है। (3) रासौ की भाषा शुद्ध ब्रजभाषा पिंगल है (4) रासौ अनेक भाषाओं का अजायबघर है।

आधुनिक भाषाओं के विकासक्रम को ध्यान में रखने पर इन मतों में मौलिक अन्तर प्रतीत नहीं होता, रासौ के प्रक्षिप्त अंशों को छोड़ दिया जाय तो उसमें नाना प्रकार की विविधता के साथ भाषा में अवच्छिन्न रूप की धारा प्रतीत होती है और यह वही भाषा है जिससे चलकर सभी आधुनिक भाषाओं ने अपना विकास प्राप्त किया है। ब्रज भाषा, राजस्थानी, पंजाबी, गुजराती, मराठी, मिथिला तथा बंगाल प्रान्त की भाषायें प्रायः सभी एक परिवार की भाषायें है। इनका जन्म भिन्न-भिन्न प्राकृतों से हुआ है। अपभ्रंश वस्तुतः कोई नवीन भाषा न होकर प्राकृत का ही अंतिम सोपान था, इन अपभ्रंशो में सबसे अधिक प्रमुख स्थान शौरसेनी अपभ्रंश का था। यह मध्यप्रदेश की भाषा थी। इसने अपने सांस्कृतिक एवं राजनैतिक महत्व के कारण सभी भाषाओं पर थोड़ा बहुत प्रभाव छोड़ा है। अपभ्रंश का काल 600 ई. से लेकर 1500 ई. तक माना जाता है। यद्यपि जैन कवियों ने इसके बाद भी अपभ्रंश में रचना कार्य जारी रखा था, यह सब होते हुए भी 12 वीं शताब्दी के उपरान्त अपभ्रंश में आधुनिक भाषायें निकलकर अपनी विभिन्न प्रकृतियों को अपनाने लगी थीं। चन्द्र ऐसे सान्ध्यूयकाल में उत्पन्न हुआ, जिस समय राजस्थानी, गुजराती और मध्य देश की भाषा में अधिक अंतर न था। यह अपभ्रंश की सी एक विधा थी। यही कारण है कि भाषा तत्वविद् डॉ. सुनील कुमार चटर्जी ने रासौ को अपभ्रंश की रचना माना है। वे

कहते हैं ''निर्विवाद निष्कर्ष यह है कि मूल पृथ्वीराज रासौ की भाषा एक प्रकार की अपभ्रंश थी।'' आचार्य हजारी प्रसाद द्विवेदी ने भी चन्द्र को अपभ्रंश का अंतिम कवि माना है। उनके अनुसार भी रासौ की मूल भाषा अपभ्रंश ही रही होगी। अपभ्रंश के युग में शब्द चार प्रकार के बन गये थे। कुछों का तत्सम, कुछ तद्भव, कुछों को देशज, कुछों को विदेशी शब्दों की संज्ञा की जाने लगी थी। हेमचन्द के अनुसार देशी शब्द वे थे, जिनके अर्थ संस्कृत या प्राकृत के व्याकरण द्वारा सिद्ध नहीं होते थे। उन्होनें ऐसे शब्दों को 'देशीनाम माला' नामक कोष में संग्रहीत किया। मुसलमानों के आने के कारण विदेशी शब्दों की संख्या भी बढ़ी। अतः साधारण बोलचाल में भी सभी की बोलचाल के शब्दों का प्रयोग होना आवश्यक ही था। इस मध्यकाल में शौरसेनी अपभ्रंश ने अन्य अपभ्रंशों को अधिक प्रभावित किया है। अतः यदि कुछ विद्वानों को इसमें ब्रजभाषा के शब्द उपलब्ध होते हैं तो कोई आश्चर्य की बात नहीं। चन्द्र के काव्य के बारे में इंग्लैंड में सुरक्षित एक प्रति पर यह लिखा हुआ मिलता है कि यह पुस्तक चन्द्रबरदाई द्वारा लिखित पिंगल भाषा में पृथुराज का इतिहास है। इसका केवल यही अर्थ होना चाहिए कि प्रति लिपिकार ने संभवतः एक परंपरा पालक का कर्तव्य पूरा किया है। रासौ के शब्द समूह से तो यह बात स्पष्ट हो जाती है कि उसकी भाषा अपभ्रंश ही है। रासौ की भाषा के अध्ययन के विषय में एक और कठिनाई मिलती है कि वहाँ व्याकरण के नियमों की अव्यवस्था है। उपलब्ध रासौ की भाषा के आधार पर व्याकरण सम्बन्धी नियमों का विधान करना बड़ा कठिन कार्य है, सबसे बड़ी आपत्ति है। अनावश्यक अनुस्वार का प्रयोग। छंदों की पूर्ति के लिए मात्राओं का घटाना बढाना, स्वार्थिक प्रत्ययों का आवश्यकता से अधिक प्रयोग भाषा की विभिन्नता के साथ उसमें शैली भेद भी प्राप्त होता है। (1) संस्कृत शब्द बहुला शैली- यथा 'उक्त धर्म विशालस्य राजनीतिर्वरंसम्, षटभाषा पुराणं च कुरान कथितम् मया।'' (2) प्राकृत अपभ्रंश शब्द बहुला शैली- 'नमः सम्भवाय सर वाय बाय नमो रूद्राय वृद्धाय रूद्राय च।'' (3) आधुनिकता लिए ब्रजभाषा की शैली यथा ''राक पहुर में साँवत प्यारे लोगह चार पांच तहयारे।'' (4) अरबी फारसी शब्द बहुला शैली -'लैचलियौं सितावी करि फारिफौज परे मीर सै पंच शह शेज चोज' यह सब होते हुए भी जब तक मूल पृथ्वीराज रासौ का अनुसंधान नहीं हो जाता तब तक पुरातन पद संग्रहों में उल्लिखित छप्पयों के आधार पर भी रासौ की भाषा अपभ्रंश ही मानी

जा सकती है। जिसे हमने अभी आधुनिक ब्रजभाषा शैली कहा है। वह अंश स्पष्टतः सुरक्षित शैली का अंश है। रासौ के समय लिखे जाने वाले ग्रंथों में इस प्रकार की शैली का अभाव है। अन्य तीन प्रकार की शैलियाँ अपभ्रंश काव्यों में भी पायी जाती हैं। भाषाओं की विविधता होना केवल लेखक की भाषाओं के प्रति अभिरूचि को ही प्रगट करता है। संक्षेप में रासौ की भाषा में इस प्रकार की कतिपय विशेषता में प्राप्त होती है।

शब्दावली- रासौ के शब्द कोष में संस्कृत तत्सम, अपभ्रंश तत्सम, अपभ्रंश तदभव (आधुनिक भारतीय आर्य भाषा में प्रचलित अपभ्रंश के घिसे रूप) अनुकरणात्मक तथा देशी एवं अरबी फारसी के तत्सम एवं तद्भव शब्द मिलते हैं। इसके अतिरिक्त रासौ में कुछ विशेष ढंग से शब्दों के रूपों में परिवर्तन कर दिया गया है। यथा छंदानुरोध से शब्दान्तरगत तथा शब्द को अनुस्वार द्वारा लघु व्यंजन को गुरू करना जैसे कनक का कनंक और सत्त सत्तम् चन्दभानं। शब्दान्त में अनुसार का प्रयोग संस्कृत रूप देने के लिए नहीं अपितु छंद पूर्ति के लिए मात्रा वृद्धि का एक ढंग है। यह परंपरा अपभ्रंश से आयी, और हिन्दी में बहुत दिनों तक चलती रही है। स्वयं तुलसीदास जी ने लिखा है-"चन्दहास हरमय परतापम्। रघुपति विरह अनल संजातम्। छंद पूर्ति के लिए व्यंजन द्वित्व एक ही शब्द में जैसे गति गत्ति। मानव-मानव्व। निकट-निकटट। परवर्ती शब्दों में जैसे दृग का दृगागम। दित्ति। देश का दिशि। परवर्ती शब्द की आदि व्यंजन द्वित्व स्वायत्त की सूचना देता है। छंद पूर्ति के लिए दीर्घाकरण निसान का नीसान। स्वार्थिक प्रत्यय य और क का आगम जैसे मनोहर का मनोहरयं। और कहीं-कहीं परवर्ती व्यंजन को भी द्वित्व कर दिया गया है। सामान्यतः धर्म का धरम होता है। किन्तु रासौ में धम्म हो गया है और कहीं र का मनमाना परिवर्तन कर दिया गया है। जैसे मर्यादा का मृज्जाद और मज्जाद के रूप में प्रयोग हुआ है। संक्षेप में व्यंजन, द्वित्व अनुसार विधान तथा र विपर्यय की यह प्रवृतियाँ जो थोड़ी बहुत मात्रा में अपभ्रंश काल से चली आ रही थी इन्हीं को रासौकार ने स्वच्छंद भाव से अपनाया है।

इस प्रकार शोध करने पर ज्ञात होता है कि अर्वोराज अजमेर (अजेय मेरू) के राजा थे, वे चौहान वंशीय थे। पृथ्वीराज के पिता सोमेश्वर अर्वोराज के पुत्र थे।

उनकी चालुक्य स्त्री कंचनदेवी गुजरात के महाराज जयसिंह सिद्धराज की लड़की थी। अर्णोज की प्रथम स्त्री मारवाड़ की राजकन्या सुधवा थी। उनके दो पुत्र हुए। पहले का नाम पता नहीं दूसरे का नाम विग्रहराज बीसल देव था। अविदित नाम वाले ज्येष्ठ पुत्र ने अपने पिता की हत्या कर दी, जैसा कि कवि कहता है कि भृगु के पुत्र परशु ने अपने पिता के साथ किया था और एक दुर्गन्ध छोड़कर बत्ती के समान बुझ गया। विग्रहराज सिंहासनासीन हुआ। उसके बाद उसका पुत्र राजा हुआ तब पितृघाती का पुत्र पृथ्वीभटट या पृथ्वीराज गद्दी पर बैठा। उसके बाद सोमेश्वर मंत्रियों द्वारा गददी पर बैठाया गया। इतने लम्बे समय तक वह विदेशों में था, उसके नाना जयसिंह ने उसे शिक्षा दी थी। इसके बाद वह चेदिराजधानी त्रिपुर गया तथा वहाँ पर चेदि के राजा की कन्या कर्पूर देवी से विवाह किया। उसके बाद पृथ्वीराज हरिराज का जन्म हुआ। दूसरा मत है कि सोमेश्वर का विवाह दिल्ली के राजा अनंगपाल तोमर की कन्या कमला से हुआ। पृथ्वीराज सोमेश्वर और कमला का पुत्र था। कमला की एक और बहन थी उसका नाम सुन्दरी था। उसका विवाह कन्नौज के राजा विजयपाल से हुआ, उसका पुत्र जयचंद राठौर था दिल्ली के राजा अनंगपाल तोमर को गोद लिया, इससे दिल्ली और अजमेर राज्य के अंतर्गत हो गये यह बात राठौर राजा को बुरी लगी। चन्द्रबरदाई हिन्दी के प्रथम महाकवि थे और उनका पृथ्वीराज रासौ भी हिन्दी का प्रथम महाकाव्य माना जाता है। इसमें 25000 पृष्ठ तथा 36 'सम्यों' या समय है। इसमें आबू के यज्ञकुण्ड से चार क्षत्रियों की उत्पत्ति तथा चौहानों द्वारा अजमेर में राज्य स्थापना से लेकर शहाबुददीन गौरी द्वारा पृथ्वीराज का चन्द्र के संकेत से पृथ्वीराज के शब्द भेदी बाण द्वारा मारा जाना, अंत में पृथ्वीराज की आत्महत्या का विस्तृत विवरण है ही और रचयिता निर्विवाद चन्द्रबरदाई ही हैं। काव्य की दृष्टि से यह काव्य आदिकाल की कविता सरिता का स्रोत है, भले ही वह अज्ञात और आधारहीन निर्झर से निकला हो। किन्तु काव्यात्मक दृष्टि से प्रेरणादायी है। यह तत्व तो सर्वसम्मत है ही।

यह तो अब स्पष्ट हो गया कि पृथ्वीराज रासौ अपभ्रंश काल की रचना है। अब हम अपभ्रंश काल पर विचार करते हैं। मूलतः यदि देखा जाय तो अपभ्रंश शब्द व्याद्रि के कार्तिक, दण्डी की काव्यदर्श, पतंजलि के महाभाष्य में मिलता है। जिसकी प्रकृति संस्कृत तथा विकसित रुप अपभ्रंश माना है। तथा चण्ड, भामह, भरत, रुद्रट,

हेमचन्द, पुरुषोत्तमदेव आदि विद्वानों ने अपभ्रंश का उल्लेख किया है। हेमचन्द शिष्ट समाज की भाषा मानते हैं। प्रारंभ में अपभ्रंश का उल्लेख भरत के नाट्यशास्त्र में कुछ अस्पष्ट सा है, फिर कालिदास के 'विक्रमोर्वशीय' के चौथे अंक में अपभ्रंश के उदाहरण मिलते हैं। हेमचन्द के प्राकृत पिंगल में आठवें अध्याय में चौथे पाद में अपभ्रंश के उदाहरण हैं। कालकाचार्य कहा, द्वारवती, अलंकार ग्रन्थ सरस्वती कण्ठाभरण, दशरुपक, ध्वन्यालोक आदि टीकाग्रन्थों तथा बेताल पंचविंशतिका, सिंहासन द्वाविंशलिका, में अपभ्रंश का प्रयोग मिलता है। जैन मत से सम्बन्धित अधिकांश रचनायें अपभ्रंश में मिलती है। जैसे परमात्मप्रकाश, कण्ह दोहा भोप आराधना, सवायधम्म दोहा, हापऊ दोहा, जिनमें वीर और शृंगार रस का वर्णन है। स्वतंत्र रूप से सोमप्रभु की "कुमारपाल प्रतिरोध 1195 ई. की रचना है।" रत्नमणिगठान् की उपदेशतरंगिनी, प्रबंध चित्तामणि, दाहिल चरित्र, पउमसिरि चरित्र, वइरसानि चरिउ, अंतरंग संधि, सुलसारकान, भावना संधि आदि ग्रन्थ अपभ्रंश के हैं। अब्दुल रहमान की सनेसरास, संजम मंजरी आदि मुक्तक रचनाओं में ऋतु, विरह का उल्लेख है। प्रबंध रचनाओं में पउमचरिउ (स्वयंभूकृत) जसहर चरिऊ (पुष्पदंतकृत) पायकुमार चरिउ महापुराण, तिसठ्ठिमहा पुराण, गुणालंकार, कनक कामरकृत, करकण्ड चरिउ, हरिभद्रकृत सना कुमार चरिउ, नेमिनाह चरिउ, धनपालकृत 'भविसयत्त कहा' आदि अच्छे काव्य हैं। इनका समय छठवीं से चौदहवीं शताब्दी तक का है। यह प्रयास भारतीय एवं पाश्चात्य विद्वानों का है। अभी इस विषय में अनुसंधान की अपेक्षा है। इसी परिपाटी में 84 सिद्धों का भी वर्णन आता है। जिनमें कुछ कवि भी थे। कण्हक, सरहपा, आदि नाम आते हैं। गोरखनाथ के नाथ पंथ का मूल बज्रयान शाखा के अंतर्गत आता है। नाथ नौ थे। इनकी रचनायें गोरख बोध, गोरखवानी आदि हैं। फिर 14वीं शताब्दी में विद्यापति का प्रादुर्भाव हुआ है। उनकी रचनायें कीर्तिपता का, कीर्तिलता और विद्यापती पदावली है।

4

मैथिल कोकिल विद्यापति

हिन्दी के उस आरंभिक युग के कवि हैं जबकि संस्कृत, प्राकृत अपभ्रंश का साहित्य क्षेत्र में प्रचार था। उक्त भाषाओं का कवि ही आदृत होता था। लोकभाषा जनता तक ही सीमित थी। इसीलिए विद्यापति ने भी "शैवसर्वस्व सार", भूपरिक्रमा, पुरुष परीक्षा आदि संस्कृत में लिखे। कीर्तिलता, कीर्तिपताका अपभ्रंश में लिखीं। हिन्दी में विद्यापति की प्रसिद्धि उनकी पदावली के कारण हुई है। इसमें जीवनोपयोगी पद हैं। ये पद तत्कालीन हिन्दी काव्य के शृंगार हैं तथा प्रवर्तक है। हिन्दी को साहित्यिक रूप देने का श्रेय इन्हीं पदों को है। विद्यापति ने जिस गीतकाव्य परंपरा को प्रवाहित किया वह भारत में पहले ही उपस्थित है। वैदिक युग में सामवेद, बौद्धों की थेरी भाषा, कालिदास के काव्य और नाटक, गाथा सप्तशती, गीत गोविन्दम् आदि में यह परंपरा प्रचलित थी। चारणकाल में वीर रस के गीत गाये जाते थे। विद्यापति ने भी मैथिली भाषा में लौकिक प्रेम के साथ रागात्मक आवेश की अभिव्यंजना को महत्व दिया, विद्यापति के ये गीत प्रेम की मादकता, शृंगारिकता, ऐहिकता, विलासिता एवं भावों की स्वतंत्रता के परिचायक हैं। इन गीतों का सर्वत्र प्रचार हुआ तथा लोग इन्हें बंग्ला का कवि मानने लगे।

लेकिन ग्रियर्सन आदि ने इन्हें मिथिला का कवि सिद्ध किया। इनके गीत बड़े, प्रशंसनीय रहे तथा इन्हें अनेक उपाधियों से विभूषित किया गया। विद्यापति की

इस गीत परंपरा को कबीर ने आध्यात्मिकता का पुट देकर, सूर ने मधुरता, भावों की तरलता, अनुभूति की तीव्रता, वात्सल्य की सरसता, वियोग की विदग्धता, तथा पुनीतप्रेम की गहनता का पुट देकर पवित्र भाव के साथ प्रभु के महत्व एवं भक्ति में दैन्यभाव का पुट देकर अपनाया। लेकिन मीरा ने इस गीति परंपरा को चरम सीमा पर पहुँचा दिया क्योंकि मीरा ने नारी सुलभ वियोग की अवस्थाओं का चित्रण किया, ऐसा अन्यत्र नहीं मिलता इसके बाद भारतेन्दु युग में गीति काव्य परंपरा में विद्यापति के लौकिक प्रेम तथा भक्तों की आध्यात्मिकता के स्थान पर देश प्रेम के साथ-साथ सामाजिक तथा राजनैतिक स्थिति से उत्पन्न करूण, शोक आदि भाव आ गये। द्विवेदी युग में इसे प्रगीति कहने लगे। छायावादी युग में प्रसाद, पन्त, निराला, महादेवी के द्वारा इस परंपरा में लाक्षणिकता, प्रतीकात्मकता, भावों की सूक्ष्मता के दर्शन होने लगे। सारांश यह है कि, गीति काव्य संबंधी इस सुदीर्घ परंपरा का अध्ययन करने से यह पता चलता है कि विद्यापति, जयदेव के गीत गोविन्द के अनुकरण करने वाले हैं। फिर भी हिन्दी काव्य के प्रवर्तक हैं। हिन्दी गीतकारों के प्रेरणा के स्रोत हैं। हिन्दी की प्रथम रागात्मक गीतियों के प्रणेता हैं। तथा ताल एवं रागनियों से युक्त हिन्दी की संगीतमय कविताधारा को लोकभाषा के क्षेत्र में से निकालकर साहित्य के क्षेत्र में प्रतिष्ठित करने वाले हिन्दी के प्रतिनिधि कवि हैं।

विद्यापति की पदावली का काव्य सौष्ठव

विद्यापति के पदों में जन जीवन का स्वच्छंद हास विलास, प्रेमी हृदयों का सुमधुर प्रेमालाप, युवक युवतियों की मदोन्मत्त अठखेलियां, रसिकों की आनन्दमयी क्रीड़ायें, स्वच्छन्द जन मानस की भाव लहरियों का उन्मुक्तनर्तन, हृदय क्यारियों में हंसते हुए भाव सुमनों की दिगदिगन्त व्यापिनी आल्हादकारी सुरभि, भाव विभोर मधुप कण्ठों का मदोन्मत्त गुंजन, सिहरनयुक्त विकसित अंगों का स्पन्दन जन-जन के प्रेम विह्वल सुमधुर संगीत की उल्लासमयी ध्वनि विद्यमान है तथा संगीतयुक्त है। ये पद तीन भागों में विभक्त हो सकते हैं। (i) श्रृंगार विषयक (ii) भक्ति विषयक (iii) तत्कालीन परिस्थिति के अनुकूल पद। विद्यापति के पदों में राधाकृष्ण के माध्यम से युवा जीवन की झांकी प्रस्तुत है।

1. वस्तु वर्णन में सर्वप्रथम-

(क)- वयः संधि वर्णन→ शैशव के बाद यौवन उसी तरह आता है जैसे शिशिर के बाद वसन्त ऋतु। शिशिर की प्रकृति बसन्त में प्रफुल्लित और विकसित होती है। उसी तरह शैशव यौवन में आकर विकसित होता है। जिसमें भ्रूविक्षेप, नेत्रकटाक्ष, मंद स्मिति, क्षीण कटि के साथ प्रसन्नता, आश्चर्य, अल्हड़पन, लज्जा, भोलापन, बांकपन, चंचलता, मर्यादा, कुछ सुख, कुछ पीड़ा, कुछ सरलता, कुछ वासना आदि के एक साथ दर्शन होते हैं। कवि विद्यापति ने वयः संधि में ऐसा ही वर्णन किया है "खने खने नयन कोन अनुसरई खने खने वसन धूलि तन मरई", "खनेखन दसनछटा छुट हास, खने खन अधर आगे गाहुवास"। "चउँकि चलए खने खन चलमंद, मनमथ पाठ पहिल अनुबंध। हिरदय मुकुल हेरि हेरि थोरि खने आंचल दये खने होय मोर"। वाला सैसव तारुन भेंट, लखये न पारिउ जेठ कनेठ। इसमें शैशव, यौवन को छोटा बड़ा नहीं कहा जा सकता।

(ख)- नख सिख वर्णन→अंग सौन्दर्य का चित्रण करने के लिए नख से लेकर चोटी तक के वर्णन की परंपरा अत्यन्त प्राचीन काल से चली आ रही है। विद्यापति ने भी राधा के सौन्दर्य की झांकी प्रस्तुत की है। "हे माधव उस रुपसि के दिव्य रूप का वर्णन कैसे करूँ? विधाता ने बड़े प्रयत्न से" उसे बनाया है। पैर कमल के समान, चाल हाथी की सी, सोने के केले के समान उसकी जंघा, शेरनी की सी कमर, पर्वतों के समान उसके स्तन, पर्वतों पर कमल पुष्पों के समान चूचकों का ऊपरी भाग है। जो बिना नाल के ही खड़े हैं। स्तनों पर माला गंगा समान है। कभी कमल सूखते नहीं। अधर विम्बाफल के समान, दांत अनार के बीज के समान, मुख चन्द्रमा के समान, तिस पर लाल तिलक बाल रवि के समान, काले बालों रूपी राहू सूर्य चन्द्र दोनों से दूर बैठा है। उसकी आंख हिरण के समान हैं। वाणी कोयल जैसी है। भ्रकुटिसंचालन कामदेव के धनुष के समान है। उसके कमल जैसे ललाट पर काले बाल भौरे के समान क्रीड़ा कर रहे हैं। "माधव की कहब सुन्दरि रूपे! कतेक जतन बहि आनि समारल देखल नयन सरूपे" आदि में नख शिख की प्रणाली को विद्यापति ने अपनाया है। तथा कहीं शिख ने नख तक का वर्णन भी किया है। जैसे- सुधामुखि के विहि, निरमल बाला, अपरुब रुप मनोभव मंगल त्रिभुवन विजयी माला, सुन्दर

वरन चारु अरु लोचन काजर रंजित मेला। कनक कमल मधुकाल भुजंगिनि श्री जुत खंजन खेला। आदि वर्णन किया है। सबसे अधिक ध्यान मुख तथा उरोज का रहा है। "चांद सार लये मुख रचना, व्यरु लोचन चकित चकोरे" कहीं मुख दूध में शक्कर मिलाकर- सार भाग से रचित बताया है। तथा "पहिल वदिर सम पुन नवरंग" कहा है तथा फिर "बाढ़ल सिरफल जोर" बताया है। कहीं स्तनों को सोने की लता पर पर्वत जैसे फलों के समान बताया है। कहीं शिव पिंड, कहीं हिमालय, कहीं चक्रवाक का जोड़ा तथा कहीं कनक कटोरा कहा है। नायिका के साथ नायक का भी सौन्दर्य वर्णन इस तरह किया है। "ए सखि पेखल एक अपरुप सुनिइत मानवि सपन सरुप" कमल जुगल पर चांद की माला, तापर उपजल तरुन तमाला। तापर वेढ़लि बिजुरी लता, कालिंदी तट धीरे चलि जाता। साखा शिखर सुधाकर पांति, ताहिनवपल्लव अरुणक भांति। विमल विम्बफल जुगल विकास, तापर कीर धीर करु वास, तापर चंचल खंजन जोर, तापर सांपिनि झांपल मोर। इस प्रकार कवि ने रूपकातिशयोक्ति का सहारा लेकर "नियत्कृत नियमरहिताम्" को चरितार्थ किया है। "चिकुर निकर तम समपुनि आनन पूनम ससी" कहा है। अर्थात् काले बालों के अंधकार के साथ पूर्णिमा का चन्द्रमा भी है। सारांश यही है कि विद्यापति के सौन्दर्य निरुपण में आंतरिक सौन्दर्य की अपेक्षा बाह्य सौन्दर्य का ही प्राधान्य है।

(ग)- सद्यः स्नातावर्णन→ संस्कृत काव्यों में तो यह वर्णन मिलता है। किन्तु हिन्दी में विद्यापति ने ही प्रारंभ किया है। सरोवर में स्नान करके तुरन्त निकली हुई सुन्दरी के अंग सौन्दर्य की झलक प्रस्तुत करते हुए बताया है। "कामिनि करये सनाने हेरितहि हृदय हनये पचवाने" चिकुर गरये जलधारा, जनि मुख ससि डर रोअए अंधारा, कुच जुग चारु चकेबा, निअकुल मिलिऊ आनि कौन देवा, ते शंका भुज पासे बांधि धएल उड़ि जायेत अकासे, तितल बसन तनु लागू मुनि हुक मानस मनमथ जागू। यहाँ नवीन उद्भावनायें दृष्टव्य हैं। इसमें कवि की सूक्ष्म बुद्धि का परिचय मिलता है।

(घ)- प्रणय केलि निरुपण→ कवि ने राधा कृष्ण के माध्यम से तत्कालीन प्रणय केलियों की झांकी प्रस्तुत की है। राधाकृष्ण को राजपथ पर एक दूसरे को देखकर बेसुध होता हुआ दिखाया है। अंग प्रत्ययों की चर्चा करते हुए दिखाया है।

नायिका को भी नायक से मिलने के लिए आतुर दिखाया है। वहीं नायिका नायक से दूसरी पार चलने को कहती है। कहीं रात में नायक के रोकने पर कहती है कि हे माधव हम तुम एक ही गांव में रहते हैं। यह राहजनी मतकर, मेरी नई साड़ी फट जायेगी कृष्ण मेरे आंचल को छोड़ दे। मेरी बदनामी सर्वत्र उड़ जायेगी। मेरी सखियां आगे हैं। यहां में अकेली रह गई हूँ। अंधेरी रात है बिजली भयानक चमक रही है। तथा दूसरी जगह नायिका नाव में सवार है। बीच में नाव रूकने पर कहती है कि नाव को चलने दो, तीक्ष्ण धार में क्यों रोकते हो अगर बीच में नाव रोकोगे तो मुझे जीत न पाओगे, कर के पैसे तो लोगे नहीं। जो तुम हंसी कर रहे हो तो उससे मुझे डर लग रहा है। तुम मुझे इस जगह ले आये हो, पहले मैं ओरों की हंसी उड़ाती थी आज मैं खुद फंस गई हूँ। आदि वर्णन मिलता है। कहीं हार तोड़कर प्रेमी से मिलती है। आदि चित्रण तत्कालीन समृद्धि का द्योतक है।

(ड़)- स्तुति वर्णन→ विद्यापति ने काम सम्बन्धी पदों कें अतिरिक्त भवित सम्बन्धी पद भी लिखे हैं जिनमें शिव, विष्णु, कृष्ण, दुर्गा, सरस्वती, जानकी, गंगा आदि की स्तुति की है। अर्ध नारीश्वर शिव का चित्र देखिये→ "जयशंकर जय त्रिपुरारि, जय अध पुरुष जयति अधनारि" आध धवल तन आधा गोरा, आध सहज कुच आधकटोरा, आध हड़ माल, आध गज मोती, आध चानन सोहे आध विभूती। आध चेतन मति आधा मोरा, आध पटोर, आध गुंज डोरा, आध जोग, आधा भोग विलास, आध पिधान, आध नग वासा, आध चान आध सिंदुर सोभा, आध विरुप आध जग लोभा। ऐसे ही दूसरे चित्र में विष्णु और शिव का ऐक्य दिखाया है। कभी पीताम्बर धारण करते हो, कभी व्याध्रचर्म कभी पांच मुख बाले कभी चार भुजा वाले, कभी गाय चराते हो, कभी डमरू बजाते हो, कभी गोपियों के साथ रास करते हो तो कभी भस्म रमाते हो, कभी बैकुण्ठ में रहते हो, कभी कैलास पर रहते हो आदि वर्णन है। कहीं दुर्गा आदि के पद मिलते हैं, जिनसे तत्कालीन भक्ति भावना का पता चलता है।

(च)- युद्ध वर्णन→ राजा शिवसिंह की कीर्ति का गान इस प्रकार किया है। "दूर दुग्गम दमसि भंजेओ, गाढ़ गढ़ गूढ़िय गंजे ओ, पात साह समीम सीमा समर दरस ओरे, ढ़ोल तरल निसान सद्दहि भेरि कोहल संख न छहि, तीन भुवन निकेत केतिक सान भरिओरे।। अंध कूअ कवंध लाइअ, फैरेवी फफ्फरिस गाइअ, रुहिर मत्त

परेत भूत बैताल विछवि ओरे। इस प्रकार पदावली की कथा वस्तु में विविधता पायी जाती है। प्रधानता शृंगार विषय की ही है। विद्यापति ने लोकगीत भी लिखे हैं।"

2. भाव एवं रस निरुपण→ शृंगार के संयोग वियोग दोनों का सांगोपाङ्ग वर्णन किया है। (क) संयोग-- संयोग जीवन का हास है। विद्यापति ने संयोग की सभी अवस्थाओं का बड़ा ही स्पष्ट उल्लेख किया है। सर्वप्रथम एक सखी को प्रिय के यहाँ जाने से पूर्व दूसरी सखी समझा रही है। कि वहाँ जाने से पूर्व तुम अपने केश तथा बिन्दी संभाल लो, काजर लगा लो, वहाँ अपने अंगों को छिपा लेना, जिससे वे आकृष्ट हो, लज्जा दिखाना, अपने उरोज आधे खुले रखना, नीवीं बन्धन को क्षण-क्षण में मजबूत करते रहना, हम अधिक क्या बताये- कामदेव स्वयं सब कुछ करा लेगा। इसी तरह नायक को भी सखी समझा रही है। कि आज यह पहली बार काम क्रीड़ा के लिए आयी है। आप इससे सहज भाव से क्रीड़ा करें। तभी यह नायिका का कर्त्तव्य निभा पायेगी। नायक ने नायिका को पकड़ा, वह नहीं नहीं कहती है। रोती है। थरथर कांपने लगती है। आदि चित्रण किये हैं। एक जगह मुग्धानायिका कृष्ण द्वारा सुरत मांगने पर कहती है, मैं सुरत जानती नहीं, धर पर खोजकर सखियों से पूछ कर ला दूँगी। कृष्णाभिसारिका तथा शुक्लाभिसारिका दोनों के उपयुक्त समय का चित्रण भी विद्यापति ने बड़ी कुशलता से किया है। अभिसारिका के पैर में सर्प लिपट जाता है। तो वह खुश होती है, क्योंकि उसकी पायल की आवाज शांत हो गयी है। पुरुष का वेश भी अभिसारिका धारण कर लेती है। रति गोपन के लिए नायिका बहाने बनाती है कि होठों पर भ्रमर ने काटा है। उरोज पर मोर ने, कभी तोते ने कांटने को कहती है। आदि बहाने बनाती है। नायिका मान दिखाती है कि कृष्ण रात को किसी अन्य नायिका के साथ रहे हैं, क्योंकि उनकी आंखे लाल है। सिन्दूर लगा है। कृष्ण कहते हैं कि मैंने रात में शिवजी की पूजा की है। इसलिए आंखें लाल है तथा सिन्दूर आदि लग गया है। कभी कृष्ण उसके उरोजों की शपथ खाकर तथा उसके हृदय रूपी कारागार में बंद रहकर उसका मान मोचन करना चाहते हैं, कभी वेश बदलकर तथा कभी राधा को शिवलिंग की पूजा कराने को कहते हैं। इसी तरह संयोग का वर्णन विद्यापति ने बड़ा ही मादक किया है।

विरह वर्णन → वियोग शृंगार रस का दूसरा महत्वपूर्ण पक्ष है। साहित्य शास्त्र में विरह के चार भेद हैं, (i) पूर्वराग (ii) मान (iii) प्रवास (iv) करूणा। इनमें

से विद्यापति ने मान और प्रवास का ही वर्णन किया है। विद्यापति प्रथम में नायिका के उस विरह का वर्णन करते हैं जब नायिका संयोग में प्रसन्न है तभी कृष्ण के बाहर जाने का संदेश मिलता है, वह हत बुद्धि होकर कृष्ण को कैसे रोके, समझ नहीं पाती, कहती है मैं आग में जल जाऊँगी। मैं और वे एक शय्या पर थे, न जाने कब चले गये, यह जोड़ा बिछुड़ गया। पियविन सेज शूल है मेरे लिए चिता बना दों आदि कहती है। इस नायिका को अन्य कोई चिंता नहीं है, सिर्फ अपने यौवन का प्रयोजन ही मुख्य है, विद्यापति ने विरह वर्णन में शास्त्रोक्त ग्यारह काम दशाओं, चिन्ता, स्मरण, गुणकथन, व्याधि, मूर्च्छा, उद्वेग, प्रलाप, जड़ता, उन्माद और मरण का पूर्ण रूपेण उल्लेख किया है। सखी से नायिका कहती है कि मैंने आंसुओं के जल से सींचकर वृक्ष बड़ा किया, फल आया है। उसे पति ने तो छोटे ही रूप में देखा था यहाँ कामुकता टपकती है। तथा नारी पति बिना तिरस्कृत है। इसका वर्णन भी विद्यापति ने किया है कि धनहीन की तरह मुझे भी कोई नहीं पूछता। इसके अतिरिक्त विरह के वर्णन में बारह मासों का वर्णन बड़ा ही उल्लेखनीय है। तथा माघ का अत्यन्त प्रभावोत्पादक है। "माघ मास धन-पडये तुसार, झिलमिल केंचुआ उनत थन हार, पुनमति सूतल प्रियतम कारे, विधिवस दैव वाम मेल मोर लोचन नीर तटनि निरमाने" में कामुकता ही झलकती है। यहां तक कि राधा स्वयं को माधव माधव रटने से माधव समझने लगती है। कभी राधा राधा रटती है, होश आने पर विकल हो जाती है। सारांश यह है कि, विद्यापति के विरह वर्णन में व्याकुलता एवं विलासिता का आधिक्य है।

3. प्रकृति चित्रण → प्रकृति मानव की चिर सहचरी है, विद्यापति का प्रकृति चित्रण, आलम्बन एवं उद्दीपन दोनों रूपों में मिलता है। बसन्त वर्णन के अन्तर्गत कवि ने ऋतुराज के जन्म से लेकर उसकी राज्य प्राप्ति तक का उल्लेख बड़ी ही सजीवता एवं कुशलता से किया है। "माघ मास में शुक्ला पंचमी पूर्णगर्भा होकर नौ महीने तथा पांच दिन में सोलह अंगों एवं बत्तीस लक्षणों से युक्त बालक बसन्त को जन्म देती है। जन्मोत्सव मनाया जाता है। मंगलगान होता है। भ्रमरी लोरियां गाती है। पलाश पुत्र जन्म पत्र बनाते हैं। कोयल ने बसन्त नामकरण किया है। आदि चित्रण आलम्बन रूप में चित्रित है। बसन्त बड़ा होता है। शासन सम्भालता

है, सैना तैयार करके कमल पुष्प को शिशिर से बचाता है। षड़ ऋतु वर्णन तथा बारह मासा में विद्यापति के प्रकृति के उत्कृष्ट रूप को वर्णित किया है, प्रकृति के मादक एवं उद्दीपन कारक चित्र विद्यापति ने आलंकारिकता के साथ प्राचीन परंपरा के अनुकूल ही चित्रित किये हैं।"

4. अलंकार विधान→ विद्यापति ने सादृश्य मूलक अलंकारों का ही अधिक प्रयोग किया है "पेहिल वदिर समपुनवरंग" "चिकुर निकर तमसम" आनन सरद सुधाकर सम। "दमनलता सम तनु सुकुमार, सिन्दुर तिलक तरनि सममास" आधार बिम्ब सन। 'केहरि सम कटि' 'कनक कुम्भ समकुच' 'साओन धनसमझर दूनमान' आदि उपमा बेजोड़ है। "पीन पयोधर दूवरगता, मेरु उपजल कनक लता, मेघमाल सम तड़ित लता, जनि हिरदय सेलदर्ह गेल" "आदि में उत्प्रेक्षा दृष्टव्य है। मुख लिए चन्द्र नेत्रों के लिए मृग, कमल, खंजन, नासिका के लिए कीर, होठों के लिए विम्बा फल दांतों के लिए दाड़िम के बीज, अंगयष्टि के लिए कनकलता, अंगकान्ति के लिए विद्युत, कमर के लिए सिंहकटि, जंघाओं के लिए कदली स्तम्भ आदि रूपक उल्लेखनीय हैं।" "बढ़ कौशलतुअ राधे" पद में गजब का रूपक है। "माधवि की कहब सुन्दरी रूपे" पद में रुपकातिशयोक्ति दृष्टव्य है। इसके अतिरिक्त भ्रांतिमान, अन्योक्ति, विरोधाभास, यथासंख्य, संदेह, व्यतिरेक, अतिशयोक्ति मानवीकरण, अद्भुत आदि अलंकारों का प्रयोग विद्यापति ने भावानानुकूल किया है।

भाषा→ विद्यापति की पदावली हिन्दी और बंगला की मध्यवर्तिनी मैथिली भाषा में लिखी गई है। मैथिली भाषा बंगला की अपेक्षा हिन्दी के अत्यधिक निकट है क्योंकि मैथिली भाषा में क्रिया, संज्ञा, सर्वनाम आदि व्याकरण के रूप पूर्वी हिन्दी से पूर्णतया मिलते जुलते हैं। जैसे मैथिली की भूतकालिक क्रियाओं के प्रयोग, गेल, मेल, लेल आदि पूर्वी हिन्दी की भोजपुरी भाषा में प्रयुक्त सतल, लूटल, आदि से मिलते हैं। संज्ञापदों में से कंचन, पयोधर, थम्म, जओवन आदि अनेक शब्द ऐसे हैं जो हिन्दी की पूर्व बोलियों में भी पूर्णतया प्रचलित हैं और मौहि, तीहि, आदि सर्वनामों के रुप भी ऐसे ही हैं। जिनका प्रयोग पूर्वी हिन्दी में भी पर्याप्त मात्रा में मिलता है। इसी तरह आदि हिन्दी की साहित्यिक पूर्वी भाषा अवधी से मैथिली की तुलना की जाय तो पूर्णतया ज्ञात होगा कि मैथिली का सम्बन्ध बंगला से नहीं अपितु हिन्दी से ही

है। जैसे वे प्रत्यय मैथिली में करब है, तथा अवधी में भी करब मिलता है। अई, आई प्रत्यय सुलगाई- अवधी, हेरई- मैथिली। हु प्रत्यय- जानहु अवधी, सुनहु- मैथिली। हि प्रत्यय- मलेहि-अवधी। पहिलहि-मैथिली पार शब्द- पारहु- अवधी, पारिअ- मैथिली। म के स्थान पर जन्जोगी, जती-अवधी। जुग- मैथिली। ष, क्ष = ख- निमिख- अवधी, भूषन-मैथिली। क प्रत्यय-प्रेमक वचन- अवधी। सुरत क नाम- मैथिली, विट्टाआ- अवधी, गिआन-मैथिली। इस साम्य के आधार पर तथा भाषा विज्ञान की दृष्टि से मैथिली हिन्दी की ही एक बोली मानी जानी चाहिए। विद्यापति की भाषा की एक विशेषता उसकी कोमल कान्त पदावली है। इनका पद विन्यास, शब्द चयन, वर्णमैत्री सर्वथा अनुपम है। विद्यापति संस्कृत तथा अपभ्रंश के विद्वान थे फिर भी "देसिलवयना सबजन मिठ्ठा" के आधार पर आपने अपने पदों की रचना देशवाणी अर्थात् लोकभाषा में की। भाषा की सुकुमारता, कोमलता एवं कान्तता देखिये। ससन परस रवयु अम्बर रे देखल धनि देह, "उक्त पद में नादात्मकता है।" ऐसे ही "बाजत द्रम द्रम धौद्रिम द्रिमिया" र और स द्वारा उत्पन्न कोमल कान्त पदावली की मधुर गूंज "रितुपति राति रसिक, रसराज रसमय रास रभस सस झांझ" इसके अतिरिक्त लाक्षणिकता, लोकोक्तियों से कवि की भाषा में अर्थ गांभीर्य तथा उक्ति चमत्कार आ गया है। जैसे "अवसर बहला रह पछतात" "कूपम आवये पथिक के पास" आदि विद्यापति की भाषा लोकभाषा होते हुए भी, साहित्यिकता, आलंकारिकता, सरसता, सुकुमारता से युक्त है। विद्यापति की भाषा 'देसिलवयना' होते हुए भी नागरों के मन को मुग्ध करने वाली है।

विद्यापति भक्त या शृंगारी कवि→ विद्यापति की पदावली के आधार पर हिन्दी के विद्वानों में यह वाद विवाद अभी तक चलता रहता है कि विद्यापति को भक्त कवियों की कोटि में गिनना चाहिए अथवा शृंगारी कवियों की कोटि में। जिस समय जयदेव के गीत गोविन्द की परंपरा में विद्यापति के पदों का अध्ययन किया जाता है अथवा बंगाल के वैष्णव कवियों की परंपरा का अनुशीलन किया जाता है या विद्यापति की महेशवानियों तथा शिव की नचारी आदि को आधार बनाया जाता है। उस समय विद्यापति भक्त कवि जान पड़ते हैं। क्योंकि गीत गोविन्द की भांति विद्यापति के पदों में भी राधाकृष्ण के संयोग एवं वियोग की स्थितियों का रसात्मक

चित्रण मिलता है। उधर बंगाल में विद्यापतिको वैष्णव भक्त एवं वैष्णव कवि ही माना जाता है। क्योंकि इन के गीतों के आधार पर ही बंगाल के वैष्णव कवि चण्डी दास ने अपने गीतों की रचना की थी। और चैतन्य महाप्रभु प्रायः विद्यापति के गीतों को गाते गाते भाव विभोर हो जाते थे। इसके अतिरिक्त शिव, गंगा देवी आदि की स्तुतियाँ भी इन्हें भक्त कवि सिद्ध करती हैं। परन्तु प्रश्न यह है कि पदावली में राधाकृष्ण के संयोग वियोग का जो चित्रण मिलता है, उसके आधार पर विद्यापति को वैष्णव भक्त या कृष्ण भक्ति का कवि कहा जा सकता है। इस प्रश्न पर विचार करते हुए डॉ. गिर्यसन ने लिखा है कि अन्य विद्यापति के पदों पर विचार करना शेष है वे सबके सब लगभग वैष्णव पद या भजन हैं और ऐसी अवस्था में वे साहित्य के एक ऐसे अंग हैं, जिनसे भारतीय साहित्य के सभी विद्यार्थी परिचित हैं। ईश्वर ही प्रेम है। यह पाश्चात्य तथा पूर्व देश का समान सिद्धान्त है। परन्तु इनके रूप तत्वतः भिन्न हैं। पश्चिम के शीतल प्रदेशों में रहने वाले ईश्वरीय प्रेम को पिता और पुत्र के अभिन्न प्रेम का रूप देकर ही संतुष्ट रहे, परन्तु उष्ण प्रदेश के सत्यान्विषेशियों ने साधक एवं साध्य के श्रेष्ठ प्रेम को सर्वेश्वरी राधा और सर्वेश्वर कृष्ण का रूप दिया। विद्यापति के दैदीप्यमान पदों को हिन्दू भक्त काम वासना का तनिक भी अनुभव न करके उसी तरह पढ़ते हैं, जिस तरह सोलोमन के गीतों को ईसाई पादरी पढ़ा करते हैं। डॉ. गिर्यसन के आधार पर ही प्रो. जनार्दन मिश्र ने भी विद्यापति के पदों को वैष्णव भक्ति से ओत प्रोत कहकर उसमें रहस्यवाद की प्रवृत्ति का प्राधान्य स्वीकार किया है तथा राधा और कृष्ण के रूप में जीवात्मा और परमात्मा के मिलन, विरह की झांकी देखते हुए लिखा है कि, विद्यापति के समय में रहस्यवाद का मत जोरों पर था, उसके प्रभाव से बचकर निकलना और किसी अधिक निष्कंटक मार्ग का अवलम्बन करना इन्हें शायद अभीष्ट न था, अथवा अभीष्ट होने पर भी तुलसी की तरह अपने वातावरण के विरूद्ध जाने की शक्ति इनमें न थी। इसलिए स्त्री और पुरूष के रूप में जीवात्मा और परमात्मा की उपासना की जो धारा उमड़ रही थी, उसमें उन्होंने अपने को बहा दिया। यदि विद्यापति की विचारधारा के बारे में तनिक गहराई के साथ अध्ययन किया जाय तो पता चलेगा कि वे न तो वैष्णव कवि हैं और न राधाकृष्ण के भक्त अपितु वे शैव हैं, क्योंकि मिथिला में उगना की किम्बदन्ती प्रचलित है जिसमें उगना के रूप में स्वयं शिव जी विद्यापति की भक्ति से प्रसन्न होकर उनके नौकर के रूप में रहते थे, और

एक दिन उनकी स्त्री ने रुष्ट होकर उगना को मारना चाहा तो विद्यापति चिल्ला उठे, हाँ! हाँ! यह क्या कर रही हो? साक्षात् शिव पर प्रहार करती हो, उसी दिन से उगना रूप शिव अन्तर्ध्यान हो गये और विद्यापति उनके विरह में पागल हो गये, जो भी हो, यह तो निर्विवाद सत्य है कि विद्यापति कृष्णभक्त नहीं थे। मिथिला में भी सभी इन्हें शैव मानते हैं। कोई भी इन्हें कृष्ण भक्त स्वीकार नहीं करता। दूसरे उनके शिव सम्बन्धी पद भी इसी बात के साक्षी हैं कि विद्यापति शैव थे। कृष्णभक्त नहीं। वैसे भी जहाँ तक भक्ति भावना का प्रश्न है, महेशवानियों में अथवा शिव स्तुतियों में ही विद्यापति की भक्ति भावना का स्रोत उमड़ता हुआ दृष्टिगोचर होता है, उनके राधाकृष्ण सम्बन्धी पदों में कहीं भी भक्ति भावना के दर्शन नहीं होते, क्योंकि इन पदों में न तो राधा आद्याशक्ति अथवा सर्वेश्वरी हैं और न कृष्ण विष्णु अथवा सर्वेश्वर हैं। इसके अतिरिक्त जिस समय विद्यापति ने अपने पदों की रचना की उस समय न तो मिथिला में कृष्णभक्ति की चर्चा ही थी और न कीर्तन का ही प्रचार था। कीर्तन का प्रचार तो चैतन्य महाप्रभु के समय में बंगाल के अन्तर्गत सबसे पहले हुआ। फिर बाद में सारे उत्तरी भारत में यह कीर्तन की पद्धति फैली। इसके साथ ही विद्यापति के समय में रहस्यवादी विचारधारा का भी प्रचार न था, विद्यापति तो राजा शिव सिंह के दरबारी कवि थे, और उनकी फरमाइश पर उनके मनोरंजन हेतु पदों की रचना किया करते थे। इसलिए उनके राधाकृष्ण की काम क्रीड़ाओं में, अठखेलियों में, सूरत बिहार में, अभिसार में, विरह में, कहीं भी राधाकृष्ण की भक्ति भावना के दर्शन नहीं होते। आचार्य रामचन्द्र शुक्ल ने ठीक ही लिखा है- "विद्यापति के पद अधिकतर श्रृंगार के ही हैं। जिनमें नायिका और नायक राधाकृष्ण है।"

आध्यात्मिक रंग के चश्मे आजकल बहुत सस्ते हो गये हैं, उन्हें चढ़ाकर जैसे कुछ लोगों ने गीत गोविन्द के पदों को आध्यात्मिक संकेत बताया है, वैसे ही विद्यापति के इन पदों को भी। डॉ. उमेश मिश्र ने भी ठीक ही लिखा है कि मिथिला में विद्यापति को कोई वैष्णव कवि नहीं मानता है और न इन्हें कोई भक्त ही कहता है सभी इन्हें श्रृंगारिक कहते आये हैं। इसी भांति पं. विश्वनाथ प्रसाद मिश्र ने भी विद्यापति को श्रृंगारी कवि ही मानते हुये लिखा है कि- "विद्यापति ने हिन्दी में, जनभाषा में, श्रृंगारकाल के क्षेत्र के लिए अर्थात् बांधकर चाहे कृष्णभक्त कवियों का

उतना उपकार न किया हो पर शृंगार काल के कवियों के लिए वे बहुत उपकार कर गये। विद्यापति का काव्य भक्ति काव्य है या नहीं इस पर बहुत वाद विवाद हुआ है। इस सम्बन्ध में इतना ही कहना है कि, विद्यापति का कृष्णकाव्य सूरदास का या अन्य कृष्णभक्त कवियों का सा कृष्ण काव्य नहीं है। यह यदि भक्ति का काव्य माना भी जा सकता है तो वैसा ही जैसा बिहारी का था, पदमाकर का था। इसी भांति डॉ. राजकुमार वर्मा ने भी विद्यापति को शृंगारी कवि मानते हुए स्पष्ट लिखा है कि- "विद्यापति ने राधाकृष्ण का जो चित्र खींचा है उसमें वासना का रंग बहुत ही प्रखर है। आराध्यदेव के प्रति भक्त का जो पवित्र विचार होना चाहिए वह उसमें लेश मात्र भी नहीं है। सख्यभाव से जो उपासना की गई है, उसमें कृष्ण तो यौवन में उन्मत्त नायक की भांति है। और राधा यौवन की मदिरा में मतवाली एक मुग्धा नायिका की भांति। राधा का प्रेम भौतिक और वासनामय प्रेम है। आनन्द ही उसका उद्देश्य है और सौन्दर्य ही उसका कार्यकलाप। यौवन ही से जीवन का विकास है। अंग्रेजी के कवि 'वायरन' के समान विद्यापति का भी यहीं सिद्धान्त है कि 'यौवन के दिन ही गौरव के दिन है।'

सारांश यह है कि विद्यापति भक्त नहीं अपितु शृंगारी कवि है। इनके राधा और कृष्ण के प्रेम संबंधी पदों में सर्वत्र भौतिक और वासनामय प्रेम की ही प्रधानता है। इनके वयःसंधि, नखशिख, सद्यःस्नाता, प्रेमप्रसंग, रती, नौंक झौंक, सखी शिक्षा, मिलन, सखी सम्भाषण, कौतुक, अभिसार, छलना, मान, मानभंग, विदग्ध विलास, वसन्त, विरह, भावोल्लास आदि से सम्बन्धित समस्त पदों में भौतिक प्रेम एवं कामवासना का ही प्रभाव है। कहीं भी जीवात्मा एवं परमात्मा के मिलन एवं विरह की ओर ध्यान नहीं जाता और कहीं तनिक भी भक्ति भावना की ही सुगंध आती है। ये सभी वर्णन शृंगार रस से आप्लावित हैं। इनमें वासना की प्रेमवती सरिता का प्रवाह है। अध्यात्म की अपेक्षा विलासिता के भौतिक रुप का प्राधान्य है। जहाँ कामी नायक कामिनी नायिका के सौन्दर्य का भूखा दिखाया गया है। उन्मत्तनायक कामक्रीड़ा में और नायिका विरह में मग्न है। नायिका कामाग्नि में यौवन को कोसती है एवं कामासक्त है। अतः ये पद भक्ति के नहीं शृंगार के हैं। वासना अध्यात्म से बहुत दूर है। वासना सर्वत्र दृष्टव्य है, साधना कहीं नहीं है। विद्यापति के इन पदों में रहस्यवाद के दर्शन

करना व्यर्थ प्रयास है संख्यभाव की उपासना को ढूंढ़ना भी व्यर्थ है। इनमें जीवात्मा और परमात्मा को ढूंढ़ना कोरी खींचा तानी है इनमें तो मानव की मूल भावना 'काम' का सांगोपांग चित्र अंकित किया गया है, और इनका सम्बन्ध लौकिक जगत् से है। पारलौकिक से नहीं। क्योंकि इनमें जीवन के मौलिक आनन्द का उज्जवल रूप अंकित है। अतः यह भाव सिद्ध हो जाता है कि, विद्यापति भक्तकवि न होकर श्रृंगार के प्रख्यात कवि हैं, जिन्होंने 'काम' को केन्द्र बिन्दु मानकर उसके सभी अंग प्रत्ययों पर रसभरी लेखनी द्रौड़ाई है। हिन्दी के जन्मकाल की रचनाओं के रचनाकार स्वयंभू (पद्मचरित्र) और विद्यापति तथा चन्द्रवरदाई (पृथ्वीराज रासौ) हिन्दी की नींव के सुदृढ़ पत्थर हैं।"

5

हिन्दी भाषा का इतिहास पूर्ण विश्लेषण

हिन्दी भाषा का इतिहास, कालविभाजन और आधारभूत सामग्री

हिन्दी साहित्य क्रमागत परिस्थिति, प्रवृत्ति एवं विचारधाराओं और कवि विवरणों के आधार पर विक्रमी सम्वत् 1900 तक लिखित रूप में प्राप्त नहीं होता है। पृथक्- पृथक् जानकारी इकट्ठी करके विद्वानों ने इसे एक स्वरूप प्रदान किया है। फ्रेंच भाषा में प्राप्त "इस्त्वटर दला लिटेरायूर (लिटरेचर) ऐं दुई ऐं ऐंदुस्तानी" नाम की पुस्तक सर्वप्रथम इतिहास के रुप में हैं। जो ग्रेटब्रिटेन की आयरलैण्ड की प्राच्य साहित्यिक अनुवादक समिति की ओर से पेरिस में मुद्रित हुई इसमें उर्दू हिन्दी दोनों ही भाषाओं के कवियों का उल्लेख फ्रेंच भाषा में दिया है। आश्चर्य की बात यह है कि हिन्दी का इतिहास भारतीयों द्वारा न लिखा जाकर विदेशियों द्वारा लिखा गया है। इस पुस्तक का अनुवाद हिन्दी सहित सभी भारतीय भाषाओं में होना चाहिए। अब हम हिन्दी साहित्य की प्राप्त सामग्री को क्रमानुसार एकत्र करके प्रस्तुत करते हैं। यह संकलन डॉ. रामकुमार वर्मा द्वारा किया गया है। वह इस प्रकार है-

	ग्रन्थ नाम	लेखक	सम्वत्	विवरण
1.	चौरासी और दोसौ वैष्णवन की वार्ता	गोकुलदास	1625	इसमें पुष्टि मार्ग के वैष्णवों की जीवनी, अष्टछाप के कवियों एवं अन्य कवियों का वर्णन है।

2. भक्तमाल	नामादास	1642	108 छप्पय छन्दों में भक्त विवरण प्रत्येक कवि हेतु एक छन्द
3. श्री गुरू ग्रन्थ साहिब	गुरू अर्जुन देव सिंह द्वारा संग्रहीत		नानक, कबीर, रैदास, नामदेव आदि सोलह 16 संतों का काव्य संग्रह
4. गोसाईं चरित	बेनी माधवदास प्रमाण नहीं	1687	इसमें चौपाई, दोहा और तोटक छन्दों में तुलसी चरित्र
5. भक्त नामावली	ध्रुवदास	1698	116 भक्तों का वर्णन
6. कविमाला	तुलसी (उनसे भिन्न)	1712	1500 से 1700 सम्वत् के 75 कवियों की कविताओं का संग्रह
7. कालिदास हजारा	कालिदास त्रिवेदी	1775	212 कवियों की 1100 कवितायें सम्वत् 1487 से 1575 तक इसी पर शिवसिंह सरोज आधारित है।
8. सत्कविगिराविलास	बलदेव	1803	17 कवियों का वर्णन, बिहारी केशव, चिंतामणि, मतिराम आदि का संग्रह
9. तरंगिणी	सुव्वासिंह	1874	45 कवियों का काव्य संग्रह जिसमें ऋतु वर्णन है।
10. श्रृंगार संग्रह	सरदार कवि	1905	125 कवियों का संग्रह है।
11. रस चन्द्रोदय	ठाकुर प्रसाद त्रिपाठी	1920	इसमें बुंदेलखण्ड के 242 कवियों का काव्य संग्रह
12. शिवसिंह सरोज	शिवसिंह	1940	1000 कवियों का जीवनवृत्त
13. कविरत्न माला	देवी प्रसाद मुंसिफ	1968	राजस्थान के 100 कवियों का वृत्त
14. संतवाणी संग्रह	अधम	1972	24 कवियों का वृत्त एवं काव्य संग्रह तथा अन्य संतो की वाणी
15. सिलैक्सन्स फ्रोम हिन्दी लिटरेचर	लाला सीताराम	1978 से 1982 तक	कवियों की आलोचना और काव्य संग्रह

16. राजस्थान	कर्नल टाड	1889	राजस्थानी के चारणों के निर्देश हैं।
17. Hinduism and Brahminism	Maniar Williams	1940	हिन्दी के कवियों और आचार्यों की आलोचना
18. नागरी प्रचारिणी सभा की खोज रिपोर्ट	श्यामसुंदरदास, मिश्रबंधु, हीरा लाल	1957 से 1988 तक	अज्ञात कवियों की रचनायें उदाहरण एवं परिचय
19. Kabir and Kabir Panth	Basket वास्कट	1964	कबीर तथा कबीर पंथों के आदर्श
20. History of Sikh Religion	Mekalif मेकालिफ	1965	सिखधर्म का उद्भव और हिन्दी कवियों का उल्लेख
21. Indian Thesis	Maeknical मेकनिकॉल	1972	हिन्दू दार्शनिक सिद्धान्तों का स्पष्टीकरण
22. A Disciplive Catalogue of Wordic & Historical Manuscript	Dr. L.P. Tassitri	1974	राजस्थानी डिंगल काव्य के कवियों का वर्णन
23. An out line of the Religious Literature of India	फ़र्कहर Farkhar	1977	धार्मिक सिद्धान्तों के प्रकाश हिन्दू कवियों की आलोचना
24. Gorakhnath and the Kanfata Yogis	Brigs ब्रिग्स	1995	गोरखनाथ और नाथ सम्प्रदाय पर दार्शनिक आलोचना
25. राजस्थान के हस्त लिखित ग्रन्थों की खोज	मोतीलाल मेनारिया	1999	राजस्थान के अनेक ज्ञात/अज्ञात कवियों का परिचय, उनकी रचनाओं के उदाहरण।

अन्य बाहय साक्ष्यों में राजा परमार्दिदेव, चंदेल राजा परमाल के सामयिक जैन शिलालेख, आबू पहाड़ के राजा जैत तथा शलख के शिलालेख आते हैं। ऐतिहासिक स्थानों की सामग्री कबीरचौरा वाराणसी, अस्सी घाट वाराणसी, कबीर की समाधि, बस्ती जिले में आभी नदी तट, जायसी की समाधि अमेठी, तुलसी की प्रस्तरमूर्ति राजापुर

(बाँध), तुलसी के स्थान का अवशेष, सौरों (एटा), नरसिंहजी का मंदिर सोरों, केशवदास का स्थान टीकम गढ़ तथा सागर (मध्य प्रदेश) इनके अलावा हमें जनश्रुतियों के द्वारा विभिन्न स्रोतों का ज्ञान करके उन्हें प्रकाश में लाना अपेक्षित है। यह कार्य हिन्दी के जन्म एवं उसके विस्तार के करने वालों और नई पीढ़ी की जानकारी हेतु परिश्रम साध्य प्रयास अत्यावश्यक भी है। अब हिन्दी साहित्य के काल विभाजन पर विचार करते हैं, साहित्य और समाज का घनिष्ठ सम्बन्ध होता है। जातीय जीवन की विभिन्न परिस्थितियों का समाज पर प्रभाव पड़ता है। साहित्य की विविध विधाओं में उनके रचयिता, लेखकों, कवियों ने जीवन के साथ-साथ समाज का जीवन भी प्रतिबिम्बित होता रहता है। किसी जाति के साहित्य में, सामाजिक, राजनैतिक एवं धार्मिक परिस्थितियां सहज ही प्रतिफलित होती हैं।

हिन्दी साहित्य के इतिहास के संदर्भ में भी वैविध्य और विविध मत प्राप्त होते हैं। जैसे कि डॉ. रामकुमार वर्मा हिन्दी साहित्य का उद्‌भव संवत् 900 से मानते हैं। और राजाभोज के पूर्व पुरूष दरवारी कवि "पुष्य" को हिन्दी का प्रथम कवि मानते हैं। डॉ. जायसवाल हिन्दी का आरंभ तो संवत् 900 से ही मानते हैं किन्तु प्रथम कवि सिद्ध सरहपा को मानते हैं। आचार्य रामचन्द्र शुक्ल, श्यामसुन्दरदास और हजारी प्रसाद द्विवेदी हिन्दी साहित्य का आरंभ विक्रमी सम्वत् 1100 से मानते हैं। आचार्य शुक्ल जी ने हिन्दी साहित्य के आरंभ का काल सम्वत् 1050 स्वीकार किया है जो वैज्ञानिक ढंग से प्रामाणिक तथा सानुमतिक है। हिन्दी के सम्पूर्ण इतिहास को शुक्ल जी और उनके अनुयायी चार भागों में विभक्त करते हैं। (1) वीरगाथाकाल सम्वत् 1050 से 1375 तक (2) भक्तिकाल से 1375 से 1700 तक (3) रीतिकाल 1700 से 1900 तक (4) गद्यकाल या आधुनिक काल 1900 से अब तक। इस विभाजन में व्यापक विशेषतायें, विशिष्ट साहित्यिक परम्परायें, सामान्य प्रवृत्तियां और प्रगतियों का दृष्टिगत रखा गया है। किसी काल में एक विशेष प्रवृत्ति मूलक रचनाओं के आधिक्य को ध्यान में रखकर उसकाल का सीमा निर्धारण और नामकरण किया जाता है इसी सिद्धान्त को लेकर शुक्ल जीने इस काल विभाजन का सीमा निर्धारण एवं नामकरण किया है और यह सर्वसम्मत है यह व्यावहारिक और मनोविज्ञानिक है। इसका आधार काल विशेष में एक विशेष प्रवृत्ति मूलक ग्रन्थों की बहुलता है। आरंभकाल में राजपूत राजाओं तथा चारण कवियों

के साथ वीरगाथाओं की प्रधानता थी। अतः शुक्ल जी ने बारह ग्रन्थों के आधार पर इस काल को वीरगाथा काल कहा, (i) विजयपाल रासौ (ii) हम्मीर रासौ (iii) कीर्तिकला (iv) कीर्तिपताका (v) खुमान रासौ (vi) बीसलदेव रासौ (vii) पृथ्वीराज रासौ (viii) संदेश रासौ (ix) जयमयंकजस चन्द्रिका (x) परमाल रासौ (xi) खुसरों की पहेलियां (xii) विद्यापति पदावली। खुसरों की पहेलियाँ और विद्यापति पदावली तथा बीसलदेव रासौ को छोड़कर सभी वीरगाथात्मक रचनायें हैं। इसके नामकरण के समय में इतिहास की सामग्री उपर्युक्त ग्रन्थों के अतिरिक्त उपलब्ध न थी। आज के अन्वेषण पर उपलब्ध रचनायें भी इसमें बाधा डालती है। अपभ्रंश के धार्मिक ग्रंथों की धर्म भावना प्रधानता की ओर शुक्ल जी ने ध्यान ही नहीं दिया अतः वीरगाथाकाल नामकरण में अपूर्णता सी प्रतीत हुई। डॉ. रामकुमार वर्मा ने इस आरंभकाल को दो भागों में बांटा, पूर्वार्ध संधिकाल और उत्तरार्ध चारणकाल। किन्तु राहुल सांकृत्यायन ने इन मिश्रित नामों को "सिद्ध सामन्त" काल कहा। चन्द्रधर शर्मा गुलेरी और डॉ. धीरेन्द्र वर्मा ने इसे "अपभ्रंशकाल" कहा। डॉ. हजारी प्रसाद द्विवेदी ने इसे आदिकाल कहा। ये सभी नाम निर्दोष हैं, फिर भी शुक्ल जी की मान्यता ही उपयुक्त है। हिन्दी साहित्य का भक्तिकाल सम्वत् 1375 से 1700 तक माना। सामाजिक तथा धार्मिक परिस्थिति के अनुसार वीरगाथाकाल के साहित्य को दिशा बदलनी पड़ी।

विधर्मी एवं अत्याचारी मुगल शासकों के कारण वीर भावना परास्त हो चली थी। विधर्मियों के अत्याचार से अपने हिन्दू धर्म की रक्षा करने में हिन्दू जाति असमर्थ थी, हताश हिन्दू जाति को अपने विक्षुब्ध हृदय को शांति पहुँचाने के लिए भक्तिवत्सल ईश्वर की शरण लेनी पड़ी। भक्ति का जो स्रोत दक्षिण में पहले से ही बहता चला आ रहा था, उत्तरी भारत में प्रचार पाने लगा स्वामी रामानंद तथा बल्लभाचार्य जैसे आचार्यों का समर्थन पाकर राम तथा कृष्ण की भक्ति के रूप में भक्ति आन्दोलन ने व्यापक तथा शक्तिशाली रूप धारण कर लिया, अनेक कवि भगवान का गुणगान करते हुए दिखाई दिये। भक्ति की निर्गुण तथा सगुण दो धारायें चलीं। निर्गुण काव्यधारा में भी दो भाग हुए, ज्ञानमार्गी काव्यधारा, तथा प्रेममार्गी सूफी काव्यधारा। सगुण काव्यधारा रामभक्ति तथा कृष्णभक्ति धारा के रूप में आगे आयी। शुक्ल जी के वर्गीकरण को इतिहासकारों ने स्वीकृत कर कबीर, नानक, दादू, रैदास आदि को निर्गुणोंपासकों को ज्ञानमार्गी

काव्यधारा में तथा कुतुबन मंझन, जायसी आदि को प्रेमाश्रयी शाखा में स्थान दिया। रामभक्ति में तुलसी तथा कृष्णभक्ति में सूरदास को स्थान देना निश्चित था। कुछ विद्वान सूफियों को भक्तकवियों में न मानकर उन्हें 'प्रेम की पीर' पर आश्रित बताते हैं। सूफियों के इश्क मिजाजी तथा प्रेम की पीर की तुलना कबीर और सूर तुलसी से करना उचित नहीं। शुक्लजी ने श्रृद्धा तथा भक्ति के योग को प्रेम कहा है। इस मान्यता के आधार पर सूफ़ियों को भक्तों की कोटि में स्थान देना ठीक नहीं। सूफ़ी कवियों की प्रेमाभिव्यंजना में श्रद्धा का योग दृष्टिगोचर नहीं होता साथ ही दैन्यभाव को स्थान नहीं। उसमें वासना की मात्रा ही अधिक है।

सूफी काव्य को भक्तिकाव्य न मानने पर भी भक्तिकाल की शृंखला को सम्भवतः हानि नहीं पहुँचती है। इस काल को भक्तिकाल की संज्ञा देना उपयुक्त था तथा है। संतों ने निर्गुण ब्रह्म की उपासना में काव्य रचना की। सगुणोपासकों में रामभक्तकवियों ने मर्यादा पुरूषोत्तम राम तथा कृष्ण भक्तों ने वृन्दावन बिहारी कृष्ण को अपनी भक्ति का अवलम्बन मानकर हार्दिक भावनाओं को काव्य की विविध शैलियों में अभिव्यक्त किया। हिन्दी काव्य के भाव तथा कला दोनों ही पक्ष की समृद्धि हुई। इस काल में हिन्दी काव्य अपने उत्थान के चरम शिखर पर पहुँचा अतः इसे हिन्दी का स्वर्ण युग कहने में कोई अत्युक्ति नहीं होगी। निर्गुण कवियों की भक्ति भावना की अनुभूति में तथा सगुण कवियों की भक्ति भावना मूलक प्रवृत्ति में कोई अन्तर नहीं था, अतः यह काल भक्तिकाल नामकरण से सार्थक है। रीतिकाल संवत् 1700 से 1900 तक माना जाता है, भक्तिकाल में हिन्दी कवितापूर्ण प्रौढ़ता को प्राप्त हो चुकी थी। अब हिन्दी कवियों का ध्यान संस्कृत के काव्यशास्त्र का अनुसरण करते हुए हिन्दी के विविध काव्यांगों के निरुपण की ओर गया। रस, अलंकार नायिका भेद का निरुपण करते हुए लक्षण ग्रन्थों की रचना की। इन्हें हिन्दी में रीतिकाव्य कहा जाता था। इन रीतिग्रन्थों की परंपरा हिन्दी में सम्वत् 1700 से 1900 तक लगभग 200 वर्ष तक चलती रही। रीति ग्रन्थों में सलक्षण तथा लक्षणहीन दोनों प्रकार के काव्य ग्रन्थ सम्मिलित है। इसकाल के अधिकांश कवियों ने अलंकार, रस, नायिका भेद आदि के लक्षण देकर उनके उदाहरण स्वरूप में कवितायें लिखीं। कुछ ने बिना लक्षण के भी कविता की। वैसे हिन्दी में 1700 सम्वत् से पहले भी रीतिग्रन्थ लिखे जा चुके थे। सम्वत् 1558 में कृपाराम

ने हिततंरगिनी में रस निरुपण किया था। और 1650 में केशव ने कवि प्रिया तथा रसिक प्रिया अलंकार रस, नायिका भेद आदि काव्यांगों पर शास्त्रीय विवेचन किया था। फिर रीतिकाल निर्धारित काल से 50 वर्ष पूर्व नहीं माना जा सकता। रीतिग्रन्थों की अविरल परम्परा हिन्दी में चिंतामणि त्रिपाठी के समय 1700 से आरम्भ हुई। और एक प्रवृत्ति के रूप में इन ग्रन्थों की रचना 1900 तक अविच्छिन रूप से होती रही। रीतिपद एक विलक्षण पद रचना के अर्थ में प्रयुक्त हुआ था, जिसका सम्बन्ध रीति सम्प्रदाय से था, इसके प्रवर्तक वामनाचार्य थे। इन्होंने रीति को काव्य की आत्मा स्वीकार किया तथा रीति शब्द का प्रयोग एक विशिष्ट पद रचना के लिए प्राप्त हुआ। रीति के भीतर काव्य के निर्धारित लक्षणों तथा परंपराओं के निभाने के अर्थ में प्रयुक्त हुआ। "रीतिः संगठना" अर्थात् काव्य सम्मत लक्षणों से युक्त काव्य रीति काव्य कहा जाने लगा। रीति के नामकरण के बारे में विद्वानों के मत इस प्रकार हैं।

मिश्र बंधुओं ने इसे अलंकृत काल कहा है। पं. विश्वनाथ प्रसाद मिश्र ने श्रृंगार काल कहा है। संस्कृत तथा प्राकृत के काव्यों की परंपरा का प्रभाव इस काव्य पर पड़ा अतः श्रृंगार भावनामुख्य थी। डॉ. रसाल इसे कला काल कहते हैं क्योंकि इसमें कला की विशेष समृद्धि हुई थी। अतः अब तो शुक्ल जी का रीतिकाल ही इसकाल के लिए सार्थक नामकरण है। रीतिमुक्त कवि बोधा, आलम, घनानन्द, ठाकुर आदि भी श्रृंगारी कवियों में अपना प्रमुख स्थान रखते हैं। रीतिकाव्य की परिधि में इन्हें स्थान नहीं दिया जा सकता है। रीति परंपरा से मुक्त लाल कवि, जोधराजभूषण, सूरदास आदि कवि भी हुए। भक्ति, वैराग्य ज्ञान आदि पर वृन्द, बैताल, गिरधरदास, दीनदयाल गिरि आदि की नीति विषयक विविध रचनायें होते हुए भी प्रधानता श्रृंगारपरक रीतिकाव्य की रही। अतः इसका नाम रीतिकाल उपयुक्त था।

हिन्दी साहित्य में आधुनिक काल सम्वत् 1900 से माना जाता है। भारतेन्दु इस युग के प्रवर्तक साहित्यकार माने जाते हैं। इस काल की महत्वपूर्ण घटना गद्य का विकास है। अतः इसे गद्यकाल भी कहा जाता है। इस काल में नाटक, उपन्यास, कहानी, निबन्ध, आलोचना आदि विविध क्षेत्रों में गद्य को विकसित होने का अवसर मिला, नवचेतना से प्रेरणा पाकर कविता की भी खूब उन्नति हुई। फिर भी गद्य की सर्वतोन्मुखी उन्नति जितनी इसकाल में हुई उतनी पहले नहीं। इस साहित्य की सबसे

बड़ी विशेषता गद्य साहित्य तथा उसके विविध रूपों का विकास अन्यकालों की अपेक्षा इस काल का नाम भी आधुनिक प्रवृत्तियों के आधार पर होना चाहिए, वास्तव में यह काल प्रमुख प्रवृत्तियों से भरा पड़ा है। किसी एक प्रवृत्ति के आधार पर किया गया नामकरण भ्रामक भी हो सकता है। इसलिए आधुनिक काल ही उपयुक्त नाम है। विविध शैलियों, साहित्यिक रूपों तथा विचारधाराओं से परिपूर्ण आधुनिक काल के साहित्य को इतिहास लेखकों ने बहुत से उपविभागों में बांटा/विभक्त किया है। शुक्ल जी ने इसे तीन उत्थानों में प्रथम उत्थान सम्वत् 1925 से 1950 तक, द्वितीय उत्थान 1950 से 1975 तक और तृतीय उत्थान 1975 से आगे तक है। अन्य विद्वानों ने इसे छोटे-छोटे कालों में बांटा है। जैसे भारतेन्दु युग, द्विवेदी युग, छायावादी युग, प्रगतिवाद, प्रयोगवाद, नई कविता आदि कहा। भारतेन्दु से द्विवेदी युग तक धारा सीधी साधी है। परन्तु छायावाद या प्रसाद युग के बाद हिन्दी के क्षेत्र में वादों की एक बाढ़ सी आ जाती है। छायावाद का सम्बन्ध तो एक विशेष काव्यधारा से ही है। कुछ विद्वानों ने इसे "प्रेमचन्द्र प्रसाद शुक्ल काल नाम दिया है। प्रकाशगुप्त ने इस तृतीय उत्थान को 'नवयौवनकाल' कहा है। इन्होंने "नव-जागरण काल" नाम भी दिया। भारतेन्दु युग को हम संक्रान्ति या संधिकाल भी कह सकते हैं। द्विवेदी द्वारा खड़ी बोली का परिष्कार संभव हुआ। कविता के क्षेत्र में महाकाव्य, खंडकाव्य, आख्यान, काव्य तथा गीतिकाव्य के रुपों में विकास उपन्यास कहानी नाटक में यथेष्ट समृद्धि हुई। तृतीय उत्थान काल में कविता के क्षेत्र में छायावाद का विकास हुआ। प्रसाद, निराला, महादेवी, पन्त आदि ने छायावादी काव्य को नया वस्तु विधान, नई अभिव्यंजना शैली और नया छंद विधान देकर समृद्ध किया। इसी युग में प्रसाद जैसे नाटककार प्रेमचन्द जैसे कथाकार शुक्ल जैसे निबंधकार तथा आलोचक हुए जिन्होंने हिन्दी साहित्य की सर्वांगीण उन्नति में सहयोग दिया। प्रगतिवादी युग तथा चतुर्थ उत्थानकाल में हिन्दी साहित्य में विविधवाद आये। प्रगतिवाद, प्रयोगवाद प्रतीकवाद यथार्थवाद आदिवाद तथा मनोविश्लेषणवाद, आदि आये। अतः यह काल विभिन्न परिस्थितियों से प्रभाव लेकर विविध विचारधाराओं, अभिव्यंजना शैलियों तथा रूपों को अपनाता हुआ निरंतर विकासोन्मुख रहा है। इतिहास लेखकों ने विभिन्न कालों, विकसित साहित्यिक प्रवृत्तियों और विशेषताओं के आधार पर ही हिन्दी साहित्य को विभिन्न युगों तथा कालों में विभक्त किया है।

6

हिन्दी साहित्य का कालानुसार विश्लेषण

हिन्दी का आदिकाल

समय निर्धारण में यह स्पष्ट करना है कि सम्वत् में से 57 वर्ष घटाने पर ईस्वी सन् निकल आती है। सिन्धु शब्द के 'स' को ह कहा गया अतः हिन्दी हिन्दू हिन्दुस्तान शब्द बने। विद्वानों का मत है कि ऋग्वेद की रचना ईस्वी सन् से 3500 वर्ष पूर्व हुई थी। अतः (i) वैदिक काल 3500 ई.पू. से 1000 ई.पू. तक रहा। (ii) संस्कृत साहित्यकाल 1000 ई. पू. से 1500 ई. पू. तक (iii) पालि साहित्यकाल 1500 ई.पू. के आसपास (iv) प्राकृत साहित्यकाल 500 ई.पू से 1000 ई.पू. तक (v) अपभ्रंश साहित्यकाल 500 ई. से 1500 ई. पू. तक गौतम बुद्ध के उपदेश ग्रन्थ त्रिपटक के परवर्ती (वादके) प्राकृत साहित्य की इतिहास रूप में जैनी विद्वान जगदीश चन्द्र जैन ने प्रस्तुत किया और बताया कि प्राकृत साहित्य प्रबंधकाव्य, मुक्तक काव्य और नाटक ग्रन्थों के रूप में मिलता है। इस समय की प्रमुख रचना कवि हाल की "गाथा सप्तसती" है। जिसका प्रभाव रीतिकालीन कवि की बिहारी सतसई पर है। प्राकृत साहित्य-ताम्रपत्रों तथा मुद्राओं पर मिलता है। तथा यवन, रोम तथा चीनी रचनाओं में। जैनों तथा बौद्धों द्वारा लिखित अधिक मिलता है। प्रबंध काव्य, चरित्र काव्य, महाकाव्य तथा अनेक प्रेम कथाओं के रुप में प्राकृत साहित्य मिलता है। विमल सूरिकृत पउमचरिउ महाकाव्य

है। बुद्ध विद्वान पउमचरिउ को स्वयंभूदेव और उनके पुत्र त्रिभुवन की संयुक्त रचना मानते हैं। महावीर चरित्र, सनत्कुमार चरित्र, कविहाल की गाथा सप्तसती। नाटक रूप में कर्पूर मंजरी जिसे काव्यशास्त्री सट्टक श्रेणी में लाते हैं। रामामंजरी- कथा साहित्य रूप में गुणाढ्यकृत 'बृहत्कथा' (कथासरित्सागर) आदि। सर्वप्रथम प्राकृत साहित्य इसके बाद अपभ्रंश साहित्य फिर हिन्दी साहित्य यह परंपरा है। अपभ्रंश साहित्य का हिन्दी साहित्य पर सीधा प्रभाव पड़ता है तथा प्राकृत साहित्य का हिन्दी साहित्य पर अप्रत्यक्ष रूप से पड़ता है। क्योंकि प्राकृत, अपभ्रंश फिर हिन्दी का विकास हुआ।

अपभ्रंश साहित्य- जैन साहित्य, बौद्ध साहित्य और लौकिक साहित्य के रूप में मिलता है। तथा तंत्र मंत्र साहित्य रूप में भी। जैन साहित्य में (i) प्रबंधात्मक ग्रन्थ जिसमें स्वयंभू की रचना पउमचरिउ (रामकथा) है। हरिवंश पुराण इसमें कौरव पांण्डवों की कथा है। पुष्पदंत की रचना महापुराण, नाग कुमार चरित, जसहरि चरित्र आदि। नयनंदि की रचना सुदर्शन चरित्र सोमप्रभाचार्य की रचना कुमारपाल प्रतिबोध लाखू की रचना जीणदत्त चरित आदि। (ii) मुक्तक काव्यात्मक- मुनिरामसिंहकृत "पाहुड़ दोहा" सुप्रभाचार्यकृत "वैराग्यसार"। (iii) धार्मिक तथा उपदेशात्मक- प्रसिद्ध रचना जीणदत्त सूरि कृत उपदेश रसायन रास, मुनि जयदेव कृत, भाषण संधि प्रकरण, उपदेश माला आदि। (iv) बौद्ध तथा सिद्ध साहित्य के रूप में अपभ्रंश साहित्य- सिद्ध सरहपा, लुइपा, कण्डपा, गोरक्षपा आदि। शैवसाहित्य में तंत्रलोक। तंत्र सार का प्रभाव जयशंकर प्रसाद पर भी प्रतीत हुआ है। (v) लौकिक साहित्य का सबसे अधिक प्रभाव हिन्दी पर विशेष रूप में पड़ा है। यह मुक्तक और प्रबंधात्मक रचनाओं में मिलता है। कालिदास की विक्रमोर्वशीयम् प्रबंधकोश, (राजशेखर) माधवानल काम कंदला, ढ़ोलामारू दा दोहा आदि प्रभावित हैं। अन्य प्रबंध रचनायें संदेश रासो (रासक) (अब्दुल रहमान) तथा कालिदास का मेघदूत, विद्यापति की कीर्तिलता, कीर्तिपताका ये सब खण्डकाव्य के रूप में मिलती हैं। हिन्दी साहित्य के लेखन में कठिनाईयों से प्राप्त सामग्री एवं परम्परा हमें तीन रूपों में प्राप्त होती है। (क) धार्मिक साहित्य (ख) राजाश्रय साहित्य (रीतिकालीन कवि) (ग) लोकाश्रय साहित्य। फिर भी पूर्ण सामग्री का अभाव रहा, हस्तलिखित कृतियों में तिथियों का अभाव तथा इतिहास लेखन की परंपरा का अभाव रहा।

1. इतिहास लेखन की सामग्री

अन्तः साक्ष्य	बाहृय साक्ष्य
(i) स्वयं कवि की रचना	(i) जीवनी साहित्य (ध्रुवदासकृत) माधवानल काम कन्दला 1698 सम्वत्
(ii) कवि का आत्मोल्लेख	(ii) गोकुलनाथ कृत चौरासी और दो सौ बावन वैष्णवन की वार्ता
(iii) कवि की भाषा शैली	(iii) नाभादास कृत भक्तकाल
(iv) कवि द्वारा संपादन, संकलन	(iv) वेणीमाधव कृत मूल गुसाईं चरित

2. संग्रह ग्रन्थ- कालिदास त्रिवेदीकृत- कालिदास मंजूषा इसमें 222 कवियों के छन्द संग्रहीत है। इसका समय सम्वत् 1775 है। अर्जुनदेवकृत गुरू ग्रन्थ साहिब इसमें 16 संत कवियों का (कबीर आदि का) परिचय है। भिखारीदास कृत- काव्य निर्णय सम्वत् 1782 का है इसमें कवि परिचय छन्द बद्ध है। सिंखोकृत आदि ग्रन्थ, कवि अधमकृत संत वाणी संग्रह संवत् 1972 का है। इसमें 24 संतों का परिचय एवं रचनायें हैं। 3. खोज रिपोर्ट साहित्य 4. ताम्र पत्र एवं शिला लेखों आदि से प्राप्त सामग्री 5. अन्य भाषाओं से प्राप्त हिन्दी साहित्य (बंग्ला, चीनी, मराठी आदि से) 6. प्राचीन इतिहास ग्रन्थों से प्राप्त सामग्री।

इतिहास लेखन की परम्परा इस प्रकार है।

(i) गार्सादतासी (Tassy) कृत "हिन्दुई और हिन्दुस्तानी साहित्य का इतिहास" प्रथम भाग 1839 ई. द्वितीय भाग- 1846 ई., तृतीय भाग 1870 है। इसका फ्रैंचभाषा में हिन्दी अनुवाद श्री डॉ. लक्ष्मीसागर वार्ष्णेय ने किया। (ii) शिवसिंह सागर कृत- शिवसिंह सरोज 1870 ई। (iii) 1889 ई. में डॉ. ग्रियर्सन ने "मॉडर्न वर्नाक्यूलर लिटरेचर ऑफ हिन्दुस्तान" लिखा इसमें 952 कवियों का परिचय तथा उनके ग्रन्थों का परिचय दिया है। डॉ. ग्रियर्सन ने हिन्दी साहित्य के 11 विभागों में बांटा है। (iv) "मिश्र बन्धु विनोद" 1913 ई. तथा हिन्दी नवरत्न 1910 इसमें नौ कवियों का परिचय है। मिश्रबंधु विनोद ने पांच कालों में विभक्त किया है तथा

4600 कवियों का परिचय इसमें है। (v) कविता कौमुदी भाग एक दो श्रीरामनरेश त्रिपाठीकृत है। (vi) स्केच ऑफ हिन्दी लिटरेचर-लेखक-ग्रीब्स 1918 ई.। (vii) जिंदलकृत 'ए हिस्ट्री ऑफ हिन्दी लिटरेचर' 1920 ई.। (viii) पदुमलाल पुन्नालाल बख्शीकृत हिन्दी साहित्य विमर्श 1923 ई.। (ix) रामचन्द्र शुक्लकृत- हिन्दी साहित्य का इतिहास 1929 ई. (x) श्यामसुंदरदास कृत हिन्दी भाषा और साहित्य 1930 ई.। (xi) डॉ. रसालकृत हिन्दी साहित्य का इतिहास 1931 ई.। (xii) डॉ. रामकुमार वर्मा "हिन्दी साहित्य का आलोचनात्मक इतिहास" 1938 ई.। (xiii) हजारीप्रसाद द्विवेदीकृत हिन्दी साहित्य की भूमिका, 1940 ई.। (xiv) हजारी प्रसाद द्विवेदीकृत 'हिन्दी साहित्य' 1952 ई.। इनके अतिरिक्त गणपतिचन्द्र गुप्त आदि ने भी इतिहास ग्रन्थ लिखे हैं। अब काल विभाजन के नामकरण पर विद्वानों के मत जानने का प्रयास करते हैं। (i) रचनाओं के आधार पर (ii) ग्रन्थों के आधार पर (iii) शासकों के आधार पर (iv) राजनैतिक आधार पर (v) साहित्यिक प्रवृत्तियों के आधार पर विद्वानों ने काल विभाजन करके नामकरण किया है। मिश्रबन्धु विनोद- प्रारंभिक काल, आध्यात्मिक काल, अलंकृत काल, परिवर्तन काल और वर्तमान काल पांच भागों में बांटते हैं। डॉ. ग्रियर्सन ने 11 नाम बतायें हैं। रामचन्द्र शुक्ल आदिकाल 993 ई. से 1318 ई. तक। पूर्वमध्यकाल 1318 ई. से 1645 ई. तक। उत्तर मध्यकाल 1645 ई. से 1843 ई. तक तथा आधुनिक काल 1843 ई. से 1927 ई. तक। चार काल मानते हैं आदिकाल को इन्होंने अपभ्रंश तथा वीरगाथा काल भी कहा है। डॉ. रामकुमार वर्मा आदिकाल के संधिकाल 693 ई. से 943 ई. और चारणकाल 943 ई. से 1318 ई. तक कहते हैं। राहुल सांकृत्यायन आदिकाल को सिद्ध सामन्त युग कहते हैं। श्यामसुन्दर दास आदि काल को आदियुग कहते हैं। डॉ. गणपतिचन्द्र गुप्त आदिकाल को उन्मेषकाल या प्रारंभिक काल कहते हैं। अन्य कुछ विद्वान आदिकाल को शून्य काल भी कहते है। डॉ. मोहन अवस्थी आदि काल को आधार काल कहते हैं। इस प्रकार इस संबंध में अनेक मत हैं। अंततः यही निष्कर्ष है कि हम इसे तब तक आदि काल की कहेंगे, जब तक कोई एक नाम निश्चय नहीं हो जाता। इसका समय 1000 ई. से 1400 ई. तक डॉ. धीरेन्द्र तथा द्विवेदी जी मानते हैं। अवधि के सन्दर्भ में गणित सम्बन्धी निश्चित अवधि निर्धारित करना भी दुष्कर है। वैसे तो प्रारंभ से 1350 ई. तक आदिकाल का समय माना गया है। मध्यकाल 1318 से

1843 ई. आचार्य शुक्ल, लक्ष्मीसागर वार्ष्णेय और डॉ. रामकुमार वर्मा मानते हैं। जबकि हजारी प्रसाद द्विवेदी मध्यकाल की अवधि 1400 ई. से 1800 ई. मानते हैं। डॉ. धीरेन्द्र वर्मा भी यही मानते हैं। डॉ. गणपति दास गुप्त मध्यकाल की अवधि 1357 से 1857 मानते हैं। आचार्य शुक्ल पूर्वमध्यकाल (भक्तिकाल) 1318 से 1643 तक, उत्तर मध्यकाल (रीतिकाल) 1643 से 1843 ई. मानते हैं। पूर्वमध्यकाल में निर्गुण भक्ति, उत्तर मध्यकाल में सगुणभक्ति और रीति साहित्य डॉ. गणपति चन्द्र गुप्त के मतानुसार है। भाषा के आधार पर डॉ. धीरेन्द्र वर्मा मध्यकाल को पांच भागों में बांटते हैं। (i) मैथिली (ii) डिंगल (iii) हिंदवी (iv) ब्रज साहित्य (v) अवधी साहित्य की धारा।

आधुनिक काल- आचार्य शुक्ल 1843 से अब तक, डॉ. वार्ष्णेय 1843 से 1927 तक ऐसा ही डॉ. वर्मा, हजारी प्रसाद द्विवेदी, धीरेन्द्र वर्मा भी मानते हैं। गणपतिचन्द्र गुप्त 1857 से अब तक मानते हैं। आधुनिक काल को कुछ लोग दो भागों में बांटते हैं। (1) 1843 से 1943 तक का ब्रिटिशकाल, इसके बाद का (2) आधुनिक काल- इसमें दो धारायें चलीं (क) पद्य साहित्य की धारा (ख) गद्य साहित्य की धारा कुछ लोग 1800 ई. से 1857 ई. के काल को परिवर्तन काल भी कहते हैं। अंततः निष्कर्ष यही निकलता है कि आदिकाल प्रारंभ से 1350 ई. तक। पूर्वमध्यकाल 1350 ई. से 1650 ई. तक। उत्तर मध्यकाल 1650 ई. से 1850 ई. तक। आधुनिक काल 1857 ई. से अब तक।

आदिकाल की दो धारा हैं- 1. अपभ्रंश साहित्य की धारा 2. भाषा साहित्य की धारा।

अपभ्रंश साहित्य की धारा के दो भाग हुए- (i) जैन साहित्य की धारा 900 से 1300 ई. तक (ii) सिद्ध साहित्य की धारा 700 से 1300 ई. तक।

भाषा साहित्य की धारा के भी दो भाग हुए- (i) नाथ साहित्य की धारा 1000 से 1500 ई. तक (ii) चारण साहित्य की धारा 1100 से 1350 ई. तक। इस प्रकार हमें आदिकाल में चार तरह के साहित्य मिले जैन, सिद्ध, नाथ और चारण। जिनके कुछ प्रमुख ग्रन्थों के नाम इस प्रकार हैं। (क) आदिकाल- डॉ. हजारी प्रसाद द्विवेदी।

(ख) सिद्ध साहित्य- डॉ. धर्मवीर भारती (ग) नाथ सम्प्रदाय डॉ. हजारी प्रसाद (घ) जैन साहित्य का संक्षिप्त इतिहास- कामता प्रसाद जैन (ड़) रासौ साहित्य विमर्श- डॉ. माता प्रसाद गुप्त (च) पृथ्वीराज रासौ सम्पादक-माताप्रसाद गुप्त (छ) "बौद्धगान ओ दोहा" महामहोपाध्याय हरप्रसाद शास्त्री समय 1916 ई. (ज) "सीर्स आमिस्टिक्स" डॉ. सही विमला समय 1928 ई. (झ) "दोहा कोश" डॉ. प्रबोधचन्द्र बागची समय 1935 ई. (ञ) "हिन्दी काव्यधारा" राहुल सांकृत्यायन 1945 ई. (ट) "सिद्ध साहित्य" धर्मवीर भारती, 1955 ई. (ठ) "मध्यकालीन हिन्दी साहित्य की तांत्रिक पृष्ठभूमि" में लेखक विश्वम्भरनाथ उपाध्याय ने सिद्ध किया है कि यह साहित्य बंगला का न होकर हिन्दी का है। इसकी भाषा पुरानी हिन्दी है। जिसे माध्वीय अपभ्रंश कहा जा सकता है। जैन धर्म की चार शाखाये हैं- 1. महायान 2. हीनयान 3. मंत्रयान 4. बज्रयान और इनका समय है 700 ई से 1300 ई. तक। जो साधक मंत्रों की सिद्धि प्राप्त कर लेते थे, वे सिद्ध कहलाते थे। इनका तिब्बत तथा पश्चिम में अधिक प्रचार था। बज्रयान साहित्य को ही सिद्ध साहित्य कहते हैं। सिद्ध साहित्य के सर्वश्रेष्ठ कवि सरहपा हैं। इनका कार्यकाल 8वीं 9वीं शताब्दी का मध्यकाल कुछ लोग 7वीं का भी मानते हैं। इनके गुरु हरिभद्र थे सिद्धों की संख्या चौरासी है। जिनमें तेज सिद्धों की रचना अधिक मिलती है। सिद्ध गोरक्षपा (गोरखनाथ) तिलोपा, सवरया, लुईपा, कण्डपा, वीणापा, नागार्जुन, भीनपा, शांतिपा आदि सिद्ध साधक कवि हैं। सिद्ध साहित्य दो रुपों में मिलता है- 1. चर्यापद 2. दोहाकोश।

सिद्ध साहित्य के कुछ प्रमुख अंग इस प्रकार है- (1) सिद्धि प्राप्त करना (2) तांत्रिक क्रियायें करना (3) मन की एकता पर बल देना (4) मन को कर्मबन्धनों से मुक्त करना (5) हठयोग साधना तथा गुरू को महत्व देना। (6) सहज समाधि की प्राप्ति करना इनकी साधना का मुख्य लक्ष्य है। बौद्ध साहित्य से सिद्ध साहित्य का उद्भव हुआ। महायान-हीनयान-मंत्रयान-ब्रजयान। सिद्धों की साधना का केन्द्र श्री पर्वत था। इसके बाद विलासिता समाप्त होने पर इसका केन्द्र अलकनंदा रहा। यहीं से महासुख सहजयान और योग सम्प्रदाय का उद्भव हुआ। सिद्ध साहित्य की विविध विशेषताओं में से ये प्रमुख हैं। समस्त सिद्ध साहित्य धार्मिक तथा साम्प्रदायिक है। जीवन सम्बन्धी स्वाभाविक अनुभूतियों तथा काव्य सौन्दर्य का चित्रण प्रायः नगण्य

है। इनकी रचनायें दो प्रकार की है। (1) आध्यात्मिक तथ्यों से युक्त (2) तांत्रिक क्रियाओं तथा उन पर विश्वास।

इनकी विशेषता निम्नलिखित है- 1. काव्यत्व न होते हुए भी उपमाओं, रूपकों, रहस्योक्तियों, व्यंग्योक्तियों आदि के अनेक अच्छे प्रयोग मिलते हैं। 2. सामाजिक रूढ़ियों, मूर्तिपूजा, तीर्थयात्रा, शास्त्र, वेद, उपनिषद्, यज्ञ जातिभेद तथा ब्राह्मणधर्म का घोर खण्डन एवं विरोध किया है। और आत्मिक साधना, परोपकार दयादान आदि का उपदेश दिया है। इनका समस्त साहित्य इन संदेशों तथा उपदेशों से भरा हुआ है। 3. सिद्धों ने संस्कृत भाषा का प्रयोग नहीं किया, इनकी भाषा अपभ्रंश मिश्रित देश भाषा है जो कि मागधी अपभ्रंश से निकली मानी जाती है। कुछ अन्य इतिहास लेखकों ने जैसे रामकुमार वर्मा ने इनकी भाषा को संध्या भाषा या अवहट्ट नाम दिया है। 4. सिद्धों ने अपनी साधना में अन्य साधना कवियों की भाषा को गुरुवत् को महत्व दिया है। इनका कहना है कि आत्मिक साधना बिना गुरु की प्रेरणा से सम्भव नहीं हो सकती। और उन्हीं की प्रेरणा से साधक या जीव माया मोह के बंधन से मुक्त होता है। 5. सिद्धों ने अपने व्यावहारिक जीवन में व्यवहृत सामान्य पदार्थों को भी अपने साहित्य में रुपकों का विषय बनाया है। रुपकों की क्लिष्टता तथा अधिकता दोहा कोशों की अपेक्षा चर्यापदों में अधिक मिलती है। 6. सिद्धों ने अपनी रचनाओं में दोहा, चौथाई तथा पद शैली का प्रयोग किया है। कहीं-कहीं छप्पय तथा सोरठा भी देखने को मिलते हैं। 7. सिद्धों में अधिकांश संगीत के प्रेमी थे, वीणापा, सिद्ध संगीत के विशेषज्ञ माने जाते थे। 8. इस साहित्य में शृंगार (संयोग) तथा शांत रसों का प्रयोग अधिक है। अधिक सिद्ध निम्न जाति के थे, जिससे सवर्ण जातियों के प्रति इनके मन में बराबर विद्रोह की भावना मिलती है। 9. सिद्ध साहित्य बौद्ध तथा नाथ साहित्य के बीच की कड़ी हैं। जहाँ यह साहित्य बौद्ध साहित्य से प्रेरणा ग्रहण करता है, वहीं परवर्ती साहित्य (नाथ तथा संत) पर इसका बड़ा प्रभाव रहा है। इसका पूर्ण रूप मंत्रयान में है। तथा उत्तर रूप योग साधना या नाथ सम्प्रदाय में उपलब्ध होता है। सिद्धों के सिद्धान्त साधना प्रधान होते थे।

नाथ साहित्य– गोरख साहित्य, योग साहित्य आदि का समय लगभग 1000 ई. से 1500 ई. तक है। इस साहित्य पर सर्वप्रथम डॉ. पीताम्बर दत्त बड़थ्वाल ने

कार्य किया। इन्होंने गोरख वाणी का भी प्रकाशन किया। 1942 ई. में प्रयाग में। गोरखनाथ ने 40 ग्रन्थ हिन्दी में 30 ग्रन्थ संस्कृत में लिखे। हिन्दी के तेरह ग्रन्थों का संपादन गोरखवाणी में किया इनका एक ग्रन्थ और मिला, शेष ग्रन्थ नहीं मिल सके। इसके बाद राहुल सांकृत्यायन ने "गोरख सिद्धान्त संग्रह" प्रकाशित किया, फिर 1950 में डॉ. हजारी प्रसाद द्विवेदी ने "नाथ सम्प्रदाय" प्रयाग से प्रकाशित किया। नाथों के कुल गुरू (आदि देवता) आदिनाथ थे।

"आदिनाथ" के दो शिष्य (पुत्र) हुए

मत्स्येन्द्रनाथ ↓ 1. गोरक्षनाथ (गोरखनाथ) 2. चरपटनाथ 3. रेवानाथ 4. मीननाथ

गोरक्षनाथ (गोरखनाथ) ↓ गैणीनाथ

जालन्धरनाथ ↓ 1. कानिया (कृष्णपाद) 2. गोपीचंद

कुछ लोगों का मत है कि गोरक्षनाथ तथा मत्स्येन्द्रनाथ ये दोनों सिद्धकाल के ही थे। लेकिन कुछ इन्हें नाथ साहित्य ही मानते हैं। सिद्धकाल के दो अलग थे, ऐसा मतभेद है। "मत्स्येन्द्रनाथ" तंत्रालोक के अनुसार इन्हें मछन्दरनाथ या मच्छेन्द्रपाल कहते हैं। डॉ. वागची इन्हें दीननाथ या लुइपा नाम से कहते हैं, किन्तु मीन नाथ या लुइपा दो अन्य सिद्ध साधक हैं। अतः मत्स्येन्द्र न ही। इनके जन्म के बारे में मतभेद है। फिर भी 9वीं 10वीं शताब्दी मानी जाती है। ये जालंधर के गुरु भाई थे। नारदपुराण के अनुसार ये बंगाल के निवासी थे। तिब्बत की जनश्रुतियों के अनुसार उनके सम्बन्ध में दर्जनों रचनायें मिलती हैं। मत्स्येन्द्रनाथ के चार ग्रन्थ मिलते हैं, जिनका सम्पादन प्रबोधचन्द्र वागची ने किया है। इनकी लिखाई का अनुमान 11वीं शताब्दी माना जाता है। 1. कौलज्ञान निर्णय 2. अकुलवीर तंत्र 3. कुलानन्द 4. ज्ञानकारिका मत्स्येन्द्रनाथ कौल साधक थे। कौल साधना में साधक का प्रधान कर्त्तव्य जीव शक्ति को उद्‌बुद्ध करना है। जो जग व्याप्त है। और कुण्डलिनी के रुप में मानव शरीर में स्थित है। विलासिता से दूर योग साधनालीन रहना कौल सम्प्रदाय का प्रमुख सिद्धान्त है। सभी कौल सम्प्रदायी कौल सम्प्रदाय का आदि आचार्य मत्सृयेन्द्र को ही मानते

हैं। काश्मीर तथा नेपाल में यह सम्प्रदाय अधिक था। मत्स्येन्द्र को अवलोकितेश्वर का अवतार माना जाता है। "जालन्धरनाथ तथा कृष्णपाल"- गोपीचन्द की अपेक्षा जालंधर के अति निकट थे। इनके दोहा कोश का सम्पादन हरप्रसाद शास्त्री तथा डॉ. वागची ने किया है। इनकी कापालिक साधना सिद्धों के मंत्रयान पर आधारित न होकर शैव मतान्तर्गत है। भोग विलास आदि में भी इनका विश्वास था। ये गृहस्थ साधक थे। आत्मिक साधना का भी महत्व देते थे। गोरखनाथ का मार्ग योग साधना में विश्वास करना था। ये मत्स्येन्द्र के शिष्य थे। आदिनाथ के पौत्र थे। ये नौ प्रमुख नाथों में से प्रमुख गोरख पंथ के चालक थे। ये अपने युग के धार्मिक नेता थे। शैवमत पर आधारित इनकी साधना और सिद्धान्त, योग साधना और हठ साधना को महत्व देना और भोग से विरक्ति है। इनके व्यक्तित्व की सामग्री प्रमाणित नहीं मिलती। कुछ लोग इन्हें बंगाली, पंजाबी, गोरखपुर, नेपाल आदि का बताते हैं। डॉ. हजारी प्रसाद द्विवेदी के मतानुसार ये ब्राह्मण जाति के थे। राहुल सांस्कृत्यायन, डॉ. सहीमुल्ला, नरेन्द्र देव आदि इनका समय 8वीं 9वीं शताब्दी के मध्य मानते हैं। डॉ. मोहनसिंह, डॉ. बड़थ्वाल, डॉ. द्विवेदी, डॉ. धीरेन्द वर्मा इनका समय 1000 ई. के आसपास स्वीकार करते हैं। डॉ. रामकुमार, डॉ. तारानाथ इनका समय 1200 ई. के लगभग मानते हैं। मिश्रबंधुओं ने इनका समय 1300 ई. के लगभग माना है। डॉ. राम किशोर मौर्य के अनुसार इनका समय 11वीं शताब्दी के आसपास है। इनकी रचनाओं की हस्तलिखित प्रतियाँ नागरी प्रचारिणी सभा बनारस में मिलती हैं। 17वीं शताब्दी की इनकी रचना की प्रति भी प्राप्त हुई है।

डॉ. पीताम्बर ने 1942 में हिन्दी साहित्य सम्मेलन, प्रयाग से इनकी रचना गोरखवाणी प्रकाशित की है। इनके 40 ग्रन्थ हिन्दी में 26 संस्कृत में है। केवल तीन ग्रन्थों का संकलन ''ज्ञान चौंतीसा'' वाद में मिला है। संस्कृत रचनायें सभी अप्राप्त है। मुख्य रचनायें सबदी, गोरखबोध, ज्ञान चौंतीसा, गोरखवाणी, आत्मबोध, ज्ञान तिलक आदि मुख्य हैं। जिनमें 'सबदी' इनका प्रामाणिक ग्रन्थ है। गोरखबोध इनका संवाद ग्रन्थ है। इनकी संस्कृत रचनाओं में साधना का सैद्धान्तिक रुप वर्णित बताया है। इनके मत में मानव शरीर एक पिण्ड है। इनके अनुसार हठयोग को इस प्रकार समझा जा सकता है।

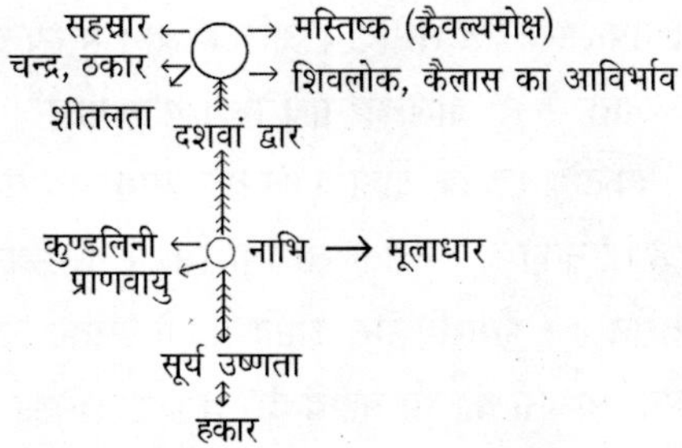

तात्पर्य यह है कि नीचे से ऊपर हकार से ठकार की ओर प्राण वायु को ले जाना यही हठ योग है। हठयोगी चरपटनाथ, गोपीनाथ, पृथ्वीनाथ और अन्य नाथ भी थे, जिन्हें हठयोगी कहा गया है।

नाथ साहित्य की विशेषतायें- 1. नाथ साहित्य अपने पूर्ववर्ती सिद्ध साहित्य तथा परवर्ती संत साहित्य के बीच की कड़ी है। जहां पर इस साहित्य में बौद्धों तथा सिद्धों में बहुत कुछ इनके साधना सम्बन्धी सिद्धान्तों का समावेश हुआ है। सूफी साहित्य, संवाद साहित्य (उद्धवगोपी संवाद) तथा अन्य भाषाओं जैसे बंगला, मराठी, नेपाली, उड़िया आदि के साहित्य पर भी इस साहित्य का प्रभाव रहा है। 2. सिद्ध साहित्य की यह धारा धार्मिक तथा साम्प्रदायिक है। इसमें कवियों का तथा साधकों का उद्देश्य कविता करना न होकर उपदेश या संदेश देना मात्र था। इसलिए साहित्यालोचन की दृष्टि से यह साहित्य बहुत उच्च कोटि का नहीं कहा जा सकता। 3. इस साहित्य में सिद्धों की भाँति वेद, पुराण उपनिषद् तीर्थ यात्रा, पूजा पाठादि, सामाजिक तथा धार्मिक रूढ़ियों का खण्डन किया गया है। 4. सिद्धों की भांति इस साहित्य में भी जातिभेद नहीं मिलता, निम्नवर्ग को ही विशेष आश्रय दिया गया है। 5. कापालिक सम्प्रदाय के अतिरिक्त इस सम्प्रदाय के साहित्य में नारी के प्रति घृणा या दाम्पत्य जीवन के प्रति उपेक्षा की भावना रही है। जो योगी गृहस्थ जीवन व्यतीत करते हुए साधना किया करते थे उन्हें उपेक्षा की दृष्टि से देखा जाता था। 6. इस नाथ साहित्य में प्रतीकात्मक शब्दों तथा उलटवासियों की बहुलता मिलती है। इनकी शैली उपदेशात्मक है। 7. नाथ साहित्य की भाषा बहुत दिन तक मौखिक होने के कारण इसमें किसी एक भाषा के गुण स्पष्ट लक्षित नहीं होते। इसमें पुरानी खड़ी बोली या हिन्दवी मिश्रित भाषा से मुक्त जनभाषा, या लोकभाषा का प्रयोग अधिक हुआ

है। डॉ. रामकुमार वर्मा ने सिद्धों की भांति इनकी भाषा को भी संध्या भाषा का नाम दिया है। 8. छन्दों में सबदी, साखी, दोहा, चौथाई, सोरठा, पद आदि का प्रयोग हुआ है। 9. कापालिक साधना के अन्तर्गत प्राप्त रचनायें शृंगार रस प्रधान तथा शेष रचनायें प्रायः शान्तरस प्रधान है। सिद्धों की भांतिनाथ साधकों ने भी गुरू को महत्व प्रदान किया है।

जैन साहित्य के उदय का समय 900 ई. से 1350 ई. तक माना जाता है। जैन साहित्य की खोज चन्द्रधर शर्मा गुलेरी जी ने की, इन्होंने "पुरानी हिन्दी" 1921 में प्रकाशित की थी। 1927 में नाथूराम प्रेमी कृत जैन साहित्य और इतिहास 1946 में नेमिचन्द्र शास्त्री ने हिन्दी जैन साहित्य परिशीलन, 1947 में कामता प्रसाद जैन ने 'हिन्दी जैन साहित्य का संक्षिप्त इतिहास', 1962 में डॉ. हीरा लाल जैन ने अपभ्रंश साहित्य, भारतीय संस्कृति में जैन धर्म का योगदान, 1965 में डॉ. राम सिंह तोमर ने "प्राकृत अपभ्रंश साहित्य और उसका हिन्दी साहित्य पर प्रभाव"। 1965 में ही डॉ. नामवर सिंह ने "हिन्दी के विकास में अपभ्रंश का योग" और 1965 में ही डॉ. वासुदेव सिंह ने "अपभ्रंश और हिन्दी का जैन रहस्यवाद आदि पुस्तकें प्रकाशित की"। 1. जैन प्राकृत साहित्य- कुन्द कुन्दाचार्य तथा मुनि कार्तिकेय जैन साहित्य के प्रथम रहस्यवादी कवि हैं। कुछ विद्वान इन्हें 7वीं शताब्दी का मानते है। इनके 84 पाहुड़ ग्रन्थ हैं। 8 उपलब्ध हैं। मुनि कार्तिकेय कृत "कार्तिकेयानुप्रेक्षा" में सब कुछ प्राकृत में लिखा है। 2. जैन संस्कृत साहित्य- "पूज्यपाद" जैन रहस्यवादी कवि हैं। भाषा संस्कृत है। ग्रन्थ वैद्यक, रसायन शास्त्र, न्याय, व्याकरण आदि विषयों के हैं। प्रसिद्ध ग्रन्थ "समाजशतक" है। योगेन्द्र मुनिकृत-परमार्थ प्रकाश तथा यशोविजय कृत "समाधितंत्र" मिलते हैं। 3. जैन अपभ्रंश साहित्य- जैन सम्प्रदाय दो भागों में विभाजित हुआ। (i) श्वेताम्बर (सफेद वस्त्रधारा) आचार्य स्थूलभद्र। (ii) दिगम्बर (मूर्ति खण्डक) जैसे आचार्य भद्रबाहु। दिगम्बर सम्प्रदाय का अधिक प्रचार मध्यप्रदेश तथा उत्तर प्रदेश में था। तथा राजस्थान और गुजरात में श्वेताम्बर का प्रचार था। प्राचीन दिगम्बर सम्प्रदाय अधिक प्रचलित था। जैन अपभ्रंश साहित्य तीन रूपों में मिलता है। (क) प्रबंध काव्य या चरित्र काव्य (ख) मुक्तक काव्य (ग) लोक साहित्य या लोक कवियों की विविध विषयों पर रचनायें।

(क) प्रबंध काव्य या चरित्र काव्य - (i) स्वयंभू कृत "पउमचरिउ", स्वयंभू छंद, समय, 7, 8, 9 और 10वीं शताब्दी। मुनि जिन विजय ने 'पउमचरिउ' के तीन भाग किये हैं। इसे जैन रामायण भी कहते हैं। इसका कथानक राम साहित्य से है। यह ग्रन्थ धर्म तथा साहित्य की दृष्टि से महत्वपूर्ण है। (ii) पुष्पदन्त (10वीं शताब्दी) ने रामकथा को ही लेकर ग्यारह संधियों में 'महापुराण' की रचना की है। नाथ कुमार (नागकुमार) चरित्र "जसहर चरिउ" भी इन्हीं की रचनायें हैं। (iii) धनपाल कृत "भविष्य यत्र कहा" 11वीं सदी की रचना है। (iv) कनकामल कृत "करिकन्दचरिउ" 12वीं सदी की रचना है। डॉ. हीरालाल जैन के सम्पादन में "सुदर्शन चरिउ" "नेमिनाह चरिउ" सुकुमालचरिउ आदि रचनायें भी इन्हीं की मिली हैं। मगर अप्रकाशित हैं। (v) घाहिल्ल कृत- पद्मश्री चरिउ। नयनंदिकृत सुदर्शन चरिउ तथा "कृत पासचरिउ" और पद्मकीर्ति आदि रचनायें धार्मिक होते हुए भी प्रेमपरक है।

(ख) मुक्तक काव्य - यह दो रूपों में मिलते हैं (i) उपदेशात्मक और रहस्यात्मक। उपदेशात्मक काल में देवसेन, जिनदत्तसूरी, महेश्वर सूरि आदि प्रतिनिधि कवि हैं। इनकी रचनाओं में संयम, वासना, कुटुंब जीवन की पवित्रता है। "नय चक्र सावधम्म दोहा", दर्शन सार, भाव संग्रह 10वीं शताब्दी के आसपास के ग्रन्थ हैं। रहस्यात्मक में योगीन्द्रमुनि, रामसिंह तथा सुप्रभाचार्य मुख्य तीन कवि है। इनके काव्यों में वैराग्य, नीति, धर्मोपदेश का प्रतिपादन दोहा शैली में है। योगीन्द्र कृत- परमात्म प्रकाश तथा योग सार इनका विषय धार्मिक तथा नैतिक है। सुप्रभाचार्य की वैराग्य सार है। मुख्य आचार्य मुनि रामसिंह का समय 11वीं शताब्दी के आस पास का है। ये रहस्यवादी कवि थे। इनकी रचना "पाहुड़ दोहा" डॉ. हीरालाल जैन द्वारा सम्पादित है। यह आध्यात्मिक ग्रन्थ हे। इसके रचयिता के बारे में अभी मतभेद हैं। इसमें रामसिंह ने बाह्याडम्बरों, पाखण्डों, गुरुमाहात्म्य, अहिंसा, सत्संग, आत्मासुख, इन्द्रिय निग्रह आदि पर लिखा है। और सहज समाधि पर भी विचार व्यक्त किये हैं। देह नाशवान है। ब्रह्मसत्य है। इसी में रमना शरीरधारी का परमकर्त्तव्य है। इसकी भाषा शौरसेनी अपभ्रंश मिश्रित है।

(ग) लोक साहित्य व लोक कवियों की विविध रचनायें- (i) हेमचन्द कृत "शब्दानुशासन" या "सिद्ध हैम व्याकरण", कुमारपाल चरित्र, संस्कृत, प्राकृत अपभ्रंश

भाषाओं का व्याकरण भी मिलता है। (ii) सोमप्रभु सूरिकृत- कुमारपाल प्रतिरोध। मेघतुंग कृत "प्रबंध चिन्तामणि" तथा साङ्गंधर कृत- सारंगधर पद्धति आदि प्रसिद्ध रचनायें हैं।

जैन हिन्दी साहित्य- इसका समय 9वीं शताब्दी, 15वीं और 19वीं शताब्दी है। कवि सधारुकृत समय सन् 1411 ई. "प्रद्युन्नचरित" डॉ. माता प्रसाद और कस्तूरी लाल द्वारा सम्पादित है। 16वीं सदी के कवि छोहल कृत "पंच सहेली की बात" इसमें लगभव 68 पद हैं। इसी शताब्दी में सन् 1575 में कवि ठाकुरसी कृत "कृपाण चरित्र", पंचेन्द्रियवेल तथा नेमीश्वरवेलि और धर्मदास कृत धर्मोपदेश, श्रावकाचार्य, मदनयुधं आदि हैं। 17वीं सदी के कवि मालदेव ने राजस्थानी मिश्रित भाषा में लगभग 20 रचनायें की है। जिनमें पुरंदर चौपई, सूरसुन्दर चौपाई, देवदत्त चौपाई, शील वामनी आदि मुख्य हैं। जिनदास कृत जम्बू स्वामी चरित, सन् 1642 का है। कवि दामौकृत- सुरपति कुमार चौपाई, मदन कुमार दास समय सुन्दर कृत है। और कुशलनामंकृत- "माधवानलकामकंदला", ढ़ोलामारु चौपाई तथा बनारसीदासकृत- नाममाला अर्धकथा। इसके अतिरिक्त भगवतीदासकृत 23 रचनायें जिनमें समाधिरास, जोगीरास, अनेकार्थ नाम माला आदि प्रमुख है। नाहर जटमल का "गोरा बादल की बात" तथा 18वीं सदी में 'हेमराज कृत- चौरासी बोल', दोहाशतक, 'चक्रवर्चानिका'- खड़ग सेन कृत- त्रिलोक दर्पण, टीकमकृत 'चन्द्रहंस की कथा' जिनहर्ष कृत 'उपदेश बत्तीसी' माहिन समुद्रकृत वैराग्यशतक- आनंदधनकृत 'बहोत्तरी चौबीसी' मानक विकृत- कवि प्रमोद, वैद्यक ग्रन्थ हैं। भवानीदास, टोडरमल दीपचंद आदि कवियों की भी रचनायें मिलती हैं। 19वीं सदी के कवि दौलतराम कृत "छढाहा" में जैनधर्म के सिद्धान्त हैं। कवि बुद्ध जनकृत बुद्धजनसतसई, बुद्ध जनविलास, कवि वृन्दावन कृत छंद शतक और प्रवचन सार आदि ग्रन्थ हैं।

जैन साहित्य की विशेषतायें- 1. जैन साहित्य अपने पूर्ववर्ती सिद्ध तथा नाथ साहित्य की भाँति धार्मिक तथा साम्प्रदायिक होते हुए भी सिद्ध तथा नाथों के साहित्य से बहुत कुछ भिन्न है। यह नैतिक तथा साहित्यिक दृष्टियों से मूल्य रखता है। भाषा विज्ञान तथा ऐतिहासिक रचनाओं के विकास में इसका महत्वपूर्ण योग रहा है। 2. जैन साहित्य पूर्ववर्ती साहित्य की बहुत सी पौराणिक तथा लोक प्रचलित कथाओं

को अपनाकर अपने ढंग का भी स्वतंत्र अस्तित्व रखता है। 3. जैन साहित्य का अपने परवर्ती साहित्य पर बड़ा प्रभाव रहा है। जैन चरित्र काव्यों का हिन्दी के प्रेमाख्यान साहित्य तथा राम साहित्य पर मुक्तक काव्यों का हिन्दी के रीतिकवियों पर तथा रास रचनाओं का हिन्दी के चारण कवियों पर प्रभाव रहा है। 4. जैन साहित्य पद्य तथा गद्य दोनों रूपों में मिलता है। आधुनिक युग में जैन सम्बन्धी हिन्दी में की गई रचनायें प्राय गद्य पद्य मिश्रित हैं। यह साहित्य प्राकृत अपभ्रंश हिन्दी तथा संस्कृत आदि सभी भाषाओं में उपलब्ध होता है। किन्तु सबसे अधिक महत्वपूर्ण रचनायें अपभ्रंश भाषा में ही लिखी गई। 5. इस साहित्य में छन्दों का वैविध्य है। रास छन्दों का प्रभाव, दोहा चौपाई छंदों का प्रभाव रीतिकालीन कवियों पर पड़ा है। 6. यह साहित्य व्याकरण की दृष्टि से महत्वपूर्ण है। 7. शृंगार तथा शांत रस दोनों का परिपाक इस काल में हुआ। किन्तु धार्मिक वृत्ति के अधिक होने से शान्त रस की प्रधानता है। 8. जैन साहित्य साहित्यिक दृष्टि से महत्वपूर्ण होने पर भी इसके अन्तर्गत कोई बड़ा कवि उत्पन्न नहीं हुआ, इसलिए इस युग की रचनाओं में काव्य सौन्दर्य तथा आलंकारिकता का प्रदर्शन नहीं के बराबर है। अधिकतर साहित्य अनूदित तथा पिष्टपेषण मात्र है।

"चारणसाहित्य" समय 1100 ई. से 1350 ई. तक इसे रासौ साहित्य तथा वीरगाथा साहित्य भी कहते हैं। इस साहित्य में दो धारायें मिलती हैं। 1. डिंगल 2. पिंगल या वीर गाथा। इस युग के तीन प्रामाणिक ग्रन्थ है- (क) बीसलदेव रासो (ख) पृथ्वीराज रासो (ग) आल्हखंड। इस काल की रचना राजस्थान में अधिक हुई। अधिकतर शृंगार और वीररस सम्बन्धी रचनायें मिलती हैं। शृंगार डिंगल। वीर पिंगल। रासो रासौ, रास रासक, रासऊ रसायन आदि एकार्थवाची ही है।

1. डिंगल साहित्य की धारा अर्थात् नृत्य गीतपरक रासौ रचनायें 2. पिंगल साहित्य की धारा अर्थात् छन्द वैविध्य परक रासो रचनायें।

(1) डिंगल साहित्य- नागर अपभ्रंश से प्रभावित हिन्दी के साहित्यिक रुप का ही नाम है, ये रचनायें अधिकतर जैन धर्म सम्बन्धी कृतियों पर आधारित हैं। यद्यपि बीसलदेव रासौ इनमें अपवाद स्वरूप है। ये रचनायें आकार में छोटी तथा गेय है। पश्चिमी राजस्थान तथा गुजरात में इनकी रचनायें अधिक लिखी गई हैं। ये दृश्य तथा

श्रव्य हैं। ये बड़ी सरल और सरस है।

(2) पिंगल साहित्य- पिंगल साहित्य सम्बंधी रचनायें छन्द विविधता से युक्त होने से काव्य सौन्दर्य की दृष्टि से अपेक्षाकृत महत्वपूर्ण अधिक हैं। ये रचनायें डिंगल रचनाओं से आकार में बड़ी हैं। पूर्वी राजस्थान तथा हिन्दी प्रदेश में अधिक लिखी गई हैं।

डिंगल साहित्य के प्रमुख ग्रंथ

1. उपदेश रसायन, लेखक जिनदत्त सूरी 1143 ई. इसमें 32 चौपाई हैं। इसमें धर्मोपदेश दिया गया है। यह अपभ्रंश भाषा में है। 2. 'भारतेश्वर बाहुबलीराम' लेखक सालिभद्रसूरि- समय 1184 ई. 203 छंद हैं। इसमें भगवान ऋषभदेव के दो पुत्रों भारतेश्वर तथा बाहुबली के बीच राजसत्ता के लिए संघर्ष की कथा वर्णित है। वीर रस प्रधान है। 3. बुद्धिरास- लेखक सालिभद्र सूरि समय- 1184 ई. के आसपास इसमें 63 छंदों में उपदेश रसायन ग्रन्थ की भाँति धर्मोपदेश दिया है। यह रचना भी गेय है। पथ भ्रष्टों को आह्वान दिया है। 4. जीवदया रास- लेखक आयसु समय 1200 ई. के आसपास इसमें 53 छंदों में दया सम्बन्धी धर्मोपदेश दिया है। यह रचना जिन विजय द्वारा हिन्दी साहित्य सम्मेलन, प्रयाग से प्रकाशित हो चुकी है। 5. चन्द्रवाला रास- लेखक आयसु समय 1200 ई. के आसपास यह अगर चंद नाहटा द्वारा प्रकाशित है। इसमें भी धर्मोपदेश हैं। 6. रैवन्त गिरिरास- लेखक विजय सैन सूरि इसमें 73 छंद हैं। 13वीं शताब्दी की रचना है। इसमें गिरिना के जैन मन्दिरों के जीर्णोद्धार की कथा वर्णित है। 7. जम्बू स्वामी रास- लेखक धर्मसूरि समय 1209 ई. इसमें जम्बू स्वामी का गुण चरित्र वर्णित है। 8. समरा रास- लेखक अम्बदेव सूरि समय 1314 ई. 110 छन्द हैं। इसमें संघपति समरा का धार्मिक चरित्र वर्णित है। गायन तथा नृत्य से परिपूर्ण है। 9. कलिकाल रास- गौतम स्वामी रास, कुमार पाल रास आदि कई डिंगल एवं छंद वैविध्य परक साहित्य की रचनायें भी मिलती हैं। इन समस्त रचनाओं में "बीसलदेव रास" कवि नरपति नाल्हकृत- काव्य की दृष्टि से अधिक महत्वपूर्ण है। यह अजमेर के राजा बीसलदेव (पृथ्वीराज के चाचा) से सम्बन्धित है। इसका समय 12वीं शताब्दी के आसपास माना जाता है, कुछ अन्य विद्वान जैसे गौरीशंकर हीराचंद औझा

ने 13वीं सदी माना है। किन्तु उक्त दोनों मत ऐतिहासिक दृष्टि से सही नहीं उतरते। डॉ. माता प्रसाद गुप्त का अनुमान है कि यह रचना लेखन तथा भाषा शैली की दृष्टि से 14वीं सदी के उत्तरार्ध की ठहरती है। अगरचंद नाहटा इसे 16वीं 17वीं सदी की मानते हैं। किन्तु इस रचना की हस्तलिखित प्रतियों में जो सबसे बाद की पोथी उपलब्ध हुई है वह 1500 ई. के आस पास की है। इसलिए इस आधार पर हम कह सकते हैं कि यह रचना 15वीं शताब्दी के पहले की ही होगी। बीसलदेव रास श्रृंगार प्रधान वर्णनात्मक गेय काव्य है। इसमें विप्रलम्भ श्रृंगार का सुन्दर परिपाक हुआ है। इस ग्रन्थ में अजमेर के राजा बीसलदेव और मालवा के भोज परमाल की पुत्री राजमती का विवाह, दोनों का वाद विवाद, बीसलदेव का उड़ीसा जाना, राजमती का वियोग बारह वर्ष बाद पुरोहित से पत्र पाकर बीसलदेव का पुनः स्वदेश लौटना, राजमती और बीसलदेव का मिलन संयोग, तथा बीसलदेव द्वारा अपने भतीजे को युवराज पद देना आदि प्रसंगों का वर्णन है। यह काव्य सुखान्त है। इसकी भाषा पुरानी पश्चिमी साहित्यिक राजस्थानी है। यह रचना मौखिक चलती रही। इस कारण इसका भाषा रुप सुरक्षित नहीं मिलता। और राजस्थानी के साथ अपभ्रंश तथा पुरानी खड़ी बोली का सम्मिश्रण मिलता है। यह माता प्रसाद गुप्त द्वारा सम्पादित है। 128 छंद प्रामाणिक हैं। वैसे इसकी मूलप्रति 500 छन्दों में मिलती है। सम्पूर्ण रचना एक ही छंद में है। इसमें नायक बीसलदेव के बारह वर्ष के जीवनांश की कथा होने से इसे हम खण्ड काव्य कह सकते हैं। रचना उत्कृष्ट है।

पिंगल साहित्य की धारा या छन्द वैविध्यपरक रासो रचनायें- 1. मंजुरास- लेखक हेमचन्द के व्याकरण के शब्दानुशासन तथा मेरुतुंग के प्रबंध चिंतामणि ग्रन्थ में इस ग्रन्थ की कथा दी हुई है। यह पद्यमय है। समय 12वीं शताब्दी है। अपभ्रंश भाषा है। इसमें राजा मंजु तथा तैलव का युद्ध वर्णन है।

2. सन्देश रासक- लेखक अब्दुल रहमान समय 12वीं शताब्दी के आसपास का है। यह भारतीय साहित्य के मध्ययुग की रचना है। यह महत्वपूर्ण सरस रचना है। जिन विजय मुनि द्वारा संपादित होकर भारतीय विद्याभवन मुंबई से प्रकाशित है। किन्तु डॉ. हजारी प्रसाद द्विवेदी द्वारा भी संपादित नया संस्करण भी प्रकाशित हो चुका है। इसमें विजय नगर की एक विरहिणी नायिका का प्रणय संदेश बड़े ही मार्मिक

ढ़ंग से वर्णित है। उसका विरह वर्णन छः ऋतुओं में और 22 बाईस प्रकार के छन्दों में प्रस्तुत हैं। इसमें 223 छन्द हैं। भाषा अपभ्रंश है। वियोग शृंगार रस की सुखान्त रचना है।

3. हमीर रासौ- लेखक जोधराज, महेश, सार्गधर- प्राकृत पैंगल के अंत में 14वीं सदी के आसपास की रचना है। जोधराज के अनुसार यह 17वीं शताब्दी के आसपास की रचना है। इसका सही लेखक भी संदिग्ध है। राहुल सांकृत्यायन इसके रचयिता कवि जज्जल को मानते हैं। इसमें केवल आठ छंद हैं।

4. बुद्धिरासौ- लेखक कवि जल्ह, इसकी सरस्वती मंडार उदयपुर में 'हस्तलिखित' प्रति है। यह अप्रकाशित है। समय 14वीं सदी के आसपास इसमें एक प्रेमकथा है। चम्पावती नागरी का एक राजकुमार तथा जलधितरंगिणी की प्रेम गाथा का वर्णन है।

5. विजयपाल रासो- लेखक- नल्ह 42 छंदों में पूर्ण 1100 ई. की रचना है। हस्तलिखित प्रति काश्मीर में मिली वर्तमान में पूना में सुरक्षित है। इसमें छप्पय छंद है। इसमें राजा विजयपाल तथा राजा पंग का युद्ध वर्णन है। राजा विजयपालसि की दिग् विजय की कथा है।

6. रामरासो- लेखक माधवदासचरण, समय 17वीं शताब्दी। इसमें 1600 विभिन्न छंदों में राम का चरित्र वर्णित है।

7. राणारासो- लेखक कवि दयाराम, समय 17वीं शताब्दी, 875 छंदों में सिसौदिया वंश के राजाओं के युद्ध का वर्णन है।

8. रतनरासो- कवि कुंभकरण, समय 17वीं सदी, विविध छंदों में रतलाम के राजा रतनसिंह का चरित्र वर्णन है।

9. कायम रासो- (क्यामखांरासा) जान कवि (नियामत खां) यह अगर चंद नाहटा द्वारा प्रकाशित है। इसमें जान कवि ने अपने पिता अलफ़ खां की युद्ध वीरता का वर्णन किया है। यह ऐतिहासिक कथा का चरित्र काव्य है।

10. क्षत्रसाल रासो- कविराव डूँगर। 17वीं सदी, 500 छंद है। बूंदी नरेश

छत्रसाल का वीरतापूर्ण जीवन वृत्त है।

11. खुमान रासो- दलपति विजय (दौलत विजय) 12वीं सदी के अंत की रचना। विविध छंदों में मेवाड़ के सूर्य वंशीय खुमान वंश का इतिहास वर्णन है।

12. कलयुग रासो- अलि रसिक गोविन्द, 70 छन्दों में पूर्ण, 19वीं सदी के आरंभ की रचना है इसमें कलयुग के प्रभाव का वर्णन है।

13. आल्हखण्ड और पृथ्वीरास रासो- आल्हखंड जगनिक या जगनायक द्वारा प्रणीत है। यह 12वीं सदी या 13वीं सदी की रचना मानी जाती है। इसके लगभग तीन रुप मिलते हैं। पहला रूप पृथ्वीराज रासो 69वाँ समय (पर्व) महोबा खंड या आल्हखंड है। दूसरा रूप परिमाल रासौ में मिलता है। तीसरा रूप मौखिक प्राप्त होता है। आल्हखंड का हस्तलिखित रूप कहीं नहीं मिला। चार्ल्स इलियट ने कन्नौज के मौखिक रूप को प्रकाशित किया। आल्हखण्ड मटरुमल अत्तार ने दिल्ली से प्रकाशित किया। आल्हखण्ड भोलानाथ मिश्र द्वारा मथुरा से भी प्रकाशित है। बुंदेलखंड महोबा, कन्नौज, राजस्थान, बिहार के पूर्वी भाग के जिलों में तथा हिन्दी के विभिन्न क्षेत्रों में आल्हखंड गाया जाता है। यह उत्तर भारत की लोकप्रिय कथा है। इसमें 52 गढ़ विजय, तथा 23 युद्ध के मैदानों का उल्लेख आता है। इसमें आल्हा और ऊदल के वीर कृत्यों का वर्णन है। सम्पूर्ण वर्णन वीर रस प्रधान हैं। तथा अतिशयोक्तियों और पुनरूक्तियों से भरा पड़ा है। अधिक पुनरावृत्ति तथा अत्युक्ति होने से इसके पढ़ने या सुनने में एकरसता का अनुभव होता है। और यत्र तत्र हास्यरस की भी अनुभूति होती है। यह रचना काव्य सौन्दर्य की दृष्टि से तो नहीं, किन्तु जन साधारण के मनोरंजन के लिए इसका बड़ा महत्व है।

पृथ्वीराज रासो- (रासव) चन्द्रवरदाई कहते हैं इसका प्रारंभ का अंश चन्द्रवरदायी ने लिखा तथा अंत का अंश उनके पुत्र जन्लह ने लिखा। विविध छंदों में हिन्दी का प्रथम महाकाव्य है, ऐतिहासिक चरित्र काव्य है। 1159 ई. से 1191 ई. तक इसका समय माना जाता है। कुछ विद्वान 12वीं और 13वीं सदी भी इसका समय मानते हैं। डॉ. माता प्रसाद गुप्त इसका समय 14वीं सदी मानते हैं।

भाषा और विषय और ग्रन्थ के आकार के आधार पर इसमें 359 पद प्रामाणिक

माने जाते हैं। इस ग्रन्थ की हस्तलिखित प्रति तीन रूपों में मिलती है। वृहत् रूप, लघु रूप और लघुतर रूप। बृहत रूप में 69 समय (पर्व) है, यह 18वीं सदी का है। लघुरूप 17वीं शताब्दी का है। इसे लोग प्रामाणिक मानते हैं। बीकानेर, पूना, उदयपुर, लाहौर, अलवर, काशी, कोलकाता आदि विभिन्न स्थानों के विभिन्न संग्रहालयों में इसकी हस्तलिखित प्रतियाँ मिलती हैं। इन प्रतियों में घटनाओं का ऐक्य नहीं है। इसकी प्रामाणिकता के बारे में संदेह है। कुछ विद्वान देवी प्रसाद, कविराज श्यामदास, कविराज मुरारीदास, डॉ. गौरीशंकर हीराचंद ओझा, रामचन्द्र आदि इस ग्रन्थ को अप्रमाणिक मानते हैं। प्रामाणिक मानने वाले हर प्रसाद शास्त्री, डॉ. माता प्रसाद गुप्त, अगरचंद नाहटा आदि मुख्य हैं।

अप्रामाणिक मानने के मुख्य तत्व- इसकी अन्तर्घटनायें इतिहास सम्मत नहीं। जयानक कवि की पृथ्वीराज विजय के आधार पर साम्यता नहीं है। क्षत्रियों की उत्पत्ति के सम्बन्ध, गोद लिया जाना, संयोगिता, पृथ्वीराज का देहान्त आदि में साम्य नहीं। तिथियों में भी साम्य नहीं है। "पृथ्वीराज विजय" खण्ड रूप में उपलब्ध है। पूर्ण नहीं। पृथ्वीराज रासों के आधार पर उसका जन्म 1049 ई. तथा इतिहास के आधार पर 1159 ई. है। पृथ्वीराज के समय में चन्द्रनाम का कोई कवि नहीं था, क्योंकि विजयग्रन्थ में उसका कोई उल्लेख नहीं है। पृथ्वीराज की भाषा बड़ी अव्यवस्थित है। जिससे उनकी भाषा का सही रूप नहीं मिलता। अनेक अरबी फारसी शब्दों का प्रयोग मिलता है। जोकि नहीं होना चाहिए। डॉ. माता प्रसाद गुप्त के संस्करण के बाद करीब करीब मतभेद समाप्त हो गया है। नरोत्तम स्वामी का अनुमान है कि यह अपभ्रंश भाषा में था, बाद में अनुवाद हुआ होगा। इस ग्रन्थ की विशेषतायें हैं कि एक तो यह ऐतिहासिक चरित्र काव्य है। इसमें वर्णनों का आधिक्य है। तथा यह हिन्दी का प्रथम महाकाव्य माना जाता है। इसकी भाषा मध्यकालीन ब्रजभाषा है। जिसमें अपभ्रंश अरबी, फारसी, उर्दू और राजस्थानी आदि के शब्द भी प्रयुक्त हुए हैं। यह वीर रस प्रधान काव्य है। इसमें विविध छंदों का प्रयोग हुआ है। विषय पृथ्वीराज के जीवन से संबंधित है। पृथ्वीराज का राजा अनंग पाल द्वारा गोद लिया जाना, पृथ्वीराज संयोगिता प्रणय, कयमास वध, पृथ्वीराज का कन्नौज गमन, जयचंद से युद्ध, शहाबुद्दीन से युद्ध तथा दोनों का अंत आदि घटनायें मुख्य हैं। इस ग्रन्थ पर इसी

पुस्तक में पृथक से विस्तार से और भी लिखा जा चुका है।

अमीर खुसरो- का समय 1255 ई. से 1325 ई. है। वास्तव में इनके 22 ग्रन्थ फारसी में उपलब्ध हैं। जिनमें पहेलियाँ और मुकरियाँ मिलती हैं। इन्होंने खड़ी बोली और ब्रजभाषा में भी रचनाये की है। जिनमें भारतीय और इस्लामी संस्कृतियों का समन्वय मिलता है। इनकी रचनाओं में उक्ति वैचित्र्य की प्रधानता है। अब हम हिन्दी के मध्यकाल के अन्तर्गत पूर्व मध्यकाल अर्थात् भक्तिकाल पर विस्तार से विचार करते हैं यह काल अपने वैशिष्ट्य के कारण हिन्दी का स्वर्ण युग कहलाता है।

7

हिन्दी का भक्तिकाल

मध्यकाल (1350 ई. से 1857 ई. तक)

पूर्व मध्यकाल (1350-1650 ई.) — उत्तर मध्यकाल (1650-1857 ई.)

पूर्व मध्यकाल (1350-1650 ई.) → भक्तिकाल

उत्तर मध्यकाल (1650-1857 ई.) → रीतिकाल

भक्तिकाल → निर्गुण साहित्य की धारा — सगुण साहित्य की धारा

निर्गुण साहित्य की धारा → सूफी साहित्य की धारा — संत साहित्य की धारा

सगुण साहित्य की धारा → तुलसी रामाश्रयी — सूर कृष्णाश्रयी

सूफी साहित्य की धारा → जायसी प्रेममार्गीय धारा

संत साहित्य की धारा → कबीर ज्ञानाश्रयी धारा

भक्तिकाल की पृष्ठभूमि- (1) राजनैतिक तथा धार्मिक दो प्रवृत्तियाँ इस युग में रहीं। दशमी शताब्दी में लड़ाई होने से राजसत्ता छिन्न भिन्न हुई। अकबर से पहले का साहित्य निर्गुण साहित्य है। इसके बाद सगुण भक्ति का उद्‌भव हुआ, धार्मिक प्रवृत्ति में दर्शन का तत्व आ गया, शंकराचार्य का अद्वैतवाद इसके बाद प्रचलित होता है। विशिष्टा द्वैत सम्प्रदाय के आचार्य रामानुज आचार्य जिनके अगले शिष्य कबीर हुए तथा शुद्धाद्वैत के विष्णु स्वामी आचार्य थे जिनके शिष्य वल्लभाचार्य हुए तथा इसके सूरदास आदि चार शिष्य और चार शिष्य इनके पुत्र विठ्ठलनाथ जी के हुए कुल आठ अष्टछाप के कवि कहलाये।

1. सूफ़ी साहित्य की धारा- सूफ़ शब्द से सूफ़ी शब्द की उत्पत्ति हुई। सूफ़ का अर्थ ऊन होता है। जो लोग सफेद ऊनी वस्त्र पहनकर साधना करते थे, उन्हें सूफ़ी साधक कहा जाता था। सूफ़ी साहित्य का मिलना 623 ई. से प्रारंभ हुआ। सूफ़ी साहित्य पर इस्लाम का प्रभाव है। कुछ अलग-अलग मानते हैं। फारसी सूफ़ी साहित्य का हिन्दी सूफ़ी साहित्य पर प्रभाव है। फारसी सूफ़ी के प्रारंभिक लेखक अल्हसान, इब्राहीम, राबिया, हुज्बेरी, अलाजाली, इब्नुल अरबी आदि प्रथम सूफ़ी साधक हैं। इनके बाद अन्य सूफ़ी साधकों निजामी अमीर खुसरो, जानी तथा फैजी आदि की अनेक मसनवियाँ मिलती है। खुसरो, सीरीं तथा लैला मजनूँ निज़ाम कृत हैं। अमीर खुसरो कृत सीरीं खुसरो, मजनूँ लैला है। फैज़ीकृत नल दमन और जानीकृत युसुफ जुलेखा है। भारतवर्ष में सूफ़ी साहित्य का विकास कब हुआ, इसमें मतभेद है। हुज्बेरी का प्रवेश भारत में हुआ तभी से इस साहित्य का उद्‌भव हुआ कुछ ऐसा मानते हैं। 11वीं सदी के आरंभ में इसकी मृत्यु हो गई थी इसके बाद सूफ़ी साहित्य ख्वाज़ा मुईउद्दीन चिश्ती के आधार पर प्राप्त होता है। प्रवेश इनका 1190 ई. में हुआ। इसके बाद अजमेर में रहे। इन्होंने 'चिश्तिया' सम्प्रदाय चलाया। इसी के अंतर्गत मौलाना दाऊद हुए ये 'चंदायन' के रचयिता थे दूसरा सम्प्रदाय 'सुहरवर्दिया' कुतूबन शेख शहाबुद्दीन सुहावर्दी ने चलाया, इसके बाद तीसरा सम्प्रदाय 'महरवीं' और चौथा 'कादरिया' सम्प्रदाय फिर नक्सबंदिया सत्तारी सम्प्रदाय मंझन ने चलाया, इन्हीं सबसे उत्पन्न साहित्य को हम सूफ़ी साहित्य या प्रेमाख्यान साहित्य कहते हैं। इसपर फारसी का प्रभाव एवं भारतीय प्रेमाख्यानों का प्रभाव है। सूफ़ी साहित्य को दो भागों में विभक्त किया गया है। सूफ़ी प्रेमाख्यान तथा असूफ़ी भारतीय प्रेम कथायें। सूफ़ी के भी दो भाग हुए, दक्खिनी प्रेमाख्यान की धारा तथा उत्तरी प्रेमाख्यान की धारा। दक्खिनी प्रेमाख्यानों की भाषा हिन्दवी है तथा उत्तरी की अवधी। दक्खिनी प्रेमाख्यान की धारा के अंतर्गत प्रथम रचना निजामी कृत ''कदमरावपदम' 1457 ई. की है। इसके बाद द्वितीय रचना मुल्ला बजही कृत ''कुतुबमुश्तरी'' 1610 ई. में लिखी गई। फिर इन्हीं की अगली रचना 1636 ई. में ''सबरस'' उपलब्ध हुई। इस धारा की चौथी रचना गवासी कृत ''सैफुल मुलुक वदीउलजमात'' 1619 ई. के आस पास की रचना है। इसमें द्वीपों का वर्णन है।

पाँचवी रचना मुसर्तीकृत 'गुलशन ए इश्क' 1657 ई. की है। इसके बाद हासमीकृत "युसुफ जुलेखा" 1687 ई. की रचना है। फिर मुकामी कृत 'चन्दर वदन' व महवार 1627 ई. की रचना है। फिर 'मैना सतवन्ती' तथा 'कुतुब शतक' के लेखक अज्ञात हैं। अंत की "ईब्ननिसाती" कृत "फूल वन" मौलिक रचना है। बाकी सब या तो अनूदित है। या किन्ही कथानकों के आधार पर है। "असूफ़ी हिन्दी प्रेम कथाये"-- महाभारत की प्रेमकथायें, जैसे उषा अनिरूद्ध, अर्जुन, सुभद्रा, भीम हिडम्बा और कृष्ण रूक्मिनी आदि प्रेम कथा विभिन्न पौराणिक प्रेम कथाओं से इस साहित्य को प्रेरणा मिली। सुदर्शन चरित्र, डायकुमार चरित्र, करकण्ड चरित्र, पउमचरिउ भविष्यत् कथा, लीलावती कथा, जातक कथायें तथा जैन कथाओं से इसे प्रेरणा मिली। क्षेमेन्द्र कृत बृहत्कथा मंजरी, सोमदेवकृत कथा सरित्सागर, संस्कृत साहित्य की प्रेम कथायें, जैसे विक्रमोर्वशीयम्, अभिज्ञान शाकुन्तलम्, सुवन्धु की वासवदत्ता, वाण की कादम्बरी, हर्ष का नैषधीय चरित्रम्, त्रिविक्रमकृत न लचम्यू, आदि कथायें भी हिन्दी असूफी के लिए प्रेरणा स्रोत रही है। इस धारा की प्रथम रचना (i) "ढ़ोलामारू रा दूहा" के रचयिता के बारे में भी मतभेद है। फिर भी यह रचना "कुशलराव" की मानी जाती है। 16वीं 17वीं शताब्दी के बीच की यह रचना है। इसका संस्करण नागरी प्रचारिणी सभा काशी से प्रकाशित है। यह अपूर्ण प्रकाशित है। इसका दूसरा रूप मौखिक है। इस धारा की दूसरी रचना (ii) बीसलदेव रास है, इसमें राजमती और बीसलदेव की प्रेम कथा है। तृतीय रचना (iii) "सदयवत्स साव लिंगा" है, जो 16वीं सदी के आस पास की रचना है। इसकी कथा गुजरात, राजस्थान तथा हिंदी प्रदेश में मिलती है। इसके लिखित और मौखिक दो रुप मिलते हैं। इसके बाद (iv) "लखनसेन पद्मावती की कथा लेखक कवि दामू कृत 15वीं सदी की है। इसकी भाषा राजस्थानी है। इसमें योगी तथा सिद्धों के सिद्धान्तों से प्रभावित कई घटनाओं को मिलाकर इसकी कथा का निर्माण हुआ है।" इसके बाद (v) सत्यवती कथा 1501 ई. की रचना है। लेखक ईश्वरदास कायस्थ हैं। इसकी भाषा अवधी है। इसका नायक ऋतुपर्ण तथा नायिका सत्यवती है। इसमें सत्य को उभारा गया है। इसके बाद नारायणदासकृत (vi) "छिताईवार्ता" 1526 ई. की रचना है जो डॉ. माता प्रसाद गुप्त द्वारा सम्पादित होकर नागरी प्रचारिणी सभा काशी से प्रकाशित है। इसमें कल्पना और इतिहास का समन्वय है फिर (vii) "मैनासत" कवि साधनकृत विद्या मंदिर ग्वालियर से प्रकाशित हुई।

यह 16वीं सदी की रचना है। इसमें नायक लोरक और नायिका मैना की प्रेम कथा है। इसके बाद (viii) नलदमयन्ती कथा नरपतिव्यास कृत है जो 1575 ई. की है। जान कवि ने भी यही कथा लिखी है। (ix) सूरदास लखनऊ की रचना भी है। नलदमन (x) माधवनल काम कंदला इसके कई लेखक बताये जाते हैं। जैसे माधव, गणपति-कुशल राव, दामोदर आलम और लाल आदि। इस रचना को अधिकांश लोग 17वीं सदी की भी मानते हैं। इसमें नायक ब्राह्मण माधव और वैश्या कामकंदला की प्रेमकथा है। (xi) इसके बाद "मधु मालती" चतुर्भुज दास कृत 16वीं सदी के पूर्वार्ध की रचना है। डॉ. माता प्रसाद गुप्त द्वारा काशी से प्रकाशित है। इसमें नायक मधु (मनोहर) और मालती की प्रेमकथा है। (xii) जटमल नाहर कृत प्रेमविलास तथा प्रेमलता 17वीं सदी के प्रारंभ की रचना है। इसकी हस्तलिखित प्रति हिन्दी साहित्य सम्मेलन प्रयाग में हैं। (xiii) नंददास कृत रूप मंजरी, पृथ्वीराजकृत (xiv) 'वेलिक्रिशन रूक्मिणी री' यह आध्यात्मिक प्रेमाख्यान है। (xv) पुहुकर की 'रस रतन' इसमें नायक सोन तथा नायिका रम्भा की प्रेमकथा है। समय 17वीं सदी है। (xvi) बाबा धरणीदास कृत 'प्रेम प्रयास' भी 17वीं सदी की रचना है। (xvii) दुखहरणदास कृत 'पुहुपावली' 16वीं सदी की रचना है। (xviii) कवि भीमकृत "डंगवै कथा" तथा जाय कवि की अनेक रचनायें इस धारा के अन्तर्गत आती है। जैसे कलावती, लैलामजनूँ आदि।

हिन्दी सूफ़ी साहित्य की धारा अथवा हिन्दी प्रेमाख्यान साहित्य की प्रथम रचना

'चंदायन' या 'चांदायन' मौलाना दाऊद कृत सम्वत् 1436 या 1379 ई. की है। इसके मौखिक और लिखित दोनों रुप मिलते हैं। इसका मौखिक रुप मिर्जापुरी, इलाहाबादी, भोजपुरी, मैथिली-भागलपुरी-छत्तीसगढ़ी आदि के रुपों में मिलता है। लिखित रूप में तीन संस्करण मिलते हैं-

(i) लोरकहा- 1962 ई. हिन्दी विद्यापीठ आगरा विश्वविद्यालय से प्रकाशित।

(ii) चन्दायन- 1964 ई. सम्पादक- परमेश्वरीलाल गुप्त हिन्दी ग्रंथ रत्नाकर बम्बई से प्रकाशित।

(iii) चन्दायन- 1967 ई. सम्पादक- डॉ. माताप्रसाद गुप्त प्रामाणिक प्रकाशन आगरा से प्रकाशित। मौलाना दाऊद रायबरेली जिले के 'डलमऊ' के निवासी थे। इनके गुरु जैनुद्दीन थे। इस ग्रन्थ का नायक लौरिक है जिसकी चंदा और मैना दो परनी है। इस ग्रन्थ के प्रारंभ में मसलवी शैली है।

2. मृगावती- कुतुबनकृत 1504 ई. की रचना है। सम्वत् 1561 में डॉ. परमेश्वरी लाल गुप्त द्वारा सम्पादित होकर 1967 ई. में वाराणसी से प्रकाशित हुई। सन् 1967 में ही डॉ. माता प्रसाद गुप्त द्वारा सम्पादित होकर प्रामाणिक प्रकाशन आगरा से प्रकाशित हुई। कुतुबन जौनपुर जिले के निवासी थे। इनके गुरू गुट्टन थे। इसमें राजा चन्द्रगिरि का गनपति के पुत्र राजकुँवर तथा कंचनपुर के राजा रुपमुरारी की पुत्री मृगावती का प्रेम वर्णन है। इसमें एक नायिका रूक्मिणी भी आती है।

3. पद्मावत- रचयिता मलिक मुहम्मद जायसी महदवी सम्प्रदाय के इनके कुल गुरु सैयद असरफ थे। तथा दूसरे गुरू शेख गुरहान थे। सन् 1504 ई. की रचना है। इसके बारे में भी मतभेद हैं। इसके कई संस्करण मिलते हैं। जैसे आचार्य रामचन्द्र शुक्ल की जायसी ग्रन्थावली, डॉ. वासुदेवशरण का 'पद्मावत' तथा डॉ. माता प्रसाद गुप्त का पद्मावत तथा जायसी ग्रन्थावली, जायसी जायस के निवासी थे। पद्मावत में सिंहल द्वीप का वर्णन है। वहाँ के राजा गंधर्व सैन की पुत्री जब युवा होती है, तो वह धवलगिरि भवन में अलग से हीरामन तोते के साथ रहती है। तथा तोता को अपनी इच्छा प्रकट करती है। राजा को तोते पर अविश्वास होते ही उसे मरवाने की आज्ञा देता है। तब उसे पद्मावती ही बचाती है। एक दिन तोता उड़ जाता है। तथा जंगल में एक बहेलिया के हाथों पकड़ा जाता है। सिंहल के बाजार द्वारा चित्तोड़गढ़ के राजा रतनसैन के यहां एक ब्राह्मण द्वारा पहुँचता है। रतन सैन की रानी नागमती उससे पद्मावती के सौन्दर्य की गाथा सुनती है, क्योंकि तोते ने बताया कि पद्मावती नागमती से ज्यादा सौन्दर्यशालिनी है। यह सुनकर नागमती को ईर्ष्या पैदा हो जाती है। वह तोते को मरवाने का आदेश देती है। धाय तोते को बचा लेती है। जब सारा वृतान्त राजा रतन सैन को ज्ञात होता है, तो वह पद्मावती को प्राप्त करने के लिए योगी बन जाता है। तपस्या करता है। देवता चिंतित होते है, शिव पार्वती वेश

बदलकर राजा की परीक्षा लेते हैं। वह एक निष्ठ साबित होता है, फिर देवताओं द्वारा इसका विवाह पद्मावती से हो जाता है। कुछ दिन बाद नागमती का आदेश पाकर स्वदेश आता है। रतन सैन के मंत्री राघवचेतन (खलनायक) द्वारा अलाउद्दीन को पद्मावती का पता चलता है। वह आक्रमण करता है तथा रतनसैन को बंदी बनाता है। फिर गोरा बादल छल से उसे छुड़ाते हैं। उधर राजा देवयाल पद्मावती से छेड़खानी करता है। रतनसैन उससे युद्ध करता है। और मारा जाता है। फिर दोनों रानी नागमती और पद्मावती सती होती हैं। अंत में अलाउद्दीन उन्हें सती होते देखकर कहता है कि इस पृथ्वी के सभी जीव नश्वर है। यही कथा वस्तु है पद्मावत की। जायसी के अन्य ग्रन्थ भी हैं। जैसे अखरावट, आखिरी कलाम, चित्ररेखा और कहरनामा आदि।

4. मधुमालती- कवि मंझन कृत 1545 ई. की रचना है। ये चुनार के रहने वाले थे। शेख मुहम्मद गौस सत्तारी सम्प्रदाय के थे। ये शेख मुहम्मद के गुरु थे। इस ग्रन्थ के दो संस्करण प्रकाशित हो चुके है। एक तो डॉ. शिव गोपाल मिश्र द्वारा इलाहाबाद से सम्पादित है। दूसरा डॉ. माताप्रसाद गुप्त द्वारा सम्पादित है। इसमें नायक मनोहर तथा नायिका मधुमालती की प्रेमकथा है। कनयगिरि के राजा सूरज भानु का पुत्र मनोहर जिसके जन्म पर ही ब्राह्मणों ने कहा कि यह 14वें वर्ष में प्रेमी बन जायेगा, अतः 12 वर्ष का ही यह राजगद्दी पर बैठा दिया। एक स्वप्न में उसे अप्सरायें मधुमालती के यहाँ महारस नगर में छोड़ देती है। वहाँ उसका प्रेमालाप होता है। जगने पर उसे विरह में विकलता होती है। वह सैन्यदल सहित वहीं पहुँच जाता है। योगी भी बन जाता है, मार्ग में प्रेमा को राक्षसों से मुक्त कराता है। और उसी प्रेमा द्वारा मधुमालती को प्राप्त करता है। और अपने मंत्री का विवाह प्रेमा से करा देता है। और अपना विवाह मधुमालती से करता है। दूसरी कथा यह भी है कि मधुमालती माँ के शाप से चिड़िया बन जाती है। उसे ताराचंद मंत्री पकड़ लेता है। माँ ने पुनः उस चिड़िया को मानव रूप दे दिया, माँ कहती है ताराचंद तू इससे विवाह कर, किंतु ताराचंद निषेध करके उसका विवाह मनोहर से करा देता है और अपना विवाह प्रेमा से करते हैं

5. कुतुबशतक- माता प्रसाद गुप्त द्वारा संपादित 1967 ई. में प्रकाशित है। भारतीय ज्ञान प्रकाशन से। नायिका साहिबा तथा नायक शाहजादा कुतुबद्दीन की प्रेम कथा है।

6. चित्रावली- उस्मानकृत ये गाजीपुर के निवासी थे। 1615वीं सदी की रचना है। इसमें नेपाल के राजकुमार तथा चित्रसैन की पुत्री चित्रावली तथा राजकुमारी वेलावती की प्रेमकथा है।

7. ज्ञानदीप- शेखनवीकृत 1619 ई. की रचना है। इसमें देवयानी तथा ज्ञानदीप के ज्ञान सम्बन्धी तर्क वितर्क युक्त वार्तालाप है।

8. सूरदास लखनऊ का नलदमन 1657 ई.।

9. कासिम शाह कृत- हंस जवाहिर 1793 ई.।

10. नूर मुहम्मद कृत- इन्द्रावती, अनुराग बांसुरी।

11. हुसैन अली कृत- पुहुयावती।

12. शेख निसार कृत- युसुफ जुलेखा तथा जान कवि की अनेक रचनायें इस धारा में आती हैं।

सूफ़ी साहित्य की विशेषतायें- 1. जितना सूफ़ी साहित्य है सबका सब लोकाश्रय में लिखा गया है तथा इस साहित्य के समस्त ग्रन्थों का नामकरण प्रायः रचयिताओं ने नायिकाओं के नाम पर ही रखा है। सूफ़ी कवियों ने नायिका को ईश्वर समझ कर उसको महत्व दिया है। 2. कथानक की दृष्टि से हिन्दी सूफ़ी तथा असूफ़ी प्रेमाख्यानों के कथानकों का स्रोत पौराणिक, ऐतिहासिक तथा काल्पनिक कथा है। समस्त सूफ़ी साहित्य के कथानकों में प्रायः एकरुपता की प्रवृत्ति मिलती है। 3. प्रेम निरुपण- नायक जीवात्मा और नायिका को परमात्मा माना गया है। प्रेम एक मानवीय प्रवृत्ति है। सूफ़ियों के मतानुसार प्रेम काम अर्थात् आत्मसमर्पण है। जिसकी चार अवस्थायें हैं। (i) शरीयत (ii) तरीकत (iii) हकीकत (iv) म्बारिफत और सात भूमियां है। अबूदिया, इश्क-जहद, म्बारिफ, वज्द, हकीक, वस्ल। चार लोक हैं- नासूत (नरलोक) यलकूत (देवलोक) जबरुत (ऐश्वर्य) और लाहत (माधुर्य) तथा चार ही नगर है। मांगेपुर-गोरखपुर, नेहनगर-रुपनगर इन सबको पार करके जब साधक चलता है, तभी पूर्णता प्राप्त कर पाता है। इन्होंने गुरु को भी महत्व दिया है। पद्मावत में तोता गुरु का काम करता है। चित्रावली में परेवा पक्षी। चंदायन में अजयी धोबी गुरु का कार्य

करता है। कहीं-कहीं पर मालिन तथा धाय भी गुरु का कार्य करती हैं। 4. प्रेम और विरह- सूफ़ियों की कल्पना है कि विरह के बिना प्रेमपूर्ण नहीं। सूफ़ी कवियों ने विरह के साथ संयोग को महत्व दिया है। असूफ़ी कवि इसके विरूद्ध हैं। सूफ़ियों का दुखवाद भी प्रसिद्ध है। 5. प्रेम सौन्दर्य तथा सत्य- साधक को सत्य होते हुए भी एक निष्ठ होना चाहिए। प्रेम में सौन्दर्य का भी महत्व है। 6. सूफ़ियों के प्रेम के अन्तर्गत एक निष्ठता, निष्कामता, आत्मसमर्पण, अहं का विलय, सहजता, ऐन्द्रियता आदि मिलती है। 7. सभी प्रेमाख्यान हिन्दी की मसनवी शैली में लिखे गये हैं। ईश्वर-अल्लाह-सृष्टिकर्ता की स्तुति तथा आत्म निवेदन के बाद ही कथा प्रारंभ होती है। 8. इस शैली में सर्गबद्धता नहीं है। इसमें कम से कम छंदों का प्रयोग होता है। सूफ़ी प्रेमाख्यानों के कथानक लौकिक है। इनकी कथायें बड़ी रूचिपूर्ण हैं। इनका यही काव्य सौन्दर्य विशेष हैं। 9. समस्त सूफ़ी ग्रन्थों का रस शृंगार है। इसके अतिरिक्त शान्त, वीर, वीभत्स का भी समावेश है। वियोग शृंगार का प्रयोग अधिक है। 10. सन्त तथा सिद्ध नाथ कवियों की भांति सूफ़ी कवियों ने भी प्रतीकों का प्रयोग किया है। अलंकारों में उपमा, रुपक, अतिशयोक्ति तथा समासोक्ति, का अधिक प्रयोग किया गया है। पद्मावत अन्योक्ति है या समासोक्ति-अन्योक्ति से तात्पर्य है कि अन्य उक्तियों से समाधान करना और समासोक्ति से तात्पर्य है प्रस्तुत से अप्रस्तुत की व्यंजना करना। 11. दोहा, चौपाई, छंद, सोरठा का अधिक प्रयोग है। 12. चरित्र चित्रण की दृष्टि से समस्त प्रेमाख्यानों में दो तरह के चरित्र मिलते हैं। 1. लौकिक 2. अलौकिक (देवी देवता)।

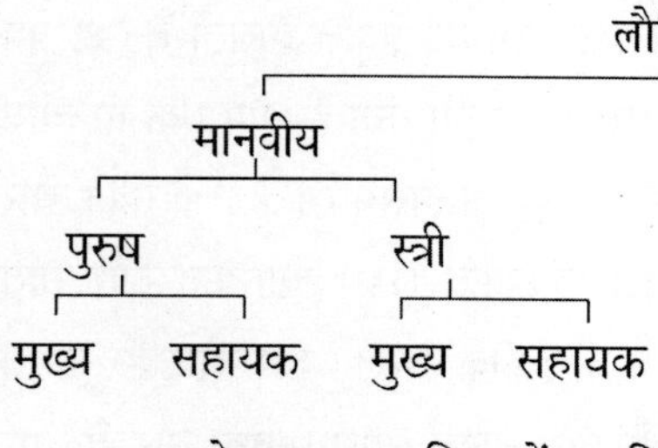

13. प्रेमाख्यान साहित्य में प्रकृति चित्रण बहुत सीमित है। इसे कम महत्व दिया है। केवल नायिकाओं के विरह को उठाने के लिए बारह मासे का वर्णन मिलता है। या राजा के वैभव में प्रकृति चित्रण किया है।

8

हिन्दी का रीतिकाल

निर्गुण साहित्य की धारा

सन्त साहित्य की धारा- (ज्ञानाश्रयी धारा-संतपंथ) मुसलमानों की वजह से विलासिता बढ़ी एवं युद्ध प्रवृत्ति भी बनी इसका परिणाम यह हुआ कि हिन्दू लोग तीन श्रेणियों में विभक्त हो गये। 1. धार्मिक रूप में नीच श्रेणी के लोगों ने इस्लाम धर्म स्वीकार कर लिया। 2. उच्च के विलासी बने। 3. मध्यमश्रेणी के लोग धार्मिक कट्टरतावादी बने। इसी स्थिति में कबीर का जन्म हुआ, इन्होंने न तो हिन्दुओं की परवाह की, न मुसलमानों की। दोनों धर्मों की कुरीतियों की खुलकर आलोचना की। कबीर ने निर्गुण भक्ति पर जोर दिया। तथा आत्मिक बल को प्रश्रय दिया। इनके रामकृष्ण सृष्टिकर्ता के रूप में है। निराकार हैं, तुलसीदास, सूरदास जैसे नहीं। कबीर के ऊपर सिद्ध नाथों, सूफियों का प्रभाव पड़ा। हठयोग- प्रेम, अद्वैतवाद आदि इन्हीं से प्राप्त किया। उत्तर भारत में भक्ति के प्रचारक कबीर ही हैं। संत साहित्य अस्थिर रूप में मिलता है। संत साहित्य का प्रारंभिक रूप मौखिक रूप में हैं। जैसे कबीर कहते हैं कि (मसि कागद छूयौ नहीं कलम गहीना हाथ) संत साहित्य की अस्थिरता के कारण उसमें, भाषा की समस्या, उसके मूल्यांकन की समस्या, रचनाओं में मूल विचारधारा के निर्धारण की समस्या के कारण अनिश्चय की स्थिति है। संत कवि दर्शन और धर्म के पंडित नहीं थे फिर भी इनके साहित्य को धार्मिक माना गया है।

संतों ने साहित्य कला की अवहेलना नहीं की और न उन्होंने किसी बात को ठूंस-ठूंस कर भरा है। उनका उद्देश्य केवल संदेश देना ही रहा है। शास्त्रीय, धार्मिक सिद्धान्तों की अपेक्षा संतों ने सुधारवादिता को महत्व दिया है। 4. संत साहित्य को सिद्ध तथा नाथ साहित्य की परवर्ती कड़ी मानते हैं। सिद्ध और नाथ साहित्य (महायान हठयोग साधना) आदि से संत साहित्य का उद्‌भव हुआ है। 5. संतों ने जो ईश्वर की कल्पना की है वह तीन स्थानों से प्राप्त की है। (क) सिद्ध और नाथों से (ख) सूफ़ी साहित्य से (ग) तत्कालीन वैष्णव साहित्य से। 6. कबीर का ब्रह्म निर्गुण है। सर्वान्तरयामी है। उन्हें आत्मिक साधना से ही पा सकते हैं। भटकने की जरूरत नहीं। इनकी अपनी निजी शैली है। इन्होंने छः चक्रो की कल्पना भी की है। भाषा अद्वैतवाद से ली है। इसी कारण से यह ईश्वर से पृथक् है। भाषा को साधना से अलग करना चाहिए। तभी ईश्वर प्राप्त होता है। 7. संतो ने इस्लाम धर्म के एकेश्वरवाद तथा सूफियों के विशुद्ध प्रेमपंथ को महत्व दिया है। सूफ़ियों की प्रेम पद्धति को कबीर ने अपनाया जैसे (पोथी पढ़ि पढ़ि जग मुआ, पंडित भया न कोय, ढ़ाई आखर प्रेम का पठैं सो पंडित होय) कबीर ने विरह के पक्ष को लेकर प्रेम को महत्व दिया है। 8. संतों की वाणियों ने अद्वैतवाद की भावना है यह वैष्णवों का प्रभाव था। कबीर निर्गुण ब्रह्म के उपासक होते हुए भी प्रेममयी आसक्ति के उपासक थे। 9. ईश्वर की प्राप्ति के सम्बन्ध में कबीर ने सहजभाव की साधना को महत्व दिया है। जिसे पाठक अनुभव करता है। ज्ञान मार्ग, भक्ति मार्ग, कर्म मार्ग से यह साधना हो सकती है। कबीर ज्ञान और भक्ति मार्ग को अपनाते हैं तथा कर्मकाण्ड की अवहेलना करते हैं। 10. साधना के आवश्यक अंग- संतों ने सिद्धों नाथों तथा सूफ़ियों की तरह गुरू को महत्व दिया। यहाँ तक कि गुरू को ईश्वर से भी बढ़कर माना (गुरू गोविन्द दोऊ खड़े काके लागू पाय, बलिहारी गुरू आपणों जिन गोविन्द दियो बताय) सत्संग से मन के विकार दूर करते हैं। इनका सत्संग ज्ञान चर्चा ही है। न कि जप, तप आदि। कविरा संगति साधुकी कभी न निष्फल होय। सदाचार और नैतिकता के बाद साधक साधना नहीं कर सकता। संत निराकार के उपासक हैं अतः पुरूष जीवात्मा का और स्त्री परमात्मा का प्रतीक माना है। छः चक्र, नौ द्वार, कमल चक्र आदि इनके प्रतीक हैं। 11. "संत साहित्य की विशेषतायें अथवा उनकी साहित्यिकता"- इनके साहित्य में साहित्यिकता

से ज्यादा धार्मिकता है। इस विषय में दो मत हैं- (क) इस साहित्य में काव्य शिल्प को नहीं ढूंढ़ना चाहिए। केवल भाव पक्ष ही दृष्टव्य है। (ख) इस काव्य को काव्य शास्त्र की दृष्टि से देखो तो इसमें लक्षणा, व्यंजना का प्रयोग दृष्टव्य है। यह काव्य की अपेक्षा स्पष्टवादिता का उपदेश है। इसे हम इन संतों का दोष कैसे कह दें कि इनका कला पक्ष अपरिष्कृत है। जिसमें स्वाभाविक रूप से अलंकार और रस का समावेश है, छंद भी प्रयुक्त हैं। हाँ, काव्य परम्परा के अनुसार संत साहित्य नाटक, महाकाव्य, खंडकाव्य और मुक्तक काव्य का अनुसरण नहीं करता बल्कि संदेश देता है। रस की दृष्टि से संतों की वाणी में रसात्मकता नहीं मिलती और भावामिव्यक्ति का अभाव है। इनके संदेश धार्मिक, नैतिक और सामाजिक दृष्टि से महत्वपूर्ण और उच्च कोटि के हैं। इस काव्य में उत्कृष्ट गीतिकाव्य के रूप में आत्मानुभूतिया, धार्मिक अनुभूति का सुंदर चित्रण मिलता है। इनके पद गेय हैं। इस साहित्य में कृत्रिमता नहीं है। स्वाभाविकता है। भाषा शैली में कोई बनावट नहीं है। लक्षण तथा व्यंजना शब्द शक्तियों और ध्वनि शास्त्र की दृष्टि से यह साहित्य महत्व रखता है। इस साहित्य की कोई एक भाषा नहीं है। भाषा मिश्रित एवं अपरिष्कृत है। जिसमें पूर्वी हिन्दी, पंजाबी, राजस्थानी, ब्रज भाषा तथा पुरानी खड़ी बोली तथा अपभ्रंश आदि के शब्द मिलते हैं। डॉ. माता प्रसाद गुप्त ने सिद्ध किया है कि कबीर की भाषा पुरानी खड़ी बोली है। छंदों की दृष्टि से साखी, सबदी रमैनी का अधिक प्रयोग किया है। तथा सवैया, कवित्त, हंसपद, सार छंद भी प्रयुक्त हैं। रस की दृष्टि से उपदेश और संदेश देने में शान्त रस प्रयुक्त है, और जहाँ जीव ब्रह्म का उपदेश है वहाँ श्रृंगार रस का भी प्रयोग किया है। "दुलहिनी गाबऊ व मंगल चार, हम थर आये हो राजा राम भरतार" ब्रह्म के विराट स्वरूप को अद्‌भुत रस में व्यक्त किया है। शरीर के विनाश की कल्पना वीभत्स में वर्णित है। सामाजिक कुरीतियों एवं कर्मकाण्ड वर्णन में हास्य का पुट भी मिलता है। अलंकारों में मुख्यतया, उपमा, रूपक, यमक, अर्थान्तरयास, दृष्टांत आदि का प्रयोग मिलता है। संत साहित्य के सामाजिक तत्व के परिप्रेक्ष्य में यह साहित्य अधिक लोकप्रिय नहीं है। इस साहित्य में समन्वय की भावना को प्रमुखता मिली है। समाज की एकता (हिन्दू व मुस्लिम एकता) पर जोर दिया है। 'ऊंच नीच और जातिभेद को भी नहीं माना है' । वैसे अधिकांश संत भी निम्न वर्ग से ही है। इनका दृष्टिकोण छायावादी एवं उपदेशात्मक है। राजनीति में संतों के समय में तुगलक और लोदी वंश का राज्य था। तथा गजनवी आदि ने भारत

के मंदिरों को लूटा, इन घटनाओं से भी साहित्य एवं भावनायें प्रभावित हुई है। जो काव्य से परिलक्षित है।

प्रमुख संत कवि

1. कबीरदास- इनके जन्म के बारे में मतभेद हैं। कबीर पंथियों के अनुसार इनका जन्म सम्वत् 1405 तथा मृत्यु 1505 है। फिर अन्य आलोचक जैसे हर प्रसाद शास्त्री, मिश्रबंधु, डॉ. रामकुमार वर्मा, डॉ. गोविन्द त्रिगुणावत, डॉ. गणपति चन्द्र गुप्त, डॉ. सरनाम सिंह आदि कबीर का जन्म सम्वत् 1455 तथा मृत्यु 1575 मानते हैं। तथा डॉ. ग्रियर्सन, रामचन्द्र शुक्ल, श्यामसुन्दर दास ने इनका जम्न सम्वत् 1456 माना है। कबीर का प्रारंभिक काल सिकंदर लोदी वाला समय है। तथा यह है, 1546-1574 तक का समय। इस समय कबीर थे, इसे ही अंतिम समय मान सकते हैं, कुछ लोग तो इनका जन्म सम्वत् 1472 तथा मृत्यु 1575 मानते हैं। अधिकांश सम्वत् 1456-1556 ही मानते हैं। ये जुलाहे थे, जन्म स्थान कुछ लोग काशी मानते हैं, इनकी जीवन सम्बन्धी सामग्री संदिग्ध है। इनकी रचनायें तीन रूपों में प्राप्त हैं। साखी, सबद, रमैनी शीषकों में प्राप्त रचनायें भी तीन तरह की हैं- साम्प्रदायिक, बीजक, और गुरू ग्रन्थ साहिब, इनका संपादन डॉ. रामकुमार वर्मा ने प्रयाग से किया है। कबीर ग्रन्थावली, इन्हीं के बीजक तथा गुरू ग्रन्थ साहिब के पाठों का संपादित रूप है। डॉ. श्यामसुंदर दास ने संपादन करके काशी नागरी प्रचारिणी सभा बनारस से कबीर ग्रन्थावली प्रकाशित की। डॉ. पारसनाथ तिवारी ने भी प्रयाग से तथा डॉ. माता प्रसाद गुप्त ने आगरा से भी कबीर ग्रन्थावली प्रकाशित की है।। डॉ. माताप्रसाद गुप्त का संस्करण सटीक एवं अच्छा है।। कबीर की साहित्यिक विशेषता थी कि वे तत्वदर्शी थे, न कि सिद्धान्तदर्शी।

2. दादूदयाल- कबीर के बाद इनका स्थान प्रमुख है। इनका समय 1544 ई. से 1603 ई. है। ये तुलसीदास के समकालीन थे, तथा कबीर के अनुयायी थे। ये बड़े विनम्र थे। इनका जन्म गुजरात में हुआ, जीवन राजस्थान में बिताया। कबीर के पुत्र कमाल भी इनके शिष्य थे। इनका पंथ दादूपंथ नाम से चला। इनकी रचनायें कबीर की भांति ही, साखी तथा पद के रूपों में मिलती है। अपनी रचनाओं में उच्च श्रेणी के लोगों की कटु आलोचना की है, जहाँ पर इन्होंने धार्मिक कुरीतियों, रूढ़ियों,

तथा मिथ्यांडबरों पर आघात किया है। ये कबीर की भाँति उग्रवादी नहीं मालूम पड़ते। अकबर ने इन्हें अपने यहां भी बुलाया था। इनका साहित्य कबीर साहित्य के अनुरूप है। अपने समस्त सिद्धान्तों का निर्धारण कबीर की रचनाओं को आदर्श मानकर ही किया है। रूपकों को भी अपनाया। प्रेम को सूफ़ी कवियों की भांति महत्व दिया है। ये कबीर की एकेश्वरवाद की ही भावना पर चले। भाषा इनकी राजस्थानी, गुजराती, पंजाबी मिश्रित है। छंदों में दोष है।

3. नानक- इनका समय 1469 ई. से 1539 ई. तक है। इनकी अधिकांश रचनायें गुरू ग्रंथ साहब में है। इनकी भाषा पुरानी खड़ी बोली पंजाबी तथा ब्रज मिश्रित है। ये पंजाब में पैदा हुए थे और इनका चलाया पंथ सिखपंथ है। ये सिखधर्म के प्रवर्तक थे। इनके दार्शनिक सिद्धान्त कबीर से मिलते हैं। इन्होंने भी एकेश्वरवाद को माना तथा मूर्तिपूजा का खंडन किया।

4. रैदास- यह कबीर के समकालीन थे, रामानंद के शिष्य थे। इनका चलाया हुआ रैदासी सम्प्रदाय था, इनके पद भी गुरू ग्रन्थ साहिब में मिलते हैं। रैदास की रचनायें प्रयाग से प्रकाशित हो चुकी हैं।

5. मलूकदास- इनका समय 1574 ई. से 1682 ई. है। ये इलाहाबाद के केकड़ा नामक ग्राम में पैदा हुए। इनकी रचनायें ज्ञानबोध, रतनखान, गुरू प्रताप और अलखबानी है। इनका पंथ मलूक पंथ था, भाषा खड़ी बोली तथा अवधी का मिश्रण है। निर्गुण के साथ-साथ सगुण ब्रह्म की भी उपासना की है।

6. सुन्दरदास- इनका समय 1596 ई. से 1689 ई. है। इनका जन्म जयपुर में हुआ। ये दादू के शिष्य थे। इन्होंने काशी में शिक्षा ग्रहण की साहित्यिक दृष्टि से इनका स्थान संत कवियों में महत्वपूर्ण है। इनकी रचनाओं का विषय भक्तियोग सहजानंद पंचेन्द्रिय निर्णय है। भाषा पुरानी खड़ी बोली तथा ब्रज का मिश्रण है।

7. दरियासाहब- इस नाम के दो व्यक्ति मिलते हैं। एक है बिहार के आरा जिले के तथा दूसरे मारवाड़ के। बिहार वालों का समय 1684 से 1780 ई. है। तथा मारवड़ वालो का जन्म 1715 ई. मानते हैं। बिहार वालों की निर्गुण भक्ति संबंधी रचनायें दोहा, चौपाई, छंदों में मिलती है। मारवाड़ वालों ने कबीर की उलटवासियों

का अनुकरण किया है।

8. सहजोबाई- इनका समय 1683 ई. से 1763 ई. है। इनका जन्म राजस्थान में देहरा क्षेत्र में हुआ। ये संत चारणदास की शिष्या थीं। ये बालब्रह्मचारिणी थी। इन्होंने गुरू को महत्व दिया। रचना भी गुरू से सम्बन्धित है। इनके बाद धर्मदास -पतलसाहब, तुलसी साहब, गरीबदास, चरणदास, दयाबाई, धर्मीदास, भीखासाहब, गुलालसाहब, दूलनदास और जगजीवन दास आदि संत कवि हुए हैं।

कबीर और जायसी के रहस्यवाद की तुलना -- रहस्यवाद भक्ति मार्ग तथा दर्शन मार्ग दोनों से भिन्न है। रहस्यवाद के अन्तर्गत भक्तिमार्ग के बहुत से तत्व समाहित रहते हैं। किन्तु दोनों के उपासक स्वरूपों में तात्विक अंतर है। भक्त प्रधान-रूप से भगवान के दैविक स्वरूप में विश्वास करता है। तो रहस्यवादी साधक ब्रह्म के आध्यात्मिक स्वरूप में। ब्रह्म के आध्यात्मिक स्वरूप की प्रतिष्ठा दर्शन शास्त्र में भी है। किन्तु रहस्यवाद का स्वरूप दर्शन के समान तर्कमूलक और बौद्धिक न होकर भावना विनिर्मित है। इस तरह रहस्यवाद दर्शन और भक्ति दोनों से भिन्न है। संक्षेप में हम रहस्यवाद के ब्रह्म के आध्यात्मिक स्वरूप से आत्मा की भावात्मक ऐक्यानुभूति के इतिहास का प्रकाशन कह सकते हैं। रहस्यवादी की स्थिति में पहुँचा हुआ साधक ब्रह्ममय हो जाता है। और इसी स्थिति का चित्रण करते हुए सूफ़ी कवियों में म्ंारिफत तथा फ़ना की कल्पना की है। जायसी तथा कबीर दोनों रहस्यवादी कवि हैं। इनकी आस्तिकता इनकी उपासना का स्वरूप इनका अनुभव तत्व, इनका प्रेमतत्व, साधक की विभिन्न अवस्थायें तथा इनके अभिव्यक्ति पक्ष को ध्यान में रखकर हम इनके रहस्यवाद की तुलना इस रूप में कर सकते हैं।

1. आस्तिकता- आस्तिकता रहस्यवाद की आधारभूमि है। कबीर और जायसी दोनों ही कट्टर आस्तिक थे। जायसी का पद्मावत तो सृष्टिकर्ता ईश्वर अल्लाह आदि की वंदना से ही प्रारंभ हुआ है। कबीर की तो समस्त वाणियों में आस्तिकता टपकती हुई दिखती है। फिर भी दोनों की आस्तिकता में सूक्ष्म अंतर है। जायसी की आस्तिकता विश्वास पर टिकी हुई है। तो कबीर की आत्मानुभूति पर। जायसी में भावना और कल्पना की प्रधानता है तो कबीर में वास्तविकता की।

2. यथार्थवाद- उपास्य स्वरूप के सम्बन्ध में निर्गुण रहस्यवादियों का सगुण ब्रह्म भावना विनिर्मित अन्तर्जगत् का मूर्तमान रूप है। भक्ति भार्गीय सगुणता केवल भक्त के हृदय में ही नहीं बल्कि सारे विश्व के मध्य में प्रत्यक्ष प्रतिष्ठित रहती है। कबीर और जायसी दोनों ही तत्वरूप ईश्वर में विश्वास करते हैं। दोनों ही शून्यवादी हैं। किन्तु जायसी का उपास्य जहाँ सौन्दर्यमय, सरस, ग्राहय, भावात्मक एवं व्यक्तित्व प्रधान है, वहाँ कबीर का उपास्य निर्गुण परब्रह्म स्वरूप है।

3. अनुभूति तत्व की दृष्टि से कबीर की अनुभूति अधिक विचारप्रधान है, तो जायसी की भावना प्रधान है। कबीर योगी होने के नाते योग या क्रियासाधना में अधिक विश्वास करते हैं तो जायसी प्रेममार्गी होने के नाते भावना या कृपासाधना में विश्वास करते हैं।

4. प्रेमतत्व- रहस्यवाद का प्रधान अंग है। कबीर और जायसी दोनों ने इस तत्व को अधिक महत्व दिया है। किन्तु जहां जायसी में प्रेम साधना का अनिवार्य तत्व है, वहाँ कबीर में गौण तत्व (ऐच्छिक) है। कबीर ने प्रेम को काम के रूप में भी चित्रित किया है। यथा "काम मिलावै रामसू जो कोई जानै राह" किन्तु जायसी का प्रेम तत्व सर्वथा सूफ़ी आदर्शों पर है। जिसमें सूफ़ी साधना की भाव प्रवणता, मादकता, दिव्यता आदि सभी कुछ विद्यमान है। यथा "सूनि धनि प्रेमसुरा के पिये, मरन जियन डर रहे न हिये" "प्रेम फांद जो परा न छूटा, जिउ जाय पै फांद न टूटा"- इस तरह कबीर का प्रेम जहां संस्कार तथा साधना मूलक है। वहां जायसी का प्रेमरूप लिप्सा से जनित है। कबीर का परमात्मा पुरूष रूप में तो जायसी का स्त्री रूप में चित्रित हुआ है।

5. रहस्यवाद की जागृतवास्था- कबीर तथा जायसी दोनों में समान रूप से पायी जाती है। दोनों में तीव्र प्रियतम के मिलन की जिज्ञासा तथा तड़पन है। जायसी वैराग्य मार्ग ग्रहण करता है तो कबीर ज्ञान मार्ग। वैराग्य तो ज्ञान प्राप्ति का ही एक साधन है। जायसी के रतन सैन में प्रेम का उदय होते ही उसे योगी बनना पड़ता है। यथा "जब भा चेत उठा वैरागा, वाउर जनौ सोई उठि जागा" कबीर वैराग्य को ज्ञान प्राप्ति का एक साधन मात्र मानते हैं। "कबीर जाग्या ही चाहिए, क्या घर क्या वैराग्य" ज्ञान तथा वैराग्य के उदय के पश्चात् साधक विरह में व्यथित हो उठते हैं। कबीर और जायसी दोनों ने ही विरह को बराबर महत्व दिया है। किन्तु जायसी पर

जहाँ सूफ़ी दर्शन का प्रभाव है। वहाँ कबीर पर भक्त तथा सूफ़ी दोनों का प्रभाव है। कबीर और जायसी दोनों ने साधना मार्ग की विघ्न बाधाओं, कठिनाइयों तथा विकारों की चर्चा की है। किन्तु जायसी जहां शैतान (राघव चेतन) को साधना में बाधक समझते हैं। वहाँ कबीर माया को "माया महाठगिनी हम जानी"। मिलन की अवस्था का चित्रण कबीर तथा जायसी दोनों में मिलता है। किन्तु कबीर की भावना जहाँ आध्यात्मिक तथा अन्तर्जगत् से सम्बन्धित है। वहाँ जायसी की भावना लौकिकता का आभास लिये हुए बहिर्जगत् से संबंधित है। भारतीय अद्वैतवाद के प्रभाव से कबीर मिलन की स्थिति में पहुँचकर भी कह उठते हैं। यथा "हरि मरि हैं तो हमहू मरि-है, हरिन मरैं तो हम काहे कूँ मरि है" किन्तु जायसी में इसी स्थिति का चित्रण दिखाई नहीं देता।

6. जायसी ने जहाँ अपनी रहस्यात्मक अभिव्यक्ति के लिए अन्योक्तियों, सभासोक्तियों और प्रतीकों का सुन्दर प्रयोग किया है, वहाँ कबीर ने अपनी अभिव्यक्ति के लिए रूपकों तथा उलटवासियों का प्रयोग किया है। कबीर ने जहाँ प्रतीकों और अन्योक्तियों का सहारा लिया भी हैं, वह वहाँ जायसी के ढंग का नहीं पाया है। कबीर की ऐसी युक्तियां बड़ी संक्षिप्त, संकेतात्मक हैं। इस तरह जायसी और कबीर दोनों ही हिन्दी साहित्य के श्रेष्ठ रहस्यवादी कवि हैं। कबीर का रहस्यवाद भारतीय भक्तिमार्ग सिद्ध तथा नाथ सम्प्रदाय से प्रभावित होने के कारण आध्यात्मिक ऐकान्तिक तथा व्यष्टिमूलक है तो जायसी का सूफ़ी प्रेम साधना और भावना से अनुप्राणित होने के कारण अत्यन्त सरस, मधुर भावात्मक तथा समष्टि मूलक है।

सगुण साहित्य की धारा

रामभक्ति साहित्य की धारा- 'सगुणधारा' रामानंद के शिष्य तुलसी थे। जहाँ कबीर ने निर्गुण राम का निरुपण किया है वहाँ तुलसी ने राम का सगुण रूप निरुपित किया है। तुलसी का राम साहित्य विश्व विख्यात है।

राम साहित्य का विकास- राम कथा वैदिक साहित्य में नहीं मिलती। केवल कुछ व्यक्तियों का नाम राम सीता के रूप में मिलता है ये व्यक्ति कोई अन्य रहे होंगे। फिर वाल्मिकि रामायण में इनका स्रोत मिलता है। इसमें भी तीन रूप हैं-

1. पश्चिमोत्तरीय 2. गौड़ीय 3. दाक्षिणात्य। इन तीनों रूपों में भी अन्तर है। सूक्ष्म विवेचन पर कुछ एक रूपता मिलती है। इसमें ब्रह्मा, विष्णु, महेश को समान रूप से महत्व दिया है। तथा राम को विष्णु का अवतार माना है। राम के रूप में विष्णु की उपासना की जाती थी। देव पूजा के स्थान पर वीर की भी पूजा की जाती थी। वाल्मीकि रामायण के बाद रामोपाख्यान भी मिलता है। महाभारतकाल में, यह कथा वाल्मीकि रामायण से मिली-जुली है। इसके बाद बौद्धों के जातक में यह कथा मिलती है। दशरथ जातक में इसका वर्णन है। दशरथ जातक के अनुसार वाराणसी के राजा के तीन सन्तान राम लक्ष्मण सीता हैं। तथा राम सीता भाई बहन की शादी दिखाई है। फिर दशरथ अन्य रानियाँ लाता है। तथा भरत का जन्म होता है। फिर राम सीता भाई बहन बन जाते हैं। फिर राम को पंडित रूप में देख जाता है। दशरथ जातक तथा वाल्मीकि रामायण की प्राचीनता के बारे में अभी मतभेद हैं। इसके बाद राम कथा जैन साहित्य के विमल सूरि के पउमचरीउ में मिलती है। इसमें और वाल्मीकि रामायण में अधिक साम्य है। मगर अंतर इतना है कि रावण का वध लक्ष्मण द्वारा दिखाया है।

दक्षिण भारत में गुणभद्र कृत उत्तर पुराण के रूप में रामकथा मिलती है। इसमें सीता रावण की पुत्री बताई गई है तथा मंदोदरी सीता की मां। रावण सीता को बक्स में बंदकर खेत में रख देता है। फिर सीता उसे मिलती है। इसके बाद पुराणों में रामकथा वाल्मीकि रामायण के आधार पर मिलती है। पुराण ग्रंथों के बाद इस सम्बन्ध में अध्यात्म रामायण सर्वप्रथम पुस्तक है इसमें राम के अवतारवादी रूप के साथ भक्ति का भी मिश्रण मिलता है। अन्य पुराणों में आनन्द रामायण, अद्भुत रामायण और भुशुण्डि रामायण मिलते हैं। इन सब रामायण ग्रन्थों में शक्ति की प्रधानता है। इसके बाद रामकथा नाटक ग्रन्थ एवं काव्य ग्रन्थों के रूप में मिलती है। नाटक ग्रन्थों में भासकृत प्रतिमा नटक, अभिषेक नाटक हैं। ये दोनों नाटक रामवन गमन और रामअभिषेक को लेकर लिखे गये हैं। इसके बाद भवभूति का महावीरचरित, और उत्तर रामचरित मिलते हैं तथा राजशेखरकृत बाल रामायण और जयदेव का प्रसन्नराघव ग्रन्थ मिलते हैं। ततः पश्चात् कालिदास का रघुवंश महाकाव्य, प्रवरसैन का रावण वध, कुमारदास का जानकीहरण, क्षेमेन्द्र का रामायण मंजरी और दशावतारचरित्र, अधिनंद का रामचरित्र आदि ग्रन्थ मिलते हैं। ये सब वाल्मीकि रामायण पर ही आधारित है,

रामकथा भारत के अतिरिक्त जावा, लंका, चीन, तिब्बत, बर्मा आदि देशों में पायी जाती है। तुलसी के पूर्व रामकथा हिन्दी में 'ईश्वरदास कृत' भरत मिलाप है तथा अंगद पेज है। मुनिलावण्यकृत 'रावण मंदोदरी संवाद' ब्रहमजिनदास कृत रामचरित का 'राम रास' और हनुमंतराम हैं। अग्रदास कृत 'रामाष्टयाम' रामध्यानमंजरी और राम ज्यौनार हैं। सूरदास ने भी रामचरित का गान किया है इन सबमें तुलसीदास का 'रामचरितमानस' ही महत्वपूर्ण है तथा साहित्यिक महत्व भी इसी का है। अन्य सभी रचनायें अप्रकाशित हैं। अथवा केवल हस्तलिखित प्रतियाँ ही मिलती हैं।

तुलसीदास

इनकी जीवनी के संबंध में सामग्री दो रूपों में मिलती है।

1. अन्तर्साक्ष्य अर्थात् आत्मोल्लेख। रामचरितमानस, विनय पत्रिका, बरवै रामायण, कवितावली, दोहावली, पार्वती मंगल में इनकी अन्तर्साक्ष्य सामग्री मिलती है। इनमें इनके जीवनवृत का अंश मिलता है।

2. बहिर्साक्ष्य-वेणीमाधवरासकृत 'गौंसाई चरित्र 1630 ई. का है। इनकी दूसरी रचना मूल गुंसाई चरित भी है। भवानीदासकृत गुसांईचरित, और रघुबरदासकृत तुलसीदासचरित, अन्य रचना संत तुलसीदासकृत घटरामायण (हाथरसी) प्रियादासकृत भक्तमाल सटीक गोकुलनाथकृत दो सौ वैष्णव की वार्ता। जनश्रुतियाँ, स्मारक चिन्हों से भी इनकी जीवनी से संबंधित चिन्ह मिलते हैं। सोरों, काशी, राजापुर आदि नगरों में इनके जन्म के बारे में कहा जाता है तथा अन्य कई स्थानों का नाम भी मिल जाता है। जैसे हाजीपुर, हस्तिनापुर, अयोध्या, तारीराजापुर आदि। अब केवल राजापुर और सोरों के बारे में ही मतभेद हैं अन्य सभी अप्रमाणिक हैं। डॉ. माता प्रसाद गुप्त ने सिद्ध किया है कि तुलसीदास का जन्म सोरों में ही हुआ था फिर से राजापुर रहने लगे, जन्म तिथि के सम्बन्ध में ही मतभेद है। किन्तु अधिकांशतः सम्वत् 1589 (1532) ई. विद्वान स्वीकार करते हैं। मृत्यु के सम्बन्ध में कोई प्रमाण तो नहीं लेकिन यह दोहा ''सम्वत् 16 सौ असी, असी गंग के तीर सावन शुक्ला सप्तमी तुलसी तज्यौ शरीर'' प्रसिद्ध है। इनके जीवन का अंत दुखमय था, इनकी जाति के बारे में बड़ा मतभेद चला, अन्तर्साक्ष्य के द्वारा ये ब्राह्मण जाति के माने गये। आचार्य शुक्ल तथा

आचार्य वाजपेयी इन्हें कान्यकुंज ब्राह्मण मानते हैं। इनका विवाह रत्नावली के साथ हुआ था। यह भी जनश्रुति मिलती है कि इन्हें गृहस्थ से वैराग्य पत्नी के कारण ही हुआ था- ''अस्थि चर्ममय देहमम तामें ऐसी प्रीति, जो होती कहुं राम में क्यों हो वे अब भीति।'' इनकी माता हुलसी पिता आत्माराम थे, इनके गुरू के बारे में भी मतभेद हैं। बहिर्साक्ष्य के आधार पर ये रामानंद के शिष्य हैं और अन्तर्साक्ष्य के आधार पर महन्त अनंतदास के शिष्य नरहरिदास ने इनका (रामबोला) का उपनयन संस्कार संवत् 1561 में बसन्त पंचमी को किया अतः नरहरि इनके दीक्षा गुरू हुए। इनका विवाह सम्वत् 1583 जेष्ठ शुक्ला त्रयोदशी को हुआ। सम्वत् 1607 की घटना चित्रकूट की है कि हनुमान जी ने तोता बनकर तुलसी को राम के दर्शन कराये 'चित्रकूट के घाट पर भई संन्तन की भीर-तुलसी दास चंदन घिसै तिलक देत रघुबीर' सम्वत् 1628 में इनकी भेंट काकभुशुण्डि भरद्वाज और याज्ञवल्क्य से हुई। रामचरित मानस की रचना संवत् 1631 में प्रारंभ की जो 2 वर्ष 7 माह में संवत् 1633 में पूर्ण हुई। इन्होनें मानस का एक मूल हस्तलिपि अपने मित्र टोडरमल के यहाँ रखी और दूसरी प्रति बाबा विश्वनाथ के मंदिर में सौंप दी। जो सत्यं शिवं सुन्दरम् से प्रमाणित हुई। संस्कृत विद्वान मधुसूदन सरस्वती ने तुलसी के विषय में लिखा है कि ''आनन्द कानने ह्यस्मिन् जंगमः तुलसी तरुः, कविता मंजरी भाति रामभ्रमर भूषिता।'' और लिखा है कि कविता करके तुलसी न लसे कविता विलसी पा तुलसी की कला'' भारी भव सागर उतारतौ कौन पार, जौ पै यह रामायण तुलसी न गावतौ'' ये उक्तियाँ इनके काव्य सौष्ठव की प्रतीक है। इन्होने काशी, चित्रकूट, अयोध्या आदि स्थानों पर अपना जीवन बिताया। हनुमान वाहुक में इन्होंने अपने जीवन का उल्लेख किया है। गुसाई इनकी उपाधि है जो वाराणसी के अस्सी घाट के मठ के महन्त को मिलती है। इनके नाम से 31 रचनायें बताई जाती हैं। किन्तु जिनकी हस्तलिपियाँ मिलती हैं, उनकी संख्या बारह हैं। ये ही प्रामाणिक है। शेष रचनायें संदिग्ध हैं। काव्य रूप की दृष्टि से बारह रचनाओं को तीन वर्गों में बांटा गया है।

(1) प्रबंध काव्य- इनका रामचरितमानस प्रबंध काव्य है जिनमें राम कथा है। रामलला नहछू में लोकगीत संग्रह है। पार्वती मंगल में कुमारसंभव के आधार पर शंकर पार्वती संवाद है। जानकी मंगल में रामविवाह वर्णन है।

(2) गीति काव्य- गीतावली, कृष्ण गीतावली, विनय पत्रिका में आत्मोल्लेख है। गीतावली में 318 छंदों में रामकथा वर्णित है। कृष्ण गीतावली में कृष्ण लीला वर्णित हैं।

(3) मुक्तक काव्य- वरवै रामायण में रामकथा एवं भक्ति है। रामाज्ञा प्रश्न में शुभाशुभ विचार, दोहावली में भक्ति, नीति एवं वैराग्य संबंधी दोहे, कवितावली में आत्मचरित संबंधी दोहे हैं। हनूमान बाहुक में भी आत्मोल्लेख है।

भाषा की दृष्टि से इन समस्त रचनाओं में रामचरितमानस, पार्वती मंगल, जानकी मंगल, वरबै रामायण में अवधी भाषा प्रयुक्त है। शेष आठ ग्रन्थ ब्रजभाषा में हैं। विषय एवं शैली सभी ग्रन्थ रामचरित से संबंधित हैं। इन सबमें महत्व रामचरितमानस का है संवत् 1631 की इस रचना पर वाल्मिकी रामायण का प्रभाव है। तुलसी ने अपने पूर्व की काव्य शैली का प्रयोग किया है, जैसे प्रबंध काव्य शैली, नीतिकवियों की दोहा शैली, संत तथा कृष्ण भक्त कवियों की गीति शैली, रीति कालीन कवियों की कवित्त सवैया शैली और लोक गीति शैली। तुलसीदास ने मानव को ऊँचे आदर्श प्राप्ति का संदर्भ दिया है। ऐसा अन्य किसी कवि ने नहीं किया। अतः ये जनसाधारण में और विद्वानों में पूज्य है। काव्य शिल्प की दृष्टि से इन्हें ज्येष्ठ नहीं माना जाता है। निबैरैता, उदारता, सत्य, अहिंसा, निष्कपटता, त्याग आदि अपने दिव्य गुणों के कारण मानव पशुता से पृथक् है, उसका जैसा समाहार तुलसी के राम-भरत-कौशल्या-सीता तथा जनक आदि उनकी कथा के अनेक पात्रों में मिलता है। वैसा अन्यत्र नहीं। तुलसी में जो उदारता है वह अन्यत्र नहीं। रामचरितमानस मर्यादा से परिपूर्ण है अन्य ग्रन्थों में जो अनुपलब्ध है। इनकी भक्ति भी मर्यादित है। तुलसी ने समन्वय की भावना को भाव पक्ष और कला पक्ष दोनों में ही महत्व दिया है, इसी से ये लोकप्रिय बने और लोकनायक कहे जाते हैं। इसी समन्वय की व्यापकता से ये सर्वमान्य हुए। इन्होनें भेद दृष्टि से नहीं अपितु समदृष्टि से सभी को महत्व दिया है। हिन्दू ही नहीं बल्कि समस्त समाज के नैतिक आदर्श, कर्मकांड, सामाजिक आदर्श के साथ स्वामी सेवक, पति-पत्नी, भाई-भाई, जन, जनसमुदाय, ज्ञान भक्ति, शैव वैष्णव, ऊँच नीच, मानव मानवेतर, देव राक्षस आदि विभिन्न क्षेत्रों में समन्वय स्थापित किया है। तथा कला क्षेत्र अवधी ब्रज, भोजपुरी, खड़ी बोली आदि भाषाओं में समन्वय स्थापित किया है दोहा, चौपाई, सोरठा, छंद, कवित्त, सवैया आदि का भी समन्वय

सर्वत्र दृष्टव्य है। काव्य के तीन प्रसिद्ध गुण प्रसाद, ओज और माधुर्य का समावेश इनकी रचनाओं में उपलब्ध है। रस की दृष्टि से सभी रसों का परिपाक किया है। प्रधानता शांत रस को है तो शृंगार भी नहीं छोड़ा है। हास्य का पुट भी यत्र तत्र देखा जा सकता है। तुलसी का साहित्य मानवोपयोगी है और सदा रहेगा।

परवर्ती राम कथा साहित्य- राम साहित्य के परवर्ती कवि- तुलसी के बाद एक सौ वर्ष के मध्य केशवदास कृत 'रामचंद्रिका' मिलती है। इनका समय 1555 ई. से 1617 ई. है। ये तुलसी के समकालीन थे। जाति से ब्राह्मण थे। ओरछा के राजा के आश्रित थे। रामचंद्रिका, कविप्रिया, और रसिक प्रिया ये तीन प्रमुख रचनायें मिलती हैं। इनके अतिरिक्त 'जहाँगीरजसचंद्रिका' और वीरसिंह देव चरित दो वीर रस की रचनायें मिलतीं हैं। इस तरह इनकी पांच रचनायें मिलती हैं। कविप्रिया में कवि के गुण और अलंकारों का विवरण है। रसिकप्रिया के अंतर्गत नव रसों का वर्णन नायक, नायिका भेद प्रभेद हैं। अंतिम ग्रन्थ 'रामचंद्रिका' 1601 ई. का है। केशव को अधिकांश लोग आचार्य की कोटि में मानते हैं कवियों में नहीं। ये कठिन काव्य के प्रेत भी कहे जाते हैं। क्योंकि इनकी रचनायें क्लिष्ट हैं। रामचंद्रिका की रचना तुलसी से प्रतिद्वन्द्वतावश की है। किन्तु उन जैसी शालीनता नहीं मिलती। इस ग्रन्थ में राम के गुणगान की अपेक्षा पाण्डित्य प्रदर्शन तथा छंद निरूपण की शैली को अधिक महत्व दिया है। प्रबंध तत्व की दृष्टि से इनकी रामचंद्रिका को सफल रचना नहीं कहा जा सकता है। इसमें प्रबन्ध पटुता, प्रबन्ध तत्व की दृष्टि से समता नहीं है। केशव में मार्मिक तथा गंभीर स्थलों की पहचान नहीं थी। इसलिए केशव को हृदयहीन कवि कहा जाता है। केशव अलंकार छंद उक्ति वैचित्र्य पर अधिक ध्यान देते हैं अवसर की अनुकूलता अथवा प्रतिकूलता होने पर भी वे अपना कौशल प्रदर्शित करने में नहीं चूकते। इनको इसीलिए कठिन कवि का प्रेत कहा जाता है। शैली बनावटी है। भाषा बड़ी अव्यवस्थित है। कल्पना की क्लिष्टता है। कला की सहज साधना नहीं है। वस्तुतः संस्कृत के ग्रंथों का रूपान्तर अधिक दिया है। रामचंद्रिका के संवाद बड़े मार्मिक हैं। संवादों में दो ग्रंथों को आधार माना है प्रथम तो हनूमान नाटक दूसरे प्रसन्न राघव। अंततः भक्ति कालीन स्तर पर इनका मूल्यांकन करना उचित नहीं बल्कि रीतिकालीन स्तर पर मूल्यांकन करना चाहिए।

2. नाभादास की रचना अष्ट याम हैं। ये अग्रदास के शिष्य और स्वामी रामानंद के सम्प्रदाय के थे। यह रचना रामकथा से संबंधित है। इनकी प्रसिद्धि तो इनकी रचना 'भक्तमाल' के आधार पर हुई है।

3. सैनापति का कवित्त रत्नाकार प्रसिद्ध ग्रन्थ है। इसमें ऋतु वर्णन सर्वोत्कृष्ट है। एवं प्रकृति वर्णन भी इसका वर्णनीय है। इनकी अन्य रचना एक तरंग रामायण वर्णन 'दूसरी' तरंग राम रसायन वर्णन है। शैली की दृष्टि से रीति परंपरा के श्लेष और यमक विषयक चमत्कार के ये सफल कवि हैं। तरंग इनकी वाल्मीकि रामायण के आधार पर है। भक्त सिद्धान्त की दृष्टि से इनका नाम तुलसी की परंपरा में आता है। राम के लोकोपकारी गुणों का इन्होंने वर्णन किया है। तुलसी की तरह इनकी भक्ति सहज भाव की है।

4. पृथ्वीराज की 'दशराउत' नामक रामभक्ति काव्य की रचना है केवल 50 दोहों में राम स्तुति है।

5. प्राणचन्द चौहान कृत "रामायण महानाटक" में संवादों में रामकथा वर्णित है।

6. हृदयरामकृत "हनुमान नाटक" 19 वीं शताब्दी में प्रकाशित हुआ है।

7. माधवदास चारणकृत 'गुण राम रासौ' आध्यात्मिक रामायण के आधार पर है।

8. मलूकदास कृत 'रामावतार लीला'

9. रामदास कृत अवध विलास

10. नरहरिचारण कृत 'अवतारचरित्र

11. रामचन्द्रकृत 'सीताचरित्र'

12. रामप्रिया शरण की सीतायन

13. महाराजविश्वनाथ सिंह की 'आनन्दरघुनन्दन नाटक' और आनंद रामायण, रामचन्द्र की सवारी, संगीत रघुनंदन ये सब रामभक्ति रचनायें हैं। तुलसीदास के बाद की सभी रचनाओं में लोक कल्याण का रूप नहीं मिलता।

कृष्णभक्ति साहित्य की धारा- जिस प्रकार रामभक्ति साहित्य, तुलसी पर

आधारित है, उसी प्रकार कृष्णभक्ति साहित्य सूर पर आधारित है। कृष्णभक्ति का विकास ऋग्वेद से हुआ है। ऋग्वेद के अनुसार कृष्ण सिद्ध या योगी हैं। इसके बाद महाभारत में कृष्ण ऐतिहासिक व्यक्ति या विष्णु के अवतार माने गये हैं। फिर हरिवंश पुराण, वायु पुराण, ब्रहमवैवर्त पुराण, ब्रहम पुराण, भागवत पुराण आदि में भी कृष्ण की भावना का विकास है। भागवत में कृष्ण की रासलीला का विस्तार से वर्णन है। भागवत की भक्ति भावना ऐकान्तिक है। उसमें एक निष्ठता के दर्शन मिलते हैं। गीता में श्रीकृष्ण विष्णु के पूर्णावतार माने गये हैं। संक्षेप में हम कृष्ण को तीन रूपों में कह सकते हैं। गीता के कृष्ण विष्णु के रूप में, धर्मोपदेशक, महाभारत में, नीतिकुशल क्षत्रिय नरेश तथा भागवत में बाल तथा किशोर रूप में गोपलीला दिखाने वाले अवतारी कृष्ण के रूप में। इसी रूप से सूर ने कथानक ग्रहण किया है तथा वल्लभ सम्प्रदायियों ने भी बालकृष्ण रूप को ही महत्ता प्रदान की है। इसके बाद जैन तथा बौद्ध साहित्य में भी कृष्ण की सत्ता को महत्व दिया गया है। जैनों की 'उत्तराध्ययनसूत्र' में तथा बौद्धों की 'घटजातक' में कृष्ण चर्चा है। कृष्ण का उल्लेख मेगस्थनीज ने भी किया है। हिन्दी में कृष्ण के जिस रूप का चित्रण हुआ है। वह मुख्यतः भागवत पुराण तथा अन्य परवर्ती पुराणों पर आधारित हैं किन्तु उनकी बिल्कुल नकल नहीं है। राधा के अस्तित्व का सही पता नहीं मिलता, प्राचीन ग्रंथों में 'गाथा सप्तसती', पंचतंत्र, ध्वन्यालोक, पद्मपुराण, दशावतार आदि में राधा का उल्लेख संकेत रूप में है। स्पष्ट नहीं। भागवत में आराधिका नाम जरूर मिलता है। राधा का विस्तृत चरित्र राधिकोपनिषद में मिलता है। तथा राधातंत्र पद्मपुराण में भी है। इसके बाद जयेदव, विद्यापति के ग्रन्थों में भी राधा का उल्लेख है। तदन्तर वैष्णव सम्प्रदाय में राधा का प्रसंग मिलता है। निम्वार्क, राधावल्लभ आदि सम्प्रदायों में भी राधा का प्रसंग मिलता है।

कृष्ण साहित्य का धार्मिक एवं दार्शनिक तथा साहित्यिक इन दो रूपों में महत्व है। धार्मिक तथा दार्शनिक दृष्टि से पुराणों की अपेक्षा हिन्दी साहित्य में कृष्ण को इष्टदेव के रूप में माना है। वे साक्षात् परब्रहम हैं। कृष्ण की उपासना साम्प्रदायिक होते हुए भी इस साहित्य के अंतर्गत साम्प्रदायिकता के लक्षण कम मिलते हैं। इस साहित्य का मूलाधार श्रीमद्भागवत का दशम स्कन्ध है। जिसके उत्तरार्ध में द्वारिकावासी कृष्ण तथा पूर्वार्ध में ब्रजवासी कृष्ण का वर्णन है। किन्तु हिन्दी की कृष्ण

कथा भागवत का उल्पा (अनुवाद) नहीं कही जा सकती। उसके विचार प्राय मौलिक हैं। कृष्ण भक्ति सम्प्रदाय संतो की भांति अद्वैतवाद में विश्वास रखता है वल्लभाचार्य के दार्शनिक मत शुद्धाद्वैत को अपनाया है। कृष्ण भक्त कवियों ने प्रेमभक्ति तथा माधुर्य भक्ति को बल दिया है। जिस भक्ति में कृष्ण या ब्रह्म की अनुभूति होती है। वह स्वयं कृष्ण के अनुग्रह का स्वरूप है और इसी अनुग्रह का स्वरूप पुष्टि या पोषण है। यह वल्लभ सम्प्रदाय का कहना है। इसी पुष्टि मार्ग पर ये चले। इन्होनें चार प्रकार की पुष्टियाँ निर्धारित कीं। मर्यादा पुष्टि, पुष्ट पुष्टि, प्रवाह पुष्टि, शुद्ध पुष्टि। इसी शुद्ध पुष्टि में कीर्तन के द्वारा आत्मसमर्पण की भावना है। इसी के अन्तर्गत वल्लभाचार्य के चार शिष्य - चतुर्भुजदास (कंभनदास के पुत्र), नंददास, गोविंद स्वामी और छीत स्वामी (चौबे) यही आठ अष्टछाप के कवि कहलाये गये हैं।

साहित्यिक दृष्टि से यह समस्त साहित्य प्रधानतया कृष्णलीला से संबंधित है। इसमें कृष्ण की ब्रज की बोली ही अधिक है द्वारिका की कम। कृष्ण के अतिरिक्त भगवान के अन्य अवतारों की उपेक्षा की गई है। इस दृष्टि से इस साहित्य को एकांगी साहित्य कहते हैं। इसके चित्रण के संबंध में इस साहित्य का क्षेत्र सीमित है। सभी रसों में प्रधानतया शृंगार तथा वात्सल्य को ही महत्व प्रदान किया है। इसी को विद्वानों ने भक्ति रस भी कहा है। क्योंकि भगवान के प्रति शृंगारिक भावना अनुचित है अतः इसे भक्ति रस नाम ही दिया है। भाषा की दृष्टि से यह साहित्य ब्रजभाषा में लिखा गया है। ब्रजभाषा का साहित्यिक रूप उत्कृष्ट है। इसी से रीतिका कालीन कवि भी प्रभावित हुए। कीर्तन की प्रवृति अधिक होने से यह साहित्य मुक्तक पद शैली में है। इसके समस्त पद गेय है। सभी पदों में संगीतात्मकता है। सूर के अतिरिक्त अन्य कवियों ने दोहा, चौपाई, सवैया, छप्पय और कवित्त छंदों में कृष्ण साहित्य लिखा है। इस साहित्य के प्रमुख प्रतिनिधि कवियों में सर्वप्रथम, विद्यापति का नाम आता है। इनके ग्रन्थ कीर्तिलता, कीर्तिपताका और विद्यापति पदावली हैं। इनका समय 1368 ई. से 1475 ई. है। काल विभाजन के आधार पर इन्हें आदिकाल और मध्य के भक्ति काल के मध्य का माना जाना चाहिए। संस्कृत के जयदेव और हिन्दी कवियों के कवियों में विद्यापति का नाम उल्लेखनीय है। विद्यापति को लेकर हिन्दी तथा बंगला के कवियों में काफी समय तक यह विवाद चला है कि ये हिन्दी के कवि हैं। या बंगला के डॉ.

पीताम्बर बडथवाल ने शोध किया कि ये हिन्दी के ही कवि हैं तब यह विवाद समाप्त हो गया। इनकी समस्त रचनायें हिन्दी के निकट ही मानी गई। ये दरभंगा जिले (बिहार) के थे। इनकी रचनायें मुख्य रूप से तीन प्रकार की मिलती हैं। 11 रचनायें संस्कृत में, 2 रचनायें अवहट्ट भाषा (शौरसेनी अपभ्रंश) में तथा एक रचना लोकभाषा मैथिली में, विद्यापति पदावली में कृष्णचरित वर्णित है। कीर्तिलता, कीतिपताका में राजा शिवसिंह तथा कीर्ति सिंह का यश वर्णित है। यह रचना गद्य तथा पद्य दोनों में हैं। इनका ऐतिहासिक महत्व है। विद्यापति पदावली में कृष्णचरित वर्णित है। राधा कृष्ण के प्रेमपूर्ण मिलन की श्रृंगार संबंधी व्याख्या तथा राधा के नायिका रूप का वर्णन है। इनके श्रृंगार में लौकिकता आ गई है। विद्यापति वर्णन में भवत स्वरूप को तो भूल ही गये हैं और अलौकिकता को भी भुला दिया है। पदावली में शिव स्तुति तथा तत्कालीन परिस्थितियों का भी वर्णन है। इनकी भाषा संस्कृत, अवहट्ट तथा लोकभाषायें हैं।

2. वल्लभाचार्य- इनका समय सन् 1479 ई. से 1531 ई. है। इनका प्रवर्तित सम्प्रदाय वल्लभ ही है इस सम्प्रदाय के प्रमुख कवि इनके पुत्र विट्ठलनाथ (समय 1500 ई. से 1588 ई. है) सूरदास, परमानंद दास, कुंभनदास और कृष्णदास तथा नंददास, चतुर्भुजदास, छीतस्वामी और गोविन्दस्वामी में अष्टछाप के कवि हैं। ये प्रथम चार तो वल्लभाचार्य के शिष्य थे और अंतिम चार उनके पुत्र गुंसाई विट्ठलनाथ के शिष्य हैं।

3. सूर- कृष्ण साहित्य के सर्वाधिक महत्वपूर्ण कवि है। इनका समय 1489 ई. से 1582 ई. तक माना जाता है। इनके अंधत्व तथा जीवनवृत के बारे में कोई प्रामाणिक सामग्री नहीं मिलती। इनकी रचनायें सूरसागर, सूरसारावली और साहित्य लहरी तीन मिलती हैं। सूरसागर में सवा लाख पद थे यह जनश्रुति है। इसमें कोई प्रमाण नहीं है। सूरसागर का दो खंडो में नागरी प्रचारिणी सभा काशी ने प्रकाशन किया है। तथा आचार्य नंददुलारे वाजपेयी का भी प्रकाशन है। तथा बारह खंडो में मथुरा से डॉ. बरसाने लाल चतुर्वेदी का प्रकाशन भी हो रहा है। तथा कन्हैयालाल मानिकलाल मुंशी का आगरा से भी तीन खंडों में इसका प्रकाशन हुआ है। जिसमें इनके 3000 पदों को ही प्रामाणिक माना है। सूर के हस्तलिखित ग्रन्थों में पदों की संख्या में भी साम्य नहीं है। कैसे पता चले कि सूरदास का वास्तविक ग्रंथ कौन सा

है? इनकी हस्तलिखित एवं उर्दू की प्रतियाँ लन्दन के कैम्ब्रिज आदि में मिली हैं।

4. डॉ. माताप्रसाद गुप्त - इनके तीन हजार पदों को ही प्रामाणिक मानते हैं। सूर की भक्ति पुष्टि मार्गीय प्रेम लक्षणा प्रधान है। हठ योग का विरोध सूर ने किया है। सूर की वहीं विशेषतायें हैं जो कृष्ण भक्ति साहित्य की है।

5. नंददास- 1600 ई. के आसपास सूर के बाद महत्वपूर्ण स्थान रखते हैं। इनकी अधिकांश रचनाये खण्ड काव्य के रूप में हैं। रास पंचाध्यायी एवं भँवरगीत इनकी ये दो रचनायें प्रकाशित हो चुकी है। इस पंचाध्यायी में भागवत के आधार पर रासलीला का चित्रण है। भँवरगीत में उद्धत गोपी संवाद है। सगुण निर्गुण विवेचन है।

6. हितहरिवंश- 1543 ई. से 1583 ई. तक इनका समय है इनकी रचना "हितचौरासी" है। जिस पर कई टीकाये मिलती है।

7. हरिदास- सखी सम्प्रदाय के समर्थक (टटिया सम्प्रदाय) में 17वीं शताब्दी के प्रारंभ के है। इनके फुटकर पद मिलते हैं जिनमें राधा को अधिक महत्व दिया है।

8. मीरा- 16वीं सदी के आसपास की मीरा राजस्थान के मेवाड़ के राठौर वंश की थी- नामादास के भक्तकाल में इनका जीवन परिचय मिलता है। मीरा के पदों के पाठों के संपादन की आवश्यकता है। रचनायें खंड रूप में हैं। सभी कृष्ण से संबंधित है। अब तक प्राप्त सभी पद लगभग 200 से 250 तक है। ये मीरा पदावली के नाम से प्रसिद्ध हैं। इनका गीतिकाव्य भी प्रसिद्ध रचना है। इनकी भाषा मारवाड़ी है। जिसमें गुजराती ब्रज तथा पूर्वी खड़ी बोली के शब्द भी मिल जाते हैं।

9. रसखान- प्रेम वाटिका, सुजान रसखान इनकी रचनायें हैं। इनमें दोहा, कवित्त और सवैया है। इनके समय और स्थान के बारे में प्रमाण नहीं मिलता।

10. नरोत्तम रास- 1. सुदामाचरित, (क) अब्दुल रहीम खान खाना व नीति और कृष्ण संबंधी दोहे। 2. सेनापति का कवित्त रत्नाकर (ख) घनानंद- घनानंद का कृष्ण और सुजान वर्णन परोक्ष रूप में प्रेमाभिव्यक्ति का द्योतक है। तुलसीदास ने भी ब्रज भाषा में कृष्ण गीतावली लिखी है।

उत्तम मध्यकाल- रीतिकाल- नामकरण

रीतिकाल आचार्य शुक्ल ने रखा, शृंगार काल- डॉ. रमेश कुमार शर्मा और सतीशंकर त्रिवेदी ने, शृंगार या कलाकाल और अलंकार काल डॉ. लक्ष्मी सागर वार्ष्णेय, डॉ. नगेन्द्र कहते हैं। रीति निरुपण की प्रवृत्ति इसी काल में हुई। रीति, प्रणाली, पद्धति, मार्ग को कहते हैं। किन्तु रीति सम्प्रदाय के प्रवर्तक आचार्य वामन 8वीं आठवीं सदी में हुए। वामन के अनुसार विशिष्ट पद रचना रीति "विशेषो गुणात्मा" अर्थात् विशेष गुण से सम्पन्न पद रचना ही रीति है। विशेष गुण दस हैं। श्लेष, प्रमाद, समता, समाधि, माधुर्य, ओज, सौकुमार्य, अर्थव्यक्ति, उदारता और कान्ति। रीति अभिव्यक्ति का एक मार्ग है। यह दण्डी ने काव्यादर्श में बताया है। उस पद संघटना को रीति कहा है जो गुणों पर आश्रित हो। और रसाभिव्यक्ति में सहायक हो। आनन्दवर्धन ने ध्वन्यालोक में लिखा है कि संस्कृत आचार्यों ने रीति शब्द का प्रयोग-रीति एक सम्प्रदाय है।

रीति एक काव्य शास्त्र सम्बन्धी एक सिद्धान्त है। रीति के सम्बन्ध में हिन्दी के आचार्यों ने लिखा है। डॉ. नगेन्द्र नगाइच कहते हैं कि जिस ग्रन्थ में रचना सम्बन्धी नियमों का विवेचन हो, वह रीति ग्रन्थ और जिस काव्य की रचना इन माध्यमों से आबद्ध हो वह रीतिकाव्य है। स्वभावतः इस काव्य ने वस्तु की अपेक्षा, रीति अथवा अलंकार की आत्मा के उत्कर्ष की अपेक्षा शरीर के अलंकरण को प्रधानता मिलती है। डॉ. लक्ष्मी नागर वार्ष्णेय कहते हैं- हिन्दी के आलोचकों ने रीति से प्रायः लक्ष्मण ग्रन्थों का ही अर्थ लिया है। इसके समर्थन में इनका विचार है। कि- "वास्तव में हिन्दी का रीति साहित्य संस्कृत रीति साहित्य कवि" हाल कृत 'गाथा सप्तसती' सस्कृत के भक्ति परक मुक्तकों और शास्त्र की मिली जुली परंपरा का रस है। रस अलंकार काव्य शास्त्र आदि का प्राधान्य होने से ही यह काल रीतिकाल नाम से ही पुकारा गया है।

"भरतमुनि का नाट्य शास्त्र, भामह का काव्यालंकार, दण्डी का काव्यादर्श, रुद्रट का काव्यालंकार, राज शेखर का काव्य मीमांसा, उद्‌भट का काव्यालंकार सार संग्रह, वामन का काव्यालंकार सूत्र, आनंद वर्धन का ध्वन्यालोक, मम्मट का काव्य-प्रकाश, जयदेव का चन्द्रालोक, विश्वनाथ का साहित्य दर्पण और पंडित राज जगन्नाथ

का रस गंगाधर" आदि ऐसे संस्कृत ग्रन्थ हैं, जो रीतिकालीन साहित्य के लिए एक आधार प्रस्तुत करते हैं। चिंतामणि त्रिपाठी से रीतिकाल की अखण्ड परंपरा शुरू होती है। सम्वत् 1643 ई. के आसपास के समय से रीति परंपरा शुरू हुई है। काव्य विवेक, कवि कुलकल्पतरू, काव्यप्रकाश, छंद विचार आदि इसमें प्रमाण है। रीतिकालीन प्रसिद्ध कवि, प्रतिनिधि कवि मतिराम, भूषण, चिंतामणि तीनों सगे भाई थे। राजा जसवंत सिंह, देव, भिखारी दास, कुलपति मिश्र, बिहारी, मतिराम, पद्माकर, आलम, बोधा आदि हैं। रीतिकाल के साहित्य को हम तीन भागों में बांट सकते हैं। 1. श्रृंगारिक साहित्य 2. वीर साहित्य 3. नीति भक्ति साहित्य।

रीतिकालीन साहित्य

- श्रृंगारिक
  - रीतिबद्ध
    - देव, बिहारी
  - रीतिमुक्त
    - घनानंद आलम
- वीर
  - रीतिबद्ध
    - सेनापति
  - रीतिमुक्त
- नीति भक्ति
  - नीति उपदेश
  - भक्ति साहित्य
  - हास्य साहित्य

रीतिकाल की प्रवृतियाँ- रीतिकालीन कवि कोई मौलिक सिद्धान्त प्रतिपादित न कर सके। डॉ. नगेन्द्र नगाइच के अनुसार 1. रीति निरुपण 2. श्रृंगारिकता।

1. रीति निरुपण- रीति निरुपण की शैली में काव्य प्रकाश की शैली को अपनाकर सेनापति, चिंतामणि, कुलपति मिश्र, देव, भिखारीदास आदि ने रचनायें की। इन्होंने काव्य लक्षण, काव्य प्रयोजन, रसभाव ध्वनि, नायिका, शब्द शक्ति, अलंकार रीति, गुण, दोष छन्दशास्त्र आदि का निरुपण किया है। श्रृंगार के विभिन्न अंगों विशेषकर नायिका भेदों के विश्लेषण की शैली रूद्रट के श्रृंगार तिलक, मानुदत्त की रसमंजरी से प्रभावित है। केशव की रसिक प्रिया, भतिराम की रसराज, देव की भावविलास, रस विलास और भामिनी विलास आदि रचनायें भी उसी श्रेणी की हैं। पद्माकर की जगद् विनोद, में श्रृंगार का वर्णन, नायिका भेद हैं। केशव ने तो लिखा है- सबको केशवदास, हरिनायक है श्रृंगार। रीतिकालीन कवियों ने संयोग श्रृंगार वर्णन में विशेष रूचि ली है। तथा नायिका के भेदों पर दृष्टि रही है। नायक नायिका

को आलम्बन तथा सखी दूती को उद्दीपन माना है। वियोग श्रृंगार के मुख्य तीन भेद- 1. पूर्वानुराग 2. मान 3. प्रवास माने हैं। चन्द्रालोक की संक्षिप्त अलंकार निरुपण शैली- अप्पयदीक्षित कृत कुवलयानंद, करनेऊ कृत श्रुतिभूषण, भाषाभूषण- राजा जसवंत सिंह कृत। सुरति मिश्र, भूपति, शम्भूनाथ मिश्र तथा पद्माकर कृत- पद्माभरण आदि में इस शैली को अपनाया है। मतिराम, भूषण, प्रतापशाही भी इसी को अपनाते हैं। कृष्ण शंकर शुक्ल, रामचन्द्रशुक्ल, तथा विश्वनाथ प्रसाद ने सिद्ध किया है कि, रीतिकालीन कवि मौलिक सिद्धान्त न बना सके, उन्होंने केवल संस्कृत आचार्यों का सहारा लिया।

2. श्रृंगारिकता- यह रीतिकाल की रगों में बहने वाली रक्त की धारा है। कुछ आलोचकों ने रीतिकाल के कवियों को विलासी तथा उनके साहित्य को साहित्य की कसौटी पर खरा नहीं खोटा पाया है। इस सम्बन्ध में डॉ. रमेश कुमार शर्मा कहते हैं, कि रीतिकाल की इस तरह आलोचना करना उचित नहीं, हिन्दुओं की आर्थिक स्थिति भक्तिकाल में खराब नहीं थी। इसी काल में आकर हुई फलस्वरूप श्रृंगारिकता को सहारा मिला। रीतिकाल को उत्तराधिकार में अपने पूर्ववर्ती कवियों से ही सबकुछ प्राप्त हुआ था। कृष्ण भक्ति की परंपरा जो आध्यात्मिकता का संदेश देती थी, वह परंपरा विकृत हो गई, और लोग आध्यात्मिकता से कामुकता की ओर मुड़ गये। फारसी संस्कृति की विलासिता ने भी प्रभाव डाला। अतः श्रृंगारिता को बल मिला। इसका स्वरूप कामवृत्ति की स्वच्छन्द अभिव्यक्ति बन गया। भक्तिकाल में इस पर अध्यात्म का प्रभाव था। जो रीतिकाल में नहीं रहा। लेकिन वासना का उन्न्यन भी नहीं किया। रीतिकाल में 'प्लेटोनिकलव' अर्थात् प्रेम के गाम्भीर्य पर विश्वास नहीं रहा। मानसिक घुटन को भी नकार दिया। काम प्रवृत्ति में हिचकिचाहट नहीं रही। छायावादी कवियों की मानसिक छलना को भी नहीं माना। रीतिकवि की मान्यता है कि कविता में शक्ति भावना से आती है। रीतिकाल में प्रेमी कम थे, रसिक अधिक थे। यही रीतिकालीन व्यवस्था है। रीतिकाल में काम प्रवृत्ति को स्वच्छन्द अभिव्यक्ति मिली। उसमें गोपन अथवा दमन से उत्पन्न ग्रन्थियाँ नहीं है। डॉ. नगेन्द्र नगाइच के शब्दों में-- "उसमें स्वीकृत रूप से शरीर सुख की साधना है। जिसमें न आध्यात्मिकता का आरोप है और न वासना के उन्नयन अथवा प्रेम को अतीन्द्रिय रूप देने का उचित

अनुचित प्रयत्न इस युग की शृंगारिकता में मानसिक छलना नहीं है। शृंगारिकता का परिचय रीतिकालीन कवियों द्वारा जो प्रस्तुत है वह स्वाभाविकता का परिचय है। शृंगार का गार्हस्थिक रूप है। दाम्पत्य प्रेम से युक्त शृंगार है। कवियों ने दरबारी होते हुए भी, उनकी शृंगारी भावना गृहस्थ रूप में ही है।''

कविदेव ने प्रेमचन्द्रिका में लिखा है- शृंगार की मुख्य पात्र शुद्ध स्वकीया नारी ही हो सकती है। तथा "प्रेमहीन त्रिय वैश्या है शृंगाराभास" अर्थात् गणिका के प्रेम को रसाभास मात्र बताया है। डॉ. रमेशकुमार शर्मा कहते हैं कि "रीतिकाल के कवियों ने भक्तिकाल की जीवन विमुख अति आध्यात्मिकता की अस्वाभाविकता से हिन्दी कविता को मुक्त किया, संभव है इसी कारण उसमें शृंगार की कुछ अतिशयता आ गई है। किन्तु इसमें कोई संदेह नहीं कि भक्तिकाल के कुण्ठित चित्त वाले जन समाज के मन को मृदुता प्रदान करने का कार्य रीतिकालीन कवियों ने ही किया।" और डॉ. लक्ष्मीसागर वार्ष्णेय का विचार है कि- नैराश्य जनित अवस्था में रीतिकालीन कवि धार्मिक नियंत्रणों को एवं निरोधों को अधिक काल तक न सह सके अत्यधिक आध्यात्मिक प्रतिक्रियाओं के रूप में शृंगार साहित्य इंद्रियों की पुकार है। रीतिकालीन कवि न तो भौतिकतावादी थे और न आध्यात्मिकतावादी, वे भौतिकता का आधार मात्र तो लेते थे।

रीतिकाल का प्रवृत्ति परक विश्लेषण- रीतिकाल में शृंगार क्यों उभर कर आया। इसे हम भक्ति की अति की प्रतिक्रिया कहें अथवा भक्ति का शृंगार से समन्वय, यही विचारणीय है। डॉ. नगेन्द्र कहते हैं- कि "भक्ति वह मानसिक शरण भूमि है। और भक्ति शृंगारिकता की प्रतिक्रिया है। भक्ति का विरोध मनोबल की कमी के कारण नहीं हो सका, आध्यात्मिकता का भी खुला विरोध हो सकता था, समाज के डर से भक्ति का आश्रय लेना पड़ा"। डॉ. रमेश कुमार शर्मा के शब्दों में रीतिकालीन कवियों का दृष्टिकोण एक यथार्थ दृष्टिकोण है। जीवन के उपभोग तथा विरक्ति दोनों के लिए स्थान दिया जा सकता है। भारतीय धर्म के अनुसार उपर्युक्त मत उचित है। डॉ. रमेश, डॉ. नगेन्द्र का खण्डन करते हैं। कि वास्तव में रीतिकालीन कवियों ने जीवन के उपभोग रक्षा, और वैराग्य रक्षा दोनों का पूर्ण सामंजस्य अपनी कविता में उपस्थित किया है। समय-समय पर स्वस्थ उपभोगवृत्ति का विकास, शृंगारी कविता जिसकी अभिव्यक्ति है। तथा जीवनान्त के समय पर वैराग्य तथा भक्ति की

भावना का विकास उनकी पुरातन भावनाओं के अनुरूप ही है। भक्तिकालीन कवियों की तरह रीतिकालीन कवियों की रचनाओं में आध्यात्मिकता की कमी है। लेकिन श्रृंगार उसका प्रमुख अंग है, और भक्ति गौण है। सेनापति तथा रत्नाकर के कवित्तों में समन्वय है। गुरु गोविन्द सिंह के 'सुनीति प्रकाश' बुद्धि सागर के चण्डीचरित आदि में भक्ति भावना मिलती है।

नागरीदास- (रूपवन्त सिंह के 73 ग्रन्थ) विश्वनाथ सिंह के 33 ग्रन्थ तथा हित वृन्दावन दास ने भी भक्ति को प्रश्रम दिया है। भक्तिकाल के भक्ति प्रधान शिरोमणि सूरदास जी है। महाभारत और हरिवंशपुराण का गोकुलनाथ, गोपीनाथ, मणिनाथ आदि ने हिन्दी अनुवाद किया है। दीनदयाल गिरि, चरणदास कृत वैराग्य दिनेश भी है। मलूकदास भी इसी युग के हैं जिनकी मृत्यु 1739 ई. में हुई है। घनानंद ने रसिक होते हुए भी अंत में सन्यास लेकर वृन्दावन में रची हुई रचनाओं में भक्ति का समन्वय किया है और भक्ति के साथ नीति भी अपनाई है। नीति का समाज से सम्बन्ध है और भक्ति का सम्बन्ध व्यक्ति से है। डॉ. रसाल का विचार है, उस समय जनता का राजनीति से संबंध नहीं था। अतः उसे छोड़कर लौकिक या व्यावहारिक नीति को सभी कवियों ने मान्यता दी है। डॉ. रमेश कुमार शर्मा का विचार है वास्तव में देखा जाय, वीर काव्य रीतिकाव्य में मिलता है। वह वीर गाथा काल के सम्पूर्ण साहित्य से अधिक नहीं तो कम भी नहीं है। फिर रीतिकाल में वीर कविता का अभाव बताना कहाँ तक युक्ति संगत है। हमारा तात्पर्य है कि वीर गाथाकाल से चली आने वाली वीर रस की कविता की धारा रीतिकाल में भी प्रवाहित है। शिवराज भूषण, शिवा वामनी भूषण कृत वीरकाल की प्रमुख रचनायें हैं। भूषण राष्ट्रीय भावना के कवि हैं। कविलाल कृत छत्रप्रकाश में दोहा चौपाई छंद हैं। ये भी राष्ट्रीय भावना के कवि थे। गुरू गोविन्द सिंह इनका जन्म पटना में और मृत्यु हैदराबाद में हुई इनकी रचना 'चण्डीचरित्र' प्रौढ़ ब्रजभाषा में है। सूदनकृत सुजानचरित ऐतिहासिक महत्व रखता है। चन्द्रशेखर वाजपेयीकृत हम्मीर हठ में भाषा व्यवस्थित ओजस्वी ब्रजभाषा है। इनके संबंध में श्री भवानी शंकर के शब्द "भूषण में वीर काव्योचित अनेक गुणों के रहते हुए भी रूढ़िबद्धता से उसका महत्व कम हो गया, लाल के क्षत्र प्रकाश की दोहा चौपाई पद्धति वीर काव्यों के लिए अधिक उपयुक्त नहीं जान पड़ती। व्यर्थ के विस्तार वर्णन

ने सूदन के काव्य को साधारण कोटि में ला बिठाया किन्तु चन्द्रशेखर के हम्मीर हठ में उक्त किसी प्रकार की त्रुटि नहीं है।'' डिंगल में रचना करने वाले रीतिकाल के कवि, श्रीधर, शिवदास, ईश्वरदास, हरिदास, कर्णीदान महाराज मानसिंह के 25 ग्रन्थ, मुरारिदानि, बांकीदास चारण कवि के 27 ग्रन्थ हैं। किन्तु डॉ. वार्ष्णेय इनके 40 ग्रन्थ मानते हैं। इसी क्रम में कृष्ण जी हैं। डॉ. लक्ष्मीसागर वार्ष्णेय रीतिकाल की वीर भावना का मूल्यांकन करते हुए लिखते हैं कि 'इस काल में जो वीर भावना मिलती है, वह व्यापक होते हुए भी, कृत्रिमता लिये हुए है, और उसके लिए प्राचीन ग्रन्थों की शब्दावली, अभिव्यंजना और छंदों का प्रयोग हुआ है। भूषण और लाल जैसे कवियों की वीर भावना सर्वसाधारण तक न पहुँच सकी। जगनिक के आल्हखंड की तरह'' । रीतिकाल के प्रबंधकाव्यों में सबल सिंह का महाभारत, छत्रसिंह की विजय मुक्तावली, गुरूगोविंद सिंह का चण्डीचरित्र और गोविन्द रामायण, लाल का छत्रप्रकाश, जोधराज का हम्मीर रासौ, गुमानमिश्र का नैषधचरित्र, सूदन का सुजान चरित्र, ब्रजवासीदास कृत ब्रजविलास, गोकुलनाथ, गोपीनाथ, मणिनाथकृत महाभारत, मधुसूदनदास का रामाश्वमेघ, कृष्णदास की भाषा भागवत। नवलसिंह की भाषा सप्तसती, पद्माकर का राम रसायन आदि हैं।

रीतिकालीन काव्य शिल्प- रीतिकालीन काव्य शिल्प बहुत समृद्ध है। हिन्दी साहित्य के इतिहास में रीतिकाल ऐसा युग है, जबकि कवियों ने 'कला के लिए कला' आदर्श को सामने रखकर साहित्य निर्माण किया यों तो प्रत्येक युग का साहित्यकार अपनी रचना को कलात्मक बनाना चाहता है। लेकिन रीतिकाल के कवि ने इस ओर विशेष ध्यान दिया। इसीलिए कुछ आलोचक इसे कलाकाल की संज्ञा देते हैं। काव्य के जितने अंगों का निरूपण इस युग में हुआ, शायद ही किसी युग में हुआ है। रीतिकाल के सभी कवि आचार्य नहीं है। लेकिन उस युग के साधारण कवियों को भी काव्यांगों का जितना ज्ञान होगा कदाचित् आज के कुछ प्रतिष्ठित कवियों को भी न हो। रीतिकालीन कवियों की मौलिकता में प्रायः संदेह किया जाता है और कहा जाता है कि उनके रीतिग्रन्थ संस्कृत ग्रन्थों की जूठन मात्र है।

इस कथन में कुछ अति व्याप्ति दोष है। उन्होंने संस्कृत साहित्य को आधार अवश्य बनाया, लेकिन रीति कालीन साहित्य में जो प्रवृतियाँ और जो विशेषतायें हैं,

वे सभी संस्कृत साहित्य से आयी हैं, ऐसा नहीं कहा जा सकता, हमारा आशय यही है कि रीतिकालीन साहित्य का भावात्मक तथा शिल्पगत स्तर काफी ऊँचा है। इस प्रसंग में एक उल्लेखनीय बात यह है कि रीतिकाव्य प्रायः मुक्तक शैली में लिखा गया है। कवित्त, सवैया जैसे छंदों को अधिक लोकप्रियता मिली। और इन्हीं के माध्यम से कवियों ने रीति निरूपण का प्रयत्न भी किया। रीतिकाव्य वास्तव में मुक्तक काव्य की उस प्राचीन परंपरा का विकास है जोकि संस्कृत, प्राकृत, अपभ्रंश और हिन्दी के भक्तिकालीन काव्य में विकसित हो रही थी। प्राकृत और अपभ्रंश में और इसी प्रकार हिन्दी में प्रबंध काव्यों की प्राचीन परंपरा मिलती है। लेकिन हिन्दी के संत कवियों ने तथा वैष्णव भक्त कवियों ने मुक्तक शैली में अपने उद्‌गारों को प्रगट किया, उसी परंपरा का विकास रीतिकाल में भी देखने का मिलता है। डॉ. नगेन्द्र नगाइच का यह कथन दृष्टव्य है, "वह प्राचीन परंपरा का नियमित विकास थी, जिसके अंतर्तत्व प्राकृत, संस्कृत, अपभ्रंश और हिन्दी के भक्तिकाल में धीरे-धीरे विकसित हो रहे थे, यह थी प्राचीन परंपरा मुक्तक कविता। जो काव्य की अभिजात परिपाटी और उसमें निर्णीत उदात्त काव्य वस्तुओं को छोड़ नित्य प्रति के सरल ऐहिक जीवन के छोटे-छोटे चित्रों को आंक रही थी।" प्रसिद्ध आलोचक आचार्य रामचन्द्र शुक्ल भी रीति साहित्य का विश्लेषण करते हुए इस निष्कर्ष पर पहुँचते हैं। "प्रबन्ध काव्य की उन्नति इस काल में कुछ विशेष न हो पायी, लिखे तो अनेक कथा प्रबंध गये पर उनमें से दो चार ही में कवित्व का यथेष्ट आकर्षण पाया जाता है।"

शुक्ल जी ने इस काल के अनेक प्रबंध काव्यों की सूची दी है। जिनके नाम ऊपर लिखे जा चुके हैं मुक्तक कवियों पर विचार करते समय कुछ ऐसे कवियों की ओर भी संकेत किया है, जिन्हें शुक्ल जी सूक्तिकार तथा पद्यकार कहते हैं। वृन्द, गिरिधर, घाघ, वैताल आदि कवि जो नीति संबंधी फुटकर पद्य रचनायें लिखते थे, इन्हें शुक्ल जी ने कवि नहीं बल्कि सूक्तिकार कहा है। कुछ ऐसे कवि भी हैं जो ब्रह्म ज्ञान और वैराग्य संबंधी फुटकर रचनायें करते थे, जैसे दीनदयाल गिरि आदि इनको शुक्ल जो पद्यकार कहते हैं। सूक्तिकार और पद्यकार के रूप में ऐसे लेखकों की गिनती करके कदाचित शुक्ल जी इन्हें रीतिकाल की काव्यधारा से इन्हें अलग करना चाहते हैं। वास्तव में कवि चाहे उच्च कोटि के नहीं लेकिन इसी काव्य परंपरा में आते हैं।

जिनकी रचना मुक्तक शैली में हो रही थी। बिहारी, देव, पद्माकर, मतिराम सैनापति, जैसे बड़े कवि भी जो रीतिकाव्य के शृंगार में मुक्तक रचनायें कर रहे थे। बिहारी के दोहे, पद्माकर के सवैया, देव के कवित्त इसी प्रकार अन्य कवियों के कवित्त और सवैया मुक्तक शैली में ही आते हैं। शिल्प के अंतर्गत भाषा पर भी विचार होना चाहिए। इस संबंध में विभिन्न विद्वानों के प्राय दो दृष्टिकोण मिलते हैं। कुछ आलोचकों का विचार है कि रीति काव्य की भाषा अव्यवस्थित है। उसका कोई संगठित और परिनिष्ठित (standard) रूप नहीं। बिहारी और घनानंद जैसी व्यवस्थित ब्रजभाषा बहुत कम कवियों की है। अधिकांश कवियों ने भाषा के साथ खिलवाड़ किया है। देव और भूषण तो विशेष रूप से भाषा तोड़ने मरोड़ने वाले कवि थे। उन्होंने भाषा संबंधी विविध प्रयोग तो किये, लेकिन उसे उस प्रकार व्यवस्थित और एकरूपता से सम्पन्न न कर पाये जैसे सूरदास ने अपने युग में किया था। ''करना'' क्रिया से कियो, कियौं, कर्‌यो, करियौ, कीन और यहाँ तक 'किय' आदि अनेक रूप बन गये। उन सभी का व्यवहार सुविधानुसार होने दिया। यह भाषा का एक सर्वसम्मत विशुद्ध रूप नहीं था, जिसकी ओर कवियों ने ध्यान ही नहीं दिया। इसी बात को लक्ष्य करके रामचन्द्र शुक्ल ने तत्कालीन कवियों की 'भाषा की गड़बड़ी' का उल्लेख किया, इसका कारण शुक्ल जी ने यह बताया किय रीतिग्रंथों की रचना प्रायः अवध प्रदेश में हुई।

इसलिए कवियों ने जिस ब्रजभाषा का प्रयोग किया, उसमें अवधी का सम्मिश्रण हो गया। ब्रज प्रदेश के बाहर दूर दूर तक, यहां तक कि दक्षिण भारत और गुजरात में भी ब्रजभाषा में रचनायें मिली थीं। इसलिए विशुद्ध ब्रजभाषा का प्रयोग करने वाले कम ही कवि थे। कुछ भी कहो यह बात तो माननी पड़ेगी कि भाषा की निःसीम शक्ति का जितना परिचय रीतिकालीन कवियों को था, उससे उनके महत्व को वृद्धि ही प्राप्त हुई है। रीति साहित्य की भाषा पर फारसी साहित्य का भी प्रभाव देखा जा सकता है। देवभूषण, केशव लाल आदि अनेक कवियों की भाषा में अनेक फारसी शब्द आये हैं। यद्यपि वे देशी सांचे में ढ़लकर आये हैं अर्थात् कवियों ने उन्हें हिन्दी के अनुकूल बनाकर उनका प्रयोग किया। भूषण ने ऐसे शब्दों का बहुत प्रयोग किया है। उस युग की भाषा में अवधी, खड़ी बोली, संस्कृत आदि के शब्दों का मिश्रण

हुआ है लेकिन इससे भाषा में प्रायः एकरुपता नहीं मिलती। विविधता अवश्य है। भवानी शंकर त्रिवेदी ने शुक्ल जी के मत का समर्थन करते हुए लिखा है "इस काल की भाषा भी अव्यवस्थित हो गई। सुसंस्कृत नियमित और व्यवस्थित हो जाने के स्थान पर वह अस्त व्यस्त ओर अनिश्चित सी थी, उसमें अरबी, फारसी और तुर्की शब्द भी यथेष्ठ रूप में प्रयुक्त होने लगे। ब्रज अवधी, खड़ी बोली का सम्मिश्रण साधारण सी बात थी। डॉ. लक्ष्मीनारायण वार्ष्णेय ने भी रीतिकालीन भाषा के बारे में इसी प्रकार के विचार व्यक्त किये हैं।" "भाषा की दृष्टि से बहुत कम कवि ऐसे मिलते हैं, जिनकी ब्रज भाषा सुव्यवस्थित हो। तोड़ मरोड़ कर शब्दों को विकृत करना उनके लिए साधारण बात है। दूसरा दृष्टिकोण उन लोगों का है, जो रीतिकाल की भाषा में प्रौढ़ता और अलंकार के दर्शन करते हैं। और इस आधार पर उनका मूल्यांकन करते हैं। इस दृष्टिकोण का आधार अधिकांश रीतिकालीन कवियों की "कला कला के लिए'' सिद्धान्त है। डॉ. नगेन्द्र नगाइच ऐसे ही लेखकों में हैं। जिन्होंने रीतिकालीन कवियों की भाषा की प्रशंसा की है। उनके शब्द हैं "रीतिकाल भाषा का अलंकृत काल है। भक्तिकाल में तुलसी, जायसी, सूर जैसे सशक्त कवियों के हाथों में पड़कर जो भाषा प्रौढि के चरम रूप को प्राप्त कर चुकी थी, वह रीतिकाल तक आते-आते स्वभावतः अलंकरण की ओर झुकने लगी। इस कथन का आशय यही है कि इस युग की भाषा में अलंकरण ही प्रवृत्ति है। कवियों ने अलंकरण की तीन प्रणालियाँ अपनाई।" 1. शब्दालंकार तथा अर्थालंकार द्वारा भाषा को सजाना। 2. भाषा की व्यंजनात्मक शक्ति तथा लक्षणाशक्ति का प्रयोग करना। 3. माधुर्य गुणोचित शब्दों तथा कोमलापत्ति का प्रयोग करके भाषा का आकर्षण बढ़ाना। ये तीन प्रणालियां प्रायः कवियों ने अपनाई। भक्तिकालिक कुछ कवियों में भी जैसे सूर और नंददास में भी भाषा के अलंकरण की प्रवृत्ति पायी जाती है। लेकिन उनका अलंकरण अयत्नज है। जबकि रीतिकवियों का अलंकरण यत्नपूर्वक हुआ। रीति कवियों ने शब्दांलकारों की अपेक्षा अर्थालकारों को अधिक महत्व दिया। यद्यपि उन्होंने दोनों का प्रयोग किया, इसीलिए रीति का एक तरह से अलंकारों का कोश है। अलंकारों का प्रयोग सभी युग के कवि करते हैं, लेकिन रीतिकवियों ने अलंकारों को साधक न मानकर साध्यमान लिया। उनके अलंकार यत्नपूर्णक संजोये गये प्रतीत होते हैं। उनके उपमान प्रायः

काम विलास के उद्दीपन अथवा उपकरण मात्र हैं। कोमल शब्द चयन में रीतिकवि बहुत कुशल हैं, उन्होंने कठोर शब्दों को भी कोमल बना कर प्रयुक्त किया है। इसके लिए उन्होंने संयुक्ताक्षरों का प्रयोग कम किया है। भाषा की इस कोमलता का उल्लेख अनेक विद्वानों ने किया है। जिसमें कोई संदेह नहीं होना चाहिए। डॉ. नगेन्द्र ने रीतिकाल की भाषा में दो तथ्य मुख्य बताये- 1. नागरिकता 2. मश्रिणता अर्थात् कोमलता। नागरिकता का सम्बन्ध शब्दों की उन विशेषताओं से है, जो नागरिक जीवन में विशेषतः दरवारिक जीवन में पायी जाती है। मश्रिणता का सम्बन्ध कवियों की श्रृंगार भावना से है, जिसका प्राधान्य उस युग के साहित्य में था। शब्दों में कोमलता लाने के लिए ग्राम्य शब्दों का बहिष्कार किया गया है। और मुहावरों का प्रयोग कम किया गया है। वास्तव में रीतिकाल की भाषा काल की भाषा थी, जनभाषा नहीं। डॉ. श्यामसुन्दर दास ने इस युग के काव्य शिल्प के बारे में जो विचार प्रगट किये हैं, वे ध्यान देने योग्य हैं- "भाषा और छंद आदि की दृष्टि से भी रीतिकाल के कवियों का प्रयास प्रशंसनीय ही कहा जायेगा। ब्रज भाषा का जो साहित्यिक रुप निर्मित हुआ था, उसमें अनुभूयमान कोमलता और सुकुमारता उन्हीं कवियों के प्रयास का फल था। अच्छी प्रौढ़ता और परिष्कृति आई है। बिहारी ने दोहा छंद को विकास की चरमसीमा तक पहुँचा दिया है। देव और पद्माकर के कवित्त तथा मतिराम के सवैया गठन की दृष्टि से अद्वितीय रहे हैं। रीतिकाल के शिल्प के बारे में जिन दो दृष्टिकोणों का उल्लेख हुआ, उन दोनों में कुछ न कुछ सत्य है। लेकिन हमें यदि पूर्वाग्रहों से ऊपर उठकर उस युग का मूल्यांकन करना है तो, उसके गुणों पर अधिक दृष्टिपात करना चाहिए। छिद्रान्वेषण से किसी भी साहित्य का मूल्यांकन नहीं हो सकता। रामचन्द्र शुक्ल उस युग के कवियों की भाषा सम्बन्धी गड़बड़ी की ओर संकेत करते हैं। लेकिन शुक्लजी ने ही रीति काव्यों की अन्य बातों की प्रशंसा की है। इस बात को यों कहा जा सकता है कि, युग में चाहे शब्दों की एकरुपता न पायी जाये, चाहे अनेक भाषाओं के शब्दों का मिश्रण मिले फिर भी कवियों ने भाषा के क्षेत्र का विस्तार किया। उसे अर्थ की विविधता प्रदान की, उसे नागरिक वातावरण के अनुकूल बनाया, और उसमें माधुर्य का तथा कोमलता का संयोग किया, इसीलिये डॉ. रमेश कुमार शर्मा ने लिखा है। "उसकाल के कवियों ने अपनी कामनीय श्रृंगारिकता

के माध्यम से ब्रजभाषा को ही माधुर्य प्रदान किया और अपने प्रयुक्त छंदों को विकास की चरम सीमा पर पहुँचाया।"

रीतिकाल के प्रमुख कवि

1. रीतिबद्ध कवि- केशव, चिंतामणि, भूषण, मतिराम, जसवन्त सिंह, भिखारी पद्‌माकर, कुलपति मिश्र, सुरति मिश्र, देव, रमलीन, सोमनाथ, श्रीपति वेनी प्रवीन। रीतिबद्ध कवियों में वे आते हैं, जिन्होंने रीतिकालीन परिपाटी पर लक्षण ग्रन्थों की रचना की। काव्यांगों का निरुपण किया। इन्हों संस्कृत काव्य शास्त्रों के आधार पर काव्यांगों के उदाहरण एवं लक्षण दिये हैं। इन्होंने भावपक्ष की अपेक्षा कलापक्ष को अधिक अपनाया है।

केशव की रसिक प्रिया, नखशिखा, कवि प्रिया, छन्दमाला। रसिक प्रिया में शृंगार के भेद, नायक-नायिका भेद और रस भाव का विवेचन है।

चिंतामणि कृत- काव्य विवेक, काव्य प्रकाश, कविकुलकल्प तरु, रस मंजरी, पिंगल और रामायण। कविकुलकल्पतरु में काव्य गुण, अलंकार, रीति वृत्ति, काव्य-दोष आदि का विवेचन है। पिंगल छंदों का ग्रन्थ है।

भूषण- शिवराजभूषण अलंकार प्रधान है। शिखा कामनी छंद प्रधान है। छत्रसाल दशक छंद प्रधान है।

मतिराम- ललित ललाम, रसराज फूल मंजरी, छंदसार पिंगल, मतिराम सतसई, साहित्य सार पंचाशिका आदि में शृंगार और लक्षणा प्रधान है।

जसवंत सिंह- भाषाभूषण, अनुभव प्रकाश, आनंद विलास, अपरोक्ष सिद्धान्त।

भिखारीदास- काव्य निर्णय, शृंगार निर्णय, पिंगल।

पदमाकर- पद्‌माकरण, जगविनोद।

2. रीतिसिद्ध कवि- बिहारी (स्वतंत्र कवितायें भी लिखी हैं)। काव्य निरुपण भी किया है।

3. रीतिमुक्त कवि- घनानंद, आलम, बोधा, ठाकुर आदि ये स्वतंत्र विषय पर कविता करने वाले हैं।

9

हिन्दी का आधुनिक काल

आधुनिक काल

पद्य साहित्य का इतिहास | गद्य साहित्य का इतिहास

वह युग जिसमें प्राचीन परंपरा से भिन्न साहित्य लिखा जाये वही आधुनिक काल है। सन् 1857 ई. के बाद समाज में क्रान्ति हुई। उनका प्रभाव तत्कालीन साहित्य पर पड़ा तभी से आधुनिक काल शुरू हुआ और साहित्य रचना हुई। रीतिकालीन परंपरा में कवियों का बंधन तथा अंग्रेजों के दबाव के कारण कवि लोग तो 1857 के विद्रोह के बारे में न लिख सके। अंततः यह काल 1857 ई. के बाद शुरू हुआ। इसके प्रारंभ में या 1857 के बाद नव जागरण करने वाले कवि हुए। भारतेन्दु हरीशचन्द्र तथा वैसे ही प्रतापनारायण मिश्र, चौधरी बद्रीनारायण प्रेमधन, किशोरीलाल गोस्वामी, बालकृष्ण भट्‌ट आदि है। यहीं से आधुनिक काल का प्रारंभ मान सकते हैं, भारतेन्दु ने साहित्य का आधार लेकर नौ वर्ष की अवस्था में दोहा लिखा था। 1857 में ये सात वर्ष के थे। 1870 ई. के आसपास भारतेन्दु ने प्रामाणिक रूप से लिखना प्रारंभ किया। डॉ. विश्वम्भरनाथ उपाध्याय का मत है, कि 1870 ई. से आधुनिक काल प्रारंभ हुआ। सम्वत् 1900 या 1843 ई. से रामचन्द्र शुक्ल इसकी शुरूआत मानते हैं। डॉ. कृष्णलाल का मत है कि इस काल को 1837 से मानना

चाहिए। शुक्ल जी ने इस काल का समय निर्धारण प्रवृत्तियों के आधार पर किया है। डॉ. श्रीकृष्ण लाल ने दिल्ली में प्रेस की स्थापना के आधार पर समय निर्धारित किया तथा 1837 में नवजागरण माना। यह प्रेम ल्येथोग्रेफी था। भारतेन्दु युग में नवीन प्रवृत्तियों का युग आया। तभी से अधिकांश विद्वान इसी समय को मानते हैं। यह समय लगभग 1870 ई. से ही है।

आधुनिक काल की विशेषतायें- 1. आधुनिक काल में साहित्य एक विस्तृत क्षेत्र में, जन साधारण के क्षेत्र में उपस्थित हुआ। 19वीं शताब्दी का साहित्य गोष्ठी मात्र का साहित्य था। तथा 20वीं शताब्दी का साहित्य जन साधारण का था 2. रीतिकाल का साहित्य मुक्तक शैली में था। लेकिन इस काल का साहित्य प्रबंधात्मक भाषा शैली विद्या आदि रूप को लिए हुए था। इसमें प्रबंध का भी लिखे गये, खड़ी बोली को अपनाया तथा भाषा परिवर्तन भी हुआ। 3. भारतेन्दु और द्विवेदी युग में इतिवृत्यात्मक रचनायें हुई। 4. इस काल का साहित्य व्यवस्था रूप में हैं। अराजकता नहीं है, जो कि पूर्व में (रीतिकाल में) थी। आधुनिक साहित्य विदेशी साहित्य के सम्पर्क में आया, यह सब आधुनिक काल या 20वीं शताब्दी में ही हुआ। 19वीं शताब्दी के उत्तरार्ध में श्रीधर पाठक आदि दो लेखकों ने अंग्रेजी साहित्य में रूचि ली, और तब की रचनाओं का हिन्दी अनुवाद किया तथा संस्कृत नाटक ऋतुसंहार का अनुवाद पाठक जी ने हिन्दी में किया। और इन्होंने "हर्मिट ट्रेवलर" का 'शांतिपथिक' और 'डजेरविल ब्लेज' का 'उजड़ा गांव' हिन्दीं में अनुवाद श्रीधर पाठक ने भी किया। पाठक जी ने 'देहरादून' नामक रचना की उसमें प्रकृति वर्णन स्वतंत्र रूप से किया है। यह एक नवीनता थी जो अंग्रेजी साहित्य से आयी। इस काल में नये विषयों की ओर प्रवृत्ति हुई, जाति उत्थान प्रकृति वर्णन, समाज सुधार, देशोत्थान आदि। रीतिकाल में तो केवल श्रृंगार की ही प्रवृत्ति थी। इस संदर्भ में भारतेन्दु के बाद महावीर प्रसाद द्विवेदी का नाम आता है। इन्होंने नवीन छंदों की प्रवृत्ति को अपनाया। संस्कृत छंदों को भी अपनाया, आधुनिक काल में गद्य का विकास बढ़ी तेजी से हुआ। पहले यह नहीं था। कुछ लेखक तो यहां तक कहते हैं, कि इस काल को गद्यकाल ही कहा जाना चाहिए, लेकिन यहाँ पर अति व्याप्ति दोष हो जाने के कारण इसे आधुनिक काल ही कहना उपयुक्त होगा, तथा इस काल में व्यक्तिवाद का उदय छायावाद युग

में हुआ। इससे पूर्व समाज सुधार भारतेन्दु एवं द्विवेदी काल में हुआ। इस काल में गीति तत्व से सम्मिश्रित खण्ड काव्य और महाकाव्य लिखे गये और स्वतंत्र गीतों की रचना हुई। इस काल में विविधता है। अनेक लेखकों ने अनेक प्रकार से लिखा है।

भारतेन्दु काल की विशेषतायें

इस युग में मध्ययुगीन चेतना और नवीन चेतना का मिश्रण है। और अभिव्यक्ति का ढंग भी बदला है। काव्य की भाषा प्राय ब्रजभाषा रही है। बद्रीप्रसाद प्रेमधन, अम्बिकादत्त व्यास, राधाचरण दास, सुधाकर द्विवेदी आदि युगीन कवि हैं। इसकी प्रवृत्तियों में सर्वप्रथम- 1. राष्ट्रीय चेतना इस युग की मुख्य प्रवृत्ति है। तथा 2. सामाजिक जागरण और सुधारवादी चेतना दूसरी प्रवृत्ति है। उस युग में राज्य भक्ति और देशभक्ति का भी मिश्रण मिलता है। भारतेन्दु ने विक्टोरिया को "पूरी अभी की कटोरिया" कहा है। तथा "अंग्रेज राज सुख साज सजे सबभारी, पै धन विदेश को जात इहै अति ख्वारी"। इन्होंने प्राचीन भारतीय संस्कृति का प्रचार किया है। अतीत के गौरव की भावना को प्रचलित किया। 3. भक्ति एवं शृंगार का मिश्रण- इस काल में हुआ। रीतिकाल की शृंगारिकता इनके काव्य में हैं तथा साथ ही कृष्ण भक्ति सम्बन्धी रचनायें भी हैं। जैसे भक्ति सर्वस्व, कार्तिक स्नान, कृष्ण चरित प्रेमिमालिका, प्रेम पुजारी, प्रेम सरोवर, वर्षा विनोद, प्रेमाम्बु वर्षण, मधुमुकुल आदि ये कुछ कुछ रीतिकालीन परंपरा से भिन्न दिखाई पड़ते हैं। जैसे भारतेन्दु ने काव्यांगों का निरुपण नहीं किया। जबकि रीतिकालीन कवि इसे मुख्य मानते हैं। इनकी रचनायें लौकिक शृंगार के साथ-साथ अलौकिक है। रीतिकाल तथा भक्तिकाल का सम्मिश्रण मिलता है। डॉ. विश्वम्भरनाथ लिखते हैं। "रीतिकालीन काव्य तो भारतेन्दु ने भक्तिकालीन नेत्रों से देखा, उनमें लौकिक शृंगार में भी दिव्य शृंगार के दर्शन की शक्ति थी।" डॉ. रामविलास शर्मा कहते हैं- "कविता का विषय शृंगार रहने पर भी भारतेन्दु रीतिकालीन परम्परा से बहुत कछ भिन्न हैं। उनके छंद लक्षण ग्रन्थों के आधार पर नहीं बने। उनमें आत्माभिव्यंजन के लिए एक नया प्रयास है। भारतेन्दु युग के साहित्य में"। 4. प्रकृति चित्रण भी एक प्रवृत्ति है। इनकी रचना "यमुना छवि" प्रकृति वर्णन की अनुपम भेंट है। यद्यपि इस युग में भी प्रकृति का स्वतंत्र वर्णन नहीं हो पाया जैसाकि छायावादी युग में हुआ। प्रकृति का निरुपण इस युग में उद्दीपन रुप में हुआ। **प्राथ समीरन**

अथवा प्रातः समीरन 1874 ई. में हरीशचन्द्र चंद्रिका पत्रिका में छपी इसमें प्रकृति का वर्णन अनेक रूपों में चित्रित किया है। प्रकृति का मानवीकरण भी किया है। अलंकार रूप प्रकृति आलम्बन रूप में भी है। इस तरह अनेक पद्धतियाँ प्रकृति वर्णन की है। भारतेन्दु इस सिंधु में पहले से निमग्न थे। बाद में अन्य जुड़े। 5. इस युग की भाषागत नवीनता भी एक प्रवृत्ति है। इसका संबंध खड़ी बोली से है। सर्वप्रथम 18वीं शताब्दी में शीतल कवि ने खड़ीबोली में रचना की। 19वीं शताब्दी में खड़ी बोली को अपनाने वाले ख्वाज़बाज थे। रूप किशोर, तुकुतगिरी आदि कवियों ने लावनी छंद में काव्य लिखा। भारतेन्दु ने 'फूलों का गुच्छा' में खड़ी बोली में लावनी लिखी हैं। कुछ कवियों ने ब्रज भाषा तथा खड़ी बोली दोनों को अपनाया, सोहनलाल, महेशनारायण, अंबिकादत्त व्यास आदि ऐसे ही कवि हैं। रीतिकाल में जो अप्रचलित प्रणाली थी, उसका त्याग कर दिया गया और सरल ब्रजभाषा को अपनाया, तथा समास प्रधान को भी छोड़ दिया। लोकगीतों में बोल चाल के शब्दों का प्रयोग किया गया। भारतेन्दुकाल में ब्रजभाषा का स्वभावीकरण हो गया। पहले यह बनावटी थी, खड़ी बोली के सम्बन्ध में डॉ. भवानी शंकर के शब्द "रीतिकाल की ब्रज भाषा की भांति हरिशचन्द्र युग की खड़ी बोली भी व्याकरण संस्कार से हीन थी।" डॉ. विश्वम्भरनाथ उपाध्याय के शब्द "भारतेन्दु की भाषा संक्रान्ति युग की भाषा नहीं है। वह महान परंपरा के अंतिम विकसित रूप को हमारे सम्मुख प्रस्तुत करती है। भारतेन्दु ने भक्तिकाल से प्रेरणा लेकर ब्रजभाषा का स्वाभावीकरण किया।" भारतेन्दुकाल के प्रतिनिधि कवि भारतेन्दु हरिशचन्द्र का मूल्यांकन करते हुए डॉ. विश्वम्भर नाथ उपाध्याय ने लिखा है। "भारतेन्दु ब्रजभाषा के आधुनिक कवियों में महानतम कवि हैं। भक्ति, रीतिकालीन काव्य तथा लोक काव्य इन तीनों पद्धतियों का अलग-अलग और एक साथ प्रयोग करने में भारतेन्दु अन्यतम कलाकार थे। उनमें भक्तिाल की भक्ति भावना तथा रीतिकाल की कलात्मकता है।"

भारतेन्दु युग का कला पक्ष- रीतिकाल की कला का इस काल में अभाव है। कुछ लोग इस काल की कला को स्थूल कला कहते हैं। भावना की स्वच्छ अभिव्यक्ति ही भारतेन्दु युगीन कवियों में थी, उनका दृष्टिकोण भावात्मक था। छंद रीतिकालीन ही हैं। जैसे कवित्त, सवैया, रोला, दोहा आदि कुछ नये कवियों ने लावनी

भी लिखी। कजलियाँ भी लिखीं। यही कुछ नवीनता है। इस काल के कवियों ने समाज सुधार तथा प्रकृति वर्णन को अधिक महत्व दिया। तथा साथ ही बाबू गीरी पर चोट की। लोक जीवन के समीप साहित्य को लाने का प्रयत्न किया। बद्रीनारायण प्रेमधन ने कजलियाँ लिखी। राधाकृष्ण गोस्वामी, प्रतापनारायण मिश्र तथा भारतेन्दु ने लावनियां लिखी। इस काल में आधुनिक जीवन का स्पन्दन जरूर है। इनका आदर्श था- "कला जीवन के लिए"।

हिन्दी साहित्य को भारतेन्दु युग का योगदान- भारतेन्दु ने शूद्रों के प्रति सहानुभूति तथा नारियों के प्रति दयाभाव तथा ईसाइयों पर चोट कर स्वदेश प्रेम और सुधार भावना का प्रचार किया। पुराने वैष्णव कवि समाज में आमूल चूल परिवर्तन नहीं चाहते थे, लेकिन भारतेन्दु काल में कवि सामाजिक परिवर्तन चाहते हैं। इस युग के वैष्णव कवियों ने वैष्णवता की उग्रता व्यंग्य रूप में प्रगट की है। इस युग में सभी साहित्यिक विधायें अपनाई गई। व्यक्तित्व में जीवनी, कृतित्व में प्रवृत्तियां। भारतेन्दु ने रीतिकालीन परंपरा को मोड़ दिया। परंपरा जो काव्यांग निरुपण की पद्धति थी, उसे इन्होंने छोड़ दिया। रीतिकाल में शृंगार का प्राधान्य था। भारतेन्दु ने उसमें भक्ति का समन्वय कर दिया अर्थात् रीतिकालीन शृंगारिकता और भक्तिकालीन आध्यात्मिकता का समन्वय किया या यों कहिए भारतेन्दु ने स्वरुप शृंगार का परिचय दिया, जो इस वास्तविक धरातल से सम्बन्ध रखता है। यह दृष्टिकोण का परिवर्तन था। भारतेन्दु में आधुनिक युग बोध है। भारतेन्दु की ब्रजभाषा में कविता करते हुए भी ये आधुनिक युग के ही मालूम पड़ते हैं। उनका साम्राज्यवादी विरोधी स्वर प्रच्छन्न रुप में है।

श्रीधर पाठक द्विवेदी युग से अलग और भारतेन्दु युग के समकालीन थे। इन्होंने ब्रजभाषा और खड़ी बोली को अपनाया। ये स्वच्छन्दतावादी कवि हैं। द्विवेदी युग तथा भारतेन्दु युग के बीच की कड़ी हैं। इनकी रचना "अटवी अटन" है। रामचन्द्र शुक्ल कहते हैं। "श्रीधर पाठक की ब्रजभाषा की कविता मधुर है। खड़ी बोली की नहीं।" रूपनारायण पाण्डेय इनकी पुस्तक "वन विहंगम" "दलित कुसुम" आदि में खड़ी बोली में सवैया लिखे हैं। ये भी द्विवेदी युग के पूर्व के हैं। रामनरेश त्रिपाठी का जन्म 1889 ई. में हुआ। ये स्वतंत्र प्रकृति के कवि थे। इन्होंने भी स्वच्छंदतावाद

अपनाया। मिलन (प्रेमप्रधान) पथिक (प्रकृति वर्णन)। स्वप्न (प्रेम का उदात्त रूप) ये खंडकाव्य इन्हीं की रचनायें हैं। इनमें नवीनता है।

द्विवेदी युग- इस युग का आरंभ 1900 ई. से 1925 ई. तक माना जाता है। सरस्वती नामक पत्रिका का प्रकाशन 1900 ई. के लगभग हुआ। इसका सम्पादन द्विवेदी जी ने 1903 ई. में प्रारंभ किया, तथा हिन्दी को एक नई दिशा दी। खड़ी बोली का प्रचार किया। नवीन दृष्टिकोण कवियों को सुझाये। खड़ी बोली को प्रतिष्ठा दिलाना द्विवेदी जी का ही कार्य है। मैथिलीशरण गुप्त, सियारामशरण गुप्त, सोहनलाल द्विवेदी आदि महावीर प्रसाद द्विवेदी जी के ही ऋणी है। उन्होंने स्वयं भी कवितायें लिखीं। उन्होंने खड़ी बोली में संस्कृत नाटकों का पद्यमय अनुवाद किया। तथा उन आलोचकों का मुंह बंद किया जो कहते थे कि खड़ी बोली में रचना हो ही नहीं सकती। "रसज्ञरंजन" में इन्होंने निबंध लिखे। कवियों को नवीन प्रेरणायें दी, अन्य कवियों ने भी इस काल में बड़े बड़े कार्य किये। लेकिन फिर भी द्विवेदी जी के योग्य कवि न होते हुए इस युग को द्विवेदी युग ही कहते हैं।

द्विवेदी युग की प्रवृत्तियाँ

1. राष्ट्रीय चेतना- द्विवेदी युग की प्रधान चेतना है। इसे हम जातीयता मिश्रित राष्ट्रीय चेतना भी कह सकते हैं। हिन्दू जाति के पुनरुत्थान को प्रोत्साहन दिया गया। इस राष्ट्रीय चेतना को केसरीनारायण शुक्ल ने राष्ट्रीय जागरण कहा। वह विशुद्ध राष्ट्रीय जागरण न होते हुए भी उस युग की राष्ट्रीय भावना का प्रतिनिधित्व करता है। हिन्दू जागरण राष्ट्रीय भावना का एक सोपान है। विनय मोहन शर्मा लिखते हैं- "जो भाव अतीत के हिन्दू कालीन वैभव को पुनः प्रतिष्ठित करने में सहायक हो उसे ही राष्ट्रीय माना जाता है। विशुद्ध राष्ट्रीयता का अंग है। जिसके अभाव में एक ही भू-भाग जाति धर्म भाषा से सम्बन्धित जनसमुदाय विशुद्ध राष्ट्रीय भावना से शून्य हो जाता है।" इस दृष्टि से द्विवेदी युगीन राष्ट्रीयता विशुद्ध राष्ट्रीयता नहीं कहला सकतीं उस पर जातीयता की गहरी छाप है। लेकिन युग में कवियों से अधिक की आशा नहीं की जा सकती थी। हर युग की चेतना उसकी परिस्थितियों से विकसित होती है। अतः जातीयता मिश्रित राष्ट्रीय भावना को भी हमें राष्ट्रीयता की ही संज्ञा देनी चाहिए। इसका दूसरा पक्ष है- "राजनीतिक जागरण"।

कवियों का इस ओर भी ध्यान गया। सन् 1885 में कांग्रेस की स्थापना हुई। सन् 1906 में मुस्लिम लीग का जन्म हुआ। इनके अलावा 19वीं सदी में राजनैतिक जागरण हेतु अनेक संस्थायें बनीं। और 1851 ई. में ब्रिटिश इण्डियन ऐसोसिऐसन बन ही चुकी थी। सन् 1876 ई. में ईस्ट इण्डिया कम्पनी (ऐसोसियेशन) की स्थापना हो ही चुकी थी। सन् 1881 में मिडरास महाजन सभा और 1885 ई. में ही "बोम्बे प्रेसीडेंसी" ऐसोसियेशन का रुप ले चुकी थी। इस समय के राजनैतिक जागरण की मांग थी कि देशभक्ति के साथ-साथ स्वराज्य की मांग भी मुखर हो, तत्कालीन कवियों ने भी कविता के माध्यम से ऐसी ही कामनायें व्यक्त की। इस युग के साहित्य में देशप्रेम की भावनायें व्यक्त हुई हैं। जिसके कई रूप थे, कवियों का भारतभूमि के प्रति अनुराग था, श्रीधर पाठक की "मनोविनोद" में हिन्द बन्दना कविता, भारत श्री, भारत प्रशंसा आदि में भारत भूमि के लिए अनुराग सुस्पष्ट है। इनके भारत गीत में भी भारत की वंदना की गई है। यही भाव गुप्त जी भारत भारती एवं स्वदेश संगीत की देशभक्ति कविता में है। श्री मैथिलीशरण गुप्त जी के स्वदेश संगीत से - "जीवन और मरण का जग में देखा यहाँ सफल संघर्ष, हर का क्रीड़ा क्षेत्र हमारा भूमिभाग्य सा भारतवर्ष"। तथा इसी तरह श्री अयोध्या सिंह उपाध्याय हरिऔध तथा शंकर शर्मा आदि ने भी यही भाव प्रगट किये। रामनरेश त्रिपाठी ने भी राष्ट्रदेवता की ही पूजा की- "यद्यपि सब जग का हित चिंतन सबको आवश्यक है, पर प्रत्येक मनुज पर पहला देश जाति का हक है।" प्रिय प्रवास में हरिऔध ने कृष्ण को कहलवाया "विपत्ति में रक्षण सर्वभूत का सहाय होना, असहाय जीव का उवारना, संकट से स्वजाति का, मनुष्य का सर्वप्रधान कर्म है।" इन्होंने राधा को भी देशभक्त नारी सिद्ध किया है। शंकर शर्मा की कविता भारतोदय, भारत भक्ति, शंकर क्रन्दन, बलिदान मान आदि में देशभक्ति पूर्ण उद्‌गार है। तथा आधार भारत भूमि ही है। प्रिय प्रवास में अन्तर्राष्ट्रीयता, विश्वबंधुत्व को जगाया है। लाला भगवानदीन ने वीर क्षत्राणी, वीर बालक, वीरपंज रत्न, इनमें भारतभूमि का गुणगान किया है। गया प्रसाद शुक्ल सनेही पहले ये स्वयं के लिए त्रिशूल भी लिखते थे, इन्होंने भारत के प्राकृतिक दृश्यों, ऐतिहासिक स्थानों एवं महापुरूषों के चित्रों में रुचि प्रदर्शित की, जैसे कश्मीर सुषुमा और देहरादून, पाठक जी की रचनायें भी ऐसी ही हैं। रामनरेश त्रिपाठी ने पथिक लिखकर दक्षिण भारत

के प्राकृतिक सौन्दर्य के वैभव को दिखाया है। तथा स्वप्न में कश्मीर सौन्दर्य है। गुप्त जी ने साकेत में तथा हरिऔध ने प्रिय प्रवास में प्राकृतिक वर्णन किया है। कवियों ने महापुरुषों का भी वर्णन किया है। गुप्त जी की गुरुकुल हिन्दू, तेग बहादुर, आदि ऐसी ही रचनायें हैं। भारत का दैवीकरण तथा मानवीकरण किया गया है। इस चेतना के अन्तर्गत गुप्त जी ने स्वदेश संगीत में भारत का सम्राट के रूप में मानवीकरण किया है। "करते अभिषेक पयोधि है, बलिहारी इस वेश की, हैं मातृभूमि सत्य ही सगुण मूर्ति सर्वेश की"। स्वशासन की आकांक्षा भी राष्ट्रीय चेतना का अंग है। कुछ कवियों ने देवताओं की दुहाई दी कि हमें स्वतंत्रता मिले, तथा कुछ ने शक्ति को उद्‌बोधित किया, तथा कुछ ने शांत रूप में स्वाधीनता की मांग की। किसी ने शक्ति के रुप को अपनाने का आह्‌वान किया। अंततः गांधी जी के अहिंसात्मक दृष्टिकोण को ही अपनाया। इन सबके बाद यही निष्कर्ष है कि द्विवेदी युग पर गांधी जी के अहिंसावाद की छाप मिलती है।

2. सुधारवादी चेतना- दयानंद, विवेकानंद, रामकृष्ण परमहंस, केशव, चन्द्रसैन आदि ने समाज सुधार में योगदान दिया। दक्षिण भारत में महादेव गोविन्द रानाडे, ये गोपाल कृष्ण गोखले के गुरु थे। गोखले के शिष्य गांधी जी थे। इन्होंने समाज सुधार किया। भारतेन्दु युग की सुधारवादी चेतना तो वैयक्तिक थी। लेकिन द्विवेदी युग की सामाजिक थी। समाज सुधारवादी चेतना की अभिव्यक्ति (1) सामाजिक कुरीतियों का वर्णन, उनका निराकरण, तथा नवीन सामाजिक आदर्शों का प्रतिपादन (2) धार्मिक, सांस्कृतिक, पुनरुद्धार के लिए उत्साह (3) साहित्यिक रूढ़ियों के प्रति विद्रोह तथा नवीन साहित्यिक मान्यताओं की स्थापना इन सभी तरीकों से द्विवेदी युग के कवियों ने अपनी सुधारवादी धारणा प्रस्तुत की थी। 20वीं सदी के हिन्दी काव्य में सामाजिक जीवन का जैसा यथार्थ चित्रण द्विवेदी युग में हुआ, वैसा प्रगतिवादी काव्य को छोड़कर अन्यत्र नहीं। कुरीतियों के खण्डन में कवियों का स्वर कहीं कर्म हो गया है और कहीं आक्रोश पूर्ण और कहीं व्यंग्य पूर्ण। भारत भारती में मैथिलीशरण गुप्त जी ने "स्वदेशी कुण्डल" नामक काव्य में तथा राय देवी प्रसाद पूर्ण ने तथा अनेक कवियों ने अपनी रचनाओं में बालविवाह, सती प्रथा, अनमेल विवाह, भिक्षा, परदा प्रथा, दहेज, छूआछूत आदि पर चोट की। गुप्त जी ने हिन्दू नामक काव्य

संग्रह में विधवा समस्या का निदान विधवा विवाह बताया। शंकर शर्मा ने गर्भरंडा रहस्य में विधवा विकास पर विचार किया है। कवियों की सुधारवादी भावना नारी उत्थान का आदर्श लेकर आगे बढ़ी है। भारत भारती, साकेत, यशोधरा, जयद्रथ वध आदि में गुप्त जी द्वारा नारी के उदात्त चरित्र का चित्रण हुआ है। नारी समाज की करुण स्थिति की ओर प्रायः सभी कवियों का ध्यान गया है, और उन्होंने ऐसी नारियों के चरित्र प्रस्तुत किये हैं जो नारी के उज्जवल चरित्र के प्रतीक हैं। प्रिय प्रवास में हरिऔद्य ने लोक सेवानुरक्ता राधा, वैदेही वनवास में तपस्विती सीता का वर्णन किया है। सोहन लाल द्विवेदी की वासवदत्ता, भगवानदीन की वीर क्षत्राणी में यही प्रवृत्ति देखी जाती है। कवियों की सुधार भावना का दूसरा अध्याय उपेक्षित वर्ग के प्रति सहानुभूति है। साकेत में गुप्त जी ने लक्ष्मण की उपेक्षित पत्नी उर्मिला के प्रति और यशोधरा काव्य में गौतम बुद्ध की पत्नी यशोधरा के प्रति सहानुभूति प्रकट की है। उपेक्षित वर्ग के अन्य व्यक्तियों जैसे अछूतों, हरिजनों, श्रमिकों और किसानों के प्रति भी सहानुभूति व्यक्त की गई। भारत भारती के वर्तमान खंड में और किसान खंड काव्य में एवं हिन्दू काव्य संग्रह की अनेक कविताओं में मैथिलीशरण गुप्त ने उपेक्षित वर्ग को ऊँचा उठाने का प्रयत्न किया है। सनेही जी ने किसान खण्ड काव्य को और शंकर शर्मा ने रंक रोदन कविता में दरिद्रता के अभिशापों का वर्णन किया है। शंकर और सनेही के स्वर में बड़ा आक्रोश और व्यंग्य है। क्योंकि वे दोनों आर्यसमाजी थे। रामनरेश त्रिपाठी ने इन पंक्तियों में दोनों के प्रति उदारता दिखाई है। "मैं ढूंढ़ता तुझे था जब कुंज और वन में, तू खोजता मुझे था तव दीन के वतन में।" कवियों ने नवीन सामाजिक आदर्शों की स्थापना का प्रयत्न भी किया। जैसे विधवा विवाह, नारी शिक्षा, विदेश नमन और गौरक्षा का समर्थन। डॉ. उदयभान सिंह के अनुसार- "द्विवेदी युगीन कवियों का ध्यान वर्तमान पर अधिक था, इसलिए उनमें समाज सुधार का आग्रह पाया जाता है। सनेही जी ने कुसुमांजलि में, माधव शुक्ल ने 'भारत गीतांजलि' में गोरक्षा का समर्थन किया है। जहाँ तक धार्मिक, सांस्कृतिक जागरण का प्रश्न है। वहाँ कवियों की हिन्दुत्व की भावना सक्रिय है। शंकर की रचनाओं में वैदिक धर्म की धूम है। गुप्त, रामनरेश, माधव शुक्ल सनातन धर्म का प्रभाव लेकर धार्मिक, सांस्कृतिक उत्थान चाहते हैं। उस युग की भावना को मैथिलीशरण ने सुंदर ढंग से

व्यक्त किया है।" "सब कुछ गया जाय सब एक, रक्खो हिन्दूपन की टेक। राखो हिन्दूपन का गर्व यही ऐक्य के साधन सरल।" इस युग में पाश्चात्य संस्कृति के अनुकरण का विरोध किया गया, अपनी भाषा अपनी भूषा और स्वदेशी वस्तुओं पर जोर दिया गया। तथा इस प्रकार द्विवेदी युगीन कवियों का स्वर उपदेशात्मक हो गया। इस युग में नीति काव्य अथवा उपदेशात्मक काव्य की कुछ लोग कटु आलोचना करते हैं। और उसका स्तर निम्न बताते हैं, लेकिन डॉ. विश्वम्भरनाथ उपाध्याय के अनुसार- "काव्य का जनता की दृष्टि से अध्ययन करने वाले विचारक नीति काव्य की अवहेलना नहीं कर सकते, जनमत परिवर्तन के लिए नीति काव्य एक अचूक अस्त्र है। अतएव विषय वैविध्य और काव्यरूप दोनों दृष्टियों से द्विवेदी युग की नीति या उपदेशपरक काव्य का अपना अलग महत्व है।" इस युग के कवियों का दृष्टिकोण उपयोगितावादी था। इस युग में वही मानव मूल्य स्वीकृत हुए थे, जिनके आधार पर भारतीय संस्कृति का निर्माण हुआ। अन्य दृष्टिकोण व्यापक है। वे सम्पूर्ण सांस्कृतिक जागरण के अग्रदूत है। द्विवेदी युग की एक उपलब्धि उसका साहित्यिक जागरण भी है। महावीर प्रसाद द्विवेदी के नेतृत्व में हिन्दी कविता में ही नहीं बल्कि सम्पूर्ण हिन्दी साहित्य में एक साहित्यिक जागरण प्रकट हुआ। उन्होंने हिन्दी कविता की भाषा ही नहीं बदल दी अपितु उसकी शैली, विषय, कलात्मक अभिव्यंजना में भी संस्कार का सूत्रपात किया। सन् 1870 के आसपास खड़ी बोली में कविता लिखने का प्रचार हो गया था। लेकिन उसे प्रतिष्ठा द्विवेदी युग में ही मिली। भारतेन्दु युग की अधिकांश कविता ब्रजभाषा में लिखी गई। लेकिन खड़ी बोली में भी कुछ प्रयोग हुए, पहली बार द्विवेदी युग में कविता की भाषा के रुप में खड़ी बोली सर्व प्रचलित हो गई। इस दशा में द्विवेदी जी की पुस्तक "रसज्ञरंजन" में कवियों को अनेक विषय सुझाये। और अनेक प्रेरणायें प्रदान कीं। स्वयं द्विवेदी जी ने कविता में अनेक प्रयोग किये। यद्यपि वे सफल कवि न हो सके। उन्होंने कालिदास के अनेक संस्कृत नाटकों का पद्यमय अनुवाद किया संस्कृत छंदों का अपनाकर उनकी ओर कवियों का ध्यान आकर्षित किया और प्रकृति को स्वतंत्र रूप में अपनाकर प्रकृति चित्रण की नवीन परंपरा का सुआरंभ किया। इस युग की कविता का आदर्श 'कला कला के लिए' नहीं बल्कि 'कला जीवन के लिए' था। इसी आदर्श को लेकर कवियों ने अनेक खण्ड काव्यों,

महाकाव्यों तथा मुक्तक रचनाओं की परंपरा का विकास किया। इस प्रकार द्विवेदी युग की कविता में विविधता बहुत है। उसमें अनेक काव्य रूपों को अपनाया है।

साहित्यिक जागरण को मैथिलीशरण ने इन पंक्तियों में व्यक्त किया है। "उद्देश्य कविता का प्रमुख शृंगार रस ही हो गया, उन्मत्त होकर मन हमारा अब इसी में खो गया" कविकर्म कामुकता बढ़ाना, रह गया देखो जहाँ, वह वीर रस भी (स्मर) समर में हो गया परिणति यहाँ''। द्विवेदी युग की नवीन प्रवृत्ति है उसकी समाजोन्मुखी प्रेम भावना, प्रेम के उदातीकरण की प्रवृत्ति, उसे केवल लौकिक न बना कर आध्यात्मिक बनाने का प्रयास किया है। विवाहित तथा अविवाहित व्यक्तियों का पारस्परिक प्रेम वर्णित है। इस युग में वैवाहिक प्रेम की अधिक व्यंजना हुई है। साकेत, प्रिय प्रवास, वैदेही वनवास आदि में रामनरेश त्रिपाठी के मिलन, पथिक, स्वप्न आदि में भी और प्रसाद की रचना प्रेमपथिक में अवैवाहिक प्रेम है। यही आंसू में भी है। पंत की ग्रन्थि में भी अवैवाहिक प्रेम है। प्रेम काव्य कही भी अमर्यादित रूप में नहीं है। डॉ. सोमप्रकाश सुधेश के अनुसार "प्रेम के कुत्सित, असामाजिक तथा कृत्रिम रूप के स्थान पर उसके संस्कृत, कल्याणकारी, और नैसर्गिक पक्ष की ओर विशेष ध्यान दिया, प्रेम निम्न वासनाओं का अर्थ बोधक न होकर मानव की उदात्तवृत्तियों का प्रेरक समझा जाने लगा। तत्कालीन सुधारवादी चेतना का हिन्दी कवियों की प्रेम भावना पर अधिक प्रभाव पड़ा।" "बलि तुम्हारी एक बाँकी दृष्टि पर, भर रही है जी रही है सृष्टि पर" भूमि के कोटर, गुहा गिरिगर्त भी शून्यता नम की सलिल आवर्त भी। प्रेयसी किसके सहज संघर्ष से, दीखते हैं प्राणियों को स्वर्ग से ये उक्ति लक्ष्मण की उर्मिला के लिए है।

पुरानी परिपाटी के अनुसरण का अभाव-- इस युग के कवियों में भक्ति के साथ मानवीय प्रेम है। इस युग में रसात्मकता भी है। संयोग वर्णन में श्रेष्ठता तथा सामाजिक मर्यादा का ध्यान रखा गया है। प्रायः वैवाहिक प्रेम वर्णन ही है। उच्छृंखल प्रेम का समर्थन नहीं है। गुप्त जी की 'रंग में भंग' तथा शकुन्तला, साकेत में प्रथम नवम् दशम सर्ग में दाम्पत्य प्रेम का वर्णन है। यशोधरा में भी अश्लीलता नहीं है। जय भारत तथा सिद्धराज में भी यही परिपाटी है। वियोग को आत्मोसर्ग तथा आत्म बलिदान का रूप दिया है। वियोग में प्रेम का उत्कृष्ट रूप मिलता है। प्रेम की परिणति संयोग में मानते हैं।

अलौकिक प्रेम की झाँकी- (ईश्वरीय प्रेम) यह महामानव के प्रति श्रद्धाभाव है। न कि ईश्वर या अवतार के प्रति रागात्मकता है। यही कारण है कि ईश्वर का मानवीकरण द्विवेदी युग के कवियों ने किया है।

प्रकृति वर्णन- रीतिकाल में प्रकृति उद्दीपन रूप में थी। भारतेन्दु युग में प्रकृति एक स्वतंत्र विषय बना। इस युग में इसे विकास मिला। श्रीधर पाठक ने कश्मीर सुषमा लिखा। द्विवेदी जी ने कोकिल वसंत, ऋतुतंरगिणी, सूर्य ग्रहणम्, प्रभात वर्णनम्, आदि कवितायें लिखीं। प्रकृति को आलंवन के रूप में अधिक अपनाया। रामनरेश, गोपालशरण सिंह, गुप्त जी हरिऔद्य और प्रसाद ने भी इसी विषय पर लिखा- "प्रतिक्षण नूतन वेश बनाकर रंग बिरंग निराला रवि के सम्मुख थिरक रही है, नमं में वारिधं माला। नीचे नील समुद्र मनोहर, ऊपर नील गगन है, घन पै बैठ बीच में विचरूँ, यही चाहता मन है।" यह रामनरेश त्रिपाठी का प्रकृति वर्णन है। हरिऔद्य ने प्रकृति को अेलम्बन रूप में अपनाकर प्रकृति को घटनाओं की पृष्ठभूमि के रूप में प्रस्तुत करना। इसे प्रियप्रवास में अपनाया है। जैसे स्वतंत्र रूप से प्रकृति वर्णन करना, प्रकृति के विभिन्न उपकरणों की गिनती करना। इस युग में नीति के माध्यम से कवितायें लिखी गई। नीतिवाद का सहारा लेकर वर्णनात्मक एवं नीरस रचनायें भी हुई। "जितने कष्ट कंटकों मं है। पंचवटी में जिनका जीवन सुमन खिला, गौरवगंध उन्हें उतना ही अत्रत्वा सर्वत्र मिला।" हरिऔद्य की रचना "एक बूंद" ने लक्ष्णा और व्यंजना को अपनाया है। द्विवेदी जी गंभीर प्रवृति के थे। उन्होंने टेसू के गीत भी लिखे। नाथूराम शंकर शर्मा हास्यरस के कवि हैं। शंकर सर्वस्व में इनकी रचनायें संकलित हैं। पितर पच्चीसी, खिलाड़ी, खटमल, राम रूपैया, रेलवे देवी, में आंग्ल भाषा पर व्यंग्याधिक्य है। "धना इंडिया की ध्वजों को कहो, सजय लब्धिनी फैसनों में रहो, टके होटलों में ठगा पूर वारें, वराही पियो मीट खाया करो"। शंकर का हास्य शिष्ट नहीं है। द्विवेदी युग के हास्य कवि सेवक श्याम, महादेव प्रसाद, जगन्नाथ दास, कांतानाथ पाण्डेय, चौंच, ईश्वार प्रसाद शर्मा, बलभद्र दीक्षित आदि थे। द्विवेदी युग के हास्य के बारे में उदयमान शर्मा कहते हैं, कि इनकी कविताओं में उच्च कोटि का हास्य नहीं है। और प्रायः अपरिष्कृत रूचि के पाठकों का ही मनोरंजन कर सकती हैं।

छायावादी युग- छायावादी कविता के पीछे यूरोप के स्वच्छन्दतावादी आन्दोलन

का प्रभाव देखा जा सकता है। 1799 ई. की फ्रान्सीसी राजक्रांति के बाद फ्रांसीसी तथा अंग्रेजी काव्य में स्वच्छंदतावादी विचारधारा तथा 19वीं उन्नीसवीं शताब्दी के अंग्रेजी काव्य में स्वच्छंतावदी उत्कर्ष देखने को मिलता है। बंगला कविता में भी इस आन्दोलन का स्वर सुनाई पड़ा। 19वीं सदी के उत्तरार्ध में तथा 20वीं सदी के पूर्वार्ध में बंगला में उसी प्रकार की रहस्योक्ति पूर्ण एवं प्रतीकात्मक कवितायें लिखी गई। जिस प्रकार 19वीं शताब्दी के अंग्रेजों ने लिखी। 1913 में गीतांजलि को 'नोबिल' पुरस्कार मिलने से इस चेतना को नवीन बल मिला और ऐसी कविता को छायावादी कहा जाने लगा। हिन्दी में 'मुकुटधर पाण्डेय, पदुमलाल, पुन्नालाल बख्शी' प्रकृति के साधारण, असाधारण सभी रूपों में प्रेम दृष्टि डालकर, उसके रहस्य भरे संकेतों को परख कर भाषा को अधिक चित्रमय, सजीव और मानवीय रूप देकर कविता का एक अकृत्रिम स्वच्छन्द मार्ग निकाल रहे थे। ऐसा रामचन्द्र शुक्ल जी ने लिखा है। लेकिन रवीन्द्रनाथ टैगोर को पुरस्कार मिलते ही अकविताओं की धूम मच गई। जो कि पाश्चात्य ढंग का आध्यात्मिक रहस्यवाद लेकर चली थीं। पुराने ईसाई छंदों के छायावाद तथा यूरोप के प्रतीकवाद के अनुकरण पर लिखी बंगला कवितायें छायावादी कही जाने लगी। इसके परिणाम स्वरूप हिन्दी में अंग्रेजी और बंगला में इस नवीन शैली का उद्‌भव हुआ।

कुछ कवि अंग्रेजी और बंगला के शब्दों का अनुवाद करने लगे। इस प्रकार 1. अंग्रेजी की स्वच्छंदतावादी कविता 2. बंगला की छायावादी कविता दो धारणायें वही। स्वच्छंदतावाद एक पश्चिमी काव्य आन्दोलन है। विभिन्न विद्वानों ने स्वच्छंदतावाद की भिन्न भिन्न व्याख्यायें की हैं। किन्तु उन सबके मूल में शास्त्रीय नियम बद्धता का विरोध तथा जीवन के विभिन्न पक्षों तथा परिस्थितियों की भावना प्रधान सूक्ष्माभिव्यंजना का आग्रह सन्निविष्ट है। जिस प्रकार अंग्रेजी काव्य में "रोमान्टिसिज्म" जागरण का उद्‌घोष बनकर रहा है। उसी प्रकार हिन्दी कविता में छायावादी आंदोलन भी नई जागृति लाया। स्वच्छंदतावाद की भांति छायावाद का आधार, अभिव्यंजना, प्रेमगत सौन्दर्य, प्रकृति प्रेम, व्यापक करूण तथा जीवन जगत के रहस्यों के प्रति विस्मय भावना है। छायावाद शब्द हिन्दी में बंगला से आया, और वह काव्य की नवीन चेतना का प्रतीक बन गया। द्विवेदी प्रेम के बाद पल्लवित एवं पुष्पित नई कविता

का छायावादी विशेषण हिन्दी आलोचकों के इतना पसंद आया कि छायावाद स्वच्छंदतावाद का पर्याय न होते हुए भी उसके समकक्ष अवश्य बन गया। छायावादी कवियों ने पाश्चात्य काव्य के स्वच्छंदतावादी आन्दोलन से प्रेरणा अवश्य ग्रहण की। पर उन्होंने पश्चिमी काव्य प्रवृत्तियों का ज्यों का त्यों अनुकरण नहीं किया, बल्कि अपनी देशगत परिस्थितियों के अनुसार हिन्दी कविता का विकास किया। इस प्रसंग में श्री शिवदान सिंह चौहान का यह कथन उचित है- हिन्दी की छायावादी कविता को पाश्चात्य या बंगला काव्य की अनुकृति या अनुवर्तिनी नहीं कहा जा सकता। यद्यपि वह उनसे प्रभावित अवश्य है। उस स्वच्छन्दतावादी धारा का तो, जिससे छायावाद की कविता प्रभावित है, 70 वर्ष पहले अवसान हो चुका था, और प्रथम महायुद्ध के बाद भी कविता स्वच्छंदतावाद के अवशिष्ट हासोन्मुखी, घोर व्यक्तिवादी, अनास्थावादी और असामाजिक तत्वों को ही एकांगी अभिव्यक्ति दे रही थी। पाश्चात्य काव्य से प्रेरणा लेकर भी छायावाद शुद्ध भारतीय काव्यान्दोलन है। इसका जन्म भरतभूमि में यहाँ की सामाजिक, साहित्यिक परिस्थितियों की पृष्ठभूमि में हुआ। डॉ. विश्वम्भरनाथ उपाध्याय का विचार है कि "भारतीय दर्शन का सरलवाद ही नई शैली में व्यक्त होकर छायावाद, रहस्यवाद बन गया है"। वर्डवर्थस् शैली आदि में जो सर्ववाद मिलता है। वह उन्हें यूनानी विचारकों में मिला है। छायावाद के उद्भव में जहाँ अंग्रेजी काव्य के स्वच्छंदतावादी आन्दोलन से प्रेरणा मिली, वहीं इसमें द्विवेदी युग वर्णनात्मक नीतिपरक, उपदेशात्मक, समाज कल्याण के आग्रह से युक्त कविता के विरूद्ध प्रतिक्रिया भी हुई। हिन्दी कवि बाहूय से आभ्यंतर स्थूल से सूक्ष्म, सीमाबद्धता से उन्मुक्तता की ओर प्रवृत्त हुए।

छायावाद की परिभाषा- आचार्य रामचन्द्र शुक्ल ने छायावाद को "अभिव्यंजना की रोचक प्रणाली" बताया। उनके शब्द हैं- "छायावाद के पहले नये-नये धार्मिक विषयों की ओर हिन्दी कविता प्रवृत्त होती आ रही थी। कसर थी तो आवश्यक और व्यंजक शैली की। कल्पना और संवेदना के अधिक योग्य। तात्पर्य यह है कि छायावाद जिस आकांक्षा का परिणाम था इसका लक्ष्य केवल व्यंजना की रोचक प्रणाली का विकास था।" शुक्ल जी की यह परिभाषा इसलिए पूर्ण है कि छायावादी आन्दोलन केवल अभिव्यंजना की शैली तक ही सीमित नहीं बाद में उसका सैद्धान्तिक पक्ष पुष्ट

होता चला गया, इसकी ओर संकेत करते हुए नंददुलारे वाजपेयी ने छायावाद में- "एक नूतन सांस्कृतिक मनोभावना का उद्‌गम देखा और बाद में उन्होंने छायावाद में एक स्वतंत्र दर्शन की नियोजना" का प्रतिपादन किया। डॉ. नगेन्द्र नगाइच के अनुसार भी छायावाद अभिव्यंजना की शैली तक ही सीमित नहीं है क्योंकि- "छायावाद एक विशेष प्रकार की भाव पद्धति है। जीवन के प्रति एक विशेष भावात्मक दृष्टिकोण है"। "स्थूल के प्रति सूक्ष्म का विद्रोह, नैतिक रूढ़ियों के प्रति मानसिक स्वातंत्र्य का विद्रोह और काव्य के बंधनों के प्रति स्वच्छंद कल्पना और टैक्निक का विद्रोह"। सुमित्रानंदन पंत के शब्द 'चिदम्बरा' की भूमिका में छायावाद को पंत जी ने "भारतीय जागरण की चेतना का सर्वात्ममूलक कैशोर समारंभ" कहकर इसे एक विशिष्ट भावनात्मक दृष्टिकोण की संज्ञा दी है।

जयशंकर प्रसाद का मत- प्रसाद जी ने भी छायावाद के सम्बन्ध में गंभीर दृष्टि का परिचय दिया वे छायावाद को रहस्यवाद से अलग समझते हैं। मोती के भीतर छाया जैसी तरलता होती है। वैसी ही कांति की तरलता अंग में लावण्य कही जाती है। इस लावण्य को संस्कृत साहित्य में छाया और विच्छित्ति के द्वारा लोगों ने निरुपित किया था। शब्द अर्थ की स्वाभाविक वक्रता विच्छित्ति, छाया और कांति का सृजन करती है। मूल में यह रहस्यवाद भी नहीं है। ध्वन्यात्मकता, लाक्षणिकता सौन्दर्यमय प्रतीक विधान तथा उपचार वक्रता के साथ स्वानुभूति की विकृति छायावाद की विशेषतायें है। प्रसाद के इस कथन में छायावाद से रहस्यवाद के अन्तर की ओर संकेत किया गया है। प्रसाद जी के अनुसार रहस्यवाद को छायावाद इसलिए नहीं कह सकते कि रहस्यवाद में आध्यात्मिकता अनिवार्य है। जबकि छायावाद में किसी निश्चित अध्यात्म दर्शन का अभाव है। छायावादी काव्य में रहस्य भावना अवश्य मिल जाती है। फिर भी रहस्यवाद छायावाद के सम्पूर्ण काव्य साहित्य की परिभाषा नहीं बन सकता। प्रसाद के अनुसार छायावाद में ध्वन्यात्मकता, और प्रतीकात्मकता आदि विशेषतायें भी हैं। "गंगा प्रसाद पाण्डेय के अनुसार"- किसी वस्तु में एक अज्ञात सप्राण छाया की झांकी पाना अथवा आरोप करना छायावाद है। नंददुलारे वाजपेयी के अनुसार- "मानव तथा प्रकृति के सूक्ष्म किन्तु व्यक्ति सौन्दर्य में आध्यात्मिक छाया का भाव ही छायावाद है"। डॉ. रामकुमार वर्मा के अनुसार- "आत्मा परमात्मा का गुप्त वाग्बिलास रहस्यवाद है, और

यही छायावाद है। पाण्डेय वाजपेयी और डॉ. वर्मा की परिभाषाओं में छायावाद को रहस्यवाद के साथ मिला दिया गया है। इस दृष्टि से ये परिभाषायें अधूरी हैं। प्रसाद जी का दृष्टिकोण अधिक सही है, वास्तव में छायावाद इन भावगत तथा शैलीगत प्रवृत्तियों के समन्वय का नाम है जो स्वच्छन्दतावादी मनोभावनाओं से प्रेरित होकर हिन्दी काव्य में प्रतिध्वनित हुई। अतः छायावाद जहाँ एक ओर विशिष्ट भावपद्धति अथवा भावात्मक दृष्टिकोण है। वहाँ काव्य कला, के क्षेत्र में एक लाक्षणिक ध्वन्यात्मकता प्रतीकात्मक शैली के आग्रह से सम्पन्न सूक्ष्म आत्माभिव्यंजना का साधन भी है। तात्पर्य यह है कि छायावाद कुछ प्रवृत्तियों के समुच्चय का नाम है। मुख्य प्रवृत्तियाँ ये हैं- 1. स्वच्छंद प्रेम भावना 2. प्रकृति प्रेम 3. रहस्यवाद 4. व्यक्तिवाद 5. प्रतीकवाद 6. विकसित राष्ट्रीय सांस्कृतिक चेतना 7. हालावाद"।

1. स्वच्छंद प्रेम भावना- छायावाद काव्य में पहली बार स्वच्छन्द प्रेम की अभिव्यक्ति हुई, रीतिकाल में प्रेम का गर्हित रूप मिलता है। जिसमें कवियों की वैयक्तिक प्रेम भावना का कुछ भी पता नहीं चलता, भारतेन्दु युग में प्रेम और भक्ति का समन्वय मिलता है। द्विवेदी युग में प्रेम के सामाजिक पक्ष की ओर कवियों का ध्यान अधिक रहा। इसलिए नैतिकता के प्रबल आग्रह के कारण उस समय प्रेम की स्वच्छन्द अभिव्यक्ति नहीं हो पायी। छायावाद में पहली बार प्रेम की वैयक्तिक धारणा नितान्त स्वाभाविक और उन्मुक्त रूप में प्रगट हुई और उसमें सामन्तवादी समाज के मर्यादावाद के विरूद्ध प्रेम भावनाओं के स्वच्छन्द उद्‌गारों में कवियों की ईमानदारी का परिचय मिला, वे खुलकर प्रेम की घोषणा कर सके। प्रसाद ने अपनी प्रारंभिक कविताओं के संग्रह 'झरना' में लिखा है। "जिसे चाह तू उसे न कर आंखों से कुछ भी दूर, मिल रहे मन मन से छाती छाती से भरपूर" इन शब्दों में कहीं कोई संकोच नहीं है। प्रसाद के आंसू काव्य में प्रेम पात्र के रूप उसके साथ अनुभूत संयोग सुख और वियोग की दग्ध आहों को चित्रण हुआ है, और द्विवेदी युग के आचारों के बोझ से लदे हुए प्रेम के विरूद्ध स्वच्छन्द प्रेम की प्रतिष्ठा हुई है। द्विवेदी युगीन काव्य में प्रेम की मादकता का अभाव है। छायावाद में अनेक मादक चित्र प्राप्त हैं। द्विवेदी युग में केवल रामनरेश त्रिपाठी ऐसे कवि हैं जिनकी रचनाओं में प्रेम की मादकता और वेदना का गुंजन है। द्विवेदी युग में निषेधवाद बहुत था। छायावाद में इसकी

प्रतिक्रिया हुई। इसलिए प्रेम की स्वच्छ अभिव्यक्ति हुई। इसमें रीतिकालीन नारीवाद के विरूद्ध भी प्रतिक्रिया हुई, छायावादी कवियों का प्रेम विलासिता की प्रेरणा नहीं देता। इसलिए वह रीति कालीन आदर्श से भिन्न है। छायावादी कवियों ने स्थूल प्रेम भावना और आंतरिक सौन्दर्य के चित्रण में रूचि प्रगट की है। उन्होंने प्रेम का उदात्तीकरण किया है। डॉ. विश्वम्भरनाथ उपाध्याय लिखते हैं कि- "सौन्दर्य चित्रण में नारी के स्थूल सौन्दर्य का वर्णन आंशिक हो चुका था, सौन्दर्य की सूक्ष्म रेखाओं का प्रयोग करके प्रेमिका को मात्र अनुभूति के रूप में परिणित करने का प्रयत्न छायावाद में किया गया है। इस प्रकार छायावाद में जहाँ प्रेम भावना वैयक्तिक धरातल पर स्थित है, वहां साथ ही वह मांसल न होकर उदात्तता के आधिक्य में स्थित है"।

2. प्रकृति प्रेम- छायावादी काव्य, चेतना के प्राण तत्व पर आश्रित है। कुछ लोगों ने छापावाद की व्याख्या करते हुए ऐसी रचनाओं को छायावादी कहना शुरू कर दिया जिनमें प्रकृति में अज्ञात सत्ता का दर्शन किया गया। ऐसे आलोचकों में शांतिप्रिय द्विवेदी और गंगा प्रसाद पाण्डेय मुख्य हैं। इसमें कोई संदेह नहीं कि इस युग में प्रकृति को स्वतंत्र स्थान दिया गया। और प्रकृति चित्रण की दृष्टि से छायावादी काव्य बहुत समृद्ध है। द्विवेदी युग में प्रकृति का स्थूल रेखाओं से चित्रण हुआ। अनेक पदार्थों के लघुचित्र उपस्थित किये गये और प्रकृति को आलम्बन रूप में अपनाया गया। लेकिन छायावादी कवियों के प्रकृति चित्र अधिक सूक्ष्म सजीव और कलात्मक हैं। प्रकृति के आलंवनगत चित्रण संस्कृत से तो उत्कृष्ट नहीं लेकिन प्रकृति के चेतना का दर्शन करना इस युग के काव्य की विशेषता है। प्रकृति में चेतना के दर्शन को संस्कृत के आचार्यों ने अधिक महत्व नहीं दिया था। छायावादी प्रकृति चित्रों में आधुनिकता का बोध भी है। नागरिक जीवन की वीभत्सता और बढ़ते हुए औद्योगिकीकरण की कुरूपता 20वीं सदी में अधिक अनुभव की गई। जिससे एक नवीन मानसिक स्थिति का निर्माण हुआ, पूंजीवादी समाज व्यवस्थायें वैज्ञानिक उन्नति से उत्पन्न कृत्रिमतापूर्ण वातावरण की प्रतिक्रिया प्रकृति प्रेम के रूप में हुई। इस दृष्टि से छायावादी कवि आधुनिक जीवन की चेतना से सम्पन्न हैं। दार्शनिकों ने एक ही ईश्वरीय सत्ता की सर्वत्र झलक की ओर कवियों का ध्यान खींचा, एक ही सत्ता का आभास दार्शनिकों ने तर्क के आधार पर किया लेकिन कवियों ने उसे सजीव

रूप में देखा इसलिए छायावादी कवियों के लिए प्रकृति एक जड़ वस्तु न होकर एक जीवित व्यक्तित्व है। प्रसाद, पंत, निराला सभी प्रकृति प्रिय कवि हैं। लेकिन सबके प्रकृति चित्रण में अन्तर है। पंत में प्रकृति प्रेम सबसे अधिक है, और वे विशुद्ध प्रकृति के कवि कहे जाते हैं। लेकिन प्रकृति वर्णन की परंपरा को समृद्ध करने वालों में प्रसाद का नाम भी विशेष उल्लेखनीय है। प्रसाद शैवागम से प्रभावित थे। अतः उनके प्रकृति वर्णनों में प्रकृति को शक्ति का व्यक्त रूप बताया गया है, जो अपने भीतर सत्य तथा शिव को छिपाये हुए है। इस प्रकार प्रसाद के प्रकृति वर्णन में दार्शनिकता अधिक है। पर उनके प्रकृति चित्र रमणीय, सजीव तथा रहस्य भावना से पूर्ण हैं। हाँ उनमें वह विविधता नहीं जो पंत में है। विश्वम्भरनाथ उपाध्याय ने प्रसाद, पंत, निराला और महादेवी के प्रकृति चित्रण के बारे में अपना तुलनात्मक दृष्टिकोण इस प्रकार प्रगट किया है- "यद्यपि प्रसाद जी ने सर्वप्रथम प्रकृति की रमणीयता उस पर मानवीय चेतना का आरोप और विस्मय तथा रहस्य भावना से युक्त प्रकृति चित्रण प्रारंभ किये किन्तु प्रकृति के प्रति उत्कट प्रेम और चित्रशाला को पंत जी ही प्रस्तुत कर सके, पंत जी की सौन्दर्य प्रियता ने उन्हें प्रकृति के भीषण रूपों की ओर आकर्षित नहीं होने दिया, पंत जी सुन्दरता प्रेमी है। उदात्त सौन्दर्य के नहीं। प्रसाद में दोनों प्रवृतियाँ है। किन्तु उदात्तता निराला में और भी अधिक है। महादेवी जी भी पंत जी की ही तरह सुंदरता की ही प्रेमिका है। उदात्त उनके ही स्वभाव के विरूद्ध है।

3. रहस्यवाद- जैसा कि पहले ही संकेत दे चुके हैं कि रहस्यवाद छायावाद का ही एक अंग है। रहस्यवाद और छायावाद में अंग अंगी का सम्बन्ध है। छायावाद में रोमांटिक काव्य की या स्वच्छंतावाद की सभी विशेषतायें मिलती हैं। उनमें रहस्य भावना का समन्वय भी है। रहस्यवाद की परिभाषायें विभिन्न लोगों ने विभिन्न प्रकार से दी हैं। गंगा प्रसाद पाण्डेय के अनुसार- "मानवेतर आध्यात्मिक तत्व निरूपण" और उसे प्रकृति के भिन्न भिन्न रूपों में ग्रहण करके उसका प्रकाशन छायावाद या रहस्यवाद है। पाण्डेय के अनुसार रहस्यवाद और छायावाद में विशेष अन्तर नहीं। किन्तु वास्तव में ऐसा नहीं है। रहस्यवाद की भावभूमि आत्मा के परमात्मा के प्रति आत्म समर्पण एवं तादात्म्य की अनुभूति है। जिसमें आत्मा और परमात्मा का एकीकरण हो जाता है। एकीकरण की यह प्रक्रिया नितान्त गूढ़ तथा वैयक्तिक

अनुभव का विषय है इसलिए वह बौद्धिक तथा काल्पनिक भावानुभूति से परे है। इसमें अनुभूति की सघनता अपेक्षित है। तभी तो इसमें प्रेम और भक्ति का रहस्य है। डॉ. गुलाबराय कहते हैं- रहस्यवाद उस भाव प्रधान मनोदशा की शाब्दिक अभिव्यक्ति को कहते हैं जो व्यक्ति और विश्व के मूल में स्थित चरम सत्ता के अव्यक्त या व्यक्त रूप के साथ रागात्मक सम्बन्ध स्थापित करने पर भी कहने की इच्छा से प्राप्त होती है। यह परिभाषा कुछ अपूर्ण सी प्रतीत होती है क्योंकि रहस्यवाद एक विशिष्ट मनोवृत्ति या मनोदशा है। जबकि गुलाबराय उसे शब्दिक अभिव्यक्ति मानते हैं अथवा अभिव्यक्ति की संशलिष्ट शैली समझते हैं। रहस्यवाद अनुभूति का विषय है, अभिव्यक्ति का नहीं। इसलिए रहस्यवाद में प्रेम भावना, आत्म समर्पण, अज्ञात सत्ता से तादाहय, की उत्कट आकांक्षा तादात्म्य की स्थिति से उत्पन्न अलौकिक आनंद की अनुभूति रहस्यवाद का तत्व है। संसार की प्रायः सभी विकसित भाषाओं के साहित्य में रहस्य भावना मिलती है। लेकिन उसकी अभिव्यक्ति के रूप अलग-अलग हैं। हिन्दी में रहस्यवाद चार प्रकार से प्रगट हुआ। (i) प्रकृति में विराट सत्ता के दर्शन (ii) दार्शनिकता का स्वर और उसका विभिन्न दार्शनिक सिद्धान्तों का अभिव्यंजन (iii) लौकिक प्रेम में अलौकिक की कल्पना (iv) लाक्षणिक प्रतीकात्मक सूक्ष्माभिव्यंजनात्मक रहस्य भावना। पंत जी की रहस्य भावना का संबंध प्रकृति से है। प्रसाद की रहस्य भावना कहीं-कहीं शैव दर्शन से जुड़ी है। निराला की रहस्य भावना पर वेदान्त के अद्वैतवाद का प्रभाव है। महादेवी में बौद्धदर्शन और प्रकृति का आधार लेकर रहस्यवाद की सृष्टि हुई। लाक्षणिक तथा प्रतीकात्मक रहस्य भावना वास्तव में रहस्यवाद के भीतर शामिल नहीं की जानी चाहिए। क्योंकि अभिव्यक्ति की रहस्यात्मक भाषा की दुर्बलता या सीमा है। यदि उसे रहस्यवाद माना जाय तो यह निकृष्ट कोटि का रहस्यवाद होगा।

प्रकृति सम्बन्धी रहस्यवाद- पंत, महादेवी और डॉ. रामकुमार वर्मा में प्रकृति सम्बन्धी रहस्यवाद अधिक मिलता है। जैसे 'गुंजन' में पंत ने लिखा है कि "शान्त सरोवर का उर किस इच्छा से लहराकर हो उठता चंचल चंचल, मैं चिर उत्कंठातुर जगती के अखिल चराचरयों मुग्ध मौन किसके बल"। रामकुमार वर्मा अंजलि में लिखते हैं, "तरुवर के ओ पीले पात, मत गिरना, मेरे प्रियतम को तो आ जाने दे इस बार, आने पर उनके चरणों पर गिरकर हो जाना बलिहार"। प्रसाद जी इच्छा ज्ञान

और क्रिया के समन्वय द्वारा शैव दर्शन से सम्बोधित सामरस्यवाद को ध्वनित करते हैं। इस प्रकार रहस्यवाद की सृष्टि करते हैं। निराला जी के अद्वैत परक रहस्यवाद को देखिये- "तुम हो अखिल विश्व या यह अखिल विश्व है, तुम में अथवा अखिल विश्व तुम एक यद्यपि देख रहा हूँ तुम में भेद अनेक" परिमल से ये पंक्तियाँ उद्धृत है। महादेवी में वेदना के प्रति आसक्ति, अनन्त करूणा अपार मानवीय सहानुभूति प्रगट हुई है। जिसका आधार बुद्ध का दुखवाद है। महादेवी के इन शब्दों में शून्यवाद का स्वर देखिये- "नहीं अब गाया जाता देव, थकी उंगली है, ढ़ीले तार विश्व वीणा में अपनी आज मिला लो यह अस्फुट झंकार"।

4. व्यक्तिवाद- छायावादी काव्य में व्यक्तिगत भावनाओं की खुलकर अभिव्यक्ति हुई है। इसके लिए व्यक्तियों ने तीन ढंग अपनाये। (i) समष्टि से निरपेक्ष होकर व्यष्टि में लीन रहना, ऐसी रचनाओं में 'मैं' शब्द का प्रयोग हुआ है। (ii) अहं का महत्व निरुपण करना है। (iii) वस्तु का व्यक्ति निष्ठ वर्णन करना।

5. प्रतीकवाद- सन् 1785 में फ्रांस में प्रतीकवादियों का आंदोलन चला। सन् 1798 ई. में वर्डसबर्थ और कौलरिज के काव्य संग्रह "लिरिकल वैलिट्स" के प्रकाशन से अंग्रेजी काव्य में नवीन चेतना आई। लगभग उसी समय इटली में क्रौन्चे द्वारा अभिव्यंजनावाद की स्थापना हुई। इन्हीं काव्य आन्दोलनों में प्रतीकवाद का विकास हुआ। प्रतीक उन शब्द या शब्दावली अथवा अभिव्यक्ति का नाम है, जो किसी परम्परागत संस्कार भाव अथवा अर्थ से सम्बन्धित होने के कारण उसी संस्कार भाव या अर्थ के लिए रूढ़ हो जाता है। और वह अपने प्रसंग से अलग व्यवहार में लाये जाने पर भी एक चित्र उपस्थित कर देती है। इस प्रकार प्रतीक से एक निश्चित अर्थ लिया जाता है। छायावादी कवियों ने प्रतीकों का प्रयोगवाद पर तीन प्रकार से विभक्त किया है। (i) वाचक शब्दों के स्थान पर- लक्षक शब्दों का व्यवहार। (ii) प्रस्तुत प्रसंगों के स्थान पर अप्रस्तुत प्रसंग का प्रयोग अथवा अन्योक्ति शैली। (iii) रूपक के समान प्रतीकों का प्रयोग। पंत जी के संग्रह "पल्लव" में एक कविता नक्षत्र है। उसकी इन पंक्तियों में नक्षत्र के लिए वाचक शब्दों का प्रयोग करके लक्षक शब्दों को प्रयोग किया गया है। "ए-सुदूरता के सम्मोहन, ए निर्जनता के आह्वान, व्याल कुहर मेरा दुर्गम पथ दीपित कर दो हे द्युतिमान", इनके सम्मोहन, आह्वान कालकुहर नक्षत्र के लिए

आये हैं। प्रस्तुत के स्थान पर अप्रस्तुत का प्रयोग निराला की प्रसिद्ध कविता "जुही की कली" में मिलता है। "बिजन बल वल्लरी पर सोती थी- सुहाग भरी स्नेह स्वर्ण मग्न अमल कोमल तुम तरुणी जूही की कली" दृग बंद किये शिथिल पत्रांक में "यहाँ जूही की कली को मुग्धा प्रेमिका के रुप में प्रस्तुत किया है।" रुपक के समान ही प्रतीकों का प्रयोग होता है। जैसे निराला जी की प्रसिद्ध कविता, "तुम और मैं" में मिलता है "तुम तुंग हिमालय श्रृंग और मैं चंचल गति सर सरिता" यहाँ हिमालय परमात्मा तथा सरिता आत्मा का प्रतीक है।

6. राष्ट्रीय सांस्कृतिक चेतना- छायावादी युग की राष्ट्रीय सांस्कृतिक चेतना उन्नत धरातल पर स्थित है। उसमें आधुनिक जीवन से उत्पन्न प्रतिक्रियायें भी निहित हैं। भारतेन्दु युगीन राष्ट्रीय चेतना सुधारों की वैयक्तिक मांग तक सीमित रही। द्विवेदी युगीन राष्ट्रीय चेतना पर जातीयता की छाप है। लेकिन छायावादी राष्ट्रीय चेतना विभिन्न जातियों में भावानात्मक एकता की प्रेरक है। और स्वाधीनता के लिए संघर्ष का आह्वान भी उसमें निहित है। छायावादी कवि को मालूम है कि स्वाधीनता का स्वरूप क्या है? वह प्रजातांत्रिक शासन की स्पष्ट उद्घोषणा करता है। साम्राज्यवाद का विरोध करता है। उसकी राष्ट्रीय चेतना एक धूमिल देशभक्ति भावना नहीं है। बल्कि वह प्रजातंत्र के शासन विधान से परिचित है। इस युग में राष्ट्रीय चेतना की अभिव्यक्ति तीन प्रकार से हुई- (i) कुछ कवियों में गांधीवादी विचारधारा से प्रभावित राष्ट्रीय चेतना मिलती है। हिन्दी के अधिकांश कवि गांधीवाद से प्रभावित हैं। पंत महादेवी सोहनलाल द्विवेदी आदि पर गांधीवाद का प्रभाव है। (ii) कुछ कवियों ने शक्ति के प्रयोग और क्रांति का समर्थन किया है। उनकी राष्ट्रीय चेतना कुछ उग्र राष्ट्रीय भावना का परिचय देती है। ऐसे कवियों में माखनलाल चतुर्वेदी, बालकृष्ण शर्मा नवीन और दिनकर है। दिनकर का "कुरुक्षेत्र" खंडकाव्य युद्ध की समस्या पर विचार करता है तथा युद्ध को उन्नति के लिए उपादेय मानता है। (iii) समाजवाद से प्रभावित राष्ट्रीय चेतना- अनेक ऐसे कवि भी है जो कुछ समाजवादी और व्यक्तिवादी दर्शन की ओर झुके हैं। समाजवाद का विशेष प्रभाव प्रगतिवादी काव्य में मिलता है। लेकिन छायावादी काव्य में भी समाजवादी भावनाओं की अनुगुंजन है। छायावादी कवियों में प्रसाद और निराला की राष्ट्रीय चेतना अधिक मुखर है। प्रसाद

प्राचीन संस्कृति के प्रेमी थे। इसलिए वे शक्ति के उपासक होते हुए भी गांधीवादी स्वर मुखरित करते हैं। निराला की राष्ट्रीय चेतना हिन्दुत्व की भावना से समन्वित है। इतना निश्चित है कि, छायावादी कवियों में प्रादेशिकता, साम्प्रदायिकता और जातीयता का अभाव है। उसमें एक उन्नत राष्ट्रीय चेतना दिखाई देती है।

7. हालावाद- छायावादोत्तर काल में छायावाद की प्रवृत्ति मिलती है। विशेष रूप से बच्चन के काव्य में नवीन, मोहनलाल महतो वियोगी तथा भगवतीचरण वर्मा की कतिपय रचनाओं में हालावाद का अर्थ मदिरा का खुला प्रचार नहीं है, बल्कि वह एक ऐसी विचारधारा है, जिसमें जीवन को भोगने की प्रेरणा दी जाती है। आधुनिक जीवन के यथार्थ से उत्पन्न निराशा को दूर करने के लिए कवि जीवन का संदेश देता है। जीवन को भोगने योग्य बताता है। इस प्रकार हालावाद का आधार भौतिकता या यथार्थवाद है। हालावाद छायावादी काव्य की मुख्य प्रवृत्ति नहीं है। लेकिन छायावादी युग में हालावाद की रचनायें अवश्य लिखी गई। हालावाद की अभिव्यक्ति चार प्रकार से हुई है- (i) भौतिक जीवन के प्रति अनुराग प्रगट करना (ii) सामाजिक विषमता के प्रति क्षोभ प्रकट करना (iii) रूढ़िवादिता पर व्यंग्य (iv) स्वच्छंद प्रेम का समर्थन।

प्रगतिवाद- 1917 ई. में रुसी क्रांति का प्रभाव भारत में हुआ, तथा 1929 में कांग्रेस के अन्दर समाजवाद का प्रदुर्भाव हुआ। 1936 में अप्रैल में एक सभा प्रेमचंद की अध्यक्षता में लखनऊ में हुई। वहाँ प्रगतिशील लेखकों का नाम दिया गया, तब से 1947 तक जो साहित्य लिखा गया वह प्रगतिवादी साहित्य है। कम्यूनिज्म (मार्क्सवाद) से प्रेरित होकर जो साहित्य लिखा गया वह प्रगतिवाद है। तथा कुछ लोग इसे प्रगतिशील भी कहते हैं। वह जिसमें (मार्क्सवाद) का समावेशन हो केवल मानव कल्याण ही जिसमें हो। प्रगतिवाद वह साहित्यिक दृष्टिकोण है। जिसपर मार्क्सवादी दर्शन का स्पष्ट प्रभाव है। जिसमें यथार्थ चित्रण का यथेष्ट आग्रह है, और काव्य रुप की कलात्मकता एवं शिल्प विधि के कौशल के स्थान पर उसकी उपादेयता पर अधिक बल दिया गया है। प्रगतिवाद मार्क्सवाद का पर्याय नहीं किन्तु मार्क्सवादी सौन्दर्य भावना अथवा कला एवं साहित्य को भौतिक सिद्धान्तों की कसौटी पर परखने का उसमें विशेष आग्रह है। डॉ. शिवदान सिंह चौहान लिखते हैं। "प्रगतिवाद को सौन्दर्य शास्त्र सम्बन्धी मार्क्सवादी दृष्टिकोण का हिन्दी नामकरण समझना चाहिए।

प्रगतिवाद वह साहित्य है जो उपयोगिता की दृष्टि से लिखा गया हो, यह सोद्देश्य साहित्य है, मार्क्सवादिता एक भौतिक दर्शन है"।

प्रगतिवाद की प्रवृत्तियाँ

1. भौतिकवादी दृष्टिकोण- इस साहित्य की चेतना भौतिकवादी है। मार्क्सवाद का सिद्धान्त है-

(क) द्वन्द्वात्मक भौतिकवाद- इसको प्रगतिवाद ने अपनाया है। जिसमें पदार्थ की सत्ता को वास्तविक माना जाता है। तथा पदार्थ स्वयं चेतनायुक्त है। यही है द्वन्द्वात्मक भौतिकवाद दो शक्तियों के संघर्ष के बाद समाज का कल्याण हो वह भी द्वन्द्वात्मक भौतिकवाद है। "द्वन्द्वात्मक भौतिकवाद हिन्दी कविता में पारलौकिक शक्ति की अस्वीकृति तथा इसी भौतिक जगत को वास्तविक सत्ता मानने में प्रकट होता है। पंत जी जीवन के भौतिक पक्ष को स्वीकार करते हैं, और उसे एक वास्तविकता मानते हैं। जीवन तथा जगत का संचालन कोई बाह्य शक्ति अथवा ईश्वर नहीं कर रहा है, बल्कि प्रकृति स्वयं विकसित हो रही है"। दो शक्तियों का संघर्ष निरंतर प्रवृत्ति तथा समाज में चल रहा है, इन विचारों से प्रभावित होकर प्रगतिवादी काव्य की रचना हुई। पंत जी युग वाणी में लिखते हैं- "भूतवाद के उस स्वर्ग के लिए है केवल सोपान, जहाँ आत्म दर्शन अनादि से समासीन अम्लान" इसी प्रकार की अनेक रचनायें नरेन्द्र शर्मा, निराला, शिवमंगल सिंह सुमन, डॉ. रामविलास शर्मा, रांगेय राघव, रामेश्वर अंचल आदि कवियों ने लिखीं, भौतिकवादी दृष्टिकोण की अभिव्यक्ति धर्म एवं नैतिकता के मानदण्डों के परिवर्तन में देखी जा सकती है।

(ख) धर्म एवं नीति के मापदण्डों में परिवर्तन- मानव की सेवा ही कर्म है, इसका साम्प्रदायिक रूप नहीं रहा। धर्म की परिभाषा- "भाषा भूषा के जो ऊपर श्रेणिवर्ग से मानव ऊपर अखिल अवनि में रिक्त मनुज के केवल मनुज जान अपनाओं" धर्म को न अपनाकर प्रगतिवादी कविता में साम्प्रदायिक धर्म को अपनाया। धर्म के रूढ़िवादी रूप का खण्डन किया। जैसे बच्चन जी की कविता नैतिकता, धार्मिक विश्वासों के स्थान पर सामाजिक नियमों को लेकर चलने लगी, मानसिक सुख के साथ भौतिक सुख को बल प्रदान किया। जैसे पंत जी की रचनायें युग वाणी, ग्राम्या आदि में वे चाहते

हैं, मानव के, प्रभु के प्रति हो उदार नव संस्कृति, इसमें भौतिकवाद प्रगट हुआ है।

2. साम्यवादी चेतना- (क) इतिहास की आर्थिक व्याख्या, पहले एक रूढ़ि थी, कि समाज में परिवर्तन महामानव करता है वह इतिहास में अंकित हो जाता है। तथा उससे पहले ईश्वरीय परिवर्तन ही इतिहास माना जाता है। तथा बाद में कहा कि ईश्वर का ही स्वरूप कोई महामानव या राजा होता है। लेकिन "ऐंग्ल्स" ने इसका विरोध किया तथा बताया कि इतिहास में परिवर्तन आर्थिक कारणों से होता है, इनकी पुस्तक है "समाजवाद काल्पनिक एवं वैज्ञानिक"। मार्क्स की "डैस कैपीटल" के चौथे भाग में व्याख्या की कि इतिहास में परिवर्तन आर्थिक परिस्थिति के कारण होता है। युग वाणी में मार्क्स के प्रति साम्यवादी व्याख्या का उल्लेख पंत जी ने किया है। "साम्यवाद का अर्थ है, श्रमिकों को शासन, पंतजी की प्रगतिवादी चेतना में कुछ अस्पष्टता है"। (ख) श्रमिक वर्ग की प्रतिष्ठा- पंत जी की रचना श्रमजीवी, युग वाणी, कहारों का रुद्र नृत्य, चर्खा गीत, मजदूरिनी के प्रति ये ग्राम्या में है। निराला की वह तोड़ती पत्थर अनामिका में है। और मिलिन्द की "किसान का जन्मदिन" ऐसी ही कवितायें हैं।

3. सामन्तवाद- इसके बाद पूंजीवाद साम्यवादी सभ्यता, यह मार्क्स के अनुसार है। किसी एक राजा के आधीन सभी लोग रहे यह सामन्तवाद है। इसका विरोध प्रगतिवादी कवियों ने किया। दिनकर की "दिल्ली" में इसका विरोध है। पंत ने "ताज के प्रति" में इसका विरोध किया है। ताज को सामन्तवादी सभ्यता का प्रतीक माना है। अंचल, किरण वेला, नवीन कुंकुम संग्रह में ऐसी ही रचना हैं।

4. पूंजीवाद तथा साम्राज्यवाद का विरोध- प्रगतिवाद ने इसका विरोध किया है। भगवतीचरण वर्मा के "मानव" संग्रह में पूंजीवाद का विरोध है। मिलिन्द के "बलिपथ के बीज" तथा दिनकर के "धनपिशाच" में भी इसका विरोध किया गया है।

5. यथार्थवाद- इस संसार को यथार्थ समझना भौतिक जीवन को महत्व देते हुए उसका यथा तथ्य वर्णन करना ही यथार्थवाद है। प्रसाद जी का कथन है- "काल्पनिकता के विपरीत जीवन के वास्तविक रूप को प्रधानता देना यथार्थवाद है।" यथार्थवाद में जीवन की भौतिक भागों का वर्णन है। यथार्थवाद साहित्य की सोद्देश्यता

तथा उपयोगिता में विश्वास करता है।

6. सामयिक प्रश्नों के प्रति जागरूकता- यह भावना भी कवियों में मिलती है। जैसे द्वितीय विश्वयुद्ध के वर्णन की तरफ ध्यान गया, उस समय की परिस्थितियों का चित्रण करना उचित माना गया है। पंत जी का रुपक "शिल्प" "ध्वंसशेष" में युद्ध की निंदा की है। तथा पंत जी के संग्रह "स्वर्णधूलि" में वही वर्णन है। दिनकर की "अंतिम मनुष्य" में उसी युद्ध का वर्णन है। इसमें कलात्मकता है। रुस की लाल क्रांति के ऊपर भी भारतीय कवियों ने रचनायें की। नरेन्द्र शर्मा इसमें अग्रणी हैं। "अंचल" में डॉ. रामविलास शर्मा ने भी लिखा- नौ अगस्त 1942 ई. में भारत में अंग्रेजों के विरूद्ध हिंसात्मक घटनायें घटीं। इसका प्रभाव भी कवियों पर पड़ा। बंगाल का अकाल 1941 में पड़ा। कवियों पर इसका भी प्रभाव पड़ा। बच्चन की "बंगाल का अकाल" दृष्टव्य है। रामविलास शर्मा "गुरुदेव टैगोर की प्रण्य भूमि" भी लिखी। 1947 में भारत स्वतंत्र हो गया, अतः यह सिद्ध होता है कि हमारे कवियों ने सामाजिक प्रश्नों को भी नहीं छोड़ा। इसके बाद देश का बंटवारा हुआ। साम्प्रदायिकता का प्रादुर्भाव हुआ, जिसका कवियों ने विरोध किया।

7. स्थूल श्रृंगारिकता- प्रेम के उदात्तीकरण के बजाय उसका यथार्थ अंकन अवैवाहिक प्रेम के कल्पनातीत आनंद की अभिव्यक्ति, नारी स्वातंत्र्य का समर्थन, प्रेम को एक प्राकृतिक भूख समझकर, सैक्स सम्बन्धी स्वतंत्रता का समर्थन, विवाह की रूढ़ परम्पराओं का विरोध, प्रेम की भौतिक शारीरिक कल्पना को मान्यता और किसी आध्यात्मिक अलौकिक प्रेम की कल्पना का खण्डन आदि प्रवृत्तियाँ भी इस युग में पनपीं।

8. प्रकृति प्रेम- गांवों की प्रकृति, मज़दूरों के रहने का स्थान, शोषित वर्ग से सम्बन्धित स्थानों का वर्णन करना और प्रकृति के आधार पर अनेक रचनायें और उनमें प्रकृति के स्वरूप का चित्रण व्यापकता से किया है, और इसके साथ पूंजीवादियों पर और आध्यात्मवादियों पर व्यंग्य भी किये हैं। शोषक वर्ग को व्यंग्य वाणों से खूब छेदा है।

प्रयोगवाद-- यह आधुनिक हिन्दी कविता का काव्य आन्दोलन है। इसका आरंभ "तारसप्तक" से हुआ जिसके सम्पादक श्री सच्चिदानंद हीरानंद वात्सयायन

अज्ञेय हैं। इसका प्रथम प्रकाशन 1907 ई. में हुआ इसमें सात कवियों भारत भूषण अग्रवाल, रामविलास शर्मा, गजानन माधव मुक्तिबोध, नेमिचन्द्र, प्रभाकर माचवे, अज्ञेय आदि की कवितायें हैं। इनमें अधिकांश कवि मार्क्सवादी है। जैसे रामविलास, मुक्तिबोध। वास्तव में प्रयोगवादी आन्दोलन प्रगतिवाद की प्रतिक्रिया के रूप में हुआ। प्रगतिवाद में मार्क्सवाद का आधिक्य था। लेकिन प्रयोगवाद व्यक्तिवाद को महत्व देता है। "तार सप्तक" की भूमिका में अज्ञेय जी ने प्रयोग शब्द का वर्णन क्रिया रूप में किया है। लेकिन प्रयोगशीलता की परिभाषा नहीं दी। प्रयोगवाद का सम्बन्ध अभिव्यक्ति से है। प्रयोगवाद केवल शिल्प प्रधान नहीं है। अपितु इसमें अन्य बातों का भी समावेश हुआ है। "आज का मानवीय साहित्य का इतिहास" में अज्ञेय भी लिखते हैं "व्यक्तित्व की खोज के लिए नये आधुनिक मानवतावादी आन्दोलन को प्रयोगवाद नाम कुछ वैसे ही व्यंग्यात्मक भाव से लिया गया जैसे छायावाद को वह नाम दिया गया था।"

प्रयोगवादी प्रवृत्तियाँ- 1. व्यक्तिवाद- व्यक्तिवाद का आग्रह प्रयोगवादी काव्य की प्रमुख चेतना है। जिसका मूल्य तत्कालीन राजनैतिक, सामाजिक परिस्थितियों में था। प्रगतिवाद में कहा गया है कि आर्थिक परिस्थितियों से ही इतिहास का निर्माण होता है, लेकिन प्रयोगवाद में कहा गया है कि इतिहास में व्यक्ति का भी हाथ है। उससे व्यक्तिवादिता स्पष्ट है। प्रयोगवादी व्यक्ति को यन्त्र नहीं मानते अपितु चेतन प्राणी मानते हैं। अज्ञेय जी कहते हैं- "अच्छी कुण्ठा रहित इकाई, सांचे ढ़ले समाज से। अच्छा अपना ठाठ फकीरी मंगनी के सुख साज से"। प्रयोगवाद को शमशेर बहादुर सिंह एवं लक्ष्मीकान्त वर्मा ने अपनाया है। 2. यथार्थवादी चेतना- जीवन जैसा है, उसको उसी तरह ग्रहण करना ही यथार्थवादी चेतना है। प्रगतिवाद बाह्य सामाजिक जीवन का यथार्थ ग्रहण करता है। तथा साम्यवाद भौतिक एवं वैज्ञानिक दृष्टिकोण पर बल देता है। यह राजनैतिक सिद्धान्त का आग्रह है। प्रयोगवादी कवि व्यक्तिगत जीवन का यथार्थ प्रदर्शित करते हैं। उनका यथार्थवाद मनोविश्लेषण करता हुआ वैयक्तित्व का प्रदर्शन करता है। व्यक्ति की आंतरिक कुंठाओं का भी यथार्थ वर्णन करता है। जगत के भौतिक स्वरूप एवं मूर्ति विधान में आस्था रखता है। अतः प्रयोगवादी जीवन की छोटी-छोटी घटनायें एवं मनः स्थितियों का चित्रण करना प्रयोगवाद यथार्थवादी ही है।

"फ्रायड" का प्रभाव- फ्रायड एक मनोवैज्ञानिक था। इसने मानव मन की व्याख्या करते हुए बताया कि मानव मन की तीन अवस्थायें होती है। 1. जागृत मन 2. उपचेतन मन अर्थात् वह अवस्था जब मन स्वप्न एवं विचारों में भी कार्य करता है। 3. अवचेतन मन अर्थात् जिसमें जन्मगत संस्कार सुरक्षित है। काम कुण्ठा के कारण मानव जीवन की सम्पूर्ण क्रियायें संचालित हैं। अज्ञेय जी भी कहते हैं कि "मानव जीवन यौन बर्जनाओं का कुंज है"। सेक्स का दमन होना फ्राइड के विरूद्ध है। निष्कर्ष यह है कि काम कुण्ठा के अभाव में मानव जीवन व्यर्थ है। मानव जीवन की विकृतियाँ काम भावना का दमन नहीं है। यौन सम्बन्धी प्रतीकों का प्रयोग प्रयोगवादी कवियों ने किया है। जो सैक्स की भावना की अभिव्यक्ति में शामिल है। अज्ञेय जी लिखते हैं, "घिर गया नभ उमड़ आये मेघ काले, भूमि के कम्पित उरोजों पर झुका सा विशद चिरातुर, छा गया इन्द्र का नीलवक्ष बज्र सा यदि तड़ित से झुलसा हुआ तन"। 4. बौद्धिकता का आग्रह- कविता को बुद्धि की वस्तु माना है। न कि हृदय की तथा उसी तरह मानव जीवन भी बुद्धि से ही संचालित है। इसमें तर्क यह है कि हृदय आदि तो भोजन को पचाने का तथा रक्त आदि का संचालन करने के यंत्र मात्र है। इनमें अनुभूति कहाँ? यह अनुभूति तो बुद्धि से ही प्राप्य है। "मदन वात्स्यायन" की रचना तीसरे सप्तक में लिखा है, कि प्रयोगवादी कविता में "ऊब" रस है। कुछ लोग बौद्धिक रस भी कहते हैं। बुद्धि के जागृत प्रयास का काल ही कविता का उद्भव है। लक्ष्मीकान्त वर्मा कहते है- "सूक्ष्म से सूक्ष्म संवेदना बौद्धिक है", इस प्रयोगवाद की कविता में चमत्कार प्रतीकों की मात्रा अधिक है। छन्द से विद्रोह, लय से विद्रोह अतुकात्त एवं परम्पराओं का विद्रोह प्रयोगवादी कवियों ने किया। समाज का विद्रोह किया, क्योंकि ये व्यक्ति को महत्व देते हैं। प्रयोग कविता को समाज का कट्टर ठहराना गलत एवं पक्षपात पूर्ण होगा। हाँ वे वैयक्तिकत्व को अवश्य महत्व देते हैं। 5. साधारणीकरण का त्याग- प्रयोगवादी कवि चमत्कार प्रदर्शन करके पाठकों के हृदय में भावनाओं का उद्रेक करते हैं। विराम, अक्षरों की संख्या आदि से काव्य को चमत्कृत करते हैं। 6. दुरुहता के प्रति आग्रह- छायावादियों की तरह इन प्रयोग वादियों को भी यही शैली है। जिस भाषा में दूसरों तक पहुँचने का गुण हो उसे प्रेषणीयता कहते हैं, यह प्रवृत्ति छायावादियों में थी। लेकिन प्रयोगवादी कविता

में दुरुहता है। जो प्रयोगवादी कवि कहना चाहता है। वे भाव पाठकों तक नहीं पहुँच पाते। प्रचलित शब्दों के नये-नये अर्थ शब्दों के स्थान पर प्रयोग करते हैं, तथा नये-नये उपमानों का प्रयोग करते हैं। तथा इनके प्रतीक भी उलझे हुए हैं। प्रभाकर माचवे लिखते हैं- "जिन्दगी मेरी विसर्ग बनी हुई, कब बनेगी हाय डैस, कोयले से जो अंगार बनी हुई जारही है सिर्फ एश"। नीरज, रामावतार त्यागी, वीरेन्द्र मिश्र आदि कवि प्रयोगवादी कवियों के समकालीन है। ये कला की दृष्टि में सफल है।

नई कविता- आचार्य नन्दुलारे वाजपेयी, डॉ. नगेन्द्र आदि समालोचको ने प्रयोगवादी काव्य की आलोचना की और उसे निम्न कोटि का बताया। तब प्रयोगवादियों ने नया रुप धारण किया, अर्थात् यों कहिए कि जब प्रयोगवादी आन्दोलन सम्पन्न न हो सका यानी असफल हुआ, तो 'नई कविता' का प्रादुर्भाव हुआ। कुछ लोग तो प्रयोगवादी कविता और नई कविता में अन्तर नहीं मानते। किन्तु यह नई कविता 10 या 15 वर्ष पुरानी है। जो साहित्य अत्यन्त निकट है उसका मूल्यांकन असंभव है। प्राचीन साहित्य का तो मूल्यांकन हो सकता है। प्रयोगवादी कविता तो वह कविता है, जिसमें प्रयोगों का आग्रह है। तथा जिसमें भाषा, छंद, प्रतीक, उपमान की प्रयोगशीलता है। विचारों तथा काव्य शिल्प में कवियों ने नये-नये प्रयोग किये। तथा इन्हीं प्रयोगवादियों ने आधुनिक विचारों को ग्रहण किया, ये पिछली परंपरा के विरोधी है। तथा इनमें सैद्धान्तिक दर्शन एवं विचारों का अभाव है। लेकिन नई कविता नये-नये प्रयोगों के पुष्ट होने पर हिन्दी कविता नये रूपों में आई वही नई कविता है। उसे किसी वाद से नहीं जोड़ा गया। नवीनता होते हुए भी नई कविता में प्रयोगशीलता नहीं है। उसमें आधुनिकता का बोध है। यही नई कविता का मूल तत्व है। इस प्रकार 1920 से 36 तक छायावाद 16 वर्ष रहा, 1945 में प्रथम तार सप्तक आया, नई कविता का आधार सर्वप्रथम इलाहाबाद से डॉ. जगदीश गुप्त ने नई कविता संस्करण प्रकाशित किया। प्रयोगवाद के प्रयोग का ही परिणाम नई कविता है। यथार्थ जीवन, व्यक्तित्व, अनुभूति की प्रामाणिकता, नैतिकता, आरोपित आदर्श का विरोध, कुण्ठा की अभिव्यक्ति, क्षण का महत्व, क्षणानुभूति, नग्नता का चित्रण, लघुता का महत्व, अनास्था एवं निराशा, व्यवस्था के अनास्था प्रतिविरोध आदि तत्व नई कविता के प्राण तत्व हैं।

नई कविता का नामकरण- डॉ. रमाशंकर तिवारी डॉ. हरिचरण शर्मा आदि

प्रयोगवाद और नई कविता में अन्तर नहीं मानते, प्रयोगवाद और नई कविता के मध्य सीमा रेखा खींचना बड़ा मुश्किल है, नरेश मेहता, श्रीकांत वर्मा ने तर्क द्वारा बताया है कि सन् 54 के बाद हिन्दी में नई कविता लिखी गई, वही नई कविता है। सन् 54 का ही निर्धारण ही क्यों किया? "साहित्य सहयोग" संस्था ने इलाहाबाद से सन् 54 में नई कविता का प्रकाशन किया। अब भी साल में एक बार निकलती है। इस संस्था के तत्वावधान में नई कविता को बल मिला। श्यामसुन्दर घोष नई कविता का स्वरूप "विकास" लिखते हैं "जिस काव्य के ऊपर मात्र प्रयोगवाद का विवाद ग्रस्त आरोप और प्रत्यारोप लगाया जा रहा था। उससे भिन्न स्तर पर सर्वथा विषय वस्तु की नवीनता को लेकर नई कविता को प्रतिष्ठित करने की आवश्यकता अनुभव करके सन् 1954 में प्रयाग की साहित्य सहयोग नामक सहकारी संस्था ने नई कविता का प्रकाशन किया। अज्ञेय द्वारा सम्पादित "आजकल" सन् 56 के किसी अंक में एक लेख लिखा था, कि अज्ञेय जी ने ही एक साहित्य गोष्ठी में इस नाम को सुझाया, यह सन् 1950 के लगभग दिल्ली की घटना है। "आज का भारतीय साहित्य" में अज्ञेय जी ने एक लेख में लिखा है और सुझाव दिया है, कि प्रयोगवादी कवितारूढ़ हो गई थी, उसे सीमित क्षेत्र से बाहर निकालने के लिए इसका नाम नई कविता रखा। अज्ञेय ने दूसरे तार सप्तक में प्रयोगवादी संज्ञा का निषेध किया है। तथा कहा है कि तीसरे सप्तक के कवि नये कवि हैं। सन् 1950 के बाद इंग्लैण्ड के आन्दोलन में नई कविता के लिए जी.एस. फ्रेजरने "न्यू मूमैण्ट" तथा अमेरिका में "न्यू पोइट्री" आन्दोलन चला। अमेरिका के आलोचक 'डिनाल्ड हॉल' ने न्यू पोइट्री चलाया। इन्हीं का प्रभाव हिन्दी की नई कविता पर पड़ा। नई कविता और प्रयोगवादी कविता में मुख्य अंतर यह है कि नई कविता में प्रयोगशीलता का आग्रह नहीं है। जैसाकि प्रयोगवादी कविता का मुख्य अंग है। प्रयोगवादी कविता अधिकांश अतुकान्त है। नई कविता तुकान्त गीतपरक है। कुछ दिनों नवगीत आन्दोलन भी चला। प्रयोगवादी कविता में समाजवादी दर्शन के विरोध की भावनायें हैं। ऐसा नई कविता में नहीं, नई कविता के कवि उनका विशुद्ध रुप देखना चाहते हैं। वे किसीवाद से नहीं बंधना चाहते। नई कविता में विविधता, मुक्तता और स्वच्छन्दता विद्यमान है।

नई कविता की प्रवृत्तियाँ- नई कविता में प्रगति एवं प्रयोग दोनों हैं।

श्यामसुंदर घोष कहते हैं। "नई कविता में प्रयोग और प्रगति दोनों हैं। जबकि प्रयोगवादी कविता में मात्र शिल्प का चमत्कार है। प्रयोगवाद की मूल प्रवृत्तियाँ शत प्रतिशत भारतीय नहीं है। जिसे मैंने नई कविता कहा है उसकी मूल प्रवृत्तियाँ इस देश की है"। प्रथम प्रवृत्ति- 1. महादेशीय स्वर- नई कविता के लेखक संकुचित राष्ट्रीयता के हित की जगह सम्पूर्ण एशिया या विश्वम्भर का हित चाहते हैं। गिरिजाकुमार माथुर के "हब्सदेश" में अफ्रीका के आजाद करने हेतु लोगों की वेदना प्रकट की है। छायावाद में भी यह विश्व बंधुत्व की भावना मिलती है। लेकिन छायावादी कवियों का दृष्टिकोण अतीत से जुड़ा था। लेकिन नई कविता के कवि रूढ़िवादी नहीं आधुनिकता को देखते हैं। अतीत को नहीं। नरेश मेहता की 'समयदेवता' में नये कवि की उदार भावना का विश्लेषण है। 2. सम सामायिकता की अभिव्यक्ति- इस युग की समस्याओं को सामने लाना, नये कवियों में आधुनिकता का यही दृष्टिकोण है। अंग्रेजी कवि टी.एस. इलियट का नाम नये कवि लेते हैं, उसका कहना है कि हम परम्परा के विरूद्ध नहीं हो सकते। इसका भवानी प्रसाद मिश्र की कविता "गीत फ़रोश" में बड़ा सुंदर वर्णन है। 3. यथार्थ बोध- प्रगतिवाद ने, सामाजिक प्रयोगवाद ने वैयक्तिक यथार्थ बोध को अपनाया, लेकिन नये कवियों ने दोनों को ही अपनाया। प्रत्येक अनुभूति काव्य का लक्षण बन सकती है। नई कविता में कोई वस्तु वर्जिन नहीं है। 4. लोक साहित्य की ओर झुकाव- नई कविता में गांवों का जीवन मिलता है। त्रिलोचन शास्त्री, शंभूनाथ सिंह, केदारनाथ मिश्र, रामदरश मिश्र, नवीन आदि ने लोकभावनाओं का अच्छा चित्रण किया है। नई कविता में परम्परावादी रोमान्स नहीं मिलता।

हिन्दी गद्य का विकास- जिसमें काव्य जैसा प्रवाह एवं लयन हो वह गद्य है। गद्य का मूल तत्व बोल चाल की व्यावहारिकता एवं स्वाभाविकता है। व्यावहारिकता में बुद्धि आ जाती है। काव्य तो भावना का क्षेत्र है। तथा गद्य बुद्धि का क्षेत्र है। गद्य की भाषा जन सामान्य की भाषा है। काव्य की भाषा उच्च शिष्ट लोगों की होती है। "ऑफ पोइट्री" में 'बेकिन' कविता को बादशाही भाषा बताता है। गद्य सामान्य बोलचाल की स्वाभाविकता का समन्वय है। जिसमें व्यावहारिकता तथा बोलचाल की स्वाभाविकता के अतिरिक्त अर्थ तत्व, सम्बन्ध तत्व का समन्वय मिलता है। यह समन्वय परम्परा के अनुकूल होता है। रामचन्द्र तिवारी लिखते हैं- "पद रचना में अर्थ

तत्वों के स्थिति बोध के लिए सम्बन्ध तत्वों की परंपरा विहित प्रणाली का अनुसरण किया जाता है। चिंतन की अभिव्यक्ति की इस शैली का सामान्यत गद्य कहा जाता है। कविता के अर्थ तत्व, सम्बन्ध तत्वों को जोड़ने की प्रणाली अनिश्चित होती है। गद्य के लिए इसकी प्रणाली निश्चित होती है। हिन्दी गद्य का क्रमिक इतिहास 19वीं शताब्दी से मिलता है।" इससे पहले इसका रुप तीन रुपों में था। 1. ब्रजभाषा गद्य 2. राजस्थानी गद्य 3. खड़ी बोली गद्य। हिन्दी गद्य का प्राचीनतम रूप राजस्थानी गद्य है। जिसका सूत्रपात प्रायः 10वीं शताब्दी माना जाता है, इसे डॉ. वार्ष्णेय भी मानते है।

शुक्ल जी ने ब्रज भाषा का आविर्भाव सम्वत् 1400 माना है। खड़ी बोली गद्य की परंपरा अमीर खुसरो, संत कवियों और दक्खिनी हिन्दी कवियों की रचनाओं में मिलती है। खड़ी बोली गद्य की पुस्तक "भाषायोगवासिष्ठ" जिसे रामप्रसाद निरंजन जी ने लिखा है यह सम्वत् 1741 की रचना है। राजस्थानी गद्य का सूत्रपात डॉ. वार्ष्णेय के अनुसार 10वीं शताब्दी है। पं. मोतीलाल मिनारिया के अनुसार यह काल 13वीं शताब्दी के मध्य का है। इससे पूर्व की राजस्थानी गद्य अप्राप्य है। 13वीं से 14वीं शताब्दी तक राजस्थानी गद्य की जो सामग्री है, उसमें राजस्थानी और गुजराती का समन्वित रूप है। प्रभाव राजस्थानी का ही अधिक है। मोतीलाल ने इस भाषा में आराधना, बाल शिक्षा, अतिचाप, नवकाल, व्याख्यान, सर्वतीर्थ नमस्कार स्तवन, तंत्र विचार प्रकरण, धनपाल कथा आदि पुस्तकें लिखी हैं। इस भाषा के लेखक जैनी अधिक हैं। 1. राजस्थानी गद्य के तीन रूप मिलते हैं। 1. स्वतंत्र रूप से लिखी गयी, 2. टीकाओं द्वारा 3. विभिन्न पट्टो, दान पत्रों, परिवारों, इतिहास, ज्योतिष सम्बन्धित ग्रन्थों में। आरंभिक गद्य का स्वरूप संस्कृत की समास शैली से उद्भावित है। फिर राजस्थानी गद्य ब्रज भाषा से प्रभावित हुई। तथा खड़ी बोली का भी इस पर प्रभाव पड़ा। फतेहराम वैरागी की "पंचाख्यान" सन् 1847 में राजस्थानी गद्य का परवर्ती रूप मिलता है। 2. ब्रजभाषा गद्य का विकास प्रारंभ काल सम्वत् 1400 के आस-पास शुक्ल जी के अनुसार है। तथा गोरख पंथियों के योगियो के धार्मिक उपदेश के आधार पर भी ब्रज भाषा का विकास माना जाता है। डॉ. वार्ष्णेय गोरख पंथियों की रचना प्रमाणिक नहीं मानते। गोस्वामी हित हरिवंश की "दो पत्रियाँ" 16वीं शताब्दी के उत्तरार्ध की है। उसमें ब्रजभाषा गद्य के पुराने रूप के दर्शन मिलते हैं। 17वीं शताब्दी में विठ्ठलनाथ की "श्रृंगार

रस मंडन" में ब्रजभाषा काव्य का रूप है। गोकुलनाथ कृत "चौरासी तथा दो सौ वैष्णवन की वार्ता" ब्रजभाषा गद्य के इतिहास को समझाने में मील का पत्थर की तरह काम देती है। इसी भाषा में 17वीं शताब्दी के उत्तरार्ध में ब्रजभाषा के कवि ध्रुवदास ने "सिद्धान्त विचार लीला" पुस्तक लिखी। 14वीं शताब्दी में ब्रजभाषा का रूप निखरा हुआ था। इन पुस्तकों में प्रायः बोलचाल की भाषा का वर्णन है। साहित्यिकता नहीं है। "ख्वाजा बंदे नब़ाज ग्रेसूदराज, मुहम्मद हुसैनी" ये दोनों दक्खिनी हिंदी के लेखक थे। मुल्ला बजही की "सबरस" आदि में ब्रजभाषा का स्वरूप मिलता है। ब्रजभाषा का प्रयोग इन्होंने इस्लाम के प्रचार के लिए किया। 3. खड़ी बोली गद्य- जॉर्ज ग्रियर्सन आर. डब्ल्यू, फ्रेजर ने कहा है कि खड़ी बोली गद्य का आविष्कार "गिलकारिष्ट" की अध्यक्षता में हुआ। ये फोर्ट बिलियम कॉलिज में हिन्दी के प्रोफेसर थे। लल्लूराम तथा सदल मिश्र ने इनके साथ रहकर पुस्तकें लिखीं।

आचार्य शुक्ल ने जोरदार तथ्यों से ग्रियर्सन का विरोध करते हुए कहा है कि खड़ी बोली गद्य का पुराना रूप अकबर के समय से मिलता है। 16वीं शताब्दी में अकबर का राज्य था। "चंद छंद वर्णन की महिमा" गंगा कृत है। जो अकबर के समय में लिखी गई, इसमें खड़ी बोली का रूप है। यह तर्क शुक्ल जी का है। रामप्रसाद निरंजनी कृत "भाषा योग वासिष्ठ" भी आदर्श पुस्तक है। जिसमें ब्रजभाषा का परिमार्जित रूप है। दौलतराम ने 1761 ई. में खड़ी बोली में जैन पद्मपुराण का अनुवाद किया। मथुरानाथ शुक्ल ने 'पंचांगदर्शन' खड़ी बोली में लिखा। सदल मिश्र ने "नाशिकेतोपाख्यान" लल्लूराम ने 'प्रेमसागर' इसी भाषा में लिखा। इंशा अल्लाखां ने "रानी केतकी की कहानी" खड़ी बोली गद्य में लिखी। अमीर खुसरों का नाम काव्य प्रणेता के रूप में है। तो इंशा अल्लाखां ने गद्य में स्थान प्राप्त किया है। मनोरंजन के अनुकूल इन्होंने भाषा का प्रयोग किया, धार्मिक विषयों पर लिखने वाले रामप्रसाद निरंजनी, दौलतराम आदि थे। इनकी शब्दावली संस्कृत की है। इस युग में ईसाईयों ने भी हिन्दी की खड़ी बोली गद्य का प्रचार किया जिसमें उनका अपना स्वार्थ निहित था। विलियम कैटे ने "न्यू टैस्टामैंट" का अनुवाद खड़ी बोली गद्य में किया। सन् 1820 में यह छपा था।

"हिस्ट्री ऑफ द वायविल" का अनुवाद सन् 1854 में छपा। बंगाली राममोहन

राय ने वेदान्त के सूत्रों का भाष्य हिन्दी की खड़ी में बोली छपवाया। स्वामी दयानंद ने गुजराती होते हुए भी सत्पार्थ प्रकाश हिन्दी में लिखा। भारतेन्दु काल में शिवप्रसाद "सितारे हिन्द" और भारतेन्दु हरिशचन्द्र में इसी सम्बन्ध में संघर्ष चला, सितारे हिन्द का विचार था, हिन्दी को जन साधारण तक लाने के लिए उर्दू, फारसी के शब्दों का प्रयोग किया जाय, यह आकांक्षा राजनीति का शिकार बन गई। वे उर्दू, फारसी में ही खो गये। भारतेन्दु ने ऐसा हिन्दी का विकास किया, जिसमें तद्भव रूप अधिक थे। वे कठिन फारसी शब्दों से घृणा करते थे। राजा लक्ष्मण सिंह संस्कृत निष्ठ शब्दावली के समर्थक थे। लेकिन भारतेन्दु ने इन दोनों के बीच के मार्ग को अपनाया, और नई दिशा प्रदान की। भारतेन्दु युग की हिन्दी में कुछ कमियां है। जैसे ब्रजभाषा का प्रभाव गद्य पर था। विधिवत् खड़ी बोली का विकास भारतेन्दु ने किया। प्रतापनारायण मिश्र, बद्रीनारायण, जगमोहन सिंह, बालकृष्ण भट्‌ट आदि ने गद्य को विकसित करने में सहयोग किया। बालकृष्ण भट्‌ट प्रथम निबंध लेखक थे। ऐसा बहुत लोग मानते है। इन लेखकों की भाषा में वैयक्तिकता का समावेश है। प्रतापनारायण मिश्र की भाषा बोलचाल के निकट है। उसमें मनोरंजन वृत्ति अधिक है। इन्होंने स्वच्छंद दृष्टिकोण को अपनाया है। बालकृष्ण भट्‌ट की भाषा बड़ी संयत है। गंभीर है, इन्होंने अंग्रेजी शब्दों का अधिक प्रयोग किया है। इनमें पूर्वी शब्दों का एवं संस्कृत निष्ठ शब्दावली का प्रयोग मिलता है। बद्रीनारायण चौधरी ऐसी भाषा के समर्थक हैं, जिसमें अंग्रेजी, फारसी, उर्दू के शब्दों का प्रयोग न हो। वे शुद्ध भाषा चाहते है। तत्सम, तद्भव शब्दों का प्रयोग करते हैं। इनकी भाषा में कलात्मकता है। इनके बाद द्विवेदी युग आता है।

महावीर प्रसाद द्विवेदी ने भाषा को संवार कर परिमार्जित कर एक रूपता संपन्न बनाया। व्याकरण की दृष्टि से शुद्ध भाषा पर बल दिया। इस युग में गद्य की अनेक विधाओं का विकास हुआ। राम तिवाड़ी ने द्विवेदी युग के गद्य के बारे में लिखा है। हिन्दी गद्य ने अंग्रेजी से स्पष्ट भाव व्यंजकता, बंगला से सरसता और मधुरता, मराठी से गंभीरता, एवं उर्दू से प्रवाह ग्रहण किया। रामचन्द्र शुक्ल प्रसिद्ध गद्य लेखक हैं। इन्होंने हिन्दी को वैचारिक दृष्टि से उच्च बनाया, आलोचना के स्तर को ऊँचा किया। अध्यापक पूर्ण सिंह, चन्द्रधर शर्मा गुलेरी, गणेश शंकर विद्यार्थी, शिव

पूजन सहाय, चण्डीप्रसाद हृदयेश, पदुमलाल पुन्नालाल बख्शी आदि ने हिन्दी गद्य के स्वरूप को विकसित किया। छायावाद में कविता का अधिक विकास हुआ। इस युग के गद्य में कलात्मकता एवं काव्यात्मकता है। पंत जी ने निबंध, प्रसाद का साहित्य निराला आदि में गद्य का प्रयोग किया है। इन कवियों में भावात्मक दृष्टिकोण अधिक है। इन्होंने हिन्दी गद्य को सूक्ष्म अभिव्यंजना पद्धति एवं लाक्षणिक तथा प्रतीकात्मक शैली प्रदान की है। इन्होंने भावात्मक होने के कारण बौद्धिक विश्लेषण नहीं किया। इन लोगों ने शिल्प विधान का तो प्रयोग किया है गद्य में, लेकिन उनका गद्य व्यावहारिक नहीं है। पंत का गद्य चिंतन के भार से बोझिल है। प्रसाद ने संस्कृत निष्ठ शब्दावली का प्रयोग किया है। जो काव्यात्मक है, प्रसाद जी की भाषा चिंतन के भार से बोझिल नहीं है। निराला का गद्य विविधता एवं व्यापकता लिए हुए है। उनमें व्यापक शब्द भंडार है। आवश्यकता के अनुसार अंग्रेजी, फारसी एवं ग्रामीण शब्दों का प्रयोग है। अनेक विषयों पर रचनायें हैं।

महादेवी वर्मा का गद्य अधिक भावुक है, तत्सम शब्दों का प्रयोग अधिक है। इनका गद्य भी काव्यात्मक है। प्रगतिवादी काल में गद्य व्यावहारिक भाषा में है। सरल है, अलंकृतिहीन है। वे लोग अधिकांश मार्क्सवादी थे। रामविलास शर्मा, उपेन्द्रनाथ अश्क, अमृतराय (प्रेमचंद का पुत्र) रांगेयराघव, आदि ने जन साधारण के लिए लिखा। हजारी प्रसाद द्विवेदी ने अनेक रुपता की भाषा को प्रयोग किया है। अज्ञेय गद्य लेखक भी हैं। तथा प्रयोगवादी भी हैं। इनके गद्य में बौद्धिक सूक्ष्मता, मानसिक उलझनों को आसानी से व्यक्त करने का गुण है। इनकी भाषा बड़ी सूक्ष्म है। तात्पर्य यह है कि हिन्दी गद्य में विश्वम्भर की भाषाओं की वृत्ति आधुनिक काव्य में दृष्टिगोचर हुई तथा इस युग के कवियों ने भावपक्ष, कलापक्ष तथा बुद्धि पक्ष को आधुनिक परिप्रेक्ष्य में महत्व प्रदान किया। तथा विश्व की भाषाओं के कवि लेखकों के साथ-साथ रहकर अपनी बुद्धि कौशल और कला का अच्छा प्रदर्शन किया है।

10

भक्ति काल के प्रमुख कवियों का विस्तृत अध्ययन

सूर, तुलसी, जायसी, कबीर, बिहारी का विशेष मूल्यांकन और उनके काव्य सौष्ठव का विश्लेषणात्मक अध्ययन

1. भावसम्राट भक्तिकाल के अष्टछाप के प्रमुख कवि सूरदास- महाकवि सूरदास का काव्य क्षेत्र में स्थान निर्धारित करने पूर्व तात्कालिक परिवेश को भी दृष्टिगत करना होगा। जिस प्रकार एक समय बुद्ध द्वारा उपदिष्ट पथ जब उनके अनुयायियों द्वारा संकीर्ण कर दिया गया, क्षणवाद और शून्यवाद की हासमयी एवं हानिमयी मूढ़ ग्राहिता के विहारों की आचार शून्य प्रवृत्ति के साथ मेल करके साधारण जन वंचित संकुचित गली के रूप में परिणत कर दिया तो अश्वघोष और नागार्जुन जैसे उदार चेताओं को उसे महायान का रूप देने में प्रभूत परिश्रम करना पड़ा था। बुद्ध धर्म तभी से हीनयान और महायान दो भागों में विभाजित हो गया। उसका महायान वाला रूप इस देश की उदार संस्कृति के अधिक अनूकूल था। अतः वही इस देश के जन समूह द्वारा ग्रहीत हुआ। इसी प्रकार भागवत भक्ति का रूप जब निरंजनी, नाथपंथी, निगुर्णी आदि साधुओं की पद्धति द्वारा संकुचित होने लगा, उस तक पहुँचने और उस पर चलने में जनता जब अपनी असमर्थता का अनुभव

करने लगी, ठीक उसी समय आचार्य बल्लभ ने पुष्टिमार्गीय भक्ति का उपदेश देकर भागवत भक्ति को उस महायान का रूप प्रदान किया जिस पर जनता बिना किसी विघ्न बाधा का अनुभव किये चल सकती थी। यह ऐसा संसरण पथ या राजमार्ग था, जिस पर चलने के लिए किसी को कहीं से भी निषेधाज्ञा नहीं मिल सकती थी। विधि निषेध की रूढ़ियों से परे यह महायान रागानुगा भक्ति का विशाल पथ था, जिस पर चलने के लिए मानव को केवल अपने हृदय की अनुरक्ति की आवश्यकता थी। तभी तो भ्रमरगीत में गोपियां कहती हैं। "काहे को रोकत मारग सूधौ, सुनिऊधौ निर्गुण कंटक ते राजपंथ क्यों रुँधौ" जिस पुष्टि पथ की आचार्य वल्लभ ने घोषणा की, उसे अष्टछाप के कवियों ने अपनी वीणाओं में भरकर दिग्दिगन्त में प्रसृत कर दिया। आचार्य रामचन्द्र शुक्ल के शब्दों में "इन आठ कवियों में भी सबसे ऊँची, सुरीली और मधुर झंकार प्रज्ञा चक्षु कवि सूरदास की वीणा की थी।" इस भक्त कवि ने अकेले ही सगुण उपासना का जो मार्ग प्रशस्त किया, वह आज तक जनता के लिए हृदय ग्राहय बना हुआ है। अष्टछाप के कवियों में तो सूर मूर्धन्य स्थान के अधिकारी हैं ही। इस बात को आजतक के सभी समालोचकों ने मुक्तकण्ठ से स्वीकार किया है। अष्टछाप के बाहर भी एक ही कवि है और वह कवि कुल चूड़ामणि गोस्वामी तुलसीदास हैं। जहां तक भक्ति क्षेत्र का सम्बन्ध है, वहाँ तक हम किसी को एक दूसरे से ऊँचा नहीं कह सकते। कहना भी नहीं चाहिए। पर जैसा सूरदास और हरिलीला के चीर हरण प्रकरण में लिखा जा चुका है, सूर की आध्यात्मिक सिद्धि तुलसी की अपेक्षा कुछ ऊँची अवश्य प्रतीत होती है। सूर के सम्बन्ध में यह दोहा अत्यन्त प्रसिद्ध है। "तत्व तत्व सूरा कहीं तुलसी कही अनूठी, बची खुची कविरा कहीं और कही सब जूठी।" इस दोहे से भी आलोचना का यही तथ्य प्रकाशित होता है। काव्योचित नवीन प्रसंगों की उद्‌भावना करने में तो सूर अपनी समता नहीं रखते। शुक्ल जी के शब्दों में "प्रसंगोद्‌भावना करने वाली ऐसी प्रतिमा हम तुलसी में भी नहीं पाते, तथा श्रृंगार और वात्सल्य के क्षेत्र में जहाँ तक इनकी दृष्टि पहुँची वहाँ तक और किसी कवि की नहीं। इन दोनों क्षेत्रों में तो महाकवि सूर ने मानों औरों के लिए कुछ छोड़ा ही नहीं। गोस्वामी तुलसीदास ने गीतावली में बाल लीला की इनकी देखा देखी बहुत अधिक विस्तार दिया सही, पर उसमें बाल सुलभ भावों और चेष्टाओं की वह

प्रचुरता नहीं आयी। उसमें रूप वर्णन की ही प्रचुरता रही। बाल चेष्टा और स्वाभाविक मनोहर चित्रों का इतना बड़ा भंडार और कहीं नहीं।" काव्य क्षेत्र में गोस्वामी तुलसीदास पुण्य श्लोक राम की जीवन गाथा, को सर्वश्रेष्ठ स्थान देकर आगे बढ़ते हैं। काव्य उनके लिए साधन है। राम गाथा साध्य। राम गाथा में राम के ईश्वरत्व का प्रतिपादन प्रधान है। काव्य सम्बन्धी अन्य बातें सब गौड़। यह तथ्य उनके कवि रूप को कुछ कम कर देता है, इसी के साथ राम गाथा का इतिवृत्तात्मक रूप भी तुलसी के सामने विद्यमान रहता है। जो भावधारा के विकास में बाधा तो डाल सकता है। सूर प्रमुख रूप से भाव प्रधान कवि है। वे घटनाओं के घटाटोप में नहीं पड़ते, जहां कहीं ऐतिहासिकता, पार्थिवता अथवा सांसारिकता का चित्र आ जाता है, वहां वह दोहे, चौपाइयों में उसे चलता कर देते हैं। वह घटनात्मक अथवा इतिवृत्तात्मक वर्णन शैली का परित्याग करके शुद्ध रूप में भावात्मक जगत में विहार करने वाले कवि हैं। उनके मानस चक्षुओं के सम्मुख विविध रूप भाव लहरियां उद्वेलित होती रहती थी। एक काव्य को एक तथ्य को वह अनेक रूपों में देखने और वर्णन के अभ्यासी थे। एक छोटी सी घटना को अपनी भाव शवलता के सहारे वह विशाल रूप में अंकित कर सकते थे। जीवन के विविध सांसारिक रूपों के विस्तार के स्थान पर उनके काव्य में भावों की गंभीरता और उत्कृष्टता ही अधिकतर दिखाई देती है। भाव की इस ऊंचाई और गहराई में विश्व के थोड़े से कवि ही सूर की समता कर सकेंगे। मुरली, नेत्र, गोपियों, पनघट भ्रमर गीत आदि विषयों पर अभिव्यंजित उनकी भावराशितो सूर को भावराज्य का एक क्षत्र सम्राट घोषित करती है। ललित कलाओं में पाश्चात्य मनीषियों ने काव्य कला को सर्वोच्च स्थान प्रदान किया है। काव्य कला भी दो प्रकार की है। शब्द प्रधान और भाव प्रधान। शब्द सौन्दर्य प्रधान काव्य कला संगीत कला के सदृश ही अपने आकर्षण और प्रभाव से भी ऊपर एकान्त मानसिक जगत की वस्तु है। भाव प्रधान कविता को शब्द प्रधान कविता को, इसी हेतु उच्च स्थान दिया जाता है। शब्द पंच भूतों के सूक्ष्मतम तत्व आकाश का गुण है। अतएव प्राकृतिक है। परन्तु भावचेतना प्रणाली से सम्बन्ध रखता है। भावों के भी कई विभेद किये गये हैं जो काव्य इन भावों को अपने पाठकों के हृदयों में उद्दीपूत एवं जागृत कर सकें। वह निस्संदेह उच्च कोटि का काव्य है। सूर सागर में ये भाव वीचियां अनन्त हैं। अपरिमित हैं। सूर सागर बढ़कर पाठक किसी ऐतिहासिक घटना की रंग-बिरंगी गली में प्रवेश नहीं

करता अपितु भावक्षेत्र में पहुँचकर आध्यात्मिक वातावरण में विहार करने लगता है। कतिपय कवि श्रुति प्रिय काव्य की रचना करते हैं। रमणीय शब्दावली का चुन चुनकर प्रयोग करते हैं। कुछ उद्‌बोधक वीरत्व व्यंजक उत्साहवर्धक काव्य का निर्माण करते हैं। कुछ मन और बुद्धि के स्तरों में दार्शनिक विचारों की मणियाँ भरकर उन्हें प्रकाशित करना चाहते हैं। पर विरले हैं वे कवि जो सीधे आत्मा की बात आत्मा से कहते हैं। सूर उन्हीं विरले कवियों में से हैं। वे अन्तस्तल से बोलते हैं। जिसका प्रभाव भारत के सभी स्तरों पर अनायास पड़ जाता है। श्रुति प्रियता अथवा शरीर की बात अपने क्षेत्र तक सीमित रहती है। अधिक से अधिक बढ़ेगी भी तो केवल अपने निकटवर्ती प्राण तत्व को कुछ प्रभावित कर देगी। यही दशा अन्य क्षेत्रों की है। पर इन सभी स्तरों में जो व्याप्त है वह अन्तर्यामी हैं। उसकी बात तो निगूढ़तम प्रदेश से चलकर सभी स्तरों को प्रभावित करती हुई बाहर तक चली आती है। सूर का काव्य आत्मा का काव्य है। वह अन्तर के तार को झंकृत करने वाला है। जिसके झंकृत होती ही बुद्धि निर्मल, मन विकसित, प्राण पुलकित और शरीर उल्लसित हो उठता है। भाव साम्राज्य के अद्‌भुत सम्राट सूर को यदि किसी आलोचक के लिखे इस दोहे में सूर्य कहा है तो उसमें अत्युक्ति क्या है? "सूर सूर तुलसी शशी उड़गन के शवदास, अबके कवि खद्योत सम जहँ तहँ करत प्रकाश"।

सूर का जीवन वृत्त- अंतः साक्ष्य-सूर सारावली (1002) "गुरु परसाद होत यह दर्शन सरसठ वर्ष प्रवीन, शिवविधान तप क्रयौ बहुत दिन, तऊ पार नहिलीन"। युगल रूप का दर्शन गुरुवर वल्लभाचार्य के प्रसाद से प्राप्त हुआ। "सहस रूप बहु रूप पुनि एक रूप पुनि दोय"। साहित्य लहरी का यह पद उनके निर्वाण काल को बताता है। "दसन गौरी नन्द को लिखि सुबल संक्त् पेख" इस पद के अनुसार सूर सम्वत् 1627 तक अवश्य जीवित थे। इसी का दूसरा पद इनके वंश का परिचय देता है। ये चन्द्रवरदाई के वंशज के थे। अकबर से इनकी भेंट हुई। मूल नाम सूरजदास फिर सूरदास हुए तथा अन्य उपनाम भी लगाये। सूर के पिता गोपाचल में रहते थे। जो आगरा के निकट है। चौरासी वैष्णवन की वार्ता में गोघाट पर इनका निवास बताया है। कोई मथुरा बताता है। राधाकृष्णदास दिल्ली के निकट सीही बताते हैं। अधिकांश लोग रुनकता बताते हैं। जहां इन्होंने कुछ पद लिखे, फिर गोवर्धन के श्रीनाथ मंदिर

में अन्य पद लिखे। सूर के छः भाई सिकन्दर के युद्ध में मारे गये। सूर नेत्रहीन थे। अंधे होने से कूएँ में गिर गये, सात दिन बाद कृष्ण ने निकाला, और दिव्य चक्षु प्रदान किये। और वर मांगने को कहा, तब सूर ने संसार के प्रपंच को न देखने को कहा तथा भगवद् भक्ति की याचना की, कृष्ण ने कहा ऐसा ही हो, तथा वल्लभाचार्य को इसका माध्यम बनाया। वल्लभाचार्य के पुत्र विठ्ठल ने इन्हें अष्टछाप कवियों में प्रधान स्थान दिया।

सूर के गार्हस्थ्य सम्बन्धित पद

"काम क्रोध समेत तृष्णा पवन अति झकझोरि, नाहि चितवन देत तियसुत नाम नौका" ओर "सबै दिन गये विषै के हेत, तीनों पन ऐसे ही बीते केस भये सिर सेत" "आंखिनु अंध..... श्रवन नहि सुनियत, थाके चरण समेत" "द्वै में एको तो न भई, सुत सनेह तिय सकल कुटुम्ब निलि निसि दिन होत खई" "बालापन खेलत ही खोयो युवा विषय रस माते" "वृद्ध भये सुधि प्रगटीं मोकों दुखित पुकारत ताते, सुतनि तज्यौ, तिय तज्यौ, भ्रात तजि तन त्वच भई जुन्यारी, श्रवनन सुनत चरन गति थाकी नैन बहै जलधारी"। इन पदों से सूर के निजी जीवन पर पर्याप्त प्रकाश पड़ता नजर आ रहा है। बाह्य साक्ष्य के आधार पर अन्य कवियों द्वारा सूर के विषय में जो लिखा हुआ प्राप्त हुआ है वह इस प्रकार है। 1. भक्तमाल में नाभादास ने एक पद में सूर के अंधत्व और उनकी कविता पर अपने विचार व्यक्त किये हैं। 2. भविष्य पुराण में लिखा है 'सूरदास इतिज्ञेयः कृष्ण लीलाकरः कवि'। 3. चौरासी वैष्णवन की वार्ता में सूर के निवास स्थान, वल्लभाचार्य भेंट, श्रीनाथ मंदिर का कीर्तन अध्यक्ष, पुष्टिमार्ग के जहाज, सूरसागर की रचना, अकबर भेंट, परा सौली (चन्द्रसरोवर) पर शरीर शान्त होना, गुरु प्रशंसा आदि का वर्णन है। 4. रास रसिका बली में रघुराजसिंह ने लिखा है, उनकी पत्नी गांव की स्त्रियों से तिरस्कृत होकर सूरदास को अपने श्रृंगार की व्यर्थता कहने लगीं तब सूर ने उसके श्रृंगार में बिन्दी का अनुपयुक्त स्थान बताकर पत्नी को अपने दिव्य चक्षुओं का चमत्कार दिखाया था। 5. भक्त विनोद में मियाँसिंह ने लिखा है कि सूर को उनके माँ बाप वृंदावन छोड़ गये, तब यहाँ उन्हें कृष्ण दर्शन हुए। हिन्दी के सभी अधिकारी भारतीय एवं विदेशी विद्वानों ने सूर को ब्राह्मण वंश का माना है। तुलसी सूर की भेंट सम्वत् 1616 में कामदगिरि के निकट

हुई। ऐसा बेनी माधवदास ने लिखा है। ओरछा कवि व्यास का एक पद सम्वत् 1628 के आस-पास सूर की निधन तिथि निश्चित करता है। वैसे सम्वत् 1535 वैसाख शुक्ला पंचमी को जन्म तिथि और सम्वत् 1640 को निधन का शिलालेख इनकी समाधि स्थान चन्द्रसरोवर पर सौली पर आज भी लगा हुआ है। जहाँ प्रतिवर्ष सूर जयंती का भव्य आयोजन वैसाख शुक्ल पंचमी को होता है।

सूर साहित्य का स्रोत- सूरदास श्री मद्भागवत का ऋण स्वयं स्वीकार करते हैं तथा अन्य पुराणों का भी उल्लेख किया है। वल्लभाचार्य ने 'सहस्रनाम' भी सूर को सुनाया, सूर के हृदय में भगवान की लीला का स्फुरण इन्हीं से हुआ है। श्री हरिराय जी ने सूर के सवालाख पदों का उल्लेख किंवदन्ती वश कर दिया है, क्योंकि अभी तक उनके 7 हजार पद मिल सके हैं। वल्लभाचार्य जी से मिलने से पूर्व सूर शैव थे। निर्गुण भक्ति, हठयोग आदि का प्रभाव था। जिनका उल्लेख निम्न पदों में है।

"अपनी भक्ति देहु भगवान" "अपुनयौ आपुन ही में पायौ" कबीर से प्रभावित होने से सत्य पुरुष, घट, सत्स्वरूप, सदगुरु आदि शब्दों का भी प्रयोग किया है। तथा वैराग्य, सन्यास, अर्थात् कामना त्याग समत्व बुद्धि, विवेक सिद्धि, अष्टांग योग आदि का वर्णन वल्लभाचार्य के मिलने से पूर्व किया है। तथा कुछ भक्ति विषयक पद आचार्य जी के भी सुनाये थे- "माधव जू मोते और न पापी" "कौन गति करि हौं मेरी नाथ" "हरि हौं पतितन को नायक" "प्रभु मैं सव पतितन कौंटीकौ" आदि इसी प्रकार के पद हैं। रामानन्द की जाति पांति की अभेदता भी इन्होंने वर्णित की है। पुष्टिमार्ग मार्ग में दीक्षित होने से पहले सूर की आत्मा अशांत थी। सूर सागर का वात्सल्य वर्णन वल्लभाचार्य द्वारा भगवान के बाल स्वरूप की उपासना का फल है। सूर ने संयोग शृंगार की अपेक्षा विप्रलम्भ शृंगार का वर्णन उच्चकोटि का किया है। विढ्ढलनाथ के सम्पर्क से राधा स्वरूप की व्याख्या की है। सूर ने भागवत में अवर्णित घटनायें भी मौलिक रूप में दिखाई है। सूर से पहले पदों का प्रचार था। दोहा, चौपाई, दृष्टिकूट पद भी पहले से थे। सूर सागर में खण्डिता नायिका या परकीया प्रेम का उल्लेख है। इसका मूल कुछ विद्वान ऋृग्वेद से मानते हैं। पर यह ऐतिहासिक दृष्टि से बौद्धों के विहारों की कुचेष्टाओं का फल है।

"पुष्टिमार्ग और सूरदास" पुष्टि सम्प्रदाय में भगवान के अनुग्रह से भक्त

भगवान के आनन्द धाम में प्रवेश करता है। पुष्टिमार्ग में भगवान की रासलीला का प्राधान्य है। सूर कहते हैं- "रास रस रीति नहि वरनि आवै" सूर ने ज्ञान, कर्म, उपासना को भ्रमात्मक बताया है। यही पुष्टिमार्ग का नवीन रूप है। श्रवण, कीर्तन, और स्मरण हरि लीला से सम्बद्ध कर दिये। पाद सेवन, अर्चन, बंदन, दास्य, सख्य, आत्मनिवेदन, गोप गोपियों की अन्य लीलाये कृष्ण से सम्बन्धित कर दी गई। वल्लभाचार्य ने सेवा, नाम सेवा, स्वरूप सेवा को तीन प्रकार का माना है। 1. वित्तजा 2. तनूजा 3. मानसी। मर्यादा के भी दो भेद माने हैं। पुष्टि मार्ग में जीव श्रेणियों में विभक्त है। भगवान के कृपा पात्र जीव शुद्ध श्रेणी में आते हैं। और सभी भगवान की लीला के अंग है। लीला में भाग लेना ही प्रभुसेवा है। और यही पुष्टिमार्गीय भक्ति है। श्री हरिराय जी ने वाड़्. मुक्तावली में पुष्टिमार्ग के कई लक्षण दिये है। तथा पुष्टि भक्ति का सीधा सम्बन्ध हरि लीला से स्थापित किया है। "सर्वसाधन राहित्यं फलाप्तौ यत्र साधनम्" "फलंवा साधनं यत्र पुष्टि मार्गः स कथ्यते" "पोषणं तदनुग्रहः" श्रीकृष्ण को सुस्वादु भोजन, सुन्दर शृंगार प्रेम से करना ही सेवा है। सूर ने कृष्ण की बाललीला पनघट, माखनचोरी, गोदोहन, रास मिलन, विरह आदि का वर्णन किया है यह सेवा का ही अंग है। नवधा भक्ति का लक्ष्य प्रभुचरणों में नत होकर शीतलता प्राप्त करना है तो पुष्टिमार्गीय भक्ति का लक्ष्य प्रभु के प्रेम को प्राप्त करना है। अर्थात् भगवान के अधरामृत का पान करना। मर्यादा में चरणों की भक्ति आती है। पुष्टि में मुखारबिन्द की। यह स्वतंत्र है, इसमें फल की अपेक्षा नहीं रहती। वल्लभाचार्य के अनुसार स्नेह आसक्ति बनता है। फिर आसक्ति व्यसन बनती है। व्यसन से भक्त प्रेम की पूर्णता प्राप्त करता है। पुष्टिमार्ग में भक्ति का सभी वर्णों वालों का अधिकार है। सूर वर्णित हरि लीला व्यावहारिक तथा आध्यात्मिक दोनों तथ्यों का निरुपण करती है। पुष्टि मार्ग में यह लीला ही प्रधान है। मुक्ति भी इसके सामने तुच्छ है। आध्यात्मिकता के साथ लौकिकता का ऐसा सामंजस्य किसी भी उपासना मार्ग में नहीं है। वल्लभाचार्य का यह कार्य आर्य जाति के लिए स्तुत्य है। सूर द्वारा प्रतिपादित भक्ति भावना प्रवृत्ति मूलक है, जिसमें भक्त भगवान एक दिखाये हैं। प्रभु का प्रेम पात्र बनना ही भक्ति का केन्द्र बिन्दु है। भगवान का रूप घर में क्रीडमाण रूप में उपस्थित कर दिया है। प्रभु के इस रूप को पाकर भक्त का मन आनन्दमग्न हो जाता है।

"सूर की काव्य समीक्षा"

1. वस्तु वर्णन की दृष्टि से सूर काव्य छः भागों में विभक्त है। (क) विनय के पद- इनमें सूर ने वैष्णव भक्ति के अनुसार निष्कपटता, इष्टदेव की महत्ता तथा पतित पावन सिंधु के सम्मुख हृदय खोल दिया है। तथा एकमात्र भक्ति की कामना की है। (ख) बालकृष्ण से सम्बन्धित मनोवैज्ञानिक पद- कृष्ण के बाल जीवन का वर्णन अद्वितीय है। (ग) कृष्ण की रूप माधुरी सम्बन्धित पद- कृष्ण के सौन्दर्य की मनोहर झाँकी प्रस्तुत की है। (घ) श्रीकृष्ण और राधा के रतिभाव सम्बन्धी पद- विद्यापति और जयदेव से शृंगार लेकर अपनी मौलिकता के सहारे भक्ति उपासना का आदर्श राधाकृष्ण प्रेम के माध्यम से प्रस्तुत किया है। (ड़) मुरली सम्बन्धी पद- मुरली को योग माया तथा सपत्नी (सौत) के अनुरूप रूप में दिखाया है। (च) वियोग शृंगार सहित भ्रमरगीत वाले पद- वियोग वर्णन अद्वितीय है। साथ में वात्सल्य भी अद्वितीय है, सर्वोपरि है। 2. प्रकृति निरुपण- सूर को ब्रज प्रदेश की प्रकृति में ही रूप माधुरी दिखाई देती है। जहाँ पर "सदा वसन्त रहत जहँ बास" "कोकिल कीर सदारह रोर, विविध सुमन वन फूले डार" "उन्मत्त भ्रमर भ्रमत अपार"। शरद् ऋतु- "आजुनिसि शोभित सरद सुहाई"- शीतल मंद सुगंध पवन वहै रोम रोम सुखदाई। वर्षा ऋतु- "कैसे के मरि है री दिन सावन के"। प्रकृति के लता वृक्षादि के साथ पशुपक्षियों का भी वर्णन किया है। तथा प्रकृति के रोष को भी इस प्रकार दर्शाया है "झहरात झहरात दावानल आयौ"। वनविहार, गौचरण रासलीला आदि प्रकृति के माध्यम से अनुपम बन पड़े हैं। यमुना, गोवर्धन, मधुवन और वृन्दावन का वर्णन सुन्दर और सजीब है। प्रकृति वर्णन में कहीं भी अतिशयोक्ति यदि आई है तो वह सब इष्टदेव की महत्ता में मिल गई है। 3. भाव एवं रस निरुपण- विभिन्न भाव जैसे प्रेमभाव की व्यंजना "मेरौ मन गोपाल हर्यौ री" "हम अलि गोकुलनाथ अराध्यौ" "मैया कबहि बढ़ैगी चोटी" "खेलत में को काकौ गुसईंया" "छाँडि सनेह चले मथुरा, कत दौरि न चीर गह्यौ संदेशौ देवकी सौं कहियौ" "मुरली तऊ गोपाल हिं भावति" "सहि विरियां वन ते ब्रज आवते" आदि अनेक भाव देखने को मिलते हैं। तथा नैनों के बारे में अनेक भावों का वर्णन किया है। "इन नैनहि मोहि बहुत सतायो" आदि। देखिमत कालिन्दी अतिकारी" और "संयोग के चित्र" "राधा रूचि रूचि सेज संवारति" वियोग का चित्र "पियाविनु

नागिनि कारी राति" हास्य का चित्र "भैया मैं नहि माखन खायौ" करूण का चित्र- परकट बांस कांस कुस चटकट लटकत ताल तमाल, रौद्र का चित्र- प्रथम हि देऊँ गिरिहि बहाई। वीर रस- आजु जो हरिहिंन शस्त्र गहाऊँ। भयानक, झहरात झहरात दावानल आयो। वीभत्स- "आप कहाँ ब्रजराज मनोहर, कहाँ कूबड़ी रांड"। अद्‌भुत- "मथत दधि मथनी टेकि खर्‌यौ"। शान्त- "चरन कमल वंदौ हरिराई"। वात्सल्य रस- "किलकत कान्ह घुटु रुवनि आवत"। 4. अलंकार निरुपण- रूपक उपमा रूपकातिशयोक्ति, उत्प्रेक्षा अलंकारो के प्रति विशेष प्रेम प्रकट किया है। वैसे अन्य अलंकार भी हैं। अनुप्रास तो स्वतः कोमलकांत पदावली के साथ आया है। "देखि सखि अघरन की लाली" "अब कैं नाथ मोहि उधारि" सांग रूपक है। कहीं अतिशयोक्ति आदि विभिन्न अलंकारों का वर्णन किया है। शब्दांलकार, अर्थालंकार और उपमालंकार सभी वर्णित हैं। 5. भाषा- सूरदास ने ब्रज भाषा को साहित्यिक रूप सर्वप्रथम प्रदान किया। इनकी भाषा में संस्कृत के तत्सम, अर्धतत्सम तथा तद्‌भव शब्द दधि, अगिनि अंगूठा आदि, गुजराती, पंजाबी के शब्द, हिन्दी बोलियों के शब्द, फारसी के शब्द बकसौ, मसक्कत जहाज, आदि देशज और मिश्रित शब्द मिलते हैं। भाषा प्रवाहमयी है। जैसे झहरात झहरात दावानल आयौ। भाषा में प्रसाद और माधुर्य गुण हैं। "नबल निकुंज नवला नवला मिलि नबल निकेतन रूचिर बनाये"। चित्रमयता विद्यमान है- "नटवर वेश काछे श्याम देखी मैं लोचन चुअत अचेत" "ललिता मुख चितवन मुसकाने"। सूर शब्दों के साथ क्रीडा करते हैं "गिरिधर, ब्रजधर, मुरलीधर, अभिधा, लक्षणा, व्यंजना" तीनों शब्द शक्तियों का भी प्रयोग किया है।

सूर का वियोग वर्णन - कृष्ण के अक्रूर के रथ में बैठते ही, यशोदा पुत्र पुत्र कहकर धड़ाम से गिर पड़ती है। सबकी आंखों से अश्रुधारा बह रही है। "यशोदा बार-बार यौं माखै- है कोऊ ब्रज में हितू हमारौ जो चलत गुपालहिं राखै"। "रही जहां सो तहाँ सब ठाड़ी" "पीछे ही चितवत मेरे लोचन आगे परत न पांथ" "अरी मोहि भवन भयानक लागै माई श्याम बिना" "आजु रैनि नहि नींद परी" "या ब्रज के सबु भाग सम्पदा लै जु गये नंद नंद" "गोपी गाई सकल लघु दरिया पीतवरन कृसगात" "इहि विरयां वन ते ब्रज आवते" "पिया विनु नागिनि कारी राति" "विनु गोपाल वैरिनि भई कुंजै" "वरु ये वदराऊ बरसन आये" "हौं तो मोहन के विरह जरी रे तू

कत जारत पपीहा" "सरद समय हू श्याम न आये" "कोकिल हरि कौ बोल सुनाऊ" "देखियत कालिन्दी अतिकारी" "निशि दिन बरसत नैन हामरै" "सखी री इन नैननि ते धन हारे" "मधुबन तुम कत रहत हरे" इन उक्तियों में वियोग की अवस्थाओं का चित्रण उपलब्ध है। 1. अभिलाषा 2. चिंता 3. स्मरण 4. गुण कथन 5. उद्वेग 6. प्रलाप 7. उन्माद 8. व्याधि 9. जड़ता 10. मूर्छा 11. मरण।

भ्रमर गीत परम्परा और सूर का भ्रमरगीत- भ्रमर सुन्दर पुष्प का चाहने वाला होता है। इसी तरह नारी भी पुष्पवत् है। इससे मनुष्य भ्रमरवत् प्रवंचकता करता है। तो मनुष्य भी भ्रमर ही है। इस तरह नारी की इस विरह वेदना के गीत ही भ्रमर गीत हैं। नायक की प्रबंधकता तथा नायिका की मूक व्यथा ही भ्रमरगीत में होती है। डॉ. हरवंशलाल शर्मा ने भ्रमरगीत की परंपरा कालिदास के संस्कृत नाटक शाकुंतलम् के नायक दुष्यन्त को हंस पादिका ने भ्रमर कहा है, वहीं से भ्रमर गीत की परंपरा का आरंभ माना है। इसके बाद गोवर्धन आदि संस्कृत कवियों से होकर यह परंपरा हिन्दी में आई। वास्तव में देखा जाय तो भागवत के भ्रमर गीत के प्रसंग के प्रभाव से ही सूर ने भ्रमर गीत परंपरा का प्रारंभ किया, सूर ने अपने भ्रमर गीतों में न केवल गोपियों के विरह को दिखाया है अपितु नंद यशोदा के वात्सल्य को भी दिखाया है। यह भ्रमर गीत उक्ति वैचित्र्य एवं विनोद शीलता के साथ-साथ विरह की समस्त अन्दर्दशाओं से परिपूर्ण होने के कारण सर्वश्रेष्ठ माना जाता है। सूर के उपरांत नंददास का भ्रमरगीत मिलता है। जिसमें सूर का ही अनुकरण है। फिर तुलसी ने कृष्ण गीतावली में गोपियों के लज्जाशील रूप का वर्णन भ्रमरगीत के माध्यम से किया है। फिर रसखान, मुकुन्ददास, घासीराम, मलूकदास और रहीम ने भी इस प्रसंग पर कुछ लिखा है। किन्तु नंददास और सूर से आगे कोई नहीं गया। रीतिकालीन कवि मतिराम, देव, घनानंद, पद्माकर, सेनापति, भिखारीदास, आदि ने भी इस विषय पर लिखा है। फिर हरिशचन्द्र बद्रीनारायण प्रेमधन, तथा सत्यनारायण ने भी 'भ्रमरदूत' नये ढंग से लिखा है। अयोध्या सिंह उपाध्याय हरिऔध ने भी इसका अनुकरण "पवनदूत" में किया है। मैथिलीशरण गुप्त जी ने द्वापर में इसका आभास दिया है। जगन्नाथ दास रत्नाकर ने उद्धव शतक में भ्रमरगीत को सुस्पष्ट रूप से लिखा है। इसके बाद रमाशंकर रसाल, द्वारिकाप्रसाद मिश्र, हरदेव प्रसाद, जगन्नाथ सहाय, डॉ.

श्यामसुंदर दीक्षित आदि के द्वारा यह भ्रमरगीत की स्वस्थ परंपरा दृष्टिगोचर होती है। "सूर के भ्रमरगीत" उद्धव कहते हैं "गोपी सुनहु हरि संदेश, कह्यौ पूरन ब्रह्म ध्यावहु, त्रिगुण मिथ्याभेष"। गोपी कहती है- "मधुकर जो हरि कह्यौ सो कहये" "मधुम कहाँ कहाँ निर्गुण गावहि" "ऊधौ जाहु तुमहि हम जाने" "सूर श्याम जब तुमहि पढायो तब नै कहू मुस्क्याने" "अलि हम गोकुलनाथ अराध्यौ" "ऊधौ करि रहीं हम जोग" "मेरौ मन अनत कहाँ सुख पावै", उद्धव कहते हैं- "जब लगि ज्ञान हृदय नहि आवै"। गोपी कहती है- "उधौ जोग जोग हम नाहीं" "ऊधौ मन न मये दसवीस" "मधुकर भले हि आये वीर" "उद्यौ इतनी कहियै जाई" भ्रमरगीत सूर की सर्वोत्कृष्ट रचना है। जिसमें विप्रलंभ शृंगार तथा सगुण भक्ति का प्रतिपादन भावभरित व्यंग्यमयी मार्मिक शैली में किया है।

"सूर का वात्सल्य"- संयोग पक्ष "आंगन श्याम नचावहीं जसुमति नंदरानी" "हौं बलिजाऊँ छबीले लाल की" "जसोदा हरि पालने झुलाने" "सिखवत चलन जसोदा मैया" "सोमित कर नवनीत लिये" "कर पग गहि अंगूठा मुख मेलत" "किलकत कान्ह घुटुरुवनि धावत" "मैया कबहि बढ़ैगी चोटी" "भैया मैं नहि माखन खायौ" "मैया मोहि दाऊ बहुत खिजायौ" "मैं जान्यौ यह मेरौ घर है, ता धोखे में आयौ, देखत हूँ गोरस में चींटी काढ़न कौ कर नायौ" "आजु कान्ह करि हैं अनप्रासन" "जोरति छाग प्रेम सौं मैया"। वियोग पक्ष- "जसोदा बार-बार मौं माखै है कोऊ ब्रज में हितू हमारौ जो चलत गुयालहि राखै" "यह सुनिगिरी धरनि झुकि माता" "जसुदा कान्ह कान्ह कै बूझै, यद्यपि मन समुझावत लोग" "संदेशौ देवकी सौ कहियौ" "नंद यशोदा सब ब्रजवासी अपने अपने संकट साजिकैं मिलन चले अविनासी"।

"कृष्ण काव्यधारा में सूर का स्थान"- जयदेव से प्रभावित सर्वप्रथम विद्यापति इस परंपरा में आये हैं। फिर सूरदास है। इन्होंने कृष्ण काव्य बड़ा ही अनूठा लिखा है। फिर वल्लभाचार्य तथा विठ्ठल के अष्टछाप के कवि शिष्यों ने यह काव्य लिखा, जिसमें नंददास अधिक प्रसिद्ध हुए। मीरा ने कृष्ण काव्य लिखा, नरोत्तम दास, हरिराय, हितहरिवंश क्रमशः रसखान, रहीम, टोड़रमल, कविगंग, रीतिकाल में घनानंद, आधुनिक युग में गुप्त जी, प्रसाद जी आदि ने कृष्ण काव्य लिखा। जैसा सूर ने कृष्ण काव्य लिखा वैसा अन्यत्र कहीं नहीं। अतः इस धारा के सूर ही प्रतिनिधि कवि है।

अष्टछाप वल्लभाचार्य के चार शिष्य- कुंभन, सूर, परमानंददास तथा कृष्णदास थे। उनके पुत्र विठ्ठलनाथ के चार शिष्य गोविन्द स्वामी, नंददास, छीतस्वामी चतुर्भुजदास। इस तरह ये अष्ठछाप के कवि हैं। सूर का स्थान दूसरा है, इनके बराबर उच्च कोटि का किसी भी कवि ने काव्य नहीं लिखा। कुंभनदास तथा नंददास अवश्य प्रगतिशील काव्य प्रणेता थे, अतः सूर कृष्ण काव्य धारा तथा अष्टछाप के कवियों में मूर्धन्य हैं।

दर्शन- सूर के कृष्ण पूर्ण ब्रह्म हैं, ब्रजगोलेकधाम है। गोप गोपी मुरली आदि आनंद रूप के अंश है। राधा प्रकृति और कृष्ण पुरूष हैं। संसार का मिथ्यात्व पानी के बुलबुले के समान है। कृष्ण, मुरली, गोपी ब्रह्म, भाषा जीव के प्रतीक हैं।

तुलसीदास- "सगुण काव्य धारा में रामाश्रयी कवि तुलसी"

हिन्दू संस्कृति के संरक्षक, भक्ति काल के समर्पित भक्त एवं कविकोविद् गोस्वामी तुलसीदास जी का प्रादुर्भाव सम्वत् 1554 में श्रावण शुक्ला सप्तमी को चित्रकूट के निकट राजापुर ग्राम में हुआ, इनका जन्म अभुक्तमूलनक्षत्र में हुआ था। इनके माता-पिता श्रीमती हुलसी एवं श्री आत्माराम दुबे थे। चुनिया नाम की एक सेविका भी इनके यहाँ रहती थी, जन्म के समय ये स्वस्थ एवं हष्टपुष्ट थे कुछ दिन बाद माता-पिता के दुलार से वंचित चुनिया ने इन्हें पाला-पोसा और जब चुनिया भी चली गई तो माँ जगदम्बा भवानी ने कृपा करके रामशैल के प्रसिद्ध संत अनन्तानंद के शिष्य श्री नरहरि दास जी का संरक्षण प्रदान किया और इनका नाम राम बोला रख दिया और अयोध्या में आकार ये दोनों गुरू शिष्य रहने लगे- राम बोला निसर्गतः प्रखर मेधावी थे। गुरूजी ने सम्वत् 1561 में माघ शुक्ला पंचमी शुक्रवार (वसन्त पंचमी) के दिन इनका यज्ञोपवीत संस्कार कर दिया। और अन्य पांचों संस्कारों के पश्चात् इन्हें गुरूजी ने ही राम मंत्र की दीक्षा प्रदान की। विद्याध्ययन कराया और सूकर क्षेत्र सोरो में गुरूजी ने इन्हें राम कथा सुनाई। ततःपश्चात् इन्होंने काशीवास किया और वहां शेषसनातन जी के पास रहकर 15 वर्ष तक वेद वेदांगों का अध्ययन किया, फिर इन्होंने अपनी जन्मभूमि पर आकर पितृजनों का श्राद्धादि कर्म सम्पन्न करके वहां सबको राम कथा सुनाई। तद्नन्तर सम्वत् 1583 में ज्येष्ठ शुक्ल त्रयोदशी गुरूवार को भारद्वाज गोत्र की रत्नावली से इनका विवाह सम्पन्न हुआ, इनकी स्त्री

के प्रति उत्कण्ठा को देख रत्नावली ने इन्हें कहा- "अस्थि चर्म मय देह मम तामैं ऐसी प्रीति, ऐसी होती राम में क्यों होती भव भीति" इस उक्ति से ही इन्हें वैराग्य हुआ और साधु हो गये, प्रयाग होते हुए काशी गये, वहाँ से मानसरोवर के पास गये जहां काकभुशुण्डि के दर्शन हुए। फिर हनुमान की भक्ति के फलस्वरूप चित्रकूट में रघुवीर के दर्शन प्राप्त किये। तथा संवत् 1607 में मौनी अमावस्या बुधवार के दिन इन्हें राम का दर्शन हुआ और यह दोहा लिखा- "चित्रकूट के घाट पै भई संतन की भीर, तुलसीदास चंदन घिसै, तिलक देत रघुबीर" भगवान ने स्वयं तुलसी के मस्तक पर तिलक लगाया और अन्तर्धान हो गये। सम्वत् 1628 में ये हनुमत् की आज्ञा से आयोध्या गये, उन दिनों माघ मेला कुछ दिन का ही रह गया था, वहां भारद्वाज और याज्ञ्यवल्कय के दर्शन किये। फिर काशी में प्रहलाद घाट पर एक ब्राह्मण के घर पर निवास बनाया, यहीं इन्होंने संस्कृत, हिन्दी में काव्य रचना आरंभ की, जो लिखते वह गुम हो जाता था, फिर भगवान शंकर और माँ पार्वती के उद्धबोधन पर अयोध्या आकर इन्होंने पुनः काव्य रचना शुरू की। सम्वत् 1631 में रामनवमी के दिन प्रातःकाल रामचरित मानस की रचना प्रारंभ की, जो दो वर्ष सात माह में पूर्ण हुई। तब सम्वत् 1633 मार्गशीर्ष शुक्ल के दिन सातों काण्ड पूरे हुए। फिर काशी में बाबा विश्वनाथ और माँ अन्नपूर्णा को मानस पाठ सुनाया और ग्रन्थ पर 'सत्यं शिवं सुन्दरम्' लिखा पाया। पंडित वर्ग की ईर्ष्या के कारण इन्होंने मानस की एक प्रति अपने मित्र टोडरमल के यहां रख दी थी, तब दूसरी प्रति बनाई, उसी से अन्य प्रतियां बनी। तत्कालीन संस्कृत के प्रख्यात विद्वान श्री मधुसूदन सरस्वती ने इस ग्रन्थ को पढ़कर यह सम्मति प्रदान की "आनन्द कानने हयस्मिन् जंगमः तुलसी तरुः कविता मंजरी भाति रामभ्रमर भूषिता"। इन्होंने राम विषयक लगभग 12 रचनायें तथा एक कृष्ण गीतावली भी लिखी। ये विभूति सम्वत् 1680 श्रावण कृष्ण तीज शनिवार को काशी के अस्सी घाट पर राम-राम कहती हुई राम में ही विलीन हो गई। इनको भावांजलि देते हुए कहा है कि "भारी भव सागर उतारतौ कौन पार, जौवै यह रामायण तुलसी न गावतौ" तथा काव्यांजली इन शब्दों में प्रस्तुत है- "कविता करके तुलसी न लसे, कविता ही ुलसी पा तुलसी की कला"।

रामकाव्यधारा का मूल उद्‌गम - राम कथा का स्रोत सर्वप्रथम संस्कृत के आदि कवि वाल्मीकि की वाल्मीकि रामायण है इसका समय 600 ई. पू. से 800 ई.

पू. तक मानते हैं। तदनन्तर महाभारत का रामोपाख्यान है। बौद्धों के जातक ग्रन्थों में भी राम कथा आती है। जैन ग्रन्थ "पउमचरिउ" में भी रामकथा है। कई पुराणों में भी रामकथा का उल्लेख है। जिनमें वर्णन की प्रधानता है। अध्यात्म रामायण, तमिल के कवि कुंबन की रामायण, कालिदास का रघुवंश, क्षेमेन्द्र की रामायण मंजरी, मल्लिनाथ का रघुवीरचरित, भवभूमि का उत्तररामचरित, राजशेखर की बालरामायण और जयदेव का प्रसन्नराघव, इनके अतिरिक्त मराठी, बंगाली, असमिया, उड़िया, गुजराती, तमिल, कन्नड़ के कवियों ने भी विभिन्न रामकाव्य काव्य सौन्दर्य से युक्त लिखे हैं। भूपतिकृत रामचरित रामायण हिन्दी का प्रथम एवं अनुपलब्ध रामकाव्य है। किन्तु तुलसी ही रामकाव्य धारा के प्रतिनिधि कवि हैं। इनके समकालीन मुनिलाल, नामादास, केशव, सेनापति, हृदयराम आदि ने रामभक्ति का सुंदर विवेचन किया है। तुलसी के बाद में अनेक कवियों ने इस विषय पर विभिन्न रूप से कविता की है। आधुनिक युग में भी साकेत, वैदेही बनवास, उर्मिला, गुप्तजी, हरिऔधजी तथा बालकृष्ण नवीन ने लिखे हैं। इस प्रकार इस धारा में अनेकों ने लिखा किन्तु तुलसी जैसा आदर्श, मर्यादा का रूप स्थापित न कर सका। यह काव्य गंभीरता, सरसता, भाव प्रेषणीयता का सुन्दर माध्यम है। भारत के घर-घर में आदर प्राप्त करता है। इसीलिए तुलसी भक्ति, समन्वय, एवं कवित्व की दृष्टि से इस धारा के प्रतिनिधि कवि हैं।

तुलसी की भक्ति- तुलसीदास राम के अनन्य भक्त हैं। उन्होंने "एक राम घनश्याम हित चातक तुलसीदास" कहते हुए राम के प्रति अटूट श्रद्धा एवं उत्कट भक्ति भावना को प्रकट किया है। तुलसी की भक्ति में दैन्य का मूलाधार होकर श्रद्धा और विश्वास का समन्वय है। इसी कारण वे राम से बड़ा और अपने से छोटा किसी को नहीं मानते। "राम से बड़ौ है कौन, मौसो कौन छोटौ"। वे सेव्य सेवकत्वेन दास्य भक्ति के अनुयायी होने के नाते उनसे अनेक सम्बन्ध निकाल लेते हैं। "ब्रह्म तू हौं जीव, तू ठाकुर हौं चेरौ, तात मात गुरू सखा तू सवै विधि हितू मेरौ"। तुलसी नवधा भक्ति के आधार पर राम, नाम, रूप, गुण, लीला और धाम का वर्णन करते हैं। राम के अनेक नामों का उल्लेख करके भी राम नाम को ही सर्वोपरि माना है। राम को निर्गुण एवं सगुण दोनों रूपों में माना है। सगुण रूप साधु संतों की रक्षार्थ बताते हैं। उनके सौन्दर्य के साथ उनके असंख्य गुणों का भी वर्णन किया है। देवता, गौ, पृथ्वी

और ब्राह्मण की रक्षा के लिए वे लीला किया करते हैं। तुलसी की भक्ति में विनय का प्राधान्य है। उसकी सातों भूमिकाओं दैन्य, मानमर्षता, भयदर्शना, भर्त्सना, आश्वासन, मनोराज्य और विचारणा का स्पष्ट विवेचन किया है। इन्होने राम की भक्ति प्राप्ति के लिए सत्संग को सर्वश्रेष्ठ माना है। तुलसी की भक्ति में नारद सूत्रोक्त ग्यारह आपत्तियाँ भी रूपासक्ति, कान्तासक्ति, तन्मयासक्ति, विरहासक्ति, शरणागत, बत्सलता आदि के स्पष्ट दर्शन हैं। इनकी भक्ति में प्रभु की भक्ति के लिए शरणागति के 6 प्रकार भी वर्णित हैं। ''अवलौनसानी अवन नसैंहों'' द्वारा संकल्प, परित्याग, गोप्तृत्ववरण, रक्षा का विश्वास, करूणा और आत्मनिक्षेप के वर्णन का यथास्थान उल्लेख किया है। सारांश यह है कि तुलसी की भक्ति में विनय, प्रेम, आसक्ति एवं शरणागति की प्रबलता होकर भी दैन्य का आधिक्य है। उन्होनें राम की कृपा को सर्वोपरि माना है। इस तरह तुलसी ने सर्वतोभावेन भगवच्चरणों में अपना सर्वत्व समर्पण करके सांसारिक वैभव, सामाजिक बंधन, पारिवारिक मोह माया आदि को अर्पण कर दिया है। तथा उनके हृदय में एकमात्र राम ही रमते दिखाई देते हैं। वे कैवल्य सत्ता (मुक्ति) का भी निरादर करके भक्ति में ही लीन रहना चाहते हैं।

तुलसी दर्शन- तुलसी के धार्मिक विचारों का अध्ययन करने पर ज्ञात होता है कि तुलसी ने ब्रहम को निराकार निर्गुण, अज, निर्विकार, सर्वान्तरयामी, सच्चिदानंद, अनादि, व्यापक, एक, अनीह, अनाम और विश्वरूप माना है। तथा व्यापक एक ब्रहम अविनासी, सत्चेतन घन आनंदरासी कहकर इसकी पुष्टि की है। तुलसी ने ब्रहमस्वरूप राम को अनघ, अद्वैत आदि अनेक नामों से पुकारा है। तथा उसे माया, जीव, प्रकृति, गुण, काल, कर्म महत्वादि सभी का अधिष्ठाता सिद्ध किया है। यह ब्रहम अखिल अमोघ शक्ति सम्पन्न है। वह साकार और निराकार दोनों में है। तुलसी ने जीव के बारे में लिखा है, जीव का निर्माण ''छितिजल पावक गगन समीरा'' नामक पांच तत्वों से होते हुए भी यह देह, इन्द्रिय, मन, प्राण एवं बुद्धि से विलक्षण है चैतन्य है नित्य है। इसे ''ईश्वर अंश जीव अविनासी'' चेतन अमल, सहजसुखरासी कहकर ब्रह्म के सभी गुण इसमें दिखाये हैं। ब्रह्म जीव का अन्तर ''परवश जीव स्ववश भगवन्ता'' कहकर बताया है। इसे माया के वशीभूत होकर दुखमय रूप ग्रहण करना पड़ता है। ''जनुजीवहिं मायालपटानी'' सो मायावश परयौ

गुसाईं'' आदि कहा है। तथा जीव के तीन भेद 'विषयी, साधक, सिद्ध सयाने' बताये हैं। 'मैं सेवक रघुपति पति मोरे' कह जीव और ब्रहम का संबंध सेव्य सेवक भाव में लिखा है। तुलसी ने जगत को ''जद्यपिमृषा सत्य भासै'' कहकर मिथ्या और भ्रमपूर्ण बताया है। तथा ''बूढ़यौ मृगवारि खायो जेबरी को सांप रे'' कहा है। इसलिए जीव को संसार के प्रति जागरूक बनाया है। ''संसार भंयकर भारी'' कहा है। रहेउ संसार मह माया कटक प्रचंड अतः जीव को बताया कि ''माया की सेना में काम सेनापति है, दम्भ, कपट, पाखंड सेनानी के रूप में हैं।''

'हे हरि ये भ्रम की अधिकाई' कहकर संसार की भ्रमात्मक सत्ता पर आश्चर्य किया है। तुलसी ने द्वैत बुद्धि को दुखों का कारण कहा है। तुलसी अंत में संसार की सत्यता असत्यता और सत्या सत्यता तीनों को ही व्यर्थ बताते हैं। इस तरह जगत के निरूपण में शंकराचार्य का अनुसरण करके राम की भक्ति को ही अपनाया है। माया के निरूपण में तुलसी इसके दो रूपों का वर्णन करते हैं। 1. अविद्या रूप 2. विद्या रूप। अविद्या रूप माया मानव को अधःपतन की ओर ले जाती है। काम, क्रोध, लोभ, मोह, तृष्णा, कामिनी, आदि इसके सहायक हैं। तथा विद्या रूप माया जीव को भगवान से मिलाती है। और इसी से जीव भाव बन्धन से छूटकर भगवान की शरण में जाता है। तुलसी ने तात्विक दृष्टि से जीव ब्रह्म को एक माना है। अविद्यामाया से ही इनमें अंतर होता है। इन्होंने रामानुज सम्प्रदायी होने के नाते राम सगुण निर्गुण दोनों रूपों में माने हैं। तथा जीव का नानात्व एवं ब्रह्म से उसका सम्बन्ध भी स्वीकार किया है। शंकर का अनुसरण जगत जीव और माया में किया है। अर्थात् शंकर और रामानुज में समन्वय दिखाया है। इसी कारण तुलसी को कोई अद्वैतवादी और कोई विशिष्टाद्वैतवादी कहता है। अंततः तुलसी रामानन्द द्वारा प्रतिपादित विशिष्ट द्वैतवाद के ही पोषक है।

तुलसी का समन्वयवाद और लोकनायकत्व - तुलसी के युग में सर्वतोन्मुखी विषमता का साम्राज्य था। अकबर ने स्वार्थ की आड़ लेकर एकता करनी चाही, मगर सफलता न मिली। फिर तत्कालीन संतों ने एकता करने का प्रयास किया, गोस्वामी तुलसीदास उन्हीं सन्तों में से एक हैं। जिन्होंने इस व्याप्त वैषम्य को समन्वय द्वारा दूर करने के लिए सामाजिक, राजनैतिक, धार्मिक आदि क्षेत्रों को चुना। इन सभी

क्षेत्रों में समन्वय स्थापित करके इन्होंने घोर अशांति को दूर करने की सफल चेष्टा की तथा गौतम बुद्ध के बाद लोकनायकत्व का महत्वपूर्ण स्थान अलंकृत किया। इनके समन्वयवादी विचार संक्षेप में इस प्रकार है। 1. शैव एवं वैष्णव मत का समन्वय- "हरि हर पद रति मतिन कुतरकी'' कहकर किया है। तथा उत्तर काण्ड में शिवराम की भक्ति कहते हैं। और लंका काण्ड में राम शिव की पूजा करते हैं। 2. वैष्णव एवं शाक्त मत का समन्वय- "उद्भव स्थिति संहार कारिणीम् कलेश हारिणीम्- सर्व श्रेयस्करीम्" कहकर शक्ति की उपासना की तथा "नतोऽहम् राम वल्लभाम्" भी कहा है। 3. रामानुज तथा पुष्टिमार्ग का समन्वय- रामानुजी होने के कारण राम का चित्रण ब्रह्म के रूप में किया है। तथा पुष्टि मार्ग के अनुसार राम के अनुग्रह के भी इच्छुक हैं। "रामकृपा विनु नहि कछु लहहरी"। 4. अद्वैत और विशिष्टाद्वैत का समन्वय अद्वैत के अनुसार जीव को ईश्वर की भांति ही बताया है। तथा विशिष्टाद्वैत के अनुसार माया का निरुपण किया है। 5. ज्ञान और भक्ति का समन्वय- "भगतिंह ज्ञानहि नहि कछु भेदा" कहा तथा भक्ति को ज्ञान और वैराग्य से संयुक्त भी बताया है। 6. सगुण और निर्गुण का समन्वय- ब्रह्म को निराकार कहकर ब्राह्मणादि की रक्षा हित साकार भी कहा है। 7. नर नारायण का समन्वय- दशरथ पुत्रराम में ब्रह्म का समन्वय किया है। 8. द्विज और शूद्र का समन्वय वशिष्ठ, शूद्र, निषाद से प्रेमपूर्वक मिले हैं। राम वानर भील आदि से प्रेमपूर्वक मिले हैं। 9. राजा प्रजा का समन्वय- "सेवक कर पर नयन से, मुख सौं साहिबु होय" कहकर किया है। 10. पारिवारिक समन्वय- राम के परिवार जनों में अगाध प्रेम है। सौत सौत में, भाई भाई में। 11. साहित्यिक समन्वय- अवधी ब्रज भाषा का समन्वय, हिन्दी संस्कृत का समन्वय, वार्णिक मात्रिक छंदो का समन्वय, क्लिष्ट पदावली और सरल पदावली का समन्वय, पौराणिक और ऐतिहासिक शैली का समन्वय बड़े ही अच्छे ढंग से किया है। इसके अतिरिक्त तुलसी ने गांधीवाद की सत्य अहिंसा, मुसलमानों का मानव बंधुत्व, ईसाईयों की श्रद्धा, करूणा आदि का भी समन्वय किया है। सारांश यह है कि तुलसी ने जीवन और जगत का समन्वय कर दिखाया है, तभी तो तुलसी यथार्थ में लोकनायक सिद्ध हुए है।

साहित्य के परिप्रेक्ष्य में सूर और तुलसी- सूर और तुलसी दोनों हिन्दी काव्य

गगन के दैदीप्यमान नक्षत्र हैं। इसीलिए सूर-सूर तुलसी शशी कहकर एक को सूर्य और दूसरे को चन्द्रमा कहा गया है। दोनों ही प्रतिभाशाली कवि हैं। और दोनों का काव्य भक्ति साहित्य के अन्तर्गत शीर्ष स्थानीय माना जाता है। इनमें से एक ने 'सूर सागर' की रचना करके भक्ति पिपासु जनों के लिए भक्त रसामृत के अक्षय भंडार का निर्माण किया है। तो दूसरे ने गहन और गंभीर 'मानस' की रचना करके भव आतष से विह्वल प्राणियों के लिए निर्मल और शीतल भक्ति जल से परिपूर्ण भवित सरोवर का निर्माण किया है। जिसका पयः पान करके प्राणी अनायास ही भव बंधन से छूट जाते हैं। दोनों भक्त कवियों ने हिन्दी काव्य सागर को भावरत्नों से परिपूर्ण किया है। संगीत के मधुर संयोग द्वारा हिन्दी काव्य को प्रभावोत्पादक एवं मनोरंजक बनाया है। दोनों ने भगवान के भक्ति, शील एवं सौन्दर्य से सम्पन्न दिव्य एवं अलौकिक रूप का वर्णन करके भक्त को सुदृढ़ आलंबन प्रदान किये हैं, और दोनों ने ही मानव जीवन के अन्तराल में प्रवेश करके जीवन की विविध भावमयी झाँकियां अंकित की हैं। दोनों ने भक्त को सुदृढ़ आलंबन देकर तत्कालीन हिन्दू समाज में व्याप्त नैराश्य जनित खिन्नता को दूर किया है, और दोनों ने भगवान की लोक रंजन, कारिणी मूर्ति का सजीव चित्रण करके तत्कालीन भूली भटकी जनता को भक्ति पथ पर आरूढ़ किया है। दोनों ने सरस पद शैली में मधुर राग रागिनियों के अन्तर्गत भगवान के गुणानुवाद का गान किया है, और दोनों ने उसकी सरस सुबोध एवं संगीत मयी रचना द्वारा हिन्दी के काव्य भंडार की पूर्ति की है। दोनों ने विविध रसों के अन्तर्गत मिलन एवं विरह के गीत गाये हैं। तथा दोनों ने भगवान की विविध लीलाओं का मनोहर एवं मनोरंजक वर्णन करके लोक मानस के अन्तर्गत भगवान के समग्र रूप की प्रतिष्ठा की है। दोनों ने अपने-अपने काव्य में मानव जीवन की विभिन्न परिस्थितियों के विविध वर्णमय चित्र अंकित किये हैं, और दोनों ने अपनी-अपनी अलंकृत वाणी द्वारा हिन्दी काव्य श्रृंगार किया है। इस तरह दोनों ही चतुर चितेरे हैं। कुशल कलाकार हैं। गुणी गायक हैं। सरस सृष्टा हैं। श्रेष्ठ भक्त हैं, और महाकवि है। इतने साम्य के होते हुए भी सूर और तुलसी में पर्याप्त वैषम्य है। सूर कृष्ण के परम भक्त हैं, और तुलसी राम के। सूर वल्लभाचार्य द्वारा प्रस्थापित पुष्टि मार्ग के अनुयायी हैं। तुलसी रामानुजाचार्य द्वारा प्रस्थापित श्री सम्प्रदाय के अनुयायी हैं। सूर ने सखाभाव की भक्ति को अपनाया है और तुलसी ने दास्यभाव की भक्ति को

अंगीकार किया है। सूर दार्शनिक दृष्टि से शुद्धाद्वैतवाद को मानते हैं और तुलसी विशिष्टाद्वैतवाद के पोषक है। सूर ने अपने इष्ट देवता देव कृष्ण में केवल सौन्दर्य की प्रतिष्ठा की है और उनके बाल रूप का अधिक तत्परता एवं तल्लीनता के साथ वर्णन किया है। जबकि तुलसी ने अपने इष्टदेव राम के सौन्दर्य के साथ-साथ शक्ति एवं शील की प्रतिष्ठा की है। तथा राम के बचपन से लेकर भौतिक जीवन तक की मनोरंजक झाँकियाँ अंकित की हैं। इसलिए सूर के कृष्ण में लोकानुरंजनकारी माधुर्य एवं सौन्दर्य का ही प्राधान्य दृष्टिगोचर होता है। जिस पर अनेक गोप रमणियां अपना सर्वस्व न्यौछावर कर देती हैं। जबकि तुलसी के राम में लोकहितकारी एवं लोकरक्षक रूप का प्राधान्य होने के कारण अनन्त शील एवं अनन्त शक्ति के दर्शन होते हैं। जिसे देखकर निर्मल, दीन असहाय एवं अशरण, व्यक्तियों के हृदय में आशा का संचार होता है।

सूर के कृष्ण मोहक, अनुरंजक एवं आकर्षक सौन्दर्य के भंडार हैं। जबकि तुलसी के राम अनीति एवं अन्याय के विध्वंशक, असुर एवं अधर्मों के विनाशक एवं भू, गो, द्विज एवं सुरों के कल्याण हेतु अवतार ग्रहण करने वाले पूर्ण शांति सम्पन्न अवतारी पुरूष हैं। इसलिए सूर जहाँ कृष्ण के अवतरित होने का कोई कारण नहीं देते, वहाँ तुलसी ने "जब-जब होय धर्म की हानी, बाढ़हि असुर अधर्म अभिमानी, तब-तब प्रभु धरिहिं विविध शरीरा" कहकर राम के अवतार का उद्देश्य स्पष्ट किया है। सूर मुख्यतया वात्सल्य एवं शृंगार रस के कवि हैं और इसमें कोई संदेह नहीं कि उक्त दोनों रसों का वर्णन जितनी मार्मिकता, सजीवता, विविधता, एवं निपुणता के साथ सूर ने किया है उतना हिन्दी के किसी अन्य कवि ने नहीं। निस्संदेह सूर वात्सल्य और शृंगार रस का कौना-कौना झाँक आये हैं। वात्सल्य वर्णन में तो आज तक कोई कवि सूर की समानता नहीं कर सका है। इसके अतिरिक्त एक दो स्थलों पर करुण, भयानक, वीर, रौद्र आदि रसों का भी वर्णन मिल जाता है। परन्तु तुलसी रस सम्राट हैं। यद्यपि तुलसी का बाल वर्णन सूर की अपेक्षा अधिक सजीव एवं चित्ताकर्षक नहीं है क्योंकि उसमें न तो विविध बाल व्यापारों का चित्रण है और न सूर जैसी गहराई ही है। तथापि तुलसी का अन्य रसों पर पूरा अधिकार है। तुलसी ने शृंगार, वीर, हास्य, करुण, रौद्र आदि सभी रसों का अनन्त मर्म स्पर्शी वर्णन किया

है। तुलसी का श्रृंगार वर्णन भी सूर की भांति अमर्यादित नहीं है। अपितु उसमें शील एवं मर्यादा का बराबर ध्यान रखा गया है। इसके साथ ही तुलसी के काव्य में विविध भावों की भी मधुर एवं मनमोहक व्यंजना मिलती है। जहाँ जनकपुर की वाटिका में सीता और राम के मिलन में मधुर प्रेम के दर्शन होते हैं, तो लक्ष्मण परशुराम की उक्तियों में उत्साह और क्रोध का सुंदर रुप विद्यमान है। ऐसे ही वन गमन एवं लक्ष्मण शक्ति के प्रसंग में यदि शोक के दर्शन होते हैं, तो लंका दहन में भय मिलता है। इसी तरह आश्चर्य, हास् निर्वेद आदि अनेक रुप तुलसी ने वर्णित किये हैं। तुलसी और सूर ने अन्तर प्रकृति का चित्रण ही नहीं किया है अपितु वे बाह्य प्रकृति के आलम्बन रूप की स्वतंत्र झांकियां कम अंकित की है और वे प्रकृति के उद्दीपन रूप को चित्रित करने में ही लीन रहे आये हैं। इसलिए सूर के काव्य में हमें कहीं "पिया बिनु नामिनि काली राति" गोपियों को डसती हुई दिखाई है और "कहीं विनु गोपाल वैरिनिभई कुंजै" उन्हें विरहाग्नि में जलाती है। कहीं वन हाथियों की तरह आक्रमण करते हैं। तो वहीं चातक, कोयल और दादुर के साथ हरा भरा मधुवन उन्हें पीड़ा देता है। परन्तु तुलसी ने प्रकृति के आलम्बन रूप की बड़ी मनोरम एवं संशिलष्ट झाँकी दी है। जिनमें कहीं चित्रकूट का बिम्बग्राही वर्णन है। तो कहीं वर्षा शरद आदि के दृश्य मिलते हैं। कहीं पंपा सरोवर का वर्णन है तो कहीं पंचवटी की झाँकी, सूर्योदय, चन्द्रोदय का वर्णन मिलता है। सूर और तुलसी दोनों ने ही भगवान के सगुण रूप का वर्णन किया है, परन्तु सूर साम्प्रदायिक भावना से ऊपर नहीं उठ पाये हैं। इसलिए सगुण का वर्णन करते हुए भ्रमरगीत में निर्गुण का खण्डन किया है। जबकि तुलसी के हृदय में लोकहित एवं लोककल्याण की भावना विद्यमान रही है। इसी कारण तुलसी ने अपने युग में प्रचलित वैषम्य एवं वैमनस्य को दूर करने के लिए समन्वयवादी प्रवृत्ति अपनाई है। इसी कारण तुलसी समाज सुधारक एवं लोकनायक कहलाते हैं। सूर केवल भक्त कवि ही रह गये हैं। सूरदास ने केवल ब्रजभाषा में ही कवितायें की हैं, जबकि तुलसी का ब्रज और अवधी पर समान अधिकार था, वे संस्कृत के भी प्रकाण्ड पंडित थे। सूर ने केवल पद शैली अपनाकर धनाक्षरी पदों में ही अपनी कविता की है। तुलसी ने जयदेव, विद्यापति सूर जायसी आदि की छंद परम्परा को अपनाया है। कला के क्षेत्र में भी तुलसी सूर की अपेक्षा कहीं अधिक कुशल एवं मर्मज्ञ दिखाई देते हैं।

क्योंकि तुलसी ने जीवन की विभिन्न परिस्थितियों के चित्र अंकित किये हैं। उतने सूर ने नहीं। तुलसी का काव्य सम्पूर्ण जीवन है। जबकि सूर के काव्य में मिलन एवं विरह ही मिलता है। सूर में तुलसी से अधिक उक्ति वैचित्र्य, वाग्वैदग्ध्य का प्राधान्य है। इसलिए सभी कवि सूर का लोहा मानते हैं। इतना ही नहीं सूर ने उपमा, उत्प्रेक्षा के द्वारा उक्ति चमत्कार दिखाया है। जबकि तुलसी ने सर्वाङ्गीण वर्णन में सभी अलंकार प्रयुक्त किये हैं। इस प्रकार भावाभिव्यक्ति के क्षेत्र में तुलसी सूर से आगे हैं। इतना सबकुछ होने पर भी दोनों में से किसे सूर्य और किसे चन्द्र कहा जाय, अथवा दोनों में से किसे श्रेष्ठता प्रदान की जाय यह प्रश्न फिर भी विचारणीय ही रह जाता है, क्योंकि सूर ने जिस क्षेत्र में अपनी कला का प्रदर्शन किया है, उस क्षेत्र में तुलसी उनकी समानता नहीं कर सके हैं। तुलसी ने जिस असाधारण काव्य कौशल के द्वारा अपनी कुलाभिव्यक्ति से जनता को विमोहित किया है, वैसा कार्य सूर नहीं कर पाये हैं। अतएव दोनों ही अपने अपने क्षेत्र में दिव्यालोक पूर्ण सूर्य हैं। और दोनों ही शीतलता, सुन्दरता एवं मधुरता से चन्द्रमा हैं। दोनों के क्षेत्र पृथक-पृथक हैं, और दोनों ही अपने क्षेत्र के सम्राट कवि हैं। और हिन्दी कविता कामिनी के कण्ठहार है। भारतीय संस्कृति भाव के संरक्षक सुदृढ़ स्तम्भ है। आज भी इनकी कविता जितनी प्रासंगिक है उतनी अन्य किसी की नहीं है।

कबीर और उनका मन्तव्य

मुसलमानी अत्याचारों से हिन्दुओं की दुर्गति एवं उनकी किंकर्तव्य विमूढ़ता, मंदिरों का विध्वंश देखकर, अनीश्वरवादिता के बोलबाले का समय, ऐसे समय में कबीर का प्रादुर्भाव हुआ। और भक्ति को प्रधानता मिली। निर्गुणी अन्य सन्तों में कबीर प्रधान हुए। इन्होंने मुसलमानों से ऊंच-नीच का भेद समाप्त करना लिया, तथा स्त्री को समान अधिकार दिया। बाद के सब सन्तों पर कबीर का प्रभाव है। सबने सद्गुरू महिमा, मूर्ति, अवतार का खंडन आदि का वर्णन किया है। कबीर सारतः वैष्णव थे। शाक्तों के निंदक हैं। इनका जन्म अनेकों विवादों के उपरान्त सम्वत् 1456 में तथा मृत्यु सम्वत् 1575 में हुई। ब्राह्मण की विधवा पुत्री से उत्पन्न, नीरु नीमा से पोषित कबीर जाति से जुलाहे थे। पहले मगहर रहे फिर काशी पुनः मगहर में आकर मरे। गुरू रामानंद को माना, शेख नहीं, धर्मदास, सूरत गोपाल उत्तराधिकारी बने, इनमें

वैभिन्नय हो गया। लोई स्त्री से कमाल हुआ, उनकी भी कबीर ने अलोचना की। सिकन्दर के दरबार में हाथियों से बचे काशी की उपेक्षा करके मगहर से राम-राम कहते मरे।

कबीर की भक्ति या तात्विक सिद्धान्त- "ब्रह्म निरुगुन राम जपहुरे भाई" "खालिक खालिक खलक में खालिक, सब घट रहूयौ समाई" "अपरंपार कौ नाँउ अनन्त" "इनमें आप आप सबहिन में आप आप सूँ खेलै" "जल में कुंभ-कुंभ में जल है बाहर भीतर पानी, फूटा कुंभ जल जलहि समाना यहु तथु कहूयौ गियानी"।

जगत- "दुनियां भांडा, दुख का, भरी मुह-मुह भूष" "जब मैं था तव हरि नहिं, अब हरि है मैं नाहि" "मीठी-मीठी माया तजी न जाई" "अग्यानी पुरुष को भोलिभोलि खाई" या डाकिन के लरिका पांचरे, काम क्रोध मद लोभ मोह।

जीवकोउपदेश- "राम भजै सो जानिये" "करका मनका छांडिकै मनका मनका फेर" "औंधा घड़ा न जल में डूबै" "सूधासूमरभरिया"।

मोक्ष- "जिन्हें साक्षात्कार हो गया वे अमर हो गये" "हम न मरैं, मरिहै संसारा, हमकूँ मिला जिवावन हारा" "हरि मरि हैं तो हम ह मरि हैं" "हरि रस पीया जानिये" "कबहु न जाई खुयार" "तू-तू करता तूं भया, मुझमें रहीन हूँ"। "बारी फेरी बलिगई, जित देखूं तित तू"। कबीर ने अवतारवाद, मूर्ति पूजा का खंडन किया है। तथा प्रेम के द्वारा ईश्वर का सान्निध्य चाहते हैं। "हरि जननी मैं बालक तेरा" "हरि मेरा पिउ में हरि की बहुरिया"।

कबीर के व्यावहारिक सिद्धान्त और उनका समाज सुधारक स्वरूप- कबीर स्वतंत्र प्रकृति के मनुष्य थे। वे दासता नहीं चाहते थे। उन्होंने अंधविश्वास में फंसे हिन्दू मुस्लिमों को श्रद्धा, एकादशी, तीर्थ, व्रत, मंदिर, रोजा, नमाज, हज आदि का खंडन करके खूब फटकारा है। कबीर सत्य को धर्म मानते हैं। धर्म और समाज का सम्बन्ध है। समाज सुधार के लिए कबीर ने वाणी का उपयोग किया है। हिन्दुओं की जाति पांति, छूआ-छूत, खान-पान आदि तथा मुसलमानों में चाचा की लड़की व्याहने और मुसलमानी आदि कराने का चुमती भाषा में विरोध किया है। अवतारवाद और पत्थर पूजा का विरोध किया है। हिन्दुओं के चौके की कटु आलोचना की है।

तथा "हमारे कैसे लोहू तुम्हारे कैसे दूध, तुम केसे बामन पांडे हम कैसे सूद" कहकर छूआछूत का खंडन किया है "जो तू वांमन बंभनी जाया, तो आन बाट हवै क्यों नहीं आया" "जो तू तुरक तुरकनी जाया तो भीतर खतना क्यों न कराया" "कबीर के लिए व्यवसाय कोई नीच नहीं"। सम्पत्ति एकत्र करने में विश्वास नहीं। अजीविका का आसरा रखते थे। "कहै कबीर नर गरबन न कीजै, जेता तन तेती मुई लीजै" इस शरीर को भिनी चंदरिया कह कर इस पर अभिमान न करने को कहा है। तथा ईश्वर के लिए "तुम्ह समान दाता नहीं हमसे नहीं पाधी कबीर ब्रह्ममय होना ही चाहते हैं। इन्होंने शिक्षा नहीं पायी। मात्र सत्संग से सुना ज्ञान था। विभिन्न धर्मों का ज्ञान भी था। समाज सुधारक की भूमिका अच्छी निवाही है।"

कबीर का रहस्यवाद- कबीर रहस्यवादी हैं। वह अज्ञात शक्ति जिससे मानव कोई भी सम्बन्ध स्थापित करके उसके प्रेम का इच्छुक रहे वही रहस्यवाद है। यही ऋग्वेद, उपनिषद, गीता तथा सूफियों ने भी बखाना है। कबीर ने भी "बाप राम पाया अब हूँ सरन तिहारी" "हरि जननी मैं बालक तेरा" "हरि मोरा पिउ मैं हरि की बहुरिया" आदि कहा है। कबीर स्वयं को पत्नी तथा ब्रह्म को पति कहते हैं- "कहैं कबीर ब्याहि चले हैं पुरुष एक अविनाशी" "सखी सुहाग राम मोहि दीन्हा" तथा गोकुल नायक वीढुला- "मोरामन लगौ तौहि रे"। "यह तन जालौ भसि करौ लिखौ राम कौ नाऊँ" "लेखनि करौ करक की लिखि-लिखि रोज पढ़ाऊँ" "वे दिन कब आवैंगे भाई, जा कारन हम देह धरी है, मिलिवो मंगल पाई" वह डर रही है कि प्रिय संग रहसि क्रीड़ा कैसे करूँगी। "मिलन पर दुलहिनी गाबऊ मंगल चार, हम घर आये हो राजा राम भरतार" तथा "अब तोहि जान न दैहूँ राम पियारे, बड़े भाग बैठे घर आये" "मौकूँ कहाँ ढूँढ़रे वंदे मैं तो तेरे पास रे"। कबीर की रहस्य भावना को प्रकृति में भी देखिये "काहे री नलिनी तू कुम्हलानी, तरे ही नाल सरोवर पानी" तथा मालिन आती देखकर कलियां पुकार करती है। कि कल हमारी भी बारी आयेगी। बढ़ई को देखकर वृक्षों का रोदन कबीर ने जाना है। मनुष्य शरीर को रथ बताया है। सबका कारण ब्रह्म किसी का कार्य नहीं है। इस तरह कबीर का रहस्यवाद अनेक कवियों का रहस्यवाद बन गया है। जैसे रवीन्द्र ने इसी पर पाश्चात्य पालिस चढ़ाई है। इस दृष्टि से कबीर की प्रतिभा का कौशल अत्यन्त गंभीर एवं विवेचनीय बन गया है। भारतीय संस्कृति

की आत्मा ने परमात्मा को प्राप्त करने हेतु जो मार्ग अपनाया उस मार्ग को कबीर की प्रतिमा ने प्रतिभासित कर दिया है।

कबीर का काव्यत्व- कबीर ने कविता के लिए कविता नहीं की उनकी विचारधारा सत्य की खोज के लिए बही है। उनकी खरी-खरी बातों में मिठास है। यह उनकी सत्य भाषिता और प्रतिभा का प्रताप है। निरक्षर होकर भी दूर की सूझ केशव, बिहारी जैसी है। कविता तो उनकी जिह्वा पर आकर बैठी है। कबीर की साखी लौकिक आचरणों से युक्त हैं। तथा पद धार्मिक आचरणों से। लौकिक आचरण के दो प्रकार है- 1. प्रवृत्ति मूलक 2. निवृत्ति मूलक। शारीरिक स्वतंत्रता से पहले विचारों की स्वतंत्रता आवश्यक है। कबीर ने स्वयं को न हिन्दू कहा है और न मुसलमान। कबीर जिस सत्य को धर्म मानते हैं वह सभी धर्मों में है। किन्तु लोगों ने इस सत्य के मिथ्या, विश्वास और पाखण्ड से लिप्त कर दिया है। उन्हें विभिन्न धर्मों का ज्ञान था। कबीर के सिद्धान्तों का सार इस प्रकार है। 1. एक बूंद एक मल मूतर एक चाम एक गूदा। "एक जात थै सब उपजा कौन ब्राह्मण कौन सूदा"। 2. कहै कबीर एक रामजपुरे हिन्दू तुरकन कोई। 3. ब्रह्म से ही सब उत्पन्न है, उसी में सब मिल जाते हैं जैसे पानी से बनी बर्फ फिर- पानी हो जाती है। 4. जल में प्रतिबिम्ब की भाँति ब्रह्म संसार में समाया है। 5. पिण्ड ब्रह्मण्ड में सर्वत्र- ब्रह्म व्याप्त है। 6. जिस तरह सोने से आभूषण बनते हैं फिर वे टूटकर सोना हो जाते हैं। इसी तरह ब्रह्म भी नाना रुपात्मक हैं। 7. समुद्र में तरंग तथा मोती के समान मनुष्य की आत्मा भी समुद्र रूपी परमात्मा में मिल जाती है। 8. माया तो स्वप्नवत् है। 9. भक्ति का संबंध मन से है शरीर से नहीं। माला तिलक आदि मानसिक भक्ति के समक्ष व्यर्थ है। 10. सच्चे भक्त को "काम क्रोध व्यापै नहीं तृष्ण न जरावै"। 11. परमात्मा के दर्शन को आत्मा रूपी दर्पण स्वच्छ रखना चाहिए। 12. दर्पण का मांजना ही हरि भक्ति है। 13. ज्ञान से अपने पराये का मोह दूर हो जाता है। "हरि हृदय एक ज्ञान उपाया, ताथै छूटि गई सब माया"। 14. आत्म समर्पण से ही भक्ति मिलती है। "कहै कबीर संज्ञा नही भगति-युगति गति पाई" अर्थात् भक्ति से ही मुक्ति मिलती है। यदि फल कामना साथ है तो वह भक्ति नहीं रही। वे अवतारवाद के विरोधी थे। ब्रह्म किसी से सहारा नहीं लेता वह सर्वशक्तिमान है। मूर्ति पूजा के भी विरोधी थे। तात्पर्य यह है कि

आत्मा और परमात्मा के बीच जीव ने जब आडम्बर को जोड़ा और स्वार्थ पूर्ति हेतु आत्मा परमात्मा को अपने अनुकूल उससे अपनी अभीप्सा पूरी करनी चाही- इसी रूप से कबीर को धारणा थी वे विशुद्ध परमात्मा और शुद्ध आत्मा के मिलन के समर्थक थे।

कबीर के सबद "शब्द" उनकी आध्यात्मिक अनुभूति के ही शब्द है और "रमैनी" शब्द रमण या रामायण की अनुवृत्ति है। अर्थात् जीव जब माया से रमण करता है उसका वर्णन ही रमैनी है। यह डॉ. रामकुमार वर्मा का मत है। परशुराम चतुर्वेदी रामायण-रमैन-रमैनी यह क्रम मानते हैं।

डॉ. हजारी प्रसाद द्विवेदी मानस की रमैनी को ही कबीर भक्तों की रमैनी मानते हैं "साखी" "साखी आंखी ज्ञान की, समुझि देखि मन माहि, विनसाखी संसार का हमारा छूटत नाहि।"

रीतिकालीन कवि बिहारी के काव्य का विश्लेषण

इनके काव्य में उक्ति वैचित्र्य एवं अर्थ गंभीरता का परिचय इनके विषय में इस दोहे से सुस्पष्ट हो जाता है। कि "सतसैया के दोहरा ज्यों नाविक के तीर, देखत में छोटे लगैं घाव करे गंभीर" अर्थात् इनकी काव्य शैली को 'गागर में सागर' विशेषण भी दिया गया है। ये कम शब्दों में विस्तृत अर्थ को समाहित तो करते ही हैं, उसमें भी उक्ति वैचित्र्य का समावेश करना इनकी अनूठी कला है। उक्ति वैचित्र्य से तात्पर्य है, कहने का वह ढंग जो विचित्रता से युक्त होकर श्रोता के हृदय को प्रसन्न कर दे, वाह-वाह करने को बाध्य कर दे, ऐसी उक्ति सार्थक अर्थ की गंभीरता से युक्त हो तो कहना ही क्या। बिहारी में यह प्रणाली सर्वोत्कृष्ट है। जैसे निम्न दोहों में स्पष्ट है। 1. "मेरी भव बाधा हरौ राधा नागरि सोई, जातन की झांई परै श्याम हरित दुति होय" 2. "लग्यौ सुमन ह्वै, है सफलु आतप रोसु निवारि, वारी, वारी आपनी सींचि सुहृदयता वारि 3. कहत, नटत, रीझत, खिझत, मिलत, खिलत, लजियात, भरे मौन में करत हैं, नैनंन हीं सौ बात" 4. "सायक सम मायक नयन, रंगे त्रिविध रंगगात, झखौं विलखि दुरिजात जल लखि जल जात लजात"। बिहारी के शृंगार में भक्ति की फुहारे विद्यमान है। बिहारी ने रीतिकाल की सभी प्रवृत्तियों जैसे राज्याश्रयिता के

कारण राजा का वर्णन, सांसारिकता का सर्वाङ्गीण वर्णन, विलासिता का उत्कृष्ट वर्णन, कामुकता का वर्णन, नायिका का भेद प्रभोद वर्णन और नखशिख आदि का वर्णन किया है, और जहाँ शृंगार के संयोग पक्ष का वर्णन किया है। "वतरस लालच लाल की मुरलीधरी लुकाई" "सौंह करै मौंहन हसै देन कहैं नटि जाई" तथा "स्वेद सलिल रोमांच कुस, गति दुल ही असनाथ, हियोदियो संग हाथ के हथलेवा ही हाथ"। "जुवति-जोन्ह में मिलिगई नैन न होति लखाई, सौधे के डारैं लगी अली चली संग जाई" तथा कहीं कृष्णाभिसारिका चन्द्रमा के निकल जाने पर किस तरह भागती है, इसका वर्णन किया है। कहीं नायिका नायक का चुम्बन लेती है। कभी दन्तक्षत को दर्पण में देखती है। कभी नायक के कर स्पर्श का आनंद लेती है। कहीं कबूतर बाजी, पतंग आदि का वर्णन किया है। कहीं पिचकारी एवं गुलाल के माध्यम से संयोग चित्र उपस्थित किये हैं। कहीं नायक नायिका की खींचा तानी तो कहीं रतजगे का खुमार तथा रति क्रीड़ा की क्रियायें भी वर्णित की हैं। गर्भवती नायिका का सुरति का वर्णन, सामाजिक दृष्टि से घृणास्पद है। इस तरह संयोग शृंगार के साथ वियोग शृंगार का चित्र भी सजीव वन पड़ा है। तथा बिरह की पूर्वराग, मान, प्रवास और करुणा चारौ अवस्थाओं का चित्रण किया है। तथा दस काम दशाओं के वर्णन में व्याधि का चित्रण प्रशंसनीय है। इसके अतिरिक्त शृंगार में सहायक ऋतुओं का वर्णन भी किया है। इस तरह बिहारी शृंगार के तो सर्वोत्कृष्ट व्याख्याता है, ही साथ में उन्होंने शृंगार रस रूपी ईख के गन्ने के बीच बीच में पड़ी हुई गांठ की तरह भक्ति विषयक दोहे और जोड़ दिये हैं। जो शृंगार की वर्षा में फुहारों का कार्य करते हैं।

बिहारी ने जहाँ शृंगार का अश्लील वर्णन किया है। वहीं भक्ति विषयक दोहे भी लिखे हैं। डॉ. नगेन्द्र नगाइच के अनुसार बिहारी की भक्ति शृंगार का ही एक अंग है। जब ये लोग शृंगारिता से घबरा उठे होंगे तो राधा कृष्ण का यही अनुराग इनके मन को सान्त्वना देता होगा। यह इनके सुमिरन का बहाना था इनके आधार पर ये भक्त कवि नहीं कहे जा सकते। बिहारी ने संसार का मिथ्यात्व इस दोहे में बताया है। "मैं समुझयौ निरधार, यह जगु कांचौ कांच सौ" "एकै रूप अपार प्रतिबिम्बित लखियतु जहां" तथा इस दोहे में स्वयं को तारने की प्रार्थना की है। "कौन भांति रहि है विरूद अब देखि वी मुरारि" "बीधे मो सौं आइकैं गीधे गीधहिं

तारि"। तथा "करौ कुवत जगु कुटिलता, तजौ न दीनदयाल, दुखी होहुगे सरल हिय बसत त्रिभंगी लाल" "कनक कनक ते सौ गुनी मादकता अधिकाई वा खाये बौरात जग वा पाये बौराई" इन उक्तियों को देखकर सरलता से पता चल जाता है कि कवि का ध्यान भक्ति भावना की ओर उतना नहीं है। जितना कि उक्ति वैचित्र्य एवं वाणी का कौशल दिखाने की ओर गया है।

बिहारी की समास पद्धति या गागर में सागर- उक्ति वैचित्र्य के साथ ही बिहारी समास पद्धति के लिए भी विख्यात है। जैसे उन्हें कोई गागर में सागर भरने वाला बताता है। तो कोई "सत सैया के दोहरा ज्यों नाविक के तीर देखत में छोटे लगे वेधे सकल शरीर" कहकर प्रशंसा करता है।

बिहारी की प्रथम विशेषता यह है कि छोटे-छोटे दोहों में बड़े-बड़े सांग रूपकों की योजना की है "खौरि पनच भ्रकुटी बधिक समरु तजि कानि, हनतु तरुन मृग तिलक सर सुरक भाल भरि तानि" "मंगल बिन्दु सुरंगु, मुखुशशि केसरि आड़ गुरु, इकनारी लहि संगु रसमय किय लोचन जगत'' बिहारी ने बड़े-बड़े प्रसंग छोटे से दोहे में नियोजित किये हैं। यथा "डिगति पानि डिगुलात गिरि लखि सब ब्रज बेहाल काँपि किशोरी परसि कै खरे लजाने लाल" "मैं मिसहा सोयौ समुझि, मुह चूम्यौ ढिंग जाय, हंस्यौ खिसानी गल गह्यौ रही गरै लपटाई"। एक ही दोहे में विभिन्न व्यापारों का समावेश देखे- "बतरस लालच लाल की मुरली धारी लुकाई, सौंह करे भौंहन हसै दैन कहै नटि जाय" "कहत नटत रीझत खिझत मिलत खिलत लजियात, भरे मौन में करत हैं नैनन ही सौं बात"। पौराणिक एवं ऐतिहासिक प्रसंगों का संक्षिप्त शैली में वर्णन "बसि संकोच दसवदन बस सांचु दिखावत बाल, सिय सौ सोधति तिय तनहि लगति अगिनि की ज्वाल"।

अलंकारों में विरोधाभास का उदाहरण- "दृग उरझत टूटत कुटुम्ब जुरत चतुर चित प्रीति, परति गांठि दुरजन हिये दई नई यह रीति" "तंत्रीनाद कवित्तरस सरस राग रति रंग, अनबूढ़े बूढ़े तरे जे बूढ़े सब अंग" समासोक्ति का उदाहरण- "सरस कुसुम मंडरात अलि, न झुकि झपटि लपटातु, दरसत अति सुकुमार, तनु परसत मन न पलातु"। "नहि पराग नहि मधुर मधु नहि विकास इहिकाल, अली

कली ही सौं विन्ध्यौ आगे कौन हवाल"। एक पौराणिक प्रसंग की सूक्ष्मता- "नाह गरजि नाहर गरज बोलु सुनायौ टेरि, फंसी फौज में बन्दि बिच हंसी सवनु तनु हेरि" "हरी पूतना अरु दियौ जग मुट जग दिखराई" आदि। इस कलात्मक क्षेत्र के अतिरिक्त बिहारी ने लोक सम्बन्धी एवं विविध शास्त्र सम्बन्धी ज्ञान जैसे खेलों की प्रक्रिया, श्रृंगार रस, ज्योतिष एवं आयुर्वेद, राजनीति, गणित, पुराण, इतिहास का ज्ञान "सतसई" ग्रन्थ में भरकर गागर में सागर ही समाविष्ट कर दिया है।

श्रृंगार मुक्तक काव्य में बिहारी- यह परंपरा ऋग्वेद से निस्सरित हुई है। सर्वप्रथम, जयदेव का गीत गोविन्द, विद्यापति के पद, सूर के पद फिर रीतिबद्ध मुक्तक लिखने वालों में बिहारी सर्वप्रथम आते हैं। 700 दोहों की बिहारी सतसई अति प्रसिद्ध रचना है। इस पर पचास टीकायें हो चुकी हैं। फिर इनका अनेक कवियों ने अनुसरण किया है। बिहारी के बाद देव का नाम आता है। किन्तु प्रतिनिधि कवि बिहारी ही हैं। श्रृंगार के अधिष्ठाता एवं युग प्रर्वतक कवि हैं। सूर तुलसी के बाद इन्हें खूब ख्याति मिली।

"सतसई परंपरा में बिहारी सतसई"- गाथा सप्तशती, अमरुक शतक, चौरपंचाशिका, आर्य सप्तसती, तुलसी सतसई, रहीम सतसई हैं किन्तु बिहारी ने श्रृंगार सम्बन्धी सतसई काव्य का श्री गणेश किया। फिर मतिराम सतसई, वृन्द सतसई, निधि सतसई, रतन हजारा, उद्धव शतक, वीर सतसई आदि मिलते हैं। किन्तु बिहारी सतसई सतसई साहित्य का नेतृत्व करती है। निस्संदेह बिहारी सतसई में श्रृंगार रस का सागर लहरा रहा है। मंजुल भावों का साकार रूप मिलता है। तत्कालीन जन जीवन का जीता जागता चित्र है। उनमें मानवीय भावना साकार हो उठी है। सतसई श्रृंगार साहित्य का महत्वपूर्ण ग्रन्थ है और श्रृंगार रस की यह श्रेष्ठ कृति है।

"संयोग श्रृंगार की रूप लिप्सा"- "अंग अंग नग जगमगत, दीप शिखासी देह, दिया वढ़ायेहू रहै वडौ, उजेरौ गेह" "सोनजुही सी जग मगत अंग अंग जोवन जोति, सुरंग कुसुम्मी चूनरी दुरंग देह दुति होति"। प्रेम की उत्सुकता- "जब-जब वै सुधि कीजिये, तव तव सब सुधि जाहि, आंखिन आंखि लगी रहै, आंखौ लागति नाहि" "करि लै चूमि चढ़ाय सिर, उर लगाइ भुज मैंटि, लहि पाती पिय पिय की लखति बांचति धरति

समेटि"। "प्रणयोद्बोधन हग उरझत टूटत कुटुम्ब जुरत चतुर चित प्रीति, परै गांठि दुगजन हिये दई नई यह रीति"। "भक्ति की फुहारे"- "मेरी भव बाधा हरौ राधा नागरि सोई, जातन की झांई परै श्याम हरित दुति होत" "जप करि मुंह तरहरि परयौ, यह धरि हरि चित लाव, विषय तृषा परिहरि अजौ नरहरि के गन गाउ"। "जप माला छापा तिलक सरै न एकौ काम, मन कांचै नाचै वृथा, सांचै रांचै राम"। जगत जनायौ जिहि सकल सोहरि जान्यौ नाहि, ज्यों आंखिन सब देखि हैं, आंख न देखी जाहि"। "नी की दर्रअनाकनी, फीकी परी गुहारि, तज्यौ मनो तारन विरद वारक वारन तारि"। या अनुरागी चित्त की गति समुझै नहि कोई, ज्यों ज्यों बूढें श्यामरंग त्यों त्यों उज्जूवल होय आदि।

सूफ़ी प्रेमाख्यानक काव्यों की परम्परा में पद्मावत

जायसी का पद्मावत- एक विस्तृत विश्लेषण- हिन्दी साहित्य के अन्तर्गत सूफी प्रेमकाव्य धारा का आरंभ मुल्ला दाऊद की 'चंदायन' नामक प्रेम कथा से माना जाता है। यद्यपि जायसी की पद्मावत में कुछ अन्य प्रेम कथाओं का भी उल्लेख मिलता है। जैसे- सपनावति, मुग्धावति, मृगावती, खंडावति, मधुमालती, तथा प्रेमावती। तथापि इनमें से केवल मृगावती और मधुमालती ही उपलब्ध है। शेष कथायें अभी तक प्राप्त नहीं हुई हैं। हिन्दी के उपलब्ध प्रेम काव्यों में से कुतुबन की मृगावती सबसे प्राचीन रचना है। उसमें गणपत देव के राजकुमार और कंचनपुर के राजा रूप मुरारि की पुत्री मृगावती की प्रेमकथा वर्णित है। यह रचना 1503 ई. की मानी जाती है। फिर सूफी प्रेम काव्य 'पद्मावत' मिलता है। यह 1520 ई. का है। फिर मंझन कृत मधुमालती हिजरी सन् 952 का मिलता है। फिर उस्मान कृत चित्रावली सन् 1022 की मिलती है। फिर जान कवि कृत इक्कीस सूफी प्रेमकाव्य मिलते हैं। इसके बाद नूर मुहम्मद कृत 'इन्द्रावती और अनुराग बांसुरी' नामक प्रेम काव्य मिलते हैं। जिनका रचना काल क्रमशः हिजरी सन् 1157 तथा 1178 है। तदनन्तर कवि निसार कृत "युसुफ जुलेखा" हिजरी सन् 1205 का मिलता है। ख़्वाजा अहमद कृत नूर जहाँ काव्य हिजरी सन् 1313 का मिलता है। शेख रहीम कृत 'प्रेमरस हिजरी' सन् 1313 का ही है। नसीर कृत प्रेमदर्पण हिजरी सन् 1335 का है। अली मुरीद का कुँवरावत तथा सदानंद कृत "पुहुपावति" तथा शाह जनक कृत प्रेम चिंगारी भी मिलते हैं।

सूफ़ियों के उक्त सभी प्रेम काव्य, प्रबंध काव्य और इनमें सर्वत्र राजकुमार एवं राजकुमारी के प्रेम वर्णन हैं। साथ ही आध्यात्मिक पुट भी दे दिया है। काव्य सौष्ठव की दृष्टि से 'पदमावत' सर्वश्रेष्ठ है। पद्मावत के परवर्ती सभी काव्य इससे प्रभावित हैं। तथा अनुकरण मात्र है। पद्मावत में आलंकारिक भाषा में इतिवृत्ति है। नागमती का विरह मनोवैज्ञानिक है। लौकिक प्रेम को अलौकिक दर्शा दिया है। हाँ, एक बात अवश्य उल्लेखनीय है, कि पद्मावत के उपसंहार का यह पद जायसी के जीवन दर्शन के मूल तत्व के रूप में इस काव्य में पूर्णतः सर्वत्र नहीं घट पाया है। "मैं एहि अर्थ पंडितन्ह बूझा, कहा कि हम्ह किछु और न सूझा" चौदह भुवन जो तर उपराहीं, ते मनुष्य के हैं घट मांही। तन चितडर मन राजा कीन्हां, हिम सिंघल बुधि पद्मिनि चीन्हा", "गुरु सूआ जेई पंथ देखावा, विन गुरु जगत को निरगुन पावा, नागमती यह दुनियां धंधा, बांचा सोई न एहि चितबंधा, राघव दूत सोई शैतानू, माया अलाउद्दीन सुल्तानू" "प्रेम कथा एहि भांति विचारहु बूझि लेहु जो बूझै पारहु" "तुरकी, अरबी, हिन्दुई भाषा जेती आहि, जेहि मग मारग प्रेम कर सवै सिराहै ताहि"।

जायसी का आत्म परिचय- "मा अवतार मोर नव सदी, तीस बरस ऊपर कवि वदी" पद्मावत का रचनाकाल- "सन् नव सै सत्ताईस अहा, कथा आरंभ वैन कवि कहा" "जायसनमर धर्म अस्थानू, तहां आय कवि कीन वखानू" "मुहम्मद बांई दिशि तजा, एक सरवन एक आंखि" कोढ़ी के साथ भोजन करने से ईश्वर में श्रद्धा बढ़ी। पुत्र के मरने से अधिक वैराग्य बढ़ गया। जंगल में योग द्वारा व्याध्र रूप में शिकारी के बाण से मारे गये। सन् 1542 ई. थी। "सैय्यद अश़रफ पीर पियारा, जेहि मोहि पंथ दीन्ह उजियारा" सैय्यद अशरफ इनके प्रथम गुरू थे। "गुरु मोहदी खेवक मैं सेवा, चलै उताइल जेहिकर खेवा" गुरू मोहदी इनके दूसरे गुरू थे। इस्लाम धर्मी होते हुए भी सभी धर्मों में श्रद्धा रखते थे। उदारता का परिचय- "हौं पंडित करे पछलगा, किछु कह चला तवल देइ दगा"। इनकी कीति का स्तम्भ पद्मावत से सुदृढ़ है। इनकी अखरावट और आखिरी कलाम रचनायें और मिलती हैं।

पद्मावत की प्रेम पद्धति- दाम्पत्य प्रेम का आविर्भाव वर्णन करके चार पद्धति हैं- 1. विवाह सम्बन्ध हो जाने के बाद प्रेम का उत्कर्ष जैसे सीता हरण हो जाने पर राम का तेज। 2. विवाह सम्बन्ध से पूर्व का प्रेम जैसे- शाकुन्तल,

विक्रमोर्वशीय। 3. अन्तःपुर उद्यान आदि के भीतर का प्रेम (विलासमय) जैसे चन्द्रावली, प्रियदर्शिका, कर्पूर मंजरी आदि। 4. गुण श्रवण, चित्रदर्शन, स्वप्न दर्शन आदि से उत्पन्न प्रेम- पद्मावत में इसी प्रकार का वर्णन है। जायसी शृंगार मानसिक रूप में है शारीरिक नहीं। कवि ने कठिनता द्वारा नायक के प्रेम को नापा है। नायक का योगी बनना, पद्मावती का रत्नसेन से मिलने को विह्वल होना दिखाकर दोनों के प्रेम को एक श्रेणी का कर दिया है। लोकपक्ष में पद्मावत का प्रेम प्रशंसनीय है। जैसे राजा जोगी बनता है। माता तथा नागमती रोकर मना करती हैं। पद्मावती का प्रथम समागम में डरना, सौत से झगड़ना, राज्य के हित राघव को कंगन देना इसी के द्योतक हैं। पूर्व भाग प्रेम मार्ग से युक्त है। उत्तरार्ध जीवन के विविध अंगों से। यह शृंगार रस प्रधान काव्य है। हर्ष की बात है कि जायसी का पूर्व राग कुछ अस्वाभाविक है। कोई अच्छी चीज देख दौड़ पड़ना लोभ है। तथा उस अच्छी चीज से अच्छी चीज आ जाय तब भी, पहली चीज को अच्छा बताया जाय, यह लोभ है। पूर्व राग और प्रेम में यही अंतर है। बिना परिचय के प्रेम नहीं होता, अतः रत्नसैन का पूर्वराग रूप लोभ ही है। प्रेम की पूर्णता मंदिर पर होती है। तथा पार्वती से "मोहि दूसरे भाव न माता" कहने पर पूर्व राग की अस्वाभाविकता लौकिक प्रेम और ईश्वर प्रेम दोनों के सम्मिश्रण से आई है। समागम का सामान्य अभाव काम वेदना है। तथा विशेष व्यक्ति के समागम का अभाव वियोग है। पद्मावती रत्नसेन के बंदी होने पर विह्वल और क्षुब्ध है, तथा मरने पर आनंदमयी और प्रशांत है। पद्मावती के नवीन प्रेम के साथ नागमती पति के प्रेम का रूप मनोहर है। नागमती का वियोग विप्रलम्भ का उत्कृष्ट निरुपण है। ईश्वर की तरह स्त्री के लिए पुरुष उपास्य है। स्त्री पुरुष का सेव्य सेवक भाव भी दिखाया है।

जायसी की विरह वेदना या प्रेम की पीर अथवा- पद्मावत का वियोग पक्ष- सूफी कवि होने के कारण जायसी का भावुक हृदय प्रेम की पीर और विरह वेदना से पूर्णतया निमज्जित दिखाई देता है। जायसी विरह के गीत जितनी मर्मस्पशी वाणी में गा सके हैं। उतने अन्य गीत नहीं गा सके हैं। पद्मावत एक विरह प्रधान काव्य है। जिसमें जायसी ने रत्नसेन, पद्मावती, नागमती तथा अलाउद्दीन की विरह भावना को व्यक्त किया है। राजा रत्नसेन विरह अवस्था में छः स्थलों पर मिलता है। 1. प्रेमखण्ड- तोते से पद्मावती का वर्णन सुन कर। 2. राजा गजपति खण्ड- गजपति से वार्तालाप

के समय। 3. राजा रत्नसेन सती खण्ड- पद्मावती के चले जाने पर व्याकुल होना। 4. पार्वती महेश खण्ड- महादेव जी से वार्तालाप करते समय। 5. राजगढ़ छेंका खण्ड- पद्मावती को पत्र भेजते समय। 6. लक्ष्मी समुद्र खण्ड- पद्मावती के बिछुड़ने पर। इसी प्रकार पद्मावती की विरह भावना पांच स्थलों पर व्यक्त हुई है। 1. पद्मावती वियोग खण्ड में- विवाह से पूर्व ही। 2. गन्धर्व मैत्री खण्ड में- राजा रत्नसेन के बारे में। 3. लक्ष्मी समुद्र खण्ड में- रत्नसेन से वियुक्त होकर। 4. पद्मावती नागमती विलाप में- राजा के बंदी होने पर 5. पद्मावती गोरा बादल संवाद खण्ड- गोरा बादल को दिल्ली भेजने के लिए। ऐसे ही नागमती तीन स्थलों पर विरहिन रही है। 1. नागमती वियोग खंड में रत्नसेन के वियोग में। 2. नागमती संदेश खंड में- पक्षी के सम्मुख विरह वेदना। 3. पद्मावती नागमती विलाप खण्ड में राजा के बंदी होने पर। इसके अतिरिक्त अलाउद्दीन पद्मावती के विरह में। पद्मावती रूप चर्चा खंड में दर्शित है। इस तरह विभिन्न पात्रों के माध्यम से जायसी ने अपने हृदय की विरह भावना को व्यक्त किया है। इसमें नागमती का विरह वर्णन अद्वितीय है। यह हिन्दी साहित्य की अनुपम निधि है।

जायसी के विरह वर्णन की विशेषतायें- 1. जायसी के विरह वर्णन में रुदन की प्रधानता है। उनके आंसुओं में सृष्टि तक डूब जाती है। समुद्र मर्यादा तोड़ देते हैं। "सायर टूट शिखर गा पाटा, रोवत बूढ़ि उठा संसारु"। 2. विरह की तीव्र अग्नि में विरही ही नहीं सृष्टि जल उठी है। "सूरज जरा चांद जरि आधा और सब नखत तराई जरही"। 3. कवि ने विरही की पीड़ा, व्यथा, वेदना, कसक टीस के बड़े मर्मस्पर्शी चित्र अंकित किये हैं। जिनमें कही "खिनहि उसास बूढ़ि जिउजाई, खिनहि उठै निसरै बौराई, खिनहि पीत खिन होइ मुख सेता, खिनहि चेत होई अचेता" यहाँ वे सुध एवं अचेतावस्था का चित्र है तो कहीं "हिय हिडोल अस डौलै मोरा, विरह डुलाई देई झकझोरा, जिय बाउर भा फिरै मंमीरी", चित्त के भ्रम को दिखाया है। "लागिऊ जरै जरै जस मारु" में निरंतर ज्वलन का चित्र है। 4. विरही के साथ प्रकृति भी विरहिणी है। पक्षी भी उसका संदेश देने जाते हैं। तथा "जेहि पंखि के निअर होर, कहै विरह की बात, सोई पंखि जाइ जर तखिर होय नियात" प्रकृति भी आत्मीय बन गई है। 5. जायसी के विरही जन विरह की अग्नि में तपकर ऐसे कुन्दन बन गये हैं कि फिर उनमें मान, सम्मान, अहंकार, गर्व, हास, विलास, भोग आदि की ओर लगाव नहीं रहा

है। उनकी सम्पूर्ण भौतिक इच्छायें एवं लालसायें नष्ट हो गई है। और विनम्रशीलता, पवित्रता, आध्यात्मिकता के साथ विशुद्ध प्रेम जाग्रत हो गया है। इसी कारण रत्नसेन पद्मावती के अलावा कुछ नहीं चाहता और नागमती "मोहि भोग सों काजन भारी" "सौंह दीढि की चाहन हारी" कहती है। 6. विरह सम्पूर्ण ब्रह्माण्ड को जला रहा है। "विरह के आगे सूर जरि कांपा, रातहि दिवस जरै ओहितापा" "खिनहि सरग खिन जाइ पताका, थिर न रहै एहि आगि अपारा" बताया है। 7. विरह में राजा रानी साधारण मानव दिखते हैं। नागमती कहती है- "हौ विनु नाह मंदिर को छावा" कहकर रोती है। 8. निरवलम्बता को लेकर पद्मावती कहती है। पत्ता पेड़ से गिरता है, पेड़ ही उसे कुचल दे तो वह किस शाखा पर जाकर आश्रय ले "आवा पौन विछेहकर पात परा बेकरार, तरिवरि तजै जो चूरि कै लागै केहिकी डार"। 9. विरही जन की कृशता देखिये- "हाड़ भये सब मिंगरी, नसै भई सब तांति, रकत ढुरा मांसूगरा हाड़ भये सब शांख" "लेजुर भई नाह विन तोही अथवा कँवल सूखि पखुरी विहरानी" "गलि गलिकै मिलि छार हे रानी" ये कृशता के चित्र है। 10. विरह को त्यौहार एवं सुखद अवसर याद आते हैं। "अबहूँ निठुर आउ एहि वारा परब दिकारी होई संसारा" "सखि झूमक गावैं अंग मोरी, हौं झुरावै बिछुरी मोहि जोरी" नागमती दुखी होती है। 11. फारसी पद्धति के प्रभाव से जायसी ने आंसुओं की जगह रक्त तथा लोह शलाकाओं पर मांस भुनते दिखाया है। "नैनहिचली रक्त की धारा, कंथा भीजि भजेऊ रतनारा" "विरह सरागिनि भूजस मांसू" इस प्रकार जायसी के विरह में वेदना व्यथा एवं पीड़ा का आधिक्य है। षट् ऋतु वर्णन तथा वारह मासा में प्रकृति का भी सहयोग लिया है। दसों काम दशायें भी हैं। अतिशयोक्ति तथा अत्युक्ति का सहारा लिया है। फिर भी रीतिकालीन कवियों की तरह मजाक की हद तक नहीं है। सारांश यह है कि जायसी के विरह वर्णन में जड़ चेतन सभी को प्रभावित करने की क्षमता है।

जायसी का ईश्वरोन्मुख प्रेम अथवा पारलौकिक विरह/पद्मावत अन्योक्ति या समासोक्ति- सूफी मतानुयायी जायसी पद्मावत को लौकिक रूप में दिखाकर अंत में सारी कहानी को अन्योक्ति कह दिया है। तथा बीच-बीच में लौकिक रुप में दिखाकर अंत में सारी कहानी को अन्योक्ति कह दिया है। तथा बीच-बीच में लौकिक पक्ष से अलौकिक की ओर संकेत करता जान पड़ता है। कवि जब विरह

में लीन होता है तो सूर्य चन्द्र और नक्षत्र सब उसी परम विरह में जलते और चक्कर लगाते दिखाई देते हैं। प्राणियों का लौकिक वियोग तो इसका आभास मात्र है। अग्नि, पवन सब उस ईश्वर के पास जाने को व्यस्त दिखाई पड़ते हैं। सारी सृष्टि उसी परम भाव में लीन होने को बढ़ती जान पड़ती है। लेकिन बिना साधना के वहाँ कोई नहीं पहुँच सकता। लौकिक सौन्दर्य वर्णन से कवि की दृष्टि चरम सौन्दर्य की ओर जाती है। उस चरम सौन्दर्य की झलक मानो सृष्टि के वृक्ष, बल्ली, पशु, पक्षी, पृथ्वी, आकाश आदि सबको मिली है। सब उसी के विरह में लीन है। सारी सृष्टि उसके पास पहुँचना चाहती है। "पुहुय सुगंध करहिं एहि आसा, मकु हिरकाई लेहि हम्ह पासा"।

रत्नसेन का पद्मावती तक पहुँचने वाला प्रेमपंथ जीवात्मा को परमात्मा में ले जाकर मिलाने वाले प्रेम पंथ का स्थूल आभास है। प्रेम पथिक रत्नसेन को सच्चा साधक बना दिया है। पद्मिनी ही चैतन्य स्वरूप परमात्माहै। जिसकी प्राप्ति का मार्ग बताने वाला सद्गुरू हीरामन है। उस मार्ग में अग्रसर होने से रोकने वाली नागमती संसार का जंजाल है। तन रुपी चित्तौड़ का राजा मन है। राघव चेतन शैतान है। जो प्रेम का मार्ग ठीक न बताकर, इधर-उधर भटकाता है। माया में वशीभूत अलाउद्दीन ही माया है। इस प्रकार जायसी ने अलौकिक प्रेम का उद्घाटन किया है। यदि कवि के उक्त स्पष्टीकरण के अनुसार व्यंग्य अर्थ को ही प्रधान या प्रस्तुत मानें, तो जहां तहां दूसरे अर्थ भी निकलते हैं। वहाँ-वहाँ अन्योक्ति माननी पड़ेगी। पद्मावत में सर्वत्र दो अर्थ नहीं मिलते। बीच-बीच में आये स्थल अधिकतर तो कथा के प्रसंग हैं। जैसे सिंहलगढ़ की दुर्गमता, सिंहलद्वीप के मार्ग का वर्णन, रत्नसेन का लोभ के कारण तूफान में पड़ना, राक्षस द्वारा उसका मारा जाना।

अतः इन स्थलों का जो व्यंग्य अर्थ लिया गया है। वह प्रबंध की दृष्टि से अप्रस्तुत ही कहा जायेगा और समासोक्ति ही माननी पड़ेगी। तथा ''कोई किहु जानन'' तथा ''बहुरिन आवा'' को दिल्ली गमन की जगह परलोक गमन करने से भी समासोक्ति है। रत्नसेन के सिंहलगढ़ पर चढ़ते हुए पकड़े जाने पर अन्योक्ति व्यंजित होती है। हीरामन से रानी का रूप वर्णन सुन राजा बेहोश हो जाता है। वह संसार के रूप का वर्णन है। राजा के पद्मावती के ध्यान में बेसुध होना दिखाकर साधक भक्त की समाधि द्वारा ईश्वर सान्निध्य प्राप्ति की व्यंजना की गई है। जोगी होते हुए राजा के

मुँह से उसी अमरधाम का दृश्य दिखाया है। रत्नसेन जब सिंहल के सातवें समुद्र में पहुँचा है तब दुख की सारी छाया हट जाती है। आनन्द की आभा फूट पड़ती है। यह है साधक का अपनी साधना के फल के निकट पहुँचना, जब सारे भ्रम और संताप दूर हो जाते हैं, ब्रहम की आनन्दमयी ज्योति से साक्षात् करने आत्मा अपने शुद्ध स्वरूप की ओर जाती है। ''देखि मानसर रूप 'सोहावा'' मंदिर में पद्मावती जाती है। राजा सो जाता है। अर्थात् संसार के मायाजाल के वशीभूत होकर आत्मा अपने पास रहने वाले ईश्वर को प्राप्त नहीं कर पाती। ''तबहूँ न जागा गा तू सोई'' जागे भेंट न सोये होई'' जागने वाला साधक ही ईश्वर को प्राप्त कर सकता है। रूप वर्णन सुनते ही राजा बेहोश हुआ, फिर जागकर भी अपने राजकार्य में ध्यान लगाकर उसी रूप के लिये चिंतित हो जाता है। इससे यह प्रगट होता है कि गुरू से सच्चा ज्ञान पाकर साधक ब्रहम ज्योति की ओर प्रवृत हो जाता है। प्रेम पथिक रत्नसेन का मार्ग साधक का मार्ग है। वह मिलान ही ईश्वर प्राप्ति है। अनेक विघ्न पहाड़, नदी, खोह, काम, क्रोध, मोह आदि हैं। सिंहल गढ़ का वर्णन भी हठयोग के विभागों के अनुसार शरीर का वर्णन है। इसमें वर्णित नौ पौरी नाक, कान, मुँह, आंख आदि नवद्वार हैं। दसवां द्वार ब्रह्मांध्र है। जिस पर पहुँचने में बड़े विघ्न उठाने पड़ते हैं। पांच कोतवाल विकार हैं। गढ़ के नीचे नाभिकुंड रूपी कुण्डलिनी है। सुरंग सुषुम्ना है। जो ब्रह्मान्ध्र तक जाती है। वहाँ पहुँचना कठिन है। साधक निरंतर ध्यान के बाद ही इस किले पर पहुँच पाता है। शिव द्वारा रत्नसेन को बताया गया यह मार्ग कोई सिद्ध पुरूष ही बता सकता है। तथा सूफी अवस्थाओं शरीअत, तरीकत, हकीकत, मारिफत का भी वर्णन किया है। मारिफत ही पूर्ण समाधि की अवस्था है। जहाँ ब्रहम के स्वरूप की अनुभूति होती है। लड़की का मायके से पति के पास जाना, जीव का ईश्वर के पास जाना दोनों का साम्य माना जाता है। अंत में जायसी के प्रथम सभागम के अवसर पर अर्थात् जीव और ईश्वर के मिलन पर रत्नसेन पद्मावती मिलन पर ये शब्द कहे हैं ''अनचिन्ह पिउ कांपौ मनमांहा'' का मैं कहव गहत जो बांहा'' ''अब जो कंत जो पूछहि बाता, कस मुख होहहि पीत किराता'' इस प्रकार से अन्योक्ति पूर्ण वर्णन सिंहल की हाट आदि के वर्णन में पारमार्थिक झलक दिखाई है। सारांश यह है कि जायसी का विरहवर्णन लौकिक होते हुए भी लौकिक है। एक साधक का ईश्वरोन्मुख प्रेम है। इस तरह यह पद्मावत अन्योक्ति और समासोक्ति बन पड़ा है।

'सूफी प्रेम पद्धति' 'रहस्यवाद' एवं 'जीवन दर्शन' (पद्मावत के संदर्भ में)-अद्वैतवाद में आत्मा परमात्मा की एकता पर बल दिया जाता है। भाव क्षेत्र में सूफी प्रकृति की छवि में भी इसी रहस्य भावना को देखा जा सकता है। यही सर्ववाद है। यह अद्वैतवाद चिंतन की वस्तु है। इसकी भावना जब भाव रूप में आती है तो रहस्यवाद बन जाती है। इसके दो भेद हैं-भावात्मक और साधनात्मक। यह उपनिषद, गीता, कृष्णभक्त मीरा के पदों आदि में हैं। जायसी ने इस सौन्दर्य सत्ता का संकेत दिया है। "बहुतै जोति जोति ओहि भई" "रवि ससि, नखत दियत ओहि जोती, रतन पदारथ मानक मोती" तथा सम्पूर्ण श्रुति उसी सत्ता की है। "पिउ हिरदय मंह भेंट न होई" प्रियतम के सामीप्य से उत्पन्न सुख देखि मानसर रूप सोहावा" हिय हुलास पुरइन होहि छावा" प्रिय के बाण सर्वत्र है। "उन्ह वानन्ह अस को जोन मारा बेधि रहा सगरौ संसारा" तथा धरती सरग मिले हुत दोऊ, केई निवारि के दीन्ह विछोहू" इस धरती और स्वर्ग के वियोग में सृष्टि वियुक्त है। सारे प्रकृति के महाभूत मोक्ष बिना साधना के नहीं पा सकते। इसी संदर्भ में जायसी ने हठयोग आदि प्रपंच का भी वर्णन किया है।

पद्मावत के गुण -1. विशुद्ध प्रेम मार्ग का विस्तृत प्रत्यक्षीकरण, 2. प्रेम की अत्यन्त व्यापक गूढ़ भावना, 3. मर्मस्पर्शिनी भाव व्यंजना, 4. प्रबन्ध सौष्ठव, 5. वर्णन की प्रचुरता 6. प्रस्तुत एवं अप्रस्तुत का सुन्दर समन्वय 7. ठेठ अवधी भाषा का माधुर्य।

पद्मावत के दोष- 1. पुनरूक्ति जैसे सूर्य-चांद का वर्णन, नखशिख वर्णन आदि 2. अरोचक और अर्नपेक्षित प्रसंगों का सन्निवेश, श्रृंगार वर्णन में फूल, पौधों के नाम, ज्योतिष, नायिका विचार आदि 3. वर्णनों में वस्तु नामावली का अरोचक विस्तार 4. अनुचितार्थत्व-रत्नसेन को रावण बताना 5. न्यूनपदत्व कारक, चिन्ह, अव्यय लोप के उदाहरणों से अर्थ की कठिनता हो जाना 6. च्युत संस्कृति "दसन देखि कै बीजु लजाना"।

पद्मावत की भाषा- जायसी के पद्मावत में पारमार्थिक झलक- 1. सिंहलगढ़ की हाट- 'नवपौरी बांकी नवखंडा' नवहु जो चहै, जाई ब्रहमंडा। 2. इस गढ़ से सूर्य चंद्र भी बचकर जाते हैं। कहीं उनके रथ न टूट जाय। प्रत्येक पौरी पर एक-एक सहस्र पदाती

बैठे हैं। कोट पाल हैं। शेर हैं, कनक सीढ़ियाँ हैं। ऐसे गढ़ में -'नवखंड नव पौरी औ तेहि बज्र किवार, चार बसेरे (शरीअत, हकीकत, तरीकत, म्वारिकत) जो चढै, सत् (सत्य) सौ, चढ़े जो पार'। 'नव पवरि पर दसों दुआरू, तेहिपर बाज राज घरियारू'। संसार का जीवन क्षण-क्षण पर नष्ट होता चलता है। जैसे मुहम्मद जीवन जलभरन रहंट धरी कै रीति, घरी सो आई ज्यौं भरी ढ़री जनम गा वीति' 'गढ़ पर नीर खीर दुई नदी पानी भरहि जैसे दुरूपरी' वहाँ पर मोती का कुंड उसमें अमृतजल है, उसे पीने से वृद्धावस्था का अनुभव नहीं होता। अमृत बल्ली वृक्ष सहस्र चक्र है। चन्द्रमा तारे उसी की शाखायें हैं। उसका सर्वत्र प्रकाश रहता है। उसका फल साधना के बाद ही मिलता है। इसे मिलने पर कोई बाधा पास नहीं आती। पद्मावती की सखी के सरोवर में भी खो जाने के वर्णन में पारमार्थिक झलक मिलती है। परमात्मा (पद्मावती) मानसरोवर (साधक) को प्राप्त हुई, वह प्रसन्न हो गया। पद्मावती के दांतो के वर्णन में दांतो की चमक से सारा संसार प्रकाशमान है। 'रवि ससि नखत दीन ओहि जोति, रतन पदारथ मानक मोति' 'बिन वह जोति और न दूजा'। पार्वती से एक निष्ठता दिखाने में कहा है- ''मोहि दोसरे सौं भाव न भातो'' शिवजी कहते हैं 'गढ़ तस बांक जैसि तोर काया, परखि देखि तैं ओहि की छाया।' वह युद्ध करने से प्राप्त नहीं हो सकता, यह केवल आत्मज्ञान से ही पाया जा सकता है। इसकी नौ पौरियों पर पांच कोतवाल हैं। दसवें द्वार पर एक गुप्त रास्ता है। जिस पर चढ़ना अगम्य है। कोई भेदी ही चढ़ सकता है। पिपीलिका (चींटी) मार्ग से ही साधक जाता है। जैसे चोर और जुआरी अपने दांव की ओर दृष्टि रखता है। उसी तरह चढ़कर तू उसे प्राप्त कर सकता है।

गूह्य हठ साधना- उसमें घुसते ही आत्मज्ञान होता है। सब कुछ अपना ही दिखता है। जन्म मरण का भय दूर हो जाता है। ''आपुहि आप करै जो चाहै''। ''नागमती दुख विरहअपारा, धरती सरग जरै तेहि झारा''। समस्त प्रकृति जल उठी, पक्षी पर्वत आदि सब जल गये। पद्मावती का नख शिख वर्णन, रत्नसेन पद्मावती संयोग और षड् ऋतु वर्णन उल्लेखनीय है। दोनों रानी पद्मावती नागमती जब सती होती है। वहाँ जायसी ने लिखा है ''ओ जो गांठि कंत तुम्ह जोरी, आदि अंत दिन्हि जाइन छोरी'' ''एहिजग काह जो आथि (अस्ति) निआथी (नास्ति) हम तुम नांह दूंह जग साथी।''

पद्मावत का जीवन दर्शन- 1. मरण एक अनिवार्य सत्य- मुहमद जीवन

जलभरत रहंट धरी कै रीति, घरी सो आई ज्यौ भरी दरी जनम गा वीति'' 2. मरने से बचने का उपाय- मरण साधना - जो पहिले सिर पगु धरईं, मुए केर मीचुहि का करई 3. मरण साधना के गुरू शिष्य- भृंगी, फनिग (सर्प) भृंगी फनिग को अपने जैसा कर देता है 4. हठयोग साधना द्वारा मरण साधना- शरीर को गढ़ सिद्ध किया है। तथा सिंहलगढ़ को शरीर सिद्ध किया है। 5. प्रेम योग द्वारा मरण साधना -विरह की मरण अवस्था को परम सुख की अवस्था माना है ''सुनतहि राजा जा मुरझाई'' 6. प्रेम मार्ग मुक्ति मार्ग 'भलेहि प्रेम है कठिन दुहेला, दुई जग तरा प्रेम जेहि खेला 7. प्रेम सौन्दर्य विधायक - 'प्रेम छोड़ि किछु और न लोना' 8. सौन्दर्य का रत्नाकर मानव हृदय 9. प्रेमलोक ज्योति 10. प्रेम जीवनोत्सर्ग मार्ग 11. प्रेममार्ग की सबसे बड़ी बाधा शरीरा सक्ति 12. प्रेम और काम 13. प्रेम और सत्य। 14. प्रेम मार्ग सेवा मार्ग 15. साधक और सृष्टि का दर्पणभाव। 16. सृष्टिमात्र सौन्दर्य तथा प्रेम से पूरित 17. अद्वैतसिद्धि 18. प्रेममार्ग के गुरू शिष्य प्रेम और प्रेम का पात्र 19. पद्मावती स्वर्गीय ज्योति 20. रत्नसेन धरती का सर्वाधिक निर्मल रत्न 21. मानवमन मोक्ष और बंधन का कारण 22. योगमार्ग तथा प्रेममार्ग वेद बाह्य किन्तु दक्षिण मार्ग है। रत्नसेन के सूली की व्यवस्था राजा वेदज्ञ पंडितों से कराता है। यह भी जायसी के जीवन दर्शन की एक सोच है कि प्रेमी का अवसान अपराधी मान कर किया गया है और उसके जीवन को ही प्रेम की बलिवेदी पर न्यौछावर कर दिया है। यहाँ प्रेम और जीवन दोनों पर विचार करने हेतु सहृदय विद्वानों को सचेष्ट किया है। गुण वर्णन, स्वप्न दर्शन, चित्र दर्शन, साक्षात्दर्शन से नायक के हृदय में प्रेम का उद्भव कराना, फिर योगी बनाना अर्थात् सांसारिक माया मोह को त्यागकर अलौकिक साधक बना देना, फिर बाधाओं का आगमन, शरीअत, तरीबत, हकीकत और म्वारिफत का वर्णन, नायिका की प्राप्ति, वापिसी, युद्ध, मृत्यु और सती होना आदि घटनाओं का क्रम भी पद्मावत के जीवनदर्शन को व्यक्त करता है। कथानक पर सूफी कथा, कल्पना और इतिहास का सहारा लिया है।

पद्मावत की कथा का स्रोत- प्राचीन कथा साहित्य जैसे कथा सरितसागर, बृहत्कथा मंजरी, वैदिक तथा पौराणिक प्रेम कथायें नल दमयंती आदि बौद्धों की जातक कथाओं से भी और तंत्र कथाओं से भी पद्मावत की कथा के स्रोत को पुष्टि मिली है। इस पर सिद्ध और नाथ सम्प्रदाय का प्रभाव परिलक्षित है। संत कवियों,

संस्कृत तथा प्राकृत का भी प्रभाव है। हिन्दी के प्रथम सूफी काव्य मुल्ला दाऊद की 'चंदायन' का भी प्रभाव है। इसमें फारसी और इस्लाम साहित्य का भी प्रभाव है। जायसी से पहले कल्कि पुराण में पद्मावती की कथा है। भास के स्वप्नवासवदसम् नाटक में यह कथा है। तथा 'प्रतिज्ञा यौगन्धराण' में भी यह कथा है। गुणाढ्य कृत बृहतकथा और मयूर की पद्मिनी कथा, रासौ का पद्मावती समय, हेमरत्न और जटमलों गोरा बादल चउपई गोराबादल की बात भी मिलती है। फिर जायसी ने उसे अपने ढंग से लिखा है। इसके बाद उस्मान की चित्रावली कासिमशाह की हंस जवाहिर, नूर मुहम्मद की इन्द्रावली भी ऐसी ही रचनायें हैं। जायसी का पद्मावत सूफी धारा की श्रेष्ठ रचना है। जायसी ने कथानक का प्रतिपादन तथा पात्रों की भाव व्यंजना का संगठन उत्तम कोटि का किया है। सूफी कवि नायिका के नाम पर ही नामकरण करते थे क्योंकि स्त्री को ईश्वर मानते हैं, सूफी कथानकों में एकरूपता मिलती है। यह सूफी साहित्य का लक्ष्य है। कथानक का आरंभ भी मसनवी पद्धति पर किया है। ईश्वर, राजा, यार, प्रकृति चित्रण, अपना वर्णन, फिर कथा आरंभ करते हैं। फिर उसका महत्व, गुरू के बिना सच्चा ज्ञान नहीं मिल सकता। एकनिष्ठता नायक, नायिका की कल्पना है। जिससे अलौकिक प्रेम ध्वनित है। प्रस्तुत लौकिक नायिका अप्रस्तुत ईश्वरीय प्रेम। यही सूफी सिद्धान्त है, जो प्रचारित किया गया। हिन्दी असूफी साहित्य में (1) दाम्पत्य प्रेम, स्वच्छंद प्रेम सत्यपरक प्रेम (नायिका का सत्य), आध्यात्मिक प्रेम मिलता है लेकिन हिन्दी सूफी साहित्य में केवल दाम्पत्य प्रेम है जो जायसी के पद्मावत में वर्णित है।

शील निरूपण या जीवनदर्शन

- लौकिक पात्र
  - मानव
    - मुख्य पुरूष
    - गौड़
    - स्त्री
  - मानवेतर
    - हीरामन- भूतप्रेत
- अलौकिक पात्र
  - शिव पार्वती

मुख्य पुरूष	गौड़	स्त्री
नायक- रत्नसेन	गोराबादल	मुख्य पद्मावती नायिका
प्रतिनायक- अलाउद्दीन	सेना	नागमती प्रतिनायिका
खलनायक- राघव चेतन		गौड़-सहेलियाँ

हर प्रेमाख्यान में विविध पात्र होते हैं। घटनाओं की विविधता में जीवन की नश्वरता और वास्तविकता का उल्लेख जायसी ने किया है। जीवन दर्शाकर उसी में आदर्श स्थापित किया है और प्रेम को लोक और अध्यात्म दोनों में समान रूप से बांटा है। जीव (नायक) को जब अपनी वास्तविक स्थिति का ज्ञान होता है तो वह परमात्मा (नायिका) से मिलना चाहता है। परमात्मा के सौंदर्य पर वह मुग्ध हो जाता है। यह प्रेमादर्श (सूफी) फारसी पद्धति पर आधारित है। किन्तु बीच-बीच में भारतीय आदर्श लिया गया है क्योंकि कथा वस्तु भारतीय है। फ़ारसी पद्धति के कारण इस्लाम दर्शन का भी प्रभाव है। संत कवियों ने इसके उल्टा किया है। जीवात्मा (स्त्री) परमात्मा (पुरूष) है। हर नायक ने अपनी पहली स्त्री माया मानी है। दूसरी, तीसरी से प्रेम की उद्भावना की है। प्रेम और सौन्दर्य का अन्योन्याश्रय संबंध है। बिना सौंदर्य के प्रेम का उद्भव नहीं मानते। यह सूफियों का मत है। 'नयन जो देखा' पारस रूप यहाँ लगि आई यह सौंदर्य ही तो है। तथा प्रेम का महत्व 'तीन लोक चौदह भुवन सवै परै यह सूझ, प्रेम छांडि कछु और न लौना, जो देखौ तो बूझि'' से स्पष्ट है ''प्रेम घाव, दुख जानि न कोई, जिहिं लागै है जाने सोई'' जो न हि सीस प्रेम पथ लावा, सो पृथिवी मह काहे को आवा'' प्रेम फांद जो परान छूटा'' सुनि धनि प्रेम सुरा के पिये जिय न भरन डर रहै न हिये''। हर प्रेमी साधक चार अवस्थाओं को पार करके चलता है। तथा सात भूमि और आठ मंजिल को भी पार करता है। विरह को अधिक महत्व दिया है। ''प्रेमहि मानि विरह रस सना'' विरह में प्रेममार्गी तलवार की धार पर चलता है और आग के दरिया में डूबता है। प्रेमी देखने में कृश काय होता है पर उसके अंतर्मन में प्रेम उतना ही पुष्ट होता रहता है।

अब हम सूफी शैली पर भी विचार करते हैं। सूफ शब्द से सूफी शब्दकी उत्पत्ति हुई है। इसका अर्थ ''ऊॅन'' था। जो साधक सफेद ऊॅन के वस्त्र पहनकर साधना करते थे, वे सूफी कहलाते थे। भारत में 11 वीं शताब्दी के लगभग इनका प्रवेश हुआ। ख्वाजा मुईउददीन चिश्ती से लेकर भारत में सूफी पंरपरा मिलती है। इनका चिश्ती सम्प्रदाय था, इसमें से सुहरवर्दी आदि अनेक सम्प्रदाय चले। चिश्ती सम्प्रदाय से ही मुल्ला दाऊद संबंधित हैं। 1. चिश्ती सम्प्रदाय के मौलाना दाऊद 2. सुहरवर्दी सम्प्रदाय के कुतुबन 3. महदवी सम्प्रदाय के जायसी और 4. शत्तावरी सम्प्रदाय के मंझन हुए हैं। सूफी साहित्य तीन रूपों में विकसित हुआ 1. दक्षिणी

प्रेमाख्यानधारा 2. हिन्द सूफी प्रेमाख्यान धारा 3. हिन्दी असूफी प्रेमाख्यान धारा, ''सबरस' इसी हिन्दी (हिन्दी + उर्दू) उर्दू मिश्रित हिन्दवी भाषा में ही है। 'गुलशने इश्क' भी इसी धारा में हैं। असूफी में 'ढोला मारू रा दूहा' 'मधुमालती' आदि रचनायें हैं। हिन्दी का सूफी प्रेमाख्यान चंदायन प्रथम है जिसके प्रथम कवि मौलाना दाऊद हैं। चंदायन का समय 1379 ई. है। इसमें चंदा लोरिक मैना की कथा है फिर कुतुबन की 'मृगावती' फिर जायसी का पद्मावत 1540 ई. की रचना है। यह सूफी श्रृंगार की श्रेष्ठ रचना है।

यदि हम कबीर और जायसी के रहस्यवाद की तुलना करें तो हमें ज्ञात होता है कि जायसी का रत्नसेन प्रेमाग्नि में योगी बनता है, जबकि कबीर वैराग्य को ज्ञान मार्ग का साधन मानते हैं। कबीर का साधक विहाग्नि में जलता है। विरह को दोनों ने ही महत्व दिया है। जायसी शैतान को बाधक मानते हैं तो कबीर माया को। कबीर की साधना आध्यात्मिक और अन्तर्गत से संबंधित है तो जायसी की अलौकिक तथा बाहय जगत से संबंधित है। कबीर मानवीय अद्वैतवाद को पुष्ट करते हुए कहते हैं 'हरि भरि है तो हम हूँ भरी हैं हरि न मरै तौ हम काहे कूँ भरि है'। जायसी की अभिव्यक्ति अन्योक्ति परक है। सारांश यह है कि कबीर का मन्तव्य अध्यात्म से प्रभावित भक्ति परक एकान्त मूलक व्यष्टिपरक है। तो जायसी का सरस श्रृंगार परक भावात्मक समष्टि परक है। दोनों ने ही विचारशीलता को महत्व दिया है। जो पाठक, श्रोता को मनन हेतु प्रेरित करते हैं। इस प्रकार हम कह सकते हैं कि जायसी का पद्मावत एक विशिष्ट श्रेणी का काव्य है जिसमें जीव, ब्रहम, नायक, नायिका का श्रृंगार अध्यात्म लोक, अलोक, संसार, स्वर्ग, पुरूष, स्त्री आदि को परिभाषित किया गया है। श्रृंगार रस के साथ अन्य रसों का भी परिपाक हुआ है। छंद, दोहा, चौपाई, मसनवी शैली में प्रयुक्त है। अथलिंकार अन्योक्ति, समासोक्ति प्रस्तुत, अप्रस्तुत शैली पर आधारित प्रयुक्त हैं अथवा सभी का समाहार देखने को मिलता है। प्रकृति चित्रण में संयोग वियोग आलम्बन उददीपन, षड़ऋतु वर्णन, बारहमासा के रूप में प्रयुक्त हैं। अवधी भाषा का मध्यम रूप है जो सहज गम्य है। प्रतीकात्मक शैली सर्वत्र दृष्टव्य है। इस महाकाव्य ने जो प्रेम की व्याख्या की है, वह अद्भुत तो है ही किन्तु रागी और वैरागी दोनों को समान रूप से अभीष्ट लगती है। प्रिय लगती है। पाठक, श्रोता सहज साधारणीकृत हो जाता है और उसकी उत्कष्ठा, जिज्ञासा को लिए नवयौवन में सराबोर हो जाती है। यही काव्य की सर्वोत्तम विशेषता है।

11

काव्यशास्त्रः विस्तृत अध्ययन

काव्य शास्त्र का सिद्धान्त पक्ष

साहित्य का स्वरूप एवं उद्देश्य

साहित्य अर्थात् हित सहित अर्थात् सहित शब्द से साहित्य शब्द की निर्मित हुई है। साहित्य का शाब्दिक अर्थ है, 'सहितस्य भावः साहित्यं' यह आचार्य भामह का मत है और आचार्य कुन्तक के अनुसार 'सहितयोः शब्दार्थयोः भावः साहित्यं'। आचार्य रूद्रट, चन्द्रशेखर, मुकुल भट्ट, मयंख, भर्तृहरि आदि विद्वानों ने भी साहित्य की अनेक परिभाषायें दी हैं, तथा साहित्य को काव्य का पर्यायवाची माना है। यह मत दोषपूर्ण है। इनके अतिरिक्त विदेशी विद्वानों ने भी साहित्य की परिभाषा दी है। आलर्ड के अनुसार साहित्य जीवन की व्याख्या है। हड़सन के अनुसार साहित्य कला है। यम जी के अनुसार साहित्य संगीत है। साहित्य एक व्यापक शब्द है, जो यथार्थ परिभाषा के अभाव में सर्वोत्तम विचार की उत्तमोत्तम लिपिबद्ध अभिव्यक्ति के लिए व्यवहृत होता है। अच्छे विचारों को लिपिबद्ध कर दिया जाता है वह साहित्य है। भारतीय विद्वानों में कवि रवीन्द्र के अनुसार साहित्य की उत्पत्ति सहित शब्द से हुई, इसमें मिलन का अभाव है, महावीरप्रसाद द्विवेदी के अनुसार ज्ञान राशि के संचित कोष का नाम साहित्य है। श्यामसुन्दर दास के अनुसार कलामया पुस्तक के रूप में जो कुछ भी हो वह साहित्य

है, प्रेमचन्द के अनुसार साहित्य जीवन की आलोचना है, प्रसाद के अनुसार साहित्य को काव्य का पर्यायवाची कहा जाता है। शुक्ल के अनुसार जो सुप्त भावों का जागृत कर सके या जिसमें चमत्कारपूर्ण अनुरंजन हो वही साहित्य है। समाज की समस्त चित्रवृत्तियों का प्रतिबिम्ब ही साहित्य है, गुलाबराय के अनुसार, 'हितेन सह सहितं तस्य भाव साहित्यं।' साहित्य जीवन और जाति के सौंदर्य की वह भावमय झांकी है जिसके सहारे नित्य नवीन आनंद और कल्याण का विधान होता रहता है। उद्‌देश्य श्लोक 'धर्मार्थ कामयोक्षेषु वैचक्षण्यं कलाषु च, करोति कीर्ति प्रीतिं च साधु काव्य निषेवणम्' आचार्य भामह के अनुसार साहित्य का उद्‌देश्य यश, धन, काम और मोक्ष की प्राप्ति है। आचार्य मम्मट के अनुसार "काव्यं यशसे अर्थकृते व्यवहारविदे शिवेतररक्षये सद्यः परनिवृत्तये कान्ता सम्मित उपदेश युजे' अर्थात् यश, धन व्यवहार ज्ञान, अशुभनाशक, तुरंत आनंद प्राप्ति तथा कान्ता सम्मित उपदेश का योग ही काव्य का उद्‌देश्य है एवं स्वान्तः सुखाय" साहित्य का मुख्य उद्‌देश्य है।

भारतीय काव्य शास्त्र की परम्परा का परिचय तथा प्रमुख काव्य

प्रारम्भ में किसी प्रकार की रचना के लिए संस्कृत साहित्य में काव्य शब्द का प्रयोग होता रहा है। आचार्य वामन का काव्यालंकार, दण्डी का काव्यादर्श, इसके उदाहरण है। भामह ने काव्य की परिभाषा "शब्दार्थौ सहितौ काव्यम्' कह कर दी है। तथा आचार्य कुन्तक ने साहित्य "सहितयोः शब्दार्थयोः भावः साहित्यम्" कहा है। काव्य का ही दूसरा प्राचीन नाम साहित्य रहा है। पाश्चात्य विद्वानों की अपेक्षा संस्कृत के विद्वानों व आचार्यो के अनुसार काव्य शास्त्र कला बहुत व्यापक है। उनके अनुसार काव्य शास्त्र काव्य के प्रयोजन को बताता है। यश, धन और आनन्द की प्राप्ति कराता है। और कवि के लिए उन सभी विशेषताओं का निर्माण कराता है, जो उसकी सफलता के लिए आवश्यक है।

भारतीय काव्यशास्त्र की परम्परा का परिचय तथा प्रमुख काव्य- प्रारम्भ में किसी प्रकार की रचना के लिए संस्कृत साहित्य में काव्य शब्द का प्रयोग होता है। आचार्य वामन का काव्यालंकार, दण्डी का काव्यादर्श, इसके उदाहरण है। भामह ने काव्य की परिभाषा "शब्दार्थौ सहितं काव्यम्" की है। कुन्तक ने "सहितयोः

शब्दार्थयोः भावः साहित्यम्'' कहा है। काव्य और साहित्य एकार्थ वाची हैं। पाश्चात्य विद्वानों की अपेक्षा संस्कृत विद्वानों के अनुसार काव्य कला बहुत व्यापक है। काव्य का प्रयोजन यश, धन एवं आनन्द प्रदान करना है और कवि के लिए अभीष्ट आधार सुनिश्चित करना भी काव्य का उद्देश्य है।

काव्यशास्त्र काव्य की परिभाषा, शब्द शक्तियों का स्वरूप, स्पष्टीकरण, काव्यशास्त्र के विभिन्न रूपों गद्य, पद्य, मिश्रित, उत्तम, मध्यम, अधम आदि उसके गुणों रीतियों दोषों का विस्तृत विवेचन करता है। इसके अतिरिक्त काव्य शास्त्र काव्य के बाह्य उपकरणों का विवेचन करता है। जो काव्य शास्त्र को विस्तृत तथा चमत्कृत करता है। भारतीय काव्यशास्त्र के इतिहास को चार भागों में विभाजित किया हैः

1. प्रारम्भिक काव्य- (अज्ञात काल से)+ प्रारम्भ काल से + भामह तक 7वीं सदी का प्रारम्भ काल (यास्क, पतंजलि, भरत आदि)

2. रचनात्मक काल- भामह से आनन्दवर्धन तक (7 वीं शताब्दी के मध्य से 9 वीं शताब्दी के मध्य तक) अलंकार सम्प्रदाय, रस सम्प्रदाय, ध्वनि सम्प्रदाय, रीति सम्प्रदाय। अलंकारवादी भामह (काव्यांलकार) उद्भट, रूदट काव्यालंकार सारसंग्रह (काव्यालंकार) रीति सम्प्रदाय में दो आचार्य आते हैं। दण्डी जिनका काव्यदर्श है तथा दूसरे वामन आचार्य हैं। इनकी पुस्तक है 'काव्यालंकार सूत्र वृत्ति'' । रसवादी आचार्य लोल्लट शंककु भट्टनायक आदि हैं।

ध्वनि सम्प्रदाय- 'ध्वन्यालोक' ध्वनिकार तथा आनंदवर्धन इसके रचयिता है।

3. निर्णयात्मक काल- आनंदवर्धनाचार्य से आचार्य मम्मट तक (9वीं शताब्दी के मध्य से 11वीं शताब्दी के मध्य तक) इस युग के मुख्य आचार्य अभिनवगुप्त, अभिनवभारती तथा ध्वन्यालोक, कुन्तक, (वक्रोक्ति जीवित), महीभट्ट (व्यक्ति विवेक), रूद्रभट्ट (शृंगार तिलक), धन्नजय (दशरूपक), भोजराज (सरस्वती कण्ठाभरण) तथा (शृंगार प्रकाश)

4. व्याख्याकाल- आचार्य मम्मट से पंडितराज जगन्नाथ तक (11वीं शताब्दी के मध्य से 18वीं शताब्दी तक) इस युग के प्रमुख आचार्य मम्मट हैं। काव्य प्रकाश, रूय्यक,

अलंकार सर्वस्व (विश्वनाथ), साहित्यदर्पण, विद्याधर, जयदेव, हेमचन्द आदि हैं। भानुदत्त (रस तरंगिणी), गोस्वामी उज्जवल (नीलमणी), राजशेखर (काव्यमीमांसा), क्षेमेन्द्र (औचित्य विचार चर्चा), पंडितराज जगन्नाथ (रसगंगाधर) संस्कृत के आचार्यो से प्रभावित होकर हिन्दी के कवियों ने भी काव्य के भेद, नायिका भेद, प्रभेद आदि लिखे हैं।

(1) प्रारंभिक काल - अज्ञात काल से 7 वीं शताब्दी के मध्य तक- भारतीय काव्य शास्त्र का प्रारंभ किस काल से हुआ यह निश्चित रूप से नहीं बताया जा सकता, किन्तु इसके विकास का ज्ञात प्रमाण जूनागढ़ के रूद्रदमन के शिलालेख का है। जिसका समय 150 ई. पू. है। इसमें अनुप्रास तथा अनेक शाब्दिक चमत्कार के अच्छे उदाहरण मिलते हैं। चौथी शताब्दी के एक अन्य शिलालेख में महाराज चन्द्रगुप्त की एक प्रशस्ति है। जिसका रचयिता महाराज हरिषेण है, जोकि भामह की टक्कर का माना जाता है। वैदिक साहित्य में ऋग्वेद प्राचीनतम है। ऋग्वेद में कुछ शास्त्रीय उत्स मिलते हैं। सोमरस के अर्थ से इसका स्पष्ट उल्लेख मिलता है। उपमा शब्द का प्रयोग भी ऋग्वेद में मिलता है। यास्क के निघण्टु में उपमा की वाचक बारह शब्दों का उल्लेख हुआ है। निघण्टु के भाष्य निरूक्त में उपमा एक वैज्ञानिक परिभाषा दी गई है। जो यास्क के पूर्ववर्ती किसी गार्ग्य नामक आचार्य की बनाई गई बताई जाती है। यास्क ने उपमा के पांच भेद किये हैं। कर्मोपमा, भूतोपमा, सिद्धोपमा, अर्थोपमा तथा लुप्तोपमा। 500 ई.पू. प्रसिद्ध वैयाकरण पाणिनि ने अपनी अष्टाध्यायी में उपमा, उपमान, उपमिति तथा समास जैसे अलंकार शास्त्र के पारिभाषिक शब्द दिये हैं। और अपने व्याकरण शास्त्र में पूर्णोपमा के लिए उपमान उपमेव, सादृश्यवाचक तथा साधारण धर्म, इन चारों अंगों का स्पष्ट निर्देश दिया है। पाणिनि के सदृश कात्यायन ने भी व्याकरण के क्षेत्र में उपमा को स्वीकार किया है। आचार्य पतंजलि ने अपने महाभाष्य में पाणिनि द्वारा उपमान शब्द को एक विशिष्ट अर्थ दिया है। जो कि शास्त्रीय एवं ऐतिहासिक है। तथा महत्वपूर्ण है। इसके बाद नाट्य शास्त्र के रचयिता आचार्य भरत का प्रादुर्भाव हुआ। कुछ विद्वान तो नाट्यशास्त्र को ही काव्य शास्त्र का प्रथम ग्रन्थ स्वीकार करते हैं। किन्तु भरत से पूर्व उपर्युक्त आचार्यो के अलावा अन्य कई आचार्य जैसे सुवर्णनाम, नन्दकेश्वर, आदि आचार्य हुए हैं। जिन्होनें अनेक काव्यशास्त्र सम्बन्धी अंगों की व्याख्या की है। भरत के समय के संबंध में विद्वानों में बड़ा मतभेद है। डॉ. सुशील कुमार 'डे' ने अपनी पुस्तक संस्कृत पोथटिक्स में

नाट्यशास्त्र के कुछ अंश को चौथी तथा पांचवी शताब्दी और कुछ अंश को आठवीं शताब्दी का स्वीकार किया है। मैकनाडल 'संस्कृत साहित्य का इतिहास' में इसे छठीं शताब्दी का तथा पाणिनि इसे ईशा की तीसरी शताब्दी के पूर्व की रचना मानते हैं। महाभहोपाध्याय हरिप्रसाद शास्त्री तथा यशोधनदास गुप्ता ने इसे ईशा से पूर्व दूसरी शताब्दी की रचना माना है। नाट्य शास्त्र में 37 अध्याय हैं। भरत ने इसे पांचवे वेद के रूप में पोषित किया था। इसमें लगभग 5000 श्लोक हैं। 16 वें अध्याय में काव्यशास्त्र का उल्लेख मिलता है। भरत ने काव्य के संबंध में चार अलंकारों की चर्चा की है। उपमा, रूपक, दीपक, यमक, दशगुण श्लेष, प्रसाद, समता, समाधि, माधुर्य ओज, पद् सौकुमार्य, अर्थव्यक्ति, उदारता तथा कांति। दस दोष - गूढ़ार्थ, अर्थान्तर, अर्थहीन, भिन्नार्थ, एकार्थ, अभिरूक्तार्थ, न्यायोपेत, विषम, विसंधि, शब्दच्युत। और काव्य रचना में 36 अन्य विशेषताओं का उल्लेख किया है। उनके अनुसार अलंकार गुण, दोष रस आदि सभी काव्य के सहकारी अनुचर हैं। और उनका महत्व वहीं तक है जहाँ तक वे नाटकीय रस की अभिव्यक्ति में सहायक होते हैं। नाट्यशास्त्र के छठे अध्याय में रस पर विचार किया गया है। नाटकीय रस की आधारशिला मानवीय विकार की वह चेतना है जिन्हे भाव कहते हैं। रति शोक आदि कुछ भावों को स्थायी भाव कहा गया है क्योंकि वे मानवीय मस्तिष्क की अन्तश्चेतना में सदैव स्थित रहते हैं। विभाव स्थाईभाव के कारण निमित्त स्वरूप होते हैं। जागृति भाव की सूचना अनुभाव में मिलती है। इन मनौवैज्ञानिक तथ्यों के आधार पर भरत ने यह सिद्धान्त प्रतिपादित किया कि विभाव, अनुभाव तथा व्यभिचारी भाव के संयोग से रस, निष्पत्ति होती है। "विभावानुभाव संचारीभाव संयोगाद्रसनिष्पत्तिभर्वति"।

सम्प्रदायों का अध्ययन

1. अलंकार सम्प्रदाय- भारतीय साहित्य शास्त्र में अलंकार अपना विशिष्ट महत्व रखते हैं। साहित्य को अलंकृत करने वाले उपादानों के रूप में अलंकारों का विवेचन काफी प्राचीन समय से चलता रहता है। कुछ आचार्यो ने तो इन्हे काव्य का प्राणभूत तत्व कहा है। इस सम्प्रदाय के प्रवर्तक आचार्य भामह हुए हैं। उनके मत की पुष्टि उद्भट्, दण्डी, रूय्यक, मम्मट, जयदेव, विश्वनाथ और अप्पय दीक्षित आदि ने की है। इस सम्प्रदाय के अनुसार अलंकार काव्य का सर्वस्व प्राण है। जिस तरह अग्नि का

मुख्य गुण उष्णता है, उसी तरह काव्य की आत्मा अलंकार है। ये काव्य का पोषण करने वाले अंग हैं अतः काव्य के सौन्दर्य के लिए इनकी स्थिति अनिवार्य है।

भामह के अनुसार- (सातवीं शताब्दी का अंत) भामह से पूर्व भारत के नाट्य शास्त्र में चार तथा अग्निपुराण में सोलह अलंकारों का उल्लेख है। भामह ने अपने ग्रन्थ काव्यालंकार में अड़तीस अलंकारों का उल्लेख किया है और चार वर्ग किये हैं (क) अनुप्रास, यमक, रूपक, दीपक, तथा उपमा (ख) आक्षेप, अर्थान्तर न्यास, व्यतिरेक, विभावना, समासोक्ति तथा अतिश्योक्ति (ग) यथा संख्य, उत्प्रेक्षा, और (घ) स्वभावोक्ति, प्रेयसिरसवत्, उर्जस्वि, अपन्हुति, निदर्शना और संदेह आदि अलंकार हैं। भामह के अनुसार अलंकार काव्य के प्राण और वक्रोक्ति अलंकारों का सर्वस्व जिन अलंकारों में उक्ति की वक्रता नहीं है उन्हं वे अलंकार नहीं मानते हैं किन्तु वक्रोक्ति से भामह का क्या प्रयोजन था? इसका यथोचित स्पष्टीकरण उन्होने नहीं किया। वक्रोक्ति से उनका अभिप्राय संभवतः उक्ति की औचित्यता अथवा शब्द या अर्थ की औचित्यता से रहा है। महाकाव्य में सभी रसों का होना आवश्यक बताया है। किन्तु वे महाकाव्य को रस का निश्चय लक्षण नहीं मानते, इसलिए उन्होने रसाभास का स्वतंत्र वर्णन न देकर रस वर्ग पूर्वजस तथा प्रेयसि आदि अलंकारों में समावेश कर दिया है। अलंकारों के अतिरिक्त काव्य के साधन, काव्य के लक्षण गुण दोष तथा काव्य के विभिन्न रूपों का वर्णन भी किया है। इनके अनुसार काव्य के शरीर के दो अंग हैं- (i) शब्द और (ii) अर्थ। 'शब्दार्थो सहितं काव्यर्म्' किन्तु काव्य को निर्दोष एवं सगुण होना चाहिए। अलंकार शब्द, अर्थ दोनों का चमत्कृत करने वाले होते हैं। अतः यही काव्य के आवश्यक लक्षण हैं।

आचार्य उद्भट के अनुसार- (आठवीं शताब्दी का अंत) - उद्भट भामह के अनुयायी थे। उनके अधिकांश अलंकारों के वर्णन तथा उनकी परिभाषाऐं भामह पर आधारित हैं। ये आचार्य होने के साथ-साथ मेधावी आलोचक एवं सरल काव्यकार भी थे। अपने 'भामह विवरणम्' नामक ग्रन्थ में आचार्य भामह के सिद्धान्तों की बड़ी सूक्ष्म तथा विशद व्याख्या की है। उन्होने भामह विवरणम् के अतिरिक्त अपने अन्य ग्रन्थ 'काव्यालंकार सार संग्रह' में दृष्टान्त, काव्यलिंग, पुनरूक्ति, पदाभाव जैसे तीन अतिरिक्त अलंकारों की व्याख्या की है। इस तरह अलंकारों की संख्या अड़तीस से इकतालीस हो गई है। भामह ने अनुप्रास के दो भेद किये हैं। ग्राम्या तथा लाटानुप्रास

किन्तु उद्भट ने तीन भेद किये, छेकानुप्रास, लाटानुप्रास, वृत्यानुप्रास अंतिम भेद वृत्यानुप्रास को पुनः कोमला, परूषा, तथा उपनागरिका नामक तीन वृतियों पर आधारित किया है, इस उद्भावना को बाद के आचार्यो ने भी स्वीकार किया। भामह की भांति उद्भट ने भी रस को स्वतंत्र न मानकार 'रसवत्' आदि को भी अलंकारों के अंतर्गत माना है। उन्होने भाव, अनुभाव जैसे पारिभाषिक शब्दों का भी उल्लेख किया। जिसकी भामह ने कोई चर्चा नहीं की। इस तरह कश्मीर के काव्यशास्त्र के प्रसिद्ध उन्नायकों में उद्भट का नाम प्रसिद्ध रहा है।

आचार्य रूद्रट के अनुसार- (सम्वतः 800 से 850 के बीच) रूद्रट रस की ओर काफी प्रभावित जान पड़ते हैं। फिर भी अलंकारवादी आचार्य माने जाते हैं। उनका काव्यालंकार ग्रन्थ एक प्रौढ़ काव्य शास्त्रीय प्रबंध ग्रन्थ है। जिसमें काव्य स्वरूप, काव्यभेद, रस, नायिका भेद, रीति, दोष एवं अलंकार आदि सभी विषयों पर विचार किया है। किन्तु प्रधानता अलंकार विवेचन की है। अलंकारों को ही काव्य का आवश्यक तत्व स्वीकार किया है। अलंकारों के विभिन्न भेदों के छोड़ देने पर भी उन्होनें अलंकारों की संख्या अड़सठ बताई है। ये ही पहले आचार्य हैं जिन्होनें अलंकारों का वैज्ञानिक वर्गीकरण प्रस्तुत किया, उन्होनें शब्दालंकारों को पांच शीर्षकों में बांटा है- (i) वक्रोक्ति, श्लेष, चित्रा, यमक और अनुप्रास और अन्य समस्त अलंकारों को चार भागों में विभक्त किया है। (ii) वास्तव्य (iii) औपम्य (iv) अतिशय एवं (v) श्लेष, यह वर्गीकरण कुछ अंशों में त्रुटिपूर्ण बताया गया है। क्योंकि इसके अनुसार कुछ अलंकार एक से अधिक वर्ग में बंट जाते हैं। जैसे सहोक्ति, तथा समुच्चय अलंकारों में वास्तव्य तथा औपम्य दोनों के भाव निहित हैं। इसी तरह उत्प्रेक्षा में औपम्य तथा अतिशयता दोनों के भाव विद्यमान हैं। इस तरह कुछ त्रुटियों के होते हुए भी यह वर्गीकरण महत्वपूर्ण माना गया है। मम्मट ने भी इसे माना है। रूद्रट के अनुसार अलंकारों का वर्गीकरण एक व्यावहारिक शास्त्र है जिसके माध्यम से हम किसी भी चीज को आसानी से समझते लेते हैं। इस के संबंध में रूद्रट का दृष्टिकोण उद्भट से अधिक उदात्त है। उन्होनें रस तथा भाव को अलंकारों के अंतर्गत नहीं रखा है और चार अध्यायों में उनका विस्तृत विवेचन किया है।

इससे स्पष्ट है कि रूद्रट रस के स्वतंत्र महत्व को समझते थे। आचार्य रूद्रट

के बाद अलंकार सम्प्रदाय का महत्व दिन प्रतिदिन घटता गया और अंततोगत्वा रस सम्प्रदाय तथा रीति सम्प्रदायों की भांति यह सम्प्रदाय भी ध्वनि के सर्वव्यापी सिद्धान्तों में समाविष्ट कर दिया गया। इस सम्प्रदाय की अवनति दण्डी और वामन के रीति सम्प्रदाय के साथ ही होने लगी, आचार्य दण्डी ने अपने काव्यादर्श में अलंकारों को काव्य की शोभा बढ़ाने वाला धर्म माना है। ''काव्य शोभा करान् धर्मान्अलंकारान् प्रचक्षते'' तथ रीति और गुण के काव्य के लिए अनिवार्य बताया। रीति सम्प्रदाय के प्रतिपादक आचार्य वामन इनसे भी आगे बढ़ गये, उन्होने यह मत दिया कि गुण काव्य के नित्य लक्षण हैं। और अलंकार उनके अनित्य लक्षण हैं। गुण के अभाव में अलंकार काव्य को अलंकृत करने में असमर्थ रखते हैं। यह अवश्य है कि गुण द्वारा अलंकृत करने का महत्व और भी अधिक बढ़ सकता है। ध्वनि सम्प्रदाय तथा रस सम्प्रदाय के प्रवर्तन के पश्चात अलंकारों का महत्व और भी घटता गया। ध्वनिवादी आचार्यों ने अलंकारों को अंग रूप में स्वीकार किया, वे अलंकार शरीर पर धारण किये जाने वाले आभूषणों के समान कृत्रिम सौंदर्य के रूप में माने जाने लगे। काव्य शरीर की बाहरी शोभा अलंकारों द्वारा बढ़ जाती है। किन्तु काव्य की आत्मा केवल अलंकारों द्वारा शोभित नहीं हो सकती। उसके लिए ध्वनि या रस ध्वनि का होना अनिवार्य है। रसवादी आचार्यो ने अलंकारों को काव्य में रस या भाव के उत्कर्ष का कारण मात्र माना है। उनके अनुसार अलंकार काव्य में सौंदर्य की सृष्टि नहीं करते बल्कि शोभा के उत्कर्ष मात्र हैं। काव्य का प्राण तो रस है। अलंकार रसानुभूति में योग देते हैं। मम्मट ने भी अलंकारों को विशेष महत्व नहीं दिया उनके अनुसार काव्य में अलंकारों की स्थिति महत्वपूर्ण नहीं है। काव्य के शब्द और अर्थ निर्दोष हों, गुण युक्त हों, वे अलंकार युक्त हों या न हों ''तद्दौषौ शब्दार्थौ सगुण वनलंकृतिः पुनः क्वापि'' किन्तु फिर भी उन्होनें अलंकारों का विस्तार के साथ विवेचन किया है। जयदेव, विद्याधर, अप्ययदीक्षित, आदि अलंकार सम्प्रदायों के अनुयायियों ने बाद में इस सम्प्रदाय के संमुख उनका मत सर्वमान्य नहीं हो सका। इस तरह यद्यपि अलंकारों को उत्तरोत्तर निम्नतर स्थान दिया जाने लगा। फिर भी रूद्रट के पश्चात सभी परवर्ती सम्प्रदायों पर अलंकार सम्प्रदाय की छाप विद्यमान है। सिद्धांततः अलंकारों के महत्व की अवहेलना करते हुए भी अप्रत्यक्ष रीति से बाद के आचार्यों ने अलंकारों के अनुरंजन

कार्य प्रभाव को किसी रूप में स्वीकार किया ही नहीं।

2. रीति सम्प्रदाय- (वामन, दण्डी) रीति सम्प्रदाय के पथ प्रदर्शक आचार्य दण्डी तथा प्रधान प्रवर्तक आचार्य वामन हैं। अलंकार सम्प्रदाय की प्रतिक्रिया स्वरूप ही रीति सम्प्रदाय की स्थापना हुई। आचार्य वामन ने "रीतिरात्मा काव्यस्थ" कहकर स्पष्ट शब्दों में अलंकारवादियों का विरोध किया और रीति या शैली को ही काव्य की आत्मा घोषित किया। वामन से पहले के आचार्यों ने रीति शब्द के स्थान पर "मार्ग" शब्द का प्रयोग किया है। आजकल हिन्दी में इस शैली को स्टाइल (Style) शब्द कहकर प्रयोग किया जाता है। वामन ने पदों में गुणों का होना अनिवार्य बताया है। अतः रीति गुणों के ऊपर अवलंबित है। इसलिए इस सम्प्रदाय को गुण सम्प्रदाय के नाम से भी पुकारा जाता है। आचार्य दण्डी का मत क्या है? तथा समय आठवीं शताब्दी के इस आचार्य के सम्बन्ध में विद्वानों में मतभेद है। कुछ विद्वान इन्हें अलंकार सम्प्रदाय और वामन के रीति सम्प्रदाय की मध्यवर्ती स्थिति के द्योतक है। अपने रीतिग्रन्थ काव्यदर्श में दण्डी ने अलंकारों के काव्य को शोभित करने वाला धर्म कहा है। तथा रीति शब्द के स्थान पर मार्ग शब्द का प्रयोग किया है। और आचार्य भामह की भांति रीति या मार्ग के दो भेद किये हैं- 1. वैदर्मी रीति या मार्ग 2. गौड़ी रीति या मार्ग। उन्होंने वैदर्म काव्य को उत्तम काव्य तथा गौड़ी काव्य को निकृष्ट शैली का काव्य माना है। गुण तथा रीतिकाल सम्बन्ध स्थिर करते हुए आचार्य भरत के दस गुणों को वैदर्मी रीति होना आवश्यक बताया है। और उन्हें वैदर्म मार्ग का प्राणभूत माना "इति वैदर्म मार्गस्य प्राण- दश गुण- स्मृताः" वैदर्मी मार्ग में ये सभी गुण वर्तमान रहते हैं। तथा गौड़ी में केवल तीन गुण, अर्थ व्यक्ति और औदार्य तथ समाधि ही स्थित होते हैं। और शेष साथ के विरोधी भाव विद्यमान रहते हैं। इस तरह अलंकारों की तुलना में गुणों को अधिक महत्वशाली बताने के कारण दण्डी रीति सम्प्रदाय के अधिक निकट आ जाते हैं। इसीलिए आलोचक उन्हें रीति सम्प्रदाय का पथ प्रदर्शक मानते हैं।

आचार्य वामन- (आठवीं शताब्दी के मध्य से 9वीं शताब्दी के मध्य तक) ये उद्भट के समसामयिक तथा उनके प्रतिस्पर्धी थे। रीति सम्प्रदाय को व्यापक और व्यवस्थित रूप में उपस्थित करने का श्रेय आचार्य वामन को ही है। उनके पहले के आचार्यों ने "काव्य शरीर" की चर्चा की है। किन्तु काव्य की आत्मा क्या है? यह

प्रश्न सर्वप्रथम इन्होंने ही उठाया। उनका कहना है कि रीति काव्य की आत्मा है। जबकि शब्द तथा अर्थ काव्य के शरीर हैं। रीति में गुणों का महत्व देते हुए विशिष्ट पद रचना को रीति कहा जो विशेष गुणों के कारण उत्पन्न होती है। "विशिष्ट पद संरचना रीति" ''विशेषो गुणात्मना'' वामन के गुणों के अन्तर्गत अलंकारों तथा रसों का भी सन्निवेश कर दिया है। उन्होंने तीन प्रकार की रीतियां मानी हैं। 1. वैदर्मी 2. गौड़ी 3 पांचाली। वैदर्मी को समस्त गुणों से युक्त होने के कारण श्रेष्ठ बताया है। "समग्र गुणा वैदर्मी" यही आदर्श रीति है। और कवियों को इसी का ध्यान करना चाहिए। क्योंकि इसमें दसों गुण विद्यमान हैं। गौड़ी में केवल दो गुण (ओज और कान्त) तथा पांचाली में भी दो गुण (माधुर्य और सौकुमार्य) की योजना रहती है। वामन दण्डी के समान गौड़ी रीति को निकृष्ट काव्य की रीति नहीं मानते। पांचाली रीति की भावना स्वयं वामन ने की। दण्डी ने इसका उल्लेख नहीं किया था। वैदर्मी की तुलना में ये दोनों रीतियां निम्न कोटि की अवश्य है। रुद्रट ने चार रीतियां तथा भोज ने छः रीतियों (आवन्ती और मागधी) की कल्पना की। वामन ने समस्त गुणों को दो भागों में विभक्त किया, शब्द गुण तथा अर्थ गुण। शब्द गुणों के अर्थगत होते ही दोनों में महान अन्तर हो जाता है। अर्थगुण का सम्बन्ध रसोत्कर्ष से माना जाता है। वामन के अनुसार वैदर्मी में अर्थ गुण तथा गौड़ी में शब्द की प्रधानता रहती है। किन्तु वामन के द्वारा इस प्रकार गुणों के विभाजन पर परवर्ती आचार्यों द्वारा काफी आपत्ति की गई। आचार्य मम्मट किसी भी अर्थगुण को स्वीकार नहीं करते उनका कहना है कि ओजस्व तथा समता नामक अर्थगुण युक्ति चमत्कार मात्र हैं। विभिन्न विचारों की समष्टि तथा उनकी शृंखला के अभाव में भी काव्य की स्थिति संभव हुआ करती है। उनके कई गुण दोषों के अभाव के सूचक हैं। वे काव्य की किसी निश्चित विशेषता को नहीं बताते। जैसे सुकुमारता, अश्लीलत्व दोष, उदारता, ग्राम्यत्व दोष, माधुर्य, अन्हवी, प्रसाद, अधिक पदत्व, आदि का निषेध मात्र करते हैं। अर्थ व्यक्ति, स्वभावोक्ति अलंकार के अन्तर्गत ये सब आ जाते हैं। कांति गुण रस का विषय हैं। इसी तरह उनके शब्द गुणों में भी अनेक त्रुटियां बताई है। उनका प्रसाद गुण उनके ओजस्व गुण का प्रतीक माना है। स्वयं वामन ने यह स्वीकार किया है कि प्रसाद तभी गुण माना जाता है जबकि वह ओजस्व के साथ प्रयुक्त किया जाता है। आचार्य मम्मट ने वामन के चार गुणों प्रसाद, श्लेष, समास और उदारता को ओजस्व के अन्तर्गत समाविष्ट कर दिया है। समता शब्द कहीं

गुण और कहीं दोष हो जाया करता है। पद विन्यास को शब्द के अनुसार नहीं बदलना चाहिए। सुकुमारता तथा कांति क्रमशः करुण कर तथा ग्राम्य दोषों का अभाव मात्र स्वीकार करते हैं। अतः इन्हें गुण कहना ही नहीं चाहिए। इस तरह ओज, माधुर्य तथा अर्थव्यक्ति के महत्व को ही मम्मट ने स्वीकार किया। और अर्थ व्यक्ति को प्रसाद के नाम से अभिहित किया है। इस तरह गुणों और अलंकारों के पारस्परिक सम्वादों में वामन का मत है कि गुणों से अलंकारों का समवाय सम्बन्ध है। अलंकारों से काव्य का केवल संयोग सम्बन्ध है। उनके अनुसार शब्दालंकारों में केवल यमक तथा अनुप्रास मुख्य हैं। अर्थालंकार में उपमा को बहुत अधिक महत्व दिया है। इस तरह रीति सम्प्रदाय का महत्व इस बात में है कि सर्वप्रथम इसमें काव्य के मूलस्वरूप की समस्या को उपस्थित किया गया। रीतिवादी आचार्यों का कहना है कि काव्य की कसौटी 'शोभा' या सौन्दर्य है। जो विशिष्ट पद रचना युक्त काव्य की शैली से प्राप्त होती है। अन्य आचार्यों ने (वक्रोक्तिवादी कुन्तक) रीति को कवि प्रधान हेतु या कवि कर्म की विधि कहा है। आनन्द वर्धन का यह मत है कि रीति वह शब्द विधान है जिससे काव्य शरीर में विधान आता है। इसका महत्व वहीं तक है जहां तक वह रस या रस ध्वनि के रूप में सहायक होती है। साहित्य दर्पण के आचार्य विश्वनाथ का कथन है कि जिस प्रकार एक कामिनी के अंगों का एक निश्चित संघटन, सौन्दर्य होता है उसी प्रकार पदों की नियमबद्ध संघटना भी सुंदर होती है। और उसे ही रीति कहते हैं। इस तरह बाद के आचार्यों द्वारा रीति सम्प्रदाय को अपने ऊंचे पद से नीचे गिरा दिया गया, वह काव्य की आत्मा से काव्य का अंग मात्र ही रह गई। इस सम्बन्ध में यह उल्लेखनीय है कि यथार्थ रीति का महत्व घट गया, फिर भी गुणों का महत्व बराबर माना गया है। कुछ आधुनिक आलोचक रीति काव्यों पर यह आरोप लगाते हैं कि उनका काव्य विषय दृष्टिकोण वस्तुगत है, क्योंकि वे पद रचना के नियमों द्वारा बनी हुई काव्य शैली पर निर्धारित करना चाहते हैं। अर्थात् रीतिकाव्यों का ध्यान काव्य के बाहय स्वरूप पर ही विशेष है। काव्य के आंतरिक पक्ष की उपेक्षा मिलती है। किन्तु आरोप पूर्णरुपेण सत्य नहीं माना जा सकता क्योंकि दण्डी आदि प्राचीन आचार्यों ने यह स्पष्ट लिखा है कि जिन शैलियों का निर्देश वह कर रहे हैं वे इनके नमूने मात्र है। रीतिभेद तो इतने सूक्ष्म और अनन्त है कि सरस्वती भी उनकी गणना नहीं कर पाती। तथा व्यक्तित्व भेद से रीतियां या शैलियां वैसे ही बदलती रहती हैं।

अतः रीतिवादियों के दृष्टिकोण को सर्वथा वस्तुगत मानना उचित नहीं है।

औचित्य सम्प्रदाय- यह सम्प्रदाय काव्य के सभी अंग प्रत्यंगों का उचित विकास तथा संगठन के औचित्य को बताता है। काव्य की आत्मा के रूप में रस, अलंकार, ध्वनि, रीति आदि के औचित्य के रूप में होने पर ही सफल काव्य का संविधान होता है। साहित्यशास्त्र पर विचार करने वाले प्रायः सभी आचार्यों ने औचित्य को काव्य में महत्वपूर्ण स्थान दिया है। किन्तु औचित्य पर विस्तृत रूप से चिंतन करने वाले प्रमुख आचार्य भरतमुनि, आनन्द वर्धन तथा क्षेमेन्द्र है। भरतमुनि साहित्य शास्त्र के प्रथम आचार्य हैं। औचित्य पर सर्वप्रथम विचार करने के कारण औचित्य के ऐतिहासिक विकास में उनका नाम प्रथम है। किन्तु उनका औचित्य विवेचन नाटक से सम्बन्धित है। औचित्य को वे रस शास्त्र का आवश्यक साधन मानते हैं। और नाटक के प्रायः सभी अंगों का औचित्य को वे रस शास्त्र का आवश्यक साधन मानते हैं और नाटक के प्रायः सभी अंगों का औचित्य से सम्बन्ध स्थिर करते हैं। उनका कहना है कि लोक ही नाट्य का प्रमाण है। लोक में जो वस्तु जिस रुप में, जिस देश में, जिस मुद्रा में उपलब्ध होती है, उसका उसी रूप में, उसी वेश में, उसी मुद्रा में अनुकरण करना नाट्य का चरम लक्ष्य है। आनंदवर्धनाचार्य ने सर्वप्रथम व्यापक रूप से औचित्य पर विचार किया उनके अनुसार- "औचित्य ही रस का प्रमुख कारण है"। अनुचित्त वस्तु के सन्निवेश से रस का परिपाक काव्य में उत्पन्न नहीं होता। रस के उन्मेष का मुख्य रहस्य है कि औचित्य के द्वारा किसी वस्तु का उपनिबंधन और विधान- यह ध्वन्यालोक का मत है। उन्होंने काव्य के रस संचार में सहायक छः औचित्यों का उल्लेख किया है। 1. अलंकारौचित्य 2. गुणौचित्य 3. संघटनौचित्य 4. प्रबंधौचित्य 5. रसौचित्य 6. रीत्यौचित्य और काव्य में इन्हीं औचित्यौं की ही योजना को ही कवियों का मुख्य कार्य कहा। औचित्य को शुद्ध रूप से काव्य का तत्व स्थापित करने का श्रेय आचार्य क्षेमेन्द्र को है। उन्होंने अपने "औचित्य विचार चर्चा" नामक ग्रन्थ में औचित्य को व्यापक काव्य तत्व के रूप में स्वीकार करते हुए उसे रससिद्धि का प्राण कहा "औचित्यं रससिद्धस्य स्थिरं काव्यस्य जीवितम्" उन्होंने काव्य के सभी आवश्यक उपकरणों को औचित्य माना और सुयोग ही औचित्य है और सहृदयों द्वारा जिस काव्य चमत्कार का रसास्वाद किया जाता है, उसका प्रभाव रहस्य औचित्य है। औचित्य ही

रस का जीवित तत्व है। उन्होंने अपने ग्रंथ में 27 प्रकार के प्रमुख औचित्यों का उल्लेख किया है। यथा पद वाक्य, गुण, अलंकार, रस, क्रिया, कारक, लिंग, विशेषण, काल, देश, नाम आदि किन्तु क्षेमेन्द्र ने अपने औचित्य विवेचन के लिए आनंदवर्धन और भरत से सामग्री एकत्रित की, उनके द्वारा बताये गये औचित्य के सभी भेद ध्वन्यालोक में प्रायः विद्यमान हैं। इन आचार्यों के अतिरिक्त महाकवि माघ, मामह, दण्डी, भट्टलोल्लट, रूद्रट, राजशेखर, अभिनव गुप्त, भोजराज, कुन्तक, मही भट्ट आदि ने औचित्य के महत्व पर किसी न किसी रूप में प्रकाश डाला है। महाकवि माघ ने अपनी पुस्तक "शिशुपालवधम्" में दोनों के लिए (राजा और कवि) गुणौचित्य तथा रसौचित्य का उल्लेख किया है। भामह में अपने काव्यालंकार में अपने औचित्य पर विचार करते हुए काव्य का सर्वप्रथम गुण औचित्य तथा काव्यदोष को अनौचित्य कहा है। दण्डी ने भी दोष परिहार का विवेचन करते हुए औचित्य की ओर संकेत दिया है। भट्ट लोल्लट ने भी महाकाव्यों में रस निष्पत्ति के लिए औचित्य को महत्व दिया है। रस के साथ काव्य के सभी अंगों का उचित सामन्जस्य होना चाहिए। इसे स्पष्ट करते हुए रसौचित्य की ओर संकेत किया है। रुद्रट के समय में अलंकार सम्प्रदाय का ह्रास तथा रस सम्प्रदाय का उदय हो रहा था, अतः रुद्रट ने अलंकारों को रसौचित्य का आश्रित माना है। उनके अनुसार दोषों की उत्पत्ति ही अनौचित्य है। राजशेखर ने गुण और दोष कवि के औचित्य विवेक पर आश्रित हैं कहा गया है। अभिनव गुप्त ने अपनी लोचन टीका में आनंदवर्धन के औचित्य सिद्धान्त का विवेचन और समर्थन किया है। भोजराज ने सरस्वती कण्ठाभरण में औचित्य पर विचार किया है, यहीं भट्ट ने ध्वनि का विरोध और रस और औचित्य के संबंध का समर्थन किया है। इस तरह काव्य शास्त्र में औचित्य भरत से लेकर आनंद वर्धन तक ने स्वीकार किया है। इसके प्रमुख आचार्य क्षेमेन्द्र ही हैं।

वक्रोक्ति सम्प्रदाय- आचार्य कुन्तक

इस सम्प्रदाय के आचार्य 11वीं शताब्दी के आचार्य कुन्तक हैं। इनके समय में आनन्द वर्धनाचार्य के ध्वनि सिद्धान्त की महता प्रायः सभी आचार्यों ने स्वीकार कर ली थी। किन्तु आचार्य कुन्तक ने ध्वनि के इस व्यापक सिद्धान्त का विरोध करते हुए "वक्रोक्ति काव्य जीवितम्" घोषित कर दिया। प्राचीन साहित्य में वक्रोक्ति शब्द

क्रीड़ा या परिहास के अर्थ में प्रयुक्त होता था। आचार्य भामह अतिशयोक्ति को पर्यायवाची मानते हैं। उनके अनुसार लोक की साधारण कथन प्रणाली से भिन्न उक्ति ही वक्रोक्ति है। आचार्य दण्डी ने काव्य को दो भागों में विभक्त किया है। स्वभावोवित तथा वक्रोक्ति। उनके अनुसार वक्रोक्ति एक अलंकार विशेष नहीं है। बल्कि स्वाभावोक्ति अलंकारों के अतिरिक्त अर्थालंकारों का सम्यक् रूप है। आचार्य वामन ने वक्रोक्ति को एक अर्थालंकार मानकर अपने ग्रन्थ काव्यालंकार सूत्र में इसे सादृश्य पर आश्रित एक लक्षण माना। रूद्रट, मम्मट, विद्याधर, जयदेव आदि कुछ आचार्यों ने इसे शब्दांलकार सूचित किया है। रूद्रट ने इसके काकु वक्रोक्ति, तथा श्लेष वक्रोक्ति दो भेद किये हैं। आनंदवर्धन तथा अभिनव गुप्त ने वक्रोक्ति को एक अलंकार विशेष नहीं बल्कि समस्त अलंकारों का मूल स्वीकार किया है। उनके मतानुसार वक्रोक्ति के अनुसार काव्य सौन्दर्य की व्यंजना होती है। किन्तु आनंदवर्धन के ध्वनि सिद्धान्त के सम्मुख उनका वक्रोक्ति विवेचन अत्यन्त गौंड है। आचार्य कुन्तक ने भामह और आनन्दवर्धन द्वारा निर्देशित वक्रोक्ति के रूप को ही ग्रहण करके उसे काव्य का प्राणभूत तत्व स्वीकार किया। प्रसिद्ध कश्मीरी आचार्य कुन्तक ने अपने 'वक्रोक्ति जीवित' नामक ग्रन्थ में वक्रोक्ति के स्वरूप और महत्व की विशद व्याख्या की है। उन्होंने वक्रोक्ति को अलंकार तक ही सीमित न मानकर उसको व्यापक अर्थ में स्वीकार करने हुए उसे काव्य का जीवित प्राण या साधन बताया है। 'वक्रोक्ति काव्य जीवितम्' उनके अनुसार वक्रोक्ति कथन की उस विचित्र शैली को कहते हैं, जो सामान्य इतिवृत्तात्मक शैली से भिन्न है। इसमें विज्ञान और शास्त्र के सम्बन्धों को भी व्यक्त किया जाता है।

वक्रोक्ति का लक्षण देते हुए उन्होंने लिखा है कि "वाग्वैदग्ध्य पूर्ण चमत्कारपूर्ण विचित्र उक्ति ही वक्रोक्ति है।" आगे चलकर उन्होंने कवि कौशल जनित चमत्कार पूर्ण कथन की शैली को वक्रोक्ति कहा है। आचार्य कुन्तक के अनुसार केवल सालंकृत शब्द और अर्थ ही काव्य माना जा सकता है। और वक्रोक्ति ही शब्द तथा अर्थ को सालंकृत कर सकती है। शब्द और अर्थ दोनों अलंकार्य हैं, मूल वस्तु हैं। उन्हें अलंकृत करने वाली "वैदग्ध्य भंगी मणिति" की वक्रोक्ति है। विभिन्न प्रकार के काव्यालंकार वस्तुतः वक्रोक्ति के ही विभिन्न रूप हैं। ध्वनि के आचार्यों ने

काव्यालंकारों को या तो वाक् विकल्प (वाणी का भ्रम) कहकर उसकी उपेक्षा की है अथवा उन्हें व्यंग्यार्थ को चमत्कृत करने वाला स्वीकार किया है। जहां वे व्यंग्यार्थ से पूर्ण सम्बन्धित रहते हैं, वहाँ वे काव्य के क्षेत्र में उन्हें निम्नतम स्थान देते हैं। इसके विपरीत कुन्तक व्यंग्यार्थ से रहित अलंकारों को व्यंग्यार्थ के अन्तर्गत मानते हैं। जिन अलंकारों में विचित्रता या उक्ति की वक्रता है, उन्हें वे व्यंग्यार्थ के अभावों में भी काव्य की संज्ञा देते हैं। उन्होंने केवल वक्रोक्ति (टेड़ी बात) अथवा किसी बात को वक्र ढंग से कहना मात्र स्वीकार नहीं करते। बल्कि उसे कवि व्यापार या कवि कौशल के रूप में स्वीकार करते हैं। उन्होंने वक्रोक्ति को बहुत ही व्यापक अर्थ देने की चेष्टा की और इसके छः भेद किये। इन्हीं भेदों के अन्तर्गत रस, ध्वनि आदि सम्प्रदायों को भी अन्तर्मूत करने की चेष्टा की। वर्ण विन्यास वक्रता, पद पूर्वार्ध, वक्रता, पद, परार्ध, वक्रता, वाक्य वक्रता प्रकरण वक्रता, प्रबंध वक्रता, अपने विचारों के अनुरुप कुन्तक ने स्वभावोक्ति को काव्य नहीं माना। उनके अनुसार स्वाभावोक्ति तो एक अलंकार्य है। अलंकार नहीं क्योंकि स्वाभावोक्ति में विशुद्ध वस्तु स्थिति का वर्णन होता है। किन्तु यदि वस्तु का वर्णन समान्य ढंग से न होकर कवि व्यापार जनित हो तो स्वभावोक्ति ही काव्य क्षेत्र में समाविष्ट हो सकती है। कुन्तक के विवेचन के अनुसार प्रत्येक प्रकार के काव्य में वक्रोक्ति अनिवार्य रूप से विद्यमान रहती है। और इस सिद्धान्त से ध्वनिवादी तथा रसवादी आचार्य भी सहमत हुए हैं। कुन्तक से ध्वनि के आचार्यों का मतभेद वहां उपस्थित होता है जहां पर वे यह प्रतिपादित करने लगते हैं कि प्रत्येक प्रकार की चमत्कार पूर्ण ध्वनि ही काव्य है, इस मतानुसार प्रत्येक प्रकार का बौद्धिक चमत्कार काव्य माना जा सकता है, किन्तु रसवादी आचार्य बुद्धि व्यापार के आलंकारिक वैचित्र्य को काव्य स्वीकार नहीं करते और ध्वनि के आचार्य इसे अधम काव्य कहते हैं। इस तरह आचार्य कुन्तक का वक्रोक्तिवाद अत्यन्त आकर्षक तथा मौलिक होते हुए भी अधिक स्थाई न रह सका उनके बाद में किसी आलोचक ने न तो इस सिद्धान्त का अनुसरण किया और न इस सम्प्रदाय का अनुगमन ही किया। वे ही अपने सिद्धान्त के प्रवर्तक तथा वे ही अंतिम आचार्य हैं।

"ध्वनि सम्प्रदाय"- साहित्य शास्त्र के इतिहास में सर्वमहत्वपूर्ण ध्वनि सम्प्रदाय है। किन्तु इस सम्प्रदाय का प्रारंभ का इतिहास बहुत कुछ अंधकारमय है।

इसकी पूर्ण प्रतिष्ठा ध्वन्यालोक नामक ग्रन्थ में मिलती है। इसके रचयिता का नाम अज्ञात है। ध्वनि सिद्धान्त प्रतिपादित करने के कारण ध्वन्यालोक के रचयिता को ध्वन्यालोककार कहा जाता है। इसमें सहृदय शब्द का बार-बार प्रयोग हुआ है। जिसके आधार पर कुछ विद्वानों ने यह अनुमान लगाया है कि उनका नाम यही रहा होगा। उनका समय भी संदिग्ध है। नवीं शताब्दी में उत्पन्न होने वाले आनन्दवर्धन ने ध्वनि सिद्धान्त को व्यवस्थित किया, कुछ विद्वानों की धारणा है कि ध्वनि कार के पूर्व ध्वनि सिद्धान्त किसी न किसी रूप में अवश्य ही विद्यमान रहा होगा क्योंकि यह सिद्धान्त वैयाकरणों और दर्शन शास्त्रियों में स्फोट सिद्धान्त पर आधारित है। स्फोट उस सम्मिलित ध्वनि बिम्ब को कहते हैं जो किसी शब्द की विभिन्न ध्वनियों के संयोग से बनता है और उस ध्वनि बिम्ब के पृथक्-पृथक् वर्णों से भिन्न अर्थ का बोध कराता है। स्फोट में शब्द की विभिन्न ध्वनियों की स्वतंत्र सत्ता नहीं रहती। वरन् उसके सम्मिलित या एक मिले-जुले रूप का मान हुआ करता है, शब्द की अंतिम ध्वनि के उच्चारण हो जाने के बाद ही स्फोट अर्थ, बिम्ब की प्रतीति करता है। अर्थात् उसके द्वारा ही निश्चित अर्थ का बोध होता है। वैयाकरणों के इस सिद्धान्त के आधार पर अलंकार शास्त्र ने ध्वनि सम्प्रदाय के सिद्धान्त को पल्लवित किया। उनका कहना है कि जिस प्रकार विभिन्न प्रकार की अलग-अलग ध्वनियां अर्थ का बोध कराने में असमर्थ रहती है तथा स्फोट के सुनने से ही अर्थ स्पष्ट होता है। उसी प्रकार काव्य में केवल वाच्यार्थ से ही (अभिधा से) काव्यगत मूल को नहीं समझा जा सकता। काव्य का वास्तविक अर्थ व्यंग्यार्थ अथवा ध्वनि ही प्रकट कर सकते हैं। इस व्यंग्यार्थ का बोध कराना अभिधा तथा लक्षण शक्तियों के बाहर है। इसका ज्ञान तो व्यंजना शक्ति ही करा सकती है। अतः व्यंजना द्वारा व्यक्त व्यंग्यार्थ को ही ध्वनि कहते हैं। अभिधा तथा लक्षण का क्रियाकलाप केवल शब्द से ही सम्बन्धित है, जबकि व्यंजना का सम्बन्ध शब्द तथा अर्थ दोनों से रहता है। वह शब्दों के अकथित अर्थ का बोध कराते हैं। और उसमें काव्य का वास्तविक सौन्दर्य भी झलकता है। जिस प्रकार- किसी घण्टे के बजाने पर उसमें अभिधार्थ में एक ध्वनि निकलती रहती है। उसी प्रकार शब्द में उनमें अभिधार्थ में व्यंग्यार्थ भी निकलता है।

ध्वनिकार आनन्दवर्धन का मत है कि काव्य की आत्मा ही ध्वनि है और काव्य

की महत्ता उसके वाच्यार्थ में न होकर व्यंग्यार्थ में होती है। उन्होंने व्यंग्यार्थ के महत्व को देखते हुए काव्य के तीन भेद किये। 1. उत्तम काव्य या ध्वनि काव्य 2. मध्यम काव्य या गुणीभूत काव्य 3. अधमकाव्य या चित्र काव्य। उत्तम काव्य को ध्वनि काव्य कहते हैं। क्योंकि उसमें व्यंग्यार्थ अधिक होता है। मध्यम काव्य गुणीभूत मध्यम काव्य है। जिसमें व्यंग्यार्थ तो रहता है किन्तु वह अपेक्षाकृत कम चमत्कृत होता है। अधम काव्य चित्रकाव्य है। जिसमें किसी प्रकार का व्यंग्यार्थ नहीं होता है। इसमें केवल अलंकारों का ही चित्र प्रदर्शित किया जाता है। वे सभी अलंकार जिनमें कोई व्यंग्यार्थ नहीं होता इस भेद के अन्तर्गत आते हैं। आनन्दवर्धन का मत है कि इस भेद को काव्य न कहकर काव्यानुक्ति ही समझना चाहिए। इन तीनों प्रकारों के काव्यों के सूक्ष्म तथा पाण्डित्य पूर्ण विश्लेषण के पश्चात् ध्वन्याचार्यों ने इन्हें अनेक भेदों में विभक्त किया तथा ध्वनि के सार्वभौमिक सिद्धान्त के अन्तर्गत सभी पूर्ववर्ती काव्य शास्त्रीय सिद्धान्तों को समन्वित करने का प्रयत्न किया और पूर्व के सभी मतों को एकांगी बताया उनके अनुसार अलंकार और रीति सिद्धान्त की पहुँच तो काव्य शरीर तक ही है। रस सिद्धान्त महत्वपूर्ण तो अवश्य है किन्तु हृदयपक्ष की ही प्रधानता है। कला और बुद्धि पक्ष के लिए उसमें विशेष स्थान नहीं है। इसकी महत्ता प्रबंधकाव्यों में तो सार्थक सिद्ध होती है। किन्तु इससे मुक्तक काव्यों में विभावादि की व्यवस्था सम्यक् रीति नहीं हुआ करती इस कारण मुक्तक काव्यों का महत्व बहुत कुछ घट जाता है। इन्हीं सभी कमियों के देखते हुए ध्वनिकारों ने अपने सिद्धान्त का प्रतिपादन किया। जिसमें काव्य के सभी सिद्धान्तों को यथोचित स्थान दिया।

ध्वन्याचार्यों ने उत्तम काव्य या ध्वनि काव्य के दो प्रधान भेद किये। (i) लक्षणामूलक ध्वनि (ii) अभिधामूलक ध्वनि। लक्षणामूलक ध्वनि को अविविक्षितान्य पर वाच्य ध्वनि भी कहते हैं। इसमें वाच्य विवक्षित नहीं होता अर्थात् वाच्यार्थ का उपयोग ध्वनि में नहीं होता। इसमें वाच्यार्थ बाधित होता है। इसके दो भेद हैं- अर्थान्तर संक्रमित वाच्य ध्वनि, जहां वाच्य किसी अन्य अर्थ में चला जाता है। वहां अर्थान्तर संक्रमित वाच्य ध्वनि होती है और जहां वाच्य एकदम उपेक्षित हो जाता है, वहां अत्यन्त तिरष्कृत वाच्य ध्वनि होती है। अभिधा मूलक ध्वनि को विविक्षतान्य पर वाच्य ध्वनि भी कहते हैं, इसमें वाच्यार्थ द्वारा व्यंग्यार्थ का बोध होता है। इसके

दो भेद किये हैं- (क) संलक्ष्य क्रम व्यंग्य ध्वनि (ख) असंलक्ष्य क्रम व्यंग्य ध्वनि। जिस ध्वनि में वाच्यार्थ और व्यंग्यार्थ का पूर्वा पर क्रम लक्षित होता है उसे संलक्ष्य क्रम व्यंग्य ध्वनि कहते हैं। इसकी प्रतीति कहीं शब्द शक्ति द्वारा तो कहीं उभय शक्ति द्वारा होती है। इसके कई भेद तथा उपभेद किये गये हैं। वाच्यार्थ तथा व्यंग्यार्थ का पूर्वा पर क्रम लक्षित नहीं होता तब उसे असंलक्ष्यक्रम व्यंग्य ध्वनि कहते हैं इसके आठ भेद किये हैं। रस, रसाभास, भाव, भावाभास, शान्ति, भावोदय, भाव संधि, भाव सबलता। इस ध्वनि में पहले अभिधा शक्ति द्वारा विभाव, अनुभाव संचारी भाव आदि का बोध होता है, तत्पश्चात् इनसे सम्बद्ध भाव अथवा रस ध्वनित होते हैं। विभावादि से रस ध्वनित होने की प्रतिक्रिया उस रीति से होती है। उसके पूर्वापर का सम्बन्ध असंलक्ष्य होता है। इस प्रकार ध्वनि के आचार्यों ने समूचे रस सिद्धान्त को ध्वनि के विशाल क्षेत्र में प्रविष्ट कर दिया, रस को ध्वनि में अन्तर्भूत करने का सबसे बड़ा कारण यह है कि, रस और भाव नामक मन स्थितियां अकथनीय है। जिन्हें शब्दों द्वारा कहकर प्रकट नहीं किया जा सकता है। बल्कि इसकी व्यंजना ही संभव है।

आनंदवर्धन के अनुसार ध्वनि के अनेक भेद हैं। जिनमें रस ध्वनि अंगी है। तथा रीति, ध्वनि, अलंकार आदि काव्य के अंग हैं। इनका चमत्कार तभी देखा जाता है, जब ये ध्वनि रूप में चमत्कृत होते हैं। माधुर्य ओज और प्रसाद गुण रस के साथ वैसे ही जुड़े रहते हैं जैसे आत्मा के साथ शौर्य। जिस समय रस ध्वनित होता है उस समय गुणों की व्यंजना अनिवार्य रूप से होती है। रीति शब्दों से सम्बन्धित है। काव्यात्मा ध्वनि अथवा रस ध्वनि रीति रूपी अंग संस्थान में प्रतिष्ठित रहती है। शारीरिक सौन्दर्य आत्मा के गौरव की अभिवृद्धि करता है। और इसी कारण रीति भी काव्य को चमत्कृत करने वाली कही जा सकती है। अलंकारों का स्थान निकृष्ट है। वे हारादि आभूषणों के समान अनित्य है। उनसे शरीर की शोभा बढ़ती है। अतः वे अप्रत्यक्ष रीति से कभी-कभी काव्यात्मा के सौन्दर्य को कुछ चमत्कृत कर देते हैं। किन्तु उनके अभाव में भी अंग स्थान एवं इसमें प्रतिष्ठित आत्मा का सम्बन्ध अक्षुण्ण रहता है। जहाँ रस ध्वनि के साथ अलंकार रहता है। वहां रस ध्वनि की मन मोहकता कुछ और बढ़ जाती है। जहाँ केवल अलंकार रहता है वहां उसे उक्ति वैचित्र्य मात्र कहा जाता है। इस तरह उत्तम काव्य या ध्वनि काव्य के सार्वभौम स्वरूप के अन्तर्गत

पूर्ववर्ती आचार्यों के सभी सिद्धान्तों को यथोचित स्थान पर समाविष्ट कर लिया गया है। उत्तम काव्य के अतिरिक्त मध्यम काव्य में अकथित व्यंग्यार्थ वाच्यार्थ के कथन का पोषक अथवा सहायक होने के कारण गौण हो जाया करता है। इस भेद में समायोक्ति अथवा रसवत् आदि अलंकारों को ही काव्य की परिधि के भीतर रखा जाता है। जिनमें कुछ व्यंग्यार्थ होता है। यद्यपि उनमें वाच्यार्थ का ही चमत्कार प्रधान रहता है। प्राचीन आचार्यों ने अलंकारों के महत्व को प्रतिपादित करते हुए सभी बातों के बराबर संकेत किये हैं। जिनका शब्द द्वारा कथन तो नहीं किया जाता किन्तु उनके अस्तित्व को अवश्य स्वीकार किया जाता है। आचार्य वामन ने सभी अलंकारों को उपमा मूलक सिद्ध किया है। भामह और दण्डी ने सभी अलंकारों में अतिश्योक्ति की स्थिति अनिवार्य रीति से मानी है। किन्तु उपमा और अतिश्योक्ति दोनों स्वतंत्र अलंकार हैं। जब वे दूसरे अलंकारों में विद्यमान रहते हैं। तो वे अकथित अथवा व्यंग्यार्थ रूप में ही आते हैं। और प्रधान और वाच्यार्थ की ही सहायता करते हैं। ध्वनि के आचार्य इन्हें काव्य क्षेत्र से बहिष्कृत न करके गुणीभूत नामक मध्यम काव्य के अन्तर्गत रखते हैं। अद्यम काव्य में चित्रालंकार जैसे उन अलंकारों को रखा गया जो व्यंग्यार्थ से सर्वथा रहित होते हैं। आनंद के साथ ही संस्कृत काव्य शास्त्र के इतिहास का निर्माण काल नामक दूसरा युग समाप्त हो जाता है। इस काल में काव्य शास्त्र का विशद तथा विस्तृत विवेचन किया गया। जिसके फलस्वरूप काव्य के सभी पक्षों का स्पष्टीकरण हो सका। किन्तु ध्वनि जैसे व्यवस्थित तथा पूर्ण सिद्धान्त को भी निर्विरोध रूप से स्वीकार नहीं किया गया। आनन्दवर्धन के बाद भी कुन्तक, महीभट्ट आदि ने भी इसका विरोध किया। भट्टनायक ने भी व्यंजना के स्थान पर भावकत्व तथा भोजकत्व नामक दो अन्य शक्तियों की उद्‌भावना की तदुपरान्त कुन्तक ने वक्रोक्ति सिद्धान्त का प्रतिपादन करके ध्वनि को वक्रोक्ति के अन्तर्गत समाविष्ट करने की चेष्टा की।

महीभट्ट ने काव्य की व्यंजना शक्ति को अनावश्यक माना, उनका कहना है कि जिसे व्यंजना कहा जाता है वह वस्तुतः एक प्रकार का अनुभाव है। उनके मत पर भी श्री शंककु के अनुमितिवाद की छाप अनुदित रूप से लक्षित होती है। इसके उपरान्त भी प्रायः सभी आचार्यों ने ध्वनि सिद्धान्त के अस्तित्व को स्वीकार किया

यद्यपि इसकी आलोचनात्मक व्याख्या सभी आचार्यों ने अपने-अपने सिद्धान्तों के अनुकूल की है। फिर इनका विरोध अधिक स्थाई न हो सका।

रस सम्प्रदाय व रस निष्पत्ति

रस सम्प्रदाय का आदि प्रवर्तक कौन था, इसका ठीक-ठीक पता नहीं चलता। आचार्य भरत मुनि को ही हम इस सम्प्रदाय का सर्वप्रथम तथा सर्वश्रेष्ठ आचार्य मानते हैं। संस्कृत काव्य शास्त्र के रचनात्मक काल में जहां एक ओर अलंकारवादियों एवं रीतिवादियों के सिद्धान्त पूर्णतया विकसित हो रहे थे, वहीं दूसरे ओर पण्डित वर्ग भरत के रस सूत्र "विभावनुभाव संचारी भाव संयोगाद्रस निष्पत्तिः" के रहस्य को समझने में संलग्न थे। भरत के अनुसार विभाव अनुभाव तथा व्यभिचारी या संचारी भावों के संयोग से रस की निष्पति होती है। अर्थात् किसी सुन्दर काव्य के पढ़ने या नाटक के देखने से चित्त में जो अलौकिक आनंद होता है, वही रस है। किन्तु रस की वास्तविक स्थिति किसमें हुआ करती है? नाटक या काव्य के पात्रों में अथवा उनके ऐतिहासिक स्वरूपों में अथवा उनकी अनुकृति करने वाले अभिनेता में अथवा नाटक के प्रेक्षक या दर्शक में अथवा काव्य के श्रोता में अथवा काव्य कार या नाटककार में? इन महत्वपूर्ण शंकाओं का समाधान भरत के परवर्ती टीकाकारों ने अपनी विशिष्ट दृष्टियों से विभिन्न रूपों में करने की चेष्टा की। इस सम्बन्ध में निम्नलिखित चार आचार्यों के मत विशेष उल्लेखनीय हैं।

1. भट्ट लोल्लट का उत्पत्तिवाद या आरोपवाद- भट्ट लोल्लट मीमांसक थे, उनके अनुसार विभावादि कारण है। और रस उनका कार्य है। उन्होंने संयोग का अर्थ सम्बन्ध तथा निष्पत्ति का अर्थ उत्पत्ति से लिया है। रस की वास्तविक स्थिति मूलरूप में राम, सीता, दुष्यन्त आदि ऐतिहासिक पात्रों में होती है। उनका अभिनय करते समय अभिनेता रंगमंच पर उनकी उत्कृष्ट अनुकृति करता है। जिससे अभिनेता या नट के अन्दर भी वही रस आरोपित हो जाता है। जिसे देखकर दर्शक अभिनेता में रस की प्रतीति कर लेते हैं और उन्हें ऐसा जान पड़ता है कि मानों रंगमंच के कार्य व्यापार वास्तविक नायक नायिकाओं के क्रिया कलाप हैं।

समीक्षा- 1. आचार्य लोल्लट के इस मत पर सबसे बड़ी शंका यह प्रगट की

गई है, कि केवल अनुकार्य (मूल नायक रामादि) में ही रस की निष्पत्ति होती है। किन्तु इतिहास के पात्रों की मनःस्थिति का आरोप अभिनेता में कैसे सम्भव हो सकता है। यदि आरोप किया भी जाय तो रसानुभूति नहीं हो सकती। 2. यह मत दर्शक तथा अभिनय के सम्बंध की व्याख्या नहीं करता। यदि रस मूल पात्र में ही उत्पन्न होता है तो दर्शक का उससे क्या प्रयोजन? दर्शक में जब रसानुभूति होती ही नहीं तो वे अभिनय देखने के लिए व्यग्र क्यों होते हैं? एक ही नायिका या नायक से सम्बन्धित इतिवृत्त को आधार बनाकर विभिन्न नाटककारों ने विभिन्न प्रकार के नाटकों की रचना की है। और सभी से विभिन्न प्रकार की रसानुभूति होती है। ऐसी स्थिति में मूल नायक की रसानुभूति का सही अनुसंधान कैसे किया जा सकता है? आचार्य विश्वनाथ का मत है कि यदि विभावादि कारण और रस कार्य है तो रसास्वाद के समय विभावादि की स्थिति ही होनी चाहिए। किन्तु रस की स्थिति तभी तक संभव है जब तक विभावदि का प्रत्यक्ष दर्शन होता रहता है। यदि अभिनेताओं को भी रस की प्रतीति होती है तो वे वेतन आदि के अभाव में अभिनय करने को तत्पर क्यों नहीं होते?

2. शंकक‍ु का अनुभितिवाद या अनुमानवाद- ये नैयायिक थे। इन्होंने न्याय के आधार पर अनुमितिवाद का प्रतिपादन किया है। और निष्पत्ति का अर्थ अनुमान या अनुभिति से लिया है। ये यह लोल्लट के उत्पत्तिवाद को अग्राह्य मानते हुए भी रस का वास्तविक स्थिति इतिहास के पात्रों या मूल नायक में ही मानते हैं। इसलिए यह लोल्लट तथा शंकक‍ु के सिद्धान्त में कोई मूलभूत अंतर नहीं है। रंगमंच पर कोई कुशल अभिनेता जब बड़ी-बड़ी स्वाभाविकता एवं रोचकता से अपना अभिनय सम्पन्न करता है। तो दर्शक आनंद विभोर हो जाते हैं। और वे उसी में मूलनायक की अनुमिति कर लेते हैं। अभिनेता में मूल नायक की यह प्रक्रिया "चित्रतुरंग न्याय" से सम्पन्न होती है। इस प्रकार दर्शक को इतिहास के पात्रों में स्थित मूल भाव का अनुमान अभिनेताओं की मध्यस्थता से हुआ करता है। और उनका यह अनुमान ही रसानुभूति है।

समीक्षा- अनुमान के आधार पर रसानुभूति नहीं हो सकती। क्योंकि प्रत्यक्ष अनुभूति द्वारा जो आनंदप्राप्त होता है, वह अनुमान द्वारा नहीं हो सकता। अनुमान

बुद्धि का व्यापार है। किन्तु रसानुभूति हृदय से की जाती है। अतः अनुमान द्वारा ज्ञान प्राप्त किया जा सकता है, आनंद नहीं। नाटक देखते समय दर्शकों को रसानुभूति तब होती है, जब वे तन्मय की स्थिति में आ जाते हैं। इस स्थिति में आ जाने पर दर्शक के अनुमान करने का अवकाश ही नहीं रह जाता। इतिहास के पात्र विभिन्न स्तरों से हुआ करते हैं। उनके उदात्त विकारों अथवा कार्यों की महत्ता सामान्य प्रेक्षक के लिए यथा तथ्य रूप में अनुभिति नहीं हो सकती अतः ऐसे कृत्यों से किस प्रकार दर्शक को कैसे रसानुभूति हो सकती है।

3. भट्टनायक का मुक्तिवाद या भोगवाद- भट्टनायक का मत है कि रस न तो विभाव आदि की उत्पत्ति है और न उसकी अनुमिति, बल्कि यह प्रेक्षक के मुक्ति या भोग पर आधारित है। यदि रस दूसरे के भावों के साक्षात्कार से उत्पन्न होता है तो दुख के मूलक भावों से दुख की ही प्राप्ति होनी चाहिए, किन्तु उससे प्रेक्षक को आनंद की प्राप्ति हुआ करती है। अतः यह नायक रस की स्थिति दर्शक या सहृदय में मानते हैं, उनका कहना है कि दर्शक में स्थित स्थाई भाव के रस रूप में परिणत होने की प्रक्रिया काव्य की शक्तियों (क्रियाओं या व्यापारों) पर अवलंबित है। अभिधा, लक्षणा, व्यंजना ये तीन शक्तियां ही भाव, भावकत्व और भोजकत्व के रूप में प्रयुक्त होती हैं। अभिधा के द्वारा काव्य के भाव में सामान्य तथा आलंकारिक अर्थ का बोध होता है। भावकत्व का अर्थ है साधारणीकरण इसमें पात्रों की वैयक्तिकता नष्ट हो जाती है। और वे विशिष्ट व्यक्ति न माने जाकर सामान्य पुरुष के रूप में ग्रहण किये जाते हैं और व्यक्तित्व के परिहार से उनकी देखभाल सम्बन्धी विशेषतायें नष्ट हो जाया करती है। और वे दर्शक के उपयोग की साम्रगी बन जाते हैं, यही भोजकत्व की स्थिति है इसमें दर्शक रस का भोग करता है। इस अवस्था में दर्शक में स्थित रजोगुण तथा तपोगुण तिरोभूत हो जाते हैं। और केवल सतोगुण मात्र ही शेष रह जाता है। ऐसी स्थिति में पहुँचने पर भोजकत्व शक्ति द्वारा दर्शक या पाठक में स्थित स्थाई भाव में निहित रस का भोग हुआ करता है। यह भोग या मुक्ति आनंदमय होता है। यह रस रूप आनंद ब्रह्मानंद सहोदर कहलाता है। जिसका शब्दों द्वारा वर्णन नहीं किया जा सकता।

समीक्षा- यद्यपि इस मत में रसानुभूति की वैज्ञानिक व्याख्या तो की गई है और साधारणीकरण के सिद्धान्त को भी महत्व दिया गया है। किन्तु कुछ आलोचकों का

कहना है कि अभिधा के साथ भी भावकत्व तथा भोजकत्व की कल्पना निराधार है, दूसरी आपत्ति यह है कि काव्य की शक्तियों में अभिधा क्रिया की कल्पना स्वीकार है तो लक्षणा और व्यंजना क्रिया की क्यों नहीं। दर्शक या सहृदय नाटक के पात्रों का विशिष्ट व्यक्तित्व कभी नहीं भूलते इसलिए व्यक्तित्व के परिहार की कल्पना भी निराधार है।

4. अभिनव गुप्त का अभिव्यक्तिवाद या अभिव्यंजनावाद- अभिनवगुप्त, भट्ट नायक के सिद्धान्त से बहुत कुछ सहमत हैं। रस को विषयीगत मानते हैं। तथा साधारणीकरण भावकत्व और भोजकत्व के सम्बन्ध में हैं, उनका कहना है कि ये दोनों शक्तियां निराधार हैं। और ये दोनों तो व्यंजना व्यापार के अन्तर्गत आती हैं अतः ये संयोग का अर्थ व्यंग्य व्यंजक सम्बन्ध तथा निष्पत्ति का अर्थ अभिव्यक्ति या व्यंजना से मानते हैं। उनका मत है कि रति आदि स्थायी भाव दर्शक में संस्कार जन्य होते हैं। वे पूर्वजन्म के संस्कार से तथा व्यक्ति की शिक्षा आदि के फलस्वरूप सुषुप्तावस्था में अन्तःचेतना में सदैव निहित रहते हैं, साहित्य में इन्हीं भावों को स्थायी भाव कहते हैं। अभिनेताओं के द्वारा विभावादि की अनुकृति होने पर अथवा काव्य में विभावादि का वर्णन पढ़ने पर सुषुप्त स्थाई भाव जागृत हो जाया करते हैं और वहीं अन्ततोगत्वा रस रूप में परिणत हो जाया करते हैं उनका रस रूप में परिणत होना ही रसास्वाद है। रस का एक मात्र जीवन उसका आस्वादन है। और इसी के सहारे रस की अभिव्यक्ति होती है। यह विभाव आदि के रहने पर बना रहता है। और उसके हट जाने पर हट जाता है। मम्मट की उक्ति दृष्टव्य है "पावस की तरह यह आनन्द देता है।" इससे स्पष्ट है कि वासना रूप में जिसके हृदय में स्थायी भाव की स्थिति नहीं है। उसके लिए आस्वादन असंभव है। केवल सहृदय ही रसानुभूति कर सकता है। दूसरों को उस सुख से वंचित रहना पड़ता है। विभावादि के दर्शन से ही रस की प्रतीति सबमें एक जैसी नहीं हो सकती, यदि यह संभव होता है तो सभी दर्शकों को या सभी पाठकों को एक ही प्रकार के आनंद का अनुभव हुआ करता है किन्तु ऐसा नहीं होता। प्रेक्षक सहृदय होने के साथ-साथ अभिनेता तथा कवि या नाटककार के सहृदय होना चाहिए, इस तरह अभिनवगुप्त का रस सिद्धान्त अपने पूर्व आचार्यों की अपेक्षा सर्वाधिक मान्य और अधिक मनोवैज्ञानिक हैं।

आचार्य मम्मट, विश्वनाथ, जगन्नाथ आदि पर वर्ती आचार्यों ने उनके इस

सिद्धान्त को स्वीकार किया है। आचार्य मम्मट ने काव्य प्रकाश में लिखा है कि "जैसे दूध फट कर दही बन जाता है" वैसे ही विभावअनुभाव तथा व्यभिचारी भावों से प्रेरित होकर स्थाई भाव रस बन जाता है। पण्डित राज जगन्नाथ का मत है कि रस की अनुभूति अत्यानंद स्वरूप है। श्रुति ग्रन्थों में आवरण अथवा अज्ञान रहित चैतन्य को ही रस कहा गया है, जब यह आवरण हट जाता है, तब रसानुभूति होती है काव्य रस भी इसी के समान है। आचार्य विश्वनाथ ने रस को ही काव्य की आत्मा माना है। और रस को ही समस्त भावों का मूलभूत तत्व अंगीकार किया है। आचार्य रुद्र भट्ट, पण्डित राजशेखर ने भी रस को काव्य की आत्मा स्वीकार किया है। इस प्रकार इस रस सिद्धान्त के विस्तृत विवेचन में समस्त आचार्यों ने यही प्रतिपादित किया है कि उत्तमोत्तम काव्य वही कहा जा सकता है, जिसमें ध्वन्यर्थ व्यंजना प्रयुक्त हो। जैसा ध्वन्यालोक ग्रन्थ का वचन है- "चारुत्वोकर्ष निबंधना हि वाच्य व्यंग्य योः प्राधान्य विवक्षा" अर्थात् वह सुंदर कथन जिसमें वाच्यान्तर्गत व्यंग्य की प्रधानता हो वही श्रेष्ठ काव्य है। तथा ''बाच्यातिशायिनि व्यंग्ये ध्वनिः तत् काव्य उत्तमम्'' अर्थात वह उत्तम काव्य है जिसमें व्यंग्य ध्वनि अधिक रूप में स्फुट हो, यह विश्वनाथ के साहित्य दर्पण में कहा गया है।

आचार्य आनन्द वर्धन ने स्पष्ट लिखा है ''काव्यस्यात्मा ध्वनिरिति बुधैःयः समान्नात् पूर्वः'' ''यत्रार्थः शब्दो वा तदर्थमुपसर्जनी कृत्स्वार्थौ, व्यक्तः काव्य विशेषः स ध्वनिरिति सूरभिः कथितः''। अर्थात काव्य की आत्मा ध्वनि है यह बुद्धिमान व्यक्ति मानते हैं और शब्दार्थ से उत्पन्न अर्थ में व्यक्त अन्यार्थ काव्य (व्यंग्य प्रधान) का उदाहरण- 'सीता हरन तात जनि कहेऊ पिता सन जाई, जो मैं राम तो कुल सहित कहहि दशानन जाई' यहाँ राम जटायु से कहते हैं कि हे तात सीता हरन की बात स्वर्ग में मेरे पिता दशरथ से मत कहना, यदि मैं राम हूँ तो रावण ही कुल सहित वहाँ पहुँच सब समाचार देगा' तात्पर्य यह है कि यहाँ रावण की कुल सहित नष्ट करने की ध्वनि इस काव्य से ध्वनित हो रही है। अतः उत्तम काव्य है दूसरा उदाहरण गुणीभूत व्यंग्य का देखिये 'युग युग तक चलती रहे कठोर कहानी, रघुकुल मे भी एक अभागिनी रानी' यहाँ पर कठोर कहानी और अभागिनी रानी शब्दों में व्यंग्य के साथ-साथ शब्दार्थ में समानता है। यह मध्यम का उदाहरण है। तथा अधम काव्य का उदाहरण देखिये जहाँ अलंकारों की चमत्कृति है। ''जो काहूने न तारे तेई गंगा तुम तारे जेते, तुम तारे तेते

नभ मे न तारे हैं' यहाँ 'तारे' शब्द अलंकार के चमत्कार को दर्शा रहा है।

अलंकार की परिभाषा आनन्दवर्धन ने इस प्रकार की है ''प्रतीयमानं पुनरन्यदेव वस्तत्वस्ति वाणीषु महाकवीनाम् यत्तत् प्रसिद्धावयवातिरिक्तं विभाति लावण्यमिवांगनासु' तात्पर्य यह है कि सुन्दरी के लावण्य को और अधिक आकर्षक कहने आदि से बनाया गया है। उसी प्रकार महाकवि की सुन्दर वाणी को भी अलंकारों से सजाया जा सकता है। सारांश यह है कि ''व्यंग्य जीवन है कवित्त में शब्द अर्थ है अंग, सो ही उत्तम काव्य है। जो वरने व्यंग्य प्रसंग' यह प्रताप शाहि का कथन है। संस्कृत के आचार्यों ने ध्वनि के 51 भेद बताये हैं।

ध्वनि- लक्षणमूलक और अमिधामूलक। लक्षणा मूलक को अविवक्षित बाच्य, अमिधा मूलक- विवक्षित बाच्य भी कहा है। लक्षणामूलक - अर्थान्तर संक्रमित और अत्यंत तिरस्कृत, दो तरह है जिसमें दोनों पदगत और वाक्यगत दो-दो भेदों में विभक्त हैं। तथा अमिधामूलक भी असंलक्ष्य क्रम और संलक्ष्य क्रम दो भेदों में विभक्त हैं फिर इनके रस रसाभास, भाव भावाभास आदि भेद बताये गये हैं। रस की व्याख्या में भरत लिखते हैं ''नहि रसादृते कश्चिदर्थः प्रवर्तते। अग्नि पुराण में'' बाग्वैदग्ध्य प्रधानेऽपि रस एवात्र जीवितम्' लिखा है। राजशेखर कहते हैं शब्दार्थौ ते शरीरं रस आत्मा'' विश्वनाथ 'वाक्यंरसात्मकं काव्यम्' जगन्नाथ लिखते हैं ''रमणीयार्थ प्रतिपादक शब्दः काव्यम्''। विश्वनाथ सत्वेन्द्रको आस्वायते रसः' नाट्यदर्पणा कार रामचन्द्र ''सुख दुखात्मको रसः' सर्वेषु रसेषु तुल्य सुखानुयभवः'।

रीति- रीति शब्द रीङ्. धातु से क्तिन् प्रत्यय लगाने से बना है। जिसका अर्थ है, प्रगति, पद्धति, प्रणाली, मार्ग आदि आजकल शैली को रीति कहा जाता है। काव्य में रीति की सुदृढ़ स्थापना का श्रेय आचार्य वामन को है। उन्होने रीति का विश्लेषण करते हुए ''विशिष्ट पद रचना रीतिः'' कहा किन्तु हर एक प्रकार का पद विन्यास विशिष्ट विशेषण का अधिकारी नहीं हो सकता, उसकी विशिष्टता का रहस्य उसकी गुणात्मा से जाना जा सकता है। इसलिए आचार्य वामन ने 'रीतिरात्मा काव्यस्य' अर्थात् काव्य की आत्मा रीति है की कल्पना की। आचार्य विश्वनाथ ने काव्य की आत्मा रस को स्वीकारते हुए रीति को अंग संस्थान मात्र बताया।

रीतिभेद- रीतिभेद का प्रमुख आधार उस काल के विभिन्न प्रदेशों में प्रचलित लेखन शैली से रहा है। आचार्य वामन ने इसके तीन भेद किये हैं वैदर्मी, गौणी तथा पांचाली। परवर्ती आचार्यो ने भी इन भेदों को स्वीकार किया है।

1. **वैदर्मी**- वैदर्मी काव्य की सर्वोत्तम रीति मानी जाती है। यह आडम्बरहीन तथा श्रेष्ठ मार्ग है। इसको उपनागरि का वृति भी कहते हैं। व्यंजन वर्णो से संबंधित समास रहित अथवा अत्यंज छोटे-छोटे समासों से युक्त ललित रचना को वैदर्मी रीति कहते हैं। इसमें माधुर्य गुण की प्रधानता रहती है। जैसे- ''चारू चन्द्र की चंचल किरणें, खेल रही हैं जल थल में, स्वच्छ चांदनी बिछी हुई है अवनि और अम्बर तल में''।

2. **गौणी**- यह रीति गौण देश के नाम पर बनी है, इसे परूषा वृति भी कहते हैं। ओज के प्रकाशक वर्णों से संघटित, दीर्घ समासों से युक्त एवं आडम्बर पूर्ण रचना को गौणी रीति कहते हैं। ओजस्वी रचनाओं के लिए यह रीति अत्यंत श्रेष्ठ मानी जाती है। संस्कृत साहित्य में इसका बहुत प्रयोग हुआ है। आचार्य भट्टनारायण के बेणीसंहार, निराला की अनामिका तथा वियोगी हरि की रचना उदाहरण स्वरूप ली जा सकती है। जैसे ''अंधकार गज भागा, गहन विपिन में, दिनपति प्रगटा सरोष मृगराज सा, केसर सी किरणें विकीर्ण हुईं नभ में, भाग के मृगांक छिपा अस्ताचल ओट में''- वियोगी।

3. **पांचाली**- यह वैदर्मी और गौणी रीतियों के बीच की रीति मानी जाती है। इसे कोमलावृत्ति भी कहते हैं। आचार्य विश्वनाथ के अनुसार वैदर्मी एवं गौणी में मुख्यरूप से प्रयुक्त होने वाले इतर वर्णो से संघटित अधिक से अधिक पांच छः पदों के समासों से युक्त रचना पांचाली मानी जाती है। जैसे'''इस अभिमानी अंचल में फिर विधि अकलंक, मेरा छीना बालापन फिर करूण लगा दो मेरे अंक''-पंत।

इन तीनों रीतियों में वैदर्मी रीति को ही सबसे अधिक महत्व दिया जाता है। वैदर्मी रीति की तुलना में न तो गौणी तथा पांचाली रीतियों का कोई आदर करता है और न उनका उत्कर्ष ही मानता है। वैदर्मी और पांचाली के बीच की रचना लाटी या लाटिया रीति भी बाद में आचार्यो ने मानी। इसमें ओज गुण की प्रधानता रहती है। यह वीर भयानक-रौद्र आदि के लिए विशेष प्रयुक्त की जाती है। यथा- ''अस कहि कुटिल भई उठि ठाड़ी, मानहु रोष तरंगिनि वाढ़ी, पाप पहार प्रगठ भई सोई, भरी

क्रोध जल जाई न जोई- तुलसी। कालिदास हर्ष, विल्हण नीलकंठ आदि ने भी इन रीतियों का महत्व स्वीकार किया है। भारतीय आचार्यो के अतिरिक्त पाश्चात्य आलोचकों अरस्तू, मीर, सोफेन, रेले, हाविर, आदि ने भी रीतियों के महत्व को स्वीकार किया है। अपने ढंग से इसके भेद प्रभेद किये हैं। किन्त उनके विवेचन में भारतीय प्रद्धति से घनिष्ठ साम्य विद्यमान है।

वृत्ति- वृत्तिशब्द वृतू वर्तने धातु से क्तिन् प्रत्यय के योग से बना है। वर्तने या वर्तन् शब्द का अर्थ जीवन माना गया है। वृत्ति जीवन का वह व्यापार है। जिससे धर्म, अर्थ, काम, मोक्ष की सिद्धि में सहायता मिलती है। वृत्तियों की उत्पत्ति के संबंध में वैष्णव तथा शैव मत संबंधी अनेक रोचक कथायें मिलती हैं। किन्तु वृत्ति का प्रथम उल्लेख आचार्य भरत मुनि के नाट्यशास्त्र के 22 वें अध्याय में किया गया है, और इसे नाटक का आवश्यक अंग माना गया है। भारत के परवर्ती आचार्यो ने भी वृत्तियों के महत्व को स्वीकार करते हुए काव्य क्षेत्र में भी वृत्तियों का समावेश किया, भरतमुनि ने अपने नाट्यशास्त्र में चार वृत्तियों का उल्लेख किया है- 1. भारती 2. सात्वती 3. कैशिकी तथा 4. आरभटी। इन चारों वृत्तियों को पुनः दो भागों में विभक्त किया है, (i) शब्द वृत्ति तथा (ii) अर्थवृत्ति। शब्दवृत्ति के अंतर्गत भारतीवृत्ति तथा अर्थवृत्ति के अंतर्गत शेष तीनों वृत्तियों को रखा।

1. **भारतीवृत्ति-** भरत के अनुसार जिस वृत्ति में संस्कृत प्रधान शब्दों का बाहुल्य हो, पुरूष पात्र जिसका प्रयोग करते हों तथा स्त्रियों के लिए जिसका प्रयोग निषेध हो उसे भारती वृत्ति कहते हैं। नाट्यशास्त्र के अनुसार एकबार विष्णु भगवान ने मधुकैटभ राक्षस से युद्ध करते हुए जोर से पदाघात किया था, इसी पदाघात के भार से भारतीवृत्ति की उत्पत्ति हुई। दशरूपककार धनंजय के अनुसार भाटों या नटों के द्वारा संस्कृत गर्भित वाक्य प्रयुक्त होने के कारण इस वृत्ति का नाम भारती पड़ा। आचार्य भरत मुनि ने इस वृत्ति का प्रयोग केवल करूण तथा अद्भुत रस के लिए ही माना और इसके चार उपभेद किये। प्ररोचना (प्रशंसावाचक), आमुख (रूपक), वीथी (शृंगार) तथा प्रहसन (हास्य)।

2. **सात्वती वृत्ति-** भरत मुनि के अनुसार इस वृत्ति में सत्व गुण की प्रधानता रहती है। न्यायवृत्ति का समावेश हर्ष से युक्त तथा शोक से रहित होता है। वीर-अद्भुत

और रौद्र रसों का विशेष संबंध है। इस वृत्ति का अनुसरण करने वाले पुरूष न्यायी, संघर्ष प्रधान, तथा उद्धत प्रकृति के होते हैं। आचार्य अभिनवगुप्त ने भी इस वृत्ति का संबंध हृदय से माना है। सत्वगुण प्रधान धीरोदत्त नायक ने इस वृत्ति का विकास होता है। यह भी चार प्रकार की होती है। उत्थापक, परिवर्तक, संलापक तथा संघात्मक।

3. **कौशिकी वृत्ति-** कैशिकीवृत्ति की उत्पत्ति केश शब्द से मानी गई है। इस वृत्ति की उत्पत्ति भगवान विष्णु के द्वारा मधुकैटभ से युद्ध के समय अपने केशों को बांधे जाने वाले व्यापार से हुई। भरत मुनि के अनुसार जो विशेष प्रकार के नेपथ्य से चित्रित की गई हो, स्त्री पात्रों की तथा नृत्यगीति की बहुलता और कामोपयोग से युक्त हो, उसे कैशिकीवृत्ति कहते हैं। अभिनवगुप्त के अनुसार केश का संबंध अर्थ क्रिया से न होते हुए भी शरीर की शोभा के वर्धक है, अतः नाटक में इस शोभा के हेतु जो व्यापार किया जाता है, वह वृत्ति स्त्रियों के उपयुक्त होने के कारण ही कैशिकी नाम से अभिहित हुई है। डॉ. राघवन ने रीतियों के समान वृत्तियों का संबंध भी प्रान्त विशेष की प्रवृत्ति से बताते हुए विदर्भ देश में कैशिकी की उत्पत्ति मानी। विदर्भ देश अपन सौंदर्य प्रियता तथा ललित कला के लिए प्रसिद्ध था। इसके भी चार भेद हैं- (क) नर्म, (ख) नर्म स्फूर्ज, (ग) नर्म स्फोट तथा (घ) नर्म गर्म।

4. **आरभटी-** आरभटी शब्द की व्युत्पत्ति अर् शब्द से हुई है। अर् का अर्थ है उत्साह और आरभटी का अर्थ है वीर योद्धा। भरत मुनि के अनुसार जहाँ उछलने, कूदने, गिरने, लांघने आदि के प्रसंग हों और मायाजनित इन्द्रजाल के दृश्य हों वहाँ आरभटी वृत्ति होती है। अथर्ववेद में माया आदि ऐन्द्रजालिक क्रियाओं का निर्देश किया गया है। इसीलिए भरत मुनि ने इस वृत्ति की उत्पत्ति अथर्ववेद से मानी है। अभिनवगुप्त ने इसका संबंध उन कायिक चेष्टाओं से माना है। राक्षस या असुर आदि धीरोदत्त नायक में ऐसी वृत्ति मिलती है। सात्वती वृत्ति में उत्साह और वीरता आदि का प्रदर्शन धीरोदत्त नायक के अनुकूल होता है। किन्तु उसमें वीरता और उत्साह तमोगुणप्रधान ऐन्द्रजालिक और अन्यायपूर्ण होते हैं। इसलिए इस वृत्ति को भयानक तथा वीभत्स रसों में स्थान दिया गया है। इसके भी चार भेद हैं। (क) संक्षिप्तक (ख) अवधारक (ग) वस्तुस्थापन तथा (घ) सम्फेट। नाटक में प्रमुख रूप से चार वृत्तियाँ ही मानी गई हैं। किन्तु अलंकारवादी आचार्य उद्भट ने चेष्ट और निष्चेष्ट अवस्थाओं

के आधार पर तीन वृत्तियों की और कल्पना की- *पहली,* न्यायवृत्ति, *दूसरी,* अन्याय वृत्ति, ये दोनों चेष्ट हैं। तथा *तीसरी,* फल संविति निष्चेष्ट है। आचार्य भहलोलृट इनमें से प्रथम दो वृत्तियों को ही मानते हैं। वे निष्चेष्ट स्थिति को वृत्ति नहीं मानते। अभिनवगुप्त ने चार वृत्तियों के अतिरिक्त आत्मसंविति नामक एक पांचवी वृत्ति भी मानी है। नाटक के समान काव्य क्षेत्र में भी वृत्तियों का अपना विशिष्ट स्थान है। लगभग 11वीं शताब्दी के पूर्व तक काव्य में वृत्ति विचार अनुप्रास भेद के अंतर्गत स्वतंत्र रूप से होता रहा, किन्तु इसके बाद के आचार्यों ने वृत्ति और रीति में सामंजस्य स्थापित कर रीति के साथ ही वृत्ति का विवेचन किया। पूर्व के अलंकार शास्त्रियों में तीन (अनुप्रास-समास-नाट्य) रूपों में वृत्ति विवेचन दृष्टिगत होता है। अनुप्रास और उसके भेदों का वर्णन करते समय आचार्य भामह, उद्भट आदि ने वृत्पानुप्रास के अंतर्गत तीन प्रकार की काव्य वृत्तियों परूषा, उपनागरिका तथा कोमला या ग्राम्या का उल्लेख किया है।

(1) परूषा- वृत्ति में कठोर शब्दों का प्रयोग किया जाता है। यह वीर, भयानक तथा रौद्र रसों के लिए उपयुक्त मानी जाती है।

(2) उपनागरिका- वृत्ति को वैदर्मी वृत्ति भी कहते हैं। इसमें माधुर्य गुण व्यंजक और सानुनासिक वर्णों का प्रयोग किया जाता है। श्रृंगार हास्य तथा करूण रसों के लिए उपयुक्त है।

(3) कोमला- वृत्ति में कोमल कान्त प्रसाद गुण से युक्त पदावली का प्रयोग किया जाता है। शांत, श्रृंगार तथा अद्भुत रसों के लिए उपयुक्त है। आनंदवर्धन ने उपर्युक्त तीनों वृत्तियों को शब्दगत तथा नाट्य वृत्तियों को अर्थगत मानकर काव्य लक्षण में इनका महत्व स्थिर किया है। अभिनवगुप्त मम्मट तथा परवर्ती सभी आचार्यो ने रीति और वृत्ति के सामंजस्य को स्वीकार कर उपनागरिका, परूषा तथा कोमला वृत्तियों को क्रमशः वैदर्मी, गौणी, और पांचाली रीतियों के नाम से अभिहित किया है।

आचार्य रूद्रट ने समासयुक्त पदों की संघटना को वृत्ति माना है। समास रहित सत्ता वाले पद वैदर्मी रीति तथा समासयुक्त सत्तावाले पद पांचाली, लाटिया तथा गौणी रीति के अंतर्गत माना, उन्होने भी वृत्ति को रीतिका प्रतिरूप ही माना। उद्भट आदि

का अनुप्रास जातिवाला विवेचन भी रूद्रट को मान्य था। किन्तु उन्होंने तीनों वृत्तियों के नवीन नामों की उद्‌भावना करने दो वृत्तियाँ और जोड़ दीं। मधुरा -प्रौढ़ा, परूषा, ललिता तथा भद्रा। रूद्रट के टीकाकार नमिसाधु ने इनके अतिरिक्त तीन और वृत्तियों ओजस्वनी, निष्ठुरा तथा गम्भीरा का निर्देश किया। इस तरह रूद्रट के अनुसार वृत्तियों की संख्या आठ होती है।

काव्य की परिभाषा

काव्य साहित्य की सबसे अधिक प्राचीन विधा है। वाणी का प्रारंभिक स्वरूप है। और इसी में सर्वप्रथम मानव की गहन अनुभूतियों का भंडार मिलता है क्योंकि विश्व का सबसे प्राचीन ग्रन्थ ऋग्वेद एक सुन्दर काव्य है। जिसमें वाणी का सौंदर्य और माधुर्य विद्यमान है। इस काव्य की अनेक परिभाषायें मिलती हैं। भारतीय और पाश्चात्य विद्वानों ने विभिन्न प्रकार से काव्य का लक्षण किया है। परन्तु अभी तक कोई ऐसा लक्षण नहीं मिलता जो सर्वमान्य हो और जिसके द्वारा काव्य का ठीक-ठीक बोध हो सके। सर्वप्रथम हम संस्कृत के उन तीन विद्वानों की परिभाषायें लेते हैं जो सर्वाधिक प्रसिद्ध हैं। जिनमें काव्य के मर्म तक पहुँचने का प्रयास दिखाई देता है।

प्रथम परिभाषा आचार्य मम्मट की है। ''तद्दोषौ शब्दार्थौ सगुणावनलंकृती पुनः क्वापि'' अर्थात काव्य वह है, जिसमें शब्द और अर्थ का सामंजस्य हो, जो निर्दोष हो, गुणयुक्त हो, और जिसमें या तो अलंकार न हो या कहीं-कहीं थोड़े बहुत हों। इस परिभाषा में आचार्य मम्मट ने गुणों के अस्तित्व को और दोषों के अभाव को प्रमुखता दी है। तथा अलंकारों का होना नितान्त आवश्यक नहीं माना है। क्योंकि अलंकारों के बिना भी काव्य सुन्दर बन सकता है।

दूसरी परिभाषा आचार्य विश्वनाथ की है। जिन्होने ''वाक्यं रसात्मकं काव्यम्' रसात्मक वाक्य को काव्य बताया है। इस परिभाषा में काव्य के भावपक्ष की ओर अधिक संकेत किया गया है, इस परिभाषा के पूर्व आचार्य विश्वनाथ ने मम्मट की परिभाषा में दोष दिखाते हुए लिखा है कि सुन्दर से सुन्दर काव्य में थोड़ा बहुत दोष निकल आता है। इसलिए उस काव्य को कविता के क्षेत्र से बाहर निकाल देना पड़ेगा, फिर जब अलंकार का रहना आवश्यक ही नहीं तब लक्षण में उनका उल्लेख ही नहीं

होना चाहिए। जैसे मम्मट काव्य में ध्वनि को प्रमुखता देते हैं और ध्वनि काव्य को उत्तम मानते हैं किन्तु काव्य की परिभाषा में ध्वनि का नाम तक नहीं लिया है। न उनकी परिभाषा में रस का ही उल्लेख है, जबकि मम्मट रस को सर्वोत्तम ध्वनि कहते हैं। अतः आचार्य विश्वनाथ की दृष्टि में मम्मट की परिभाषा दोषपूर्ण है। आचार्य विश्वनाथ की आलोचना अन्य विद्वानों ने की है। बताया है कि रसात्मक वाक्य को काव्य कहना कोई लक्षण नहीं है। यह तो प्रशस्ति है क्योंकि यहाँ कविता क्या है यह न बताकर काव्य पढ़ने और सुनने से प्राप्त आनन्द का उल्लेख किया गया है। इस परिभाषा को पढ़ने से रस क्या है? रसात्मक वाक्य क्या है? आदि अनेक प्रश्न उठते हैं। किन्तु काव्य क्या है, इस समस्या का समाधान नहीं होता। तीसरी परिभाषा पं. राज जगन्नाथ की है। ''रमणीयार्थ प्रतिपादकं शब्दं काव्यम्'' अर्थात् रमणीय अर्थ के प्रतिपादक शब्द को काव्य कहा है। इस परिभाषा के बारे में डॉ. श्यामसुन्दर दास ने कहा है कि यद्यपि यह परिभाषा पूरे साहित्य शास्त्र का निचोड़ है, तथापि रमणीय आदि की व्याख्या करना कितना टेड़ा कार्य है, विद्वान ही जानते हैं।

डॉ. गुलाबराय ने इस परिभाषा को आचार्य विश्वनाथ की परिभाषा का रूपान्तर कहा है क्योंकि रमणीय का अर्थ है मन को रमाने वाला और रस भी मन को रमाने वाला होता है। इन तीनों परिभाषाओं में से किसे ठीक लक्षण कहें, यह निर्णय करना कठिन है। फिर भी कवि भी रस योजना की दृष्टि से विचार करें तो मम्मट का लक्षण श्रेष्ठ जान पड़ता है। किन्तु रसिकों की रस योजना की दृष्टि से विश्वनाथ का मत सुंदर है। और कवि तथा का रसिक दोनों के सामंजस्य की दृष्टि से जगन्नाथ की परिभाषा ठीक है। अब कुछ हिन्दी के सुप्रसिद्ध आलोचकों की परिभाषायें लेते हैं। इनमें आचार्य महावीर प्रसाद द्विवेदी ने लिखा है, ''सादगी असलियत, और जोश यदि तीनों गुण कविता में हो तो कहना ही क्या है? इस दृष्टि से कविता वह है, जो सरल हो, मौलिक हो और उत्साहवर्धक हो, इस लक्ष्य पर मिल्टन का प्रभाव है। क्योंकि मिल्टन ने भी यही परिभाषा दी है। दूसरी सुप्रसिद्ध परिभाषा आचार्य रामचन्द्र शुक्ल की है जो लिखते हैं कि ''जिस प्रकार आत्मा की मुक्तावस्था ज्ञान दशा कहलाती है, उसी प्रकार हृदय की मुक्तावस्था रस दशा कहलाती है।

हृदय की इसी मुक्ति की साधना के लिए मुनष्य की वाणी जो शब्द विधान

करती आयी है उसे कविता कहते हैं। इसके अतिरिक्त शुक्ल जी ने और लिखा है कि कविता वह साधन है, जिससे शेष सृष्टि के साथ मानव के रागात्मक संबंध की रक्षा और उसका निर्वाह होता है। शुक्ल जी इस परिभाषा में कविता का लक्षण न करके उसके गुणों का वर्णन करते हैं, क्योंकि वह हृदय को मुक्त बनाती है। शेष सृष्टि के साथ हृदय का संबंध जोड़ती है। और उस संबंध का निर्वाह करती है। तीसरी परिभाषा कवि जयशंकर प्रसाद की प्रसिद्ध है। उन्होने लिखा है कि ''काव्य आत्मा की संकल्पनात्मक अनुभूति है। जिसका संबंध विश्लेषण, विकल्प या विज्ञान से नहीं है। वह श्रेयमयी, प्रेम रचनात्मक ज्ञानधारा है।'' यहाँ कवि प्रसाद काव्य को अन्य ज्ञान विज्ञान से पृथक् मानते हैं और श्रेय अर्थात कल्याण और प्रेम अर्थात् मनोरंजन दोनो से युक्त ऐसी ज्ञानधारा कहते हैं, जिसमें आत्मा की संकल्पपूर्ण अनुभूति विद्यमान रहती है, यहाँ कवि कविता को आत्मा की सहजवृत्ति मानता है, जो श्रेय और प्रेययुक्त होती है। आधुनिक युग की प्रसिद्ध कवियित्री महादेवी वर्मा ने लिखा है कि ''कविता कवि विशेष की भावनाओं का चित्रण है और वह चित्रण इतना ठीक है कि उससे वैसी ही भावनायें किसी दूसरे हृदय में आविर्भूत हो जाती हैं।'' महादेवी जी की इस परिभाषा में कविता के प्रेषणीय गुण पर अधिक बल दिया गया है। और इसमें रस निष्पत्ति की वही प्रक्रिया दिखाई देती है। जिसे साधारणीकरण कहा जाता है। इस तरह हिन्दी के इन सुप्रसिद्ध विद्वानों की परिभाषाओं का अनुशीलन करने पर यही ज्ञात होता है कि आचार्य द्विवेदी और शुक्ल तो कविता के गुण एवं प्रभाव निरूपण में अधिक लीन रहे हैं। और महादेवी जी ने केवल प्रेषणीयता का वर्णन किया है। जबकि महाकवि प्रसाद ने काव्य की अनुभूति और अभिव्यक्ति दोनों की ओर संकेत करते हुए काव्य लक्षण बताया है।

अब दो तीन अंग्रेजी विद्वानों की परिभाषा भी लेते हैं। महाकवि शेक्सपियर के अनुसार ''कवि अपनी कल्पना के सहारे अपनी अज्ञात वस्तुओं को रूप प्रदान करता है। वही काव्य होता है। कवि की लेखनी हवाई (वायवी) नगण्य और अस्तित्वहीन पदार्थों को मूर्त रूप देकर उन्हें नाम और ग्राम प्रदान करती है।'' इस परिभाषा में शेक्सपीयर ने काव्य को कल्पना का सर्वस्व स्वीकार किया है। दूसरी परिभाषा कविवर वर्डस्वर्थ की है। "कविता उत्कट भावना के सहज उद्रेक का नाम है" (Poetry is the spontaneous overflow of powerful feelings) यहाँ कवि वर्डसवर्थ ने कल्पना के उत्कट स्वरूप को उल्लेखित किया है, जो भावना के रागतत्व को अपनाता है। तीसरे कविवर हैं, मिल्टन जो कहते हैं "सादा प्रत्यक्षमूलक और रागात्मक पदावली को काव्य कहते हैं। (Poetry should be simple and shows and passinate) यहाँ कवि मिल्टन ने कविता के बाहरी गुणों का निरूपण किया है। कवि शेले अनुसार "श्रेष्ठ और उत्तमोत्तम हृदयों के अत्यंत रमणीय गुणों का लेखा जोखा ही कविता है।" (Poetry is the best monuments and the best feelings of Hearts) इस परिभाषा में भी काव्य की परिभाषा करते हुए काव्य के मूल भाव का उल्लेख है। प्रसिद्ध आलोचक 'इड़सन' ने काव्य को 'कल्पना और मनोवेगों द्वारा जीवन की व्याख्या करने वाला कहा है।' इस परिभाषा में काव्य के बाह्‌य और आंतरिक पक्ष का समर्थन तो अवश्य किया गया है। किन्तु कल्पना तत्व और राग तत्व को ही महत्व प्रदान किया गया है। इस प्रकार की विभिन्न परिभाषाओं का अध्ययन करने पर यही ज्ञात होता है कि कुछ विद्वान तो काव्य की मोहक शक्ति की प्रशंसा करते हैं। और कुछ उसके रमणीय गुणों का उल्लेख करते हैं। कुछ कवि की चितवृत्ति की ओर संकेत करते हैं, कुछ राग तत्व पर, कुछ कल्पना तत्व पर और कुछ केवल उसके शैली तत्व पर बल देते हैं। कविता अपने राग तत्व, बुद्धितत्व, कल्पना तत्व और शैली तत्व लेकर चलती है। उसमें सत्य, शिव और सौंदर्य सदैव विद्यमान रहते हैं। और वह अपनी सुमधुर रचना द्वारा जीवन और जगत के रहस्यों का उद्‌घाटन करती है। अतः काव्य एक ऐसी रचना है, जो अपने शब्दार्थ मय शरीर वाली है। और अपनी सजीव अनुभूति तथा रमणीय अभिव्यक्ति से सहृदयों को आल्हादित करती है।

काव्य के तत्व- काव्य कवि की आत्मानुभूति की अभिव्यक्ति है। यह अभिव्यक्ति अखंड और अविभाज्य मानी गई है। क्योंकि कवि का अन्तःकरण जब किसी भाव से आन्दोलित होकर अपने बाहय प्रकाशन के लिए आकुल होता है। तभी काव्य का जन्म होता है। प्रत्येक कवि के अन्तःकरण में चार मनोवृत्तियाँ रहती है आत्मामिव्यंजन की इच्छा, मानव व्यापारों में अनुराग, नित्य एवं काल्पनिक संसार में अनुराग तथा सौंदर्यप्रियता। ये चारों इतनी सम्बद्ध हैं कि इनको अलग-अलग नहीं देखा जा सकता, इन्हीं मनोवृत्तियों को आधार बनाकर आचार्यो ने पहले काव्य के तीन

तत्व निश्चित किये थे, भाव या राग तत्व, बुद्धि तत्व तथा कल्पना तत्व। परन्तु इन तीनों के रहते हुए भी, जब तक इनकी अभिव्यक्ति के लिए रचना शैली को नहीं अपनाया जायेगा, तब तक इनका प्रस्फुटन नहीं हो सकता क्योंकि भाषा ही भाव विचार या कल्पना को प्रकट करती है। और भाषा का संबंध रचना शैली से है। इसलिए पाश्चात्य विद्वान 'विन चेस्टर' ने काव्य के चार तत्व स्वीकार किये-

1. भाव या रागतत्व- इसे रागात्मक तत्व भी कहते हैं और इसका गहन संबंध भावों से है कवि के हृदय में जो भाव उत्पन्न होते हैं और जिनको वह पाठकों के हृदय में भी संचारित करना चाहता है। वे सब रागतत्व के अंतर्गत आते हैं। इस रागतत्व का संबंध केवल हृदय में उत्पन्न होने वाले उन तत्वों से है जो अंतःकरण की प्रवृत्तियाँ कहलाते हैं। जो मानसिक जीवन के अंग रूप होकर सदैव विद्यमान रहते हैं। प्राय सभी मनोविकारों का संबंध भावों से होता है। भाव व्यक्ति की अंतरात्मा का विशेष धर्म है। अतः इसकी संख्या बताना सर्वथा असंभव है। तुलसीदास ने 'भाव भेद रस भेद अपारा' कहकर भावों की असीमता स्वीकार की है। फिर भी विद्वानों ने भावों के कार्य उनकी अभिव्यक्ति और मानवों के विशिष्ट लक्ष्य आदि का विचार करके भावों की तीन श्रेणियाँ निश्चित की हैं (1) वे भाव जो स्थूल शरीर से संबंधित रहते हैं। जिन्हे 'इन्द्रिय जनित' भाव कहा जाता है। (2) जिन भावों का संबंध मन की उस शक्ति से होता है, जिसके द्वारा वह संसार के समस्त अनुभवों को एकत्र करके उनसे पूर्ण ज्ञान प्राप्त करता है। ऐसे भावों को 'प्रज्ञात्मक भाव' कहते हैं। (3) तीसरे भाव वे हैं जिसका संबंध मन की उस शक्ति से है जिसके द्वारा मनुष्य के विचारों को एकत्र करके किसी विशेष लक्ष्य का स्वरूप खड़ा करने अथवा उस लक्ष्य को पूर्णता प्राप्त करने में मन यत्नशील रहता है। इनको 'गुणात्मक भाव' कहते हैं उक्त तीनों प्रकार के भावों में से पहले इन्द्रियजनित भावों का संबंध ज्ञानेन्द्रियों से है। जिससे हम हर्ष, शोक, चिंता, भय आदि का अनुभव करते हैं। दूसरे प्रज्ञात्मक भाव का संबंध मन की उस शक्ति से है जो भूत, भविष्य और वर्तमान के अनुभवों को उत्पन्न कराया करती है। और जो भाव इन्द्रियजनित भावों की पुष्टि करते हैं ये भाव संचरणशील होते हैं, और साहित्य में इन्हें संचारी भाव कहते हैं। तीसरे गुणात्मक भावों को सौंदर्य विवेकी भाव कह सकते हैं। क्योंकि वस्तुओं में जो सौंदर्य का गुण रहता है उसका

अनुभव कराने या उस सौंदर्य से उत्पन्न आनंद को उपलब्ध कराने की इच्छा गुणात्मक भावों में होती है। साधारणतया इन भावों का संबंध मन या हृदय से होता है। ये गुणात्मक भाव ही साहित्य में राग तत्व के विशेष बोधक होते हैं। इनको साहित्य में दो वर्गो में बांटा गया है। स्थाई भाव और संचारी भाव, जो भाव छोटी-छोटी तरंगों की भांति हृदय सरोवर में उठकर थोड़े ही समय मे विलीन हो जाते हैं, उन्हें संचारी भाव कहते हैं। और जो भाव रसास्वादन की अवस्था तक विद्यमान रहते हैं, वे स्थाई भाव कहलाते हैं। इन भावों के बाह्य व्यंजक व्यापारों को अनुभाव तथा सात्विक भाव कहा जाता है। इन भावों को आश्रय देने वाले अथवा उददीपित करने वाले आलम्बन और उददीपन दो विभाव होते हैं। तथा रसाभास, भावावास, भावोदय, भावशांति, भाव संधि, भाव सबलता आदि इसी भाव जगत के व्यापार हैं। भाव रस की अपरिपक्वावस्था के द्योतक हैं, और जब कोई भाव स्थाई भाव ग्रहण कर लेता है, तब वह रस बन जाता है। अतः भाव रस से स्वतंत्र नहीं है। क्योंकि भावों के बिना रस की प्रतीति नहीं होती। बीजवृथा न्याय की तरह भाव और रस एक दूसरे के प्रकाशक माने गये हैं। रस को काव्य की आत्मा कहा गया है। इसी कारण भाव तत्व या राग तत्व का काव्य निर्माण में अत्यधिक महत्व है। और यह रागतत्व या भाव तत्व काव्य का मूल तत्व माना गया है। क्योंकि इसके बिना काव्य की कल्पना करना नितान्त असंभव है।

2. बुद्धितत्व- इसका संबंध विचारों से है जिन्हें कवि अपने विषय प्रतिपादन में प्रयुक्त करके अपनी कृति को उत्तमोत्तम विचारों की अभिव्यक्ति का साधन बनाता है। ये विचार बुद्धिजन्य होते हैं। दार्शनिक दृष्टि से विचार के दो अर्थ लिये जाते हैं, पहला अर्थ तो उन सब मानसिक स्थितियों से है, जिनका बुद्धि द्वारा बोध होता है। इस अर्थ के अनुसार मनो, राग, इच्छा, संकल्प आदि सबका समावेश विचारों में हो जाता है। दूसरा अर्थ विचारा का यह लिया गया है कि वाणी द्वारा जो कुछ प्रभावित किया जाय, वह रूप विचार ही है, किन्तु विचारों का संबंध बौद्धिक जगत से ही अधिक होता है। जो राष्ट्र या जो समाज जितना अधिक संस्कृत और सभ्य होगा वहाँ के कवि या लेखक उतने ही विचारशील होंगे। दर्शन विज्ञान आदि का संबंध इन्हीं विचारों से है, काव्य में नीति संबंधी जो रचनायें आती हैं, वे सब विचार प्रधान होती हैं। राग तत्व जहाँ आकर्षण उत्पन्न करता है, वहाँ विचार तत्व पथप्रदर्शक का कार्य

करता है, वैसे हमारा मानसिक संस्थान ऐसा विचित्र बना है, कि भावों और विचारों को अलग-अलग रखना बड़ा कठिन कार्य है। किन्तु काव्य में विचार नैतिकता, आदर्श, दार्शनिकता, यथार्थता, आदि का प्रतिपादन करने के लिए व्यक्त हुआ करते हैं। कवि भाव प्रेरित होकर जब जीवन की ओर देखता है, और जगत का विश्लेषण करता है, तब भावों के केन्द्र बिन्दु के चारों ओर विचार इस तरह इकटठे हो जाते हैं, जिस तरह मिश्री के पूंजे में धागा या बांस की खपंच के चारों ओर मिश्री के कण इकटठे हो जाते हैं। अतः कोई काव्य न तो पूर्णरूपेण भावात्मक होता है, और न पूर्ण विचारात्मक अपितु विचारों के साथ-साथ भावों का और भावों के साथ विचारों का संगुम्फन देखा जाता है। इसीलिए नीति के दोहे, अन्योक्तियाँ आदि काव्य रचना में समाज नीति, राजनीति एवं लोकव्यवहार आदि से सम्बद्ध होकर भी रसास्वादन में सहायक होती है। और विद्वानों ने उनमें शांत रस स्वीकार किया है। अतः बुद्धि तत्व भावों की आधार भूमिका के रूप में कार्य करता है। अभिव्यक्ति में चमत्कार उत्पन्न करता है। लेखक के दृष्टिकोण को स्पष्ट करता है। और भावाभिव्यक्ति पर नियंत्रण करता है। इसीलिए बुद्धितत्व कवि को लोककल्याण की ओर अग्रसर करता हुआ ऐसे काव्य का निर्माण कराता है। जिसमें उच्च कोटि के सुसंस्कृत विचार रहते हैं। जिससे विश्व में काव्य की महत्ता स्थापित होती है। जो काव्य कौशल के परिचायक होते हैं, इसीलिए बुद्धितत्व का भी काव्य के निर्माण में महत्वपूर्ण योग माना गया है।

3. कल्पना तत्व- कल्पना तत्व से तात्पर्य कवि के मन में किसी विषय का बिम्ब स्थापित करने वाली उस शक्ति से है, जिसे वह अपनी कृति में प्रदर्शित करके पाठकों के हृदय चक्षु के सामने भी वैसा ही चित्र उपस्थित करने का प्रयत्न करता है। अतः कल्पना वह शक्ति है, जो काव्य के अन्तर्गत अप्रत्यक्ष के मानसिक चित्र उपस्थित क्रिया करती है। अंग्रेजी में इसे इमेजीनेशन कहते हैं। जो इमेज अर्थात् मानसिक चित्र से बना है। कल्पना का कार्य निर्माण करने का है, यह शब्द क्लृप् धातु से बना है। जिसका अर्थ निर्माण करना है। इसी से कल्पवृक्ष बना है। और कल्पवृक्ष भी मनचाही वस्तु प्रदान करने वाला माना गया है। इस कल्पवृक्ष की तरह कल्पना भी मनचाही परिस्थिति उत्पन्न कर देती है। अभीष्ट पदार्थ ला देती है। और मनोवांछित चित्र अंकित किया करती है। शुक्ल जी ने कल्पना को ही मनोकामना

माना है। और लिखा है "जिस प्रकार भक्ति के लिए उपासना या ध्यान की आवश्यकता होती है, उसी प्रकार भावों के परिवर्तन के लिए भी भावना या कल्पना अपेक्षित होती है।" यह कल्पना दो प्रकार की होती है। 1. विधायक 2. ग्राहक, कवि या लेखक के अन्तर्गत विधायक कल्पना होती है। क्योंकि वह इसी के सहारे अगम अगोचर पदार्थ रूपों और अनुभूतियों के सजीव चित्र काव्य में अंकित किया करता है, और श्रोता या पाठक के अन्तर्गत ग्राहक कल्पना होती है, क्योंकि अधिकांश कवि सभी विषयों का पूरा-पूरा वर्णन पाठकों के सम्मुख प्रस्तुत नहीं करते, अपितु कुछ मार्मिक खंड ही अपने-अपने काव्यों में अंकित किया करते है। किंतु पाठक या श्रोता अपनी-अपनी ग्राहक कल्पना के द्वारा तुरंत उसकी पूर्ति कर लेते हैं और कवि के अपूर्ण चित्रण में अपनी ओर से मूर्ति विधान करके आनंद प्राप्ति किया करते हैं। पाश्चात्य दार्शनिक कॉन्ट ने तीन प्रकार की कल्पना मानी हैं। (क). पुनर्निर्माण करने की शक्ति रखने वाली कल्पना (ख). उद्भावना करने वाली कल्पना (ग). सौन्दर्य बोध कराने वाली कल्पना। 'कॉलरिंग' ने दो प्रकार की कल्पना मानी है। 1. प्राथमिक कल्पना जो आरंभिक सामग्री के सहारे निर्माण किया करती है। 2. गौण कल्पना जो नवीन निर्माण के लिए प्रौढ़ सामग्री के द्वारा कवि को सहायता दिया करती है। काव्य के क्षेत्र में इसी का सर्वाधिक्य देखा जाता है। जो भी हो कल्पना कवि के मन में उसकी स्मर्यमाण शक्ति के द्वारा संचित अनुभवों को विभक्त करके और फिर उन पृथक्-पृथक् भावों को इच्छानुसार जोड़कर ऐसे ऐसे विलक्षण बिम्बों की रचना किया करती हैं, जिनका अस्तित्व बाह्य जगत में नहीं होता किन्तु जो बाह्य जगत के आधार पर ही निर्मित होते हैं। कल्पना द्वारा आनंद भी दो प्रकार से प्राप्त होता है। एक तो वह आनंद जो पदार्थों के अवलोकन से प्राप्त होता है और दूसरा वह जो ऐसे पदार्थों से उद्भूत होता है जिनको न तो हमारे चर्मचक्षुओं ने देखा है और न जिनके बारे में सुना है। अपितु जिनको कल्पना ने जोड़-तोड़कर हमारे सम्मुख उपस्थित किया है। अतः यह कल्पना तत्व काव्य के निर्माण में और काव्यानंद की उपलब्धि में सर्वाधिक सहायता पहुँचाता है। इसी के सहारे कवि नियति के नियमों में सर्वथा स्वतंत्र अपनी काव्य सृष्टि की रचना करता है। और इसी के द्वारा वह पूर्ण संचित अनुभवों का संचयन करके एक अत्यंत मनोहर और चित्ताकर्षक चित्र पाठकों के समक्ष उपस्थित

करता है। इसीलिए कल्पना तत्व का भी योगदान सर्वथा उल्लेखनीय है।

4. रचना तत्व- इसे शैली तत्व भी कहते हैं। एक विद्वान ने लिखा है कि शैली भाव या विचारों का परिधान होती है। किन्तु यह कथन समीचीन नहीं है। क्योंकि परिधान सदैव शरीर से पृथक् होता है। जबकि शैली कवि के भावों और विचारों की अभिव्यक्ति से इतना घनिष्ठ संबंध रखती है, कि उसे अलग नहीं किया जा सकता। विनाशैली अथवा विचार रचना के भाव या प्रत्यक्षीकरण करना संभव नहीं। यह शैली ही रूप सौन्दर्य की द्योतक होती है। किसी कवि या लेखक की सामग्री कितनी ही उत्तम क्यों न हो, उसके भाव या विचार कितने ही अद्‌भुत क्यों न हो, जब तक उसकी अभिव्यक्ति सुंदर नहीं है, उसकी शैली आकर्षक नहीं है। तब तक उसकी रचना प्रभावोत्पादक नहीं हो सकती। इसलिए एक विद्वान ने लिखा है कि "Style is not the Coat, But is the Skin of the Enter" अर्थात् शैली भावनात्मक शरीर को पहनाई हुई पोशाक नहीं है। अपितु वह त्वचा है, और इसी के सहारे कविरूप अभिव्यक्त होता है। अर्थात् काव्य की अन्तरात्मा का चोला, शैली रचना तत्व होता है। इस रचना तत्व के अंतर्गत भाषा, रीति, गुण, अलंकार, वक्रोक्ति आदि सभी कलात्मक अंग आते हैं। भाषा शब्द का भंडार है। अतः तीनों शब्द शक्तियाँ, अमिधा, लक्षण, व्यंजना शैली का ही अंग मानी गई है। रीतियाँ चार मानी गई है। वैदर्मी, गौणी, पांचाली और राठी। गुण तीन होते हैं। माधुर्य, ओज और प्रसाद अलंकार शब्द और अर्थ के संबंध से विविध प्रकार के होते हैं। जो काव्य के सौंदर्य की वृद्धि किया करते हैं। वक्रोक्ति काव्य में उक्ति चमत्कार करती है। और औचित्य के द्वारा काव्य के अनुचित विवरणों से बचाया जाता है। इस प्रकार रचना तत्व काव्य की बाहय साज सज्जा में सहायक होकर काव्य के रूचिर और रमणीक बनाया करता है। सारांश यह है कि काव्य में राग तत्व सत्व की प्रतिष्ठा करता है, बुद्धि तत्व लोकहित की। कल्पना तत्व सौंदर्य की सृष्टि करता है। और शैली इन तीनों तत्वों सत्यं शिवम् और सुन्दरम् को रूचिर एवं आकर्षक आकार प्रदान करता है। इस प्रकार चारों तत्व काव्य के निर्माण में सहायक होकर हृदय जगत के सत्य को अभिव्यक्त करते हैं। लोकोपकार से विचारों की सृष्टि किया करते है। और मानसिक सौंदर्य के साथ-साथ बाह्य सौंदर्य की भी मनोरम झांकी अंकित करते हैं। इन चारों के बिना काव्य अपना रूप ग्रहण नहीं करता, इसलिए राग, बुद्धि, कल्पना

और रचना चारों को काव्य के अनिवार्य तत्व माना गया है।

काव्य में सत्यं शिवं सुन्दरम् का स्वरूप- आजकल साहित्य समालोचना के क्षेत्र के सत्यं शिवं सुन्दरम् का अत्यधिक प्रचार देखा जाता है। कुछ विद्वान इसे उपनिषद वाक्य मानते हैं। किन्तु यह वाक्य यूनानी दार्शनिक प्लेटों के The Truth, The God, The Beautiful का अनुवाद मानते हैं। इसका प्रचार समालोचना के क्षेत्र में आजकल सभी स्थानों पर देखा जाता है। वैसे यह वाक्य भारतीय दृष्टिकोण के अधिक समीप है। और काव्य या साहित्य के लिए सर्वथा उपयुक्त सा जान पड़ता है। श्रीमदभगवत गीता में वाणी के तप की चर्चा करते हुए लिखा है कि "अनुद्वेग करं वाक्यं सवयं प्रियं हितं च यत्" "स्वाध्यायाभ्यसनंचैव वाङ्.मयं तपउच्चते" इस श्लोक में ऐसे वाक्य की चर्चा की गई है जिसमें सत्य प्रिय और हित हो, यहाँ सत्य सत्यं का प्रियं सुन्दर का और हितं शिवम् का द्योतक है। अतः गीता में भी सत्यं शिवं सुन्दरम् का प्रयोग वाणी वाक्य, साहित्य के लिए मिल जाता है। किरातार्जुनीयम् में वाणी के लिए "हितं मनोहारि च दुर्लभं बचः" अर्थात् हितकारी और मनोहर वचन दुर्लभ होते हैं। यहाँ हितं शिवम् का वाचक है और मनोहारि में सत्यं तथा सुन्दरम् का आवेश जान पड़ता है। भारतीय संस्कृति में ब्रह्मा विष्णु महेश अर्थात् त्रिदेव की कल्पना भी इसी ओर संकेत कर रही है, क्योंकि ब्रह्मा सत्य के प्रतीक हैं, विष्णु सुन्दरम् के प्रतीक हैं, तथा महेश शिव के प्रतीक हैं। काव्य की अधिष्ठात्री देवी को वीणा पुस्तक धारिणी तथा हंस वाहिनी कहा गया है। यहाँ पर भी हंसनीर क्षीर विवेकी होने के कारण सत्य का प्रतीक है। वीणा सुन्दरम् का प्रतीक है और पुस्तक लोक कल्याणकारी होने के कारण शिवम् की प्रतीक है। इस तरह परोक्ष रूप से भारतीय विचारधारा में सत्यं शिवं सुन्दरम् का समावेश दृष्टिगोचर होता है।

सत्यम् - अब प्रश्न यह है कि सत्य क्या है? साधारणतया सत्य के दो रूप माने जाते हैं, पहला वैज्ञानिक सत्य, दूसरा कल्पना का सत्य, वैज्ञानिक सत्य एक और एक मिलकर दो का वाचक होता है। उसमें वास्तविकता अधिक होती है। वह कटु सत्य होता है क्योंकि वह यथार्थ पर निर्भर करता है। दूसरा कल्पना का सत्य सम्भाव्य सत्य होता है, इसमें एक और एक ग्यारह भी हो सकते हैं। इस तथ्य में यथा तथ्य निरूपण नहीं आता। कुछ परम्परायें और कवि मान्यतायें होती हैं, जैसे हंस का नीर

क्षीर विवेक, चातक का स्वाति नक्षत्र के जल को पीना, रात्रि को चकवा चकवी का वियोग होना, चकोर का आग चुगना आदि बहुत सी बातें, जो यथार्थ जगत् में नहीं देखी जातीं, उनका निरूपण होता है। ये कवि समय कहलाते हैं और काव्य में इनका अत्यधिक प्रयोग होता है। काव्य में फोटोग्राफी जैसे सत्य का प्रयोग नहीं होता, इसमें भाव जगत के सत्य को अपनाया जाता है। यहाँ यह सत्य माना गया है कि एक विरहिणी को चमकने वाले जुगनू अंगारे बन जाते हैं। तभी तो बिहारी ने लिखा है 'विरह जरी लखि जीगनन, कहौ न इहि कै वारि और आओ भजि भीतरे वरसत आज अंगार' इस सत्य में व्यंजना का प्राधान्य होता है। कवि अपनी बात पाठक या श्रोता तक पहुँचाने के लिए ऐसी -ऐसी अतिश्योक्तियों का सहारा लेता है। जो हास्यास्पद होती हैं। किन्तु वहाँ उनमें काव्य का सत्य विद्यमान रहता है। क्योंकि कवियों का उद्‌दे्श्य भाव की अतिशयता बताना होता है। इसीलिए वे काल्पनिक सत्य का प्रयोग करते हैं। विरह में जलती हुई नायिका का बिहारी ने जो चित्रण किया है वह कल्पना के सहारे इसी अतिशय भावना का प्रतीक है। "औंधाई शीशी सुलखि विरह विकल विललात बीचहि सूखि गुलाब जल छूइन पायौ गात" इस तरह काव्य के सत्य में व्यंजना का आधिक्य होने के कारण भाव के सत्य की प्रधानता रहती है। यही सत्य उपन्यास, कहानी आदि साहित्य की अन्य विधाओं में देखा जाता है। क्योंकि वहाँ नाम लिपि आदि मिथ्या होती है। परन्तु शेष सभी बातें सत्य होती हैं। यह कल्पना का सत्य प्रिय होता है। जो जनकल्याणकारी और जनसाधारण के लिए उपयोगी भी माना जाता है। अतः काव्य में वैज्ञानिक सत्य का उपयोग नहीं होता सम्भावय सत्य का प्रयोग होता है। यदि वैज्ञानिक सत्य अथवा कटुसत्य का काव्य में प्रयोग किया जाए तो वह सभी लोगों के लिए रूचि और सुंदर नहीं हो सकता उससे साहित्य के उददेश्य की पूर्ति भी नहीं हो सकती। क्योंकि साहित्य तो सर्वजन हितैषी होता है और यह कार्य तभी हो सकता है। जबकि फोटोग्राफी पर यथार्थता को छोड़कर सम्भावय का काल्पनिक सत्य को अपनाया जाय।

शिवम् - इसका अर्थ है लोकहित, जनकल्याण अथवा समाज की भलाई। काव्य में उपयोगितावाद का बड़ा महत्व माना गया है और आचार्यों ने काव्य का लक्ष्य 'शिवेतरक्षतये" अर्थात् अमंगल का विनाश या कल्याण की प्राप्ति बताया है। गोस्वामी

तुलसीदास ने भी काव्य की महत्ता को स्वीकार करते हुए यही कहा है कि काव्य को गंगा के समान सबका कल्याण करने वाला होना चाहिए। ''करितमनति भूत भल सोई, सुरसरि सम सबकरि हित होई' संस्कृत साहित्य की ओर दृष्टि डालने पर ज्ञात होता है कि संस्कृत के अधिकांश कवि शिव के उपासक थे, अर्थात् वे लोक कल्याण को अधिक महत्व देते थे। भारत की त्रिदेव कल्पना के शिव एक ऐसे देवता हैं जो अनेक बातों से ओत प्रोत हैं। जटाओं में पवित्र गंगा, गले में हलाहल विष, वाधम्बर का वस्त्र, हाथ में त्रिशूल आदि अद्भुत उपकरणों सहित शिव की कल्पना की गई हैं उसी तरह काव्य में भी वीभत्स, भयानक और अद्भुत रस के साथ शृंगार वीर, हास्य रौद्र आदि का भी समावेश रहता है। जिस तरह शिव आनंद स्वरूप हैं उसी तरह काव्य के सभी रस आनंद स्वरूप माने गये हैं। यहाँ तक कि उपनिषदों में ''रसो वैसः'' कह उस शिव को या ब्रहम को रस रूप कहा है। इस प्रकार रस शिव है, शिव आनंद है और काव्य लक्ष्य ही रस प्राप्ति के साथ-साथ का आनंद प्रदान करता माना गया है। लोकहित के लिए प्रायः दो मत बहुत प्रचलित हैं। जिनमें से एक मत आदर्शवाद का पोषक है, जिसके अनुसार काव्य या कला जीवन के लिए है। कला कला के लिए नहीं, दूसरा मत यथार्थवाद का पोषक है। जो कला का लक्ष्य कला मानता है और कला कला के लिए है, इसका प्रतिपादन करता है। आजकल एक तीसरे मत का प्रवर्तन और हो गया है। जिस पर आदर्शोन्मुख यथार्थवाद की नींव पड़ी है। इस मत के अनुयायी उस काव्य को श्रेष्ठ मानते हैं, जिसमें वास्तविक जीवन का चित्र तो अवश्य हो, किन्तु उसकी समाप्ति आदर्शवाद में हुई हो। कुछ भी हो भारतीय आदर्श यही रहा है कि भारतीय काव्य लोक कल्याण के लिए है। यदि इससे जनता का कल्याण नहीं हो सका तो वह व्यर्थ है। हमारे यहाँ असत् पर सत् की जीत दिखाई गई है और भारतीय आदर्श की स्थापना करते हुए उन्नत एवं उच्च कोटि के चरित्रों के सदैव विजयी दिखाने का प्रयास किया गया इस तरह काव्य में लोकहित की महत्ता भारत में अत्यधिक स्वीकार की गई है। यह लोक हित ही शिवम् है। जिसके बिना काव्य न तो रस प्राप्त कर सकता है और न कल्याण की ओर अग्रसर हो सकता है। इसलिए शिवम् काव्य का महत्वपूर्ण अंग है। यदि इसे काव्य का मर्म कहा जाय तो भी इसमें कोई अत्युक्ति नहीं होगी।

सुन्दरम्- काव्य के सौंदर्य पक्ष को सुन्दरम् कहा गया है। सौंदर्य क्या है?

इसके विषय में अनेक मत मिलते हैं। कोई सौंदर्य को वस्तु में देखता है। कोई सौंदर्य को व्यक्तिगत मानता है। इस प्रकार सौंदर्य के बारे में दो प्रमुख वर्ग दिखाई देते हैं। प्रथम वस्तुगत मानने वालों का वर्ग, दूसरा व्यक्तिगत सौंदर्य को जानने वाला वर्ग। सौंदर्य को वस्तुगत मानने वालों में से सुकरात, अरस्तू, ह्यूम, हरबर्ट, स्पेंसर, आदि पाश्चात्य विद्वान आते हैं, जो सौंदर्य को अंगों की ऐसी सुगठित रचना मानते हैं। जिसमें एकरूपता, सममात्रा, सुडौलता आदि गुण होते हैं। और जो हमारे परंपरागत स्वभाव रीति रिवाज या मनोभाव के द्वारा हमारी आत्मा को आनंद और संतोष प्रदान करते हैं। दूसरे व्यक्तिगत मानने वालों में से प्लेटो, सफटबरी, ऑस्कर, बाइण्ड, कॉन्ट, ब्रेगेल, क्रोंचे, शैली आदि प्रसिद्ध हैं। ये सौंदर्य को आध्यात्मिक मानते हैं। इनका कहना है कि सौंदर्य में दैवीय गुण होते हैं। अथवा ससीम असीम दिखाई देता है। भारतीय दृष्टिकोण कुछ भिन्न भी है। और कुछ इसका सामयिक है। जैसे महाकवि कालिदास ने सौंदर्य को सुन्दर आकृतियों के रूप में देखा है। और बताया है कि सौंदर्य में दैवीयगुण होते हैं कि वह पापवृति की ओर नहीं ले जाता, महाकवि माघ ने लिखा है "क्षणे क्षणे यन्नवतामुपैति तदेवरूपं रमणीयतायाः" अर्थात क्षण क्षण में नवीनता ग्रहण करने वाले रूप को सौंदर्य कहा है। अतः माघ की दृष्टि में भी सौंदर्य पार्थिव है, भौतिक है, और शारीरिक सौंदर्य ही प्रमुख माना गया है, बिहारी ने सौंदर्य के दो रूप स्वीकार किये हैं। किन्तु अधिक बल व्यक्तिवादी भावना को दिया है और लिखा है "समय-समय सुन्दर स वे रूप कुरूप न कोय, मन की रूचि जेती जितै जितै तित तौ सुन्दर होय"।

महाकवि जयशंकर प्रसाद ने सौंदर्य को दैवीय गुण सम्पन्न और आध्यात्मिक ही स्वीकार किया है। कामायनी में लिखा है कि "उज्जवल वरदान चेतना का सौंदर्य जिसे सब कहते हैं"- ध्यानपूर्वक देखा जाय तो सौंदर्य के दोनों ही रूप ग्राहय हैं। वस्तुगत सौंदर्य दृष्टि का विषय होकर जब अपना प्रभाव मन या हृदय पर डालता है तभी व्यक्तिगत भावना उदय होती है। सौंदर्य के लिए वस्तु और व्यक्ति दोनों ही अपेक्षित हैं। इसीलिए बिहारी ने दोनों का सामंजस्य करते हुए स्पष्ट लिखा है "रूप रिझावनहर वह, ये नैना रिझबार" अर्थात् वस्तुगत रूप सौंदर्यशाली होने के कारण आकर्षक होता है। और दृष्टा के नेत्र उस सौंदर्य को देखकर रीझते हैं। इस प्रकार काव्य में सौंदर्य के दोनों रूप मिलते हैं। काव्यगत सौंदर्य से अभिप्राय शारीरिक,

मानसिक और कर्मगत तीनों प्रकार से है, क्योंकि जहाँ काव्य में किसी व्यक्ति के रूप सौंदर्य का चित्रण होता है, वहाँ वस्तुगत सौंदर्य विद्यमान रहता है। काव्य में जहाँ मानसिक या भावगत सौंदर्य का निरूपण किया जाता है, वहाँ भाव सौंदर्य या मानसिक सौंदर्य के दर्शन होते हैं, और काव्य में किसी व्यक्ति के उदात्त कार्यों या लोकहितकारी कार्यों का निरूपण किया जाता है वहाँ कर्म सौंदर्य की झांकी मिलती है। इस तरह काव्य वस्तु भाव और कर्मगत सौंदर्य से ओत प्रोत होने के कारण अधिक मोहक, आकर्षक और मनोरंजक होता है। इस तरह सौंदर्य काव्य को सर्वजन सुलभ बनाने तथा सहृदय संवेद्य बनाने में बड़ा सहायक होता है। काव्य की आत्मा रस इसी सौंदर्य के अंतर्गत विद्यमान रहती है। सारांश यह है कि काव्य के तीनों अंग सत्यं शिवम् सुन्दरम् उसे लोक कल्याणकारी बनाते हैं। काव्य में जो सौंदर्य है उसका आंतरिक पक्ष शिव है और बाह्य पक्ष सत्य है। क्योंकि सत्य के निरूपण द्वारा काव्य शिव तक ले जाता है। इसीलिए कविवर पन्त जी ने लिखा है, "वही प्रज्ञा का सत्य स्वरूप हृदय में बनता प्रणय अपार, लोचनों में लावण्य अनूप, लोक सेवा में शिव अविकार" अर्थात सत्य ही कर्तव्य पथ में आकर शिव बन जाता है। और भावना के योग से सुन्दरम् का रूप ग्रहण कर लेता है। अतः सौंदर्य सत्य का ही परिमार्जित रूप है। जिसकी आत्मा शिव है। इस तरह काव्य में सत्य और शिव की युगल मूर्ति को सौंदर्य का मनोहर आवरण पहनाकर उसकी उपासना की जाती है। और जीवन के सत्य को भावों का जामा पहनाकर सुन्दर रूप में प्रस्तुत किया जाता है। यही कारण है कि काव्य सत्यं शिवं सुन्दरम् का साकार रूप है।

काव्य के गुण- आचार्य भरत ने अपने नाट्यशास्त्र में गुण को दोष का विपरीत भाव कहा है। "अतएव विपर्यस्ताः गुणाः काव्येषु कीर्तिताः" यह परिभाषा अभावात्मक प्रतीत होती है। क्योंकि गुणकाव्य का एक विशिष्ट धर्म है। जिसका पद अलंकार से भी ऊँचा है। अतः इन्हें दोष के अभाव रूप में स्वीकार करना उचित नहीं प्रतीत होता। आचार्य दण्डी ने अलंकार की व्यापक परिभाषा देते हुए "काव्य शोभाकरान धर्मानअलंकारान् प्रचक्षते" कहा है। और गुणों का अंतर्भाव उसी में कर दिया है। काव्य में गुणों की स्वतंत्र सत्ता की स्थापना का श्रेय आचार्य वामन को है, उन्होनें गुणों को दोषाभाव प्रसूत न मानकर शोभा लाने वाला धर्म ही गुण माना है।

''काव्य शोभायाः कर्तारोधर्माः गुणाः'' लिखा है। आचार्य आनन्दवर्धन ने भी गुणों का स्वतंत्र अस्तित्व न मानकर उसे रसो के आश्रित माना है। किन्तु उनके परवर्ती आचार्य भोजराज कहते हैं कि गुणहीन अलंकृत काव्य श्रवणीय नहीं है। अतः काव्य को गुणयुक्त होना चाहिए। आचार्य मम्मट का मत है ''जिस प्रकार शरीर में प्रधान तथा विराजमान आत्मा के शौर्य आदि धर्म या गुण आत्मा के साथ अपृथक् भाव से रहते हुए उसकी श्री वृद्धि करते हैं, उसी प्रकार काव्य में प्रधानतया विराजमान रस के साथ, अपृथक या नियत रूप से अवस्थित जो धर्म उसके उत्कर्ष में सहायक होते हैं, वे गुण कहे जाते हैं।'' आचार्य विश्वनाथ ने भी गुणों को रस का धर्म माना है। इनकी संख्या में मतभेद हैं। भरत गुणों की संख्या 10 मानते हैं। माधुर्य, ओज, प्रसाद, श्लेष, समता, सुकुमारता, अर्थव्यवित, उदारता, कांति और समाधि। आचार्य भामह ने उन्नीस और दण्डी ने गुणों की संख्या 10 मानी है। किन्तु कुछ गुणों के संबंध में दण्डी की धारणा आचार्य भरत से भिन्न है। आचार्य वामन ने भी इन्हीं 10 गुणों को मान्यता देते हुए शब्द गुण और अर्थ गुण से ए के दो दो भेद किये हैं। जिससे इनके अनुसार गुणों की संख्या 20 हो जाती है। वामन का गुण विवेचन दण्डी से अधिक व्यवस्थित होने पर होने पर भी त्रुटियों से रहित नहीं है। अग्नि पुराण में गुणों की संख्या 18 मानी गई है। भोजराज ने गुणों की संख्या 24 बतायी है। ध्वनिवादी आचार्यो ने गुणों की संख्या अधिक न मानकर चित्त की तीन अवस्थाओं द्रुति, दीप्ति और व्यापकता के आधार पर केवल तीन गुणों को ही मान्यता प्रदान की है माधुर्य, ओज, प्रसाद। आचार्य मम्मट, विश्वनाथ आदि संस्कृत के तथा हिन्दी के आचार्यों ने भी इन्हीं तीन गुणों को ही मान्यता दी है। अतः काव्य में इन्हीं तीनों गुणों का ही महत्वपूर्ण स्थान माना जाता है-

1. माधुर्य गुण- वह गुण है जिससे अंतःकरण आनंद से द्रवीभूत हो जाय। आचार्य विश्वनाथ के अनुसार ''चित्त की द्रवणीयता एवं आल्हादन में समर्थ अंगीरस का धर्म ही माधुर्य है। यह संयोग शृंगार में उससे अधिक करूण रस में और उससे भी अधिक वियोग शृंगार में और उससे भी कहीं अधिक शांत रस में पाया जाता है।'' इनके अनुसार इस गुण के लिए ट ठ ड ढ वर्णों का प्रयोग यथासंभव नहीं होना

चाहिए। वर्णान्त्य ञ ड. ण न म आदि के प्रयोग से उसकी सुकुमारता और बढ़ जाती है। इसमें या तो सामासिक पदों का प्रयोग ही न तो या बहुत छोटे-छोटे समास प्रयुक्त हों। जैसे ''बीती विभाबरी जागरी''।

2. ओज गुण- वह गुण है जिससे चित्त में स्फूर्ति तथा मन में तेज उत्पन्न हो जाय, आचार्य विश्वनाथ के अनुसार चित्त का विस्तार स्वरूप दीपत्व ओज कहलाता है। यह वीर, वीभत्स और रौद्र रसों में अधिक पाया जाता है। इनके अुनसार इसमें 'क' वर्णादि के पहले दूसरे तथा तीसरे चौथे वर्णो का संयुक्त प्रयोग अनुकूल पड़ता है। ट ठ ड ढ श ष वर्णों का प्रयोग ओजवर्धक होता है। समास लम्बे लम्बे हों तथा रचना औधत्यपूर्ण हो जैसे 'तब सरजा कोपा बरिबंडा, जनहु सुदूर करे भुजदंडा' 'कोपि गरजि मारिस तस बाजा, जानहु परी कूटि सिर गाजा'।

3. प्रसाद गुण- आचार्य विश्वनाथ के अनुसार जैसे सूखी लकड़ी में अग्नि द्रुत गति से फैल जाती है। वैसे ही जो गुण सहृदय के चित्त को द्रुतगति से व्याप्त कर ले, वही प्रसाद गुण है। यह सभी रचनाओं तथा सभी रसों में विद्यमान रहता है। सुनते ही जिसका अर्थ व्यंजित हो जाय ऐसे सरल एवं सुबोध शब्द ही प्रसाद गुण के व्यंजक होते हैं। जैसे ''चारू चन्द्र की चंचल किरणें खेल रही है मरूथल में।''

शब्द शक्ति- शब्द शक्ति से तात्पर्य शब्दों के अंतनिर्हित अर्थ को व्यक्त करने वाले व्यापार से है। लोक व्यवहार में प्रयुक्त प्रत्येक शब्द का कुछ न कुछ अर्थ होता है, यह अर्थ शब्द के जिस गुण द्वारा संकेतित, लक्षित या व्यंजित होता है। उसे ही शब्द शक्ति कहते हैं। शब्द शक्तियाँ तीन प्रकार की होती हैं। अमिधा, लक्षणा और व्यंजना। जिनमें ये शब्द शक्तियाँ होती हैं वे शब्द भी तीन प्रकार के होते हैं वाचक, लक्ष्यक और व्यंजक और इन शब्दों के अर्थ भी तीन प्रकार के माने गये हैं। बाच्यार्थ, लक्ष्यार्थ और व्यंग्यार्थ। बाच्यार्थ कथित होता है, लक्ष्यार्थ लक्षित होता है और व्यंग्यार्थ व्यंजित, ध्वनित, सूचित या प्रतीयमान होता है।

1. अभिधा- साक्षात संकेतित अर्थ के बोधक पद को बाचक कहते हैं। संकेत एक प्रकार की मान्यता है। संकेत ग्रहण मनोविज्ञान की दृष्टि से एक बौद्धिक प्रक्रिया

है और इसकी सहायता से शब्दों का मुख्यार्थ जाना जाता है। सांकेतिक अर्थ साक्षात् होना चाहिए, परंपरागत या रूढ़िगत नहीं होना चाहिए। उदाहरण- वह पंजाब है, पंजाब बड़ा पुरूषार्थी है, इनमें पहले वाक्य में सांकेतिक अर्थ का वाच्यार्थ से सीधा संबंध है। किन्तु दूसरे वाक्य में पंजाब शब्द का सीधा अर्थ बाधित है। इसमे पंजाब का अर्थ है पंजाब निवासी। इस तरह के शब्द प्रायः अनेकार्थी हुआ करते हैं। किन्तु उनके निश्चित अर्थ का बोध प्रसंग संदर्भ प्रयोग आदि के द्वारा या अनेक अन्य साधनों द्वारा जाना जाता है, प्राचीन आचार्यो ने इनके कई प्रकार के संबंधों का उल्लेख किया है। जैसे संयोग संबंध, असंयोग संबंध, साहचर्य संबंध, विनोद संबंध, व्याकरण संबंध, सामर्थ्य संबंध और देश संबंध आदि। बाचक चार प्रकार के बताये गये हैं- जाति बाचक, गुण बाचक, क्रिया बाचक, द्रव्य बाचक। अतः जिस व्यापार द्वारा साक्षात सांकेतिक अर्थ का बोध होता है, उसे अभिधा कहते हैं। अथवा मुख्य अर्थ के बोधक शब्द की प्रथम शक्ति का नाम अमिधा है। इससे तीन प्रकार के शब्दों का बोध बताया गया है। रूढ़ शब्द, यौगिक शब्द तथा योगरूढ़ शब्द। रूढ़ शब्द वे होते हैं जिन्हें खंडित नहीं किया जा सकता। यदि उन्हें खंडित कर दिया जाय, तो उनका अर्थ बिखर जाता है। जैसे राजा-रानी- रा. जा- रा. नी। यौगिक शब्द वे शब्द हैं जिनका अपना एक अर्थ होता है और उनके खंडों का भी अलग-अलग अर्थ जाना जा सकता है। जैसे दशानन- दश. आनन। योगरूढ़ वे शब्द हैं जो स्वतः तो यौगिक होते हैं, किन्तु उनका अर्थ यौगिक न होकर कुछ अन्य ही होता है जो उनके लिए रूढ़ सा हो जाता है। जैसे पंक. जत्र पंकज।

2. लक्षणा- मुख्यार्थ बाधित होने के कारण अर्थात मुख्यार्थ की संगति न बैठने के कारण, जिस शब्द का कोई दूसरा अर्थ ग्रहण किया जाता है, उसे लक्षक शब्द कहते हैं और उसके अर्थ को लक्ष्यार्थ कहते हैं। अर्थात् मुख्यार्थ के बाधित होने पर किसी रूढ़िया प्रयोजन से संबंधित अन्य अर्थ का जिस शब्द शक्ति द्वारा बोध होता है, उसे लक्षणा कहते हैं। जैसे समय भागा जा रहा है, पंजाब पुरूषार्थी है। लक्षणा के तीन प्रधान तत्व माने गये हैं। (1) अमिधा से प्राप्त मुख्यार्थ का बाधित होना (2) मुख्यार्थ एवं कथित अर्थ का संबंध (3) उक्त दोनों संबंधों का कारण किसी रूढ़ि या प्रयोजन का होना। इस तीसरी विशेषता के कारण लक्षणा के दो प्रधान भेद किये गये हैं।

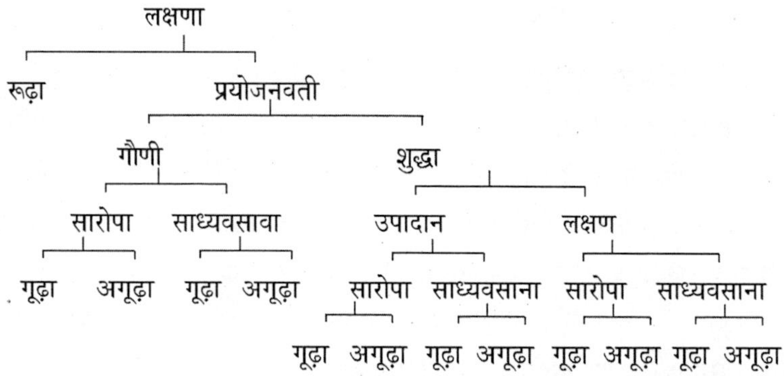

1. रूढ़ा लक्षणा- यहाँ रूढ़ि अथवा परंपरा प्रसिद्धि के कारण मुख्यार्थ को छोड़कर उससे संबंधित किसी दूसरे अर्थ को ग्रहण किया जाय, वहाँ रूढ़ालक्षणा होती है। उदाहरण ''फली सकल मन कामना लूट्यों अनगिनत चैन, अचई आजु हरि रूप सखि भये प्रफुल्लित नैन''।

2. प्रयोजनवती लक्षणा- जहाँ किसी प्रयोजन की सिद्धि के लिए मुख्यार्थ को छोड़कर उससे संबंधित किसी दूसरे अर्थ को ग्रहण किया जाय वहाँ प्रयोजनवती लक्षणा होती है। उदाहरण 'गंगायां घोषः' तथा समय भागा जा रहा है।

(क) गौणी लक्षणा- वहाँ होती है, जहाँ सादृश्य संबंध से अर्थात समान धर्मो या गुणों के कारण लक्ष्यार्थ को ग्रहण किया जाय। यह उपचार पर आधारित रहती है। कुछ अंश में सादृश्य की अतिशयता के कारण किन्हीं दो नितान्त भिन्न पदार्थो के पारस्परिक भेद का छिप जाना उपचार कहा जाता है। 'मुखचन्द्र है।'

(ख) शुद्धा लक्षणा- वहाँ होती है जहाँ पर सादृश्य संबंध के अतिरिक्त किसी अन्य संबंध के कारण लक्ष्यार्थ की अपेक्षा हुआ करती है। अन्य संबंध सामीप्य संबंध, अंगांगी संबंध, कार्य कारण संबंध, तादर्थ्य संबंध साहचर्य संबंध, तात्कर्म्य संबंध आदि जैसे 'आपके चरणों की कृपा है।' दूसरा उदाहरण 'अबला जीवन हाय तुम्हारी यही कहानी आंचल में दूध और आंखों में पानी।'

(i). उपादान लक्षणा- वहाँ होती है जहाँ मुख्यार्थ की संगति के लिए अन्य अर्थ के लक्षित किये जाने पर भी बाहय का अपना अर्थ न छूटे, इसीलिए इसे 'अजहत

स्वार्था' भी कहते हैं। ''कुन्ताः प्रविशन्ति'।

(ii) लक्षण-लक्षणा- वहाँ होती है जहाँ मुख्यार्थ की संगति के लिए अन्य अर्थ के लक्षित किये जाने पर वाच्य अपना अर्थ पूर्णतः छोड़ दे। इसलिए इसे जहत् स्वार्था लक्षणा भी कहते हैं। (क) सारोपा लक्षणा - वहाँ होती है जहाँ पर आरोप भाव पूर्णतः स्पष्ट होता है अर्थात् विषयी या उपमान और विषय या उपमेय का शब्दतः कथन किया जाय अर्थात् इस लक्षणा में उपमेय पर उपमान इस रीति से आरोपित किया जाता है, कि उपमेव की स्वतंत्र सत्ता बनी रहती है। जैसे बालक सिंह है। (ख) साध्यवसाना लक्षणा- इसमें आरोप भाव पूर्णतः स्पष्ट नहीं होता अर्थात् विषयी या उपमान में विषय अथवा उपमेय में इस तरह अंतर्निहित हो जाय कि दोनों में भेद करने का अवसर ही न रहे। अर्थात् जहाँ उपमान के कथन द्वारा उपमेय सूचित कराया जाय, जैसे चांद का टुकड़ा। इस तरह सारोपा और साध्यवसाना के विचार से गौणी लक्षणा के दो तथा शुद्धा लक्षणा के उपादान और लक्षणा के आधार पर चार भेदों को मिलाकर प्रयोजनवती लक्षणा के पुनः 6 भेद हो जाते हैं।

(1) गौणी सारोपालक्षणा- उदाहरण उदित उदयगिरि मंच पर 'रघुवर बाल पतंग' यहाँ पर राम बाल सूर्य (पतंग) है। अर्थात् राम का तेजबल सूर्य के समान है। बाल सूर्य विषयी और राम विषय है। इस तरह दोनों का स्पष्ट पृथक कथन है। अतः सारोपा लक्षण है और दोनो में सादृश्य संबंध है। अतः गौणी लक्षणा है राम के प्रताप की व्यंजना करना भी प्रयोजन है।

(2) गौणी साध्यवसाना लक्षणा- उदाहरण 'चुभते ही तेरा अरूण बाण' इसमें सूर्य को अरूण बाण कहने में मुख्यार्थ की बाधा है। इसलिए लक्षण है। वर्ण साम्य एवं प्रभाव साम्य के कारण सादृश्य संबंध है। अतः गौणी लक्षणा है। अरूण बाण शब्द में सुनहरी किरन का अध्यवसान है। अतः साध्यवसाना है।

(3) शुद्धा सारोपा उपादान लक्षणा- यथा 'स्वर्गलोक की तुम अप्सरा थी, तुम वैभव में पली हुई थीं' यहाँ तुम में अप्सरा का आरोप किया गया है, और दोनों शब्दों में तात्कर्म्य संबंध है। या गुण संबंध है, अतः शुद्धा लक्षणा है। तुम पर अप्सराना आरोप है। दोनों शब्दों का स्पष्ट कथन है, अतः सारोपा है। अप्सरा अपना

स्पष्ट अर्थ रखते हुए अप्सरा सी संर्वांग सुन्दरी तथा मनमोहक नारी का आरोप करती है, अतः उपादान लक्षणा है।

(4) शुद्धा साध्यवसाना उपादान लक्षणा- 'वंशीअति ही गर्व सारी' यहाँ पर वंशी का अर्थ है वंशी के धारण करने वाले श्रीकृष्ण वंशीत तथा कृष्ण दोनों में धारण धार्य संबंध है। अतः शुद्धा है। कृष्ण पर वंशी क आरोप किया गया है। किन्तु कृष्ण का स्पष्ट उल्लेख नहीं है। अतः साध्यवसाना है। वंशी शब्द ने अपने अर्थ की संगति करने के लिए वंशी धारण करने वाले कृष्ण ही का आक्षेप कर लिया है। अतः उपादान है।

5. शुद्धा सारोपा लक्षित (लक्षण)- उदाहरण

"कोऊ कोटिक संग रह्यौ, कोऊ लाख हमार,
मो सम्पति यदुपति सदा, पिपति विदारण हार

यहाँ सम्पत्ति का लक्ष्यार्थ है, भरण पोषण करने वाले इसमें अभिधेयार्थ तथा लक्ष्यार्थ में तात्कर्म्य सम्बन्ध है। अतः शुद्धा लक्षणा और "पदार्थे स्वसमर्पणम्" होने के कारण लक्षणा लक्षणा। यदुपति में सम्पत्ति का आरोप कराया गया है। अतः सारोपा है।

6. शुद्धा साध्यवसाना लक्षण लक्षणा- यथा "है" रिपोर्टो में कलेजा छप रहा देश के आनन्द भवनों ने कहा" करूण कथा हृदय में रहती है। अतः दोनों का कार्य कारण सम्बन्ध है। जिससे शुद्धा लक्षणा है। करूण कथा का स्पष्ट कथन न होने के कारण साध्यावसाना है और परार्थ स्वसमर्पणम् होने के कारण लक्षित लक्षणा है। इस तरह मम्मट के काव्य प्रकाश के अनुसार सभी 6 प्रयोजनवती लक्षणाओं को गूढ़ा और अगूढ़ा से पुनः 12 भेदों में विभक्त किया जा सकता है। शुद्धा के चार भेदों की भांति आचार्य विश्वनाथ ने साहित्य दर्पण में उपादान तथा लक्षणा से गौणी के भी चार भेद किये हैं। इसके बाद साहित्य दर्पणकार ने गौणी तथा शुद्धा के आठों भेदों को गूढ़ा तथा अगूढ़ा से पुनः 16 भेद किये हैं। फिर इन 16 भेदों को धर्मगत् तथा धर्मीगत् से 32 भेद किये हैं, और फिर पदगत् और वाक्यगत् से 64 भेद किये। रूढ़ा और रूढ़िवती के अंतर्गत भी पहले दो भेद गौणी तथा शुद्धा फिर उनके उपदान तथा लक्षण और पुनः सारोपा तथा साध्यवसाना और फिर गूढ़ा तथा अगूढ़ा से 16 भेद

किये। इस तरह आचार्य विश्वनाथ ने अपने साहित्य दर्पण में प्रयोजन लक्षणा के 64 तथा रूढ़ा लक्षणा के 16 भेदों के योग से लक्षणा के प्रमुख 80 भेद बताये। गूढ़ा, अगूढ़ा, धर्मी, धर्मपद, वाक्य लक्षणाओं का विस्तृत विवेचन भी है।

व्यंजना- अभिधा तथा लक्षणा जब अपने अर्थ का बोध कराकर विरत अथवा शांत हो जाती है। तब जिस शब्द शक्ति द्वारा व्यंग्यार्थ का बोध होता है। उसे व्यंजना शक्ति कहते हैं। कुछ आचार्यो के अनुसार व्यंजना (वी + अजंना) अर्थात् एक विशेष प्रकार का अंजन जो आंखों में लगे अंजन के समान प्रच्छन्न अर्थ को प्रकट करता है। अभिधेयार्थ स्पष्ट रीति से कहा जाता है, लक्ष्यार्थ लक्षित कराया जाता है, किन्तु व्यंग्यार्थ को ध्वनित, सूचित, आक्षिप्त या प्रतीत कराया जाता है। अभिधा तथा लक्षणा का सम्बन्ध मात्र शब्दों से होता है, किन्तु व्यंजना का सम्बन्ध शब्द और अर्थ दोनों से ही होता है। व्यंजना के निम्न भेद किये जा सकते है।

व्यंजना
- शाब्दी
  - अभिधा मूला के 14 भेद
  - लक्षणा मूला के 32 भेद
- आर्थी के 30 भेद हैं जिनमें 10 मुख्य हैं

(1) अभिधा मूल्य शाब्दी व्यंजना- संयोग आदि के द्वारा अनेकार्थी शब्दों के एक अर्थ में नियंत्रित हो जाने के पश्चात् जिस शक्ति द्वारा उन शब्दों से दूसरा अर्थ ध्वनित होता है। उसे अभिधा मूलाशाब्दी व्यंजना कहते हैं। अनेकार्थी शब्दों को किसी निश्चित अर्थ में सीमित करने के लिए 14 कारण बताये गये हैं। संयोग, वियोग, साहचर्य, विरोधभाव, अर्थ, प्रकरण, लिंग अन्य, सन्निधि, सामर्थ्य, औचित्य, देशकाल व्यक्ति तथा स्व ये 14 कारण हैं। उदारहरण-(क) शंख चक्र लेकर हरिकर में राज रहे थे आगे'' यहाँ हरि शब्द अनेकार्थक है। हरि, विष्णु, सूर्य, सिंह, बंदर आदि को कहते हैं। किन्तु यहाँ अभिप्रेत अर्थ विष्णु ही है। जिसका बोध शंख चक्र के संयोग के कारण होता है। (ख). ''मालिन आज कहै न क्यों वा रसाल को हाल'' श्लेष के सभी अर्थ वाच्यार्थ अथवा अभिधेयार्थ माने जाते हैं क्योंकि प्रसंगानुमोदित हुआ करते हैं। किन्तु शाब्दी व्यंजना में अमिधा के विरत हो जाने पर व्यंग्यार्थ ध्वनि

निकला करती है। श्लेष अलंकार में व्यंजना नहीं होती। श्लेष में विशेध्य पद अर्थात संज्ञा आदि अनेकार्थी हुआ करते हैं। किन्तु शाब्दी व्यंजना विशेष्य और विशेषण ही हुआ करते हैं।

2. लक्षणमूलाशाब्दी व्यंजना- जिस प्रयोजन की सिद्धि के लिए लक्षणा का आश्रय लिया जाता है उस प्रयोजन की व्यंजना कराने वाली शक्ति को लक्षणमूलाशब्दी व्यंजना कहते हैं। यह लाक्षणिक शब्द पर अवलंबित हुआ करती है। जैसे- ''गंगा पर अहीरों की बस्ती है।'' अर्थात गंगा के तट का वातावरण पावन एवं शीतल समीर से सेवित होन के कारण हमेशा सुखदायी रहता है।

3. आर्थी व्यंजना- जहाँ व्यंग्यार्थ किसी शब्द पर आधारित न होकर बल्कि शब्द के अर्थ द्वारा ध्वनित हो वहाँ आर्थी व्यंजना होती है। अमिधा मूलाशाब्दी व्यंजना वाचक शब्द पर तथा लक्षणा मूलाशाब्दी व्यंजना लाक्षणिक शब्द पर अवलंबित हुआ करती है, किन्तु आर्थी व्यंजना केवल अर्थ की विशिष्टता के कारण संभव हुआ करती है। यह किसी शब्द विशेष पर अवलंबित नहीं रहती जैसे 'सूर्यास्त हो रहा है, ऊधोभली करी तुम आये'' ''हमें आपके चेहरे से ही पता लग गया था''। इसके 10 प्रधान भेद किये गये हैं और इन्हीं भेदों के आधार पर ही व्यंग्यार्थ की प्रतीति हुआ करती है। (क) वक्ता वैशिष्टयोत्पन्न वाच्य संभवा- इसमें वक्ता की विशेषता के कारण व्यंग्यार्थ की प्रतीति हुआ करती है। वाच्य संभवा, लक्ष्य संभवा तथ व्यंग्य संभवा, से इसके तीन प्रकार होते हैं। उदाहरण ''कनक कनक से सौ गुनी मादकता अधिकाई, वा खाये बौराई जन वा पाये बौराई''। (ख) श्रोता बोधव्य वैशिष्ट्योत्पन्न वाच्य संभवा- जहाँ सुनने वाले के कारण व्यंग्यार्थ की प्रतीति हुआ करती है। उदाहरण ''सराहौ तेरो नंद हियौ मोहन सो सुत छांड़ि मधुपुरी गोकुल आनि जियौ।'' (ग) वाक्य वैशिष्ट्योत्पन्न वाच्य संभवा- जहाँ सम्पूर्ण वाक्य के कथन की विशेषता से व्यंग्यार्थ की प्रतीति हो वहाँ यह होती है। उदाहरण- ''गरब करहुँ रघुनंदन जिनि मन मांहि, देखहु आपनि सूरति सिय के छांहि''।

(4) अन्य सन्निधि- जहाँ पर वक्ता तथा श्रोता के अतिरिक्त अन्य व्यक्ति के सान्निध्य के कारण व्यंग्यार्थ होता है। अर्थात एक कहे दूसरा सुने तथा तीसरा समझे वहाँ अन्य सान्निधि होती है। यथा ''मधुकर श्याम हमारे मीत''।

(5) बाच्य (वक्तव्य)- जहाँ पर बाच्यार्थ अथवा वक्तव्य की विशेषता के कारण व्यंग्यार्थ की प्रतीति हो वहाँ बाच्य होती है यथा ''सांच कहौं तुमको अपनी सौं, बूझति वात निदाने, सूरश्याम जब तुमहि पढ़ाये तब नेकहु मुस्क्याने''।

(6) प्रस्ताव या प्रकरण- जहाँ पर प्रस्ताव अथवा प्रकरण की विशेषता के कारण वक्ता के कथन में व्यंग्यार्थ ध्वनित हुआ करता है। उदाहरण- ''प्रकृति जो जाके अंग परी स्वानु पूछि कोई ओटिक लागे सूधी कोउ न करी, धोये रंग जात नहि कबहु ज्यों काली कमरी।''

(7) देश- जहाँ पर स्थान की विशेषता के कारण व्यंग्यार्थ प्रकट हो जाता हो उदाहरण- चित्रकूट गिरि है वहीं जहँसिय लक्ष्मण साथ, मंदाकिनि सरिता निकट वास कियौ रघुनाथ''।

(8) काल- जहाँ पर समय की विशेषता के कारण व्यंग्यार्थ का बोध उदाहरण ''बहुरि हरि आवेंगे केहि काम, ऋतु बसंतअरू ग्रीष्म बीते बादर आये श्याम।''

(9) काकु- (कंठ ध्वनि विकार)- जहाँ पर कंठ ध्वनि या गले की भिन्नता की विशेषता से व्यंग्यार्थ की प्रतीति होती है। उदाहरण ''आये जोग सिखावन पांडे'' दूसरा उदाहरण ''मैं सुकुमारी नाथ बन जोगू, तुमहि उचित तप मोकहँ भोगू''।

(10) चेष्टा- जहाँ चेष्टा अर्थात हावभाव या शरीर के अंगों की गति के कारण व्यंग्यार्थ की प्रतीति हुआ करती है। जैसे ''डिगत बाण डिगुलाल गिरि लखि सब ब्रज बेहाल, कंपि किशोरी दरस कै खरे लजाने लाल'' तथा '' पुनि आउव इहि विरियां काली, अस कहि विहति उठी इक आली।'' इस तरह अमिधा, लक्षणा और व्यंजना इन तीनों शब्द शक्तियों का काव्य में महत्वपूर्ण स्थान है। अमिधा का अर्थ काव्य में उतना उत्कृष्ट न होने पर भी, यह लक्षणा तथा व्यंजना का आधार है। ये दोनों शक्तियाँ अमिधा के अभाव में अपना पूर्ण विकास नहीं कर सकतीं। लक्षणा की महता भाषा की दृष्टि से विशेष है। इसका प्रयोग मुहावरों तथा कहावतों के लिए विशेष होता है। इससे साहित्य की शैली में सजीवता, प्रभावशीलता तथा रोचकता का संचार हो जाता है। तथा ध्वनि के लिए ही इसका महत्व है। व्यंजना का अभिधा और लक्षणा दोनों शब्द शक्तियों की अपेक्षा काव्य में विशिष्ट स्थान है। यह शब्द तथा अर्थ दोनों

में समाहित रहती है। इसी के द्वारा ही उत्तम काव्य का मूल आस्वादन किया जा सकता है। साहित्य शास्त्र के प्रमुख सिद्धान्तों का सौंदर्य व्यंजना के द्वारा ही व्यंजित होता है। रसवादी आचार्य तो काव्य में रस की स्थिति व्यंजना के बिना सिद्ध ही नहीं कर पाते ध्वनि सिद्धान्त जो साहित्य शास्त्र का प्रमुख सिद्धांत माना जाता है वह पूर्णतः व्यंजना शक्ति पर आधारित है।

तात्पर्या वृति- कुमारिल भट्ट के मतानुयायी मीमांसकों ने अभिधा, लक्षणा और व्यंजना के अतिरिक्त तात्पर्यवृति को भी एक प्रकार की शब्द शक्ति माना है। उनका कहना है कि वाक्य में प्रयुक्त होने पर शब्दों का परस्पर संबंध उचित होना चाहिए। अभिधा तथा लक्षणा का संबंध शब्दों से है किन्तु तार्त्पार्थ इनसे भिन्न हुआ करता है क्योंकि यह समूचे वाक्य का तात्पर्य व्यक्त करता है। इन मीमांसकों का कहना है, कि शब्द जब वाक्य रूप में प्रयुक्त होते हैं तो उनके पारस्परिक अन्वय की जानकारी के पश्चात् वाक्य का तात्पर्य ज्ञात हुआ करता है। इनके मतानुसार वाक्य उस पद समूह को कहते हैं, जिसमें योग्यता आकांक्षा तथा संनिधिया आसक्ति होती है। वाक्य में प्रयुक्त भिन्न-भिन्न पदों के एक दूसरे से सम्बद्ध होने में किसी प्रकार की बाधा न होना योग्यता कहलाता है। जैसे अग्नि से सींचता है। इस वाक्य में क्रियापद तथा संज्ञापद में अर्थबाधा है। किन्तु जल से सींचता है। वाक्य में योग्यता है। वाक्य में प्रयुक्त पदों के बीच में किसी प्रकार का व्यवधान न होना सन्निधि है। जैसे 'देवदत्त खाता है और पहाड़ अग्निमान है' यह शुद्ध है। इन वाक्यों में सन्निधि या आसक्ति का रूप विद्यमान है। जहाँ अर्थ को जानने के लिए किसी पद की आकांक्षा न बनी रहे वहाँ पर आकांक्षा का गुण माना जाता है। जैसे राम घर गया। मीमांसकों का कहना है कि इन तीनों विशेषताओं के रहने पर वाक्य का वास्तविक तात्पर्य ज्ञात हुआ करता है, अतः तात्पर्य को भी एक स्वतंत्र शब्द शक्ति मानना चाहिए। किन्तु कई आलोचकों ने इसे शक्ति स्वीकार नहीं किया है। उनका कहना है कि शब्दों द्वारा निरपेक्ष रीति से नहीं बल्कि सापेक्ष रीति से ही अर्थ द्योतित होता है। बोलचाल में शब्दार्थ का बोध वाक्य में प्रयुक्त होने पर स्वतः ही ज्ञात हो जाता है। ध्वनिवादी आचार्यो ने तात्पर्यावृति का समर्थन किया है। किन्तु उसे व्यंजना का समानार्थी नहीं माना। उनके अनुसार अभिधा लक्षण के पश्चात् तात्पर्यावृति सक्रिय होती है। किन्तु व्यंग्यार्थ का प्रकाश उससे नहीं हो पाता।

बल्कि व्यंजना शक्ति द्वारा सम्पन्न होता है।

छन्द - छद् धातु से छंद शब्द बना इसका अर्थ है आच्छादित करना, ढंक लेना या प्रसन्न करना। छन्दों के मुख्यतः निम्नलिखित भेद हैं-

- मात्रिक
  - सम
    - साधारण
    - दण्डक
  - अर्धसम
  - विषम
- वर्णिक
  - सम
    - साधारण
    - दण्डक
  - अर्धसम
  - विषम

(1) मात्रिक - जिसके प्रत्येक चरण में मात्राओं की एक निश्चित संख्या होती है। उन्हें यात्रिक छंद कहते हैं। किन्तु वर्णो की संख्या बदलती रहती है। जैसे दोहा चौपाई। सम यात्रिक छंद के प्रत्येक चरण में मात्रा संख्या ही हुआ करती है। जैसे चौपाई, गीतिका, हरिगीतिका। अर्ध सममात्रिक छंद के विषय अर्थात् पहले और तीसरे सम अर्थात् दूसरे और चौथे चरणों में समान मात्रायें हुआ करती हैं। जैसे दोहा, सोरठा। विषम यात्रिक छंद न सम और न अर्धसम होते हैं। जैसे कुंडलियाँ, छप्पय जिन मात्रिक छंदों के एक चरण में 32 मात्रायें तक होती हैं, उन्हें साधारण सम यात्रिक छंद कहते हैं। तथा प्रतिचरण 32 से अधिक मात्रा वाले छंदों को दण्डक सममात्रिक कहते हैं।

(2) वर्णिक (वृत) छंद वे हैं, जिनमें प्रत्येक चरण का निर्माण वर्णों अथवा अक्षरों की एक निश्चित संख्या एवं व्यवस्थित योजना के अनुसार होता है। जैसे सवैया, धनाक्षरी, कवित्त आदि। जिन वृत्तों के चारों चरणों की वर्ण संख्या और वर्णों के लघु गुरू का क्रम अथवा गणों की योजना में समानता हुआ करती है। उन्हें वर्णिक समवृत्त कहते हैं। जैसे इन्द्रवज्रा, अनुष्टुय, द्रुत विलंबित, वंशस्ध। जिन छंदों के पहले, तीसरे तथा दूसरे चौथे चरणों की वर्ण संख्या तथा गणों का क्रम एक सा हो, उन्हें अर्धसम वर्णिकवृत्त कहते हैं। जैसे मालिनी, शिखरिणी, शार्दूल विक्रीड़ित आदि। जो वर्णिक वृत्त न तो सम हैं और न अर्धसम ही, उन्हें विषम वर्णिक छंद कहते हैं। जैसे मंदाकांता 4 + 6 + 10। 26 वर्णो तक के वणिक वृत्त को साधारण तथा 26 वर्णों से अधिक वर्ण वाले वृत्त को दंडक कहते हैं।

मुक्त या स्वच्छंद छंद - गण- मात्राओं अथवा वर्ण समूह को गण कहते हैं।

वर्णिक छंदों में तीन अक्षरों का समूह गण होता है। इसके मुख्य आठ भेद किये गये हैं। ''य माता राजभान सलगा'' - यगण - 1ऽ ऽ। मगण- ऽऽऽ। तगण ऽऽ1। रगण- ऽ1ऽ। जगण- 1ऽ1। भगण- ऽ 11। नगण-111। सगण-11ऽ। लघु -1। गुरू-ऽ

छंदों का विकास- अनुमान किया जाता है कि विभिन्न आपत्तियों से आत्मरक्षण के निमित्त वैदिक ऋषियों ने मंत्रों की रचना की थी और मंत्रों के समुदाय को सूक्त कहते थे। इसके तीन प्रधान भेद थे- देवता सूक्त, ऋषि सूक्त तथा छंद सूक्त। इसी अंतिम सूक्त के कारण संभवतः मंत्र को छंद की संज्ञा दी गई है। वेद को छः अंगों- छंद, शिक्षा, निरूक्त, व्याकरण, कल्प और ज्योतिष में छंद भी समाविष्ट किया गया है, और उसे वेदों का चरण बताया गया है। गायत्री, उष्णिक्, अनुष्टुप् और जगती आदि कुछ प्रमुख वैदिक छंद हैं। जिनकी रचना ध्वनियों अथवा अक्षरों की गणना के आधार पर की जाती है। अक्षरों के लघु गुरू का विचार इनमें नहीं किया जाता है। ये छंद किसी बड़े नियम के अंतर्गत नहीं बंधे थे। प्रत्येक नियम के कुछ न कुछ अपवाद भी थे, इसका कारण यह है कि वैदिक छंदों की गति स्वरों के आरोह अवरोह (उतार चढ़ाव) पर अवलंबित थी। उदात्त, अनुदात्त तथा स्वरित के आधार पर उनमें गीतात्मक स्वराघात का विधान है। छंदों का विस्तृत एवं व्यवस्थित अध्ययन करने वाले प्रथम आचार्य पिंगल (200 ई. पू.) माने जाते हैं। उनके छंद शास्त्रों में वैदिक छंदों की अपेक्षा संस्कृत के छंदों का अधिक विस्तृत विवेचन हुआ है।

उन्होंने लघु गुरु वर्णों की गणना तथा क्रम को व्यवस्थित रूप देने के लिए दस संकेताक्षरों की व्यवस्था की "यमाताराज मान सलगा" जिनमें 'ल' तथा 'ग' लघु और गुरु के द्योतक हैं। तथा शेष आठ वर्ण गण समूहों के सूचक हैं। इन्हीं गणों अथवा तीन वर्णों के समूहों का प्रयोग संस्कृत छन्दों में बराबर होता रहा है। इस व्यवस्था के फलस्वरूप संस्कृत छंदो का स्वरूप एक सुनिश्चित प्रणाली में बंध गया, जिससे छंदों का विकास अवरूद्ध सा हो गया। प्राकृत तथा अपभ्रंश काव्यों में छंदों की उपर्युक्त प्रवृत्ति में महत्वपूर्ण परिवर्तन देखा जाता है। प्राचीन आचार्यों द्वारा निर्दिष्ट नियमों की प्रायः अवहेलना होने लगी और छंद में प्रयुक्त ध्वनियों के लिखित रूप तथा उच्चरित रूप में अंतर किया जाने लगा, इसी प्रवृत्ति के फलस्वरूप प्राकृत अपभ्रंश में मात्रिक छंदों का विकास किया गया। और जिस ध्वनि के उच्चारण में

थोड़ा समय लगे उसे लघु मात्रा और जिसमें ज्यादा समय लगे उसे गुढ़ मात्रा मान करके पढ़ा जाने लगा। मात्रिक छंदों के विकास के साथ ही अपभ्रंश के चरित काव्यों में "कड़वक-वंध" छंदों का प्रयोग होने लगा। चार पद्धड़िया छंदों के बाद एक घत्ता छंद जोड़कर एक 'कड़बक' पूरा होता था। पद्धड़िया छंद के अंत में घत्ता की स्थिति ध्रुव (अटल) मानी जाती थी। इसीलिए घत्ता को ध्रुवा भी कहते थे। अपभ्रंश काल में छंदों के प्रयोग में भी पर्याप्त स्वतंत्रता मिलती है। दो भिन्न छंदों को मिलाकर नये छंद निर्माण कर लिये जाते थे। जैसे छप्पय, कुण्डलिया, वस्तु रड्डा आदि चतुष्पदी तथा षट्पदी छंदों का प्रयोग द्विपदी के समान किया जाता था।

अपभ्रंश कवियों ने संस्कृत के वर्ण वृत्तों का भी प्रयोग किया है। किन्तु वर्ण वृत्तों को भी द्विपदी के समान ही प्रयुक्त किया है। अपभ्रंश छंदों की ये विशेषतायें मध्यमयुगीन हिन्दी काव्यों में देखी जाती है। पृथ्वीराज रासौ में लगभग 72 बहत्तर प्रकार के छंदों का प्रयोग किया गया है। जिनमें लगभग आधे मात्रिक तथा आधे ही वर्णिक हैं। रासौ साहित्य में समचतुष्पदी वर्ग के मात्रिक छंदों का प्रयोग सबसे अधिक मिलता है। जैसे मधुमाल, दीपक, चौपाई, या अरिल्ल आदि। अर्ध समचतुष्पदी छंदों में दोहाया सोरठा का प्रयोग सबसे अधिक मिलता है। दोहा अपभ्रंश काव्यों का सबसे प्रिय छंद रहा है। यद्यपि अपभ्रंश के प्रबंध काव्यों में इसका प्रयोग नहीं हुआ है। ऐसे ही मध्ययुगीन हिन्दी साहित्य में कुछ ऐसे छंद मिलते हैं, जिनका प्रयोग अपभ्रंश काव्यों मं नहीं मिलता। जैसे- वरवै, करखा आदि। अनुमान किया जाता है, कि लोक प्रचलित गीतों के आधार पर इनकी रचना कर ली गई होगी। अपभ्रंश के कड़वक बंधपद्धति का अनुसरण सूफ़ी प्रेमाख्यानों, रामचरित मानस आदि में देखने को मिलता है, जायसी की चौपाई कड़वक 14 चरण रखकर अंत में घत्ता के स्थान पर दोहे का प्रयोग किया गया है। सभी सूफ़ी कवियों ने चौपाई का द्विपदी के समान प्रयोग किया है। इससे स्पष्ट है कि इन सबने शास्त्रीय नियमों की अवहेलना की है। शास्त्रीय परंपरा का सामान्यतः अनुसरण करने वाले तुलसीदास भी कभी-कभी नियम या. पूर्णतः पालन नहीं कर पाये हैं। उदाहरण के लिए बालकाण्ड के दोहा चार में 11 चौपाइयों का एक युग्म मिलता है। जिसमें 22 चरण हैं। संभवतः नियम का यह उल्लंघन अपभ्रंश परंपरा के प्रभाव के कारण ही हुआ है। मध्य युगीन काव्य में पदशैली में रचे हुए प्रामाणिक छंदों की परंपरा

बौद्ध सिद्धों के गानों तथा सम्पूर्ण सूरसागर में मिलती है। यद्यपि पदों के रूप में प्रबंध रचना सम्बंधी कोई भी उदाहरण अपभ्रंश साहित्य में नहीं प्राप्त होता। सिद्धों ने छंदों का प्रयोग विषय के विवेचन तथा खण्डन मण्डन के लिए किया है। किन्तु पद शैली के तत्वों की वह प्रधानता इनमें नहीं है जो भक्त कवियों में सर्वत्र देखी जाती है। संत तथा भक्तधारा की रचनाओं में वर्णवृत्तों का प्रयोग कम देखा जाता है। मानस में भुजंग प्रयात, त्रोटक, नाराचक, जैसे तीन वर्णिक छंदों का प्रयोग देखा जा सकता है। संत सुंदरदास ने छः प्रकार के वर्णिक वृत्तों का प्रयोग किया है।

रीतिकालीन कवियों में केशवदास को छोड़कर अन्य कवियों ने संस्कृत वर्णित वृत्तों को नहीं अपनाया। उन्होंने धनाक्षरी तथा सवैया का ही विशेष प्रयोग किया। विद्वानों की धारणा है कि इन छंदों का विकास हिन्दी के कवियों ने ही किया है। आचार्य देव ने 32 वर्णों की धनाक्षरी चलायी थी। इसी से इसे देव धनाक्षरी कहते हैं। वर्णिक सवैया में लघु गुरू के प्रयोग में पूर्ण स्वतंत्रता दिखती है। आधुनिक काल में महावीर प्रसाद द्विवेदी के प्रभाव से संस्कृत के अतुकान्त वर्णिक वृत्तों का प्रयोग पुनः प्रारंभ किया गया किन्तु सफलता न मिलने से शीघ्र ही परिव्यक्त कर दिया गया। नाथूराम शंकर, लाला भगवान दीन, हरिऔद्य आदि कवियों ने बहरों (छंदों) के सफल प्रयोग किये हैं। अतुकान्त रूप से मात्रिक छंदों का विशद प्रयोग सिया राम शरण गुप्त, पंत, प्रसाद, लोचना प्रसाद पाण्डेय, गिरधर शर्मा आदि ने आरंभ किया। छायावादी कवियों ने स्वच्छंद या मुक्त छंद का प्रयोग किया। इस शैली के अन्तर्गत परम्परागत, समस्त छंद शैलियों का विरोध देखा जाता है। डॉ. पुत्तूलाल शुक्ल अपनी पुस्तक "आधुनिक हिन्दी काव्य में छंद योजना" में विषम छंद के नाम से मुक्त छंद को पुकारा है। और मुक्त या विषम छंद की परिभाषा देते हुए लिखा है कि "जिसके विकर्ष का लयाधार निश्चित एवं चरणों की संख्या तथा विस्तार अनिश्चित हो"। सुमित्रानंदन पंत के अनुसार 'परिमल' से मुक्त छंद तो वह है जो छंद की भूमि में रहकर भी मुक्त है। मुक्त छंद में कवि को पूरा अधिकार है कि वह निश्चित लया धार की भूमि में रहकर जितनी चाहे उतनी स्वतंत्रता प्राप्त कर सकता है। इस छंद पद्धति में कवियों ने अपनी रूचि तथा प्रतिभा के अनुसार विलक्षण नाद सौन्दर्य की सृष्टि की है। और इस लय और संगीत योजना में कवियों के व्यक्तित्व की छाप स्पष्ट रूप से देखी जा सकती है।

और स्वरूप की दृष्टि से तो यह परंपरागत छंद प्रणाली से विशेष भिन्न है ही। आधुनिक काल की प्रयोगवादी अथवा नई कविता की रचनाओं में प्रायः लय का अभाव देखा जाता है। इसी कारण ऐसी कवितायें बिल्कुल गद्यवत् जान पड़ती हैं। किन्तु लय द्वारा काव्य में संगीत योजना सम्पन्न होती है। इस बात को भुलाया नहीं जा सकता। अतः लय का अभाव इस युग की कविताओं (काव्य) का बहुत बड़ा दोष है।

कवि समय काव्य समय, या कवि प्रसिद्धि, कवि की रूढ़िगत मान्यता एवं परम्परा

स्वर्ग, सिंहल द्वीप, हंस का नीर क्षीर विवेक, चकवा चकवी, अपसरा, परियाँ आदि की कल्पनायें कवि प्रसिद्धि हैं। कवि समय शब्द का अर्थ है कवियों का आधार या सम्प्रदाय। इस शब्द का सर्वप्रथम प्रयोग राजशेखर की काव्य मीमांसा में मिलता है। उनका कहना है कि यद्यपि अशास्त्रीय एवं अलौकिक अर्थात् देश काल आदि के विरूद्ध विषयों का वर्णन करना काव्य दोष है। किन्तु ऐसी बातें जो कविजन परम्परा से वर्णन करते आ रहे हैं। और वे बातें अगर वर्तमान काल तथा देश में न मिलें तो भी उन्हें निर्दोष मान लेना चाहिए। लोक और शास्त्र विरोधी केवल वे ही बातें कवि समय के अन्तर्गत आती हैं जिन्हें प्राचीन काल के विद्वानों ने सहस्रों शास्त्रों का अवगाहन करके देश काल और देश देशांतरों या द्वीपान्तरों का परिभ्रमण करके निश्चित किया है। उन वस्तुओं तथा पदार्थों का देशकाल और कारण भेद से विपरीत होने पर भी उन्हें विकृत रूप में ही वर्णन करना कवि समय है। राजशेखर प्रकृति के सूक्ष्म निरीक्षक थे। इसलिए उनके मत से प्रकृति निरीक्षण का अभाव कवि का महान दोष था। उनके अनुसार कवि को अनुसंधानकर्त्ता भी होना चाहिए, जो कवि अनुसंधान नहीं करते उनके गुण भी दोष हो जाते हैं और जो अनुसंधान करते हुए सावधान रहते हैं। उनके दोष भी गुण हो जाते हैं। उन्होंने काव्य मीमांसा में “देशकाल विभाग” के अन्तर्गत इसकी सुन्दर अवधारणा की है। और कवि समय इसी अनुसंधान का ही परिणाम बताया है। परवर्ती अलंकार वादियों में अधिकांश ने आंख मूंदकर उनका अनुसरण किया जिसके परिणाम स्वरूप अजित सेनकृत “अलंकार चिंतामणि” अमरकृत “काव्य कल्प लता वृत्ति” तथा देवेश्वर कृत “कवि कल्पलता” उल्लेखनीय हैं। केशव मिश्र का “अलंकार शेखर” यद्यपि राजशेखर के प्रशस्त मार्ग

पर ही निर्मित हुआ है। फिर भी उसमें अनेक अन्य विषयों का भी समावेश है। कवि समय से मिलता-जुलता अलंकार शास्त्र में काव्य समय शब्द भी प्रयुक्त हुआ है। इस शब्द का सर्वप्रथम प्रयोग आचार्य वामन के काव्यालंकार सूत्र में पाया जाता है। आचार्य भामह तथा दण्डी ने काव्य समय शब्द के स्थान पर 'काव्य दोष' शब्द का प्रयोग किया है। दोष शब्द से उनका अभिप्राय देशकाल, कला, न्याय आदि से हीन होना है। आधुनिक समालोचकों ने इसे "कवि प्रसिद्धि" नाम से अभिहित किया है। साहित्य दर्पण के दोष प्रकरण में आचार्य विश्वनाथ तथा हिन्दी साहित्य की भूमिका के अंत में डॉ. हजारी प्रसाद द्विवेदी ने "कवि समय" का उल्लेख किया है। काव्य समय/प्रसिद्धि प्रकृति और संवेदनशील मानव के सम्पर्क में रहते हैं।

प्रमुख कवि समय या कवि प्रसिद्धियाँ

1. वृक्षदोहद- दोहद शब्द का अर्थ 'गर्भिणी की इच्छा' है। प्राकृत तथा संस्कृत के अनेक ग्रन्थों में गर्भवती स्त्रियों के पदाघात से अशोक वृक्ष के पुष्पित होने का उल्लेख मिलता है। "नेषधीयचरितम्" रघुवंशम्, मेघदूतम आदि काव्यों में अशोक, वकुल, तिलक, कुरवक आदि कई वृक्षों के दोहदों का उल्लेख मिलता है। यक्षों तथा गंधर्वों के समय की बहुत सी मूर्तियों में नग्न स्त्रियाँ अपने पदाघात से मदनोत्सव के समय अशोक वृक्षों में दोहद संचार करते हुए चित्रित की गई है। मथुरा तथा लखनऊ आदि के संग्रहालयों में बहुत सी दक्षिणी मूर्तियों में यह सब देखा जा सकता है।

2. अशोकवृक्ष- कवि समय है कि अशोक में फल नहीं होते, किन्तु इस संबंध में विद्वानों में मतभेद है। कुछ विद्वान इसमें काले तथा गोल के फल आना मानते है। और वैद्यों द्वारा उनके उपयोग का भी उल्लेख करते हैं। वर्तमान समय में जिसे हम अशोक वृक्ष कहते हैं। उसे कुछ विद्वान नहीं मानते। उनका कहना है कि राजशेखर की काव्य मीमांसा, वाल्मिकि रामायण, कुमार संभव, रघुवंश, ऋतुसंहार आदि काव्यों में जिस लाल, पीले तथा नीले गुच्छेदार पुष्पों वाले अशोक वृक्ष का वर्णन मिलता है वह इससे भिन्न था।

3. कर्णिकार- इस वृक्ष के आगे स्त्री नृत्य करे तो यह पुष्पित हो जाता है।

4. कुमुद- यह कमल की भांति जलाशय में खिलना चाहिए। चन्द्रमा इसका

अभीष्ट है।

5. चम्पा- रमणियों के पटु एवं मृदु हास्य से पुष्पित हो जाता है।

6. कमल- दिन में खिलता, सूर्य इसका अभीष्ट है। इसमें लक्ष्मी का वास होता है। जलाशय में खिलता है। हेमन्त अथवा शिशिर के अलावा अन्य ऋतुयों मं इसका वर्णन किया जाना चाहिए।

7. मालती- बसंत तथा वर्षा ऋतु में पुष्पित होती है। लेकिन कवि समय है कि वसन्त में नहीं होनी चाहिए। यह मालती पुष्प गर्भ वाक्य से पुष्पित होता है।

8. अप्सरा और परियाँ- ये कौन हैं? क्या रुप रंग है? आजतक किसी ने नहीं देखा है। यह कवि समय है कि इन्द्रासन से आती है। सूफी कवियों के अनुसार सिंहल द्वीप से आती है, और चली जाती है। शतपथ ब्राह्मण में हंसिनी के रुप में पानी में तैरते हुए वर्णन आता है।

9. कामदेव- यह अनंग है, स्मर है, मन्मथ है, मनोज है, पुष्प, चांदनी रात इसके उद्दीपक हैं। इसके फूलों के बाण हैं इसे पुष्प धन्वा भी कहते हैं। यह दृश्य नहीं, भावों में निवास करता है।

10. कोकिल- केवल वसन्त में बोलती है, शीत ऋतु में अदृश्य रहती है। इसकी बोली फारसी है।

11. चकोर- चन्द्रमा इसे बहुत प्रिय है। अंगार आदि का भक्षण करता है।

12. चकबा चकबी- दिन में सदा संयोगवस्था में रहते हैं। और रात में अलग हो जाते हैं। ये जलाशय अथवा नदी के किनारे रहते हैं।

13. चन्दन- कवि समय के अनुसार इसमें फूल और फल नहीं होने चाहिए। लेकिन बैंगनी रंग का फल और गोलफल इसमें होते हैं। मलया गिरि पर बाहुल्य है। वैसे सर्वत्र पाये जाते हैं। इसकी शीतानुभूति तथा सुरमित सुगंधि मन मस्तिष्क (दिल दिमाग) को शांति देती है।

14. भूर्जपत्र या भोजपत्र- यह केवल हिमालय के आस-पास पाये जाते हैं

अतः इसका वर्णन हिमालयी क्षेत्र में होना चाहिए। लेकिन सर्वत्र प्रचलित हैं।

15. मयूर- ये वर्षा काल में नाचते हैं। पर जब सुहाना मौसम हो ये दिखते और नाचते हैं।

16. राजहंस- वर्षा काल में हंस मान सरोवर चले जाते हैं। नीर क्षीर विवेक के ये पारखी हैं। जलाशय में रहते हैं, कहते हैं ये मोती खाते है।

प्रकृति मानव के अनुरूप आनंद देती है जैसे राजा रानी गृहस्थी को काम विषयक और संन्यासी को विरक्ति में सहायक, बालकों को बाल सुलभ क्रीड़ा में सहायक-अर्थात्''कामी स्वतां पश्यति'' के अनुसार प्रकृति सबको यथोचित भाव उपहार में प्रदान करती है।

प्रतीक योजना

प्रतीक का शाब्दिक अर्थ है, चिन्ह या संकेत यह अदृश्य या अगोचर वस्तु अथवा विषय का प्रतिपादन करने वाला दृश्य या गोचर चिन्ह या संकेत है। इसके प्रयोग द्वारा उस वस्तु से सम्बन्धित सभी भावों का सरल एवं सफल रूप से अभिव्यक्तिकरण हो जाता है। मानव जब अपनी भावना या अनुभूतियों को सरल ढंग से प्रकट नहीं कर पाता तो प्रतीकों का सहारा लेता है। प्रतीकों के द्वारा उसकी अभिव्यक्ति सम्प्रेषण समर्थ तथा बोधगम्य हो जाती है। इसमें चमत्कार तथा उक्ति वैचित्र्य का स्थान नहीं है। यह तो किसी वस्तु के दुरुह अथवा जटिल स्वरूप को सरल एवं बोधगम्य कर देने का साधन मात्र है। इसका प्रयोग साधारणतः उसी समय होता है जब हमारी भाषा किसी वस्तु का चित्रण करने में असमर्थ होती है। और हम अपने जीवन में देखी या अनुभव की गई वस्तुओं से उस वस्तु का साम्य खोजने का प्रयत्न करते हैं। जो वस्तु हमें पूर्ण अथवा आंशिक रूप से उसके समान मिल जाती है। वही उस वस्तु का प्रतीक बन जाती है। प्रतीकों का प्रयोग बहुधा तभी होता है, जबकि अभिधा पद्धति असफल हो जाती है। और कवि अपनी अनुभूतियों को सीधे शब्दों द्वारा प्रगट करने में असमर्थ होता है। अतः प्रतीक अमूर्त वस्तु का मूर्त रूप है। अर्थात् विस्तृतवात को संक्षेप में कहने का एक सशक्त माध्यम है। साहित्य तथा संस्कृत के इतिहास पर दृष्टिपात करने से स्पष्ट लक्षित होता है, कि प्रतीक निर्माणों

में परंपरागत संस्कारों का हाथ होते हुए भी वे देशकाल तथा परिस्थिति के अनुकूल सदा एक से नहीं होते। परिस्थिति, संस्कृति तथा परंपरा की भिन्नता से प्रतीक भी भिन्न होते हैं। और जलवायु, रहन-सहन, शिष्टाचार विचार, परंपरा आदि के अनुकूल ही प्रतीकों का निर्माण होता है। एक देश में प्रयुक्त दूसरे देश में भी मान्य हों यह आवश्यक नहीं जैसे धूप। मनोविज्ञान, तर्कशास्त्र, विज्ञान तथा गणित के क्षेत्रों में प्रतीक का प्रयोग होता है। किन्तु इनके प्रतीक एक निश्चित अर्थ में संपन्न होते हैं। उनमें जो निश्चिन्तता होती है, वह साहित्यिक प्रतीकों में नहीं मिलती। साहित्य के अन्य वादों की भांति 19वीं शताब्दी के अंत में फ्रांस के विद्वान मलार्मे, मायस, जोला, वोथलेयर, वर्लिन, बालेरी आदि कवियों ने प्रतीक विधान को प्रतीकवाद के रूप में उठाया जिसका प्रभाव जर्मन के रिल्के, रूस के ब्लोक, इंग्लैण्ड के इलियट अमेरिका के ह्विट मैन आदि के ऊपर भी पड़ा। फ्रांस में 1870 ई. में कतिपय दुर्घटनाओं के मध्य तीसरे रिपब्लिकन की स्थापना के साथ सच्ची प्रजातंत्रात्मक पद्धति की अवतारणा हुई, जिसके फलस्वरूप शिक्षा का व्यापक तथा निःशुल्क प्रचार हुआ था, इसी तरह जर्मन के आक्रमण तथा नैपोलियन तृतीय की कायरता के कारण व्यक्तियों में निराशा फैली। जिसके कारण अनेक वादों का जन्म हुआ। राजनैतिक जनतंत्रवाद, पुरोहितवाद, साहित्यिक ढ़ांचे में ढ़लकर प्रकृतवाद तथा प्रतीकवाद में रूपान्तरित हुए। किन्तु ये दोनों एक दूसरे के विरोधी हुए, क्योंकि एक का सम्बन्ध भौतिक विज्ञान से तो दूसरे का सौन्दर्य शास्त्र से था। एक मैं स्थूल और यथार्थवादी प्रवृत्तियां सचेष्ट हुई। तो दूसरे में सूक्ष्मपरक आदर्शवादी। प्रकृतवाद का विरोध करने में प्रतीकवाद को सबसे बड़ी सहायता रहस्यवाद से मिली क्योंकि प्रतीकवाद में रहस्यात्मक प्रवृत्तियों को महत्व दिया गया जबकि प्रकृतवाद में इसके लिए कोई स्थान नहीं था, प्रतीकवादियों के अनुसार सभी भाव तथा जीवन के विशिष्ट क्षण आदि भिन्नताओं को हमारी सामान्य भाषा जब व्यक्त नहीं कर पाती, तो स्वाभावतः प्रत्येक कवि को अपने विशिष्ट अनुभवों की कल्पना या अभिव्यक्ति के लिए नई शैली और नये प्रतीकों का विधान करना पड़ता है। प्रतीक की व्याख्या करते हुए मलार्मे ने लिखा है। "जो बोधगम्य हो और वह चाहे जो कुछ हो प्रतीक नहीं है। अतः इनकी अधिकांश रचना रहस्यात्मक तथा जटिल है। इन प्रतीकों की सहायता से यूरोप के

काव्यों में कई नवीन बातों का समावेश हुआ जैसे मुक्त छंद की अवतारणा, रूढ़ि कविता से मुक्ति, कविता तथा संगीत में सामंजस्य, सौन्दर्य की प्रतिष्ठा, साहित्य को राजनीति से अलग करना तथा कला के लिए इन परिवर्तनों का प्रभाव हमारे हिन्दी के प्रयोगवादी कवियों पर पड़ा"।

हिन्दी साहित्य में प्रतीक विधान

हिन्दी साहित्य में प्रतीकों का व्यवहार प्राचीन काल से होता आ रहा है। वेद उपनिबंधों की अनेक गाथायें, धार्मिक उपदेशों के आख्यानों में अनेक प्रतीक भरे पड़े हैं। आध्यात्मिक विचारों की अभिव्यक्ति के लिए प्राचीन ऋषियों ने प्रतीकों से बराबर सहायता ली। हिन्दी साहित्य के आदिकाल के अन्तर्गत बौद्ध, सिद्ध तथा नाथ साहित्यों में संख्यावाची योग परक उपदेशात्मक आदि प्रकार के प्रतीकों की भरमार है। मध्य युग में प्रतीकों का सबसे अधिक प्रयोग संत तथा सूफ़ी कवियों ने किया है। संतों ने अपने काव्यों में परंपरा से प्राप्त सिद्धों तथा नाथों के प्रतीकों का ही प्रयोग किया है। संतों में प्रतीकों का बाहुल्य वहीं मिलता है। जहाँ उनकी भावना की अभिव्यक्ति रहस्यमयी हो गई है। संतों में योग परक, भावात्मक नीतिपरक, साधनात्मक आदि प्रकार के प्रतीक उपयुक्त हैं। हिन्दी के सूफ़ी कवियों ने अपने प्रेमाख्यानों में प्रतीकों के लिए ईरान की सूफ़ी परंपरा का हृदयगम करते हुए भारतीय वेदान्त दर्शन एवं योगपरक साधना प्रणालियों का सुन्दर समन्वय प्रस्तुत किया है। सगुण भक्त कवि तुलसी तथा सूर की प्रतीकों को मोह नहीं छोड़ सके हैं। यद्यपि इनके प्रतीक निर्गुण भक्त कवियों की तुलना में अधिक सरल तथा बोधगम्य हैं। रीतिकालीन कवियों ने भी पत्र तत्र प्रतीक विधान के द्वारा काव्य सौन्दर्य प्रदर्शित करने में सफलता प्राप्त की है। किन्तु उनके प्रतीक अधिक जटिल हैं। आधुनिक काल के छायावादी, प्रयोगवादी काव्यों में प्रतीकों को बहुत महत्व दिया गया है। छायावादी काव्य में तो कवियों ने प्रकृति को प्रतीक के रूप में धारण किया है। हिन्दी गद्य साहित्य में भी कहीं-कहीं प्रतीकों का प्रयोग मिलता है। प्रसाद के कामना नाटक के समस्त पात्र प्रतीकात्मक हैं। इस तरह प्रतीकों का प्रयोग भाव सौन्दर्य तथा काव्य सौन्दर्य बढ़ाने के लिए होता है।

बिम्ब विधान Inajery (इनेजरी)

साहित्य तथा काव्य कला के सन्दर्भ में बिम्ब का प्रयोग आधुनिक है। कला की सर्जना वस्तुतः बिम्ब रचना का ही नाम है। बिम्ब विधान का अभिप्राय काव्य में प्रयुक्त उन शब्द चित्रों से है जो भावात्मक होते हैं। जिनका सम्बन्ध जीवन के व्यावहारिक क्षेत्र से तथा कल्पना के शाश्वत जगत् से होता है। जो कवि की सजीव अनुभूति, तीव्रभावना एवं उत्कट वासना से परिपूर्ण होते हैं और सजीवता, सुंदरता, तथा सरसता के कारण जीते जागते, चलते फिरते और बातचीत करते से जान पड़ते हैं। बिम्बविधान के लिए कवि में सर्जनात्मक शक्ति, भाव प्रवणता तथा तत्वों के समीकरण की क्षमता अपेक्षित है। उसके स्वनिर्मित मौलिक बिम्बों में ही अनुभूति को व्यक्त करने की शक्ति होती है। जिन वस्तुओं का प्रभाव अथवा संवेदन कवि के मन पर अंकित होता है। उसका बिम्ब उसके मन में बनता है। वे वस्तुएं या तो कवि के सम्मुख विद्यमान हैं अथवा अतीत काल में रह चुकी है। और उसका वह बिम्ब काव्यगत होकर पाठक तक पहुँचता है। काव्य के अनुशीलन से पाठक के भी मन में लगभग वैसा ही बिम्ब बन जाता है। विश्व का प्रेरक तत्व भाव है। इसीलिए इसका सम्बन्ध काव्य के अंतरंग से अधिक होता है। बहिरंग परक होने पर बिम्ब केवल चमत्कार उत्पन्न करता है। इसके माध्यम शब्द और अर्थ दोनों हैं। प्रत्येक सार्थक शब्द में कोई न कोई बिम्ब होता है और प्रत्येक अर्थ का भी अपना बिम्ब होता है। अंग्रेजी में बिम्ब विधान को (Inagery) इनेजरी और बिम्ब को (Inage) इनेज् कहा गया है। जिस कवि या लेखक की इनेजरी, जितनी उच्च या उन्नत होती है वह उतना ही महान तथा उच्च कोटि का कलाकार कहा जाता है। पाश्चात्य आलोचकों ने अपने-अपने दृष्टिकोण से बिम्ब की अनेक परिभाषायें दी हैं। सी. डे. लेविस के अनुसार "काव्य बिम्ब एक प्रकार का भाव गर्भित या ऐन्द्रिक शब्द चित्र है जो कुछ अंशों तक आलंकारिक होता है। जिसके मूल में कलाकार की संवेदना निहित होती है। और जो पाठक के मन में भी विशिष्ट रागात्मक भाव जाग्रत करता है।" एच. कुम्बे के अनुसार "बिम्ब तो एक प्रकार का फिगर ऑफ स्पीच (अलंकार) है। के. लैंगर के अनुसार ऐन्द्रिय माध्यम द्वारा आध्यात्मिक अथवा बौद्धिक संतों तक पहुँचने का माध्यम हैं।" ह्वैले के अनुसार- "बिम्ब किसी अमृत विचार अथवा भावना की पुनर्निर्मिति है।" टी.ई. ह्यूम के अनुसार "बिम्ब पदार्थों के आंतरिक

सादृश्य की अभिव्यक्ति है। काव्य के अनेक उपकरण ऐसे हैं, जिनका बिम्ब के अनुसार निकट का सम्पर्क है। लक्षणा तथा व्यंजना शब्द शक्तियाँ, प्रतीक एवं अलंकार बिम्ब विधान के सबसे अधिक समर्थ उपकरण हैं। जैसे- गंगा यां घोष"।

बिम्बों के भेद

पाश्चात्य आलोचकों ने बिम्ब के इतने भेद, प्रभेद किये हैं कि इसी के कारण इसका स्वरूप बहुत कुछ उलझा सा गया है। बिम्ब के भेदों का निर्धारण उसके विधायक तत्वों के आधार पर किया जाता है। वस्तु की दृष्टि से बिम्ब दो प्रकार के होते हैं। 1. परंपरागत तथा 2. आधुनिक परंपरागत। परंपरागत बिम्ब तीन प्रकार के माने गये हैं। (क) सांस्कृतिक (ख) पौराणिक और (ग) प्राकृतिक। 2. आधुनिक बिम्ब-राजनैतिक, आर्थिक, सामाजिक, व्यावसायिक, वैज्ञानिक आदि कई प्रकार के होते हैं। काव्यगत बिम्बों की प्रकृति तथा प्रक्रिया के आधार पर उन्हें दो भागों में बांटा गया है। प्रकृति के आधार पर बिम्ब आठ प्रकार के होते हैं। स्थूल, सूक्ष्म, संशिलिष्ट, विवृत, उदात्त, प्रत्यक्ष, स्मृति तथा काल्पनिक बिम्ब। प्रक्रिया के आधार पर बिम्बों को दो वर्गों में विभक्त किया गया है। 1. अनुभूतिगत बिम्ब। 2. अभिव्यक्तिगत बिम्ब। अनुभूतिगत बिम्ब के सात भागों में विभक्त किया गया है (क) प्रकृति सम्बन्धी (ख) जीवन सम्बंधी (ग) संस्कृति संबंधी (घ) इन्द्रिय बोध जन्य सम्वेदना संबंधी (ड़) मानसिक बिम्ब (च) स्वप्नगत (छ) सेक्स संबंधी। अभिव्यक्तिगत बिम्बों को छः भागों में बांटा गया है। (क) शब्द शक्ति संबंधी (ख) लोकोक्ति एवं मुहावरे संबंधी (ग) अलंकार संबंधी (घ) प्रतीक संबंधी (ड़) नाद संबंधी और (च) गति संबंधी बिम्ब।

डॉ. नगेन्द्र नगाइच ने सभी बिम्बों को पांच वर्गों में बांटा है। 1. दृश्य, श्रव्य तथा स्पृश्य विम्ब, 2. लक्षित तथ उपलक्षित बिम्ब 3. सरल तथा संशिलिष्ट बिम्ब 4. खंडित तथा समाकलित बिम्ब तथा 5. वस्तुपरक तथा स्वच्छन्द बिम्ब। इन विभिन्न बिम्बों के द्वारा छोटे से छोटा भाव एवं लघु से लघु आकार की वस्तु भी मूर्त रूप में आकर सहृदय पाठकों को आनंद विभोर कर देती है। और कवि की अनुभूति पाठकों को अपने काव्य में ऐसा लीन कर देती है कि वह कुछ क्षणों के लिए तमोगुण तथा रजोगुण को भूलकर सतो गुण में डुबकी लगाने लगता है। भारतीय काव्य शास्त्र के लिए बिम्ब

विधान कोई अज्ञात वस्तु नहीं है। प्रकारात्तर रीति से अनेक रूपों में बिम्ब का विवेचन हुआ है। किन्तु पाश्चात्य साहित्य में बिम्ब का विवेचन जिस रूप में हुआ है वैसा यहां नहीं। यहाँ सादृश्य मूलक अलंकारों लक्षणा तथा व्यंजना शब्द शक्ति में, ध्वनि आदि तक ही सीमित रहा है, आचार्य कुन्तक के 'कवि व्यापार' के अन्तर्गत जिन अनेक कल्पनात्मक प्रणालियों का विवेचन है, उनमें बिम्ब विधान के अनेक रूपों का सम्यक् रूप में समावेश है।

क्रोचे का अभिव्यंजनावाद

अभिव्यंजनावाद का मूल स्रोत स्वछंदतावाद की वह प्रवृत्ति थी, जिसने प्रारंभ में तो नम्र स्वरों में तथा वाद में उग्र स्वर में प्राचीन मान्य सिद्धान्तों का विरोध किया। लगभग एक शतक पूर्व पाश्चात्य साहित्य में प्राचीनता तथा नवीनता का उठा हुआ विवाद बढ़ता गया, अठारवीं सदी के उत्तरार्ध में एडवर्ड यंग ने "अपने को जानो अपना सम्मान करो" का महान मंत्र अपने युग के तरुण साहित्यकारों को दिया, जिसके परिणामस्वरूप तरुण साहित्यकारों द्वारा परम्परा तथा रूढ़िवादिता का विरोध किया गया और अहं तथा वैयक्तिकता पर बल दिया गया। वर्डस्वर्थ, गेटे, कॉलरिज, ब्लेक आदि ने अति वैयक्तिकता की भावना को निरंतर पुष्ट किया। जिससे साहित्य के क्षेत्र में 'कलाकला के लिए' सिद्धान्त का प्रतिपादन हुआ, परिणामतः साहित्य जनता के लिए न लिखकर स्वान्तः सुखाय लिखा जाने लगा, ऐसे साहित्यकारों या कलाकारों को अभिव्यंजनावादी कहा गया है। इसी समय इटली के प्रसिद्ध सौन्दर्यशास्त्री, दार्शनिक तथा आत्मवादी क्रोचे (इनका समय 1866 ई. से 1952 ई. तक का है) का आविर्भाव हुआ। जो अभिव्यंजनावाद के प्रमुख समर्थक हुए। इनका अभिव्यंजनावादी सिद्धान्त केबलकाव्य पर ही लागू नहीं होता, बल्कि समस्त कलाओं के लिए उपयोगी है। क्रोचे आत्मवादी दार्शनिक थे। समीक्षक नहीं, उनके विचारों में आदर्शवादी सौन्दर्य दर्शन की चरम परिणति प्राप्त होती है। उन्होंने व्यक्तिगत अनुभूति तथा मानसिक क्रियाओं को ही एक मात्र मान्यता प्रदान करते हुए बाहय उपकरणों या विषयों का गौण साधन मात्र माना। मार्क्स द्वारा प्रतिपादित द्वन्द्वात्मक भौतिकवाद को अस्वीकार करते हुए भौतिक जगत को नगण्य सिद्ध किया। क्रोचे की आंतरिक अभिव्यक्ति की मूलतः दो क्रियायें हैं। 1. सैद्धान्तिक 2. व्यावहारिक। सैद्धान्तिक क्रियायें भी, दो प्रकार की है। 1. सहज

ज्ञान या स्वयं प्रकाश ज्ञान 2. तर्क ज्ञान। व्यावहारिक क्रियाओं के भी दो रूप हैं। 1. आर्थिक या उपयोगी 2. नैतिक। सैद्धान्तिक प्रक्रिया द्वारा हमें इस संसार के ज्ञान की उपलब्धि होती है, और व्यावहारिक अभिव्यक्ति द्वारा हम इस संसार में व्यवहार अथवा क्रिया करने के लिए बाध्य होते हैं। यह मनुष्य की इच्छा पर निर्भर करती है। क्रोचे के अभिव्यंजनावाद का सम्बंध स्वयं प्रकाश ज्ञान या सहज ज्ञान से है। सहज ज्ञान का संबंध व्यक्ति से है। यह ज्ञान कल्पना द्वारा कला का उत्पादक होता है। इसकी आभ्यन्तरिक अभिव्यक्ति ही कला है। तर्क का सम्बन्ध जातिवाचक बोधों से ही होता है। इससे सिद्धान्त सम्बंधी दर्शन तथा विज्ञान का उदय होता है।

सहज ज्ञान एक प्रकार की आध्यात्मिक शक्ति है। जो क्षण भर में किसी हृदय अथवा भावना को आकर्षित करके उसे मूर्त रूप देती है। यदि तर्क तक पहुँचने के लिए बुद्धि का सहारा लिया जाता है, सहज ज्ञान कल्पना द्वारा प्राप्त होता है। सहज ज्ञान के समक्ष तर्क ज्ञान की उपस्थिति आवश्यक नहीं, कल्पना को यह शक्ति सहज ज्ञान से ही प्राप्त होती है। सहज ज्ञान वह भावना है जो किसी वस्तु या शक्ति के संबंध में स्वयं ही उद्बुद्ध होती है। इस प्रकार प्रवर्तक के मन और उस पर संस्कार रूप में विद्यमान चित्र कल्पना और सहज ज्ञान के सम्मिलन स्वरूप चित्र नवीन चित्र की उद्भावना होती है। वही क्रोचे के अनुसार अभिव्यंजनावाद है। क्रोचे सहज ज्ञान को संवेदनाओं में पृथक् मानते हैं। उनका कहना है कि संवेदनायें अस्थिर और अरूप होती है। जबकि सहज ज्ञान अन्तर्मन तथा घट (हृदय) में स्थिर होता है। यही सौन्दर्य तत्व को जन्म देता है, और संवेदनाओं को अपने में खपाकर तथा उनके साथ एकाकार होकर उन्हें एक मूर्त रूप देता है। क्रोचे के अनुसार कला मूलतः एक आन्तरिक व आध्यात्मिक प्रक्रिया है। कलाकृति इसका मूर्त भौतिक रूप है। जो सदा अनिवार्य नहीं होती, यह तो उस आन्तरिक अभिव्यक्ति को बाह्य रूप और स्थाईत्व दान करके जागृत करने की साधन स्वरूपा है। कलाकार को बाह्य प्रकाशन का आश्रय इसलिए करना पड़ता है, क्योंकि वह अपनी कला को सामाजिक उपभोग के योग्य और सहृदय संवेद्य बनाना चाहता है। कलाभाव रूप न होकर ज्ञान रूप ही है। क्योंकि सहजानुभूति ज्ञान का ही एकरूप है। जिस कलाकार की अभिव्यक्ति जितनी सुन्दर होती है, उसकी कला भी उतनी ही सफल होती है जितनी कला अखण्ड है। इनके अनुसार कोई वस्तु सुन्दर

या असुंदर हो इससे हमारा कोई प्रयोजन नहीं सुंदरता का आधार तो कलाकार की कल्पना शक्ति और उसकी अभिव्यक्ति की कुशलता पर निर्भर है। यदि कुरुप अथवा वीभत्स वस्तु भी कलाकार के मन पर प्रभाव डालती है। तो वह भी एक अच्छी कला का विषय बन सकती है। क्रोचे के अनुसार सौन्दर्य तत्व और सौन्दर्यानुभूति बाह्य जगत् की वस्तु न होकर मन की ही क्रियायें हैं। उनका मन के बाहर कोई अस्तित्व नहीं। कोई बाह्य वस्तु हमारे आन्तरिक सौन्दर्य को उकसाने का कार्य करती है। जिससे हमारा आंतरिक सौन्दर्य प्रस्फुटित हो जाता है। इस तरह क्रोचे के अनुसार सहज ज्ञान, कला तथा सौन्दर्य पृथक् तत्व नहीं हैं। बल्कि अभिव्यंजना के विभिन्न रूप हैं। निष्कर्ष के रूप में इनके अभिव्यंजना की निम्न विशेषतायें हैं- 1. कला आंतरिक प्रक्रिया है। 2. कला अखण्ड है जिसका कोई वर्गीकरण नहीं किया जा सकता। 3. कला सम्बन्धी ज्ञान सहज ज्ञान है। 4. सहज ज्ञान ही अभिव्यंजना है। 5. अभिव्यंजना बाह्य नहीं बल्कि आंतरिक प्रक्रिया है। इसीलिए वस्तु का नहीं व्यक्ति का महत्व है। 6. सौन्दर्य वस्तु में नहीं अभिव्यंजना में होता है। 7. कल्पना अभिव्यंजना का अनिवार्य तत्व है। अतः कला, सौन्दर्य, अभिव्यंजना या सहजानुभूति पर्यायवाची है।

अभिव्यंजनावाद की आलोचना

क्रोचे बाह्य अभिव्यंजना को अनावश्यक मानकर केवल आंतरिक सौन्दर्य की अभिव्यंजना पर जोर देते हैं। जिससे समालोचक उसके अच्छे बुरे होने का सही निर्णय नहीं कर पाता साथ ही कलाकार पर किसी प्रकार का अंकुश न रहने से वह भी अपनी मनमानी कर सकता है। क्रोचे के अनुसार कला सहजानुभूति है। और सहजानुभूति वैयक्तिक होती है। किन्तु प्रश्न यह है कि जब सहजानुभूति वैयक्तिक होती है तो उसका पुनर्भाव नहीं हो सकता तो भला भावक कैसे उसका भावन कर सकता है। दूसरी आपत्ति यह है कि जब सहजानुभूति वैयक्तिक है तो आलोचक उस कलाकृत्ति को देखकर वैसी ही मानसिक स्थिति कैसे प्राप्त कर सकता है। अतः इससे कृति का सही मूल्यांकन नहीं हो सकता। कला वैयक्तिक होने से सामान्य या दंभी व्यक्ति ही अपने को कलाकार कहने का दावा कर सकता है। कलाकार का काम दूसरों तक अपने भावों को पहुँचाना है। कोई भी कलाकृति दूसरों को आनंद प्रदान करने, शिक्षा देने या उनका भावोत्कर्ष करने के लिए निर्मित होती है। नकि स्वात्तः सुखाय। क्रोचे

ने अपने सिद्धान्त के प्रति उपेक्षा प्रकट की है। केवल कलाकार की आंतरिक अभिव्यक्ति को ही कला कहा है। किन्तु कला और जीवन का अटूट संबंध है। कोई भी कलाकार जीवन की उपेक्षा करके कला का स्थाई निर्माण नहीं कर सकता। इस तरह क्रोचे का सिद्धान्त दर्शन के क्षेत्र में तो मान्य हो सकता है, किन्तु काव्य शास्त्र अथवा कला विवेचन के संदर्भ के लिए अनुपयुक्त है।

अभिव्यंजनावाद (क्रोचे) तथा बक्रोक्तिवाद (कुन्तक)

बक्रोक्तिवाद का उदय भारतवर्ष में हुआ है। उसके प्रमुख आचार्य कुंतक हैं। जबकि अभिव्यंजनावाद पाश्चात्य साहित्य की देन है। और इसके प्रवर्तक आत्मवादी दार्शनिक क्रोचे हैं। एक (वक्रोक्ति) 11वीं सदी की देन है तो दूसरा (अभिव्यंजनावाद) 19वीं सदी की देन है। कुन्तक के अनुसार वक्रोक्ति ही काव्य की आत्मा है। वक्रोक्ति का सम्बंध बुद्धि से अधिक है। जिसमें चमत्कार या उक्ति की वक्रता को आवश्यक माना है। अभिव्यंजनावाद इसके विपरीत कल्पना से प्रेरित है। कल्पना कवि के सहजज्ञान की प्रक्रिया है। अभिव्यंजना तथा वक्रोक्ति के कार्य क्षेत्र में अंतर है। वक्रोक्ति केवल काव्य कला की वस्तु है तो अभिव्यंजना सभी कलाओं के लिए उपयुक्त है। वक्रोक्तिवादी वस्तु और उक्ति दोनों को एक दूसरे से भिन्न मानते हैं। केवल चमत्कार पूर्ण उक्ति को ही काव्य मानते हैं। किन्तु अभिव्यंजनावादी क्रोचे दोनों में किसी प्रकार का भेद नहीं स्वीकार करते, इनके अनुसार कला, सौन्दर्य, सहजानुभूति तथा अभिव्यक्ति या अभिव्यंजना पर्यायवाची है। क्रोचे कला कला के लिए के सिद्धान्त के पूर्ण पक्षपाती हैं, और उसे सूक्ष्म आध्यात्मिक या आंतरिक भावनाओं से सम्बन्धित करते हैं। जबकि वक्रोक्ति में कला के मूर्त आधारों को ही प्रधानता दी जाती है। इसमें कला का सम्बंध बहिर्गत होता है। अभिव्यंजनावाद रस पर आधारित हैं तो वक्रोक्तिवाद कवि कौशल या वक्रोक्ति पर। कुंतक ने अलंकार योजना पर विशेष बल दिया है। जबकि अभिव्यंजनावाद में अलंकार को बिल्कुल महत्व नहीं दिया गया है। क्रोचे के अनुसार काव्य की आत्मा सहजानुभूति है। अतः कवि को उसके लिए प्रयास नहीं करना पड़ता जबकि कुंतक के अनुसार काव्य की आत्मा वक्रोक्ति है, जिसके लिए कवियो परिश्रम तथा प्रतिभा की आवश्यकता पड़ती है। क्रोचे के अनुसार कवि रचना अभिव्यंजना के लिए करता है, आनंद के लिए नहीं, इसके विपरीत कुंतक काव्य का चरम लक्ष्य आनंद

मानते हैं। और सौन्दर्य को उसका कारण स्वीकार करते हैं। क्रोचे विषय वस्तु की स्थिति काव्य के लिए गौण मानते हैं। जबकि कुंतक विषय वस्तु को पर्याप्त महत्व देते हैं। अभिव्यंजनावाद में नीति तथा अनीति का प्रश्न नहीं उठता, जबकि वक्रोक्तिवाद भारतीय दर्शन और विचार परंपरा के अनुकूल नीतिवाद को महत्व देता है। वक्रोक्तिवाद का सम्बंध आध्यात्मिकता तथा दर्शन से विशेष है।

Aristotte अरस्तू के समीक्षा सिद्धान्त - Katharsis अर्थात् 'कैथारसिस' का शाब्दिक अर्थ है- 1. विरेचन या रेचन अथवा शुद्धीकरण सिद्धान्त। 2. त्रासदी (Tragedy) सिद्धान्त। 3. अनुकरण सिद्धान्त।

1. अरस्तू का विरेचन सिद्धान्त- अरस्तू प्लेटो के शिष्य थे। चौथी शताब्दी में सकरात, प्लेटो तथा अरस्तू की विचारधाराओं ने पाश्चात्य आलोचना में सर्वप्रथम भौतिक सिद्धान्तो का प्रतिपादन किया और क्रमिक रूप से यूनान की संस्कृति उत्थान में अपना शक्तिशाली और महत्वपूर्ण योग दिया है। इन्हीं दर्शन वेत्ताओं ने सर्वप्रथम साहित्य विषयक मौलिक सिद्धान्तों का प्रतिपादन किया, और पाश्चात्य साहित्य में आलोचना शास्त्र की नींव डाली। अरस्तू एक चिकित्सक के पुत्र थे। जिससे उनकी रूचि प्राणिशास्त्र में अधिक थी। जिसका झुकाव उनके दर्शन या काव्य विवेचन पर भी पड़ा। उन्होंने अपने प्रतिपादन में काव्य की सामान्य प्रकृति का भी विवेचन दिया। इनके सामने दो प्रश्न थे, एक तो काव्य की प्रकृति क्या है? तथा दूसरे काव्य का मूल्य या प्रयोजन क्या है? इन्हीं दोनों प्रश्नों के उत्तर को ही उन्होंने अपनी समीक्षा का लक्ष्य बनाया। उनके अनुसार सभी शास्त्रीय ज्ञान तीन प्रकार के होते हैं। सैद्धान्तिक, व्यावहारिक तथा रचनात्मक। उनके अनुसार काव्य शास्त्र तथा अलंकार शास्त्र रचनात्मक काव्य हैं। उनका मत न तो 'कला कला के लिए' का ज्ञान प्रदान करना है और न विश्व व्यापक सत्यों का निरुपण करना है। बल्कि उनका उद्देश्य तो ऐसे सामान्य विषयों का प्रतिपादन करना है, जो हर तरह के कवियों के लिए उपयोगी हों। प्लेटो के अनुकरण सिद्धान्त पर ही अरस्तू ने अपने सिद्धान्त अनुकरण, त्रासदी, विरेचन और काव्य सत्य का सिद्धान्त प्रतिपादित किया। अरस्तू में Katharsis कैथारसिस शब्द का सामान्य विवेचक अपनी पुस्तक 'राजनीतिशास्त्र' तथा पोइट्स में किया है। कैथारसिस का हिन्दी अनुवाद विरेचन, रेचन, परिष्करण या शुद्धीकरण किया गया किन्तु विरेचन शब्द ही

सर्वाधिक प्रचलित है। जिस प्रकार कैथारसिस शब्द यूनानी चिकित्सा पद्धति से सम्बद्ध माना जाता है। उसी प्रकार विरेचन शब्द भारतीय आयुर्वेद शास्त्र से सम्बन्धित है। चिकित्सा शास्त्र में रेचक औषधियों द्वारा जिस तरह शरीर की गंदगी तथा अस्वास्थ्यकर पदार्थों को निकाला जाता है, उसी तरह अरस्तू का मत है कि त्रासदी के करुणा तथा त्रास के कृत्रिम उद्रेक द्वारा साहित्य के माध्यम से मानव के वास्तविक जीवन की करूणा और विशद भावनाओं का निष्कासन किया जाता है। जिससे मनुष्य को अपने व्यावहारिक जीवन में करूणा और भय को सहन करने की शक्ति आ जाता है। अरस्तू दुखान्त नाटक को व्यक्ति के रागात्मक जीवन के लिए उतना ही आवश्यक तथा कल्याणकारी मानते थे, जितना कि औषधियों को रोगी व्यक्ति के शारीरिक स्वास्थ्य के लिए। अरस्तू के परवर्ती आलोचकों ने लक्षणा के आधार पर विरेचन के तीन अर्थ किये हैं। 1. धर्मपरक 2. नीतिपरक 3. कलापरक। 1. विरेचन का धर्मपरक अर्थ स्वीकार करने वाले मेर, लीबी आदि विद्वानों का मत है कि अरस्तू ने विरेचन का लाक्षणिक प्रयोग धार्मिक आधार पर किया है। जिसका अर्थ है, बाहृय उत्तेजना तथा आत्मिक शुद्धि या शांति। भारत की भांति यूनान में भी नाटकों का आरंभ धार्मिक उत्सवों से माना जाता है। ये उत्सव एक प्रकार से शुद्धि के प्रतीक माने जाते थे। ऐसे उत्सव दैवीय विपत्तियों के निवारणार्थ किये जाते थे। 16वीं शताब्दी के कुछ इटैलियन तथा जर्मन विद्वानों ने विरेचन की प्रक्रिया का विवेचन करते हुए कहा कि त्रासदी के निरंतर पठन एवं प्रेरणा से मानव मन कठोर हो जाता है। जिससे वास्तविक जीवन में करूणा तथा भय से वह उत्तेजित नहीं होता, किन्तु इस सिद्धान्त को कुछ समालोचक सही नहीं मानते उनका तर्क है कि हम अपने मन को कठोर बनाने के लिए त्रासदी देखने नहीं जाते बल्कि भावोद्रेक के लिए जाते हैं।

2. विरेचन सिद्धान्त के नीतिपरक सिद्धान्त के अर्थ की व्याख्या जर्मन विद्वान- “वारनेज” ने की है। उनके अनुसार मानव मन में अनेक मनोविकार वासना रूप में स्थित हैं, जिनमें करूणा और त्रास नामक मनोविकार मूलत दुखद होते हैं। त्रासदी द्वारा रंगमंच पर उपस्थित दृश्यों को जब प्रेक्षक देखता है, तो उसके मन में भी त्रास और करूणा के भाव उत्पन्न होते हैं। किन्तु त्रासदी को देखने के बाद वह मानसिक शांति का सुख अनुभव करता है। क्योंकि उसके मन में वासना रूप में

स्थित करूणा तथा त्रास का मनोवेग समाप्त हो जाता है।

3. प्रोफेसर बूचर, गेटे तथा स्वच्छंदतावादी अन्य पाश्चात्य आलोचकों का कहना है कि अरस्तू का विरेचन शब्द केवल मनोविज्ञान अथवा चिकित्सा शास्त्र से ही संबंधित नहीं है, बल्कि कला सिद्धान्त का भी अभिव्यंजक है। इनके अनुसार विरेचन से पहले मानसिक संतुलन होता है। तथा फिर कलात्मक परिष्कार। इन्होने विरेचन के दो पक्ष माने हैं अभावात्मक तथा भावात्मक। अभावात्मक में मनोवेगों को उत्तेजित कर पुनः उनके शमन द्वारा मनःशांति प्राप्त करना और भावात्मक पक्ष द्वारा कलात्मक परितोष प्राप्त करना। डॉ. नगेन्द्र नगाइच इस तरह के विभाजन से सहमत नहीं हैं। इस तरह विद्वानों में मतभेद होते हुए भी धर्म संबंधी नीति तथा कला संबंधी अर्थो में निश्चय ही सत्य का अंश विद्यमान है। यद्यपि अरस्तू मनोविश्लेषण शास्त्र की आधुनिक पद्धतियों से अपरिचित थे, तथापि वे मानव हृदय की विभिन्न वृत्तियों से पूर्णतः परिचित थे। इनके अनुसार विरेचन का अभिप्राय भावों का निष्कासन मात्र नहीं अपितु उनका संतुलन भी था। त्रासदी, करूणा और त्रास के अवांछित अंश को उभारकर निकाल देती है। जिससे मनोभावों में सामंजस्य स्थापित हो जाता है। जो मानसिक स्वास्थ्य के लिए हितकर है। अतः त्रासदी का उपभोग हम आनंद के लिए करते हैं। न कि केवल औषधि रूप में भाव शमन के लिए। अनेक आलोचकों ने विरेचन के सिद्धान्त पर आक्षेप लगाते हुए उसके अस्तित्व को ही स्वीकार नहीं किया। उनका मत है कि वास्तविक अनुभव में विरेचन नहीं होता, त्रासदी को देखकर करूणा, भय आदि मनोवेग तो जाग्रत हो जाते हैं। किन्तु उनके रेचन से मनःशांति सदा नहीं होती। बहुत से नाटक तो केवल प्रेक्षक के भावो को ही क्षुब्ध करके रह जाते हैं। किन्तु डॉ. नगेन्द्र नगाइच इस आक्षेप को अस्वीकार करते हुए त्रासदी का चमत्कार मूलतः रागात्मक मानते हैं। दूसरा आक्षेप यह है कि त्रासदी में प्रदर्शित भाव अवास्तविक होते हैं। अतः वे हमारे भावों को उत्तेजित नहीं कर सकते। विरेचन की तो बात ही नहीं किन्तु यह आक्षेप भी पूर्णतः उचित नहीं। क्योंकि सत्य हरिश्चन्द्र, हेमलेट जैसे नाटक के दुखद प्रसंगों पर दर्शक रो पड़ता है। यह भावोद्रेक निश्चय ही कला चमत्कार का प्रतिफल न होकर रागात्मक प्रभाव की परिणति है। अरस्तू ने त्रासदी के नायक को न तो पूर्णतः साधु और न तो पूरा शैतान ही माना है किन्तु आलोचकों का कहना है कि 'लेडी मैकबैथ' नाटक का नायक मैकबैथ पूरा

शैतान है और अपने दुर्भाग्य के लिए स्वयं उत्तरदायी है। इसके क्रियाकलापों से दर्शक को अपनी अवांछनीय भावनाओं पर नियंत्रण रखने की प्रेरणा ही मिलती है। संक्षेप में अरस्तू का विरेचन सिद्धान्त अपने ढंग से त्रासदी के आस्वादन की समस्या का समाधान करता है। इसके द्वारा मानसिक प्रक्रिया की कटुता समाप्त हो जाती है। जिससे प्रेक्षक या पाठक मनःशांति का उपभोग करता है, उसकी भावनायें उदार बन जाती हैं। उसके मन के दबे भाव अभिव्यक्त हो जाते हैं, और उसके मन की स्थिति सुखद या आनंदप्रद हो जाती है।

अरस्तू का त्रासदी सिद्धान्त- (Tragedy (दुखांत) Comedy (सुखान्त)) अरस्तू के पूर्व प्लेटो ने अपने विचार त्रासदी के संबंध में प्रकट किये थे। किन्तु प्लेटो के विचार बहुत ही प्रारंभिक थे, अरस्तू ने ही सर्वप्रथम त्रासदी का गंभीर एवं विशद विवेचन किया। उन्होंने कविता को अन्य सभी अनुकरणात्मक कलाओं से उत्कृष्ट माना और सभी विधाओं में त्रासदी नाटक को उत्कृष्ट कहा। हमारे यहाँ नाटक के कई भेद किये हैं। किन्तु यूनानी साहित्य में नाटक के केवल दो ही भेद हैं त्रासदी और कामदी। त्रासदी नाटक दुखान्त होता है। और वह एक ऐसे कार्य का अनुकरण है जो महान, गंभीर, पूर्ण तथा विस्तृत होता है। वह अनुकरण ऐसी भाषा में होता है। जो कलात्मक अलंकारों से हर तरह से सुसज्जित होती है। अनुकरण नाटकीय रूप में प्रस्तुत किया जाता है, और वह दया तथा भय के भावों को उत्तेजित करके उनका उचित विरेचन करता है। त्रासदी के कुछ अंश संगीत रहित पद्य में तथा कुछ संगीत युक्त होता है। इस तरह त्रासदी में जीवन के किसी पक्ष का गंभीर चित्रण उसके संवादों तथा अभिनय द्वारा प्रकट होता है, और वह दुखांत होता है। त्रासदी के 6 तत्व हैं-

1. प्लॉट (कथानक)- त्रासदी के सभी तत्वों में घटना, योजना या कथानक सर्वाधिक महत्वपूर्ण तत्व है। त्रासदी मूलतः व्यक्तियों का नहीं बल्कि कार्य और जीवन तथा सुख और दुख का अनुकरण है। प्रत्येक मानवीय सुख या दुख कार्य का रूप धारण करता है। नाटक में चरित्र चित्रण के लिए कार्य नहीं होता बल्कि कार्य के लिए चरित्रों का निर्माण होता है। कार्य के बिना त्रासदी असंभव है। कार्य ही घटनाओं को जन्म देता है। नाटककार घटना, योजना, प्रयोजन विशेष को ध्यान में रखकर करता है। अतः उसकी घटना योजना की सफलता उसके प्रयोजन की उत्कृष्टता में है। त्रासदी

में घटना योजना के लिए कार्य ऐक्य Unity of Action अनुपात तथा विस्तार order and magnitugu सम्भवनीयता तथा आवश्यकता सामान्यता, विस्मय, दया तथा भय का भाव, दुखान्त तथा काव्य न्याय आदि का होना अनिवार्य है।

2. चरित्र- चरित्र के संबंध में अरस्तू ने चार मुख्य बातें कही हैं। चरित्र अच्छा होना चाहिए। अर्थात् चरित्र को साधारण से कुछ अधिक होना चाहिए क्योंकि त्रासदी काव्य में ऐसे व्यक्तियों का अनुसरण होता है जो साधारण स्तर से ऊपर के होते हैं। पात्र का चरित्र वास्तविकता पर निर्मित किया जाना चाहिए, चरित्र में औचित्य होना चाहिए। चरित्र संगतिपूर्ण होना चाहिए। चरित्रों में त्रासदी के नायक के संबंध में अरस्तू का विचार है, कि वह नायक अत्यधिक विख्यात, सम्पन्न तथा आदर्श परिवार का व्यक्ति हो तथा वह नितान्त निर्दोष व्यक्ति नहीं होना चाहिए। उसके दुर्भाग्य का कारण उसकी कोई बुराई न होकर कोई बड़ी भूल अथवा मानवीय दुर्बलता होनी चाहिए।

3. पद्य रचना- इससे अभिप्राय शब्दों के छंद विधान से है। अरस्तू ने सिद्धान्त रूप में छंदों को कविता के लिए आवश्यक नहीं कहा। बल्कि अनुकरण तत्व को स्वीकार किया है। फिर भी उन्होने अपने काव्य विवेचन में छंदहीन काव्यों की चर्चा नहीं की है। अतः यह कहना कि अरस्तू छंद को एकदम कविता के लिए आवश्यक नहीं मानते थे, यह युक्ति संगत नहीं। छंदों के साथ पद्य रचना के लिए शब्द की प्रवृत्ति तथा शैलीगत प्रयोग की भी व्याख्या की है। उनके अनुसार शब्द देशी विदेशी, रूपकात्मक, आलंकारिक, नये गढ़े हुए संकुचित बोलचाल आदि किसी भी प्रकार के प्रयुक्त किये जा सकते हैं।

4. विचार- पात्रों के भाषण द्वारा नाटक में जो कुछ प्रभाव उत्पन्न किया जाता है। अरस्तू उसे विचार तत्व के अंतर्गत मानते हैं। भाषण के द्वारा ही पात्र अपने दया, भय, क्रोध या अन्य भावों को प्रकट करते हैं। घटनाओं द्वारा जो कुछ व्यक्त नहीं हो पाता उन्हें विचारों द्वारा व्यक्त किया जाता है। पात्रों के विचार अवसरोचित प्रभावपूर्ण तथा उनके चरित्र में अनुकूल प्रकट होने चाहिए।

5. दृश्यविधान- यद्यपि अरस्तू प्रदर्शन तत्व को नाटक में गौण स्थान देते हैं। फिर भी वे इसे त्रासदी का एकतत्व स्वीकार करते हैं। रंगमंचीय सम्पूर्ण व्यवस्था

पात्रों की वेशभूषा तथा नाट्यप्रयोग के सभी अन्य कौशल को ही अरस्तू ने प्रदर्शन तत्व माना। वे तत्व उद्दीपक होते हैं। जो कि दर्शकों को प्रभावित करते हैं।

6. संगीत- अरस्तू का मत है कि नाटक में गीति तत्व अन्य तत्वों की भांति ही महत्वपूर्ण होता है। गीति तत्व से नाटक अत्यधिक आनंदपूर्ण बन जाता है। इसलिए नाटक में संगीत स्वाभाविक रूप से नियोजित होना चाहिए। संगीत सामूहिक न होकर यदि एक पात्रीय हो, तथा स्वाभाविक हो तो अधिक उचित है। इस तरह अरस्तू के त्रासदी द्वारा आनंद की प्राप्ति होती है, और आनंद की प्राप्ति तभी होती है, जबकि त्रास और करूणा के भावों का सफल अनुकरण होता है। त्रासदी जीवन के सौंदर्य और सत्यों से परिचित कराती है, और मनुष्य को उसकी दुर्बलताओं को शक्तियों के साथ प्रस्तुत कर चरित्र का ज्ञान कराती है। हमारा अनुभव, ज्ञान भंडार बढ़ाती है। जिससे परम आनंद का अनुभव होता है।

रिचर्डस का समर्पण सिद्धान्त- रिचर्डस् 20 वीं शताब्दी के एक आदर्शवादी मनोवैज्ञानिक पाश्चात्य समीक्षक हैं। उन्होने साहित्य की मनोवैज्ञानिक व्याख्या द्वारा पाश्चात्य समीक्षा को सर्वथा नूतन आलोक प्रदान करने का प्रयत्न किया है। इनकी चार पुस्तकें प्रिंसिपल्स आफ लिटरेरी क्रिटीसिज्म, साइन्स एंड पोइट्री, प्रेक्टीकल क्रिटीसिज्म और मीनिंग ऑफ मीनिंग- ये चारों पुस्तकें समीक्षा के व्यावहारिक क्षेत्र से संबंधित हैं। मनोविज्ञान के क्षेत्र से साहित्य में आने के कारण उन्होने विज्ञान तथा मनोविज्ञान की सहायता से कविता की सार्थकता तथा महत्ता के संबंध में अपने नवीन एवं चमत्कारपूर्ण विचार प्रस्तुत किये हैं। उनके समीक्षा सिद्धान्त का विशेष संबंध कलाकृति की समर्पण क्रिया और कलाकार की विवेचन शक्ति के मूल्य से है। किसी समीक्षक के समक्ष मुख्य रूप से दो प्रश्न रहते हैं। एक तो यह कि कृति के द्वारा समर्पण किस कोटि का हो सकता है। अर्थात् कलाकार ने जो कहना चाहा है उसे अन्य तक पहुँचा सका है कि नहीं और दूसरा प्रश्न यह है कि कलाकार ने जिसका समर्पण करना चाहा है, उसका मूल्य क्या है? इन्हीं दो प्रश्नों का उत्तर देना ही समीक्षक का मुख्य कर्तव्य है।

समर्पण और कलाकार- रिचर्डस के अनुसार कलाऐं मनुष्य के समर्पणात्मक क्रिया का उत्कृष्ट रूप होती हैं। मनुष्य एक सामाजिक प्राणी है और वह सहस्रों वर्षो

से समर्पण करने में संलग्न है। अपने अनुभवों तथा अनुभूति को दूसरों तक पहुँचाना तथा अन्यों के अनुभवों और अनुभूतियों को जानने में उसे स्वतः रूचि होती है। समर्पण क्रिया के पूर्व हमारे मानस में भाव या अनुभव उत्पन्न होते हैं। कलाकार जिस समय सूचना करने लगता है, उस समय वह समर्पण के सजग प्रयत्न में प्रवृत्त नहीं रहता, वह जो कुछ निर्मित करता है, वैयक्तिक संतुष्टि, मनोविनोद, सौंदर्य आदि से प्रेरित होकर करता है किन्तु उसके अचेतन मन में रचना के समय समर्पण का भाव बना रहता है। रचनाकाल में यदि कलाकार के सम्मुख समर्पण की भावना उभरी रहे तो वह निम्न कोटि का कलाकार ही सिद्ध हो सकता है। इस कार्य में महान प्रतिभा सम्पन्न कलाकार ही सफल होते हैं। समर्पण का कार्य अत्यधिक कठिन होता है। भावों एवं विचारों का समर्पण ठोस वस्तुओं से भिन्न है। कलाकार को सफल समर्पण के लिए कई गुणों की आवश्यकता होती है। (1) अनुभव का विस्तार, (2) सजीव निरीक्षण शक्ति तथा (3) साधारणता। कलाकार का अनुभव साधारण व्यक्ति के अनुभव की अपेक्षा अधिक विस्तृत एवं कोमल होना चाहिए और उस अनुभव के विभिन्न तत्वों में संबंध स्थापित करने के लिए उसे अपेक्षाकृत अधिक स्वतंत्रता का प्रयोग करना चाहिए। इनके अनुसार भूतकाल के किसी भी अनुभव की उपलब्धि कलाकार के लिए आवश्यक है। किन्तु उसे यथा तथ्यरूप में ग्रहण कर लेने से कोई लाभ नहीं। बल्कि हानि होने की आशंका रहती है। इसलिए कलाकार की अपने मानस में अतीत को स्वतंत्र रूप से पुनः प्रस्तुत करना चाहिए। जिस व्यक्ति का अनुभव जितना व्यापक होगा। उसे उसकी पुनः प्राप्ति इतनी ही सुगम तथा विस्तृत होगी। इसीलिए अनुभव के समय कलाकार में इतनी क्षमता होनी चाहिए कि वह अपने विभिन्न आवेगों की व्यवस्थित संघटना कर सके, उसे स्थिति का पूर्ण बोध होने पर ही वह अनुभव की व्यापकता प्राप्त कर सकता है। (2) कलाकार में जागरूक निरीक्षण शक्ति होनी चाहिए। तीव्र जागरूक निरीक्षण के समय कलाकार में प्राप्त मनोदशा या अनुभव की पुनः उपलब्धि की सर्वाधिक संभावना रहती है। पुनः उपलब्धि के समय में भी ऐसे ही जागरूक निरीक्षण की आवश्यकता रही है। इस दशा को समष्टि की अवस्था भी कहा गया है। (3) कलाकार और पाठक या श्रोता का अनुभव एक ही स्तर पर होना चाहिए इस तरह कलाकार को साधारण होना चाहिए। ताकि सर्वसाधारण उसके अनुभवों को आसानी से ग्रहण कर सके। यदि कलाकार का

मानसिक गठन नितान्त भिन्न हुआ तो ऐसी दशा में समर्पण नहीं हो सकता। अब प्रश्न यह है कि समीक्षक कैसे जान सकता है, किसी कलाकृति के द्वारा सफल समर्पण हो सका है या नहीं? इस प्रश्न के उत्तर में रिचर्डस का मत है कि समीक्षक समर्पण की सफलता और असफलता की जांच तभी कर सकता है जब वह कलाकृति को ठीक ढंग से पढ़ना जानता हो। बड़ी सावधानी तथा संवेदन शक्ति के सहारे कृति का अध्ययन वांछनीय है। इस प्रकार के अध्ययन के लिए कठिन परिश्रम तथा शिक्षण की आवश्यकता है। यदि समीक्षक या पाठक में कृति को समझने की उपयुक्त क्षमता नहीं है। तो वह उसका सही मूल्यांकन नहीं कर सकता है। यही कारण है कि रिचर्डस् ने समीक्षकों या पाठकों के लिए ''प्रेक्टीकल- क्रिटीसिज्म और मीनिंग ऑफ मीनिंग' नामक पुस्तकें लिखीं। कला की समीक्षा करते समय समीक्षक को नैतिकता से परे नहीं होना चाहिए। यदि समीक्षक नैतिकता की अवहेलना करता है तो वह बाजारू आलोचक quacks के नाम से संबंधित होगा।

रिचर्डस् का काव्य मूल्य तथा समीक्षा- रिचर्डस् के अनुसार जिस प्रकार किसी चिकित्सक का संबंध शरीर से है उसी प्रकार साहित्य समीक्षक का संबंध मन से रहता है। यदि समीक्षक कुशल नहीं हुआ तो जनमानस के विकृत होने की अधिक आशंका रहती है। साहित्य रचना एक मानवीय क्रिया है। अतः इसके मूल्य का मान वही होना चाहिए जो अन्य मानवीय क्रियाओं का होता है। मानवीय क्रियाओं के अनुभवों या आवेगों के दो रूप माने हैं- तृष्णा तथा वितृष्णा। तृष्णा आवेग प्रकृति मूलक तथा वितृष्णा निवृत्तिमूलक होती है। जो भी विचार हमारी तृष्णा को संतुष्ट कर सके, वही मूल्यवान है। तृष्णायें अधिकांश क्रियाओं से तो अुनभूतियाँ चेतन क्रियाओं से संबंधित होती हैं। अनुभूतियाँ हमारी वही तृष्णायें हैं, जो कि अचेतन के बाद हमारे चेतन मन में उत्पन्न हो जाती हैं। इसलिए हमे पहले अचेतन मन से उत्पन्न तृष्णाओं के विवेचन से काव्य के मूल्यांकन की चर्चा प्रारंभ करनी चाहिए। रिचर्डस् के अनुसार किसी तृष्णा (मांग) को दबाने से व्यक्ति की अन्य मांगों में जो विक्षुब्धि उत्पन्न होती है। उसकी सीमा के आधार पर हम उस मांग के महत्व को निश्चित कर सकते हैं। अर्थात् यदि तृष्णा की संतुष्टि न करने से व्यक्ति की कई अन्य मांगे विक्षुब्ध हो उठें तो उसे महत्वपूर्ण मांग समझना चाहिए। अन्य मांगों की

विक्षुब्धि जितनी ही अधिक होगी उस मांग का महत्व उतना ही अधिक होगा। रिचर्डस् के अनुसार इसी मांग के आधार पर ही किसी साहित्य की समीक्षा या उसका मूल्यांकन होना चाहिए। साहित्य का मूल्य भी इसी में है कि वह हमारे आवेगों में संगति और संतुलन स्थापित करे। भाव उत्पन्न कर देना ही साहित्य का मूल्य नहीं है। भाव तो मुख्य रूप से मन प्रवृत्तियों का लक्षण मात्र है। इसीलिए उनका काव्य में महत्व है। किसी अनुभव के बाद कोई व्यक्ति वहीं नहीं रह जाता बल्कि उसकी संभावनाऐं बहुत कुछ बदल जाती हैं। और उसके मन में एक परिवर्तन हो जाता है। साहित्य अन्य साधनों की अपेक्षा सर्वाधिक सशक्त साधन है। जिसके माध्यम से मानवीय अनुभूति का क्षेत्र बहुत व्यापक हो जाता है और मानव परस्पर सहयोग के लिए प्रेरित हो जाता है, और उसमें स्थाई संतुलन की भावना आ जाती है। इस तरह रिचर्डस् ने जीवन और साहित्य के प्रति मानवतावादी दृष्टिकोण अपनाकर उसके मूल्य का मान निर्धारित किया है, और अपने दृष्टिकोण से नैतिकता को भी महत्व दिया है। उनके अनुसार अच्छा साहित्य वही है जो मूल्यमान हो और मूल्यमान वह है जो मन में संगतिपूर्ण संतुलन स्थापित करे। साहित्य प्रयोजन, साहित्य की निर्माण क्रिया, साहित्य की प्रकृति तथा साहित्य मूल्य संबंधी जितने भी पुराने सिद्धान्त थे, रिचर्डस ने इन सबकी मनोवैज्ञानिक व्याख्या प्रस्तुत की इस तरह ये एक आदर्शवादी मनोवैज्ञानिक समीक्षक कहे जा सकते हैं।

टी.एस. इलियट का क्लासिकवाद- 20 वीं शताब्दी के सर्वाधिक प्रभावशाली अंग्रेजी समीक्षक टी.एस. इलियट ने कवि, कविता तथा साहित्य के प्रायः सभी महत्वपूर्ण प्रश्नों पर उन्होने अपना मत व्यक्त किया है। इन पर फ्रांस के प्रतीकवाद का गहरा प्रभाव है। ये प्रयोगवादी कवि, नाटककार और समीक्षक हैं। ईसाई होने के नाते इनमें तथा भारतीय धर्म विषयक मान्यताओं में बहुत अंतर है। ये समीक्षा क्षेत्र में क्लासिकवादी समीक्षक माने जाते हैं। इन्होनें किसी अच्छे समीक्षक के लिए सूक्ष्म और प्रचुर संवेदन शक्ति, अध्ययन की व्यापकता, अत्यधिक विवेचन, स्वतंत्र चेतना, सहृदय, अन्य विषयों के प्रति रूचि, प्रभाववादिता आदि गुणों का होना अनिवार्य माना है। इनके अनुसार क्लासिक शब्द का अर्थ है। परिपक्वता, पराकाष्ठा या प्रौढ़ता। यह अर्थ क्लासिक शब्द के अन्य अर्थो से भिन्न है। इनके अनुसार क्लासिक साहित्य की सृष्टि तभी संभव है जब कलाकार में निम्न गुण हों- मस्तिष्क की प्रौढ़ता, शील

की प्रौढ़ता, भाषा की प्रौढ़ता, सामान्य शैली की पूर्णता, व्यापकता, विश्वजनीनता। इन गुणों से युक्त क्लासिक साहित्य निरपेक्ष क्लासिक होगा। किसी प्रकार की संकीर्णता अथवा सीमित धार्मिक चेतना क्लासिक के दोष हैं।

इलियट का परंपरा सिद्धान्त- इलियट के अनुसार परंपरा ही वह भूमिका है जो विभिन्नताओं को एकता में बांध सकती है। उन्होने बढ़ती हुई वैयक्तिता या अनेकता को एकता में बांधने के लिए परंपरा का स्वर ऊँचा उठाया और ''परंपरा तथा वैयक्तिक शक्ति'' नामक निबंध प्रकाशित करवाकर इस संदर्भ में अपना विचार स्पष्ट किया। उन्होंने किसी देश की संस्कृति को 'सम्पूर्ण समाज के जीवन का ढंग' माना है। तथा साहित्य को समाज के जीवन की अभिव्यक्ति। इसीलिए परंपरा का सिद्धान्त जितना संस्कृति के लिए उपयोगी है उतना ही साहित्य के लिए।

इलियट की कला की निरवैयक्तिकता- इलियट ने अनेकता में एकता अर्थात् परंपरा के सिद्धान्त को स्वीकार करके वैयक्तिकता का विरोध किया। इनके अनुसार कवि भी एक वैज्ञानिक की भांति निरवैयक्तिक तथा वस्तुनिष्ठ होना चाहिए। उन्होने कला में भाव प्रदर्शन के लिए वस्तु समीकरण को प्रस्तुत किया। अर्थात् वस्तु संघटना, स्थिति, घटना शृंखला आदि इस ढंग से प्रस्तुत किये जाय जो उस कला भाव के सूत्र हों ताकि बाहय वस्तुऐं भावुक हृदय में भावोद्रेक कर सकें, उन्होने काव्य के लिए विदेशी भाषा के प्रयोग पर भी बल दिया है। उनका कहना है कि विदेशी भाषा में वह अनुभूति तथा स्वाभावकिता नहीं आती।

लॉन जाइनस की उदात्तता- ये काव्य में निम्न पांच गुणों का होना आवश्यक मानते हैं। 1. वस्तु बोध या विचार की भव्यता, 2. भाव की उत्कृष्टता। 3. अलंकारों का उचित प्रयोग, 4. शब्द शिल्प की उदात्तता या उत्कृष्टता, 5. शब्द संघटना की उत्कृष्टता।

कला और साहित्य- अभिव्यक्ति की विधि ही कला है। क्षेमराज के अनुसार कला वस्तु के स्वरूप को सुशोभित या अलंकृत करती है। भामह के अनुसार- इन्होने काव्य को कला से भिन्न माना है। शुक्ल जी के अनुसार एक की अनुभूति को दूसरे तक पहुँचाना ही कला है। गुप्त जी के अनुसार अभिव्यक्ति की कुशल शक्ति ही कला है। गुलाब राय के अनुसार कला कलाकार के आनंद की श्रेय और प्रेय तथा

आदर्श और यथार्थ को संबंधित करने वाली प्रभावोत्पादक अभिव्यक्ति है। रवीन्द्र के अनुसार कला में मनुष्य बाहय वस्तुओं की नहीं बल्कि स्वानुभूति की अभिव्यक्ति करता है। पाश्चात्य विद्वान हेगिल, रसूकिन, टॉलस्टाय, प्लेटो, कॉन्ट, क्रोचे, लॉन जाइनस, रिचर्डस, फ्रायड आदि समालोचकों ने अपनी-अपनी कला की परिभाषायें दी हैं। रसूकिन के अनुसार कला प्रकृति के सम्पर्क से उद्‌भूत मानव हृदय में उत्पन्न होने वाले आनंद की अभिव्यक्ति है। टॉलस्टाय के अनुसार व्यक्ति को परस्पर भावों में बोध का तथा हित की कामना करना ही कला है। प्लेटो के अनुसार कला जीवन की अनुकृति है। कॉन्ट के अनुसार कला सौंदर्य की अभिव्यक्ति है। फ्रायड के अनुसार कला हृदय की दबी हुई भावनाओं का उभरा रूप है।

कला के भेद- उपयोगी कला तथा ललित कला। ललित कला श्रव्य दृश्य दो तरह की हैं संगीत और काव्य श्रव्य। चित्र, वस्तु और मूर्ति में दृश्य हैं। पाश्चात्य विद्वान कला के लिए हैं यह मानने वाले वाइल्ड, ब्रेडले, बूलर, क्रोचे, बूचर आदि है। कला जीवन के लिए मानने वालों में रिचर्ड्स हैं। भारतीय विद्वान भी कला जीवन के लिए मानते हैं।

12

काव्य भेद और उसकी विधाएँ

काव्य की परिभाषा और उसके भेद

भारतीय आचार्यो ने सरस रचना को काव्य कहा है। इसके दो स्थूल भेद किये जाते हैं (1) श्रव्य काव्य (2) दृश्य काव्य। श्रव्य काव्य से अभिप्राय कविताबद्ध रचना से है, और नाटक, नाटिका और एकांकी आदि को दृश्य काव्य कहते हैं। शैली की दृष्टि से श्रव्य काव्य के तीन भेद माने जाते हैं गद्य काव्य, पद्य काव्य तथा चम्पू काव्य। जहाँ रसात्मक ललित गद्य का प्रयोग होता है, वहाँ गद्य काव्य, जहाँ छंदमयी ललित कविता होती है, वहाँ पद्य काव्य, और जहाँ गद्य तथा पद्य का सम्मिश्रण होता है, उसे चम्पू काव्य कहते हैं। अर्थ की दृष्टि से श्रव्य काव्य के तीन भेद माने गये हैं उत्तम काव्य, मध्यम काव्य और अधम काव्य। जहाँ ध्वनि की प्रधानता होती है। अथवा जहाँ व्यंग्यार्थ अधिक होता है उसे उत्तम काव्य कहते हैं। जहाँ व्यंग्यार्थ वाच्यार्थ से दबा रहता है, अथवा जहाँ गुणीभूत व्यंग्य होता है। उसे मध्यम काव्य कहते हैं और जहाँ केवल बाच्यार्थ का चमत्कार रहता है। अथवा शब्द चित्रण, अलंकार सौंदर्य का प्राधान्य रहता है। उसे अधम काव्य कहते हैं। बंध की दृष्टि से श्रव्य काव्य के दो प्रमुख भेद होते हैं। प्रबंध काव्य तथा मुक्तक काव्य। जहाँ कोई एक कथा आरंभ से अंत तक अथवा लघु रूप में विद्यमान रहती है। उसे प्रबंध काव्य कहते हैं। और जो पूर्वा पर संबंध रहित स्वतंत्र कविता होती है, वह मुक्तक कहलाती है। प्रबंध काव्य के पुनः तीन भेद होते हैं। खंडकाव्य, एकार्थ काव्य तथा महाकाव्य।

जहाँ कोई लघुकथा कतिपय सर्गो में विभक्त करके प्रस्तुत की जाती है। उस काव्य को खंड काव्य कहते हैं। जहाँ किसी एक प्रयोजन की सिद्धि के लिए किसी लघुकथा को विस्तार दिया जाता है उसे एकार्थ काव्य कहते हैं। और जो काव्य जीवन और जगत की विविधताओं के साथ किसी विस्तृत कथा को लेकर चलता है, वह महाकाव्य होता है। मुक्तक काव्य के भी दो भेद होते हैं। गीति मुक्तक तथा प्रगीति मुक्तक। जिस कविता में संगीत की राग रागनियों का चमत्कार रहता है, उसे गीति मुक्तक कहते हैं। किन्तु जो संगीतशास्त्र से सर्वथा स्वतंत्र लय या गति के आधार पर कविता लिखी जाती है, उन्हें प्रगीति मुक्तक कहते हैं।

बंगला के विद्वान डॉ. दास गुप्ता ने काव्य का विभाजन दूसरे ढंग से किया है। वे काव्य के दो भेद मानते हैं। द्रुति काव्य तथा दीप्ति काव्य। जो काव्य रसबोधक होता है और भावों से परिपूर्ण होता है। उसे द्रुतिकाव्य कहते हैं और जो काव्य बुद्धिपरक होता है अथवा रम्य बोधक होता है, उसे दीप्ति काव्य कहते हैं। द्रुतिकाव्य के तीन भेद किये जाते हैं। रसोक्ति, भावोक्ति तथा स्वभावोक्ति। रसमयी उक्तियाँ जहाँ हों, उसे रसोक्ति काव्य कहते हैं। भावपूर्ण उक्तियों वाले काव्य को भावोक्ति एवं जिसमें प्रकृति और प्राणी संबंधी सरस कवितायें हों, उसे स्वभावोक्ति काव्य कहते हैं। ऐसे ही दीप्ति काव्य के भी दो भेद माने गये हैं गौरेवोक्ति काव्य तथा वक्रोक्ति काव्य। जहाँ बुद्धि दीप्ति विचारों से भरी रमणीय उक्तियाँ हों उसे गौरवोक्ति काव्य कहते हैं। जिसमें वाणी की वक्रता या अलंकार की वक्रता हो उसे वक्रोक्ति काव्य कहते हैं। स्वतंत्र भेद के आधार पर कुछ विद्वान काव्य के चार भेद करते हैं। रसकाव्य, बोध काव्य, नीति काव्य तथा काव्याभास। जिसमें स्थाई भाव रस रूप को प्राप्त हो, उसे रस काव्य तथा जिसमें बुद्धि की अपेक्षा हृदय की प्रधानता हो अथवा विचार प्रधान हो उसे बोधकाव्य तथा जिस काव्य में नैतिक उपदेशों का प्राधन्य हो उसे नीति काव्य एवं जिस काव्य में न तो रस हो, न भाव हों न कोई विचार हो, और न कोई नैतिक शिक्षा हो अपितु जो किसी पत्र, पत्रिका में प्रकाशित हो जाये तथा पद्य में हों उसे काव्याभास कहते हैं।

आजकल विद्वान काव्य का वर्गीकरण और नये प्रकार से करते हैं। वे काव्य के पांच भेद मानते हैं। प्रबंध काव्य, वर्णनात्मक काव्य, विचारात्मक काव्य, भावात्मक

काव्य, चित्रात्मक काव्य। प्रबंध काव्य के अंतर्गत महाकाव्य खंडकाव्य, एकार्थ काव्य, गीतिकथा, मुक्तक प्रबंध, नाट्य प्रगीति (द्वापर) आत्मचरित आदि काव्य आते हैं। वर्णनात्मक काव्य उसे कहते हैं, जिसमें किसी व्यक्ति स्थान, दृश्य, यात्रा आदि का विवरण दिया गया हो। विचारात्मक काव्य से तात्पर्य उपदेश, नीति, धर्म, शिक्षा आदि से परिपूर्ण काव्य से है भावात्मक काव्य जिसमें भावपूर्ण वैयक्तिक कविता का प्राधान्य होता है। जैसे प्रेमगीति, प्रार्थनायें, स्तुतियाँ आत्मनिवेदन, शोक गीति, संबोधन गीति, चतुष्पदी, परिवृत्तिक काव्य आदि आते हैं। चित्रात्मक काव्य के अंतर्गत कमलबंध, खडगबंध, पहेलिका, समस्यापूर्ति, कूटपद, अंतरालाप, प्रश्नोत्तर, अन्योक्तियाँ आदि काव्य आते हैं। पाश्चात्य विद्वानों ने काव्य का वर्गीकरण और ही ढंग से किया है। वे सर्वप्रथम बाहूय जगत और अंतर्जगत के आधार पर काव्य के दो भेद करते हैं। विषयी प्रधान काव्य तथा विषय प्रधान काव्य। इनमे से जिस काव्य में आत्माभिव्यंजन की प्रधानता होती है। उसे विषयी प्रधान काव्य कहते हैं और जिसमें बाहूय जगत का वर्णन किया जाता है, उसे विषय प्रधान काव्य कहते हैं। दूसरा वर्गीकरण शैली और अर्थ की दृष्टि से किया जाता है। इस दृष्टि से पाश्चात्य विद्वानों ने काव्य के आठ भेद किये हैं। जो इस प्रकार हैं (1) महाकाव्य जिसे अंग्रेजी में Epic कहते हैं और जिसकी कथा किसी विशेष वीरपात्र की जीवन गाथा पर आधारित होती है। अथवा जिसमे कलात्मक चमत्कार होता है। (2) नाट्य काव्य जिसे अंग्रेजी में Dramatic Poetry कहते हैं। जिसमें संपूर्ण संवाद कविता में होते हैं और सारा काव्य विभिन्न अंकों में विभक्त रहता है। जैसे शेक्सपियर के नाटक। (3) प्रकृति काव्य जिसे अंग्रेजी में Prestoral Poetry कहते हैं। इसमें मुख्य तथा प्राकृतिक पदार्थो का अधिक वर्णन किया जाता है। (4) उपदेशात्मक काव्य इसे अंग्रेजी में Diadaetic Poetry कहते हैं इसमें नीति और आदर्श की प्रधानता होती है और धार्मिकता का प्रचुर प्रभाव रहता है। (5) सौंदर्य चित्रणात्मक काव्य को अंग्रेजी में Artistic Poetry कहते हैं। यह अधिक कलात्मक होता है और उसमें नखशिख वर्णन जैसे सौंदर्य निरूपण का अधिक महत्व दिया जाता है। (6) प्रगीति काव्य को अंग्रेजी में Lyric Poetry कहते हैं, यह सीधी सादी स्वाभाविक कविता होती है। जैसे हिन्दी के आधुनिक गीत। (7) प्रकृत काव्य Riylistic Poetry इसमें यथार्थ

जीवन के चित्र अधिक अंकित किये जाते हैं। (8) आदर्शात्मक काव्य को अंग्रेजी में Idealistic Poetry कहते हैं इसमें केवल आदर्श को ही महत्व दिया जाता है और छोटी- छोटी कविताओं के माध्यम से जीवन के किसी आदर्श को प्रस्तुत किया जाता है।

पाश्चात्य विद्वानों ने महाकाव्य अथवा Epic के मुख्यतया दो भेद स्वीकार किये हैं -

1. संचित महाकाव्य (Epic of Art)- इसमें किसी जाति विशेष के वीर पात्र की गाथा संकलित रहती है। वह गाथा समय-समय पर कवियों द्वारा बढाई जाती है। जब किसी काल में किसी कवि ने इस पर परंपरागत कथा को काव्य रूप दिया तभी इसे संचित महाकाव्य कहते है जैसे इरयड महाकाव्य यूनान का संचित महाकाव्य कहलाता है।

2. कलात्मक महाकाव्य (Epic of Growth)- यह किसी एक ही कवि की रचना होती है। जो कलापूर्ण होती है। इसमें कला का चमत्कार अधिक रहता है और भावों की अपेक्षा शैली अधिक चमत्कारपूर्ण होती है। वैसे इसकी कथा भी ऐतिहासिक या पौराणिक होती है। जैसे मिण्टन का पैराडाइज लोस्ट। यह कलात्मक महाकाव्य तीन प्रकार का मिलता है-

(क). प्रामाणिक कलात्मक काव्य- जिसे अंग्रेजी में Authentic Epic कहते हैं। इसकी कथा सुप्रसिद्ध ऐतिहासिक होती है। इसके पात्र सजीव और सम्पन्न होते हैं। इसमें मानव जीवन की अनेक समस्याओं पर विचार किया जाता है। इसमे समाज का पूर्ण चित्र अंकित किया जाता है और सांकेतिकता गौण रूप में रहती है। इसका सामाजिक और आध्यात्मिक मूल्य होता है।

(ख). रूपक कलात्मक महाकाव्य- Allegory Poetry इसका कथानक पूर्णतया कल्पित होता है। इसके पात्र निर्जीव और अमूर्त भावों के प्रतीक होते हैं। इसमें रूपक का निर्वाह आदि से अंत तक किया जाता है और आध्यात्मिक दृष्टि से इस काव्य का बड़ा महत्व होता है। क्योंकि पारलौकिक जीवन के रहस्य का उदघाटन करना ही इसका चरम लक्ष्य होता है। जैसे वियेाल।

(ग). उपहास कलात्मक महाकाव्य- यह हास परिहास प्रधान होता है और प्रहसन के तत्व इसमें अधिक पाये जाते हैं।

महाकाव्य की परिभाषा और महाकाव्य के भारतीय और पाश्चात्य लक्षण- साधारणतया एक उच्च कोटि के कलात्मक प्रबंध काव्य को महाकाव्य कहते हैं। जो आकार में अन्य काव्यों से बड़ा होता है और जिसमें जीवन और जगत का विस्तृत निरूपण किया जाता है। भारतीय साहित्य शास्त्रियों ने महाकाव्य की बड़ी विशद व्याख्या की है। आचार्य भामह का मत है कि महाकाव्य सर्गबद्ध होना चाहिए। उसमें किसी महापुरूष के जीवन का चित्रण होना चाहिए। इसमें ग्राम्य शब्दों का प्रयोग न होकर उत्कृष्ट, अर्थ सम्पन्न अलंकृत शब्दों का प्रयोग होना चाहिए। उसमें विजय, यात्रा, युद्ध विजय, दूत प्रेषण आदि का वर्णन होना चाहिए। उसमें पुरूषार्थ चतुष्टय (धर्म, अर्थ, काम और मोक्ष) के निरूपण के साथ-साथ लौकिक अभ्युदय का वर्णन होना चाहिए। वह लोक स्वभाव से परिपूर्ण होना चाहिए और उसमें नायक का वध नहीं दिखाया जाना चाहिए। इसके उपरान्त आचार्य दण्डी ने महाकाव्य का निरूपण करते समय आचार्य भामह की सभी बातें स्वीकार की और कुछ नई बातें भी बताईं। जैसे कि महाकाव्य के आरंभ में आशीर्वाद, नमस्कार अथवा वस्तु निर्देश होना चाहिए। उसका नायक चतुर और उदात्त स्वभाव वाला होना चाहिए। उसमें नगर, समुद्र, पर्वत, ऋतु, चन्द्रोदय, सूर्योदय, जलक्रीड़ा, विवाह तथा पुत्र उत्पत्ति आदि के वर्णन होने चाहिए वह रस और भावादि से परिपूर्ण होना चाहिए। उसमें सम्पूर्ण नाटक संधियाँ भी होनी चाहिए। अन्य आचार्यो ने भी इन दोनों आचार्यो का अनुसरण किया। किन्तु आचार्य विश्वनाथ कविराज ने महाकाव्य के बारे में कुछ और नई बातें बताईं। जैसे उन्होने महाकाव्य का नायक उच्च कुलोद्भव क्षत्रिय या कोई देवता होना आवश्यक बताया। महाकाव्य में शृंगार, वीर, शांत इन तीन रसों में से किसी एक रस की प्रधानता स्वीकार की और अन्य रसों का अंग रूप में आना आवश्यक बताया। दण्डी और भामह चतुर्वर्ग के निरूपण को आवश्यक बताते थे किन्तु विश्वनाथ ने चारों (धर्म, अर्थ, काम, मोक्ष) में से किसी एक फल की प्राप्ति का आग्रह किया और आरंभ में आशीर्वाद के साथ-साथ खल निंदा, तथा सज्जन प्रशंसा को भी आवश्यक ठहराया। इन्होने सर्गो की संख्या कम से कम आठ बताई जो

न अधिक विस्तृत हो और न अधिक संक्षिप्त, प्रत्येक सर्ग में एक छंद होगा। किसी एक सर्ग में अनेक छंद होना भी आवश्यक बताया और प्रत्येक सर्ग के अंत में आगामी सर्ग की कथा सूचित होना आवश्यक सिद्ध किया। महाकाव्य के नामकरण के बारे में आपने लिखा है कि कवि, नायक, इतिवृत (कथानक) या अन्य किसी पात्र के आधार पर होना चाहिए। परन्तु प्रत्येक सर्ग का नाम वर्ण्य विषय के आधार पर होना चाहिए। आचार्य विश्वनाथ की मान्यता को प्रायः सभी परवर्ती विद्वानों ने स्वीकार किया और अधिकांश महाकाव्य इन्हीं लक्षणों के आधार पर लिखे गये। पाश्चात्य विद्वानों ने भी महाकाव्य के बारे में अनेक मत दिये हैं। जैसे ग्रीक विद्वान अरस्तू का मत है कि महाकाव्य विवरणात्मक हो उसमें सर्वत्र एक ही छंद का प्रयोग हो। उसकी कथावस्तु दुखांत काव्य की भांति नाटकीय ढंग से नियोजित हो, उसमें आरंभ, मध्य और अवसान से संयुक्त होकर एक प्राणी के अंगों के समान सर्वागपूर्ण कथा हो, तो उसमें उचित रस और उचित शब्द विधान हो उसमें अनेक घटनाओं का वर्णन होकर भी कथानक सुसंबद्ध हो। उसमें कौतूहलवर्धक कुछ असंभव और कुछ आश्चर्यजनक घटनाओं का समावेश हो उसकी कथा ऐतिहासिक हो और उसमें असंभव बातों का वर्णन भी इस प्रकार किया गया हो कि वह संभव जान पड़े तथा वह उचित आनंद देने वाला हो। अरस्तू के इन लक्षणों का प्रभाव अन्य ग्रीक विद्वानों पर भी पड़ा और वे इनको ही स्वीकार करके महाकाव्य की रचना करते रहे। जब सभ्यता का केन्द्र ग्रीक से हटकर रोम पहुँचा और लैटिन भाषा का अभ्युदय हुआ तब भी महाकाव्य के इन लक्षणों को ही मान्यता दी गई। किन्तु अंग्रेजी के विकास के साथ-साथ विद्वानों ने महाकाव्य पर नये सिरे से विचार किया। अंग्रेजी के सुप्रसिद्ध आलोचक बाल्टर पेटर ने महाकाव्य के विषय में बताया कि उसमें विस्तृत परिधि विविधता, महान उददेश्यों के साथ मैत्री, विद्रोह के स्वर की गहनता, आशा की विशालता, जनकल्याण की वृद्धि के प्रयत्न, प्राणियों के प्रति सहानुभूति, प्राचीन एवं नवीन सत्यों का उद्घाटन, जीवन को सुखमय बनाने की योजना, मानवता की आत्मा आदि का वर्णन होना चाहिए। इसके अतिरिक्त अंग्रेजी के दूसरे प्रसिद्ध आलोचक, एवर प्रोम्बी ने बताया कि महाकाव्य में सुन्दर महान कथा हो। जिसका आधार ऐतिहासिक हो। और जिसमे जीवन के महत्व के साथ-साथ कवि की मान्यताओं का भी उल्लेख हो। उनमें ऐतिहासिक सत्य की अपेक्षा काव्य के सत्य की प्रधानता हो।

उसमें सुन्दर कथा द्वारा नाटकीय ढंग से अंतिम कार्य का वर्णन हो। उसकी रचना शैली कलात्मक हो, उसमें जहाँ-जहाँ अप्राकृतिक तत्वों का भी निरूपण हो और वह व्यष्टिगत की अपेक्षा समष्टिगत प्रतीकों से परिपूर्ण हो और मानव जीवन के महान उददेश्य का उद्घाटन करने वाला हो। इस तरह भारतीय और पाश्चात्य विद्वानों द्वारा प्रतिपादित महाकाव्य संबंधी लक्षणों का समन्वय करने पर महाकाव्य की कुछ सर्वस्वीकृत मान्यतायें होती हैं। जो इस प्रकार हैं-

क- वर्ण्य विषयगत मान्यताऐं

(1) कथानक- महाकाव्य का कथानक इतिहास प्रसिद्ध, विस्तृत और श्रेष्ठ होना चाहिए। उसमें अधिकांश यथार्थ घटनाओं का वर्णन होना चाहिए। यदि कुछ कल्पित घटनायें भी हों तो वे अस्वाभविक न होकर सत्य सी प्रतीत होनी चाहिए। संपूर्ण प्रासंगिक कथायें मुख्य कथा से सुसम्बद्ध होनी चाहिए।

(2) नायक- महाकाव्य का नायक कोई देवता या उच्च कुल का व्यक्ति होना चाहिए। वह चतुर उदात और जातीय जीवन पकी विशेषताओं से परिपूर्ण होना चाहिए।

(3) चरित्र निर्माण- महाकाव्य में सभी मुख्य पात्रों का चरित्र अंकित होना चाहिए और उनके चरित्र का विकास पूर्ण रूप से दिखाया जाना चाहिए।

(4) प्रकृति चित्रण- महाकाव्य में उषा, संध्या, रजनी, षड् ऋतु के साथ-साथ नगर गांव आदि का वर्णन भी तथ्यपूर्ण होना चाहिए।

(5) सामाजिक चित्रण अथवा युग चित्रण- महाकाव्य में अपने युग की राजनीति और समाज नीति के साथ-साथ मानव कल्याण के लिए महान उददेश्यों पारस्परिक सहानुभूति, आशा की विशालता, मानव का प्रेम, विश्व बंधुत्व और लोकहित आदि का वर्णन होना चाहिए और उसमें दैवीय और आसुरी प्रवृत्तियों का संघर्ष भी दिखाया जाना चाहिए।

(6) भाव और रस- महाकाव्य में विविध रसों के साथ-साथ मानव मनोभावों का विशद चित्रण होना चाहिए और उसमें श्रृंगार, वीर तथा शांत रस में से किसी एक

की प्रधानता तथा अन्य सभी रस अंग रूप में आने चाहिए।

ख- कलात्मक विशेषतायें

(1) महाकाव्य सर्गबद्ध होना चाहिए। उसमें आठ या आठ से अधिक उचित विस्तार वाले सर्ग होने चाहिए और प्रत्येक सर्ग के अंत में आगामी सर्ग की कथा सूचित होनी चाहिए।

(2) महाकाव्य में आरंभ, मध्य तथा अवसान के साथ विवरणात्मकता होनी चाहिए उसकी रचना नाटकीय ढंग से की जानी चाहिए।

(3) महाकाव्य की भाषा भव्य, उदात्त और पारिमार्जित होनी चाहिए। उसमें परंपरागत विशेषणों, मुहावरों, शब्द शक्तियों आदि का प्रयोग होना चाहिए।

(4) महाकाव्य में प्रतीकात्मकता भी होनी चाहिए किन्तु वे प्रत्येक व्यष्टिगत न होकर समष्टिगत हों। जिससे मानव अनुभूति की यथार्थता न हो और कथा में धारा प्रवाह बना रहे।

(5) उसमें अलंकारों का प्रयोग भी भावानुकूल हो।

(6) उसका नामकरण कवि, इतिवृत नायक या किसी प्रमुख पात्र के आधार पर हो।

(7) उसमें छंदों या वृत्तों का प्रयोग सुदंरता के साथ किया गया हो। जो किसी प्रकार के दोष से युक्त न हो प्रत्येक सर्ग एक ही छंद में हों किन्तु किसी एक सर्ग में विविध छंद भी हो सकते हैं।

(8) महाकाव्य की शैली कलात्मक और उत्कृष्ट होनी चाहिए। इस प्रकार महाकाव्य के लक्षणों पर विचार करने से ही ज्ञात होता है कि भारत में प्राचीन महाकाव्य तो प्राचीन लक्षणों पर ही निर्मित हुए किन्तु आधुनिक महाकाव्य नवीन लक्षणों के आधार पर रचे जा रहे हैं। जिनमें प्राचीन युग की मान्यताओं के साथ-साथ आधुनिक युग की मान्यतायें विद्यमान हैं और प्राचीन अनावश्यक बातों का परित्याग कर दिया जाता है।

दृश्य काव्य- नाटक के तत्व

नाटाकेत्पत्ति में विभिन्न मत- त्रेता के बाद द्वापर में आनंद के लिए, पूजावाद (डॉ. रिजवे), मेघपोलवाद, कृष्णोपसनाबाद, लोक स्वांग नौटंकी, पुत्तलिका नृत्यवाद, छायानाटकवाद, संवाद सूक्तवाद (मैक्समूलर), वैदिक अनुष्ठान आदि।

भारतीय विद्वानों ने नाटक के तीन तत्व स्वीकार किये हैं वस्तु-नेता-रस। वस्तु से तात्पर्य कथानक से है। नेता तत्व के अंतर्गत नायक, नायिका और उनके सहायक सभी पात्र एवं उनका चरित्र चित्रण आता है। रस का संबंध नाटक के रचना विधान आदि से है। यूनानी विद्वान अरस्तू ने नाटक के 6 तत्व स्वीकार किये हैं। कथानक, आचार, विचार, वर्णन शैली, दृश्य, गीत। इनमें से आचार के अंतर्गत अनुकरण के साधन और विचार के अंतर्गत अनुकरण के ढंग आते हैं। वर्णन शैली दृश्य और गीत को अनुकरण का आधार माना गया है। पाश्चात्य विद्वानों में से अंग्रेजी के विद्वानों ने अब नाटक के 6 तत्व ही स्वीकार किये हैं वस्तु, पात्र, कथोपकथन या संवाद, देशकाल वातावरण, भाषा शैली, उद्‌देश्य। आजकल ये 6 तत्व ही सर्वमान्य हैं।

(1) वस्तु- इसे कथानक इतिवृत अथवा कथावस्तु भी कहते हैं। भारतीय दृष्टि से कथावस्तु में पांच अर्थ प्रकृतियाँ और पांच कार्यावस्थायें और पांच संधियों का होना आवश्यक माना गया है। जैसे अर्थप्रकृतियाँ- बीज, बिन्दु, पताका प्रकरी, कार्य। कार्यावस्थायें- आरम्भ, यत्न, प्राप्त्याशा, नियताप्ति, फलागम। संधियाँ- मुख, प्रतिमुख, गर्म, विमर्श, निर्वहण या उपसंहति- पाश्चात्य विद्वानों ने केवल 6 कार्यावस्थायें स्वीकार की हैं। वे संधि और अर्थ प्रकृतियों को नहीं मानते। वे कार्यावस्था में इस प्रकार हैं आरंभ, या सूत्रपात, आरंभिक संघर्ष, संघर्ष की वृद्धि, चरमसीमा, निर्गति, अवसान। आचार्य गुलाबराय ने पाश्चात्य 6 कार्यावस्थाओं का समावेश भारतीय पांच कार्यावस्थाओं में किया है। उनका कहना है कि अन्य सभी तो कार्यावस्थायें मिलती जुलती हैं, केवल प्रात्याशा नामक तीसरी अवस्था में पाश्चात्य संघर्ष की वृद्धि और चरम सीमा दोनों आ सकती हैं। कथावस्तु को रंग मंच पर दो प्रकार से प्रस्तुत किया जाता है। कुछ कथा अभिनय के द्वारा दिखाई जाती है और कुछ बातों की केवल सूचना दी जाती है। इस तरह रंग मंच की दृष्टि से वस्तु के दो भेद हो जाते हैं - दृश्य एवं सूच्य। सूच्य कथा पांच प्रकार से मंच पर दिखाई जाती है विष्कंभक द्वारा, प्रवेशक द्वारा, चूलिका द्वारा,

अंकाश्य के द्वारा, अंकावतार द्वारा। साधारण तथा कथावस्तु के दो भेद होते हैं आधिकारिक तथा प्रासंगिक। मुख्य कथा को आधिकारिक कथा कहते हैं तथा उपकथाओं को प्रासंगिक कथायें कहते हैं। ये प्रासंगिक कथायें दो प्रकार की होती हैं पताका तथा प्रकरी। जहाँ कथा मध्य में से आरंभ होकर अंत तक चलती है ऐसी सानुबंध कथा को पताका कहते हैं और जो एक देशीय कथा होती है अर्थात् बीच में से आरंभ होकर बीच में ही समाप्त हो जाती है उसे प्रकरी कहते हैं। साहित्य दर्पणाकार विश्वनाथ ने चार प्रकार के पताका स्थानक माने हैं। किन्तु दशरूपककार धनंजय ने उन सबका समावेश दो में ही कर दिया है। अन्योक्ति मूलक तथा समासोक्ति मूलक। जहाँ समान घटना द्वारा आगामी अर्थ की सूचना दी जाय वहाँ अन्योक्ति मूलक पताका स्थानक होता है और जहाँ समान विशेषणों द्वारा आगामी कथा सूचित की जाती है। वहाँ समासोक्ति मूलक पताका स्थानक होता है। साधारणतया नाटक की कथावस्तु में पांच विशेषतायें अवश्य होनी चाहिए अन्विति, अंतर्द्वन्द्व, सुन्दर प्रतिकथानक की योजना, संयोग, संघर्ष (सत् और असत् प्रकृतियों का संघर्ष)।

पात्र और चरित्र चित्रण- भारतीय आचार्यों के अनुसार नाटक के नायक में विविध गुणों का होना आवश्यक माना गया है। जैसे वह विनीत, मधुर, त्यागी, दक्ष, प्रियंवद, कुलीन लोकप्रिय, वाग्गी, स्थिर चित्त, बुद्धिमान, उत्साही, कलाविद, शूर, तेजस्वी आदि गुणों से युक्त होना चाहिए। साधारणतया नायक चार प्रकार के माने गये हैं (1) धीरोदात्त जैसे राम या युधिष्ठिर (2) धीरोद्धत जैसे भीम या परशुराम (3) धीर ललित श्रीकृष्ण या उदयन आदि (4) धीर प्रशान्त- चारूदत्त और माधव आदि। स्वभाव के अनुसार नायक चार प्रकार के माने गये हैं (1) अनुकूल- जो केवल अपनी पत्नी में अनुरक्त रहता है (2) दक्षिण - जो अपनी पत्नी के अतिरिक्त चतुराई से परकीया में भी अनुरक्त हो जिसके अनुराग का पता उसकी पत्नी को न चले। (3) शठ- जो अनेक नारियों से प्रेम रखता हो (4) धृष्ट- जो बहुनारी प्रेम के कारण पिटता भी हो किन्तु अपनी आदत से लाचार है।

2. नायिका- नाटक में नायक की पत्नी अथवा कथासूत्र की मुख्य संचालिका को नायिका कहते हैं। भरत मुनि ने नायिका के चार भेद किये हैं (1) दिव्या- जो कोई देवांगना हो (2) नृपत्नी- जो किसी राजा की रानी हो (3) कुलस्त्री और (4)

गणिका अर्थात् वैश्या। धनंजय ने नायिका के केवल तीन भेद किये हैं।(क) स्वकीया जो केवल अपने पति से प्रेम करती हो (ख) परकीया - जो पर पुरूष में अनुरक्त हो और (ग) सामान्या या वैश्या हो। व्यवहार तथा दशाभेद से नायिका के आठ भेद किये गये हैं। स्वाधीन पतिका, वासक सज्जा, विरहोत्कंठिता, खंडिता, कलहान्तरिता, विप्रलब्धा, प्रोषित पतिका और अभिसारिका। अवस्था भेद से नायिका के पांच भेद किये गये हैं मुग्धा, मध्या, प्रगल्भा, कनिष्ठा, ज्येष्ठा। स्वभाव की दृष्टि से नायिका के तीन भेद किये गये हैं। धीरा, अधीरा तथा धीराधीरा। इन नायक नायिका के अतिरिक्त नाटक में अन्य बहुत से सहायक पात्र होते हैं। जैसे प्रतिनायक, प्रतिनायिका, विदूषक, विट् चेरी आटूविक (शिकारी) सामन्त, सैनिक और कंचुकी आदि। नाटक में पात्रों के चरित्र चित्रण की दो पद्धतियाँ प्रचलित हैं। (क) साक्षात् या विश्लेषणात्मक (ख) परोक्ष अथवा अभिनयात्मक। नाटकों में अधिकतर प्रत्येक पात्र का चरित्र अभिनयात्मक पद्धति द्वारा ही चित्रित किया जाता है क्योंकि पात्रों के पारस्परिक संवाद द्वारा अधिकांश पात्रों के नैतिक और मानसिक गुणों का उद्घाटन किया जाता है क्योंकि पात्रों के पारस्परिक संवाद द्वारा अधिकांश पात्रों के नैतिक और मानसिक गुणों का उद्घाटन किया जाता है। चरित्र चित्रण नाटक का सर्वोत्तम एवं स्थाई तत्व है और नाटक की महत्ता इसी तत्व पर निर्भर करती है। इसीलिए पात्रों के विचार और भावों का क्रमिक विकास दिखाना ही अभीष्ट होता है। नाटकों में प्रायः दो प्रकार के चरित्र होते हैं। कुछ स्थाई चरित्र तथा कुछ परिवर्तनशील चरित्र स्थाई या स्थिर चरित्र तो आदि से अंत तक एक से बने रहते हैं। उनमें परिवर्तन दिखाना नाटककार की त्रुटि मानी जाती है। उनमें नैतिक और मानसिक गुणों की केवल उत्तरोत्तर वृद्धि दिखाई जाती है। किन्तु परिवर्तनशील चरित्र बड़े विलक्षण होते हैं उनके जीवन का क्रमिक विकास दिखाना प्रत्येक नाटककार के लिए सुगम नहीं होता, चरित्र चित्रण में तीन गुण प्रमुख माने गये हैं-

(क) स्वाभाविकता- अर्थात् जो जैसा पात्र है उसके अनुकूल उसके गुण दिखाने चाहिए।

(ख) संक्षिप्तता- अर्थात् प्रत्येक चरित्र का विस्तृत विवरण अच्छा नहीं होता। उसकी चारित्रिक विशेषतायें संक्षेप में ही अंकित होनी चाहिए।

(ग) ध्वन्यात्मकता- प्रत्येक पात्र में चरित्र को इस तरह अंकित करना चाहिए कि नाटककार थोड़ा कहे और उस थोड़े से कथन से ही ऐसी ध्वनि निकले कि दर्शक या पाठक उस पात्र की सारी विशेषतायें समझ सके। प्रायः नाटकों में पात्रों के दो वर्ग होते हैं। सत्पात्रों का वर्ग तथा असत्पात्रों का वर्ग। भारतीय आदर्श यह है कि असत् पात्रों पर सत्पात्रों की विजय दिखाई जाती है। परन्तु पाश्चात्य विद्वान इसे उचित नहीं मानते। वे सत्पात्र की पराजय अथवा हिंसा में भी कला की पूर्णता स्वीकार करते हैं। फिर भी आधुनिक दृष्टि से न कोरा यथार्थवाद अपनाया जाय और न आदर्शवाद बल्कि दोनों को मिलाकर आदर्शोन्मुख यथार्थवाद के आधार पर चरित्रांकन करना सर्वोत्तम माना जाता है।

3. कथोपकथन- नाटक में जितना महत्व चरित्र चित्रण का है उतना ही महत्व कथोपकथन या संवाद का भी है क्योंकि संवाद के द्वारा एक ओर तो चरित्र चित्रण किया जाता है, और दूसरी ओर कथा के विकास में भी सहायता ली जाती है। अच्छे संवाद वे ही माने जाते हैं। जिनके द्वारा पात्रों के भावों, विचारों, प्रवृत्तियों, प्रेरणाओं और धारणाओं आदि का विकास और विरोध भली प्रकार दिखाया जाता है। संवाद द्वारा चरित्र चित्रण दो प्रकार से किया जाता है। एक तो कुछ पात्रों के आपस के वार्तालाप द्वारा उनके चरित्र का परिचय दिया जाता है। दूसरे जब कोई पात्र किसी दूसरे पात्र का उल्लेख या वर्णन करता है। तब उस विवरण द्वारा दूसरे पात्र का परिचय मिलता जाता है। नाटकीय संवादों के तीन भेद माने जाते हैं। नियत श्राव्य, सर्वश्राव्य तथा अश्राव्य।

नियत श्राव्य- जिस समय रंगमंच पर कई पात्र होते हैं। उस समय यदि उनमें कोई पात्र शेष पात्रों से छिपकर केवल कुछ नियत पात्रों से ही बातें करता है उसे नियत श्राव्य कहते हैं। यह नियत श्राव्य भी दो प्रकार का होता है अपवारित तथा जनान्तिक।

1. अपवारित- जहाँ सामने विद्यमान पात्र की ओर से मुख मोड़कर किसी रहस्यमय बात को उससे छिपाकर कटाक्ष किया जाय वहाँ अपवारित नियतश्राव होता है।

2. जनान्तिक- जहाँ दो या दो से अधिक पात्रों की बात के प्रसंग में

कनिष्ठका (कन्नी) ऊँगली को छोड़कर शेष तीन ऊँगलियों की ओट करके संभाषण किया जाता है। वहाँ जनान्तिक नियत श्राव्य होता है।

सर्वश्राव्य- जो संवाद सभी पात्रों को सुनाने के लिए रंगमंच पर चलते हैं, उन्हें सर्वश्राव्य कहते हैं।

अश्राव्य- यह संवाद का ऐसा भेद है, जिसमें कोई पात्र अकेला रंगमंच पर खड़ा होकर इस तरह बातचीत करता है कि मानों वह किसी और को सुनाना नहीं चाहता, अथवा न कोई उसकी बात सुनना चाहता है, किन्तु वह अकेले ही खड़ा बातें करता रहता है उसे अश्राव्य या स्वगत भाषण भी कहते हैं। नाटकों में एक और संवाद प्रयुक्त होता है। जो कथोपकथन का अन्य रोचक भेद माना गया है। जिसे 'आकाशभाषित' कहा गया है। इसमें कोई पात्र रंगमंच पर अकेला खड़ा होकर इस तरह बातें करता है। मानों उससे कोई पूछ रहा है और वह उसका उत्तर दे रहा है। यह प्रणाली बड़ी रोचक और उपयोगी मानी गई है। कथोपकथन के लिए निम्न बातें बड़ी आवश्यक मानी गईं है (क) वह संक्षिप्त स्वाभाविक और त्वरायुक्त होना चाहिए (ख) संवादों में देश, काल, पात्र और परिस्थिति की अनुकूलता होनी चाहिए। (ग) उनमें ओज, लालित्य और माधुर्य होना चाहिए (घ) वे जटिल और गंभीर न होकर सरल और सुबोध होने चाहिए (ड.) संवादों की भाषा शिष्ट जन सम्मत होनी चाहिए (च) संवादों मे पात्रों की स्थानीय भाषा का प्रयोग उचित नहीं है क्योंकि जो पात्र जिस स्थान का है, जैसे चीनी, जापानी, फारसी, अंग्रेजी ये अपनी-अपनी भाषा बोलने लगे तो वह कैसा विचित्र हो जायेगा (छ) संवादों में रसात्मकता, तार्किकता और काव्य गुणों का होना अनिवार्य है।

देशकाल- नाटक के देशकाल के बारे में यूनानी विद्वान संकलनत्रय three unity पर बहुत जोर देते हैं। अरस्तू ने कार्य संकलन, काल संकलन और स्थान संकलन पर बहुत जोर दिया है। अरस्तू का कार्य संकलन से तात्पर्य है कि नाटकों में उन्हीं कार्यो अथवा घटनाओं का वर्णन होना चाहिए जो मुख्य कथा की पोषक हों। जिस तरह से शरीर के सभी अंग एक संपूर्ण देह के पोषक होते हैं। उसी तरह नाटक की सभी घटनायें मुख्य कथा से सम्बद्ध होकर अंकित होनी चाहिए। अरस्तू ने कार्य

संकलन के दो भेद बताये हैं - घटनाओं के कार्यकारण संबंध के निर्वाह रूप में और घटनाओं की एक लक्ष्य पूर्ति के रूप में। इस प्रकार आदि, मध्य और अंत से परिपूर्ण कथा नाटक में ली जानी चाहिए।

काल संकलन- इसका अभिप्राय अरस्तू ने बताते हुए लिखा है कि नाटक की कोई घटना सूर्य के एक संक्रमण के समय के अंतर्गत ही सीमित होनी चाहिए। इस संक्रमण काल के बारे में विद्वानों में बड़ा मतभेद रहा है। कुछ विद्वान इसका अर्थ 12 घंटे का कुछ 24 घंटे और कुछ 30 घंटे तक मानते हैं। लेकिन इसका अभिप्राय यह है कि सभी घटनायें इस प्रकार घटित होती हुई दिखाई जाय, कि बीच में समय का व्यवधान प्रतीत न हो, उनका एक ही कारण जान पड़े।

स्थान संकलन- अरस्तू का अभिप्राय स्थान संकलन से यह रहा है कि एक घटना एक ही स्थान और एक ही दृश्य में दिखाई जानी चाहिए। इसका अभिप्राय यह है कि नाटक में क्रिया व्यापार किसी ऐसे स्थान पर नियोजित होना चाहिए जहाँ निर्दिष्ट समय में नाटक के सभी पात्र अपने- अपने व्यापारों के प्रदर्शन में समर्थ हों इसके लिए प्रायः एक ही नगर में सभी पात्रों को किसी न किसी कार्यवश लाकर एकत्र कर देना चाहिए। इस संकलनत्रय के कारण पहले बड़ी कठिनाई उपस्थित हुई और ग्रीक नाटककारों ने ही इसका निर्वाह पूर्ण रूप से नहीं किया और यह संभव भी नहीं था क्योंकि देशकाल से संबंध इतना ही है कि नाटक की मुख्यकथा के साथ प्रासंगिक कथा ठीक ढंग से सुगुम्फित हो, कहीं कोई कथा उखड़ी हुई दिखाई न दे और मुख्य कथा के सौंदर्य में व्याघात न हो यही कार्य संकलन है। दूसरे नाटककार को इस बात का ध्यान रखना चाहिए कि जो घटनायें जिस युग की दिखाई जाय उस युग के रहन सहन, खान पान, रीति रिवाज, वेशभूषा आदि तथा समय के भूगोल का भी ध्यान रखना आवश्यक है। कहीं ऐसा न हो कि शिमला और नैनीताल में लू चलाई जाय और दिल्ली में बर्फ जमा दी जाय। कोई बात इतिहास विरूद्ध भी न हो जैसे अकबर कोट पैंट पहनकर रेस्टोरेंट में चाय पिये और शिवाजी जहाज में बैठकर बम वर्षा करे। यही काल संकलन है। उसके साथ ही नाटक की रचना अस्वाभाविक प्रतीत न हो, विभिन्न स्थानों की कथाओ को इस तरह संकलित करके प्रस्तुत करना चाहिए कि दर्शकों को उसका ज्ञान न हो और उसकी विचार शृंखला में भी कोई गड़बड़ी पैदा

न हो, यही स्थान संकलन है। इस प्रकार देशकाल का पूरा-पूरा ध्यान रखकर परिस्थिति और वातावरण के अनुकूल घटनाओं का निरूपण होना ही नाटक की महत्ता का द्योतक होता है।

शैली- नाटक में संधि, सन्ध्यंग, कार्यावस्थायें, अर्थ प्रकृतियाँ आदि के साथ-साथ रसानुकूल वृत्तियों का भी प्रयोग होना चाहिए। ये वृत्तियाँ चार मानी गई हैं-

(1) कैशिकी- इसमें कोमल भावों को व्यक्त करने के लिए शृंगार रस की प्रधानता होती है और मनोहारी वेश, रचना, गीत, नृत्य आदि को अधिक महत्व दिया जाता है।

(2) सात्वती- इसमें बल, शौर्य, पराक्रम आदि के प्रदर्शन के लिए वीर रस की प्रधानता होती है। ओजपूर्ण भावों को महत्व दिया जाता है और यह वृत्ति अदभुत रस तथा वीर रस के अनुकूल होती है।

(3) आरभटी- इसमें इन्द्रजाल माया, युद्ध, वध, बंधन आदि के साथ-साथ उद्धत मनोवृत्तियों का प्रदर्शन किया जाता है। यह रौद्र और वीभत्स रस के अधिक अनुकूल होती है।

(4) भारती- इसमें किसी ऋतु आदि का आश्रय लेकर मधुर काव्यार्थ सूचक शब्दों का प्रयोग करते हुए नाटक में रमणीयता लाने का प्रयास किया जाता है। यह सभी रसों के अनुकूल होती है। भरत मुनि ने नाटकों में आठ रसों का होना स्वीकार किया है। वे शान्त रस को नाटक के अनुकूल नहीं मानते क्योंकि शांत रस में अभिनेता निर्वेद के कारण अभिनय नहीं कर सकता और इससे सामाजिकों का भी मनोरंजन नहीं हो सकता, इसके अतिरिक्त नाटक में विरोधी रसों को नहीं आने देना चाहिए जैसे शृंगार के विरोधी रस हैं करूण, वीभत्स, रौद्र, वीर और भयानक, हास्व ये विरोधी हैं, शृंगार और हास्य वीर रस के विरोधी हैं भयानक और शांत। नाटक में भावानुकूल अलंकारों का भी समुचित प्रयोग होना चाहिए। साथ ही नाटककार शिष्ट पात्रों से संस्कृत बुलवाते थे और स्त्री पात्रों और निम्न कोटि के पात्रों से प्राकृत या अपभ्रंश बुलवाते थे किन्तु आधुनिक नाटककारों का मत है कि कहीं रोचकता लाने

के लिए अथवा हास्य के लिए भले ही किसी अन्य भाषा का प्रयोग किया जाय परन्तु सारा नाटक एक ही परिनिष्ठित भाषा में होना चाहिए। नाटक में गीतों की योजना भी आवश्यक होती है। किन्तु वे गीत तथा वस्तु के विस्तार में सहायक हों, परिस्थिति और वातावरण के अनुकूल हों, पात्रों की मनोदशा के परिचायक हों, कवि की मनोवृत्ति के भी द्योतक हों, परिस्थितिजन्य नीरसता का निराकरण करने वाले हों। काव्य के समुचित गुणों से युक्त हों और नाटक में सौंदर्य एवं सरसता की वृद्धि करने वाले हों।

उद्देश्य- नाटक का उददेश्य क्या हो? इसके बारे में भारतीय और पाश्चात्य विद्वानों के अलग-अलग मत मिलते हैं। भारतीय विद्वानों का मत है कि नाटक धर्म, अर्थ, काम, मोक्ष, में से प्रथम तीन का प्रदाता हो। अतः वे शिक्षा और मनोरंजन को नाटक का उददेश्य सिद्ध करते हैं। पाश्चात्य विचारकों ने दो बातें मुख्य रूप से कही हैं। एक तो यह कि नाटक यह दिखलाये कि जीवन कैसा है? अर्थात् नाटक में यथार्थवाद का चित्रण होना चाहिए। वे जीवन की वास्तविक परिस्थितियों के चित्रण को अधिक महत्व देते हैं और श्लील अश्लील, सदाचार, दुराचार आदि का कोई भेद न मानकर नाटक को अधिक महत्व देते हैं और समाज का चित्र प्रस्तुत करे। दूसरे विद्वान वे हैं जो ये चाहते हैं कि जीवन कैसा होना चाहिए यह नाटक में दिखाया जाना चाहिए। अर्थात् वे आदर्शवाद के अनुयायी हैं। वे नहीं चाहते कि समाज का नग्न और भद्दा रूप नाटकों मे दिखाया जाय, वे जीवन की वास्वविकता पर पर्दा डालकर केवल सुंदर और सदाचार वर्ण जीवन दिखाना अभीष्ट समझते हैं। परन्तु इन दोनों से परे तीसरे विद्वान वे हैं, जो जीवन की वास्तविकता से मुंह नहीं फेरते, उसके चित्रण को भी महत्व देते हैं। परन्तु साथ ही साथ आदर्श का पल्ला भी नहीं छोड़ते उनका मत है कि नाटक में पहले 'जीवन कैसा है?' यह दिखाकर अंत में जीवन कैसा होना चाहिए' भी दिखाया जाना चाहिए, क्योंकि इसी से लोकहित हो सकता है। यही काव्य के अभीष्ट फल का प्रदाता है औ इसी से नाटककार के कर्तव्य की पूर्ति होती है। इसे आदर्शोन्मुख यथार्थवाद कहा जाता है। यह मत कुछ-कुछ भारतीय सिद्धांत के भी अनुकूल है। अतः नाटक का मुख्य उददेश्य यही है कि वह दर्शकों को अथवा श्रोताओ को जीवन की वास्तविकता से परिचित कराता हुआ उन्हें आदर्श की ओर प्रेरित करे तथा उनके जीवन में केवल कल्पना और आदर्श को ही स्थापित न करे।

वरन् यथार्थ से भी परिचित कराये यही नाटक का अभीष्ट है। यही नाटक का फल है। और इसी से भारतीय पुरूषार्थत्रय का भी समावेश हो जाता है। अर्थात् धर्म, अर्थ और काम की प्राप्ति हो जाती है।

उपन्यास की परिभाषा और उसके तत्व- उपन्यास का संबंध कथा साहित्य से है। प्राचीन उपन्यासकार देवकीनंदन खत्री ने उपन्यास को कल्पित कथा कहा है। प्रेमचंद की दृष्टि में उपन्यास का अभिप्राय है 'मानव चरित्र का चित्र अंकित करना'। जयशंकर प्रसाद ने उपन्यास को कविता और नाटक की अपेक्षा जीवन के यथार्थ को अधिक चित्रित करने वाला सिद्ध किया है। बाबू वृन्दावनलाल वर्मा ने लिखा है कि हिस्टोरीकल रोमांस मुझे बहुत पसंद है। बाल्यकाल से ही अपनी आंखों के चारों ओर एक वीर जाति के जीवन का खंडहर देखकर आया हूँ। अपने कानों से उनकी गाथायें सुनता रहा हूँ अतः कल्पना से मैं दोनों को जोड़ता हूँ। इस दृष्टि से उपन्यास यथार्थ और कल्पना का जीता जागता चित्र है। भगवती प्रसाद वाजपेयी ने उपन्यास को आर्थिक विषमताओं से मानव को मुक्ति दिलाने वाला कहा है। अज्ञेय जी उपन्यास को मानव के विकास का विश्लेषण करने वाला मानते हैं। जैनेन्द्र की दृष्टि में काम की यातनाओं से होने वाले आत्मपीड़न को रूप देने का नाम उपन्यास है। डॉ. श्यामसुन्दर के मत से उपन्यास मनुष्य के वास्तविक जीवन की काल्पनिक कथा है। पाश्चात्य विद्वान भी उपन्यास को काल्पनिक जीवन गाथा मानते हैं और फिक्सन कहते हैं सत्य यह है कि उपन्यास में मानव जीवन का यथार्थ चित्र अंकित किया जाता है। किन्तु नाम, स्थान और तिथि सदैव कल्पित होते हैं। इस तरह उपन्यास में जीवन का सच्चा चित्र मनोरंजक शैली में अंकित किया जाता है। जैसे पद्य का उत्कृष्ट रूप महाकाव्य है वैसे ही गद्य का सर्वोकृष्ट रूप उपन्यास है, क्योंकि इसमें अतीत और वर्तमान का सफल सामन्जस्य रहता है। तथा भविष्य के लिए संकेत विद्यमान रहते हैं। उपन्यास की कला भारत के लिए कोई नई नहीं है। इसलिए उपन्यास के तत्वों के बारे में अधिक मतभेद नहीं है। समूचे कथा साहित्य के लिए प्रायः 6 तत्व प्रमुख माने गये हैं, और वे उपन्यास के लिए भी अपेक्षित हैं, जिनके नाम हैं, कथावस्तु, चरित्र चित्रण, कथोपकथन, देशकाल या वातावरण, शैली और उद्देश्य।

(1) कथावस्तु- उपन्यास की कथावस्तु जीवन के किसी न किसी एक

विस्तृत पहलू को लेकर चलती है। किन्तु जीवन के अन्य अंग प्रत्यंगों का भी उसमें समावेश रहता है। इसलिए अधिकारिक कथा के साथ-साथ अन्य प्रासंगिक कथायें भी कई होती हैं। नाटक में अधिक प्रासंगिक कथाओं का होना अच्छा नहीं माना जाता। किन्तु उपन्यास की विशेषता यही है कि उसकी प्रासंगिक कथायें अनेक होते हुए भी उसकी रोचकता का विनाश नहीं करतीं। नये - नये प्रसंग और नई- नई उपकथायें जिज्ञासा एव कुतूहल की वृद्धि करते हैं। तथा उपन्यास में तल्लील होने के लिए प्रेरित करते हैं। उपन्यास की कथावस्तु में तीन विशेषतायें आवश्यक मानी गई हैं-

रोचकता- अर्थात उपन्यास को मनोरंजक बनाने के लिए उसकी कथा में रोचकता का गुण अवश्य होना चाहिए। इसका तात्पर्य यह है, कि कौतूहल और नवीनता का समावेश करके जब कथा सरस बनाई जाती है। तब रोचकता का जन्म होता है अतः उपन्यास में कुछ न कुछ नवीनता लाकर कौतूहल वृद्धि का प्रयास होना चाहिए।

संभाव्यता- इसका अर्थ यह है कि लेखक असंभव घटनाओं को भी अपने उपन्यास में इस तरह अंकित करता है कि वे संभव हो जाय और जीवन के अनुकूल दिखाई दें।

मौलिकता- यह मौलिकता का प्रश्न बड़ा टेड़ा है। फिर भी इसकी महत्ता किसी से छिपी नहीं है। इसके लिए लेखक को नवीन दृष्टिकोण अपनाना पड़ता है। नवीन मार्ग का अन्वेषण करना पड़ता है। और जागरूक होकर नवीन कथा का सृजन करना होता है।

(2) चरित्र चित्रण- उपन्यास में भी चरित्र चित्रण के दोनों ढंग अपनाये जाते हैं। कभी तो स्वयं उपन्यासकार अपने पात्रों के बारे में सबकुछ कह देता है। इसे प्रत्यक्ष चित्रण विधि कहते हैं। यह विश्लेषणात्मक होती है। दूसरी विधि वह है, जिसमें पात्रों के माध्यम से उपन्यासकार चरित्र चित्रण करता है। यह परोक्ष विधि कहलाती है और इसे अभिनयात्मक प्रणाली भी कहते हैं। प्रत्यक्ष विधि के चार भेद दिये जाते हैं

प्रकाशन विधि- जिसमें उपन्यासकार आरंभ में ही पात्र की सम्पूर्ण विशेषताओं को खोलकर रख देता है और अंत तक वे सभी विशेषतायें पात्र में दिखाई देती हैं।

वर्णनात्मक विधि- इसमें उपन्यासकार स्थान-स्थान पर पात्रों की चारित्रिक

विशेषताओं का वर्णन करता है और उस वर्णन द्वारा किसी पात्र के गुण दोषों का ज्ञान होता है।

मनोविश्लेषण विधि- इसमें उपन्यासकार जिस पात्र का चरित्र अंकित करना चाहता है। उसकी मानसिक दुर्बलताओं अथवा हार्दिक अंतर्द्वन्द्व आदि का मनोवैज्ञानिक ढंग से विश्लेषण करता है। साथ ही यह दिखाता है कि किस परिस्थिति में कौन सा पात्र कम बदला है या अधिक।

चौथा - अन्य पात्रों के मुख से कभी -कभी उपन्यासकार व्यंग्य, हास्य आदि के माध्यम से विदूषक या मित्रों द्वारा किसी पात्र की विशेषताओं का उद्घाटन करता है।

परोक्ष विधि- उपन्यास की परोक्ष विधि के अनुसार तीन प्रकार से चरित्र चित्रण किया जाता है।

वार्तालाप द्वारा- जिसमें दो या दो से अधिक व्यक्ति आपस में बातें करते हुए किसी अन्य पात्र की चारित्रिक विशेषताओं का उल्लेख किया करते हैं।

क्रियाकलाप द्वारा- कुछ उपन्यासकार क्रिया कलाप द्वारा भी चरित्र का उद्घाटन करते हैं क्योंकि वे पात्रों के अच्छे और बुरे कार्यो द्वारा उनके चरित्र वाले होते हैं।

पात्रों पर प्रभाव द्वारा- चरित्र चित्रण की यह पद्धति सर्वथा नई है, इसमें किसी पात्र की विशेषतायें दिखाने के लिए उपन्यासकार को ऐसे पात्र चुनने पड़ते हैं। जिनपर किसी का प्रभाव पड़ा हो और वे उस प्रभाव का वर्णन कर सकें। उपन्यास के पात्र प्रायः चार प्रकार के चरित्र वाले होते हैं

व्यक्तिगत चरित्र प्रधान- जिनमें वैयक्तिकता का प्राधान्य होता है।

वर्गगत चरित्र प्रधान- जो अकेला ही पात्र किसी वर्ग विशेष का प्रतीक होता है।

स्थिर चरित्र प्रधान- जो आदि से अंत तक एक सा बना रहता है।

प्रगतिशील चरित्र प्रधान- जिसमें साधु से असाधु या असाधु से साधु होना

दिखाया जाता है। उपन्यास के चरित्र चित्रण में तीन प्रमुख विशेषतायें होती है।

(क) यथार्थता- अर्थात् उपन्यास का प्रत्येक पात्र नाम से भले ही कल्पित हो किन्तु अपने वैयक्तिक आचरण, व्यवहार, चाल चलन आदि में बिल्कुल यथार्थ जीवन का द्योतक होना चाहिए। पाठकों को यह भान नहीं होना चाहिए कि यह पात्र कल्पित है।

(ख) मनौवैज्ञानिक- प्रत्येक पात्र के जीवन का चित्रण मनोवैज्ञानिक आधार पर होना चाहिए।

(ग) स्वाभाविकता- उपन्यास का पात्र हमारे दैनिक जीवन का अंग होना चाहिए। अर्थात् वो इस संसार से परे की कोई वस्तु नहीं होनी चाहिए। अपितु जिस वातावरण और जिस परिस्थिति में वह रहा है उसका समुचित अंग बनकर अंकित किया जाना चाहिए।

3. कथोपकथन- उपन्यास के कथोपकथन या संवाद दो प्रकार के होते हैं। एक भाषण रूप जो अधिक लम्बे होते हैं। और दूसरे वार्तालाप के रूप में जो अपेक्षाकृत छोटे और संक्षिप्त होते हैं। नाटके में लम्बे संवाद कभी रूचिकर नहीं होते जबकि उपन्यास में लंबे और संक्षिप्त दोनों प्रकार के संवाद हो सकते हैं। जिस तरह नाटक में संवाद एक ओर चरित्र का विकास करते हैं। तो दूसरी ओर कथा के विकास में भी सहायक होते हैं। परन्तु वहाँ संवाद का मुख्य कार्य चारित्रिक विशेषताओं का उद्घाटन करना होता है। जबकि उपन्यास में दोनों बातें समान रूप से पाई जाती हैं। क्योंकि यहाँ संवाद जितना चारित्रिक विशेषताओं का अंकन करते हैं, उससे भी अधिक कथा विकास में भी सहायक होते हैं। कथोपकथन की आठ विशेषताये मानी गई हैं। जो इस प्रकार हैं-

(क) पात्रानुकूलता- अर्थात संवाद पात्रों के स्वभाव, स्थिति, योग्यता आदि के अनुकूल होने चाहिए।

(ख) सजीवता- अर्थात् संवाद ऐसे होने चाहिए जैसे कोई जीवित पुरूष बोल रहा हो।

(ग) तीव्रता एवं त्वरा- अर्थात् संवादों में उत्तर प्रत्युत्तर का क्रम रोचक होना

चाहिए और मनोरंजक होना चाहिए कि एक बात में से दूसरी बात निकल रही है और तेजी के साथ तर्कपूर्ण ढंग से बातें हो रही हैं।

(घ) धारावाहिकता- अर्थात् संवाद में नदी की धारा की भांति उक्ति प्रवाह होना चाहिए।

(ड.) उपयुक्तता- अर्थात् कोई भी संवाद ऐसा न हो जो पाठकों को अनुपयोगी या व्यर्थ प्रतीत हो अपितु सभी संवादों की अमिट छाप पाठक के हृदय पर अंकित रहनी चाहिए।

(ग) अभिनयात्मकता- अर्थात् उपन्यास में एक संवाद दूसरे संवाद का पोषक बनकर इस ढंग से रखा जाना चाहिए कि उसमें नाटकीय गुण आ जाय और वह संक्षिप्त ही हो।

(घ) सुबोधता- संवादों का अधिक क्लिष्ट होना रूचिकर नहीं होता। काव्य शैली से बोझिल संवाद कभी जन जीवन में प्रभाव डालने वाले नहीं प्रतीत होते। इसलिए सत्य और सीधे संवाद ही उपन्यास की मूल भित्ति होते हैं।

(ण) सरसता- अर्थात् उपन्यास के संवादों में रोचकता का गुण लाने के लिए तथा उपन्यास को आकर्षक बनाने के लिए उसके वार्तालाप में सरसता होना भी अपेक्षित होता है। इससे न केवल संवाद रोचक होते हैं। अपितु उपन्यास की कथावस्तु भी सरस और आकर्षक हो जाती है।

4. देशकाल या वातावरण- उपन्यास में नाटक की तरह देश्काल अर्थात् वातावरण का पूरा-पूरा ध्यान रखना पड़ता है और उसी के अनुसार घटनाओं स्थानों एवं परिस्थितियों का चित्रण करना पड़ता है। जिस उपन्यास में समय और युग का पूरा-पूरा ध्यान रखा जाता है वह अस्वाभाविक नहीं रहता, ऐतिहासिक उपन्यासों में तो देशकाल का और भी ध्यान रखना पड़ता है। किन्तु सामाजिक उपन्यासों मे भी इतिहास, भूगोल आदि वातावरण निर्माण करने वाले उपकरणों का पूरा-पूरा ध्यान रखना पड़ता है। यदि किसी उपन्यास का वातावरण प्रभावशाली और चित्ताकर्षक नहीं होता तो उसमें रूचि लेने वाले पाठक भी केवल एक तत्व की कमी के कारण उसका निराकरण कर देते हैं। इसलिए उपन्यास के वातावरण को कथा के अनुकूल बनाने

के लिए चार बातों का विशेष ध्यान रखना पड़ता है (1) उसके ऐतिहासिक तथ्य ठीक होने चाहिए। (2) उसके सामाजिक चित्रण में कहीं असंभव और अनर्गल बातें नहीं होनी चाहिए।(3) उसमें भौगोलिक वातावरण देश, ऋतु आदि के अनुकूल होना चाहिए। (4) उसमें प्रकृति चित्रण भी देशकाल के अनुरूप होना चाहिए।

5. शैली- उपन्यास की रचना शैली के लिए उसके मुख्य उपकरण भाषा का सरल, सुबोध और व्यावहारिक होना आवश्यक माना गया है। भाषा मुहावरेदार और परिनिष्ठित होनी चाहिए। जहाँ तहाँ स्थानीय बोलचाल का पुट भी मनोरंजक होता है किन्तु वह काव्यमय, या लाक्षणिक अथवा व्यंजना प्रधान नहीं होना चाहिए क्योंकि उपन्यास का सबसे बड़ा गुण ऐसी भाषा के कारण नष्ट हो जाता है। उपन्यास भाव प्रेषणीयता का सबसे श्रेष्ठ साधन है और आधुनिक युग का महाकाव्य कहलाता है इसीलिए क्लिष्ट और लाक्षणिक भाषा उसकी रोचकता और भाव प्रेषणीयतायें समाप्त कर देती है। उपन्यास में माधुर्य, ओज और प्रसाद तीनों गुण होने चाहिए। किन्तु प्रधानता तो प्रसाद गुण की ही होनी चाहिए क्योंकि इससे सर्वसाधारण को अधिक से अधिक लाभ पहुँचता है। उपन्यास की कथावस्तु जिस तरह सुसंगठित होती है। उसको अधिक रोचक बनाने के लिए जहाँ तहाँ आवश्यक अलंकारों का प्रयोग भी बुरा नहीं है। किन्तु अलंकारों से बोझिल बनाना उपन्यास का विनाश करना होता है। कुछ विद्वान उपन्यास में करूण, हास्य, वीर, शृंगार, देशभक्ति आदि रसों का होना ही अपेक्षित मानते हैं। यह एक विवादास्पद विषय है कि उपन्यास मे भी रस होते हैं। किन्तु उपन्यास जब हमें आनंद प्रदान करता है तब उसमें रस का होना भी स्वाभाविक है यह दूसरी बात है कि नाटक एवं काव्य की तरह उसमें रस नहीं होते। यहाँ यह उल्लेखनीय है कि रस के अभाव में दर्शक, पाठक, श्रोता और काव्यकार या उपन्यासकार तो इस ओर क्यों प्रेरित होने लगा। रस तो काव्य एवं साहित्य की आत्मा है जो रचनाकार अथवा श्रोता दर्शक, पाठक के हृदय से स्वतः स्फूर्त होता है, तभी काव्य, नाटक, उपन्यास की सृष्टि संभव है, बिना बीज के पौधा की कल्पना असंभव है। बीज रस ही है जिसके हेतु भरत मुनि ने लिखा है कि 'विभावानुभाव संचारी भाव संयोगात् रस निष्पत्तिः'। अतः उपन्यास में भी पात्र कथा के अनुरूप वातावरण बनाने हेतु तथा उसमें स्वाभाविकता लाने हेतु रसानुकूल ही प्रस्तुति देते हैं। रस सृष्टि के

बिना तो रोचकता की कल्पना भी नहीं की जा सकती।

6. उद्देश्य- विद्वानों ने उपन्यास का मुख्य उद्देश्य 'जीवन की व्याख्या' सिद्ध किया और प्रत्येक उपन्यास जीवन की व्याख्या तीन प्रकार से करता है- पहला नैतिक आदर्श अथवा नैतिक सिद्धांत को महत्व देकर आदर्शवाद के माध्यम से जीवन की व्याख्या करता है। दूसरा जीवन का यथार्थ चित्र प्रस्तुत करके। यथार्थवादी दृष्टिकोण के आधार पर जीवन की व्याख्या करता है अथवा तीसरा जीवन की वास्तविकता का चित्र अंकित करता हुआ किसी आदर्श की ओर पाठकों को उन्मुख करने के लिए आदर्शोन्मुख यथार्थवाद के आधार पर जीवन की व्याख्या करता है। अधिकांश विद्वान तीसरे दृष्टिकोण को अधिक समीचीन मानते हैं। क्योंकि विचारशीलता और सहृदयता, नैतिकता और यथार्थता, विचार, संघर्ष और जीवन की अनुकूलता सबका समन्वय रहता है। उपन्यासकार अपने उद्देश्य की स्थापना के लिए इसी दृष्टिकोण को अपनाकर जब उपन्यास लिखता है, तब वह उपन्यास लोकहितकारी ही होता है।

कहानी की परिभाषा और उसके तत्व

डॉ. श्यामसुन्दर दास ने लिखा है कि छोटी कहानी या आख्यायिका एक निश्चित लक्ष्य या प्रवाह को रखकर लिखा गया नाटकीय आख्यान है। इस दृष्टि से कहानी जीवन के किसी एक अंग पर प्रकाश डालती है। पाश्चात्य विद्वान सरवाल कोल ने बताया है कि कहानी में घटना एवं आकस्मिकता का विवरण रहता है और वह द्रुत गति से अप्रत्याशित विकास को दिखाया करती है उसमें कौतूहल के द्वारा संतोषजनक अंत दिखाया जाता है। डॉ. गुलाबराय ने कहानी की समता टार्चलाइट से की है और बताया है कि जिस तरह टार्चलाइट एक सीमित क्षेत्र को प्रकाशित करती है उसी तरह कहानी भी जीवन के किसी एक अंग पर प्रकाश डालती है। कहानी को उपन्यास का लघुरूप कहना अनुचित है, क्योंकि कहानी एक स्वतःपूर्ण रचना है। जिसमें किसी तथ्य या प्रवाह का निरूपण होता है इस प्रकार कहानी साहित्य की स्वतंत्र विधा है। और आजकल सर्वाधिक लोकप्रियता प्राप्त कर रही है।

कहानी के तत्व- तत्वों से तात्पर्य उस अनिवार्य सामग्री से है, जिसके बिना किसी पदार्थ का निर्माण नहीं होता, जैसे शरीर के लिए पृथ्वी, जल, वायु, तेज और

आकाश पांच तत्व अनिवार्य माने गये हैं और जिस तरह कविता के लिए राग, बुद्धि, कल्पना और शैली चार तत्व अनिवार्य हैं, उसी तरह कहानी के लिए भी पांच तत्वों का होना अनिवार्य माना गया है।

1. वस्तु- कहानी जीवन के किसी एक रम्य दृश्य का उद्घाटन करती है। इसलिए इसकी कथावस्तु लघु एवं संक्षिप्त होती है। इसमें प्रासंगिक कथाओं अथवा उपकथाओं के लिए स्थान नहीं होता। इसकी कथावस्तु के पांच सोपान स्वीकार किये गये हैं- आरम्भ, विकास, कौतूहल, चरमसीमा, अप्रत्याशित अंत। कहानी का आरंभ रोचक, मार्मिक और मनोरंजक होना चाहिए। उसका विकास स्वाभाविक और नैसर्गिक होना चाहिए, क्योंकि नदी की धारा के समान कथाप्रवाह होना कहानी में आवश्यक माना गया है। पाठक या श्रोता निरंतर 'हाँ' 'फिर क्या हुआ' के कौतूहल से परिपूर्ण होना चाहिए। उसमें उत्सुकता और आशंका से परिपूर्ण ऐसे मोड़ों की योजना होनी चाहिए जिनकी कल्पना पाठक पहले से न करे और चरम सीमा दिखाकर तुरंत ऐसा अंत दिखाना चाहिए जिसकी आशा पाठक या श्रोता को कभी न हो जहाँ तहाँ संघर्ष अथवा अंतर्द्वन्द्व का रहना भी उच्च कोटि की कहानी के लिए आवश्यक माना गया है अतः कहानी की कथावस्तु विकास के सभी सोपानों से युक्त संक्षिप्त आशा और आकांक्षा से परिपूर्ण तथा अंतर्द्वन्द्व प्रधान होनी चाहिए।

2. चरित्र चित्रण- कहानी की संक्षिप्तता कहानीकार को यह चुनौती देती है कि वह संक्षेप में पात्रों के व्यक्तित्व की व्यंजना कितनी निपुणता के साथ कर सकता है। इसका कारण यह है कि कहानी में चरित्र के सम्पूर्ण अंगों का दिग्दर्शन नहीं कराया जाता किसी मार्मिक या प्रभावशाली अंग को ही दिखाया जाता है किन्तु कहानीकार चरित्र के जिस अंग का चित्रण करे वह पूर्ण और सुंदर होना चाहिए। इसके लिए चार प्रमुख विशेषतायें मानी गई हैं। उस आंगिक चरित्र में वास्तविकता हो, वह मनोवैज्ञानिक और स्वाभाविक हो, उसमे आंशिकता इतनी स्पष्ट और मुखर हो कि पाठक और श्रोता अंधकार में टार्चलाइट की तरह उसे तुरंत जान जाये, चरित्र चित्रण में भी संक्षिप्तता होनी चाहिए।

3. वातावरण- कहानी का प्रभाव वातावरण पर ही निर्भर करता है। कोई

कहानी कितनी सुंदर और कितनी प्रभावोत्पादक है, इसका ज्ञान कहानी के वातावरण से ही होता है। कुशल कहानीकार अपनी कहानी को अधिकाधिक आकर्षक बनाने के लिए सुंदर और सजीव वातावरण की सृष्टि किया करते हैं, यह वातावरण की दृष्टि तीन प्रकार से की जाती है

(क) प्रकृति के माध्यम द्वारा- अर्थात् जब किसी कहानी में गंभीर जीवन का कोई चित्र अंकित करना है, तो प्रकृति की गंभीरता का पहले निरूपण किया जाता है और यदि कहानी में हास उल्लासमय जीवन का चित्रण करना होता है तो प्रकृति के किसी रमणीय दृश्य का चित्रण किया जाता है। प्रायः मनोवृत्ति के अनुकूल प्रकृति की मधुर और गंभीर झांकियां अंकित करना वातावरण की प्रथम कोटि की सृष्टि मानी जाती है। जैसे जयशंकर प्रसाद की कहानी आकाशदीप में प्रकृति रम्य चित्रों द्वारा वातावरण निर्मित हुआ है।

(ख) ऐतिहासिक विवरण द्वारा- जब हम किसी ऐसी तथ्यपूर्ण घटना को कहानी के माध्यम से प्रस्तुत करना चाहते हैं जिसका संबंध इतिहास है तब कहानी में उस तथ्य निरूपण से पूर्व ऐसे वातावरण का निर्माण किया जाता है, जिसे वह तथ्य सरलता से हृदयंगम हो सके। और उसके लिए हमारे मस्तिष्क में तर्क वितर्क न हों प्रेमचंद की शतरंज के खिलाड़ी नामक कहानी में ऐसे ही ऐतिहासिक वातावरण को देखा जा सकता है।

(ग) अन्य किसी विवरण द्वारा- कहानी को रोचक और आकर्षक बनाने के लिए कुछ कहानीकार, ग्राम, नगर या स्थान का विवरण दिया करते हैं, कुछ व्यक्तियों की सम्पन्नता का या निर्धनता का चित्र दिया करते हैं और कुछ शहर मेले, तमाशे, उत्सव आदि का विवरण देकर कहानी में उस वातावरण की सृष्टि किया करते हैं जो उनके मन्तव्य को पूरा करने में अथवा उनके उद्‌देश्य के समर्थन में सहायक होता है। इस तरह कहानी में असत्य घटनाओं को भी सत्य बनाने के लिए काल्पनिक प्रसंग को भी वास्तविक बनाने के लिए ऐसे वातावरण की सृष्टि की जाती है। जिसमें संभाव्य सत्य विद्यमान रहता है और जिससे पाठक या श्रोता कहानियों को अपने जीवन के अनुकूल समझा करते हैं।

4. शैली- कहानी लिखने की कई शैलियाँ एवं पद्धतियाँ प्रचलित हैं, जिनमें 6 प्रमुख हैं -

(क) इतिहास शैली- इसे वर्णनात्मक शैली भी कहते हैं इसमें इतिहास की तरह कहानी लिखी जाती है। जैसे एक राजा था, उसकी तीन रानियाँ थीं। उसके दो पुत्र थे आदि।

(ख) आत्म शैली- इसमें लेखक स्वयं किसी पात्र के रूप में अपने को ढालकर कहानी कहता है। और वह कहानी कहने वाला व्यंग्यपूर्ण ढंग से या अन्य आकर्षक प्रणाली से उस कहानी को सुनाता है। जैसे भगवती चरण वर्मा की कहानी ''मुगलों ने सल्तनत बख्श दी।'

(ग) आत्मकथा शैली- इसमें कहानीकार कहानी के ही किसी पात्र द्वारा उत्तम पुरूष में ही कहानी कहलवाता है और सारी कहानी उसी पात्र की कहानी होती है जैसे प्रेमचंद की शांति।

(घ) पत्र शैली- इसमें कहानीकार दो या दो से अधिक पत्रों में कहानी लिखता है। वे पत्र विवरणात्मक होते हैं और परस्पर इतने सम्बद्ध हैं, कि इनके मिलाने से पढ़ने से पूरी कहानी का आनंद आता है। जैसे सुदर्शन की 'कवि की स्त्री'।

(ड़) डायरी शैली- इसमें कहानीकार दैनिक अनुभव के रूप में कहानी लिखता है। इस कहानी में विभिन्न दिवसों के अलग-अलग अनुभव लिखे जाते हैं और उन अनुभवों को सामूहिक रूप में सम्मिलित करने पर कहानी बन जाती है। जैसे स्कोटे की डायरी।

(च) कथोपकथन शैली- इसमें कहानीकार दो पात्रों के वार्तालाप द्वारा कहानी लिखते हैं। उसमें विशेषता यह होती है कि दोनों पात्र सही आशय या उद्देश्य को लेकर आरंभ से अंत तक बातें करते रहते हैं। और वे बातें कहानी का रूप निर्माण करने में व्यापक होती है। जैसे प्रसाद की 'कला प्रेम'। कहानी की भाषा परिमार्जित साहित्यिक और प्रभावमयी होनी चाहिए। इसमें थोड़ी बहुत लाक्षणिकता तो चल सकती है किन्तु प्रसाद गुण का प्राधान्य होना चाहिए। सारी कहानी संगति और गुण

की एकता से परिपूर्ण होनी चाहिए जिससे कहानी के आरंभ मध्य और अंत में एकरूपता स्थापित की जा सके। और वह अपनी अन्विति Unity में सम्पन्न दिखाई दे।

5. उद्‌देश्य- कहानी जीवन के किसी मार्मिक तथ्य का उद्‌घाटन करती है। इसलिए कहानी में आशीर्वाद तथा यथार्थवाद दोनों का महत्व हो जाता है। जब मानव जीवन पाप और पुष्प के मिश्रित स्वरूप का नाम है, तब कहानीकार भले ही आदर्श हो या यथार्थवादी। उसका उद्‌देश्य जीवन को गतिशील बनाकर उन्नत मार्ग की ओर अग्रसर करना चाहिए। इसलिए कहानी का मुख्य उद्‌देश्य है, सच्चाई और ईमानदारी के साथ तथ्य का निरूपण करना कला में जो कहानीकार निपुण होता है और जिस कहानी में जीवन का कोई मार्मिक तथ्य सच्चाई और ईमानदारी के साथ अंकित रहता है। वही कहानी श्रेष्ठ मानी जाती है।

निबंध की परिभाषा और उसके तत्व- निबंध आधुनिक युग की सर्वोकृष्ट साहित्यिक विधा है। यह इस वैज्ञानिक युग की देन है, क्योंकि जैसे-जैसे मानव रागात्मक जीवन से आगे बढने पर बौद्धिकता की ओर उन्मुख होता गया, वैसे ही वैसे निबंध कला विकसित होती चली गई। हजारी प्रसाद द्विवेदी ने टीका परंपरा का विकास व्याख्यान या व्याख्या पद्धति से संबंधित माना है। धार्मिक आवश्यकताओं के फलस्वरूप टीकायें प्रारंभ हुईं। क्योंकि कर्मकांडी पंडितों द्वारा धार्मिक कथा को सुदृढ़ बनाने के लिए यह नियमन कार्य आरंभ हुआ। इसी का विकसित रूप निबंध साहित्य है। अंग्रेजी में निबंध को Essay 'ऐसे' भी कहते हैं। जिसका शाब्दिक अर्थ प्रयत्न है अर्थात् जहाँ कल्पना गति और व्यक्तित्व के समावेश के द्वारा कुछ कहने या लिखने के लिए प्रयत्न किया जाय वहीं निबन्ध का निर्माण हो जाता है। अंग्रेजी में यह कला बहुत पहले विकसित हो गई थी। किन्तु 18 वीं सदी में अंग्रेजी निबंधों के अंतर्गत क्रमबद्धता और कला कौशल का अभाव था, पहले तारतम्य हीन निबंध लिखे जाते थे। इसलिए डॉ. जॉन्सन ने निबंध की परिभाषा में लिखा है कि निबंध मन की ऐसी तरंग है जिसमें तारतम्य और संगठन न होकर विश्रृंखलता ही प्रधान रूप से रहती हैं। किन्तु हर्बर्ड रीट ने निबंध के रूप को निर्धारित किया और कहा इसमें किसी विषय का व्यक्तिगत विश्लेषण तो होता है किन्तु वह आत्मीयता के रूप में

नहीं, वह विषयगत होता है। किन्तु विवेचनात्मक नहीं, इसी तरह 'बेकन' आदि ने जो निबंध श्रृंखलित थे आगे चलकर उनको क्रमबद्ध रूप में सजाया जाने लगा और निबंध बुद्धि से उद्भूत प्रांजल रचना मानी गई।

हिन्दी से पहले बेकन, एडिलन, मैकाले आदि के अनुसरण पर क्रमबद्ध निबंधन लिखे जाकर विश्रृंखलित और विघटित विचार वाले निबंधों का ही प्रचार था। द्विवेदी युग तक यही दशा रही, क्योंकि लोग ताजमहल पर निबंध लिखते थे, और यमुना, गंगोत्री हिमालय आदि का विवरण दे डालते थे। परंतु आचार्य रामचन्द्र शुक्ल ने निबंध का नियमन किया। और उन्होंने लिखा, यदि गद्य कवियों या लेखकों की कसौटी है तो निबंध गद्य की कसौटी है, अर्थात् भाषा की पूर्ण शक्ति का विकास निबंधों में ही सबसे अधिक संभव होता है। आचार्य गुलाबराय ने इसीलिए निबंध की परिभाषा करते हुए लिखा है कि निबंध वह रचना है जिसमें निजीपन और स्वच्छंदता के साथ भाषा और विचारों का क्रमबद्ध उद्घाटन हो। इस दृष्टि से निबंध कोई सरल कार्य नहीं है। उसमें लेखक के व्यक्तित्व की छाप के साथ-साथ विचारों की क्रमबद्धता का होना परमावश्यक होता है।

निबंध के तत्व- जिस प्रकार निबंध के बारे में पहले विश्रृंखलित विचार मिलते थे, उसी प्रकार निबंध के तत्वों के बारे में भी बड़े असम्बंध, विचार मिलते हैं। क्योंकि कुछ विद्वान तो निबंध की विशेषताओं को निबंध के तत्व मानते हैं और कुछ निबंध रचना के उपादानों को तत्व कहते हैं। इसीलिए किसी ने पांच किसी ने छः और किसी ने सात तत्व बताये हैं। जिनमें निबंधों की विशेषताओं का गुणगान अधिक दिखाया गया है। जैसे डॉ. दशरथ ओझा ने निबंध के छः तत्व बतलायें हैं। 1. गद्य रचना 2. व्यक्तित्व 3. एक सूत्रता 4. रोचकता 5. भावों का पुट 6. औपचारिकता का प्रभाव। इसके अतिरिक्त श्री दान बहादुर पाठक ने निबंध के सात तत्व बतलाये हैं। 1. व्यक्तित्व 2. विचार स्वातंत्र्य 3. लघु आकार 4. एक सूत्रता 5. निजी अनुभूति 6. सजीव भाषा शैली 7. प्रभावोत्सव। इन तत्वों का सम्यक् निरीक्षण करने पर पता चलता है कि इनमें अधिकांश बातें निबंध के गुणों से सम्बद्ध हैं, क्योंकि रोचकता कोई तत्व नहीं होता। लघु आकार होना कोई तत्व नहीं है। इसी तरह अन्य बातें भी निबंध की विशेषतायें बतलाती हैं। तत्व नहीं, यदि ध्यानपूर्वक देखा जाय तो निबंध के

पांच तत्व ही ठहरते हैं। 1. बुद्धि 2. अनुभूति 3. कल्पना 4. अहं 5. शैली।

1. बुद्धितत्व- बुद्धितत्व से तात्पर्य निबंधों पर विचार प्रधानता से है। क्योंकि प्रायः निबंधों में विचारों एवं भावों का क्रमबद्ध रूप प्रस्तुत किया जाता है यह बुद्धि वैभव का ही कार्य है। कि निबंध किसी एक विषय पर अपने सम्पूर्ण विचार प्रकट करे। चाहे निबंध कथात्मक हो चाहे विचारात्मक हो अथवा वर्णनात्मक हो या भावात्मक बुद्धि का आश्रय लिये बिना न तो उसमें सुसम्बद्धता आ सकती है और न विचारों की मौलिकता के दर्शन हो सकते हैं। इसलिए निबंध में बुद्धि तत्व का होना परमावश्यक माना गया है।

2. अनुभूति तत्व- निबंध जहाँ विचार प्रधान होता है वहां निबंधकार की गहन अनुभूतियों का भंडार भी होता है। क्योंकि एक निबंधकार जीवन और जगत से जो कुछ अनुभूतियां संकलित करता है या काव्य शास्त्र के पठन पाठन से अपना अनुभव प्रदर्शित करता है वे सब निबंधों को रोचक और उत्कृष्ट बनाया करते हैं। जितनी अनुभूति जिस लेखक की गहन होगी उतना ही उसका निबंध मार्मिक होगा निबंध को तथ्यपूर्ण ढंग से लिखने अथवा उसमें खोजपूर्ण सामग्री प्रस्तुत करने के लिए या भावों का मनोरंजक स्वरूप प्रस्तुत करने के लिए अनुभूति तत्व की आवश्यकता होती है। यह अनुभूति तत्व ही है जिसके पूर्णसिंह के निबंधों में भावों का उतार-चढ़ाव प्रस्तुत किया है भावनलाल चतुर्वेदी के निबंधों में तरंग शैली प्रस्तुत की है। और वियोगी हरि ने निबंधों में भावों का तूफान खड़ा कर दिया है। इसीलिए निबंध के लिए अनुभूति तत्व भी अनिवार्य होता है।

3. कल्पनातत्व- साहित्य सृजन के लिए कल्पना अमोघ अस्त्र है। बिना कल्पना के साहित्य की कोई भी विधा निर्मित नहीं होती। कल्पना के सहारे लेखक गहन अतीत में विचरण करता हुआ भावों और विचारों के मार्मिक चित्र वर्तमान में अंकित किया करता है और कल्पना के पंखों पर उड़ता हुआ लेखक भविष्य के लोक में भी विवरण कर आता है। क्योंकि कल्पना ही लेखक को नये-नये भाव और नई-नई सामग्री प्रदान करती है। उसकी स्वच्छ भावों एवं सुखद विचारों की लड़ी कल्पना के धागे में ही पिरोई जाती है। यहाँ तक कि तथ्यों का निरुपण भी कल्पना के सहारे

ही होता है। आलोचनात्मक या गवेषणात्मक निबंधों में कभी-कभी कल्पना दूर खड़ी निबंधकार का पथ प्रदर्शन किया करती है। किन्तु विचारों की साज सज्जा और तर्कपूर्ण गुण दोष विवेचन में बुद्धि के साथ-साथ कल्पना भी अपना योग प्रदान किया करती है। फिर भावात्मक निबंध तो बिना कल्पना के लिखे ही नहीं जाते क्योंकि कल्पना विभोर होकर ही लेखक भावुकता सहृदयता और सरसता से परिपूर्ण भावात्मक निबंध लिखा करता है। इसलिए कल्पना तत्व भी निबंध का अनिवार्य तत्व है।

4. अहंतत्व- अहंतत्व से तात्पर्य है कि लेखक के व्यक्तित्व का समावेश। प्रत्येक निबंध में निबंधकार का व्यक्तित्व समाहित रहता है। वह निबंध ही श्रेष्ठ है, जिसमें निबंधकार का निजीपन अपने क्रमबद्ध विचारों के साथ प्रस्फुटित हुआ हो, इस अहं तत्व के कारण ही हम तुरंत पहचान लेते हैं कि अमुक निबंध डॉ. श्याम सुन्दर दास का है। अमुक निबंध आचार्य रामचन्द्र शुक्ल का है। अमुक निबंध डॉ. हजारी प्रसाद द्विवेदीजी का है। अथवा अमुक निबंध डॉ. नगेन्द्र नगाइच का है। क्योंकि प्रत्येक निबंध में लेखक का व्यक्तित्व स्पष्ट उभरा हुआ रहता है। उसकी वैयक्तिक विशेषतायें निबंध में विद्यमान रहती है। और वह निबंध लेखक की व्यक्तिगत छाप से अंकित रहता है। प्रायः समीक्षात्मक निबंध तो वैयक्तिक विचारों से परिपूर्ण होते ही हैं किन्तु तथ्यपूर्ण गवेषणात्मक (खोजपरक) निबंध या तर्कपूर्ण विवेचनात्मक निबंध अथवा भावपूर्ण भावात्मक निबंध भी लेखक की वैयक्तिक विशेषताओं से परिपूर्ण देखे जाते हैं। यही कारण है कि अहं तत्व निबंध में सर्वत्र पाया जाता है।

5. शैली तत्व- निबंध के विचार बिना शैली का परिधान लिए हुए अभिव्यक्त नहीं होते इसलिए शैली को भी निबंध का एक तत्व माना गया है। शैली से तात्पर्य निबंध लिखने की उस पद्धति से है, जिसमें लेखक अपने विचार व्यक्त करता है। भिन्न-भिन्न निबंधों की भिन्न-भिन्न शैलियां होती है। जैसे कथात्मक निबंध तीन शैलियों में लिखे जाते हैं। (i) स्वप्न कथा शैली (ii) आत्मचरित्र शैली (iii) खण्ड काव्य शैली। इसी तरह से विचारात्मक निबंध चार शैलियों में लिखे जाते हैं। (क) आलोचनात्मक शैली, जिसमें तर्क के सहारे गुण दोष का विवेचन किया जाता है। (ख) गवेषणात्मक शैली- जिसमें गवेषणा या खोज के आधार पर तथ्यों का निरुपण

किया जाता है। (ग) विवेचनात्मक शैली- जिसमें किसी विषय का अपनी दृष्टि से विवेचन किया जाता है। (घ) समीक्षात्मक शैली- जिसमें किसी साहित्यिक विषय की अपनी दृष्टि से समीक्षा की जाती है। जैसे शुक्लजी का कविता क्या है? निबंध। ऐसे ही वर्णनात्मक निबंध भी दो प्रकार की शैली में मिलते हैं।

1. व्यास शैली- जिसमें कोई विवरण ऐतिहासिक दृष्टि से प्रस्तुत किया जाता है। जैसे राहुल सांकृत्यायन की "रुस यात्रा"।

2. समास शैली- इसमें कवित्तमयी शैली के अन्तर्गत अथवा भावमयी शैली में अपने विचार या संस्मरण प्रस्तुत किये जाते हैं। जैसे महादेवी वर्मा की 'स्मृति की रेखायें'। चौथे भावात्मक निबंध तीन प्रकार की शैलियों में मिलते हैं। (i) धाराशैली- जिसमें आदि से अंत तक भावों का एक-सा प्रभाव रहता है। जैसे अध्यापक पूर्ण सिंह का निबंध 'मजदूरी और प्रेम'। (ii) तरल शैली- इसमें भावों का उतार चढ़ाव विद्यमान रहता है। जिसमें कहीं भावों की आकुलता अधिक और कहीं कम दिखाई देती है। जैसे माखनलाल चतुर्वेदी का 'साहित्य देवता' निबंध।

3. विक्षेप शैली- जिसमें भावों की गति उखड़ी तो रहती है। किन्तु उनमें तार तम्य और नियंत्रण का भी ध्यान रखा जाता है। जैसे वियोगहरि का 'साहित्यिक चन्द्रमा' निबंध। इस प्रकार निबंध की शैली विचारों के अनुकूल होती है। उनकी भाषा भावों के अनुकूल ढ़ाली जाती है। और उसकी शैली मर्मस्पर्शी तथा सजीव होती है। जैसी शैली होगी वैसा ही निबंध होगा। और जैसी शैली होगी वैसा ही निबंधकार होगा। ये दोनों कहावतें इसी ओर संकेत कर रही हैं कि शैली तत्व निबंध का एक अनिवार्य तत्व है। इस प्रकार निबंध के तत्वों का सम्यक् निरुपण करने पर यही ज्ञात होता है कि निबंध की रचना में उक्त पांच तत्वों का ही हाथ रहता है। वैसे निबंध की निम्न सात विशेषतायें होती हैं- 1. क्रमबद्धता अर्थात् निबंध के अन्तर्गत विचारों का आरंभ, मध्य और उपसंहार स्पष्ट लक्षित होना चाहिए। 2. वैयक्तिकता निबंध के लेखक के व्यक्तित्व का समावेश होना चाहिए। 3. रंजकता- अर्थात् निबंध में हास्य, व्यंग्य, लाक्षणिकता और ध्वनि आदि के पुट द्वारा रोचकता का समावेश होना चाहिए।

4. भावुकता- जहाँ तहाँ निबंध में हृदय पक्ष का भी पुट होना चाहिए। मुख्य तथा भावात्मक निबंधों में तो भावुकता का होना अनिवार्य है।

5. औपचारिकता का अभाव- अर्थात् निबंध एक खुला पत्र हो, जिसे पढ़कर प्रत्येक व्यक्ति यह अनुभव करे कि यह मेरे लिए ही लिखा गया है।

6. विचारों की मौलिकता- निबंध में विचारों का पिष्ट पेषण न होकर मौलिक विचार होने चाहिए। अर्थात् विचारों की नवीनता होनी चाहिए।

7. शैली की उत्कृष्टता- अर्थात् निबंध में विचारों के अनुकूल उत्कृष्ट भाषा एवं विशद अभिव्यक्ति को महत्व दिया जाना चाहिए।

समालोचक के गुण- समालोचना- समीक्षा और आलोचना के भेद और व्याख्या

1. समालोचक के गुण- समालोचन विद्वान और गुणग्राही होना चाहिए। 2. रचना की आत्मा में प्रवेश करने की क्षमता होनी चाहिए। 3. सम्पूर्ण रचना का अध्येता हो। 4. ध्येय (उद्देश्य) का पारखी हो। 5. पाठक की व्यक्तिगत प्रतिक्रियाओं को समझने वाला हो। 6. नूतनता को ही श्रेष्ठता की कसौटी न मानने वाला हो, बल्कि वास्तविक तथ्य का उद्घाटन करने वाला हो। 7. निष्पक्ष हो 8. अहंमन्यता का निषेध करने वाला हो। 9. कार्य और अकार्य का ध्यान रखने वाला हो। 10. अभिव्यक्ति को मानदण्ड बनाने वाला हो। 11. तार्किकता और संगति का हामी हो। 12. अपने मन और विचारों पर पूर्ण अधिकार रखने वाला हो।

आलोचना के भेद और उनकी व्याख्या- आलोचना से तात्पर्य गुण दोष विवेचन से है। प्रायः आलोचना की दो पद्धतियाँ अत्यन्त प्राचीन काल से चली आ रही हैं। एक तो यह कि पहले से कुछ सिद्धान्त निश्चित कर दिये जाते हैं। और उन्हीं सिद्धान्तों के आधार पर गुण और दोषों का विवेचन किया जाता है। इसे सैद्धान्तिक प्रणाली कहते हैं। दूसरी यह है कि आलोचक की दृष्टि में कोई कृति जैसी होती है उसका तुलनात्मक आधार पर या मनोवैज्ञानिक आधार पर अथवा अन्य कोई आधार अपना कर गुण दोष विवेचन किया जाता है। यह पद्धति प्रयोगात्मक कहलाती है। इनमें से सैद्धान्तिक पद्धति के तो अधिक भेद नहीं मिलते किन्तु प्रयोगात्मक पद्धति के

विभिन्न भेद मिलते हैं। जिनमें से नौ भेद अधिक प्रचलित हैं। इस प्रकार कुल मिलाकर आजकल आलोचना के दस भेद प्रचलित है। जिनका विवरण इस प्रकार है।

1. सैद्धान्तिक समालोचना- इसमें आलोचक अपनी बुद्धि, प्रतिमा अथवा मनीष के आधार पर पहले आलोचना के कुछ सिद्धान्तों की स्थापना करता है। और उन सिद्धान्तों को आधार बनाकर फिर किसी रचना का गुणरोष विवेचन करता है। इस सैद्धान्तिक समालोचना को कुछ विद्वान साहित्य का दर्शन (फिलोसोपी ऑफ लिटरेचर) भी कहते हैं। संस्कृत साहित्य में इस सैद्धान्तिक आलोचना का आधिक्य मिलता है। भरत, दण्डी, भामह, आनन्द वर्धनाचार्य, मम्मट, विश्वनाथ, जगन्नाथ आदि संस्कृत के आचार्यों ने इसी सैद्धान्तिक समालोचना का प्रयोग किया है। पाश्चात्य विद्वानों में से प्लेटो, सुकरात आदि अंग्रेजी के और कॉलरिक, रिचर्डस, हडसन आदि भी इसी प्रकार के सैद्धान्तिक समालोचक हैं। हिन्दी में आचार्य केशव की कवि प्रिया, रसिक प्रिया, भिखारी दास, राजा जसवन्त सिंह आदि रीतिकाल के विद्वान और आधुनिक युग के डॉ. श्यामसुन्दर दास, रामचन्द्र शुक्ल, रामदहिन मिश्र आदि इसी प्रकार के सैद्धान्तिक समालोचक हैं। साहित्य दर्पण, काव्य प्रकाश, साहित्यलोचन, रसगंगाधर, ध्वन्यालोक, काव्यालोक, काव्य दर्पण आदि ग्रन्थ सैद्धान्तिक समालोचना के उज्जवल उदाहरण हैं, इस प्रकार सभी भाषाओं में जो प्राचीन आलोचनात्मक ग्रन्थ मिलते हैं। वे प्रायः सैद्धान्तिक समालोचना को अधिक प्रोत्साहन देने वाले माने गये हैं।

2. शास्त्रीय अलोचना- (ऐकैडैमिक क्रिटीसिज्म) प्रयोगात्मक समालोचना का यह सबसे पहला भेद है। क्योंकि इसमें पूर्व निर्धारित सिद्धान्तों के आधार पर अर्थात् काव्य के विविध गुण, दोष, वृत्ति, रीति, छंद, अलंकार, रस आदि को आधार बनाकर किसी ग्रन्थ की आलोचना की जाती है। हिन्दी में इस आलोचना का भी बहुत प्रचार है, और इसके माध्यम से यह देखने का प्रयास किया जाता है कि कोई कृति शास्त्रीय दृष्टि से कैसी है!

3. व्याख्यात्मक आलोचना- यह प्रयोगात्मक आलोचना का दूसरा भेद है इसमें कवि या किसी रचना की अन्तरात्मा में प्रवेश करके कोई समालोचक उनके मर्म को समझाने तथा रचना का विश्लेषण करने का प्रयास करता है। यह समालोचना

गुण दोष विवेचन करने के लिए सर्वोत्कृष्ट मानी जाती है। क्योंकि इसमें किसी वृत्ति के मर्म का उद्घाटन करते हुए जब उसके गुण और दोषों का व्याख्यान किया जाता है। तब पाठकों को उस कृति की वास्तविकता का भली प्रकार ज्ञान हो जाता है।

4. निर्णयात्मक आलोचना- यह प्रयोगात्मक आलोचना का तीसरा भेद है। इसमें सामान्य सिद्धातों के आधार पर पहले रचना के गुण और दोषों का विवेचन किया जाता है। किन्तु अंत में केवल गुण दोष दिखाकर या रचना के रहस्य को समझाकर ही बात समाप्त नहीं कर दी जाती, बल्कि अंत में एक स्पष्ट निर्णय भी दिया जाता है कि अमुक रचना कहां तक अच्छी है और कहाँ तक बुरी। इसलिए यह आलोचना बड़ी महत्वपूर्ण हे। किन्तु इसके लिए संतुलित दृष्टि और निष्पक्ष विवेचन का होना आवश्यक होता है। इसीलिए इस ओर बहुत कम आलोचक कदम बढ़ाते हैं।

5. तुलनात्मक आलोचना- यह प्रयोगात्मक आलोचना का चौथा भेद है। इसमें दो या दो से अधिक रचनाओं, लेखकों अथवा कवियों का तुलनात्मक अध्ययन किया जाता है। पाश्चात्य समालोचक प्रोफेसर सेन्ट सूवरी ने इस आलोचना को सर्वोत्कृष्ट बताया है। परन्तु यह आलोचना तभी सर्वोच्च हो सकती है जब तक एक समालोचक दलगत भावना का परित्याग करके निष्पक्ष भाव से कृतियों, कवियों या लेखकों की आलोचना करता है। निष्पक्षता के अभाव में ऐसी दशा होती है, जैसे हिन्दी में मिश्रबंधुओं ने 'देव और बिहारी' नामक पुस्तक में देव को आसमान पर चढ़ा दिया और बिहारी को नगण्य ठहरा दिया, इसके विपरीत लाला भगवान दीन ने 'बिहारी और देव' नामक पुस्तक में बिहारी को उत्कृष्ट और देव को निष्कृष्ट सिद्ध कर दिया। ऐसे ही अंग्रेजी के प्रसिद्ध समालोचक जोन्सन ने पोप और ऐडीसन को महत्व प्रदान किया। जबकि राजनीतिक विरोध के कारण तथा व्यक्तिगत द्वेष के कारण मिल्टन और ग्रे के काव्यों में दोष ही दोष दिखा डाले। यह बात पं. रामचन्द्र शुक्ल द्वारा लिखित सूर और तुलसी की आलोचनाओं में मिलती है। अतः इस आलोचना के लिए निष्पक्ष और संतुलित विचार सम्पन्न समालोचक का होना बड़ा आवश्यक होता है।

6. ऐतिहासिक आलोचना- इस प्रयोगात्मक आलोचना में ऐतिहासिक आधारों पर किसी रचना का विवेचन किया जाता है। अर्थात् तत्कालीन सामाजिक राजनैतिक, धार्मिक आदि परिस्थितियों को आधार बनाकर आलोचना की जाती है।

ऐतिहासिक आलोचक यह मानकर चलते हैं कि, साहित्य समाज का दर्पण है। और साहित्य उन्हीं विषयों को अपनाता है, जो समाज में विद्यमान रहते हैं। परन्तु बात इतनी ही नहीं है, साहित्य अतीत की ओर भी दृष्टि रखता है। भविष्य के संकेत भी देता है। फिर उन शाश्वत सत्यों को भी लेकर चलता है, जो आदि काल से अब तक जन जीवन में व्याप्त हैं। फिर भी ऐतिहासिक तत्वों के आधार पर हमें किसी रचना के सीमित गुण दोषों का अथवा एक परिवेश का अच्छा ज्ञान हो जाता है। इसीलिए ऐतिहासिक अलोचना का भी महत्व है।

7. मनोवैज्ञानिक आलोचना- कुछ आलोचक किसी कृति की आलोचना करते समय मनोविज्ञान का सहारा लेते हैं। वे यह मानकर चलते हैं कि सम्पूर्ण साहित्य अतृप्त वासनाओं की तृप्ति का साधन है। ये वैयक्तिक कुण्ठाओं और अतृप्ति का ही वर्णन किया जाता है। और जब कोई साहित्यकार इन कुंठाओं से आकुल होता है, तभी साहित्य का निर्माण होता है। इसलिए फ्रॉयड़ के मनोविश्लेषण शास्त्र या अन्य मनोवैज्ञानिक सिद्धान्तों को आधार बनाकर आलोचनाऐं करना मनोवैज्ञानिक आलोचना कहलाता है। डॉ. नगेन्द्र नगाइच ऐसे ही समालोचक हैं। जिन्होंने वैयक्तिक कुण्ठाओं और अतृप्त वासनाओं को आधार बनाकर छायावाद की आलोचना की है। अतः मनोवैज्ञानिक आलोचना का भी अपना महत्व है। बात इतनी ही है कि कला या साहित्य में वैयक्तिक के साथ-साथ सामाजिक या सांसारिक पक्ष भी रहता है। पूर्णतया वैयक्तिक होना आलोचना के एकांगी स्वरूप को द्योतक है। क्योंकि कवि या कलाकार सदैव तटस्थ होकर निरपेक्ष भाव से रचना किया करता है। अतः उसी दृष्टि को ध्यान में रखकर यदि आलोचना की जाये तो किसी कृति का मूल्यांकन अधिक समीचीन होगा। उसमें मनोवैज्ञानिक पक्ष की भी अवहेलना नहीं होगी। किन्तु केवल फ्रॉयड को आधार बनाकर किसी कृति की आलोचना करना एकांगी दृष्टिकोण का ही द्योतक होता है।

8. स्वतंत्र या आत्म प्रधान आलोचना- इस आलोचना पद्धति के अन्तर्गत एक समालोचक भावावेश में आकर किसी रचना या कृति पर अपने वैयक्तिक विचार व्यक्त करता है। इस आलोचना का आधार व्यक्तिगत रूचि या अरूचि, व्यक्तिगत राग या द्वेष आदि होते हैं। इसमें प्रायः यह देखा जाता है कि आलोचक विवेचना पद्धति

के सहज एवं सरल मार्ग को छोड़कर निंदा या स्तुति के ऊवड़ बावड़ मार्ग को अपना लेता है। इससे न तो किसी कृति के वास्तविक स्वरूप का बोध होता है और न किसी रचना का ठीक-ठीक मूल्यांकन हो पाता है। आधुनिक आलोचनायें जो मासिक या साप्ताहिक पत्र-पत्रिकाओं में निकलती है, इसी पद्धति पर चलती हैं। इसीलिए आज का पाठक कभी-कभी यह नहीं पता लगा पता कि कौन सी कृति कैसी है। और किस रचना को महत्वपूर्ण माना जाये। फिर भी इस वैयक्तिक आलोचना के आलोचक की मनोवृत्ति का परिचय भली प्रकार मिल जाता है। अतः एक पक्षीय निंदा या प्रशंसा साहित्य के मूल्यांकन की दृष्टि से कभी उपादेय नहीं होती।

9. प्रगतिवादी आलोचना- जबसे भारतीय साहित्य के अन्तर्गत समाजवादी यथार्थवाद या साम्यवाद ने प्रवेश किया है, तब से प्रगतिवादी आलोचना पद्धति भी प्रकाश में आई है। इस क्षेत्र में डॉ. रामविलास शर्मा, शिवदान सिंह चौहान, अज्ञेय, भगवतशरण उपाध्याय आदि के नाम उल्लेखनीय हैं। प्रगतिवादी आलोचकों की मान्यता है, कि अनादिकाल से दो शक्तियों का संघर्ष चला आ रहा है। जिनमें से एक हैं शोषित तथा दूसरी शोषणकर्त्ता, व्यावहारिक शब्दों में प्रथम को मजदूर और दूसरे को पूंजीपति कहते हैं। इस संघर्ष के आधार पर ही ये लोग अपनी विचारधारा को द्वन्द्वात्मक भौतिकवाद कहते हैं। इसी मान्यता को आधार बनाकर जब किसी कृति की आलोचना की जाती है। और यह देखा जाता है, कि इसमें समाजवादी विचारधारा कितनी है? यथार्थवाद को कहाँ तक अपनाया गया है। अथवा द्वन्द्वात्मक भौतिकवाद को किस तरह महत्व दिया गया है। तब वहां प्रगतिवादी आलोचना के दर्शन होते हैं। डॉ. रामविलास एवं शिवदान सिंह आदि ने अपने इसी दृष्टिकोण के आधार पर छायावाद को शोषक और शोषित और शोषित के संघर्ष का स्वरूप बतलाया है। उनकी दृष्टि में सारा छायावाद एक ऐसे की कहानी है, जिसमें शोषित मानव छट पटा रहा है, और उन्मुक्त होने या स्वतंत्र होने केक प्रयास में लीन है। आलोचना की दृष्टि से इसे सर्वाङ्गपूर्ण आलोचना नहीं कह सकते क्योंकि न तो सभी रचनाकाकर या साहित्यकार समाजवादी या साम्यवादी अथवा यथार्थवादी नहीं हैं, जो हैं उन पर भी अन्य विचारों का भाव देखा जाता है। फिर भी हिन्दी साहित्य के क्षेत्र में प्रगतिवादी आलोचना का भी बड़ जोर रहा है। और डॉ. रामविलास शर्मा ने तो वेदों से लेकर

तुलसीदासकृत मानस तक उसी संघर्ष को देखने का प्रयास किया है।

10. प्रभाववादी आलोचना- कुछ समालोचक किसी कृति से जितने प्रभाविक होते हैं या किसी कृति का उनके हृदय पर जैसा प्रभाव पड़ता है उसको वैसे ही कह देना या लिख देना प्रभाववादी आलोचना कहलाता है। यद्यपि यह आत्म प्रधान आलोचना का ही एक अंग जान पड़ता है किन्तु इसमें अंतर इतना है। स्वतंत्र या आत्म प्रधान आलोचना में व्यक्ति का प्राधान्य रहता है और प्रभाववादी आलोचना में कृति का प्राधान्य रहता है। शेष विवेचन पद्धति दोनों की मिलती जुलती है। क्योंकि यदि किसी कृति का प्रभाव किसी आलोचक के हृदय पर बुरा पड़ा है तो वह उसकी प्रशंसा न करके निंदा ही करेगा और यदि किसी कृति का प्रभाव अच्छा पड़ा है तो निश्चय ही वह उसकी प्रशंसा करेगा इस आलोचना में वैयक्तिक राग, द्वेष, रूचि, अरुचि या पक्ष, विपक्ष को महत्व नहीं दिया जाता, यदि किसी विरोधी व्यक्ति ने किसी सुन्दर रचना का निर्माण किया है, तो प्रभाववादी आलोचक वैयक्तिक विरोध को भूलकर उसकी प्रशंसा ही करेगा किन्तु आत्म प्रधान आलोचना में अधिकांश लोगों की दृष्टि में किसी रचना के उत्तम और सुंदर होते हुए भी आत्म प्रधान आलोचक की दृष्टि में वह निंदा के योग्य ही होती है। इसलिए आत्म प्रधान आलोचना से प्रभाववादी आलोचना कहीं अधिक सुंदर और श्रेष्ठ मानी जाती है। पं. रामचन्द्र शुक्ल छायावाद के बड़े निंदक रहे किन्तु छायावाद की सर्वोत्तम कृति कामायनी की आलोचना करते समय उसके उत्तम गुणों को प्रकाश में लाना नहीं भूले। इस तरह प्रभाववादी आलोचना का भी पर्याप्त महत्व माना गया है।

जीवनी साहित्य- जिस साहित्य में जीवन की घटनाओं का विवरण प्रस्तुत किया जाता है, उसे जीवनी साहित्य कहते हैं। एक आत्मकथा प्रधान उपन्यास में भी जीवन की घटनायें अंकित की जाती है। किन्तु जीवनी साहित्य और आत्मकथा प्रधान उपन्यास में सबसे बड़ा अन्तर यह है कि उस उपन्यास में किसी व्यक्ति के जीवन की झांकी कहीं स्पष्ट कहीं धुंधली कहीं क्षीण और कहीं सघन रूप में दृष्टिगोचर होती है, और उसमें कल्पना अथवा अत्युक्ति का प्राधान्य रहता है। जबकि जीवनी में कल्पना और अत्युक्ति के स्थान पर वास्तविकता रहती है, और जीवन की यथार्थ झाँकी स्पष्ट रूप से अंकित की जाती है। उपन्यास में उपन्यासकार अपने चरित्र

नायक की नसनस पहचानता हुआ, चरित्र चित्रण करता है। जबकि एक जीवन का अपने नायक से पूर्ण परिचित होकर भी सर्वज्ञता का दावा नहीं करता। जीवनी साहित्य के कई भेद प्रचलित हैं। जिनमें से पांच प्रधान है-

1. आत्मचरित- जब कोई लेखक स्वयं अपने जीवन का सांगोपांग विवरण प्रस्तुत करता है अथवा जीवन के कुछ अंश उद्धृत करता है, उसे आत्मचरित कहते हैं। जैसे गांधी जी, जवाहरलाल नेहरू, डॉ. राजेन्द्र प्रसाद, डॉ. श्यामसुंदर, पं. अयोध्यासिंह उपाध्याय हरिऔद्य आदि के द्वारा लिखित आत्म चरित।

2. जीवन चरित- जब कोई लेखक अपने किसी मित्र या किसी अन्य व्यक्ति का जीवन लिखकर प्रस्तुत करता है, तब उस मित्र, शिष्य प्रेमी, भक्त, उपासक आदि के द्वारा लिखा हुआ किसी चरित्र नायक की जीवनी जीवन चरित कहलाता है। जैसे घनश्याम बिड़ला द्वारा रचित महात्मा गांधी की जीवनी। तथा सीताराम द्वारा लिखित मालवीय जी की जीवनी। बनारसीदास चतुर्वेदी द्वारा लिखित कवि सत्यनारायण की जीवनी आदि।

3. आत्म संस्मरण- जब लेखक अपने जीवन के कुछ अंशों को संस्मरण के रुप में प्रस्तुत करता है। उन्हें आत्म संस्मरण कहते हैं। इनमें जीवन का सांगोपांग वर्णन नहीं होता अपितु जीवन की एक या दो घटनायें अथवा अपनी जीवनी के कुछ अंश अंकित किये जाते हैं। जैसे प्रेमचन्द, महावीर प्रसाद, रामचन्द्र शुक्ल, वियोगी हरि, बाबू गुलाब राय आदि लेखकों द्वारा लिखित अपने जीवन के संस्मरण।

4. संस्मरण या रेखा चित्र- जब कोई लेखक किसी व्यक्ति के जीवन की घटनाओं को अथवा उसके जीवन के अधिक उल्लेखनीय अंशों को लिखित रूप में प्रस्तुत करता हूँ, जिसे संस्मरण कहते हैं। ये संस्मरण भी सभी, भक्तों, मित्रों या उपासकों द्वारा लिखे जाते हैं, और इनमें जीवन की क्षीण रेखा में रहती है। जो जीवन की समग्रता को प्रस्तुत न करके कुछ अंशों को ही व्यक्त किया करती है। आजकल यह साहित्य भी पर्याप्त मात्रा में लिखा जा रहा है। जैसे महादेवी वर्मा द्वारा लिखित "स्मृति की रेखायें" रामवृक्ष बैनीपुरी का 'मील का पत्थर' कन्हैयालाल, कविवर बच्चन, भगवतीचरण, डॉ. नगेन्द्र नगाइच आदि इस क्षेत्र के उल्लेखनीय लेखक हैं।

5. इण्टरव्यू या साक्षात्कार- जब कोई लेखक किसी व्यक्ति से साक्षात्कार करता है तब वह उसके सम्मुख कुछ प्रश्न रखता है, और उन प्रश्नों के उत्तर रूप में उस व्यक्ति की विशेषताओं का उल्लेख करता हुआ उनके जीवन पर प्रकाश इसी साहित्य को इण्टरव्यू या साक्षात्कार कहते हैं। जैसे डॉ. पद्मसिंह शर्मा कमलेख द्वारा लिखित "मैं इनसे मिला इस पुस्तक के पहले भाग में 12 बारह साहित्यकारों का इण्टरव्यू अंकित किया है"। जो ये हैं- गुलाबराय, रामनरेश त्रिपाठी, सुदर्शन, निराला, धीरेन्द्र वर्मा, चतुरसेन, उदयशंकर भट्ट, महादेवी वर्मा, लक्ष्मीनारायण मिश्र, शांति प्रिय द्विवेदी, अज्ञेय, डॉ. राम विलास शर्मा। दूसरे भाग में दस साहित्यकारों का इण्टरव्यू है, वे हैं, इन्द्र विद्या वाचस्पति, राय कृष्णदास, बालकृष्ण शर्मा, नवीन जैनेन्द्र, यशपाल, दिनेशनंदिनी डालमिया, नगेन्द्र, अंचल रामेश्वर, प्रभाकर माचवे और विष्णु प्रभाकर जीवनी साहित्य में सबसे बड़ी विशेषता यह होती है कि उसमें गद्य साहित्य और काव्य दोनों के गुण रहते हैं। और चरित्र नायक के व्यक्तित्व की सभी आवश्यक बातें विद्यमान रहती हैं। जीवनी में सत्य को तो नहीं छोड़ा जाता किन्तु मर्यादा का ध्यान रखा जाता है। इसके लिए लिखित अतिरिक्त अथवा विश्वस्त सूत्रों से प्राप्त संपूर्ण तथ्यों को कौशल के साथ सजाया जाता है, बाबू गुलाबराय का भी कहना है कि जीवनी लेखक ऐसा होना चाहिए जिसकी कलम के जादू से पारस स्पर्श की तरह लोहा भी सोना हो जाय।

नाटक और रंगमंच- नाटक की विविध विधायें प्राचीन काल से ही प्रचलित हैं। आजकल चाहे एक अंग का रूपक हो चाहे कई अंकों का हो, सभी को नाटक कहा जाता है। मुख्यतया नाटक के छः भेद हैं। रंगमंचीय नाटक, पढ़नीय नाटक, रेडियो नाटक, स्क्रीन नाटक, गीति नाटक और भावनाटक। जो नाटक रंगमंचीय दृष्टि से लिखा जाता है, उसे रंगमंचीय नाटक कहते हैं। जिसका पठन पाठन उच्च कक्षाओं में होता है और रंगमंच पर जिसका अभिनय करना कठिन होता है वह पठनीय नाटक होता है। जो रेड़ियों से प्रसारित होने के लिए नाटक लिखे जाते हैं वे रेड़ियो नाटक होते हैं। सिनेमा या चित्रपट के लिए जो नाटक तैयार किये जाते हैं। वे स्क्रीन नाटक होते हैं। कई अंकों के पद्यात्मक नाटक को गीतिनाटक कहते हैं, और विविध भावों से परिपूर्ण अभिनय नाटकों को भावनाटक कहते हैं। पहले नाटक का रंगमंच से

घनिष्ठ सम्बन्ध था, प्रायः ऐसे ही नाटक लिखे जाते थे जिनका रंगमंच पर अभिनय हो सके। इसीलिए नाटक में उन बातों का उल्लेख करना आवश्यक माना गया था, जिनका अभिनय रंगमंच पर न हो सके, युद्ध, विवाह, समुद्र संतरण, इन्दुजाल आदि का दिखाना वर्जित माना गया था। बीच में ऐसे नाटक लिखे जाने लगे जिनका रंगमंच से कोई सम्बंध न रहा। परन्तु नाटक तो दृश्य कला है। इस कला का रसास्वादन रंगमंच के माध्यम से ही होता है। इसीलिए पहले रंगशालायें अथवा प्रक्षागृह नाटकों के आधार पर बनाये जाते थे। पारसी थ्येटरीकल कम्पनियों ने भी चलते-फिरते रंगमंच का प्रचार किया किन्तु उन्होंने नाटकों के आधार पर रंगमंच का निर्माण नहीं किया। अपितु रंगमंच के आधार पर नाटक निर्मित हुआ। इसलिए नाट्यकला का ह्रास होने लगा, और आधुनिक युग में आकर रंगमंच लुप्त हो गये। इसका सबसे बड़ा प्रबल कारण सिनेमा या चित्रपट है। जिसने एक ऐसे विस्तृत और विशाल रंगमंच का निर्माण किया, जहाँ वे सब बातें अब दिखाई जा सकती हैं, जो पहले वर्जित मानी जाती थीं। आज समुद्र, पर्वत, बादल, बिजली, वर्षा, युद्ध आदि का यथा तथ्य चित्र रंगमंच पर प्रस्तुत कर दिया जाता है। इसमें नाट्य कला का तो ह्रास हुआ है। किन्तु स्क्रीन नाटकों का विकास अधिक हो गया है और इसका भविष्य भी बड़ा उज्जवल प्रतीत होता है। इस तरह सिनेमा ने एक ओर रंगमंचीय नाटकों का विनाश किया है। तो दूसरी ओर एक ऐसे विस्तृत और विशाल रंगमंच की स्थापना की है, जहाँ सभी प्रकार के दृश्यों को चित्रों के माध्यम से भली प्रकार दिखाया जा सकता है। तदनन्तर दूरदर्शन पर धारावाहिक नाटकों का प्रचलन भी जोरों पर है। जिसमें जीवन की हर घटना को दिखाया जाता है, अतः चित्रपट, सिनेमा भी ओछल हो चला है यहाँ यह सूच्य अवश्य है कि दूरदर्शन पर अश्लीलता, नग्नता, हिंसादर्शन के प्रभुत्व ने नई पीढ़ी को दिग्भ्रमित अवश्य किया है। इसकी जगह नैतिकता और चारित्रिक वैशिष्ट्य को प्रधानता मिलनी चाहिए। संस्कृति दर्शन ही भारतीयता का प्राण है।

13

कला का स्वरूप और उसके भेद

कला के दो भेद हैं (क) उपयोगी कला तथा (ख) ललित कला।

ललित कला के भेद हैं- वास्तु-मूर्त- संगीत-चित्र और काव्य।

अलौकिक शब्द का तात्पर्य- अपना दुख और सुख-इसे भूलकर किसी प्रिय वस्तु में तल्लीन होना ही अलौकिक है। काव्य में करूण रस का वर्णन रसात्मक हो सकता है किन्तु प्रत्यक्ष में नहीं।*

''रस की नीची अवस्था कोई नहीं होती वह तो अखण्ड है।''

सापेक्ष- मनोवृति के अनुकूल। निरपेक्ष- मनोवृति के प्रतिकूल। आंतरिक अभिलाषा को ही अन्तर्भूमि कहते हैं। ''साधारणीकरण की सर्वप्रथम चर्चा भट्ट ने की।''

अभिधा शक्ति का दूसरा नाम पदार्थ बोध भी है। तल्लीनता से तात्पर्य साहित्यिक भाषा में- भावकत्व शक्ति, विभाजन संचार और भोजकत्व शक्ति भी है। साधारणीकरण करने वाले को विभाव विधायक भी कहते हैं। साधारणीकरण में हृदय

---

* डॉ. द्वारिका प्रसाद सक्सेना, विभागाध्यक्ष हिन्दी एन आर सी सी कॉलिज, खुर्जा बुलंदशहर (उत्तर प्रदेश) के स्फुट विचार एवं टिप्पणियाँ यहाँ अंकित कर दी गई हैं।

का तादात्म्य रूप हो जाता है। "लोकमंगल की स्थापना के लिए सत्तोगुण की प्रधानता आवश्यक है।"

"प्रकृति की अव्यक्तावस्था ही साम्यावस्था है, सत्, रज, तम गुण ही प्रकृति है।

आनंदकला का प्रकाश से तात्पर्य यह है कि अत्याचार के प्रभाव को नष्ट करके जो शक्ति आनंद प्रदान करती है वही आनंद कला का प्रकाश है। "भाव योग से रसानुभूति होती है।" "विम्बग्रहण"- पूर्ण चित्र का आभास हमारे सामने आये जैसे सब कुछ हमारे सामने ही हो रहा है। वही विम्बग्रहण है। 'अर्थग्रहण' पदार्थो के नाम गिनाना, अनुमान लगाना ही अर्थग्रहण है। जैसे प्रियप्रवास में हरिऔध ने करील का उल्लेख न कर अन्य सभी वहाँ न होने वाले वृक्षों का उल्लेख किया है। कविता का कार्य अर्थग्रहण कराना न होकर विम्बग्रहण कराना है।' "आलम्बनत्व के साथ नहीं अपितु आश्रय के साथ साधारणीकरण होता है।' "व्यापारोऽस्ति विभावादेः नाम्ना साधारणीकृतिः" "परस्य न परस्येति"। प्रोफेसर सुरेन्द्र स्नातक से प्राप्त कुछ संकेत कबरी-केशविन्यास। एकघटी-20 मिनट। कनखियाँ- कान की ओर दृष्टि। प्रत्याख्यान-निषेध। अनुशोचना- पश्चाताप। खदिर-कत्था। उद्रिक्त- उत्पन्न। उद्वेल- बहना। ऋत्वित- याज्ञिक। सम्भ्रम- आदर। सुधाविलेचन- सफेदी। लाक्षारस- महावर। काव्य में हंसी का रंग- श्वेत। क्रोध का रंग लाल। सविभक्तक- पद। अविभक्तक- शब्द। त्रिपताक' अपवारित। अवरोध- अन्तःपुर। प्रकरण दस अंक वाला नाटक नायक राजा नहीं होता जैसे मृच्छकटिकम् परम भटटारक-राज-मालिक। भृंगारधार-लोटा। जर्जर-बांस "नटानांवेश परिग्रहस्थानम्" नेपथ्यम्।" क्वणन-शब्द। अनुरणन-प्रतिध्वनि। भंगी-अंग चेष्टा। "वर्णाःपदं प्रयोगार्हा नन्वितैकार्थ बोधकाः पदाः (साहित्य दर्पण) ये संकेत बाणभटट की आत्मकथा के संदर्भ में है।

गद्य विधायें

रेखाचित्र- साहित्य के क्षेत्र में वे रचनायें जो बिना किसी अधिक कटाव छटाव के वस्तु अथवा व्यक्ति अथवा दृश्यविशेष को अंकित करें, रेखाचित्र कहलाती हैं। लेकिन इसमें संस्मरण का पुट भी आ जाता है। विश्वम्भर नाथ उपाध्याय कहते हैं कि

मेरी जानकारी में हिन्दी में पूर्ण वैज्ञानिक स्थिति में लिखित रेखाचित्र एक भी नहीं मिलता। रेखाचित्र कहानी से भिन्न होता है और जीवनी से भी। रेखा चित्रकार की तूलिका का स्पर्श किसी केन्द्रीय धारणा को अपना लक्ष्य बनाता है। उससे जरा भी इधर उधर नहीं जाता। रेखाचित्र का वर्ण्य विषय कोई भी वस्तु हो सकती है। कोई रेखाचित्र वर्णनात्मकता, संवेदनात्मकता, शुद्ध हास्य तो कोई व्यंग्यमयी विद्रूपता का सहारा लेते हैं। रेखाचित्र (1) वर्ण्य वस्तु के आधार पर (2) रचना शैली के बाह्य उपादानों के आधार पर विभाजित होता है। वर्ण्य वस्तु के आधार पर ऐतिहासिक, साहित्यिक, राष्ट्रीय, घटना प्रधान, वातावरण प्रधान, व्यक्ति प्रधान तथा मनोवृत्ति प्रधान आदि रूप में होता है। बाहय उपादानों के आधार पर संवेदना प्रधान, श्रद्धा भक्ति, वर्णन प्रधान और व्यंग्य विनोद प्रधान आदि रूप में होते हैं।

संस्मरण- यह एक गद्य विधा है। संस्मरण कथात्मकता से बिल्कुल भिन्न है। इसका केन्द्र बिन्दु स्मर्यमाण शक्ति की कोई एक या एक से अधिक विशिष्टता विचित्रता होती है। घटनावर्णन का अवसर रेखाचित्र की अपेक्षा संस्मरण में अधिक रहता है। संस्मरण लेखक का क्षेत्र त्रिकोणात्मक होता है। स्मर्यमाण शक्ति लेखक का उस व्यक्ति से दीर्घकालीन अथवा सहसा अभिभूत कर लेने वाला संसर्ग, और पाठक होते हैं। संस्मरण आत्मकथा से भिन्न प्रकार की वस्तु है। आत्मकथा लेखक 'स्व' के निर्माण में योग देता है। संस्मरण लेखक परिवेश में अधिक दृष्टि रखता है।

रिपोर्ताज- (सूचनिका)- रिपोर्ट की साहित्यिकता सहित अभिव्यक्ति रिपार्ताज कहलाती है। इसका प्रादुर्भाव द्वितीय महायुद्ध के समय से हुआ। रामविलास शर्मा के अनुसार- 'किसी घटना या घटनाओं का ऐसा वर्णन करना कि वस्तुगत सत्य पाठक के हृदय को प्रभावित कर सके, रिपोर्ताज कहलायेगा। कल्पना के सहारे इसका लेखक कोई नहीं हो सकता। इसके तत्व (1) वस्तुगत तथ्य को प्राथमिकता देना (2) आकार का कोई प्रतिबंध न होना (3) कथा संबंधी कटाव, तराश तो नहीं, किन्तु घटना तत्व का पाया जाना (4) प्रभाव में एकान्विति होना (5) जनजीवन से अधिक प्रीति, प्रतीति। विश्वम्भर नाथ उपाध्याय के अनुसार 'ऐसी सक्रिय विधा में शब्द उसी प्रकार त्वरा पकड़ते हैं, जैसे स्वचालित बंदूक से निकलने वाली गोली। यहाँ सरस्वती जैसे विद्युत आघात पा जाती है। रिपोर्टाज में ध्यान, धारणा, कल्पनाओं और भाव की गति

में समन्विति होती है।

यात्रावर्णन- उपलब्ध यात्रा साहित्य इतिहास की सम्पत्ति, साहित्य के अंतर्गत यात्रा वर्णनों में जबसे साहित्यिकता आई, तभी यात्रा साहित्य माना जायेगा यदि यात्रा वर्णन, के साहित्यिकता प्रधान रूप को दृष्टि में रखा जाये तो एक बार तो ऐसा प्रतीत होता होगा कि यह संस्मरण का ही भिन्न रूप है। किन्तु यात्रा वर्णन संस्मरण से सर्वथा भिन्न है। यात्रा के मूल में दो प्रवृत्तियाँ होती हैं- यायावी या घुमक्कड़पन तथा सौंदर्योपासना। यात्रा वर्णन का संस्मरण अंश इन्हीं दो वृत्तियों को उपस्थित करने के लिए साधन रूप में आता है, साध्य बनकर नहीं आता। साध्य में दो वृत्तियाँ ही होती हैं। जहाँ ये पिछड़ती हैं। वह स्थल संस्मरण हो जाता है, नहीं तो यात्रा वर्णन यही है।

गद्य काव्य- गद्य काव्य में कल्पना की प्रधानता होती है। उसमें कई भावों तथा रसों की अवतारणा की जा सकती है। लेकिन गद्य गीत भावुकता प्रधान होता है। उसमें एक ही भाव तथा रस की अवतारणा होती है। गद्य काव्य या गद्यगीत के आतंरिक स्वरूप में इन सात विशेषताओं की ओर डॉ. कमलेश का कथन है-अनुभूति की गहराई, भावावेश, कल्पना की प्रधानता, इतिवृत्तहीनता, एक तथ्यता, बुद्धि तत्व का ईषत् स्पर्श, अभिव्यंजना सौष्ठव का होना अपेक्षित है। अभिव्यंजना सौष्ठव का तात्पर्य है कि अनूठा शब्द चयन और आकर्षक पदन्यास। ''छंदबंधन रहित और इतिवृत्तहीन ऐसी भावपूर्ण कल्पना प्रधान रचना को गद्यकाव्य कहेंगे, जिसमें बुद्धितत्व को विशेष महत्व न दिया गया हो। गद्य काव्य लेखकों ने इन शैलियों को अपनाया- गीतशैली, कथा शैली, वर्णन शैली, स्वगत शैली, संवाद शैली तथा सूक्ति शैली।

इन्टरव्यू- यह साहित्य रचना के उन स्वरूपों में से है। जो अपने स्वतंत्र अस्तित्व की सूचना तो दे चुके हैं किन्तु इनके परिमार्जित और निखार की प्रतीक्षा है। इन्टरव्यू का केन्द्र बिन्दु व्यक्ति विशेष उसकी साधना का रूप विशेष और उसका परिवेश होता है इन्टरव्यू में लेखक को दृष्टि जमाये रखनी पड़ती है। रेखाचित्रकार की भांति उसे भी अपने आपको पीछे रखना पड़ता है। तटस्थता उसकी रचना का भी बल होती है। तनिक भी चूक हो जाने पर इंटरव्यू न रहकर रचना प्रभावहीन रह जाती है।

परिसंवाद- इसका श्रेय आकाशवाणी को ही है। इसके केन्द्रबिन्दु- समस्या विशेष का उद्घाटन तथा संलापात्मकता ये दोनों ही आद्योपान्त समानान्तर रूप से स्थिर होते हैं। किसी एक का ओझल होना घातक सिद्ध हो सकता है। अनावश्यक नाटकीयता परिसंवाद को खंडित कर देती है।

संस्मरण लेखिका के रूप में 'महादेवी वर्मा'

अतीत के चलचित्र में महादेवी जी के 11 संस्मरण एकत्रित हैं, रामा, सेठ की विधवा पतोहू, विन्दा, सविया, विटटो, विधवा माँ, घीसा, वैश्या पुत्री, अलोपी, बदलू रछिया, तथा लछमा।

स्मृति की रेखायें- इनकी संस्मरणों की संख्या 7 है भक्तिन, चीनी फेरी वाला, जंगिया, धनिया, बूटा, बेल, विवया, गुंगिया (धनपतिया)।

पथ के साथी में महादेवी जी ने रवीन्द्रबाबू गुप्तजी, सुभद्राजी, निराला, प्रसाद, पंत तथा सियारामशरण संबंधी संस्मरणों को उपस्थित किया है। इस प्रकार हम देखते हैं कि वर्ण्य विषय की दृष्टि से महादेवी जी के संस्मरण लेखन का आधार दो वर्ग के व्यक्ति बने हैं। पहला- घरेलू जीवन से संबंधित व्यक्ति तथा दूसरा समसामयिक साहित्यिक सहयोगी। सर्वप्रथम लीजिये महादेवी जी के संस्मरण लेखन के आंतरिक रूप को। इस संबंध में महोदवी वर्मा जी ने अतीत के चलचित्र के भूमिका भाग में जाने अनजाने एक महत्वपूर्ण तथ्य उपस्थित किया है, वह तथ्य उनके संस्मरण लेखन का आंतरिक रूप बनकर सहसा उद्घाटित हो जाता है। वह तथ्य इस प्रकार है। "संस्तुत संग्रह में 11 संस्मरण कथायें जासकी हैं। संस्मरण कथा शब्द एकदम स्पष्ट कर देता है कि महादेवीजी के संस्मरण लेखन में संस्मरण तथा कथात्मकता में दो तत्व सक्रिय रहे हैं। इन दो के आधार पर ही उनके संस्मरणों की निर्मिति संभव हो सकी है। इन संस्करणों को पढ़ते समय उस तीसरे तत्व का भी अनायास ज्ञान हो जाता है जो इन दो समान ही रचना की निर्मिति का मुख्य आधार बना है। वह है रेखाचित्र। सर्म्यमाण शक्ति की आकृति का परिचय देते समय प्रायः महादेवी जी का रेखाचित्रकार रूप सजग हो उठा है। जैसे (1) छोटे कद और दुबले शरीर वाली भक्तिन अपने पतले होठों के कोनों में दृढ़संकल्प और छोटी आंखों में एक विचित्र

समझदारी लेकर (2) जब उसने गैंहुए रंग और बटिया जैसे मुख वाली कन्या के दो संस्करण और कर डाले। इस प्रकार महादेवी जी के संस्मरण को हम संस्मरण कथात्मकता और रेखाचित्र का अद्‌भुत संगम स्थल कह सकते हैं। महादेवी जी के संस्मरण लेखन के आंतरिक रूप का एक अन्य आधार स्तम्भ भी है, और वह भी अपने में कम व्यापक तथा सुदृढ़ नहीं है। वह है एक ओर तो स्नेह वत्सलता एवं करूणा और दूसरी ओर हास्य व्यंग्यमयता 'अतीत के चलचित्र' और 'स्मृति की रेखायें' के संस्मरणों का बल भी बना है। लगता तो यह है कि उसी को मूर्त करने के लिए ये संस्मरण लिखे गये हैं। 'भक्तिन' में इस प्रकार के अनेक स्थल मिलेंगे जैसे (1) पर मुझे रात में अकेली न छोड़ने के विचार से कोने में दरी के आसन पर बैठकर.... वह ऊँघती भी नहीं, क्योंकि मेरे सिर उठाते ही उसकी धुंधली दृष्टि मेरी आंखों का अनुसरण करने लगती है। यदि मैं सिरहाने रखे रैक की ओर देखती हूँ तो वह उठकर आवश्यक पुस्तक का रंग पूछती है, यदि मैं कलम रख देती हूँ तो वह स्याही उठा लाती है।' (2) तब ऊ कुच्छौ करि है- धरि है ना...... बस गली-गली गाउत बजाउत फिरि है। (3) मैं सोचती हूँ कि जब ऐसा बुलावा आ पहुँचे, जिसमें न धोती साफ करने का अवकाश रहेगा, न सामान बांधने का ..... तब चिरविदा के अंतिम छणों में वह देहातिन वृद्धा क्या करेगी? और मैं क्या करूँगी?'।

बाह्य उपादानों में महादेवी जी के संस्मरण लेखन तथा उसकी प्रमुखता की विशिष्टता है कवित्व। वास्तव में कवित्व उनकी आत्मा का निवास स्थल है और इसीलिए गद्य लेखन में भी सर्वत्र उसकी छाप पड़ी है। शब्द चयन से लेकर पद विन्यास तक सर्वत्र कवित्व सजग मिलेगा। कुछ अंश तो संस्मरण से अलग जा पड़े हैं। गद्य काव्य बन गये हैं। जैसे- सेवक धर्म में हनुमान जी से स्पर्धा करने वाली भक्ति किसी अंजना की पुत्री होकर एक अनाम धन्या गोपालिका की धन्या है। अपने नाम का विरोधाभास लेकर जीना पड़ता है।' पग-पग पर अलंकार प्रयोग भी उसी कवित्व का एक अंग है जैसे (1) 'नौ वर्षीया युवती का गौना देकर विमाता ने बिना मांगे पराया धन लौटाने वाले महाजन का पुष्प लूटा।(2) इस अप्रत्याशित अनुग्रह ने उसके पैरों में जो पंख लगा दिये थे वे गांव की सीमा में पहुँचते ही झड़ गये। इस प्रकार हम देखते हैं कि महादेवी जी की इन रचनाओं में वास्तव में ही लक्ष्मीकांत शर्मा

की 'शब्दावली' में 'काव्य की स्वाभाविक कोमलता, कहानी की मनोरंजकता, रेखाचित्र का सूक्ष्म विवरण और संस्मरण का हार्दिक संवेदन सभी कुछ अत्यंत कलात्मक रूप में पिरोये हुए हैं। ये संस्मरण सहानुभूति से आर्द्र सामाजिक असंगति के प्रति आक्रोशमय और पद दलितों के प्रति अनल ममत्व से छल छलाते हुए हैं।'

संस्मरण लेखक हरिवंश राय बच्चन

साहित्यिकों के एक दूसरे पर लिख गये संस्मरणों की आज हिन्दी में कमी नहीं है। अनेक पुस्तकाकार रूप में भी सामने आ चुके हैं और हिन्दी समाज में उन्हें बड़े चाव के साथ अपनाया है। किन्तु कथन को यदि अत्युक्तिपूर्ण न माना जाये तो निःसंकोच रूप से कहा जा सकता है कि विशुद्ध संस्मरण लेखक की दृष्टि से सर्वोत्तम प्रयास कविवर बच्चन का बन पड़ा है। कारण कई हैं, उनमें प्रमुखतम और प्रथम कारण यह है कि उनकी रचना में सर्वत्र ताजगी मिलेगी, न तो उनकी रचना स्मर्यभाण व्यक्ति के व्यक्तित्व की गुरूता की अभिव्यक्ति से और न ही भावात्मक ऊहापोह से बोझिल होने पायी है। एक ओर तो उसमें स्मर्यमाण व्यक्ति के साथ व्यतीत किये गये क्षणों एवं उनके प्रभाव को सामने लाने का प्रयास किया गया है। और दूसरी ओर शैली को संतुलित, सांकेतिक तथा नुकीली रखा गया है। न तो कवि ने अपने आपको, न ही स्मर्यमाण व्यक्ति की गुरूता को और न ही रचना शैली संबंधी किसी भावातिरेक को अनावश्यक रूप से सामने आने दिया है। ताजगी का दूसरा कारण यह भी हो सकता है कि स्मर्यमाण व्यक्ति से उनका मित्रभाव है। और इसलिए विनोद को सामने आने का पूरा-पूरा अवसर मिला है।

1. उनका गढ़ंत भगवान के हाथ कापिंग, उनका तो विटिहिनी होय का रहा, केहू का घर वसत, बड़ा-बड़ा वार राखे हैं।
2. पच्चीस से भी ऊपर उमर तक कम से कम कविता में वे स्त्रीलिंग में ही बोलते गये।
3. वार कटवायेन मैं पहिले तो चीन्हयौ नाहि, चिन्हयों तो लाग, जैसे परकटी चिरैया है।
4. पंत जी ने मेरे ऊपर गृहणी का उत्तरदायित्व छोड़ा था, पर मैं सुघड़ नहीं साबित

हो सका। वे गर्मी में पहाड़ पर चले गये तो उनका एक बक्सा नौकर उठाकर ले गया और मुझे पता भी न चला, बरसात में मेरी लापरवाही और उनके सारे ऊनी कपड़े कीड़े खा गये। जहाँ तक प्रश्न है, बाहय उपादानों का बच्चन जी ने इस क्षेत्र में लगभग सभी प्रचलित युक्तियों से काम लिया है। सर्वप्रथम लें, रेखाचित्रण को, लगभग प्रत्येक संस्मरण लेखक किसी न किसी स्थल पर आकर इस युक्ति का भी प्रयोग करता है हिन्दी में कम से कम ऐसा ही बच्चन जी ने भी रेखा चित्रण का कई स्थलों पर सहारा लिया है।

(क)- अगल बगल दो युवक अंगरक्षक की भांति बीच में देवता दुबले, पतले, लंबे रेशमी बिस्कुटी रंग के सूट में, ढीले गले की कमीज पर काली टाई, चेहरा दिव्य गौर, आंखें बड़ी बड़ी न जाने किन सपनों में खोई।'

(ख)- दुर्बल रूँधी पतली तीक्ष्ण लड़कियों की सी आवाज एक हाथ स्थिर एक भाव पूर्णलय, मुद्रा में हिलता हुआ एक ही छोटी सी कविता सुनाकर परिश्रांत फिर उठकर अंतर्धान।' भाषा शैली के क्षेत्र में बच्चन जी ने हिन्दी संस्मरण में संभवतया पहली बार अत्यन्त संतुलन, सांकेतिकता तथा नुकीलेपन से काम लिया है। कहीं पर किसी प्रकार का अतिरेक सक्रिय नहीं मिलेगा। भावोत्प्रेरक होते हुए भी सब कुछ सब कहीं सहज रूप में स्थित मिलेगा।

1. जनता में उत्साह का उबाल दिखा, सक्रियता की उछाल दिखी...
2. नवीन जी मुस्कराये। अब उनकी हंसी में वह जोर कहाँ कि छत नीचे आती सी जान पड़े। वास्तव में यह कवि का गद्य है, सुधी कवि का संतुलित और सहज कवि का।

कन्हैयालाल मिश्र प्रभाकर, रिपोर्ताज लेखक के रूप में

निश्चय ही मात्र कल्पना के रिपोर्ताज नहीं लिखे जा सकते। जन जीवन का उसकी आशा आकांक्षाओं का उसकी भांति-भांति की चेष्टाओं का उसकी प्रसन्नता अप्रसन्नता का, उसकी प्रेम, घृणा का, उसके संदेह निश्चय का तथा उसके पराक्रम, पलायन का सन्निकट परिचय ही रिपोर्ताज का मूलाधार बनता है। जिसे अपने देश के जनमानस का उसकी प्रत्येक विशिष्टता, विचित्रता का पूरा-पूरा ज्ञान नहीं हैं। उसे

उस विधा की ओर नहीं आना चाहिए। किन्तु तो जनमानस की प्रत्येक गतिविधि का पारखी है। उसके लिए इससे अधिक कारगार साहित्य रचना की कोई अन्य विधा सिद्ध नहीं होगी। श्री प्रभाकर की सफलता का रहस्य जन जीवन का परिचय ही बना है। उनके रिपोर्ताज में वर्ण्य विषय से सम्बन्धित जनमानस को लगभग प्रत्येक हलचल अभिव्यक्त मिलेगी।

1. जवाहरलाल आज के भारत का चांद, जहाँ वह है वहाँ भीड़ है। अधीर भीड़, उचकती, उभरती भीड़, बेचैन भीड़। 2. दस आदमी तो बीस हजार आंखें- इन बीस हजार आंखों में एक तस्वीर जवाहर लाल इन दस हजार दिल दिमागों में एक धुन जवाहरलाल, और ये चेहरे उमंगों से फट पड़ते से, खुशी से खिले से जैसे हज़ारों कैमरे एक साथ एक ही आदमी का फोटो ले रहे हों। जन जीवन का निकट का यह परिचय लेखक की सहानुभूति का आधार पाकर अधिक चमत्कारिक रूप धारण कर लेता है। सहानुभूति का पुट वातावरण को आत्मीयता पूर्ण भावमय बना देता है। और ऐसी स्थिति में रचना का आकर्षण द्विगुणित न हो उठे, यह असंभव है। प्रभाकर जी की रचनाओं में पग-पग पर यह तत्व सक्रिय मिलेगा, इस रिपोर्ताज का अंतिम भाग, इस दृष्टि से विशेष रूप से दर्शनीय है- "तीन भिखारी पंडाल के सामने ही भीख मांग रहे थे जैसे पिसी मानवता पूछ रही थी तुम्हारी यह आर्थिक व्यवस्था हम तक कब पहुँचेगी" प्रभाकर जी ने कहीं-कहीं मीठी फटकार से भी काम किया है। "जिसे देखकर जनता के सागर में ज्वार उमड़ता है। पर हाय! ज्वाला नहीं जागती"। रिपोर्ताज की सफलता का तीसरा आधार बनती है एक अन्य विशेषता तटस्थता, रिपोर्ताज लेखक अपने आपको (प्रत्येक क्षण का भोक्ता होते हुए भी) जितना अधिक अलग रख पाता है। उसकी रचना उतनी ही अधिक प्रभावोत्पादक सिद्ध होती है। तटस्थता न रहने पर उसकी रचना संस्मरण बनने लगती है। और इसलिए उसे इस तथ्य के प्रति विशेष रूप से सजग रहना चाहिए। हर्ष का विषय है कि प्रभाकर जी अपने लगभग प्रत्येक रिपोर्ताज में रिपोर्ताज लेखक के इस धर्म का पूरा-पूरा निर्वाह कर पाये हैं। उदाहरणार्थ इस रिपोर्ताज में अंत तक केन्द्र बिन्दु एक ही रहता है। "जवाहरलाल नेहरू की लोकप्रियता तथा कांग्रेस महासमिति का अधिवेशन कहीं पर भी ऐसा नहीं हुआ है कि यह केन्द्र बिन्दु पिछड़ गया हो और प्रभाकर जी स्वयं आगे आ गये हों। अब

आइये बाह्य उपादानों पर। प्रभाकर जी का बाह्य सफलता का इस क्षेत्र में मुख्य आधार है, उनकी भाषा शैली अधिवेशन के वातावरण को मूर्त करने के लिए जिस प्रकार की निरलंकृत सहज तथा सरल भाषा शैली की अपेक्षा की जाती है, रचना में ठीक उसी प्रकार की मिलेगी"। शब्द चयन अत्यंत सहज रूप में ही किया गया है। बोली के घच्च्म घच्च, भझूले, गुट्टे, सीखतड़, भंगड़ी आदि और उर्दू, फारसी, अंग्रेजी के जलील, जहनियत, रिश्वत, सिफारिस, मेहनताना, मुथारक, चैमै, गोइयां, कन्वेन्शन, कॉसिल, परमिट, मूड़, चेलैंज, अनचैन्जेविल, सिंसयिरटी सर्कूलर शब्दों का निर्द्वन्द्व प्रयोग पदन्यास भी सहज रूप में किया गया मिलेगा। वाक्य छोटे-छोटे किंतु पैंनापन बढ़ाने के लिए वाक्य के बीच में ही क्रिया का प्रयोग आदि। यदि कहीं अलंकार को स्थान मिला भी है तो वह भी अत्यंत सहज रूप में। हमने उसके अपनों से धूएँ के भभूले में खड़ा कर दिया है, और धूएँ में किसका सांस नहीं घुटता।

डॉ. नगेन्द्र नगाइच यात्रा लेखक के रूप में

भारतीय स्वतंत्रता की 20वीं वर्षगांठ के उत्सव में भाग लेने के लिए जो शिष्टमंडल रूस गया था, उसके एक सदस्य डॉ. नगेन्द्र भी थे। डॉ. नगेन्द्र की इतनी लम्बी पहली विदेश यात्रा थी, उस यात्रा का विवरण उन्होंने तीन शीर्षकों में लिखा है। 1. दिल्ली से काबुल, 2. काबुल से ताशकंद, 3. ताशकंद से मास्को। दिल्ली से काठमांडू की एक अन्य यात्रा का विवरण भी डॉ. नगेन्द्र ने लिखा है, ये चारों लेख "तंत्रालोक से यंत्रालोक" में संग्रहीत हैं। प्रत्येक साहित्यिक स्वभाव से यात्री और प्रत्येक सच्चा यात्री स्वभाव से साहित्यिक होता है। यायावरी और सौन्दर्यानुभूती का परस्पर घनिष्ठतम, अविच्छिन्न सम्बंध है। यह हो ही नहीं सकता कि कोई साहित्यिक यात्रा पर जाये और यात्रा में किसी न किसी स्थल पर या स्थिति में निःसंग भाव से घूमते, प्राकृतिक अथवा सांस्कृतिक अथवा सामाजिक सौन्दर्य को देखते परखते यात्रा की मस्त राहों पर भटकते समय हृदय के किसी सुदूरवर्ती कोने से आने वाली जीवन की पुकार को सुनने की ओर यात्रा के लिए ही यात्रा करने की ललक उसके मन में न जागे। डॉ. नगेन्द्र के साथ भी ठीक ऐसा ही हुआ। "काबुल से ताशकंद" इस दावे की गवाह है। "प्रकृति के वरदानों से सम्पन्न श्रम और सोहर्द का वह अकृत्रिम जीवन प्रवाह नृत्य और गीत की लय में बहता रहता है। मानो प्रकृत रमणीय

कल्पनाओं से संपादित किसी मध्ययुगीन लोकनाट्य के संशोधित संस्करण का आधुनिक रंगमंच पर प्रदर्शन हो रहा हो"। डॉ. नगेन्द्र ने ग्रन्थ के भूमिका भाग में एक ऐसे तथ्य की ओर जाने अनजाने संकेत किया है, जिसके आधार पर उसके यात्रा वर्णन के आंतरिक रूप को स्थिर करने में पूरी-पूरी सहायता मिल सकती है। यद्यपि वह है केवल सांकेतिक। किन्तु उन्हीं के नहीं एक प्रकार से सभी के यात्रा वर्णन के मर्म को हृदयगम करने में अचूक सिद्ध हो सकता है, वह इस प्रकार है- "प्रस्तुत कृति में मेरी स्वदेश यात्रा के चार संस्मरण संकलित हैं।

यात्रा लेख और यात्रा संस्मरण में एक स्पष्ट अंतर यह है कि पहले का यथार्थ जहाँ प्रायः वस्तुनिष्ठ रहता है, वहां दूसरे का यथार्थ अनायास ही कल्पना रंजित हो जाता है। इसी दृष्टि से मैंने इन निबंधों को यात्रा लेख न कहकर संस्मरण कहा है।" वस्तु स्थिति यह है कि क्षेत्र में केवल वही यात्रा वर्णन ग्राह्य होते हैं जिन्हें डॉ. नगेन्द्र ने यात्रा संस्मरण कहा है। संस्मरण के पुट के बिना वे यात्रोपयोगी या फिर गंतव्य विशेष (राजनैतिक अथवा धार्मिक अथवा सांस्कृतिक दृष्टि) से उपस्थित किये गये साहित्य से आगे नहीं जा पाते। ठीक भी है, राग के संस्पर्श के बिना कोई भी वर्णन साहित्य की वस्तु कैसे बन सकता है किन्तु इस स्थल पर एक बात अवश्य ही याद रखने की है। संस्मरण का पुट सीमित ही रहना चाहिए, अन्यथा यात्रा के स्थान पर स्वयं लेखक यात्रा वर्णन का विषय बनने लगता है। डॉ. रघुवंश (आलोचना 12 में हिन्दी का यात्रा साहित्य लेख) का यह कथन अक्षरशः सत्य है "कि अपने को केन्द्र में रखकर भी प्रमुख न होने देना साहित्यिक यायावर का कठिन कर्तव्य है। क्योंकि लेखक का व्यक्तित्व उभरेगा तो अन्य सब गौण हो जायेगा"। जहाँ तक प्रश्न है, बाह्य उपादानों का, डॉ. नगेन्द्र का अभिव्यक्ति कौशल सर्वाविदित है। नपे तुले शब्दों में नपे तुले ढंग से अपनी बात कह देना, आज उनसे अधिक कौन जानता है। उनकी अभिव्यंजना न तो विचार बोझिल हो पाती है। और न ही भाव पंकिल। वह सर्वत्र संतुलित रहती है। साथ ही जिस त्वरा से कोई भाव या विचार रूप पाने के लिए आतुर रहता है। उसी त्वरा से डॉ. नगेन्द्र की वाणी इसके लिए उपयुक्त सामग्री जुटा देती है। कहीं पर भी कृत्रिमता का आभास नहीं हो पाता है। यही दो गुण संतुलन में है। सहृदयता उनकी भाषा शैली के प्राण हैं। 'काबुल से ताशकंद' में पग-पग पर ये दोनों गुण मिलेंगे।

रामकृष्णदास गद्य काव्यकार के रूप में

हिन्दी के गद्य काव्य के तीन रूप पनपे। पहला रूप वह था जिसका आधार एक ओर तो वैदिक औपनिषदिक साहित्य और दूसरी ओर दशकुमार चरित, बासवदत्तम् था कादम्बरी थे। दूसरा रूप गीतांजलि प्रभावित था। तीसरा रूप वह था जो इन दोनों रूपों के अस्तित्व में लाने के बाद पनपा और जिसे निःसंकोच रूप से हिन्दी की अपनी वस्तु कहा जा सकता है। रायसाहब का पहला गद्य काव्य संग्रह "साधना" दूसरे रूप से सम्बन्धित है। इसमें रवीन्द्र की गीतांजलि की छाया स्पष्ट विद्यमान है। वर्ण्य विषय के क्षेत्र में भी और भाषा शैली के क्षेत्र में भी छाया पथ और प्रवाल में उन्होंने स्वतंत्र मार्ग खोजने की चेष्टा की है, इस दिशा में उन्हें पर्याप्त सफलता भी प्राप्त हुई है। "साधना" के गद्य गीत एकदम रहस्योन्मुख हैं। "छाया पथ तथा प्रवाल" में वातावरण बदला है। "छायापथ" में परकीया प्रेम को और प्रवाल में वात्सल्य को अभिव्यक्ति मिली है। "साधना" में 101 गद्यगीत हैं। इन्हें गद्य गीत कहना ही अधिक उपयुक्त होगा। जो विद्वान गद्यगीत तथा गद्य काव्य में भेद स्थापन करते हैं और दोनों के नियामक तत्व भिन्न-भिन्न मानते हैं। उनकी मान्यताओं के आधार पर 'साधना' की रचनायें गद्यगीत की कहीं जायेंगी। एक ओर तो वे भाव प्रधान है, (कल्पना प्रधान नहीं) दूसरी ओर उनमें एक ही रस की (कई भावों या रसों की नहीं) अवतारणा की गई है। और तीसरी ओर उनका आकार भी संक्षिप्त है। इस प्रकार वे आसानी से गद्य गीत कही जा सकती है। "कच्चे घट में अमृत" उसी संग्रह का गद्य गीत है। 'साधना' में जैसा कि आरंभ में एक बार कहा जा चुका है कि रविबाबू के अनुकरण पर रहस्योन्मुख आध्यात्मिकता को अभिव्यक्ति मिली है। हिन्दी के गद्य गीत का आंरभिक रूप यही है। रायसाहब तथा उनके संग्रह साधना को गद्य गीत के इस रूप का प्रतिनिधित्व करने का श्रेय प्राप्त है। इस संबंध में भी लगभग सभी विद्वान एकमत हैं कि राय साहब को ही हिन्दी में इस शैली का जनक मानना चाहिए। रहस्योन्मुख होने के कारण 'साधना' के गद्यगीतों का वातावरण एक ओर तो गहन गंभीर है। और दूसरी ओर उसमें अनूठी भावुकता, सरसता, तथा सहजता आ गई है। इन दोनों तत्वों का मिश्रण हो जाने के कारण वह पाठक को बराबर अपनी ओर आकृष्ट किये रहता है। इस आकर्षण का बल एक तत्व और भी है, वह है शैली

की सम्बोधनात्मकता। संबोधन शैली के कारण गद्य गीतों में अतिरिक्त आकर्षण आ गया है। साधना के अधिकांश गद्य गीत इस शैली के हैं। बाह्य उपादानों के क्षेत्र में रायसाहब ने कहीं पर तो अलंकार प्रधान शैली का ("जैसे कच्चे घट में अमृत" में) और कहीं पर तो निरलंकृत शैली का प्रयोग किया है। यहां पर एकबात देखने की यह है कि अलंकार प्रधान रचनाओं में सरलता, सहजता, कम नहीं होने पाई है। उपमानों का प्रयाग अनुभूति के रूप को तीव्र से तीव्रतर बना पाने में सर्वत्र सहज सरल भाषा का प्रयोग हुआ है। वह खड़ी बोली का स्वाभाविक रूप है।

माखनलाल चतुर्वेदी "एक भारतीय आत्मा" गद्य काव्यकार रूप में

आपका एक मात्र गद्य काव्य संग्रह "साहित्य देवता" है। जिसके दो संस्करण प्रकाशित हो चुके हैं। साहित्य देवता में लेखक की छोटी बड़ी 33 रचनाये संग्रहीत है। ग्रन्थ के नाम से यद्यपिऐसा लगता है कि वह कोई आलोचना ग्रन्थ या फिर मात्र साहित्यिक विषयों पर रचा गया ग्रन्थ होगा, किन्तु बात ऐसी नहीं है। उसमे बहुविध विषय लिखे गये हैं। साहित्यालोचना, कला का मूल्यांकन, जनता, समाज, राजनीति और रूप आसक्ति, प्रेम, स्त्री। हिन्दी में गद्य कव्य के जो तीन रूप पनपे, "साहित्य के देवता" की रचनायें उनमें से तीसरे का प्रतिनिधित्व करती है हमारा तात्पर्य स्वतंत्र रूप से है। गद्य काव्य का यह वह रूप है, जो हिन्दी में स्वतंत्र रूप से पनपा और जिसे हिन्दी की अपनी वस्तु कहा जा सकता है। उसमें संस्कृत प्रभाव या बंगला प्रभाव कम ही मिलेगा। साहित्य देवता में दोनों प्रकार की रचनायें संग्रहीत हैं। छोटी-छोटी भी और बड़ी भी। आकार का ही नहीं दोनों में रचना स्वरूप का भी अंतर है। प्रथम आती है- गद्य गीत के अंतर्गत और दूसरी गद्य काव्य के। माखनलाल जी की आत्मा का निवास स्थल कविवर दिनकर जी की शब्दावली में बहुत अच्छा बन पड़ा है। इनकी आत्मा में ही कवित्व विद्यमान है। इसलिए साहित्य देवता की प्रत्येक रचना के वातावरण में चांदनी की सी कोमलता तथा स्निग्धता अनायास आ गई है। प्रत्येक असंगति, कुरूपता, तथा विदूषता को इस कोमलता तथा स्निग्धता ने अपने आंचल में ढक लिया है। उदाहरणस्वरूप असफल सृजन की देन होते हुए भी आलोचना को उन्होंने स्तुत्य बना दिया है। "तब तो लेखक के यमराज ही को समालोचन का ब्रह्म मानना पड़ेगा, ना ऐसी बात नहीं है। कुछ लोग निरा पत्थर पूजते

हैं। मैं अपनी टांकी से एक मूर्ति बनाता हूँ और फिर उसको पूजता हूँ"। इन रचनाओं की दूसरी विशेषता है, सर्वत्र लेखक के व्यक्तित्व की छाप, अंकित मिलना। माखनलाल जी का व्यक्तित्व डॉ. नगेन्द्र के मतानुसार तीन विरोधी धाराओं का संगम है। नारी की भावुकता, कर्मशील पुरुष का ओजस्वी पौरुष और संतोचित आत्मा की सत्ता के प्रति आकर्षण। ये तीन तत्व कहीं पर तो एक साथ और कहीं पर अलग-अलग प्रत्येक रचना में मिलेंगे। साहित्य देवता में एक गद्य काव्य इसी नाम का है। उसी का कए अंश इस संकलन में दिया गया है। इस अंश के प्रथम एवं तृतीय भाग में "पौरुष" और द्वितीय भाग में "भावुकता" की छटा दर्शनीय है। चतुर्थ भाग में उनके व्यक्तित्व के एक अन्य अंग "स्वदेश प्रेम मौलिकता की चाह को अभिव्यक्ति मिली है। भाषा शैली के क्षेत्र में भी माखनलाल जी अपनी राह स्वयं बनाने के समर्थक रहे हैं। परिणामस्वरूप साहित्य देवता का शब्द चयन पद-न्यास तथा अलंकार योजना सर्वथा भिन्न प्रकार की मिलेगी। सर्वप्रथम शब्द चयन को लें। इस क्षेत्र में उर्दू की तात्कालिक प्रभाव उत्पन्न करने की विशिष्टता से प्रेरित हुए हैं। इन्द्र बहादुर खरे का भी मत यही है- "उर्दू काव्य की अभिव्यक्ति में तात्कालिक प्रभाव उत्पन्न करने की शक्ति अजेय रहती हैं। यह श्रोता या पाठक को तत्काल ही मंत्रमुग्ध किये बिना नहीं रहता, चतुर्वेदी जी ने इस तात्कालिक प्रभावोत्पादक गुण को अपनी भाषा की शक्ति माना है।" परिणामस्वरूप उनकी उक्तियों में ठेठ बोली के शब्दों से लेकर उर्दू फारसी तथा अंग्रेजी आदि के शब्द स्थान-स्थान पर प्रयुक्त मिलेंगे। "आंखों की पुतलियों में यदि तुम कोई तस्वीरन खींच देते तो वे बिना दांतों के ही चीर डालती बिना जीभ के ही रक्त चूस लेती"। पदन्यास सम्बन्धी अनूठापन, डॉ. कमलेश के अनुसार उनके विशेषण प्रयोग और भाववाचक संज्ञा प्रयोग में देखने को मिलेगा। विशेषणों में दुबीले, सरसीले, बोझीले, दर्रीले आदि के ढंग के और भाववाचक संज्ञाओं में तरलाई, सरलाई, पुन्यार्र जैसे रूप उन्हें विशेष प्रिय हैं। पदन्यास सम्बन्धी उनकी दूसरी विशेषता है, रागोत्प्रेरक ढंग से एक ही शब्द का अनेक बार प्रयोग। काव्यमय गद्य को इस प्रकार का प्रयोग निःसन्देह अधिकाधिक प्रभावोत्पादक बना देता है। यही कारण है, कि गद्य काव्य लेखकों ने प्रायः इस युक्ति को अपनाया है।

माखनलाल जी को यह युक्ति सहज रूप से सिद्ध है। "फुरसत की घड़ियाँ

कुछ लोगों की सनक की घड़िया हैं। कुछ लोगों की लाचारी की घड़िया हैं। कुछ लोगों की काहिली की घड़िया है। और कुछ लोगों की नाश की घड़िया हैं।" पदन्यास सम्बन्धी तीसरी विशेषता है सूक्ति प्रियता। माखनलाल जी कितनी ही रचनाओं में बड़ी-बड़ी आह्लाद जनक सूक्तियाँ मिलेगी यदि इरादों पर पहुँचने में रेल के विकट काम आ जाया करते तो कला के स्वर्ग को हम पत्थरों और कागजों से ढ़क सकते थे। अलंकार प्रयोग के क्षेत्र में माखनलाल जी का प्रिय अलंकार है विरोधाभास। 'साहित्यदेवता' की शायद ही कोई रचना ऐसी हो जो विरोधाभास के चमत्कारिक आनन्द से शून्य हो। 1. "तुम नाथ हो इसलिए में अनाथ नहीं हूँ"। 2. "आचार के जगत् में कल्याणी पांचाली वाणी की लाज बचा रहे हो।" वास्तव में कोई क्षेत्र क्यों न हो 'साहित्य देवता' गद्यकाव्य परंपरा की श्रेष्ठतम उपलब्धि है। रचनाओं के आंतरिक और बाह्य दोनों स्वरूप के निर्माण में माखनलाल जी का अनूठा व्यक्तित्व अपने समग्र रूप में सक्रिय रहा है। और इसी कारण उनमें एक ओर तो अनोखी कोमलता, स्निग्धता तथा सरसता तथा दूसरी ओर गंभीरता गहनता, तथा ओजस्विता आ गई है। कविवर दिनकर का यह कहना ठीक ही है कि "अपनी अद्भुत ऊँचाई, विलक्षणता और सारगर्भिता के कारण यह उन सभी गद्य काव्यों से भिन्न है। जिन्हें हम आज देखने के आदी रहे हैं। भारतीय भाषाओं में तो ऐसा विलक्षण ग्रन्थ ही नहीं विश्व साहित्य में भी एशिया माइनर के स्वर्गीय कवि खलील जिब्रान के कुछ ग्रन्थों तथा जर्मन कवि नीत्शे की 'द जस्येक जरमुख' को छोड़कर इसकी तुलना और किसी पुस्तक से नहीं की जा सकती।''

दिनेशनंदिनी डालमिया गद्य काव्य का रूप

दिनेशनंदिनी जी का वास्तविक रूप गद्य काव्यकार का ही है। आरंभिक शिक्षाकाल में ही इनके मन में गद्य काव्य के प्रति रूचि जागृत हो चुकी थी। उनका सर्वप्रथम गद्यकाव्य 'निराश आशा' उसी काल में रचा गया। यही रचनावाद में 'त्यागभूमि' में 'मेरे मुकुल' नाम से छपी। गद्य काव्य रचना का क्रम अप्रतिहतगति से चलता रहा। आरंभिक गद्य काव्य "शबनम और मौक्तिक माल" नाम से प्रकाशित हुए। 'शबनम' पर दिनेशनंदिनी को सन् 1937 में 'सेकसरिया' पुरस्कार भी मिला। 'शारदीया' से लेकर 'स्पन्दन' तक के संग्रहों में उनके बाद के गद्य काव्य संग्रहीत

हैं। आंतरिक संरचना की दृष्टि से दिनेशनंदिनी जी की रचनायें गद्य गीत के अन्तर्गत आती है। गद्य काव्य और गद्य गीत में थोड़ा अन्तर है। गद्य काव्य में अनेक भावों तथा रसों की योजना होती है। कल्पना तत्व की प्रधानता रहती है। और भाषा शैली भी अलंकृत होती है। गद्य गीत में केवल एक भाव या रस को अभिव्यक्ति दी जाती है। कल्पना के स्थान पर रागतत्व की प्रधानता रहती है। और भाषा शैली अपेक्षाकृत सरल होती है। दिनेशनंदिनी की लगभग सभी रचनाऐं एक भाव या रस को लेकर चली हैं। कल्पना के स्थान पर उनमें राग तत्व की प्रधानता है और भाषा शैली भी अधिकाधिक सरल है, इसीलिए उनकी रचनाओं को गद्यगीत के ही अन्तर्गत लिया जायेगा। दिनेशनंदिनी जी के गीतों का प्रधानवर्ण्य विषय है प्रेम। शबनम से लेकर स्पन्दन तक के गद्य गीतों में सबसे अधिक संख्या प्रेम गीतों की ही है। प्रेम के दोनों रूपों को उन्होंने लिया है। लौकिक प्रेम और आध्यात्मिक प्रेम। उन्होंने लौकिक प्रेम की प्रत्येक बारीकी को मनोयोग तथा दक्षता के अतिरिक्त बड़े निर्द्वन्द्व ढंग से उपस्थित किया है। निर्द्वन्द्वता के कारण उनके प्रेम भाषा पर मांसलता का आरोप लगाया गया है। किन्तु यह दोषारोपड़ अपने में मात्र ऐकान्तिक सत्य है। नंदिनी जी पार्थिव-अपार्थिव के भेद को नहीं मानतीं। इसलिए उनकी रचनाओं में प्रेम के मांसल प्रतीत होने वाले रूप का झाँकना स्वाभाविक ही है। देखना तो यह चाहिए कि अंततः वह किस मनःस्थिति की ओर संकेत करता है। उस पर दृष्टि जाते ही धारण अपने आप परिवर्तित होने लगती है। "मेरा घड़ा गिर पड़ा और निर्मल जल ढुलक-ढुलक बहने लगा, मैं चौंकी जल्दी से आधे घड़े को उठा लिया, हाँ! केवल चुल्लू भर पानी उसमें शेष था। विशाल विश्व में वह चुल्लू भर पानी ही तो प्रेम है।" दिनेश नंदिनी जी ने आध्यात्मिक प्रेम के गद्यगीत भी कहे हैं। किन्तु उनकी संख्या लौकिक प्रेम से सम्बन्धित गद्यगीतों की तुलना में अपेक्षाकृत कम है। जहाँ तक प्रश्न है, बाह्य उपादानों का नंदिनी जी का शब्द चयन अलंकार प्रयोग और रचना शैली वैविध्यपूर्ण है। उनके कुछ गीत ऐसे हैं, जिनकी भाषा एकदम तत्सम बहुला और समास प्रधान है। और कुछ गद्यगीत ऐसे हैं। जिनमें उर्दू, फारसी, अरबी के ही शब्दों का प्रयोग किया गया है। अलंकारों में उन्हें अत्यधिक प्रिय है, उपमा, विरोधाभास, दृष्टान्त तथा उदाहरण। रचना शैली में भी यही वैविध्य मिलेगा। संभावना शैली, दृष्टान्त शैली, पद्य तुकान्त शैली, विरोधाभास शैली और सूक्ति शैली। उनकी कोई सूक्ति बड़ी ही

मनोहारी बन पड़ी है। "रुह आईना है और यह तन उस पर आई हुई रज"।

'पद्‌म सिंह शर्मा कमलेश' इण्टरव्यू लेखक के रूप में- रिपोर्ताज़ की भांति इण्टरव्यू भी साहित्य रचना की आधुनिकतम विधाओं में से एक है। इण्टरव्यू का केन्द्र बिन्दु होता है, व्यक्ति विशेष और उसके परिवेश में सभी कुछ आ जाता है। व्यक्ति जीवन संघर्ष तथा साधना आदि। इण्टरव्यू का लेखक व्यक्ति को उसके परिवेश के साथ इस प्रकार उपस्थित करता है, कि दोनों का पारस्परिक अटूट संबंध उद्‌घाटित होता चला जाये। और साथ ही साथ इस सम्बन्ध की कहानी आद्योपान्त रोचक बनी रहे, दोनों क्षेत्रों में उसे विशेष सावधानी से काम लेना पड़ता है। प्रथम में सम्बंध और उसके उद्‌घाटन को लक्ष्य बनाते हुए भी उसे यह ध्यान रखना पड़ता है कि वह समाज शास्त्री तो नहीं बनने लगा है और द्वितीय में उसे जीवनीकार का बन जाने का भय बना रहता है। अतएव दोनों ही क्षेत्रों में उसे अपनी शैली नितान्त सांकेतिक बनानी पड़ती है। डॉ. कमलेश के इण्टरव्यू साहित्य रचना के इस रूप के सर्वगम्य प्रयास होते हुए भी सफल बन पड़े हैं। वे साहित्यिकों के व्यक्ति एवं साधक रुप को सामने ला पाने में पूर्णतः समर्थ हैं। श्री लक्ष्मीनारायण मिश्र में मिश्र जी के व्यक्तित्व एवं साधक रूप से सम्बन्धित कई नये तथ्य सामने आते हैं। आरंभिक सामन्ती वातावरण भारतीयता से ओत प्रोत जीवनचर्या, अगाध पुत्र प्रेम, साहित्यिक प्रगति के प्रति सजगता, गहन गंभीर अध्ययन, मनन। यहाँ तक एक तथ्य की ओर से सावधान कर देना अप्रासंगिक न होगा तनिक सी चूक हो जाने पर इण्टरव्यू अपना रूप छोड़ बैठता है। हमारा तात्पर्य उसके प्रभाव मात्र बन जाने से है, जैसे ही संस्मरणात्मकता की प्रवृत्ति जागती है। इण्टरव्यू उस ओर बढ़ने लगता है। हर्ष का विषय है कि केवल एक रचना "श्री सूर्यकान्त त्रिपाठी निराला" को छोड़कर डॉ. कमलेश की शेष सभी रचनायें इस दोष से मुक्त है। जहाँ तक प्रश्न है भाषा शैली का, वह सर्वथा प्रसंगानुकूल रही है, सर्वत्र गहन और गंभीर। ऐसा प्रतीत होता है कि इन रचनाओं को लिखते समय लेखक के मन में किसी महान उद्देश्य को मूर्त करने की भावना सजग रही है। यहाँ पर हम एक विनम्र सुझाव देना चाहेंगे, यदि शैली में थोड़ी सजीवता, सरसता और आ जाती तो निस्संदेह उनके प्रयास कहीं अधिक सफल सिद्ध होते। इण्टरव्यू के धर्म का कहीं अधिक निर्वाह कर पाते। वर्तमान समय में वे केवल

आलोचना जगत की धरोहर प्रतीत होते हैं।

कला क्या है? और उसका स्वरूप।

जीवन और जगत के विविध क्षेत्रों में कला शब्द प्रचलित है। जैसे हम किसी के कौशल या नैपुण्य की चर्चा करते हैं, तो कला शब्द सहसा हमारी जिह्वा पर आ जाता है। जैसे अमुक बोलने की कला जानता है। अमुक वाणिज्य की कला जानता है। अमुक चोरी की कला जानता है। आदि ऐसे ही काव्य कला, दर्जी कला, मूर्तिकला, चित्रकला आदि का उल्लेख होता है। कला को शैव "किंचित् कर्तृत्व" अर्थात् कुछ करने को ही कला कहते हैं। तथा शैवागमों में सृष्टि विकास छत्तीस तत्वों में कला का स्थान भी है। जो परमेश्वर की कर्तृत्व शक्ति मानी जाती है। इसमें पाँच बातें आती हैं। 1. आत्म परामर्श 2. स्वरूपगोपन 3. विकल्प ज्ञान 4. बाह्य रूप में स्वयं को उल्लसित करने की इच्छा। 5. सर्वसमर्थ प्रभुता। परमेश्वर ही कला रूप में व्यक्त होता है। तभी तो सृष्टि को ईश्वर की कला कहा जाता है। इसके दो भेद हैं- (क) शुद्ध कला (ख) अशुद्ध कला। शुद्ध कला शुद्ध चैतन्य वाली होती है और अशुद्ध कला जड़ता की प्रधानता वाली होती है।

1. शिवसूत्र विमर्शिनी के अनुसार- "कलयति स्वरूपावेशेन तत् तद् वस्तु परिच्छिनत्ति इति कला व्या पारः" अर्थात् जो स्वया आत्मा को सृष्टि की विविध संवित् वस्तुओं में या प्रमाता में परिमित रूप से प्रगट करती है, उस शक्ति व्यापार को कला कहते हैं।

2. भोजकृत तत्वप्रकाश के अनुसार- "व्यंजयति कतृशक्तिं कलेति तेनेह कथिता सा" अर्थात् कर्तृत्व शक्ति की अभिव्यंजना करने वाले कार्य को कला कहते हैं। भारतीय विचारक ज्ञान के आधार पर विद्या और उपविद्या के रूप में कला को विभक्त करते हैं। काव्य को विद्या के अन्तर्गत माना है और कला को उपविद्या में गिना है। इस प्रकार काव्येतर सम्पूर्ण अभिव्यंजना कौशलों को कला नाम दिया गया है। वात्स्यायन के कामसूत्र में "इत्वं कला चतुःषष्टि" अर्थात् चौंसठ कलायें मानी हैं।

दण्डी- "नृत्य गीत प्रभृतयः कला कामार्थ संश्रयाः" नृत्य गीत आदि को कला मानते हैं।

अभिनवगुप्त- "कलागीत वाद्यादिकाः" भारतीय दृष्टिकोण से कला काव्य से भिन्न एक उपविद्या है। अब पाश्चात्य विद्वानों के मत- (क) काण्ट ने वाणी की अभिव्यक्ति को कला कहा है। (ख) हीगल- इन्द्रिय ग्राहय कल्पना द्वारा भाव एवं विचार की अभिव्यक्ति का नाम ही कला है। (ग) शैले- कल्पना की अभिव्यक्ति को कला कहते हैं। इन्होंने मानस प्रत्यक्ष को ही कल्पना कहा है। (घ) टालस्टॉय- अनुभूति की प्रेषणीयता को कला कहते हैं। (ड़) वर्स फोल्ड- मानसिक दृष्टि में यथार्थ के प्रत्यक्षीकरण को कला कहा है। हिन्दी के विद्वानों का मत रवीन्द्र ठाकुर अभिव्यक्ति ही कला है। डॉ. श्याम सुन्दरदास अभिव्यंजना की विविध विधियों को कला कहते हैं। आचार्य रामचन्द्र शुक्ल- नक्काशी (बेलबूटे) या कौशलपूर्ण अभिव्यक्ति को कला कहते हैं। मैथिलीशरण गुप्त- अपूर्ण को पूर्ण करने का नाम ही कला है। जयशंकर प्रसाद- स्व अर्थात् अपनी आत्मा को परिमिति रूप में अभिव्यक्त करने वाली शक्ति को कला कहते हैं। और कला में निपुणता एवं कुशलता का आधिक्य होता है। मेरे अनुसार आत्मानुभूति और ज्ञान को स्वरूप प्रदान करना ही कला है।

कला की विशेषता

1. कर्त्तृत्व शक्ति- इसके द्वारा कला नूतन निर्माण कार्य करती है। जो सर्वथा मौलिक होता है। यह शक्ति असीम होती है।

2. अलौकिकता- कला के नूतन कार्य को हम अलौकिक इसलिए कहते हैं कि उससे पहले कार्य हमको चमत्कृत नहीं करते क्योंकि उन्हें तो देखते रहते हैं। इसी से उस नूतन कार्य को देखकर हम उसे असाधारण या अलौकिक कहते हैं। यही कला की अलौकिकता है।

3. अभिव्यंजना की कुशलता- कला द्वारा जो भाव व्यक्त होता है। उसमें अभिव्यक्ति अनुपम होती है। उससे पहले वे भाव इस रूप में नहीं थे। हम उन्हें पढ़, सुन, देखकर चमत्कृत हो उठते हैं। यही हैं अभिव्यंजना की कुशलता।

4. नूतन उद्‌भावना की शक्ति- कला कुछ न कुछ नया लेकर ही अभिव्यक्त होती है। जैसे एक विषय पर अनेक भाषण सुने किन्तु किसी वक्ता के भाषण में हमने कहा कि- "ये है भाषण क्या कला है इसके बोलने की" तो यह कला की नूतन

उद्भावना ही है।

5. मानस प्रत्यक्षीकरण में सफलता- मानव हृदय में जीवन जगत की अनेक अनुभूतियां विद्यमान हैं। कोई भी कलाकार कला के माध्यम से उन अनुभूतियों का अनुभव अन्य व्यक्तियों को करा दे, तो यही मानस प्रत्यक्षीकरण में सफलता है। यही कला है। जैसे किसी चित्रकार के हृदय में वीरता, शृंगार के भाव हैं, वह उन भावों को चित्र में संजो देता है। तो अन्य दर्शक भी शृंगार वीरता का अनुभव करने लगते हैं। यही है मानस प्रत्यक्षीकरण।

6. दिव्य सौन्दर्य बोध की क्षमता- संसार परमेश्वर के सौन्दर्य से युक्त है और कलाकार इस सौन्दर्य को कला द्वारा कतिपय भाव प्रदर्शनों में ससीम बना देता है, और भावों के सौन्दर्य को देख सुन, पढ़कर दर्शक श्रोता, पाठक आनंद विभोर हो जाता है। तो यही है कला का गुण। दिव्य सौन्दर्य का बोध भी करा सकती है।

7. भाव प्रषणीयता- कला में भावों को एक हृदय से दूसरे हृदय में पहुँचाने की क्षमता है। कोई कलाकार अपनी अनुभूतियों को किसी कला के माध्यम से अभिव्यक्त करता है। वे ही अनुभूतियाँ पाठकों, दर्शकों, श्रोताओं के हृदय से अभिव्यक्त हो उठती हैं। यही है भाव प्रेषणीयता। कला किसी विषय का कोरा प्रतिरूप नहीं अपितु जीवन जगत की अनुभूतियों का नूतन ढंग से अभिव्यक्तिकरण है। कलाकार समाज स्रष्टा, राष्ट्रोद्धारक होता है। तथा कला सुरसरिसम हित कारिणी होती है।

ललित कला- कौशल युक्त अभिव्यक्ति ललित गुण से युक्त होती है, उसे ललित कला कहते हैं।

1. वास्तुकला (स्थापात्य कला) जैसे देवों के आवास गृह मंदिर, चैत्य, विहार, स्तूप, वेदिका, स्तम्भ आदि तथा मानव के आवासगृह, राज प्रासाद, दुर्ग, परकोटा, नगर गुफायें, सरोवर, सार्वजनिक भवन, मकबरें, समाधि आदि।

2. मूर्तिकला- देव प्रतिमायें, मानव प्रतिमायें, पशुपतियों की प्रतिकायें, अन्य प्राकृतिक पदार्थो की प्रतिमायें आदि।

3. चित्रकला- भित्ति चित्र, प्राकृतिक रूप में पुराणों में रंगों का वर्णन मिलता

है। जिससे प्रकृति के चित्र जैसे- सांयकालीन, प्रातःकालीन प्रकृति के चित्रों का उल्लेख है। शैली- अजन्ता, गुजराती, मुगल, राजपूत और वर्तमान आदि।

4. संगीतकला के अंग- गीत, वाद्य और नृत्य।

(i) गीत- इसमें छः राग होते हैं- (क) भैरव (ख) कौशिक (ग) हिन्दोल (घ) दीपक (ड़) सुराग (च) मेघ। कुछ लोग कौशिक के स्थान पर श्रीराग और सुराग के स्थान पर मालकोश भी मानते हैं। इन रागों की 6-6 अथवा 5-5 राग रागनियां होती हैं। तथा इनके अनेक पुत्र तथा भार्यायें भी मानी गई हैं। रागों के स्वर सात हैं- (क) षडज- सा (ख) ऋषभ- रे (ग) गांधार- गा (घ) मध्यम- म (ड़) पंचम- प (च) धैवत- ध (छ) निषाद- नि हैं। सा- भ्रमर, रे- पपीहा, गा- सारस, म- कोयल, ध- अश्व, नि- हाथी। लय- द्रत- मध्यम- बिलम्बित। रागों की अनेक मात्रायें होती हैं। ध्रुपद, कठिनता से गाया जाता है। यह विलंबित और मध्य लय में ही गाया जाता है।

(ii) वाद्य- थप्पी, उँगली, मुख आदि से बजाये जाने वाले हैं- ढ़ोल, पियानो, वंशी, किलार निट आदि। आजकल तो आर्केष्ट्रा में अनेक विविध प्रकार के वाद्य प्रचलित हैं।

(iii) नृत्य- ताण्डव (शिव) लास्व (पार्वती) उद्धत, कमनीय। उत्तर भारतीय नृत्य- कत्थक, गरवा, रास, मणिपुरी, भांगड़ा, भरतनाटयम्, राजस्थानी, हरियाणवी एवं अन्य ग्रामीण नृत्य आदि। दक्षिण भारतीय- कथकली नृत्य आदि।

5. काव्य कला- ज्ञान के दो भेद- विद्या, उपविद्या। काव्य वैसे तो विद्या में आता हैं किन्तु काव्य के कुछ भाग जैसे अन्त्याक्षरी, नाटकों का अभिनय, नाट्य प्रदर्शन, कथा सुनना, अभिघानकोश पहेली बनाना और हल करना ये कला में आते हैं। या भम्मट के अनुसार चित्र काव्य (अधम काव्य) कला में आते हैं। इन सभी को ललित कला कहते हैं।

उपयोगी कला

जीवनोपयोगी कौशलपूर्ण अभिव्यक्ति ही उपयोगी कला है। जीवनोपयोगी तो ललित कला भी होती है। इसलिए हस्तकला या शिल्प को उपयोगी कला कहते हैं।

(क) काष्ठ शिल्प (ख) मृत्तिका शिल्प (ग) प्रस्तर शिल्प (घ) धातु शिल्प (ड़) तंतु शिल्प (च) चर्म शिल्प (छ) पुष्प शिल्प (ज) मिष्ठान्न शिल्प (झ) रंग शिल्प (ञ) पुस्तक शिल्प (त) मुद्रण शिल्प (थ) अन्य शिल्प- नक्कासी, कसीदा, कुर्सी बुनना, खाट बुनना आदि।

क्या साहित्य भी कला है?

सहितस्य भावं साहित्यं अर्थात् साहित्य में जीवन जगत के सम्पूर्ण विषय साथ रहते हैं। पाश्चात्य विद्वान तथा कुछ उनके अनुयायी भारतीय विद्वान भी साहित्य को कला के संकुचित क्षेत्र में घसीटना चाहते हैं। जबकि ऐसा नहीं है क्योंकि साहित्य एक मूर्त विद्या है। अमूर्त कला नहीं। प्रसाद जी के अनुसार कला, अनुभूति और अभिव्यक्ति के बीच के अंतर को जोड़ती है। कला काव्य का एक विषय मात्र है। भारतीय विद्वान कला को साहित्य से पृथक् मानते हैं। जैसे साहित्य, संगीत, कला विहीनः आदि में कला को साहित्य से अलग रखा है। साहित्य के भाव पक्ष और कला पक्ष दो होते हैं। कवि की अनुभूति भाव पक्ष में आती है। तथा अभिव्यक्ति का प्रकार कलापक्ष में। इस तरह यदि किसी काव्य के भाव तो बहुत ऊँचे हैं और अलंकार, छंद, रस आदि की कला निम्न कोटि की है, तो वह काव्य उत्तम माना जाता है क्योंकि भम्मट अलंकार आदि से युक्त काव्य को अद्यम काव्य कहते हैं। अतः साहित्य कला के अन्तर्गत नहीं आता। साहित्य सृजन के लिए प्रतिभा का होना आवश्यक माना गया है। जबकि एक कलाकार के लिए नहीं। शक्ति, निपुणता, काव्य का अभ्यास, आदि हेतु काव्य सृजन में हेतु है। या जिस तरह किसी लता के लिए बीज मिट्टी पानी जरूरत है, उसी तरह काव्य के लिए प्रतिमा, निपुणता और अभ्यास आवश्यक है। जबकि कला में केवल निपुणता ही होती है, अतः साहित्य कला से भिन्न है। कला सीखने में गुरू बनाया जाता है, जबकि साहित्य सृजनकर्त्ता बनाये नहीं जाते अपितु पैदा होते हैं। जैसे 'मसिकागज छूयौ नहीं कलम गही न हाथ' लिखने वाले कबीर तथा जन्मांध सूर महाकवि हैं। यदि कलाकार को निपुणता नहीं है तो वह कलाकार नहीं कहा जा सकता। जब से कला को साहित्य के क्षेत्र में लाया गया है, तब से साहित्य के उद्देश्य लोक मंगल में कुठराघात होने लगा है। जबकि कला का

उद्देश्य मात्र मनोरंजन नहीं है, जब से 'कला-कला के लिए' वाद चला तब से काव्य में लोक मंगल का बहिष्कार करके नये कवि निम्न काव्य रचना करने लगे। अर्थात् पथ भ्रष्ट हो गये हैं। तथा 'कला जीवन के लिए' उद्देश्य को भूल गये हैं। साहित्यकार स्रष्टा है, विधाता है, जबकि कलाकार अनुकर्ता है। साहित्य नियति के नियमों से स्वच्छंद है जबकि कला परतंत्र है। अतः साहित्य को कला से पृथक् करके ही उसे पल्लवित होने दें ताकि उससे लोक कल्याण हो। अतः हम कह सकते हैं कि साहित्य कला नहीं है।

14

काव्य की आत्मा पर विभिन्न मत

साहित्यिक विश्लेषण

काव्य की आत्मा- शब्द और अर्थ को काव्य का शरीर कहा गया है। यद्यपि शरीरहीन आत्मा का अस्तित्व प्रमाणित करना दर्शनशास्त्रियों की बुद्धि का विषय बन जाता है। तथापि आत्मा के बिना शृंगार का आलम्बन स्वरूपा ललित लावण्यमयी अंगनाओं के कोमलकान्त कलेवर भी हेय, त्याज्य और वीभत्स के स्थायीभाव घृणा के विषय बन जाते हैं। इसीलिए हमारे यहां के आचार्यों ने काव्य की आत्मा को विशेष रूप से अपनी मनीषा तथा समीक्षा का विषय बनाया है। अतः काव्य की आत्मा क्या है? इस प्रश्न के आते ही काव्य क्या है? काव्य के कितने पक्ष हैं? ये शंकायें और समस्यायें उपस्थित हो जाती हैं। जिनका समाधान करना आवश्यक है। काव्य क्या है? काव्य किसे कहते है? इस तथ्य पर आदिकाल से अद्यावधि पर्यन्त विभिन्न विद्वानों ने काव्य की परिभाषा भिन्न-भिन्न प्रकार से की है। संस्कृत साहित्य के भास, भामह, दण्डी, रूद्रट, आनंदवर्धनाचार्य, कुंतक मम्मट, जयदेव, विश्वनाथ, पंडितराज जगन्नाथ आदि विद्वानों ने काव्य की भिन्न-भिन्न परिभाषायें की हैं। जिनमें तीन प्रमुख विद्वानों की परिभाषायें इस प्रकार हैं। (क) मम्मट के अनुसार- "तददोषौ शब्दार्थौ सगुणौ अनलंकृतिः पुनः क्वापि" अर्थात् दोषरहित शब्दार्थ गुणरहित, कहीं अलंकार हों, और कहीं न भी हो, ऐसे शब्द अर्थ को काव्य कहते हैं। (ख) जयदेव के अनुसार- "निर्दोषा लक्षणावती सरीतिः

गुणभूषणा सालंकाररसानेक वृत्तिर्वाक् काव्यनामभाक्" अर्थात् दोष रहित, रीति, गुण, अलंकार, रस वृत्ति आदि से युक्तवाणी को काव्य कहते हैं। (ग) विश्वनाथ के अनुसार- विश्वनाथ ने अपने साहित्य दर्पण ग्रन्थ में काव्य की परिभाषा देते हुए लिखा है। "वाक्यं रसात्मकं काव्यम्" अर्थात् रस से युक्त वाक्य को काव्य कहते हैं। पंडितराज जगन्नाथ के अनुसार उनके ग्रन्थ रस गंगाधर में लिखा है कि- "रमणीयार्थ प्रतिपादकः शब्दः काव्यम्" अर्थात् रमणीय अर्थ बताने वाले शब्द को काव्य कहते हैं। उपर्युक्त भम्मट की परिभाषा का विश्वनाथ ने साहित्य दर्पण में खण्डन करके उसे निराधार बताया है। जयदेव ने काव्य को सुष्ठु पदार्थों से युक्त रचना माना है। और विश्वनाथ ने रसमय वाक्य को काव्य माना है। जिसका अनुसरण करके पंडितराज ने भी रमणीय अर्थ बताने वाले शब्द को काव्य कहा है। पाश्चात्य विद्वानों के अनुसार काव्य की परिभाषायें इस प्रकार हैं।

1. वर्डसवर्थ के अनुसार- "पोइट्रीइज दी स्पोन्टेनियस ओवर फ्लो ऑफ पावरफुल फीलिंग्स" "इट टेक्स इट्स ओरीजिन फ्रॉम इमोशन रिक्लेक्टेड इन ट्रिक् टिक्वैलिटी" अर्थात् काव्य शांति के समय में स्मरण किये हुए प्रबल मनोवेगों का स्वच्छन्द प्रवाह है।

2. मिल्स के अनुसार- "पोइट्री शुडवी सैन्सस एण्ड पेशनेट" अर्थात् कविता सादी प्रत्यक्ष मूलक और रागात्मक होनी चाहिए।

3. कॉलटिन के अनुसार- "पोइट्रीइज दी वेस्ट वर्डस्इन दी बेस्ट ऑर्डर" अर्थात् कविता उत्तमोत्तम शब्दों का उत्तमोत्तम क्रम विधान है।

4. शैली के अनुसार- "दी वेस्ट एण्ड हैप्पी एस्ट मूमैण्टस् ऑफ दी वेस्ट हैप्पिएस्ट माइण्डस्" अर्थात् सर्वोत्तम और प्रसन्न मस्तिष्क के सर्वोत्तम और प्रसन्न क्षणों का नाम कविता है।

5. कॉरलाइल के अनुसार- "पोइट्री वी विल कॉल म्यूजिकल थोट्" अर्थात् कविता संगीतात्मक विचार है।

6. मैथ्यू आर्नल्ड के अनुसार- "पोइट्रीइज एट वोटप ए क्रिटिसिज्म ऑफ

लाइफ" अर्थात् कविता मूलतः जीवन की एक आलोचना है।

7. जॉन्सन के अनुसार- "पोइट्रीइज दी आर्ट ऑफ यूनाइटिंग प्लेजर ऑफ टुथ वाई कॉलिंग इमेजीनेशन विद दी हैल्प ऑफ रीजन" अर्थात् कविता शक्ति और प्रसन्नता के सम्मिश्रण की कला है, जिसमें बुद्धि की सहायता के लिए कल्याण का प्रयोग किया जाता है।

8. हड्सन के अनुसार- "पोइट्री इज इण्टरप्रिटेशन ऑफ लाइफ थ्रू इमेजीनेशन ऑफ इमोशन" अर्थात् कविता, कल्पना और मनोवेगों द्वारा जीवन की व्याख्या करती है। उपर्युक्त विवेचन से यह स्पष्ट हो जाता है कि पाश्चात्य कविता में दो बातों पर संगीत तत्व और जीवन की व्याख्या पर अपना ध्यान केन्द्रित किया है। लेकिन विशेषकर कविता में जीवन की व्याख्या को ही प्रधानता है। हिन्दी के विद्वानों के अनुसार द्विवेदी युग से लेकर अब तक उदित होने वाले हिन्दी विद्वानों ने काव्य को निम्नलिखित स्वरूप में स्वीकार किया है। (क) महावीर प्रसाद द्विवेदी के अनुसार सादगी असलियत और जोश यदि ये तीनों ही गुण कविता में हो तो कहना ही क्या। (ख) आचार्य रामचन्द्र शुक्ल के अनुसार कविता वह साधन है जिसके द्वारा शेष सृष्टि के साथ मनुष्य के रागात्मक सम्बंध की रक्षा तथा उसका निर्वाह होता है। (ग) जयशंकर प्रसाद "काव्य आत्मा की संकल्पात्मक अनुभूति है, जिसका सम्बंध विश्लेषण, विकल्प या विज्ञान से नहीं है"। यह एक श्रेयमयी प्रेय रचनात्मक ज्ञानधारा है। (घ) महादेवी वर्मा के अनुसार कविता कवि विशेष की भावनाओं का चित्रण है और यह चित्रण इतना ठीक है कि उससे वैसी ही भावनायें किसी दूसरे के हृदय में आविर्भूत हो जाती हैं। (ड़) बाबू गुलाबराय के अनुसार काव्य संसार के प्रति कवि की भाव प्रधान मानसिक प्रतिक्रियाओं की कल्पना के ढांचे में ढ़ली हुई श्रेय की प्रेयरूपा प्रभावोत्पादक अभिव्यक्ति है। हिन्दी विद्वानों में से द्विवेदी जी की परिभाषा तो पूर्णतः मिल्टन की परिभाषा से प्रभावित है।

शुक्ल जी ने अपनी परिभाषा में रागात्मक सम्बंध पर तथा अन्य विद्वानों के काव्य के अनुभूति पक्ष पर विशेष बल दिया है। अनुभूति का हृदय से संबंध है। अतः स्पष्ट है कि हृदय के सुख की अनुभूति जो वाक्य कराये वही काव्य है। यहाँ मेरा मत यह है कि "भाव और कला तथा अनुभूति और अभिव्यक्ति का रसपरक समन्वय

जो छंदबद्ध हो अथवा लय और प्रवाहयुक्त हो वही काव्य है। काव्य दृश्य और श्रव्य होता है जिसमें उपन्यास, कहानी नाटक, पद आदि उसकी विधायें है, मानव के हृदय एवं मन को आकृष्ट करती हैं। ये सब काव्यान्तर्गत ही है। काव्य में नाटक श्रेष्ठ है। लेकिन यहाँ काव्य समस्त विद्याओं का द्योतक है। अब यह प्रश्न सामने आता है कि काव्य के कितने पक्ष होते हैं। काव्य के दो पक्ष अनुभूति या भावपक्ष तथा अभिव्यक्ति या कलापक्ष होते हैं। यद्यपि दोनों ही पक्ष अपना अस्तित्व और महत्व अन्योन्याश्रित होते हुए भी रखते हैं। परन्तु प्रमुख रूप से भावपक्ष को ही प्रधानता दी जाती है। रस को काव्य की आत्मा मानने वाले विद्वान भी भावपक्ष को ही प्रधान मानते हैं"। जो विद्वान अलंकार, रीति, गुण आदि को काव्य की आत्मा मानते हैं। वे अभिव्यक्ति पक्ष को महत्व देते हुए कलापक्ष पर विशेष बल प्रदान करते हैं। शब्द और अर्थ को काव्य का शरीर कहते हुए दोनों का एक दूसरे को पूरक और अभिन्न मानते हैं। तभी तो कालिदास ने इस अभिन्नता को लेकर रघुवंश में लिखा है- "बागर्थाविवसम्पृक्तौ, वागर्थ प्रतिपत्तये, जगतः पितरौ वंदे पार्वती परमेश्वरौ"। इसी प्रकार गोस्वामी तुलसीदास ने भी इस अभिन्नता को इस प्रकार स्पष्ट किया है- "गिरा अर्थ जल बीच सम कहियत भिन्न न भिन्न, वंदेऊ सीता राम पद जिनहि परमप्रिय खिल"। जब शब्द और अर्थ की अभिन्नता को सभी विद्वान स्वीकार करते हैं। तब ये दोनों काव्य के शरीरत्व का प्रतिपादन करते हैं जैसाकि आनंदवर्धनाचार्य ने कहा है- "ननु शब्दार्थौ काव्यम्" तथा आचार्य कुन्तक ने भी लिखा है "शब्दार्थौ द्वौ सम्मित तौ काव्यम्" शब्द और अर्थ द्वारा काव्य का निर्माण होता है। अतः शब्द और अर्थ काव्य के शरीर हुए। जिस प्रकार मनुष्य के शरीर और आत्मा में भी अन्तर होता है, उसी प्रकार काव्य के शरीर और आत्मा में भी अंतर होता है। काव्य का शरीर शब्द और अर्थ का संयुक्त रूप है। यह तथ्य सर्वमान्य है। परन्तु आत्मा के सम्बंध में विद्वानों में विभिन्नता विद्यमान है। जिसके फलस्वरूप विद्वानों के पांच सम्प्रदाय प्रमुख बन गये।

1. अलंकार सम्प्रदाय- इस मत के अनुयायी विद्वान भामह, दण्डी, रुद्रट, जयदेव, केशव अलंकार को काव्य की आत्मा मानते हैं। अलंकार शब्द का अर्थ अलंकृत करने वाला होता है। जैसा कि शब्द की व्युत्पत्ति से स्पष्ट है। "अलंकरोतीति अलंकारः"। सर्वप्रथम आचार्य भामह ने काव्य में अलंकार के महत्व के बताते हुए

लिखा है कि "न कान्तमयि निर्भूषं विभाति वनिता मुखम्" उन्होंने अलंकार का अर्थ बताते हुए शब्द और अर्थ के वैचित्र्य को अलंकार घोषित किया। जैसे "वक्रामिधेय शब्दोक्ति विष्टा वाचमलंकृतिः" इसके बाद आचार्य दण्डी ने काव्य शोभा कारक धर्म को अलंकार कहा है। तभी तो उन्होंने कहा है, कि "काव्यशोभाकरान् धर्मान् अलंकारन् प्रचक्षते।" इसी प्रकार रुद्रट या उद्भट् या रुय्यक ने भी कथन की विशेष प्रणाली को अलंकार कहा है। "अभिधानप्रकारविशेषाः एवं चालंकाराः"। तभी तो उन्होंने अलंकार को काव्य की आत्मा मानते हुए "अलंकार सर्वस्व" में स्वीकार किया है। "अलंकारे काव्ये प्रधानमिति प्राच्यानः मतः तदैवायमलंकारमये प्रधाने अभि प्राच्चयानाम्मतम्"। जयदेव ने तो अलंकार को काव्य की आत्मा बताते हुए यहाँ तक कह डाला है कि यदि कोई विद्वान काव्य को अलंकार रहित मानता है, तो वह अग्नि को उष्णता रहित क्यों नहीं मानता। "अंगीकरोतियः काव्यं शब्दार्थौ अलंनकृतिः असौ न मन्यते कस्मात् अनुष्णमलंकृतिः"। आचार्य वामन यद्यपि रीति सम्प्रदाय के प्रवर्तक कहे जाते हैं, परन्तु उन्होंने ने भी अलंकार के महत्व को काव्य में स्वीकार किया है। उन्होंने कहा है कि "काव्यं ग्राह्यं अलंकारात् सौन्दर्यमलंकारः"। इतना ही नहीं अग्निपुराण में वामन ने काव्य में इसकी महत्ता को स्वीकार करते हुए लिखा है- "अर्थालंकार रहिता विधवेवे सरस्वती" हिन्दी के आचार्य केशवदास ने भी काव्य में अलंकारों की महत्ता को स्वीकार करते हुए लिखा है, "जदपि सुजाति सुलक्षिनी, सुबस सरस सुवृत्त, भूषन विन न विराज ही कविता, वनिता, मित्त" बिल्कुल ऐसा ही भामह ने सादृश्य मूलक भाव निम्न पंक्ति में स्पष्ट किया है। "न कान्तमणिनिर्मूषं विभाति वनिता मुखम्" यही कारण है कि केशवदास ने भामह से प्रेरित होकर अपने काव्य में अलंकारों को स्थान दिया है। और श्लेष, यमक के चमत्कारों से काव्य को चमत्कृत किया है।

उपर्युक्त विवेचन से स्पष्ट हो जाता है कि विद्वानों ने अलंकारों को भी काव्य का एक आवश्यक अंग प्रतिपादित किया है। अब यह जटिल समस्या उत्पन्न होती है कि अलंकार और अलंकार्य में क्या भेद नहीं है। इस तथ्य पर इटली के अभिव्यंजनावादी समालोचक क्रोचे ने विचार प्रगट करते हुए लिखा है कि वे अलंकारों को ऊपर से आरोपित नहीं मानते। अपितु स्वाभाविक मानते हैं। वे कहते हैं कि अलंकार के साथ अलंकार्य की सुन्दरता होना आवश्यक है। परन्तु हमारे यहां के

आचार्यों ने अलंकार और अलंकार्य में भेद माना है। यह भेद ऐसा होता है जैसे अंग और अंगी का। अलंकार और अलंकार्य का भेद मानते हुए भी हमें उसका बिल्कुल ऊपरी नहीं मानना चाहिए, क्योंकि कविता का सौन्दर्य अलंकार और अलंकार्य की पूर्णता से है। अब यह समस्या उत्पन्न होती है कि क्या अलंकार काव्य की आत्मा है? इसका उत्तर स्पष्टतः नकारात्मक है, क्योंकि साहित्यदर्पण कार विश्वनाथ ने "अलंकारः कटक कुण्डलादिवत्" कहकर अलंकारों को केवल शोभावृद्धि करने वाला कहा है। जो वस्तु शोभा वर्धक होगी, आत्मा कैसे हो सकती है। आत्मा और प्राण तो जीवन से सम्बन्धित हैं, अर्थात् जैसे आभूषण रहित मानव को निर्जीव नहीं कह सकते उसी प्रकार अलंकार रहित काव्य को आत्मा रहित नहीं कह सकते। जिस प्रकार आभूषण मानव के लिए बाह्य वस्तु होती है, उसको इच्छानुसार पहना और उतारा जा सकता है, उसी प्रकार अलंकारों को काव्य में स्वीकार तथा अस्वीकार किया जा सकता है। अतः इससे स्पष्ट हो जाता है कि काव्य के लिए अलंकार गौण हैं। उसकी आत्मा नहीं हो सकती। हिन्दी के एक कवि ने लिखा है कि- "सर्व ढ़के सोहत नहीं, उधरे होत कुबेश, अर्ध ढ़के सोहैं सबै कवि, अक्षर कुच केश"- इससे अलंकार की अनिवार्यता के स्थान पर गौणता ही स्पष्ट होती है। काव्य के लिए अलंकारों का प्रयोग आवश्यक नहीं है। इसका प्रमाण स्वयं केशवदास है क्योंकि काव्य को चमत्कृत करने के लिए उन्होंने अलंकारों से ओतप्रोत कर दिया है और संसार ने उन्हें कठिन "काव्य का प्रेत" और "हृदय हीन कवि" उपाधियों से विभूषित किया। पंचवटी वर्णन में उन्होंने अनुप्रास का चमत्कारिक प्रयोग तो किया है, पर उसमें श्रुतिकटु दोष का समावेश हो गया है। "सब जात फटी दुख की दुपटी कपटी भरहे जहां एक धरी"। इसके विपरीत हिन्दी काव्य में बहुत सी ऐसी कवितायें हैं जिनमें अलंकारों का तो अभाव है, परंतु वे उच्चकोटि की मानी गई है। उनमें अनुभूति पक्ष की प्रधानता है। जिससे उसमें सुन्दर कवित्व विद्यमान है। "फाग की मोर अभीरन में गहि गोविन्द लै गई भीतर गोरी, भाय करी मन की पद्माकर ऊपर नाई अबीर की झोरी।" इस प्रकार हम देखते हैं अलंकार का काव्य में प्रमुख स्थान न होकर गौण स्थान होने के कारण उसे काव्य की आत्मा कहना तर्क सम्मत नहीं है। क्योंकि आत्मा का स्थान प्रत्येक पदार्थ के स्थाईत्व के लिए आवश्यक है।

2. वक्रोक्ति सम्प्रदाय- इस सम्प्रदाय के समर्थक विद्वान काव्य की आत्मा

के पद पर वक्रोक्ति को आसीन करते हैं। आचार्य कुन्तक ने वक्रोक्ति को काव्य की आत्मा मानते हुए लिखा है। "वक्रोक्ति काव्य जीवितम्" अर्थात् वक्रोक्ति काव्य का जीवन या प्राण है। वक्रोक्ति शब्द का प्रयोग आदि काल से चला आ रहा है। वाणभट्ट ने अपनी कादम्बरी में इस शब्द का प्रयोग परिहास जल्पित अर्थ के रूप में किया है। अमरुक ने अमरुक शतक में व्यंग्य गर्भित उक्ति के रूप में वक्रोक्ति शब्द का प्रयोग किया है। भामह ने "वाचा मलंकृतिः" कहकर इसको सभी अलंकारों का मूल माना है। दण्डी, भामह, रुद्रट आदि ने शब्दालंकार मानकर काकु वक्रोक्ति तथा श्लेष वक्रोक्ति नामक दो भेद कर दिये हैं। परन्तु आचार्य कुन्तक ने ग्यारहवीं शताब्दी में वक्रोक्ति को "वाग्वैदग्ध्यपूर्ण विचित्रोक्ति" कहा है।

"वक्रोक्ति रैव वैदग्ध्य भंगीं मणिति रुच्यते" तदनन्तर वामन ने वक्रोक्ति को लोकोत्तर चमत्कार पूर्ण आहलाद करने वाली सिद्ध करके इसके लिए तीन आवश्यक बातों की स्थिति को स्वीकार किया है। (क) कवि कौशल या कवि का प्रतिभा व्यापार (ख) लोकोत्तर चमत्कार (ग) वैदग्ध्यपूर्ण उक्ति। प्रस्तुत मत के अनुसार काव्य में शब्द और अर्थ दोनों का महत्व स्थापित किया गया है। जैसाकि कुन्तक द्वारा दी गई काव्य की परिभाषा से परिलक्षित होता है। "शब्दाथौ सहितौ वक्र कवि व्यापार शालिनी बन्ध्ये, व्यवस्थितौ काव्यं तदविदा अहलादकारिणी"। दोनों में कवि का वक्रता सम्बंधी कौशल आवश्यक है। क्योंकि कुन्तक ने काव्य में तद्विद् अर्थात् सुहृदयों को आहलाद देने का गुण भी स्वीकार किया है। अतः कुंतक ने वक्रोक्ति के भेद प्रभेद करते हुए उसके छः भेद किये हैं। (क) वर्ण विन्यास वक्रता (ख) पद पूर्वार्ध वक्रता (ग) पद परार्ध वक्रता (घ) वाक्य वक्रता (ड़) प्रकरण वक्रता (च) प्रबंध वक्रता। इस प्रकार वर्ण से लेकर प्रबंध तक की विवेचना करके आचार्य कुन्तक ने वक्रोक्ति के व्यापक रूप का विश्लेषण करते हुए उसको काव्य की आत्मा सिद्ध करने का प्रयास किया है। क्या वक्रोक्ति को वास्तव में काव्य की आत्मा स्वीकार करना उपयुक्त है। इसका उत्तर निषेधात्मक रूप में कारण सहित इस प्रकार है।

(क) क्या प्रत्येक काव्य में वक्रोक्ति का होना आवश्यक है? कुन्तक के अनुसार तो जहाँ-जहाँ काव्य होगा, वहाँ-वहाँ वक्रोक्ति अवश्य होगी। परन्तु यह मान्यता 'प्रियप्रवास' (अयोध्या सिंह उपाध्याय हरिऔद्य) की दो पंक्तियों से स्पष्ट नहीं

होती। दिवस का अवसान, समीपथा, गगन था कुछ लोहित हो चला' इसके काव्यत्व को तो सभी ने स्वीकार किया है, पर वक्रोक्ति का कहीं भी आभास नहीं होता।

(ख) वक्रोक्ति उक्ति की वक्रता होती है, जो एक प्रकार की विशेष कथन प्रणाली है। इसका संबंध कलापक्ष से होता है। कलापक्ष काव्य का आंतरिक पक्ष न होकर बाहय पक्ष है। आत्मा का संबंध काव्य के आंतरिक पक्ष से है। अतः वक्रोक्ति काव्य की आत्मा नहीं हो सकती।

(ग) भामह, रूद्रट, वामन, दण्डी आदि ने भी वक्रोक्ति को शब्दालंकार मानते हुए उसके दो भेद किये हैं। इससे पहले हमने काव्य की आत्मा अलंकार नहीं माना है। तब स्वतः ही इसका खंडन हो जाता है।

(घ) आत्मा अविभाज्य होती है। जबकि वक्रोक्ति के भेद प्रभेद किये जा चुके हैं। अतः वक्रोक्ति का संबंध काव्य कलेवर से है, आत्मा से नहीं। अतः इसको काव्य की आत्मा स्वीकार करना निराधार है।

3. रीति सम्प्रदाय- इस सम्प्रदाय के प्रवर्तक आचार्य वामन है। जिनका समय आठवीं या नौवीं शताब्दी माना जाता है। इन्होने रीति को काव्य की आत्मा स्वीकार करते हुए लिखा है, 'काव्यस्यात्मारीतिः' साथ ही व्याख्या भी की है। 'विशिष्टा पद-रचना रीति' साथ ही विशिष्ट शब्द की व्याख्या प्रस्तुत करते हुए लिखा है 'विशेषोगुणात्मा' इस व्याख्या से उनका तात्पर्य यह है कि विशेष के अंतर्गत ओज माधुर्य, प्रसाद, गुण स्वतः ही विद्यमान रहते हैं। रीति का संबंध गुणों से है और गुणों का संबंध काव्य की आत्मा रस से है। अतः इस प्रकार रीतिकाव्य की आत्मा का स्थान ग्रहण कर लेती है। रीति का विभाजन भिन्न-भिन्न आधार पर किया है।

(क) वैदर्मी रीति- यह विदर्भ देश में प्रचलित रीति है। जो सभी गुणों से युक्त होती है।

(ख) गौड़ी रीति- इसका नामकरण गौण (बंगाल) प्रदेश के आधार पर किया गया है। इसमें मधुरता, सुकुमारता, का अभाव और ओज का प्राधन्य होता है।

(ग) पांचाली रीति- इसका नामकरण पांचाल (पंजाब) प्रदेश पर हुआ है। यह

मधुरता तथा सुकुमारता से युक्त होती है। आचार्य रूद्रट ने समास के आधार पर रीति के चार भेद किये हैं- (1) वैदर्मी रीति- समास रहित शैली (2) पांचाली- लघु समास शैली (3) लाटी- मध्यम समास शैली (4) गौणी- दीर्घ समास शैली। अतः उपर्युक्त विवेचन में रीति का गुण से और गुण का काव्य की आत्मा से संबंध स्थापित करके रीति को काव्य की आत्मा बताने का प्रयास किया गया है। परन्तु इसका अर्थ यह नहीं, हम रीति को काव्य की आत्मा स्वीकार कर लें। इसके हमारे पास कई कारण हैं- *पहला-* रीति तो कथन की एक प्रणाली होती है। जिसका संबंध काव्य के बाह्यपक्ष से होता है। जोकि काव्य के अंतर्गत प्रख्यात है। इसका संबंध शब्द और अर्थ से है, आत्मा से नहीं। *दूसरा-* आचार्य विश्वनाथ ने भी रीति की व्याख्या करते हुए पदों की 'नियमबद्ध संघटना' बताया है। यह पदो की नियमबद्ध संघटना काव्य सौंदर्य की अभिवृद्धि में सहायक तो होती है, परन्तु इसका संबंध काव्य के आंतरिक पक्ष से नहीं है। अतः इसमें काव्य की आत्मा युक्ति संगत नहीं है। *तीसरा-* रीति के अंतर्गत अलंकार गुण आदि का काव्य के बाहृय पक्षों में आगमन होता है, जबकि आत्मा के अंतर्गत कुछ अन्य पदार्थ ही होता है। जो पाठकों को आहलादकारी होता है। एक पद रचना भौंडी होती है। परन्तु उसमें सरसता होती है। पर कुछ ऐसी होती है। जो सुन्दर तो होती है, पर नीरस होती है। पद सरसता ही काव्य की आत्मा है। जबकि रीति से सरसता और नीरसता का कोई संबंध नहीं रहता। इसलिए यह सम्प्रदाय भी आत्मा के लिए तर्क संगत प्रतीत नहीं होता।

4. ध्वनि सम्प्रदाय- ध्वनि सम्प्रदाय के प्रवर्तक ध्वन्यालोककार आनन्द वर्धनाचार्य माने जाते हैं। इनका समय नौवीं शताब्दी है। कुछ लोग ध्वन्यालोककार और आनंदवर्धन को अलग-अलग मानते हैं। किन्तु आनंदवर्धन ने काव्य की आत्मा ध्वनि को स्वीकार करते हुए लिखा है। ''काव्यस्यात्मा ध्वनिः' अब विचारो ध्वनि क्या है?

ध्वन्यालोककार ने 'अनुरणन' या घण्टा की टन्न के बाद देर तक होने वाली झंकार से ध्वनि की तुलना की है। परन्तु काव्य के अंतर्गत ध्वनि से तात्पर्य व्यंजना शक्ति से है। जिसका अर्थ विशेषरूप से प्रकाश न करने वाली शक्ति होता है। ध्वनि की परिभाषा देते हुए ध्वन्यालोककार ने लिखा है- ''यत्रार्थ शब्दों वा तदर्थमुत्सर्जनी कृत स्वार्थः व्यक्तः काव्य विशेष सः ध्वनि रिति सूरभिः कथितः'' ध्वनि के विद्वानों

ने कई प्रभेद किये हैं। सर्वप्रथम ध्वनि के दो भेद किये गये।

ध्वनि

- अभिधामूलक ध्वनि
  - संलक्ष्य क्रम व्यंग्य ध्वनि के तीन भेद
    3 भेद
    ↓
    1. वस्तु ध्वनि
    2. अलंकार ध्वनि
    3. उभयशक्ति उद्भव अनुररण ध्वनि
  - असंलक्ष्य क्रम व्यंग्य ध्वनि के
    8 भेद
    ↓
    1. रस 2. रसाभास 3. भाव
    4. भावामास 5. भावशांति
    6. भावोदय 7. भावसंधि
    8. भावशवलता
- लक्षणामूलक ध्वनि
  - उपादान लक्षणाश्रित
  - लक्षणलक्षणाश्रित

अभिधामूला- इस अभिधा मूला के पुनः दो भेद किये गये- (क) संलक्ष्य क्रम व्यंग्य ध्वनि- यह भी तीन भागों में विभक्त की गई वस्तुध्वनि, अलंकार ध्वनि तथा उभय शक्ति उदभव अनुरणन ध्वनि (ख) असंलक्ष्य क्रम व्यंग्य ध्वनि इसके आठ भेद हैं। रस, रसाभास, भाव, भावाभास, भावशांति, भावोदय, भावसंधि और भाव शवलता।

लक्षणामूला ध्वनि- यह भी दो भागों में विभाजित की गई है उपादान लक्षणश्रिता तथा लक्षणलक्षणाश्रित। ध्वनि के आधार पर विद्वानों ने काव्य को तीन श्रेणियों में विभाजित किया है- उत्तम काव्य- इसमें व्यंग्यार्थ की प्रधानता रहती है। दूसरा मध्यम काव्य- इसमें व्यंग्यार्थ गौण हो जाता है। तीसरा अधम काव्य- इसमें अलंकारों का चमत्कार तथ अभिधा शक्ति की प्रधानता रहती है। इस प्रकार ध्वनि में अत्यंत व्यापक रूप धारण करके काव्य की आत्मा के स्थान को ग्रहण करने का प्रयत्न किया परन्तु वह अपने उददेश्य में सफल न हो पाया, इसका मूल कारण यह है कि ध्वनि के विस्तृत क्षेत्र में काव्य के अुनभूति पक्ष तथा अभिव्यक्ति पक्ष दोनों का समन्वय हो गया है। जबकि काव्य की आत्मा का संबंध केवल अनुभूति पक्ष से है। ध्वनि काव्य की आत्मा आंशिक रूप से कही जा सकती है, क्योंकि जिस प्रकार आत्मा गुप्त एवं अंतर्निहित होती है, उसी प्रकार ध्वनि भी गुप्त अंतर्निहित रहती है। फिर भी ध्वनि को काव्य की आत्मा उसमें काव्य के आंतरिक एवं बाहृय दोनो पक्षों

के समन्वय के कारण नहीं मान सकते। ध्वनिकार ने ध्वनि के तीन रूप ही बताये हैं।

वस्तुध्वनि- इसका संबंध काव्य की बाहूय प्रकृति से है क्योंकि यह कथा वस्तु पर आश्रित होती है। इसके द्वारा काव्य बाहूय रूप कथा वस्तु में ही चमत्कार उत्पन्न होता है। परन्तु प्रत्यक्ष या परोक्ष रूप में यह रस के अवयवों को कोई सहयोग प्रदान नहीं करती, अतएव यह काव्य की आत्मा नहीं मानी जा सकती।

अलंकार ध्वनि- इस ध्वनि के अनुसार ध्वनि का विषय केवल अलंकार के साथ मिलकर चमत्कार मात्र उत्पन्न करना होता है। अतः इस प्रकार शरीर से भी पृथक रहते हुए अर्थात् शब्द और अर्थ दोनों से भी विरक्ति अथवा उनसे संबंधित आत्म शब्द मात्र की उपकारी होने से काव्य में रस की उत्पत्ति नहीं होती, अतः इस ध्वनि को भी काव्य की आत्मा नहीं कहा जा सकता।

रस ध्वनि- विद्वानों ने रस को काव्य की आत्मा माना है। इसके अभाव में काव्य का काव्यत्व नष्ट हो जाता है। व्यंजना द्वारा रस को चमत्कृत करने के कारण उसमें और अधिक धार्मिकता आ जाती है। अतः यही ध्वनि काव्य की आत्मा मानी जा सकती है।

5. रस सम्प्रदाय- काव्य की आत्मा के बारे में सबसे अधिक पुष्ट और मान्य सिद्धांत रस सम्प्रदाय वालों का है। इस सम्प्रदाय के प्रवर्तक नाटयशास्त्र के रचयिता भरत मुनि हैं उन्होंने अपने नाटयशास्त्र में एक जगह लिखा है कि ''विभावानुभाव व्यभिचारिभाव संयोगाद्रसनिष्पत्तिः'' इसके अनंतर उन्होने लिखा है कि ''न हि रसाकृते कश्चिदर्थः प्रवर्तते।'' अग्नि पुराण काल में भी इसकी महत्ता को भरतमुनि के युग में स्वीकार करते हुए लिखा है 'वाग्वैदग्ध्यप्रधानेऽपिरसएवात्र जीवितम्' अर्थात् काव्य वैदग्ध्य प्रधान है, तो भी रस उसमें है। उन्होने रस की महत्ता को प्रबल रूप में स्वीकार किया है। काव्य में रस की महत्ता को केवल रस के अनुयायियों ने ही नहीं अपितु अलंकारवादी, वक्रोक्तिवादी, रीतिवादी, एवं ध्वनिवादी आदि सभी विद्वानों ने स्वीकार किया है। अलंकारवादियों ने रसवदलंकार, जयेदव ने 'रसानेकं, रीतिवादी वामन ने दीप्त्यरवतंवकांतिः' कहकर काव्य के लिए रस की अनिवार्यता स्वीकार की है। ध्वन्यालोकार ने रस की महत्ता को स्वीकार करते हुए यहाँ तक लिख दिया है,

कि जैसे वसन्त ऋतु में वृक्ष नये और हरे-भरे दिखाई देते हैं। वैसे ही इसका आशय ले लेने से पहले देखे हुए अर्थ भी नया रूप धारण कर लेते हैं। आचार्य मम्मट ने भी इसकी महत्ता को स्वीकार किया है। इसके अतिरिक्त विश्वनाथ एवं पं. राज जगन्नाथ दोनों ने स्वीकार किया है, कि विनारस के काव्य निष्प्राण है। विश्वनाथ ने साहित्य दर्पण में काव्य की आत्मा रस को सिद्ध करते हुए लिखा है। "वाक्यं रसात्मकं काव्यम्" हिन्दी के कवि और आलोचक भी काव्य की आत्मा रस को स्वीकार करते हैं। महाकवि देव ने तो यहां तक कह दिया है कि शब्दार्थ का सारभूत तत्व काव्य है, और काव्य का सारतत्व रस है। हिन्दी के आलोचकों में से रामचन्द्र शुक्ल जी का नाम रस को काव्य की आत्मा मानने वाले विद्वानों में से सर्वप्रथम लिया जाता है। वे कहते हैं, "जिस प्रकार आत्मा की मुक्तावस्था ज्ञान दशा कहलाती है, उसी प्रकार हृदय की मुक्तावस्था रस दशा कहलाती है, इसको हम भावयोग कहते हैं। और कर्म योग तथा ज्ञान योग के समकक्ष मानते हैं। इस विवेचन से यह स्पष्ट हो जाता है, कि प्रत्येक सम्प्रदाय के विद्वानों ने काव्य में रस की स्थिति को महत्ता प्रदान की है। रस सम्प्रदास के विरोधी कुछ विद्वान यह कहते हैं, कि क्या रस के अभाव में काव्य का निर्माण नहीं हो सकता। उनके इस प्रश्न का उत्तर केवल इतना ही है, हाँ हो सकता है पर रसहीन काव्य चिर स्थाई नहीं होता, उसके स्थाईत्व के लिए रस की स्थिति अनिवार्य है। अंत में निष्कर्ष रूप में हम यह कह सकते हैं कि रस ही काव्य की आत्मा है। शब्द और अर्थ काव्य के शरीर हैं। अलंकार कुण्डल के समान शोभावर्धक हैं। जैसाकि विश्वनाथ ने भी साहित्यदर्पण में लिखा है, "काव्यस्य शब्दार्थो शरीरम् रसादिश्चात्मा गुणः शौर्यदिवत् दोषा काणत्वादिवत् रीतिऽवयव संस्थान विशेषवत् अलंकारा कटककुण्डलादिवत्" अतः रस ही काव्य की आत्मा है, क्योंकि जिस प्रकार आत्मा शरीर के अन्तर्गत रहती है, उसी प्रकार रस भी काव्य के अन्तर्गत सर्वदा विद्यमान रहता है। जिस प्रकार आत्मा के अभाव में शरीर निर्जीव होकर चिरस्थायी नहीं रह पाता है, उसी प्रकार रस के अभाव में काव्य भी निर्जीव होकर चिरस्थाई नहीं बन पाता। जिस प्रकार आत्मा चिरंतन एवं सत्य है, उसी प्रकार रस भी चिरन्तन, चिन्मय एवं सत्य है। जैसा कि कहा भी गया है- "रसौ वै सः"।।

15

मेरी स्मृति स्मरण योग्य

लेखक की एक जीवन्त स्मृति

नई कविता के प्रसिद्ध कवि एवं द्वितीय तारसप्तक के चमकते सितारे श्री भवानी प्रसाद मिश्रजी से एक साक्षात्कार- एम. ए. हिन्दी उत्तरार्ध के शिक्षा सत्र 1971-72 के मध्य "हिन्दी साहित्य समिति एन.आर.ई.सी. कॉलिज, खुरजा जिला बुलंदशहर (उ.प्र.) सम्बद्ध मेरठ विश्वविद्यालय, मेरठ (वर्तमान चौधरी चरण सिंह विश्वविद्यालय, मेरठ) के स्वर्ण जयन्ती भवन में मेरे छात्र जीवन के कुछ सुखद एवं स्मरणीय क्षण"- मैंने पूज्य सभी गुरूजनों डॉ. द्वारिका प्रसाद सक्सेना हिन्दी विभागाध्यक्ष, डॉ. रामकिशोर मौर्य, डॉ. सोमप्रकाश सुधेश, श्री सुरेश चन्द्र गुप्त, डॉ. सुरेन्द्रपाल स्नातक तथा श्री महेश चन्द्र गौड़ (अंग्रेजी विभागाध्यक्ष तथा उप प्राचार्य) की उपस्थिति में इस साक्षात्कार का सौभाग्य प्राप्त किया, सभी साथी विद्यार्थियों के साथ विनम्र निवेदन करके श्री मिश्र जी से नई कविता और उनकी प्रसिद्ध कविता 'गीत फरोस' के प्रति जिज्ञासा प्रगट की, तब उन्होंने बताया कि "मैं जो कुछ हूँ कविता में हूँ" गीत फरोस कविता सुनाई तथा उसकी ध्वन्यर्थ व्यंजना को स्पष्ट किया। आपकी "बुनी हुई रस्सी, चकित है दुख" और "गांधी प्रशस्ति" ये कवितायें 1945, 55, 56, 57 में आकाशवाणी बम्बई और दिल्ली से भी प्रसारित हो चुकी थी। उन्होंने बताया कि निरंकुश कवि को कविता उसके हृदय की कविता होती है, उसमें उसकी स्वतंत्र मौलिक उद्‌भावनायें भाव सम्पृवत होती

है। कविता के प्रयोजन पर, वे बोले कि लोग कहते हैं कि कविता कीर्ति के लिए और धन के लिए होती है यह मेरे मत से गलत है। कविता का उद्रेक तो 'स्वान्तः सुखाय' के लिए सर्वप्रथम होता है। उसे समाज सुनकर जो स्वरूप दे यह समाज की इच्छा पर निर्भर है। कविता न तो भिक्षा है न ही व्यवसाय और नौकरी। सच्चा कवि एक शिक्षक है, जो देता अधिक है लेता कम है। आज अर्थ की प्रधानता है अतः अर्थ से कविता को जोड़ना औचित्यपूर्ण नहीं है। वाल्मिकि, कालिदास, भास, भवभूति, दण्डी, भामह आदि संस्कृत कवियों ने कविता को कहीं भी यश और अर्थ से प्रारंभ में नहीं जोड़ा फिर समाज ने उन्हें कैसा समझा वो पीछे की बात है। अतः कविता एक मौलिक और रचनात्मक भाव धारा है जो स्वतः प्रस्फुटित होती है, और स्फूर्त होकर सहृदय को आह्लादित करती है। कविता का प्रयोजन सृजन एवं सच्चरित्र की स्थापना है। विलास नहीं, शब्दार्थ का योग बड़ी सावधान से हो, नम्र बनने, बनाने, प्रेम करने कराने सुख लेने और सुख देने को कविता लिखो। जब-जब समाज में प्रेम, स्नेह, सौहार्द का ह्रास होता है। तो कविता भी कुंठित हो जाती है, विशेषकर हिन्दी कविता तो सदा से ही संदेश वाहिनी रही है। चाहे चन्द्रवरदाई हों, या सूर, तुलसी, रसखान, मीरा, प्रसाद, पंत, महादेवी, निराला हों। हाँ रीतिकाल में कविता सौन्दर्य, शृंगार मुद्रा परक हुई, तभी तो भक्तिकाल हिन्दी का स्वर्गयुग कहा गया। रीतिकाल के बाद भारतेन्दु ने सही मार्ग अपनाया और कविता को ब्रह्मानंद सहोदर रस का स्थान दिया। इसलिए यह सुनिश्चित है कि, कवि को नकल से दूर रहना चाहिए अनुकरण (नकल) करने वाला स्वभाव से कवि नहीं। श्री मिश्र जी ने बताया कि “नये जमाने में पुराने मूल्यों को प्रतिष्ठित करता हूँ अतः मैं नया हूँ” रसों के स्थाई भाव भी प्राचीन हैं, उनके बिना कविता आज भी पूरी नहीं। जो कवि हृदय से कुछ गुनगुनाता है तो छंद स्वतः आ जाता है और लय और प्रवाह के साथ कवि कौशल आत्मीयता से चला आता है। आज की नई कविता में बातचीत की लय आ जाय, तो वह आकर्षक होगी ही। कवि अपनी अस्मिता को भूलकर ही अच्छी कविता लिख सकता है। आज की कविता का शृंगार भड़कीला है। वह समाज को गंभीरता की जगह उच्छृंखलता प्रदान करता है। कविता कवि को व्याकुल कर देती है। आज का कवि व्याकुल नहीं है। धर्म और दर्शन की उपेक्षा से कविता कमजोर हुई है। प्रगति से कविता का मेल है। प्रेम कविता का मूल है। नई कविता को विश्लेषित करते

हुए उन्होंने कहा- कि शब्द साधना कविता का मुख्य हेतु है नहीं तो भाव साधना भी व्यर्थ जा सकती है। स्वाध्याय एवं अभ्यास भी अपेक्षित है। समयानुसार छंद परिवर्तन हो सकता है, लेकिन लय होना आवश्यक है। पुराने छंद यदि न हों तो उनकी लय का होना तो आवश्यक है। अकविता के नामकरण पर उन्होंने बताया कि जब किसी सहृदय को कविता सुनने पर कविता का अनुभव या आनंद नहीं आया तो कोई अन्य नाम तो सूझा नहीं अकविता ही उसे कहने लगे। इस प्रकार श्री मिश्र जी ने अपना साक्षात्कार पूरा करते हुए यही बताया कि कवि परिस्थिति को देखकर अपने को भूलकर सृजन हेतु और यथार्थ और आदर्श के समन्वय के साथ जो भावोद्रेक करता है वहीं कविता है। और आज यही नई कविता के नाम से प्रचलित है। अंत में स्मृति हेतु फोटोग्राफ हुआ और स्नेहिल एवं माधुर्य युक्त वार्तालाप एवं स्वल्पाहार के पश्चात् साक्षात्कार सम्पन्न हुआ।

हिन्दी साहित्य का भक्तिकाल स्वर्णयुग क्यों?

ग्रन्थों की प्रसिद्ध और रचनाओं की प्रचुरता के आधार पर रामचन्द्र शुक्ल ने समस्त हिन्दी साहित्य के इतिहास के चार भागों में विभक्त किया है। 1. आदिकाल- वीरगाथा काल या चारण काल के नाम से घोषित यह काल सम्वत् 1050 से 1375 विक्रमी संवत् तक है। 2. भक्तिकाल- यह धार्मिक काल या पूर्व मध्यकाल के नाम से पुकारा जाता है। इसका समय 1375 से 1700 सम्वत् तक माना गया है। 3. रीतिकाल- कुछ विद्वान इसको 1700 से 1900 सम्वत् तक स्वीकार करते हुए उत्तर मध्यकाल की संज्ञा प्रदान करते हैं। 4. आधुनिक काल- सम्वत् 1900 से अद्यावधि पर्यन्त तक। इसकी क्रांति स्वीकार करते हुए, स्वातंत्र्य काल के नाम से पुकारते हैं। उपर्युक्त विवेचित्त चारो कालों में से भक्तिकाल के अन्तर्गत हिन्दी साहित्य को समृद्धता और सम्पन्नता इतनी अधिक मिली जिसके फलस्वरूप श्यामसुन्दर दास के साथ-साथ अन्य विद्वानों को भी उसे हिन्दी साहित्य का स्वर्गयुग स्वीकार करना पड़ा। श्यामसुंदर दास जी ने तो यहां तक लिख दिया है कि, "जिस युग में कबीर, जायसी, सूर, तुलसी जैसे रस सिद्ध कवियों और महात्माओं की दिव्यवाणी उनके अन्तः करणों से निकलकर देश के कोने-कोने में फैली थी। उसे साहित्य के इतिहास में सामान्यतः भक्ति युग कहते हैं। निश्चय ही यह हिन्दी साहित्य का स्वर्गयुग था, क्योंकि हिन्दी साहित्य के अन्तर्गत जितनी लेखन कला या काव्य निर्माण इस युग में हुआ, उतना

अन्य किसी काल में नहीं। इस युग की मुख्यतः दो विचारधारायें हैं"। (क) निर्गुणवादी (ख) सगुणवादी। निर्गुण विचारधारा में से ज्ञानश्रयी और प्रेमाश्रयी का निस्सरण हुआ। सगुणवादी विचारधारा में से रामकाव्य धारा और कृष्णकाव्य धारा ये दो शाखायें निकलीं। इस प्रकार इस युग में ये चार शाखायें प्रचलित हुई। इनमें से ज्ञानाश्रयी धारा के अनुयायी मोक्ष प्राप्ति के लिए ज्ञान प्राप्त करना आवश्यक बताते हैं। साथ ही धर्म के अन्तर्गत प्रचलित कुरीतियों को दूर करने का प्रयास करते हैं। इस शाखा में अन्य कवियों में से कबीर का नाम विशेष उल्लेखनीय है।

गुरु नानक, दादूदयाल, सुंदरदास, मलूक दास आदि अनुयायियों ने इस शाखा को अमूल्य कृतियाँ प्रदान करके महत्वपूर्ण बनाया। प्रेमाश्रयी शाखा में जो सूफी काव्य से अत्यधिक प्रभावित है प्रेम पर बल प्रदान किया गया। इस शाखा के कवियों में पद्मावत अखरावट और आखिरी कलाम के रचयिता मलिक मुहम्मद जायसी का नाम अप्रतिम है। मृगावती के लेखक कुतुबन, मधुमालती के मज्झन, चित्रावली के उस्मान नूर मुहम्मद आदि कवि इस शाखा के अन्तर्गत अपना प्रमुख स्थान रखते हैं। इस शाखा के कवियों ने लौकिक प्रेम के साथ आध्यात्मिक प्रेम की व्यंजना की है। इस युग की राम काव्य धारा ने भारतीय समाज को पतन के गर्त में गिरने से बचाने के लिए उसे शक्ति प्रदान की और उन्नति की ओर अग्रसर होने में प्रोत्साहन दिया। गोस्वामी तुलसीदास ने रामचरित मानस, विनय पत्रिका, गीतावली आदि अनेक ग्रन्थों की रचनाकर हिन्दी साहित्य के विकास में अमूल्य योग प्रदान किया। नाभादास, प्राणचंद चौहान विश्वनाथ सिंह आदि कवियो ने इस धारा को आगे बढ़ाया, कृष्णकाव्य धारा के कवियों ने कृष्ण को अपना इष्टदेव मानते हुए कृष्ण की लीलाओं, ब्रज की गलियों, कुंजों, यमुना नदी आदि को वर्ण्य विषय बनाकर अपने काव्य की रचना की साथ ही कृष्ण के माधुर्य पक्ष पर विशेष बल दिया, इस धारा के सर्वप्रमुख कवि सूर सागर, सूर सारावली, साहित्य लहरी आदि ग्रन्थों के रचयिता सूरदास जी हैं। सूरदास, कुंभनदास, परमानंददास, कृष्णदास, छीतस्वामी, गोविन्द स्वामी, चतुर्भुजदास और नंददास आदि इस काव्यधारा के "अष्टछाप" के कवियों के नाम प्रसिद्ध हैं। उपर्युक्त भक्तिकाल की चारौ धाराओं का अध्ययन तथा विवेचन द्वारा यह देखना है कि ऐसी कौन-कौन सी विशेषतायें हैं, जो अन्य युगों की अपेक्षा उस काल को स्वर्ण

युग कहलाने का अधिकारी बनाती है। वे इस प्रकार हैं-

1. भारतीय संस्कृति तथा आचार विचार की रक्षा करना भक्तिकाल की सर्वप्रमुख विशेषता है। यह वह समय था, जब मुस्लिम आक्रमण कारियों का देहली के राजसिंहासन पर अधिकार था। ये मुस्लिम शासक हिन्दुओं को साम-दाम-दण्ड-भेद इन चारो ही नीतियों से धर्म परिवर्तन करने के लिए बाध्य कर रहे थे, हिन्दू जनता भी, वैदिक धर्म के बाह्य आडम्बरों के कारण धर्म परिवर्तन करने लगी। ऐसी परिस्थितियों में भक्तिकाल के कवियों ने बौदिक धर्म के अन्तर्गत प्रचलित कुरीतियों एवं बाहयाडम्बरों की तीखी आलोचना की। "वैष्णवमया तो क्या भया जाना नहीं विवेक, छापा तिलक लगाइकैं, दग्ध्या लोक अनेक"- कबीर। इस प्रकार की आलोचना करके कबीर ने ज्ञान का सम्बल प्रदान किया है। सगुणवादियों ने भक्ति का सहारा प्रदान करते हुए कहा है कि ईश्वर की भक्ति करने से सांसारिक कष्ट स्वतः समाप्त हो जाते हैं। इन कवियों ने कीर्तन कर भगवत भजन पर अत्यधिक महत्व प्रदान किया है। महाकवि तुलसीदास ने तो राम के प्रति अपनी अनन्यता को प्रगट करते हुए यहाँ तक कह डाला है- "भरोसो नाहि दूसरो सो करौ, मो कौं तो राम कौ नाम कल्प तरु कलि कल्यान करौ" इस प्रकार इस युग के कवियों ने भारतीय जनता को ज्ञान और भक्ति का सम्बल प्रदान करके उनको धर्म परिवर्तन करने से बचा लिया और साथ ही भारतीय संस्कृति की रक्षा करके उसको उन्नति के पथ पर अग्रसित होने का पथ प्रदर्शित किया।

2. समन्वयवादी भावना इस युग की दूसरी विशेषता है। राजनैतिक क्षेत्र तथा सामाजिक क्षेत्र के साथ जीवन के प्रत्येक क्षेत्र में इस युग में इस भावना के दर्शन होते हैं। सामाजिक क्षेत्र में कबीर ने जातिवाद की कटु आलोचना करके तथा हिन्दू और मुसलमानों के बाहूयाडम्बरों का खण्डन करते हुए इस भावना के अन्तर्गत उनको एकता के सूत्र में बांधने का प्रयत्न किया। साहित्यिक क्षेत्र के अन्तर्गत इस समन्वयवादी प्रवृत्ति का समावेश प्रत्येक कवि द्वारा हुआ। कबीर ने भाषा के अन्तर्गत पंजाबी, हिन्दी, उर्दू, फारसी आदि भाषाओं के शब्दों का अत्यधिक प्रयोग किया। तुलसीदास ने ब्रज और अवधी भाषा का प्रयोग किया। इन्होंने यदि एक ओर संस्कृत गर्भित समासंत शैली का प्रयोग अपने काव्य में किया तो दूसरी ओर प्रसाद और माधुर्य गुणों से युक्त सरस कोमल कान्त पदावली का प्रयोग किया। सभी कवियों ने वर्णिक

और मात्रिक दोनों प्रकार के छंदों में अपने काव्य की रचना की। राजनैतिक क्षेत्र के अन्तर्गत इन कवियों ने समन्वय स्थापित करने का प्रयत्न किया। धार्मिक क्षेत्र के अन्तर्गत तो विस्तृत समन्वयवादी दृष्टिकोण दिखलाई पड़ता है। शैव और वैष्णवों के मध्य समन्वय स्थापित करते हुए तुलसी दास जी ने रामचरित मानस में लिखा है। "शिव द्रोही ममदास कहावा, सोनर मोहि सपनेहु नहि भावा।" इसी प्रकार वैष्णव एवं शाक्त धर्म के अन्तर्गत समन्वय की स्थापना की। दर्शन के क्षेत्र में भी अद्वैतवाद, विशिष्टाद्वैतवाद, आदि वादों में एकता स्थापित करने का प्रयत्न किया गया। इसके अतिरिक्त इन कवियों ने नर और नारायण का भी समन्वय स्थापित किया। "भये प्रगट कृपाला, दीनदयाला, कौशल्या हितकारी" आदि कहकर ब्रह्म को कौशल्या पुत्र या दशरथ सुत के रूप में अवतरित दिखाकर अपने इष्टदेव को साधारण मानव या नर से ऊपर उठाते हुए नारायण ब्रह्म के पद पर आसीन किया। ज्ञान और भक्ति में समन्वय स्थापित करते हुए लिखा है, "ज्ञानहि भक्ति हि नहि कछु भेदा" इस युग में भक्तिमार्गी कवियों ने अपने इष्टदेव को निर्गुण और सगुण दोनों ही रूपों में अंगीकार करते हुए सगुण और निर्गुण दोनों का समन्वय किया। इस प्रकार जीवन के प्रत्येक क्षेत्र में समन्वय की भावना इस युग में दिखाई देती है। इसी समन्वयवाद के आधार पर श्याम सुंदर दास जी ने लिखा है- "हिन्दी की चरम उन्नति का काल भक्ति काव्य का काल है, जिसमें उसके साहित्य के साथ हमारे जातीय लक्षणों का समांजस्य स्थापित हो जाता है।"

3. धर्म की उच्चतम व्याख्या भक्तिकाल की तीसरी विशेषता है, इस युग के धर्म की आत्मा भक्ति है। भक्ति का जितना समग्र वर्णन इस युग में हुआ है। उतना अन्य किसी युग में नहीं। भक्ति के तीन भेद किये जाते हैं- (क) गौणी (ख) रागानुरागा (ग) वैधी। गौणी के पुनः तीन भेद किये जाते हैं। गौणी भक्ति गुण भेद से तीन प्रकार की होती है, सात्विकी, राजसी, तामसी। इन तीनों प्रकार की भक्ति में सात्विकी की भक्ति श्रेष्ठ हैं, क्योंकि इसमें ईश्वर के प्रति आत्म सर्मपण की भावना के साथ-साथ लोक कल्याण की भावना रहती है। यश की प्राप्ति की इच्छा लेश मात्र भी नहीं रहती। सूर, तुलसी दोनों ही ने सात्विक भक्ति को अपनाया है। तुलसी ईश्वर की स्तुति करते हुए कहते हैं- "तू दयालु दीन हौं, तू दानि हौं भिखारी।" गौणी भक्ति के बाद रागानुरागा भक्ति होती है, जो प्रेम तत्व पर आधारित है। यह भी तीन प्रकार

की होती है। गौण, मुख्य और अनन्य इन तीनों में से अनन्य प्रेम अप्रतिम है। गौण प्रेम होने पर भक्त सांसारिक कवियों की ओर सरलता से उन्मुख हो जाता है। मुख्य प्रेम के अन्तर्गत भक्त ईश्वर से संलग्न रहता हुआ, भी जगत के प्रति उदासीन नहीं रहता। अनन्य से भक्त संसार से पूर्णतः उपेक्षा भाव ग्रहण करके ईश्वरभक्तिसागर में अवगाहन करता है। यह भक्ति चार प्रकार की होती है। दास्य-सख्य-वात्सल्य और आत्मनिवेदन। दास्य भक्ति में भक्त अपने ईष्टदेव के समक्ष दीन हीन बलहीन के रूप में अपने आपको प्रकट करता है, अपने पापों को एक एककर के स्वतः बता देता है। और बुरे कर्मों के प्रति उसके हृदय में ग्लानि की भावना उत्पन्न हो जाती है। यह आत्म निवेदन भक्ति कहलाती है। इन दोनों प्रकार की भक्ति के दर्शन विनय पत्रिका में होते हैं। सख्य और वात्सल्य भक्ति सूरदास के सूर सागर में स्पष्ट दीख पड़ती है। तीसरे प्रकार की वैधी भक्ति जो कर्म काण्ड प्रधान होती है। इसका दूसरा नाम नवधा भक्ति भी है, इसके नौ भेद हैं- श्रवण-स्मरण-कीर्तन-पादसेवा-अर्चन- वंदन-दास्य-सख्य और आत्मनिवेदन। इस काल की सगुण धारा में इन सभी प्रकार की भक्ति का विशद वर्णन हुआ है। सगुणधारा के सूर और तुलसी कवियों ने भी इसे पूर्णतया अपनाया है। ज्ञानाश्रयी धारा के पूर्व कवि कबीर ने भी भक्ति को अप्रत्यक्ष रूप से स्वीकार किया है, क्योंकि भक्ति प्रेम पर आधारित होती है। अतः कबीर ने प्रेम को अत्यधिक महत्व प्रदान करते हुए कहा है, "पोथी पढ़ि पढ़ि जग मुआ, पण्डित भया न कोय, ढ़ाई आखर प्रेम का पढ़ै से पण्डित होय" इन्होंने नामश्रवण, स्मरण कीर्तन आदि पर भी बल प्रदान किया है। जायसी ने भी प्रेम को स्वीकार करते हुए प्रेम का आधार लेकर 'पद्मावत' की रचना की। भक्ति का जितना सांगोपांग वर्णन इस युग में हुआ है। उतना अन्य किसी युग में नहीं, तभी तो किसी लेखक ने लिखा है, "भक्ति का जितना सांगोपांग विवेचन इस काल के काव्य में हुआ है। उतना हिन्दी साहित्य के अन्य किसी काल में नहीं।"

4. इस काल की एक विशेषता रस से सम्बन्धित है, इस युग में लगभग सभी रसों का परिपाक हुआ है। शृंगार रस को अन्य रसों से विशेष महत्व दिया गया है। क्योंकि इस युग के काव्य में शृंगार रस के भेदों प्रभेदों का जितना वर्णन मिलता है, उतना अन्य किसी युग के काव्य में नहीं। शृंगार के मुख्यतः दो भेद किये जाते हैं। संयोग और वियोग इन दोनों का ही विशेष वर्णन इस काल के काव्य में हुआ है। विप्रलंभ

श्रृंगार इस काल के काव्य का प्राण है। इस श्रृंगार के पूर्वराग, मान, प्रवास और करूणा का विस्तृत विवेचन इस काल के काव्य में पूर्णतया मिलता है। तभी तो नागमती का वियोग वर्णन हिन्दी साहित्य में अद्वितीय है। सूरदास ने अपने भ्रमर गीत में गोपियों को श्रीकृष्ण के विरह में इतना व्याकुल दिखाया है कि प्रवास की ग्यारह अवस्थाओं (अन्तर्दशाओं) अभिलाषा, चिंता, स्मरण, उद्वेग, प्रलाप, गुणकथा, उन्माद, व्याधि, जड़ता, मूर्च्छा और मरण के उदाहरण उपलब्ध हैं। तभी तो शुक्ल जी ने लिखा है। "वियोग की जितनी अन्तर्दशायें हो सकती हैं, जितने ढंगों से उन दशाओं का साहित्य में वर्णन हुआ है, और सामान्यतः हो सकता है, वे सब इसके भीतर मौजूद हैं।"

5. इस युग की एक विशेषता यह भी है कि इस युग में लिखे गये काव्यों का उद्देश्य स्वातः सुखाय के साथ-साथ परहिताय भी है। कबीर दास जी ने तो साखियों, पदों, दृष्टिकूटों आदि की रचना आत्म सुख के साथ-साथ लोकहित के लिए की। लोक सुख और स्वान्तः सुख दोनों ही कबीर में दृष्टिगोचर होते हैं। इसी प्रकार जायसी में भी स्वान्तः सुख के साथ लोकहित के लिए ग्रन्थों की रचना की। सूर, तुलसी दोनों ने स्वान्तः सुखाय को अपनाया है। पर सूरदास ने भ्रमरगीत में सगुण का मण्डन और निर्गुण के खण्डन द्वारा लोक कल्याण की भावना स्थापित की है। इसी प्रकार तुलसी दास ने भी एक ओर जहाँ स्वान्तः सुखाय पर बल प्रदान किया है, तो दूसरी ओर काव्य को लोक मंगल के लिए स्वीकार करते हुए लिखा है। "करिति भनति भूति भल सोई, सुर सरि समराव करि हित होई" लेखक स्वयं समाज का एक अंग है। वह अप्रत्यक्ष रूप से समाज का कल्याण करता है। इस आधार पर इस युग की काव्य रचना में स्वान्तः सुखाय के साथ-साथ पर जन हिताय का भी ध्यान रखा गया है। इसका प्रमुख कारण इस युग के कवियों का राज्याश्रितन होना था। मुस्लिम सम्राट द्वारा कुंभनदास को राजदरबारी कवि बनाये जाने के लिए प्रस्ताव रखने पर उसको ठुकराते हुए कुंभनदास जी ने कहा है। "मौको कहा सीकरी सौं काम" ऐसी त्याग भावना हम किसी अन्य काल के कवियों में नहीं पाते। एक कवि ने तो रीतिकालीन कवियों के उद्देश्य के बारे में तो यहाँ तक लिख दिया है। "रीतिकालीन कवियों का उद्देश्य एक-एक रचना पर हजार-हजार अशर्फियाँ प्राप्त करना रह गया था।" ऐसा ही अधिकांश में आधुनिक काल के कवियों में धन प्राप्त करने की प्रवृत्ति दृष्टिगोचर होती है। इसी प्रवृत्ति के पूर्ण करने के लिए राष्ट्र कवि बनने

की दौड़ धूप करते हैं।

6. लोक तथा परलोक का एक साथ विवेचन करना इस युग का सार्वभौमिक सत्य है। ज्ञानाश्रयी की विचारधारा के प्रमुख कवि कबीर दास ने सर्वसाधारण जन समाज को प्रचलित कुरीतियों और आडम्बरों की निरर्थकता स्पष्ट करते हुए, आध्यात्मिक मार्ग को प्रदर्शित किया है। इसी प्रकार प्रेमाश्रयी धारा के प्रमुख कवि मलिक मुहम्मद जायसी ने भी अपने महाकाव्य पद्मावत में राजा रत्नसेन और पद्मावती की कथा वस्तु द्वारा आध्यात्मिक पक्ष का पूर्ण रूपेण सफल निर्वाह किया है। कृष्ण काव्य धारा के प्रमुख कवि सूरदास जी ने लौकिकता और पारलौकिकता का समावेश अपने काव्य में किया है। गोस्वामी तुलसीदास जी ने भी ब्रह्म, जीव जगत, माया आदि का विशद वर्णन करके संसार को मिथ्या ठहराते हुए पारलौकिकता को लौकिकता की अपेक्षा अधिक महत्व प्रदान किया है। तभी तो कहा भी है। "राम जपु राम जपु राम जपु बावरे, घोर भव नीर निधि नाम निज वावरे" इस प्रकार उपर्युक्त विवेचना से यह स्पष्ट हो जाता है कि चारो धाराओं के कवियों ने लौकिकता के साथ आध्यात्मिकता पर बल प्रदान किया है। जबकि अन्य कालों के कवियों ने अधिकतर लौकिकता पर ही बल प्रदान करते हुए काव्य सर्जना की है।

7. इस काल के काव्य से मानव के हृदय, आत्मा, मन और बुद्धि इन चारों की आवश्यकताओं की पूर्ति होती है। हृदय की आवश्यकताओं की पूर्ति इस काल के काव्य का भाव पक्ष करता है। इसका मूल कारण यह है कि काव्य में प्रमुखता से विप्रलंभ शृंगार का वर्णन किया गया है। इसके साथ ही साथ यत्र तत्र करूण, रौद्र शान्त, वात्सल्य रसों का परिपाक भी बड़े ही हृदय ग्राह्य ढंग से प्राप्त होता है। इसका अर्थ यह हुआ कि रस का सम्बन्ध हृदय से है। अतः मानव के हृदय की आवश्यकताओं की पूर्ति करने में इस काल का काव्य सक्षम है। श्रीमद्भगवद्गीता के "चंचलं हि मनः कृष्ण" के अनुसार मन की चंचल प्रवृत्ति को स्थिरता प्रदान करने में धर्म का विशेष महत्व है। इसलिए मन की इस आवश्यकता की पूर्ति इस काल के काव्य की धार्मिक भावना करती है। कबीरदास जी ने हठयोग द्वारा मन को नियंत्रित करने के साधन अपने काव्य में बताते हुए लिखा है कि व्यक्ति मूलाधार चक्र में स्थित कुण्डलिनी को जागृत करके षट् दलों को पार करने के उपरान्त मन को नियंत्रित करके आनंद की प्राप्ति करता

है। बुद्धि की आवश्यकताओं की पूर्ति इस युग में लिख गये काव्य के कलापक्ष से होती है। क्योंकि इस काल के काव्य में प्रत्येक कवि ने कला पक्ष को अपने विवेक बुद्धि के द्वारा मौलिकता प्रदान कर चमत्कृत बना दिया है। आत्मा की तुष्टि के लिए इस काल के काव्य में दार्शनिकता तथा आध्यात्मिकता कूट-कूटकर भरी है। क्योंकि प्रत्येक कवि में अपने काव्य में ब्रह्म जीव, जगत, माया आदि की विशाद व्याख्या द्वारा आत्मा की तुष्टि का साधन उपस्थित किया है। ऐसा अन्य काल में रचे गये किसी ग्रन्थ में प्राप्त नहीं होता।

8. शील और सदाचार की अभिव्यक्ति करना इस काल के काव्य की सर्व प्रमुख विशेषता रही है। जिसके कारण यह युग स्वर्ण युग के नाम से प्रख्यात हो गया, जिस भक्त के हृदय में शील और सदाचार का अभाव होगा, वह भक्त कहलाने का अधिकारी नहीं। यह भावना इस काल के सभी कवियों में देखने को मिलती है। लेकिन सूर और तुलसी में शील और सदाचार की भावना अप्रतिम रूप में विद्यमान है। सूरदास जी ने संख्य भाव की भक्ति और दास्य भाव की भक्ति को स्वीकार करते हुए शील और सदाचार की अभिव्यक्ति बड़े ही सुंदर ढंग से की है। "हौं सब पतितन कौ टीकौ" और "पतित सब दिवस चारि के, हौं तो जनमत ही कौ" इसी प्रकार गोस्वामी तुलसीदास ने भी स्थान-स्थान पर अपने काव्य में शील और सदाचार की अभिव्यक्ति की है। विनय पत्रिका तो इस बात का ज्वलंत उदाहरण है। "कबहुक हौं यह रहनि रहैंगौ, यथा लाभ संतोष सदा काहू सौं कछुन चहैंगौ" पर हित निरत निरंतर मन क्रम वचन नैम निबहैंगौ।

9. प्रकृति का व्यापक एवं विशद चित्रण इस काल के काव्य की एक ओर विशेषता है। काव्य में प्रकृति का चित्रण आलम्बन रूप में, उद्दीपन रूप में संवेदनात्मक रूप में, वातावरण निर्माण रूप में, प्रतीकात्मक रूप में, रहस्यात्मक रूप में, उपदेशात्मक रूप में, अलंकार रूप में, दूत रूप में, मानवीकरण रूप में, सहचरी रूप में, आदि रूपों में होता है। जितने प्रकार का प्रकृति चित्रण इस काल के काव्य में प्राप्त होता है, उतना आधुनिक युग को छोड़कर हिन्दी के अन्य किसी काल के काव्य में प्राप्त नहीं होता। आदि काल और रीतिकाल में तो प्रकृति का केवल आलम्बनात्मक और उद्दीपनात्मक रूप ही मिलता है। अधिकतर इस युग में सभी प्रकार के प्रकृति चित्रण मिलते हैं। कबीर दास जी ने यद्यपि अपने काव्य में प्रकृति का विशद चित्रण नहीं किया, परन्तु

प्रतीकात्मक रूप में प्रकृति का वर्णन मिल जाता है। "माली आवत देखिकर कलियन करी पुकार, जायसी ने अपने पद्मावत में बारहमासे में प्रकृति का उद्दीपन रूप ही विस्तार से वर्णित किया है। साथ ही दूत रूप में भी प्रकृति चित्रण मिलता है।" तुलसीदास ने भी जितना प्रकृति का वर्णन आलम्बन और वातावरण निर्माण के रूप में किया है। उतन अन्य किसी ने नहीं किया। दूसरी ओर सूरदास जी ने प्रकृति का जितना विस्तृत चित्रण किया उतना अन्य धारा के किसी भी कवि ने नहीं किया। सूर ने अपने भ्रमरगीत में प्रकृति को उद्दीपन, संवेदन, वातावरण, रहस्यात्मक, दूत, उपालम्य, सहचर, अलंकार, रूप में चित्रित किया है। उनके प्रकृति चित्रण में एक ओर तो सूर की गोपियां पपीहे की पीपी की आवाज़ सुनकर दुखित होती है। तो दूसरी ओर उसके प्रति सहानुभूति प्रकट करती हुई उसे चिरंजीव का आशीर्वाद प्रदान करती हैं, इससे स्पष्ट है कि हिन्दी काव्य में प्रकृति का इतना व्यापक और प्रथम वर्णन सूर काव्य में मिलता है। इस प्रकार हम देखते हैं कि प्रकृति का विशद वर्णन न तो आदिकाल में ही हुआ, और न रीतिकाल में ही, आधुनिक काल में प्रकृति का चित्रण भक्ति काल से अधिक हुआ है। ऐसा कुछ विद्वान मानते हैं। पर मैं इस मत से सहमत नहीं हूँ, क्योंकि आजकल काव्यों में प्रकृति चित्रण जितने रूपों में प्राप्त है, उतना ही भक्तिकाल में होता था।

10. इस युग की चार प्रमुख शाखाओं में निर्गुण मत की ज्ञानाश्रयी काव्य धारा, प्रेमाश्रयी काव्यधारा, सगुण काव्यधारा की रामभक्ति शाखा, तथा कृष्ण भक्ति शाखा प्रमुख धारायें हैं। फिर भी उनमें कुछ ऐसी समान भावनायें विद्यमान हैं। जिनके कारण वे सब एक ही नाम से पुकारी जाती है। यह विशेषता अन्य कालों में नहीं मिलती। यथा आधुनिक काल में नाना प्रकार के बाद पृथक्-पृथक् नाम से पुकारे जाते हैं। जैसे रहस्यवाद, छायावाद, प्रयोगवाद, हालावाद आदि। भक्तिकालीन चारों धाराओं में जो समानता दृष्टिगोचर होती हैं वे इस प्रकार हैं। नाम की महत्ता, गुरू को महत्व प्रदान करना, भक्ति भावना का प्राधान्य होना, अहंकार भावना का त्याग, शील और सदाचार की प्रवृत्ति। इन विशेषताओं के कारण विद्वानों ने इस युग को स्वर्णयुग कहा है।

(11) अंतिम विशेषता कलापक्ष से सम्बन्धित है। जिसका वर्णन साहित्यिक समन्वय विशेषता के अन्तर्गत हो चुका है। भाषा के क्षेत्र में इस युग के कवियों ने ब्रज और अवधी भाषा का प्रयोग अपने काव्य में किया है। छंदों के अन्तर्गत वर्णिक

तथा मात्रिक दोनों प्रकार के छंदों का प्रयोग मिलता है। शैली अत्यन्त विस्तृत संस्कृत गर्भित भाषा से ओतप्रोत तथा कोमल कान्त पदावली का पूर्ण समावेश दृष्टिगोचर होता है। प्रबंधात्मक काव्यों के साथ-साथ मुक्तक काव्यों की रचना हुई। इस प्रकार इस कारण के काव्य का कलापक्ष भी सबल है। भक्तिकाल की उपर्युक्त विशेषताओं का अवलोकन कर हम इस निष्कर्ष पर पहुँचते है कि वास्तव में भक्तिकाल हिन्दी साहित्य का स्वर्णयुग कहलाने का अधिकारी है। इसीलिए डॉ. श्यामसुंदर दास ने अपने "हिन्दी साहित्य के इतिहास" में लिखा है। "तुलसीदास, सूरदास, नंददास, मीरा, रसखान, कबीर, जायसी, हित हरिवंश आदि कवियों में से किसी एक पर भी संसार का कोई भी साहित्य गर्व कर सकता है। हमारे पास ये सब हैं। ये सभी, वैष्णव कवि हिन्दी भारती के कंठमाल है। इस कंठमाला के एक-एक मनियां अपनी-अपनी पृथक्-पृथक् अस्मिता और अस्तित्व और महत्ता और महत्व से दैदीव्यमान है। और समग्रतया अपनी दीप्ति से समस्त विश्व को काव्य के क्षेत्र में ही नहीं अपितु शील, सदाचार, सच्चरित्र के साथ श्रेष्ठ मानवता का संदेश प्रदान करता आया है, और भविष्य में भी करता रहेगा।"

साधारणीकरण

रस निष्पत्ति के बारे में नाट्यशास्त्र के प्रणेता भरत मुनि के सूत्र 'विभावानुभाव व्याभिचारि भाव संयोगाद्रस निष्पतिः' की व्याख्या करते हुए सर्वप्रथम भट्टनायक ने साधारणीकरण का प्रश्न उठाया। उन्होंने रस की निष्पत्ति क्रिया के लिए अभिधा, भावना या भावकत्व, भोग या भोजकत्व इन तीन क्रिया व्यापारों का उल्लेख किया, अभिधा शक्ति से किसी काव्य या नाटक के कार्य व्यापार का ज्ञान होता है। भावना या भावकत्व द्वारा हृदय का तादात्म्य होकर साधारणीकरण होता है। अतः भट्टनायक ने 'भावकत्वं साधारणी करणं' कहकर भावकत्व के व्यापार को ही साधारणीकरण माना है। इनका मत है कि पाठक या दर्शक सर्वप्रथम सीता, राम दुष्यन्त शकुन्तला आदि को व्यक्ति विशेष के रूप में ग्रहण करता है। किन्तु बाद में काव्य में वह जो कुछ पढ़ता है, या नाटक में जो कुछ देखता है, उससे वह इतना प्रभावित होता है, कि बार-बार वह उसी के धारण करता है। देश काल के बंधन से वह पूर्णतया मुक्त हो जाता है। इससे पाठक को भाव विभाव एवं स्थाई भाव आदि साधारण से ज्ञात होने लगते हैं। इसका अर्थ यह हुआ कि व्यक्ति विशेष के रति आदि स्थाई भाव सामान्य

में परिणत हो जाते हैं, सीता राम या शकुन्तला दुष्यन्त सामान्य दम्पत्ति के रूप में ही हमारे समक्ष उपस्थित हो जाते हैं। उनका प्रेम सीता राम या शकुन्तला दुष्यंत का प्रेम न रहकर सामान्य रमणी का प्रेम रह जाता है। इस प्रकार विभावादियों का सामान्य रूप में परिणत हो जाना ही साधारणीकरण कहलाता है। पूज्य एवं धार्मिक बुद्धि वाले व्यक्ति शंकालु हो उठते हैं कि, सीता आदि के विषय में राम आदि की रति को जो उन्हीं की आत्मा में स्थित है, अपनी मानें तो हमें पाप लगेगा, इसका समाधान यह है कि साधारणीकरण में यह बात नहीं रहने पाती, हम अपने और दुष्यंत के हृदय में भेद कर सकें। इस स्थिति में पहुँच कर ममत्व और परत्व की भावना स्वतः समाप्त हो जाती है तथा सभी सामान्य हो जाते हैं। सीता रामादि की विशेषता रह ही नहीं जाती जैसा कि दशरुपक की टीका में लिखा है, "तत्र सीतादि शब्दाः परित्यक्त जनक तनयदि विशेषाः स्त्री मात्र बाचिनः किमिवानिष्टं कुर्युः" साधारणीकरण में करुणात्मक दृश्य या वर्णन भी हमको सुखदायक प्रतीत होते हैं, इसका आधार यह है कि करुणा जब तक लौकिक रुप को धारण किये रहती है, तब वह आनन्दोपलब्धि में सहायक होती है। वह रसास्वाद आनंद स्वरूप होता है। वह व्यक्तिगत न होकर सामाजिक सुलभ होता है। इसमें दुखदायक दृश्य का वर्णन रसात्मक होने के कारण आनंददायक हो जाता है। इसका प्रमाण सहृदयों का अनुभव ही है, जैसा कि साहित्य दर्पणकार ने लिखा भी है। "करूणादावयि रसे जायते यत् परमं सुखम् सचेत सामनुभवः प्रमाणं तत्र केक्लम्"। पाश्चात्य विद्वान भी यही स्वीकार करते हैं। कि करूणा का अलौकिक रूप ही सुखदायी होता है। 'शैली' भी यही कहते हैं कि "हमारे दुख के ही गीत बहुत मधुर होते हैं।" हिन्दी के विद्वान भी इस बात को स्वीकार करते हैं। पंत जी का यह कथन भी इसी तथ्य को पुष्ट करता है, "वियोगी होगा पहला, कवि आह से निकला होगा गान, उमड़कर आंखों से चुपचाप वही होगी कविता अनजान"। इस प्रकार साधारणीकरण में करुणात्मक दृश्य या वर्णनों से हमें सुख की प्राप्ति होती है। साधारणीकरण के संदर्भ में सभी विद्वान एकमत नहीं है। वे इस विषय में तो बाहय रूप भिन्न प्रस्तुत करते हैं, किन्तु मूल रूप समस्त विद्वानों का मिलता-जुलता है।

संस्कृत के आचार्यों में सर्वप्रथम भट्टनायक ने साधारणीकरण के बारे में चर्चा करते हुए लिखा है, कि विभावों के पूर्ण साधारणीकरण के साथ स्थायी भावों के

विशिष्ट सम्बंधों से युक्त होना ही साधारणीकरण कहलाता है। भट्टनायक के इस मत को 'काव्य-प्रकाश' की टीका 'काव्यप्रदीप' में इस प्रकार लिखा है, "भावकत्व साधारणीकरण है, इस व्यापार से विभावादि और स्थाईभाव का भी साधारणीकरण होता है। साधारणीकरण यह है कि सीता आदि विषयों का कामिनी रूप से उपस्थित होना सीता-सीता नहीं वरन् कामिनी मात्र रह जाता है, और स्थाई अनुभावदिकों के साधारणीकरण का अर्थ है, संबंध विशेष से स्वतंत्र होना अर्थात् अपने पराये की भावना का समाप्त होना। अभिनव गुप्त भट्नायक के मत से बहुत कुछ सहमत प्रतीत होते हैं। पर इनके मत में यह परिवर्तन है कि ये भट्टनायक द्वारा माने हुए भावना और भोग नामक काव्य व्यापारों की कल्पना को अनावश्यक समझते थे।" उनका कथन है कि इन दोनों काव्य व्यापारों का कार्य सर्वमान्य व्यंजना वृत्ति से चल जाता है, ऐसी दशा में नये कार्य व्यापारों की कल्पना उचित नहीं है। साधारणीकरण के बारे में इनका कथन यह है कि साधारणीकरण उस अवस्था में होता है, जब दृष्टा यह समझ लेता है कि ये मेरे ही हैं अथवा शत्रु के ही हैं, उदासीन व्यक्ति के ही हैं, अथवा ये मेरे नहीं, मेरे शत्रु के नहीं है और न उदासीन व्यक्ति के ही हैं। इस प्रकार के नाना सम्बंधों से सम्बन्धित विदित नहीं होते। क्योंकि ऐसे सम्बंधों के ग्रहण या त्याग के नियमों का ज्ञान इस अवसर पर नहीं रहता। इस प्रकार जब पाठकों यह ध्यान नहीं रहता कि ये सीता राम मेरे हैं, या दूसरे के, ऐसी परिस्थिति में वह अपर प्रत्यक्ष की अनुभूति करता हुआ भूमा का अनुभव करने लगता है, इस परिस्थिति में अपने-पराये का सम्बंध सर्वदा नष्ट हो जाता है, क्योंकि व्यक्तिगत सम्बंध होने पर साधारणीकरण कदापि नहीं होगा। सामान्य भावभूमि पर पहुँचना ही साधारणीकरण है। अभिनवगुप्त के बाद विश्वनाथ ने साधारणीकरण के बारे में लिखा है। विभाव, अनुभाव, संचारी भाव का जो एक व्यापार है सामर्थ्य विशेष है। वही साधारणीकरण है। इन्होंने विभावों के साधारणीकरण के साथ-साथ पाठक या आश्रय के साथ तादाम्य भी आवश्यक बताया है। विश्वनाथ ने विभावना को तो जैसा भट्टनायक ने माना है वैसा ही रखा है। परन्तु अनुभावन और संचरण दो नई क्रियाओं की कल्पना और की है। जो कि भट्टनायक की भावकत्व और भोजकत्व नामक दोनों क्रियाओं का परिवर्तित रूप है। इन्होंने आगे चलकर अभिनवगुप्त के समान ही इस बात को माना है कि साधारणीकरण की स्थिति

में अपने पराये की भावना पूर्णतः नष्ट हो जाती है।

रस गंगाधरकार पण्डित राज जगन्नाथ ने अप्रत्यक्ष रूप से साधारणीकरण के बारे में अनुभिति प्रदान की है, इसके बारे में वे एक प्रकार के दोष की कल्पना करते हैं, जिस प्रकार हम माया मोहवश इस मिथ्या संसार के वास्तविक या सत्य मान लेते हैं, उसी प्रकार हम अपनी आत्मा में दुष्यन्त के साथ तादात्म्य स्थापित कर लेते हैं। उनके अनुसार यह कल्पना निराधार प्रतीत होती है। पाश्चात्य समीक्षकों ने विभावादि के साधारणीकरण की अपेक्षा तादात्म्य पर अधिक बल दिया है। इसमें आश्रय और कवि दोनों के साथ तादाम्य की बात आ जाती है। इसके बारे में ए. ई. मैंडर ने लिखा है, "भाव तादात्म्य पाठक या दर्शक की उस अवस्था को व्यक्त करता है, जिसमें वह कुछ क्षण के लिए व्यक्तिगत आत्म चैतन्य खो देता है और किसी उपन्यास या नाटक या चित्रपट के पात्र के साथ आत्मीयता स्थापित कर लेता है।" इस भाव तादाम्य की कल्पना करना साधारणीकरण के बारे में आवश्यक है, क्योंकि इसके अभाव में साधारणीकरण होना असंभव है। भाव तादात्मय के लिए मानव के मन में निश्चिंतता का भाव होना आवश्यक है। "बूचर" ने भी इसी तादात्म्य की भावना को लेकर साधारणीकरण के बारे में लिखा है- "दर्शक अपने स्थायी सम्बंधों से ऊपर उठकर संतप्त नेता से तादात्म्य स्थापित करता है, इस तरह से सारे मानव मात्र से उसका साम्य एवं ऐक्य स्थापित हो जाता है।" इस प्रकार हम देखते हैं कि बूचर महोदय ने भी आलम्बनत्व सम्बन्धी साधारणीकरण की ही अभिव्यक्ति की है। "हाउसवॉन" नामक विद्वान ने इस सम्बंध में लिखा है, "लेखक और पाठक की भावमैत्री काव्य का एक उद्देश्य है, कुछ समीक्षकों ने तदनुभूति को कल्पना का सर्वोत्तम रूप माना है।" उन्होंने कहा है- "वस्तुओं की भीतरी कल्पना का एक ही मार्ग है, वह है अपने को उन्मय रख देना हिन्दी के विद्वानों ने भी साधारणीकरण पर अपने भिन्न-भिन्न मत प्रस्तुत किये हैं। आचार्य केशव प्रसाद मिश्र ने साधारणीकरण का सम्बंध योग की मधुमती भूमिका से स्थापित किया है। श्याम सुन्दर दास द्वारा भी यह तथ्य स्वीकृत है। उनका कहना है, कि जिस प्रकार मधुमती भूमिका में स्थित योगी के रजस्तमस् दब जाते हैं, तथा सत्य की प्रबलता होती है, उसी प्रकार या दर्शक की वृत्तियों का जब साधारणीकरण हो जाता है, तब उनके रजस्तमस् दब जाते हैं। और सत्य की प्रबलता हो जाती है। जिस प्रकार मधुमती भूमिका में स्थित

योगी की चित्तवृत्तियों का निरोध हो जाता है। तर्क, वितर्क, अपने पराये, दुख सुख की भावना आदि का नाश हो जाता है।, और सम्पूर्ण दृश्य मान जगत दिव्य प्रतीत होने लगता है। उसी प्रकार पाठक या दर्शक की चित्तवृत्तियों का विरोध तर्क, वितर्क, अपने पराये, सुख दुख आदि भावनाओं का नाश होकर संपूर्ण संसार दिव्य प्रतीत होने लगता है।" अंत में उन्होंने यह भी कहा है- "काव्य रसिक जिसे रस भूमिका कहते हैं योगी मधुमती भूमिका कहते हैं। तथा ज्ञानी प्रत्यक्षानुभूति की दशा कहते हैं।" श्यामसुन्दर दास की इस मधुमती भूमिका की आलोचना करके इस मत का खण्डन करके इसको व्यर्थ सिद्ध कर दिया गया। विद्वानों ने इसमें कई दोष बताये हैं, जो ये हैं।

1. साधारणीकरण काव्य के अन्तर्गत अंतिम श्रेणी है। जबकि मधुमती भूमिका योग की दूसरी श्रेणी है, क्योंकि योग शास्त्र में इसके चार भेद हैं। (क) कल्पित योगी (ख) मधुभूमिक योगी (ग) प्रज्ञा ज्योतियोगी (घ) अतिक्रांत भावनीय योगी। पूर्ण योगी बनने के लिए इन सब श्रेणियों को लांघना पड़ता है। पर साधारणीकरण में ऐसी कोई बात नहीं। क्योंकि यह साहित्य की अंतिम अवस्था है।

2. योगी मधुमती भूमिका के लिए अनेक साधनाओं का आश्रय लेता है। तब कहीं जाकर सतत् साधना के बल पर प्रत्यक्षानुभूति की दशा में पहुँचता है। पर साधारणीकरण में इस अवस्था तक पहुँचने के लिए ऐसी सतत साधना की कोई आवश्यकता नहीं।

3. मधुमती भूमिका में योगी एक निश्चित कालपर्यन्त तक एक ही अवस्था में ठहर सकता है। ज्ञानी पर्याप्त समय तक- पर प्रत्यक्ष की स्थिति में रह सकता है। पर पाठक और कवि इस प्रकार नहीं रह सकता।

4. एक योगी अपनी अंतिम अवस्था में पहुँचने से त्रटार्ध सिद्धियाँ उसका पथ भ्रष्ट करने के लिए उत्पन्न हो जाती है। वैसी ऋद्धि सिद्धियाँ काव्य रसिक को साधारणीकृत होने की पूर्व दशा पर कोई प्रभाव नहीं डालती। अतः साधारणीकरण को मधुमती भूमिका कहना गलत है। इसे हम मधुमती भूमिका के सदृश कह सकते हैं, क्योंकि आचार्यों ने रस को पूर्ण ब्रह्मानंद न मात्र कर ब्रह्मानंद सहोदर कहा है। उपर्युक्त विवेचन के बाद साधारणीकरण का अर्थ बताते हुए गुलाबराय ने लिखा है-

"साधारणीकरण से यहाँ यह अर्थ लिया गया है कि विभाव अनुभाव आदि को साधारण रूप देकर सामने लाया जाय, साधारणीकरण तो कवि अथवा भावुक की चित्तवृत्ति से सम्बंध रखता है, चित्त के एकतान और साधारणीकृत हो जाने पर उसे सभी कुछ साधारण प्रतीत होने लगता है। परन्तु यह कथन भी उपयुक्त नहीं है। आचार्य रामचन्द्र शुक्ल ने आलम्बन के साधारणीकरण का अर्थ आलम्बनत्व धर्म का साधारणीकरण किया है, इसका तात्पर्य यह है कि आलम्बन समान रूप से सबका आलंबन बन सके।" यह मत अभिनवगुप्त के मत के अनुरूप है। इससे प्रभावित होकर उन्होंने कहा है कि- "व्यक्ति तो विशेष ही रहता है, पर उसमें प्रतिष्ठा ऐसे सामान्य धर्म की रहती है, जिसके साक्षात्कार से सब श्रोता या पाठकों के मन में एक ही भाव का उदय थोड़ा या बहुत होता है, साथ ही उन्होंने साहित्य दर्पणकार विश्वनाथ के मत को स्वीकार करते हुए साधारणीकरण के बारे में शुक्ल जी का अभिप्राय यह है कि पाठक या श्रोता के मन में जो व्यक्ति विशेष या वस्तु विशेष आती है, तो जैसे काव्य में वह वर्णित आश्रय के भाव का आलंबन होती है, वैसे ही सहृदय पाठकों या श्रोताओं के भाव का आलम्बन हो जाती है।

अतः आलम्बन रूप में प्रतिष्ठित व्यक्ति समान भाव वाले कुछ धर्मो की प्रतिष्ठा के कारण सबके भावों का आलंबन हो जाता है। हिन्दी साहित्य के आधुनिक आलोचक डॉ. नगेन्द्र नगाइच साधारणीकरण के बारे में कवि को महत्व प्रदान करते हैं और विषय के अस्तित्व को मिटा देते हैं"। उनका कहना है कि विषय का वास्तविक रूप तो अज्ञात ही रहता है, किन्तु कवि अपनी-अपनी भावना के अनुकूल उसका वर्णन करते हैं। इसी भावना का साधारणीकरण होता है। तथा पाठक कवि की साधारणीकृत भावना का आस्वादन करता है। रीतिकाल की भूमिका में उन्होंने इस तथ्य को स्पष्ट करते हुए लिखा है कि "हम काव्य की सीता से प्रेम करते हैं। काव्य की यह आलंबन रूप सीता कोई व्यक्ति नहीं है। जिससे हमको किसी प्रकार का संकोच करने की आवश्यकता है, यह कवि की मानसिक सृष्टि है। उसकी अपनी अनुभूति का प्रतीक है। उसके द्वारा उसने हमारे सम्मुख अपनी अनुभूति को संवेद्य बनाया है"।

अतः वास्तव में कवि की अनुभूति ही साधारणीकरण का अर्थ स्पष्ट करती

है। यही भाव भट्टनायक और अभिनव गुप्त द्वारा प्रतिपादित है। इतना सब कुछ होते हुए भी अब यह शंका हमारे सम्मुख विशेष रूप से उत्पन्न हो जाती है कि साधारणीकरण किसके साथ होता है? इस पर विद्वानों में मतैक्य नहीं है। कोई तो विभाव का तथा कोई सामान्य भाव भूमि को ही साधारणीकरण मानते हैं। स्थायीभाव, भाव, अनुभाव ये रस के चार अवयव काव्य में साधारण रूप में प्रस्तुत हो जाते हैं। उन्हें साधारणीकरण कहते हैं, क्योंकि काव्य की अलौकिक शक्ति के द्वारा विशेष भी सामान्य रूप में परिवर्तित हो जाता है। जिस प्रकार शकुंतला मेनका की पुत्री न रहकर एक सामान्य रमणी होने के नाते उसमें ममत्व और परख की भावना पूर्ण रूप से समाप्त हो जाती है। शुक्ल जी मानते हैं कि आलंबन ही वास्तविक साधारणीकरण है। क्योंकि आलंबन के साधारणीकरण हो जाने पर रस परिपाक हो जाता है, प्रत्येक व्यक्ति पाठक या दर्शक दुष्यंत शकुंतला के साथ तादात्म्य स्थापित कर लेता है।

अतः एक और प्रश्न उपस्थित होता है। ''स्वगणे परमाप्रीति'' अर्थात् प्रत्येक जन को अपने गण अथवा जाति में प्रीति होती है। इसका कारण यही है कि उनके विचार, कार्य, स्वभाव एक से होते हैं। इसलिए प्रत्येक व्यक्ति का साधारीकरण उसके समान अवस्था, विचार, कार्य और स्वभाव वाले व्यक्ति के साथ होता है। यद्यपि इसका संकुचित क्षेत्र है, तथापि उसमें साधारीकरण का बीज रहता है। इसके अतिरिक्त हमारा साधारीकरण उस समय होता है, जबकि काव्य या नाटक में उस देश की जिस देश में वह काव्य या नाटक रचा या खेला जा रहा है। संस्कृति तथा वातावरण का भी ध्यान रखना परमावश्यक हो जाता है। जैसे यदि रावण सीता के साथ प्रेमालाप करे और सीता भी प्रत्युतर में प्रेमालाप करती हुई दिखाई जाय तो संस्कृति और वातावरण के विरूद्ध होने के नाते साधारणीकरण के स्थान पर लेखक या अभिनेता के प्रति द्वेष की भावना उत्पन्न होगी। हमारा साधारणीकरण उस समय अतिशीघ्र हो जाता है, जब किसी काव्य या नाटक में 'वसुधैव कुटुम्बकम्' की भावना का चित्रण होता है। 'गीतांजलि' (टैगोर) प्रसाद के 'आंसू' नामक काव्य में जो साधारीकरण इतना शीघ्र हो जाता है, उसकी मूल भावना वसुधैव कुटुम्बकम् में निहित है। ऐसे कौन से मूल तत्व है? जिनके अभाव में साधारणीकरण की स्थिति की उत्पत्ति संभव नहीं है।

1. कवि में अपनी अनुभूति को अभिव्यक्त करने की क्षमता होनी चाहिए।

इसके अभाव में साधारीकरण की स्थिति उत्पन्न नहीं हो सकती।

2. पाठक या दर्शक में व्यंजना शक्ति द्वारा रसानुभूति करने की क्षमता होनी चाहिए।

3. काव्य का रस से युक्त होना आवश्यक है, क्योंकि इसके अभाव में आनंद की प्रतीति नहीं हो सकती, आनंद प्राप्ति के अभाव में पात्रों के साथ आत्मीयता स्थापित नहीं की जा सकती, इसलिए साधारीकरण का प्रश्न उठता ही नहीं है। तभी तो 'रसात्मक वाक्यम् काव्यम्' कहकर रस को काव्य की आत्मा स्वीकार किया है। अतः साधारीकरण के लिए काव्य का सरस होना आवश्यक है।

4. काव्य भाषा का भावमय होना अत्यंत आवश्यक है। भाषा जब तक रागात्मक तत्व से युक्त न होगी, तब तक वह भावोद्रेक करने में सफल नहीं हो सकती। क्योंकि इसी के आधार पर पाठक को अर्थबोध होता है। काव्यानंद कैसे मिला? और किस के द्वारा मिला? इसका तो सीधा सच्चा उत्तर यही है कि जब साधारणीकरण के बिना रसानुभूति असंभव है और रसानुभूति के बिना आनंद प्राप्त नहीं होता है, तथा यह आनंद निश्चयपूर्वक साधारणीकरण द्वारा ही प्राप्त होता है, क्योंकि साधारणीकरण में विभावना की विभूति द्वारा साधारणीकृत विभावादि से साधारण रूप में स्थित रति आदि का सामाजिकों को रसास्वादन होने लगता है, यह रसास्वादन सत्व गुण के उद्रेक से उत्पन्न होने के कारण सदैव अखंड आनंद स्वरूप माना गया है।

अतः इससे स्पष्ट है कि साधारणीकरण की उपयोगिता काव्यानुशीलन की उपयोगिता है। उसके द्वारा हमारी सहानुभूति विस्तृत हो जाती है। हम दूसरे के साथ भाव तादात्म्य करना सीखते हैं। हमारे भावों का परिष्कार होकर उनका पारस्परिक सामंजस्य होने लगता है। शृंगार जो लौकिक अनुभव में विषयानंद का रूप धारण कर लेता है, काव्य में परिष्कृत हो आत्मानंद के निकट पहुँच जाता है, और उसके जीवन में संतुलन आ जाता है। तात्पर्य यह है कि, कवि की अनुभूति जब काव्य बनती है जो उसके मूल में एक भाव रस होता है जो काव्य पढ़ने सुनने देखने और अभिनय करने के पश्चात् पाठक, श्रोता और दर्शक को उसी भाव रस में निमग्न कर देता है यही साधारीकरण है।

गीतिकाव्य

गीतिकाव्य का उद्‌भव, स्वरूप और विकास- गीत, काव्य की एक सर्वश्रेष्ठ विधा है। शैली, अर्थ और बंध का आधार लेकर भारतीय विद्वानों ने काव्य के अनेक भेद किये हैं। बंध की दृष्टि से काव्य, प्रबंध काव्य, और मुक्तक काव्य दो भागों में विभक्त किया गया है और पाठ्य और प्रगीति मुक्तक काव्य की ये दो शाखायें मानी गई हैं। इन दोनों शाखाओं को कुछ विद्वान गीतिकाव्य स्वीकार करते हैं। पर कुछ विद्वानों के अनुसार प्रगीति मुक्तक ही गीतिकाव्य के अंतर्गत आते हैं। पाश्चात्य विद्वानों ने काव्य का विभाजन करते हुए काव्य को विषयी प्रधान Subjective और विषय प्रधान Ojective विभक्त किया है। इन्हीं दो भागों को कुछ विद्वान क्रमशः व्यक्ति प्रधान और विषय प्रधान के नाम से पुकारते हैं। कुछ विद्वान क्रमशः अंतर्मुखी और बहिर्मुखी की संज्ञा प्रदान करते हैं। अन्य विद्वानों ने काव्य का विभाजन 'लिरिक' lyric = बहिर्मुखी और प्राक्कथनात्मक Narrative वर्गो में किया है। सब्जेक्टिव (विषयी) और लिरिक वर्ग के अंतर्गत गीतिकाव्य का आगमन होता है। विषयी प्रधान और लिरिक कविताओं या काव्यों में भाव प्राधान्य होने के कारण संगीतात्मकता विद्यमान रहती है। यही संगीतात्मकता या गेयता गीतिकाव्य का आवश्यक गुण माना जाता है। गीति की उत्पत्ति के बारे में विद्वानों के अंतर्गत दो मत प्रचलित हैं। प्रथम मत के अनुयायियों के अनुसार जब व्यक्ति अपने सुखों के आधिक्य को अपने अंतर्गत छिपाने या रखने में असमर्थ हो जाता है। तब वह समाज के सदस्यों के समक्ष अपने सुखाधिक्य को गीतों के माध्यम से प्रगट कर देता है। दूसरे मत के अनुसार जब व्यक्ति दुखों की बहुलता को अपने मन या हृदय में अवरूद्ध नहीं कर पाता तभी वह दुखाधिक्य गीतों के रूप में प्रगट हो जाता है। यद्यपि दोनों मतों के समर्थकों का कथन एकांगी है, फिर भी विरहाधिक्य को ही गीतों की उत्पत्ति का प्रमुख कारण स्वीकार किया गया है। आदि कवि वाल्मिकी एक शिकारी द्वारा क्रौंच पक्षी के जोड़े में से एक पक्षी के मारे जाने पर करूणा के कारण द्रवीभूत होकर स्वतः पद्यमय रचना में कह उठे 'मानिषाद्। प्रतिष्ठांत्वमगमः शाश्वतीः समायत् क्रौंचमिथुनादेकमवधी, काम मोहितम्'', और हिन्दी के किसी कवि की यह उक्ति ''अहह कराहते इस शब्द के निठुर विधि ने अश्रुओं से है लिखा।'' इसी पूर्वोक्त मत की समर्थक है। पाश्चात्य

विद्वान का यह कथन कि "आपत्तियों के प्रयोग अत्यधिक मीठे होते हैं। इसी बात का समर्थन करने वाला है। शैली महोदय ने तो स्पष्टतः दुखाधिक्य को गीति की उत्पत्ति का मुख्य कारण स्वीकार करते हुए लिखा है "Our sweetest songs are those that till of sadest thoughts" आधुनिक युग के प्रमुख एवं छायावादी कवि श्री पंत ने इसी मत का समर्थन करते हुए लिखा है "वियोगी होगा पहला कवि, आह से निकला होगा गान, उमड़कर आंखों से चुपचाप, वही होगी कविता अनजान" उपर्युक्त विवेचनुसार गीतिकाव्य की उत्पत्ति का प्रमुख कारण दुखाधिक्य का अनुभव होना ही स्वीकार किया गया है। पर कुछ स्थलों पर सुखाधिक्य भी गीति की उत्पत्ति का कारण दृष्टिगोचर होता है, गीति शब्द का साधारणतया अर्थ गान होता है। परन्तु गीतिकाव्य का वास्तविक अर्थ क्या है? इस बारे में भारतीय एवं पाश्चात्य विद्वानों के देशकाल और परिस्थिति के अनुसार भिन्न भिन्न मत हैं।

अंग्रेजी में इस गीति काव्य को lyric कहते हैं। "A poem to be sung on the Lyre" एक कविता जो लॉयर पर गाई जा सके। भारतीय विद्वानों ने गीतिकाव्य का संबंध किसी वाद्ययंत्र से स्थापित नहीं किया। महादेवी वर्मा का इस विषय में अपना मत यह है कि साधारणतः गीत व्यक्तिगत सीमा में तीव्र सुख दुखात्मक अनुभूति का वह शब्द रूप है जो अपनी ध्वन्यात्मकता में गेय हो सके। डॉ. गुलाबराय ने गीतिकाव्य को काव्य की अन्य विधाओं की अपेक्षा अधिक आंतरिक स्वीकार किया है। जिसके फलस्वरूप स्वाभाविकता स्वतः ही विद्यमान रहती है। डॉ. नगेन्द्र ने गीतिकाव्य की विवेचना करते हुए लिखा है "गीति काव्य की आत्मा है। एक भाव जो किसी प्रेरणा के भाव से दबकर एक साथ गीत के रूप में फूट निकलता है, स्वभाव से ही उसमें हार्दिकता का तत्व विद्यमान रहता है। उसमें एक प्रकार की एकसूत्रता तथा सुसंगठित एकता होती है। जो समस्त कविता को अन्वित किये रहती है। वह एक सख्त, क्षणिक, एवं तीव्र मनोवेग का परिणाम होती है। इस विवेचन के अनुसार हम इस निष्कर्ष पर पहुँचे हैं कि जब कविता की मुख्य प्रेरणा आत्मानुभूति मधुर शब्दों द्वारा स्वाभाविक गीतमय और गेय स्वरलहरी में तीव्रता के साथ प्रगट होती है। तो वह गीतिकाव्य या गीत कहलाता है। गीति काव्य के विषय में विद्वानों के मतों का अवलोकन करने के उपरांत कुछ विशेषतायें गीतिकाव्य में दृष्टिगोचर होती हैं।

गीतिकाव्य की सर्वप्रमुख विशेषता संगीतात्मकता है। इसका मूल कारण प्रत्येक विद्वान का इसके गेय तत्व पर बल प्रदान करना है। साथ ही भावातिरेक पर अंतर्जगत का सहज प्रकाशन भी उपलब्ध कराना इसका मुख्य ध्येय है। अतः भावातिरिक आदि गीतिकाव्य की आत्मा है, तो संगीत उसका बाह्य शरीर है। इन दोनों तत्वों के साथ-साथ संक्षिप्तता एवं कोमल शब्दों का चयन होना भी गीतिकाव्य का अनिवार्य गुण स्वीकार किया गया है। भावों की अभिव्यक्ति संक्षेप एवं कोमल शब्दों द्वारा ही हो सकती है। गीतिकाव्य में एकरसता का होना भी अपेक्षित है। जिसमें प्रारंभ तुमुल और अवसान में तीन गति की सत्ता विद्यमान हो। श्रृंगार, वात्सल्य और शांत आदि रसों का प्रयोग भी अनिवार्य माना गया है। साथ ही गीतिकाव्य का यह गुण भी होना चाहिए कि उसकी आत्मा मानव हृदय पर सीधा प्रभाव डालने की क्षमता रखती हो, जिसको सुनकर मानव उसकी अनुभूति कर सके। गीतों के वर्गीकरण के लिए पाश्चात्य विद्वानों ने 'गान' का ही आधार स्वीकार किया है। इस आधार पर ही सम्पूर्ण गीतों को तीन वर्गों में- सामूहिक गान, वैयक्तिक गान तथा नृत्य के साथ गाये जाने वाले गान में विभाजित किया है।

भारतीय विद्वानों में से कुछ विद्वानों ने गीत के सात भेद किये हैं। उन्होने उन्नतीस तथा अन्य विद्वानों ने बारह भेद किये है। प्रेमगीत, व्यंग्यगीत, धार्मिक गीत, युद्ध गीत, राष्ट्रीय गीत, उपदेशात्मक गीत, नृत्य गीत और वीर गीत आदि। इन सम्पूर्ण भेद प्रभेदों को हम दो भागों में लोकगीत और साहित्यिक गीत में विभाजित कर सकते हैं। गीति काव्य की उत्पत्ति वास्तव में लोकगीतों से हुई है। इतना होते हुए भी अधिकांश लेखक लोक गीतों को गीत काव्य परंपरा में महत्व प्रदान नहीं करते, यह असंगत प्रतीत होता है। इनके महत्व के आधिक्य के कारण इनका विवेचन करना आवश्यक है। लोकगीतों में साहित्यिक गीतों के समान कृत्रिमता का भाव न होकर स्वाभाविकता का भाव विद्यमान रहता है, क्योंकि उनमें जनसाधारण की भावनायें घृणा, प्रेम, वासना, उल्लास, हास, विलास आदि का सरलतम भाषा में प्रगट न होना है। जिसके फलस्वरूप वे जनसाधारण के अत्यधिक निकट रहते हैं।

लोकगीतों के रचयिता कवि अपने भावों को लोक भावना में समाहित करके उनको प्रगट करते हैं। जिससे उनमें साधारणीकरण की क्षमता साहित्यिक गीतों से

अधिक पायी जाती है। लोकगीतों का क्षेत्र बंधन रहित होने के कारण साहित्यिक गीतों से कहीं अधिक विस्तृत होता है। इन लोकगीतों में कलात्मक सौंदर्य चाहे अधिक न हो किन्तु भावात्मक सौंदर्य प्रचुर मात्रा में विद्यमान रहता है। एक वियोगिनी नायिका पति के विदेश से आने की प्रतीक्षा में चन्द्र से अपने आंगन में अपनी ज्योत्सना को विकीर्ण करने की प्रार्थना करती है। आज आओ मोरे चंद जुन्है या आंगन लीपै, झिलमिल होय तैरे या तौ मोजिन चौक धरै" इसी प्रकार श्रावण मास में झूले पर गाये जाने वाले गीतों में भावना का बड़ा ही सुन्दर समावेश मिलता है। "शिवशंकर चले कैलाश बुदियां पड़ने लगी" आदि गीतों में काव्यत्व की दृष्टि से चाहे कलात्मकता न हो पर काव्यात्मकता का भाव बाहुल्य दृष्टिगोचर होता है। साहित्यिक गीतों की रचना अनादिकाल से प्रचलित है। संस्कृत साहित्य से गीत परंपरा का यह रूप हिन्दी साहित्य मे आया है। इसलिए यह आवश्यक हो जाता है कि संस्कृत साहित्य से गीत परंपरा का यह रूप हिन्दी साहित्य में आया है। इसलिए यह आवश्यक हो जाता है कि संस्कृत साहित्य की गीतिकाव्य परंपरा का अध्ययन कर लिया जाय तब हिन्दी की गीतिकाव्य परंपरा पर विवेचन किया जाय।

संस्कृत साहित्य में गीति परंपरा वेदों से प्रारंभ हुई है। त्रिपटक और गाथा नामक दो प्रकार के गीत वेदों में मिलते हैं। त्रिपटक गीतों के अंतर्गत ईश्वर तथा देवताओं की उपासना से संबंधित और गाथा गीतों में संबंधित राजाओं एवं मनुष्यों के साहसिक कार्यो से संबंधित गीतों को ग्रहण किया जाता है। ऋग्वेद में उषा सुंदरी एवं संध्या सुंदरी के वर्णन में संगीतात्मकता भरी पड़ी है। यजुर्वेद में देवताओं की उपासना संबंधी मंत्रों में गीत तत्व विद्यमान है। सामवेद तो पूर्णतः गीतों से भरा पड़ा है। क्योंकि उसमें गान का प्राचुर्य है। वेदों के पश्चात श्रीमदभगवतगीता में गीति शब्द का पूर्ण प्रस्फुटन हुआ है। वैदिक साहित्य के अनन्तर बौद्ध साहित्य की थेरी गाथाओं का स्थान आता है। गाथा शब्द का अर्थ ही गीति है। इन बौद्ध गाथाओं में संसार की असारता और वैराग्य भावना पर विशेष बल दिया है। इसके पश्चात प्राकृत साहित्य में 'हाल' कवि द्वारा रची गई गाथा सप्त शती में गीतों का आधिक्य है। तदन्तर संस्कृत साहित्य के प्रत्युतर कवि कालिदास के ऋतुसंहार तथा मेघदूत नामक काव्यों में गीति तत्व प्राप्त होता है। भतृहरि द्वारा लिखित 'शृंगार शतक' रस से ओत प्रोत है।

नीतिशतक और वैराग्य शतक ये दो अन्य और शतक उनके द्वारा लिखे गये हैं। इनमें भी गेय तत्व की सत्ता विद्यमान है। बिल्हण कवि की 'चौर पंचाशिका' में गेय पदों का सुंदर वर्णन मिलता है। तदनन्तर गोवर्धनाचार्य की 'आर्य सप्तशती' में गीतितत्व के दर्शन होते हैं, इनकी सात सौ कथाओं में नीति, शृंगार भक्ति आदि संबंधी कथाओं का विशेष स्थान है। संस्कृत साहित्य में सबसे अधिक गीति तत्व जयेदव के गीत गोविन्द से प्राप्त होता है। कुछ आधुनिक विद्वानों का मत है कि निम्नलिखित श्लोक स्वयं जयदेव ने अपने काव्य के बारे में लिखा है "यदि हरिःस्मरणे सरसं मनो, यदि विलास कलासु कूतूहलम्, मधुर कोमलकांत पदावली', श्रुणु तदा जयदेव सरस्वतीम्।"

हिन्दी साहित्य में यह गीति तत्व सर्वप्रथम विद्यापति के पदों में मिलता है। इससे पूर्व वीसलदेव रासौ, आल्हखंड काव्यों में जो वीर गीत उपलब्ध होते हैं। वे संगीतात्मक ही हैं। गीतात्मक नहीं। अतः हिन्दी साहित्य का आदिकाल पूर्णतः गीत काव्यों से हीन है। इसका मूल कारण यह है कि, वह काल राजनीति, युद्ध लिप्सा, भौतिक अशांति से पूर्ण होने के कारण गीतों की रचना के लिए उपयुक्त न था, विद्यापति ने यह गीत काव्य की परंपरा संस्कृत कवि जयदेव से ग्रहण की थी। विद्यापति के पदों में पदलालित्य, सरसता, उक्ति वैचित्र्य आदि सम्पूर्ण गुण विद्यमान हैं। विद्यापति यदि घोर शृंगारी कवि हैं, तो भी कुछ विद्वान उनके भक्ति संबंधी पदों के आधार पर भक्त कवि प्रमाणित करने का प्रयत्न करते हैं। साहित्यिक गीतों के अतिरिक्त विद्यापति के गीतों में अवधी या मैथिली भाषा का प्रयोग दृष्टिगोचर होता है। रूप सौंदर्य, रचना सौंदर्य तथा भाव सौंदर्य सभी दृष्टि से विद्यापति के गीत काव्य सर्वश्रेष्ठ हैं। तभी तो उन्हें मिथिला कोकिल, और अभिनव जयदेव उपाधियों से अलंकृत किया गया है।

हिन्दी साहित्य के भक्तिकाल में जितना गीत तत्व विद्यमान है, उतना अन्य किसी काव्य के काल में नहीं। इस युग में ज्ञानाश्रयी, प्रेमाश्रयी, कृष्णकाव्य और रामकाव्य चार धारायें प्रचलित थीं। प्रेम काव्यधारा के अतिरिक्त तीनों धाराओं मे गीतिकाव्य विद्यमान है। ज्ञानाश्रयी धारा के प्रमुख कवि कबीर जी ज्ञान, प्रेम और भक्ति तीनों को समन्वित कर अपनी वाणी को गीत तत्व से ओत प्रोत कर दिया और विरह की महत्ता स्थापित की। इन्होंने भारतीय पद्धति का अनुसरण करते हुए आत्मा को स्त्री रूप में और परमात्मा को पति रूप में स्वीकार किया। इनके गीतों

में माधुर्य, पदलालित्य एवं सुकोमलता आदि गुण प्रतिभासित होते हैं। इसका मूल कारण यह है कि उन्होंने प्रतीकात्मक पद्धति को अपनाया है। कबीर के बाद सूर के काव्य में गीति तत्व के दर्शन होते हैं, वे हिन्दी साहित्य में वात्सल्य और विप्रलंभ शृंगार के क्षेत्र में अपना विशेष स्थान रखते हैं। इसीलिए आचार्य शुक्ल ने लिखा है- 'वात्सल्य और शृंगार का जितना सुंदर वर्णन अंधे सूरदास ने अपनी बंद आंखों से किया है। उतना अन्य किसी ने नहीं।' इन गीतों में सर्वत्र माधुर्य लक्षित होता है, और साथ ही भक्ति, शृंगार एवं वात्सल्य की त्रिवेणी बहती नजर आती है। उनके पदों में बाल सहज स्वाभाविकता के दर्शन होते हैं।

सूरदास जी के बाद अष्ट छाप के कवियों के काव्यों में गीतिकाव्य के दर्शन होते हैं। सूरदासजी ने ब्रजभाषा को अपनाया था। चित्रोय मता लाक्षणिकता, प्रतीकात्मकता, व्यंजकता, हास्य प्रियता, आदि गुणों का समावेश उनके गीतों में स्वतः ही हो गया है। छीत स्वामी, कुंभनदास, नामादास, नंददास आदि कवियों का स्थान विशेष उल्लेखनीय है। कवियित्री मीरा का काव्य भी इसी पद्धति पर आधारित है। मीरा का प्रत्येक पद या गीत संगीतात्मकता, संक्षिप्तता, आत्मानुभूति आदि गुणों से परिपूर्ण है। रामकाव्य परंपरा में तुलसीदास जी ने विनयपत्रिका द्वारा गीत काव्य की परंपरा को अक्षुण्ण बनाये रखा। उनके गीतों में भक्ति रस का पूर्ण परिपाक हुआ है। तभी तो शुक्ल जी ने कहा है कि 'भक्ति रस का जैसा पूर्ण परिपाक तुलसी की विनय पत्रिका मे हुआ है, वैसा हिन्दी साहित्य के किसी भी काव्य में नहीं हुआ है। इनके गीतों में अंतर्जगत का सहज प्रकाशन दृष्टिगोचर होता है। लोकोक्तियों और मुहावरों का प्रयोग करके भाषा को और भी अधिक सजीव बना दिया है। शुक्ल जी ने विनयपत्रिका के लिए लिखा है कि 'चरम महत्व के इस भव्य मनुष्य ग्राहय रूप के संमुख विह्वल भक्ति हृदय में जो भाव तरंगे उठती हैं, उन्हीं का माला विनयपत्रिका है।'

हिन्दी गीत परंपरा जो भक्तिकाव्य में निरंतर प्रचलित रही, रीतिकाल में आकर अवरूद्ध हो गई, क्योंकि लक्षण ग्रंथों के आधार पर काव्य का सृजन करके कवियों के हृदय में आचार्यत्व पद प्राप्त करने की लिप्सा जागृत हो गई। अतः कविता में स्वाभाविकता के स्थान पर कृत्रिमता दृष्टिगोचर हुई। भाव पक्ष के स्थान पर कलापक्ष का विकास हुआ। इससे गीत परंपरा इस युग में अवरूद्ध हो गई। आधुनिक युग में

आकर वही गीति परंपरा फिर से प्रारंभ हुई। कुछ विद्वान ऐसा प्रसाद काल से मानते हैं। परन्तु उनका यह मत औचित्य पूर्ण नहीं है। गीतों के दर्शन तो भारतेन्दु हरिश्चन्द्र के नाटकों में हो जाते हैं। अत' गीति काव्य का प्रादुर्भाव आधुनिक काल मे भारतेन्दु काल से ही माना जाना युक्ति संगत है। गीतिकाव्य परंपरा के विकास का श्रेय आधुनिक काल में महाराष्ट्र भारखंडे स्कूल, बंगाल के टैगोर स्कूल का प्राप्त है। इसी समय आंग्ल भाषा के गीतों का अध्ययन करके भारतीय कवियों ने भी गीतों की सर्जना की प्रवृत्ति उत्पन्न की। प्राकृतिक प्रेम का आधिक्य भी गीत रचना में अप्रतिम स्थान रखता है। अतः श्रद्धानुसार इन गीतों को भारतेन्दुयुगीन गीत छायावादी गीत, रहस्यवादी गीत, प्रगतिवादी गीत, और प्रयोगवादी गीत पांच भागों में बांटते हैं। सम्पूर्ण प्रवृत्तियों में छायावादी काव्य की गीत परंपरा को अत्यधिक योग प्रदान किया गया। भारतेन्दुयुगीन गीतों में देशप्रेम की भावना के दर्शन होते हैं। इसके अतिरिक्त श्रीधर पाठक, प्रतापनारायण मिश्र, अम्बिकादत्त व्यास, प्रेमधन आदि विशेष उल्लेखनीय है। यशोधरा और साकेत में श्रृंगार रस के गीत प्राप्त होते हैं। इसके बाद रहस्यवादी एवं छायावादी कवियों के काव्यों में गीत तत्व प्रचुर मात्रा में प्राप्त होता है। जयशंकर प्रसाद, निराला, पंत, महादेवी वर्मा आदि का नाम विशेष उल्लेखनीय है।

महादेवी वर्मा के गीत अधिकांश रहस्यवादी प्रवृत्ति के द्योतक हैं। उनके गीतों में यदि एक ओर छायावादी गीतों के दर्शन होते हैं, तो दूसरी ओर सामाजिक वास्तविक स्थिति का चित्रण प्राप्त होता है। प्रसाद जी का 'आंसू' विप्रलंभ श्रृंगार का एक उत्कृष्ट गीतिकाव्य है। उसमें पग-पग पर स्वाभाविकता, संक्षिप्तता, संगीतात्मकता के दर्शन मिलते हैं। कामायनी महाकाव्य हिन्दी साहित्य का उत्कृष्ट महाकाव्य है। जिसके प्रत्येक सर्ग में गीतिकाव्य के दर्शन होते हैं। प्रसाद जी ने स्कन्दगुप्त, अजातशत्रु, चन्द्रगुप्त, जनमेजय का नागयज्ञ आदि नाटकों में गीतों की रचना की है। हिन्दी के गीतों की परंपरा को बच्चन ने अपनी 'मधुशाला' के द्वारा आगे की ओर बढ़ाया परन्तु उनके द्वारा उत्पादित हालावाद अधिक समय तक प्रचलित न रह सका। तदनतर पाश्चात्य विचारक काल मार्क्स के सिद्धांतों से प्रभावित होकर हिन्दी साहित्य के क्षेत्र में नये वाद का आगमन हुआ, जो प्रगति के नाम से विख्यात है। इन प्रगतिवादी कवियों ने छायावादी गीतों या काव्य में प्राप्त होने वाली सूक्ष्मता के प्रति

विद्रोह किया। कविता को जनसाधारण के निकट लाने का प्रयत्न किया।

रामधारी सिंह दिनकर, उदय शंकर भट्ट, नरेन्द्र शर्मा, रामशंकर शुक्ल और डॉ. रांगेव राघव आदि के नाम विशेष उल्लेखनीय है। प्रगतिवादी गीतों को विषय की दृष्टि से साधारणतः इस प्रकार विभाजित करते हैं- (क) निम्न वर्ग के प्रति सहानुभूति एवं उच्चवर्ग के प्रति घृणा प्रकट करने वाले गीत (ख) राजनैतिक सिद्धांत विशेष का पद्यानुवाद (ग) रूस तथा लाल सेना का यशोगान करने वाले उद्बोधन गीत (घ) प्रेमगीत और देश की तत्कालीन परिस्थितियों के प्रति जागरूकता प्रकट करने वाले गीत। इन गीतों में मानव की असीम शक्ति की सर्वोपरिता को स्वीकार किया गया है। इन गीतों मे एकत्व की भावना उत्पन्न करने का प्रयास प्राप्त होता है। ये कवि नारी स्वतंत्रता के प्रबल समर्थक हैं। छायावादी कवि सुमित्रा नंदन पंत भी आगे चलकर प्रगतिवादी हो गये। अतः नारी स्वतंत्र्य की पुकार आधुनिक युग के प्रत्येक काव्य में प्राप्त होती है। प्रसाद जी की कामायनी के इडा सर्ग में इस भावना को व्यक्त किया गया है। जो इस प्रकार है- 'तुम भूल गये पुरूषत्व मोह में, सत्ता है नारी की, समरसता संबंध बनी अधिकार और अधिकारी की,' प्रगतिवादी गीतों के वाद प्रयोगवादी कविता के गीतों में इस परंपरा के अग्रसारित किया है।

कुछ विद्वान कविता में मुक्त छंद के कारण गीति तत्व का अभाव बताते हैं। पर उनका यह भ्रम है, इन गीतों में नवीन प्रतीक उपमानों को अपनाया है। इन गीतों में हमको युग का चित्र भी दृष्टिगोचर होता है। इस प्रकार हम देखते हैं कि गीतिकाव्यगंगा वेद रूपी हिमालय पर्वत से निकलकर संस्कृत साहित्य के पथ के अनेक ऊबड़ खाबड़ चटटानों से होती हुई भक्तिकाल के समतल मैदान में प्रखर वेगधारा से प्रवाहित होकर रीतिकाल रूपी प्रबल बांध के कारण कुछ काल के लिए अवरूद्ध हो गई थी। वही गीतिकाव्य गंगा कुछ काल के पश्चात उस बांध को लांघकर आधुनिक युग के उर्वर मैदान में अपनी विस्तृत धारा से प्रवाहित हुई, अब वह हिन्दी साहित्य की मरूभूमि को अभिसिंचित करती हुई अपने गन्तव्य मार्ग की ओर अग्रसित हो रही है।

हिन्दी उपन्यास : एक विस्तृत विश्लेषण

संस्कृत व्याकरण के अनुसार उपन्यास शब्द का अर्थ संधि विच्छेद करने पर

'समीप रखना' अथवा समीप ले आना होता है, क्योंकि उपन्यास शब्द उप और नी उपसर्ग लगाकर आस् धातु से बना है। इसमें उप का अर्थ है पास नी और आस् के मिश्रित उपन्यास का अर्थ है रखना। अब प्रश्न है कि किस पदार्थ को समीप में रखना उपन्यास कहलाता है। हम यह मान सकते हैं कि जीवन के समीप में रखना उपन्यास कहलाता है। आंग्ल भाषा में उपन्यास के लिए Noble शब्द प्रयुक्त है। जिसका अर्थ नया या नवीन माना जाता है। इस शब्द की उत्पत्ति लैटिन भाषा के 'नौवेला' शब्द से हुई है जिसका अर्थ है, ऐसे समाचार या नई घटनायें जो सद्यःजात और सत्य हों। फ्रांसीसी भाषा में उपन्यास के लिए रोमो शब्द प्रयुक्त होता है। मराठी भाषा में इन शब्दों के ठीक विपरीत एक नवीन शब्द 'कादम्बरी' का प्रयोग उपन्यास के लिए किया जाता है। उपन्यास शब्द की व्युत्पत्ति एवं उत्पत्ति का ज्ञान प्राप्त करने के उपरांत यह भावना जागृत होती है कि उपन्यास कहते किसे हैं? इस तथ्य के विषय में विभिन्न विद्वानों ने अपनी बुद्धि के अनुसार भिन्न-भिन्न परिभाषायें की हैं। संस्कृत साहित्य में एक विद्वान ने 'उपन्यास प्रसादनम्' कहकर प्रसन्न करने को उपन्यास स्वीकार किया है। 'उपपत्तिः कृतो हयर्थः उपन्यासः सः कीर्तितः' अर्थात किसी अर्थ को युक्तियुक्त रूप में उपस्थित करना उपन्यास कहलाता है। पाश्चात्य विद्वानों ने इसकी व्याख्या विस्तृत दृष्टिकोण से की है। 'अरन्स्ट ए बेकर' ने उपन्यास की परिभाषा देते हुए लिखा है- ''उपन्यास को हम गद्यमय कल्पित आख्यान के माध्यम से की गई जीवन की व्याख्या कह सकते हैं।'' एडिथ वार्टर्न ने ''सुन्दर कथानक और भली प्रकार से चित्रित पात्रों वाले कल्पित कथानक को उपन्यास स्वीकार किया है। पाश्चात्य साहित्य के प्रमुख विचारक शिल्पे ने उपन्यास को वास्तविक जीवन का कल्पनात्मक गद्य साहित्य मानकर लिखा है- 'ए फिफटीशस प्रोजटेन और नरेटिव ऑफ कन्सीडरेबिल लैंग्थ इन व्हिन रीयल लाइफ एंड इन ए प्लोट' अर्थात् उपन्यास वह कल्पनात्मक गद्य साहित्य रूप है, जिसमें वास्तविक जीवन का प्रतिनिधित्व करने वाले चरित्रों एवं व्यापारों को कार्यकारण श्रृंखलाबद्ध एक अपेक्षाकृत विस्तृत कथानक के द्वारा निरूपित किया जाये।''

हिन्दी साहित्य के प्रमुख आलोचक डॉ. श्याम सुन्दर दास उपन्यास को मानव के वास्तविक जीवन की काल्पनिक कथा स्वीकार करते हैं। प्रेमचंद ने भी मानव चरित्र मात्र स्वीकार करते हुए लिखा है 'मैं उपन्यास को मानव जीवन का चित्र मात्र समझता हूँ।'

अतः उपर्युक्त मतों का अवलोकन करने के बाद हम यह कह सकते हैं कि उपन्यास मनुष्य के सामाजिक, वैयक्तिक अथवा दोनों प्रकार के जीवन का वह रोचक साहित्यिक रूप है, जो प्रायः एक काल्पनिक कथासूत्र के आधार पर निर्मित होता है। उपन्यास का आज के युग में बड़ा महत्व है, क्योंकि साहित्यिक आवश्यकीय विधा होने के नाते मानव जीवन के लिए अत्यंत लाभप्रद है। उपन्यास द्वारा दूसरों के जीवन की घटनाओं से ज्ञान एवं शिक्षा प्राप्त होती है, तथा साथ ही तत्कालीन सामाजिक यथार्थता का उद्घाटन होता है। तथा आदर्श समाज का रूप प्रस्तुत करके मानव को आदर्श समाज का निर्माण करने की प्रेरणा प्रदान करता है। और उपन्यास द्वारा प्राचीन इतिहास का ज्ञान बड़े ही सुचारू, सरल एवं मनोरंजक ढंग से प्राप्त करने में समर्थ होते हैं। जबकि इतिहास के माध्यम से प्राप्त नहीं कर पाते। इसका मूल उददेश्य हमे खाली समय का सदुपयोग करना सिखाता है। उपन्यासों के वर्गीकरण के बारे में विद्वानों के भिन्न-भिन्न मत हैं। कुछ विद्वानों के अनुसार इनको चार भागों में विभक्त किया जा सकता है- घटना प्रधान, चरित्र प्रधान, नाटकीय तथा ऐतिहासिक। अन्य विद्वानों ने सामाजिक, राजनैतिक, सांस्कृतिक, ऐतिहासिक, जासूसी आदि भेद स्वीकार किये हैं। मुख्यतः हम इनको तीन भागों में बांट सकते हैं - बहिर्मुखी उपन्यास, अन्तर्मुखी उपन्यास और समन्वित उपन्यास।

बहिर्मुखी उपन्यासों को भी तीन भागों में बांटा जा सकता है - नीति प्रधान, घटना प्रधान तथा ऐतिहासिक या इतिहास प्रधान।

अन्तर्मुखी उपन्यास के भी दो भेद सकते हैं- मनोविश्लेषण प्रधान तथा सिद्धान्त प्रधान।

समन्वित उपन्यास भी दो प्रकार के होते हैं- चरित्र प्रधान तथा समस्या प्रधान।

इस तरह समस्त उपन्यासों को सात भागों में विभक्त कर सकते हैं। उपन्यास के तत्वों के बारे में 'भारतीय एवं पाश्चात्य विद्वानों का मत लगभग एक सा है। उनके अनुसार उपन्यास के 6 तत्व होते हैं। उपन्यास का सर्वप्रमुख तथा महत्वपूर्ण तत्व 'कथावस्तु' है। महाकाव्य की कथा के समान उपन्यास की कथावस्तु के लिए भी रोचकता, संभाव्यता और मौलिकता, सम्बद्धता, निर्माण कौशल, मानव जीवन की

समस्याओं की व्याख्या, प्रतिनिधित्व का संकेत, जीवन की विविध अवस्थाओं का वर्णन, जीवन पक्षों के महत्व का मूल्यांकन एवं अनुभूतियों का होना परमावश्यक है। उपन्यास का दूसरा तत्व 'चरित्र चित्रण' होता है। जिसके द्वारा लेखक उपन्यास में आये हुए पात्रों के चरित्रों का उद्घाटन करता है। इस उद्घाटन के लिए लेखक प्रत्यक्ष एवं परोक्ष दो विधियों का प्रयोग करता है। उपन्यास का एक और महत्वपूर्ण तत्व 'कथोपथन या संवाद' है, जो कथावस्तु के विकास में पात्रों के चरित्र के गुण अवगुणों का उद्घाटन करने में तथा रोचकता उत्पन्न करने में अत्यधिक सहायक सिद्ध होता है। उपन्यास का चौथा तत्व ''देशकाल एवं वातावरण'' है यह तत्व ऐतिहासिक उपन्यास का तो प्राण है। पांचवा तत्व 'उददेश्य' होता है जो जीवन की व्याख्या या आलोचना करने के लिए आदर्शवादी, यथार्थवादी एवं आदर्शोन्मुख यथार्थवादी इन तीनों प्रवृत्तियों को अपनाता है। छठा एवं अंतिम तत्व 'शैली' है। प्रत्येक लेखक की अपनी शैली होती है। यह भी कई प्रकार की होती है- इतिहास शैली, आत्मशैली, आत्मकथा शैली, पत्र शैली, डायरी शैली, कथोपकथन शैली आदि। इसमें लेखक को सरल एवं सरस भाषा के साथ-साथ चलती एवं मुहावरेदार भाषा का प्रयोग करना उपन्यास में रोचकता उत्पन्न करने के लिए आवश्यक हो जाता है। उपन्यास शब्द की व्युत्पत्ति, अर्थ, महत्व वर्गीकरण तथा तत्वों का अवलोकन करने के उपरांत अब यह जानना आवश्यक हो जाता है कि प्राचीन काल से लेकर आज तक लिखे गये हिन्दी उपन्यास के काल को कितने भागों में विभाजित कर सकते हैं।

अधिकांश विद्वानों ने हिन्दी उपन्यास काल को तीन कालों में विभक्त किया है- प्रेमचंद पूर्वकाल, प्रेमचंद काल तथा प्रेमचंदोत्तर काल। इस काल विभाजन का मूलाधार प्रेमचंद जी का उपन्यास साहित्य है जो उपन्यास साहित्य को अपना अमूल्य योगदान प्रदान करता है प्रेमचंद पूर्वकाल अनूदित रचनाओं (उपन्यासों) की रचना का युग तथा मौलिक उपन्यासों की रचना का युग दो भागों में विभक्त करते हैं। इसी प्रकार प्रेमचंदोत्तर काल को भी स्वातंत्रयपूर्वकाल तथा स्वातन्त्रयोत्तर काल में विभाजित करते है, कुछ विद्वान इन्शा अल्ला खाँ द्वारा (ई. 1882-1916) रचित 'रानी केतकी की कहानी', सदल मिश्र कृत 'नाशिकेतोपाख्यान' को हिन्दी साहित्य के आदि उपन्यास स्वीकार करते हैं। परन्तु इन उपन्यासों में उपन्यास के सम्पूर्ण तत्वों का विवेचन न

मिलकर कुछ ही तत्वों का विवेचन मिलता है। अतः उपर्युक्त मत भ्रमपूर्ण है।

"वैताल पच्चीसी", "सिंहासन बत्तीसी", "किस्सा तोता मैना" "किस्सा साढ़े चार यार" और "माधवानलकामकन्दला" आदि अर्धविकसित उपन्यास संस्कृत ग्रंथों के आधार पर पहले ही लिखे जा चुके थे। वास्तव में आचार्य रामचन्द्र शुक्ल के अनुसार श्रीनिवासकृत "परीक्षागुरू" हिन्दी का प्रथम उपन्यास है। भारतेन्दु हरिश्चन्द्र ने इससे पूर्व बंगला उपन्यास का अनुवाद 'पूर्ण प्रकाश' और 'चन्द्रप्रभा' दो रूपों में प्रस्तुत किया, जिसमें मौलिकता का अभाव था। इसलिए 'परीक्षागुरू' ही हिन्दी का आदि उपन्यास है। इसके उपरांत बालकृष्ण भटट् जी ने 'सौ अजान और एक सुजान' तथा 'नूतन ब्रहमचारी' उपन्यास लिखे। मौलिक उपन्यासकारों में देवकी नंदन खत्री का नाम उल्लेखनीय है। 'चन्द्रकांता सन्तति', 'भूतनाथ', चन्द्रकांता, कुसुमकुमारी आदि तिलस्मी एवं जासूस उपन्यास खत्री जी ने लिखे हैं। इसके साथ-साथ 'गोपालराम गहमरी' का नाम भी आता है। जिन्होने रहस्यमय 'विप्लव', 'भयंकर भेद' जासूसी भेद, गुमनाम चिटठी आदि की रचना की।

आधुनिक युग में अयोध्यासिंह उपाध्याय 'हरिऔध' का नाम लिया जाता है, जिन्होने 'ठेठ हिन्दी का ठाट' 'अधखिला फूल' लिखकर उपन्यास कला की अपेक्षा भाषा वैचित्र्य पर विशेष बल दिया। इस युग के उपन्यासों में कल्पना एवं रोमांस का प्राधान्य होने के साथ-साथ मनोरंजन एवं कुतूहल प्रवृत्ति के ही दर्शन होते हैं। समाजगत एवं जीवनगत विविध पक्षों एवं समस्याओं का उद्घाटन नहीं हुआ है। उपन्यासों के दूसरे युग का नाम प्रेमचंद युग है। जिसका समय 1916 ई. से 1936 ई. तक का है। यह युग उपन्यास कला की समृद्धि के लिए अप्रतिम रहा है। इस युग के उपन्यासों में चार मनोवृत्तियाँ प्रमुख रूप में पायी जाती हैं। पहली मनोवृत्ति यथार्थवादी प्रवृत्ति की है। जिसमें मानव जीवन का यथार्थ चित्रण किया गया है। यथा जयशंकर प्रसाद के कंकाल, और तितली। दूसरे नम्बर पर समाज सुधारवादी प्रवृत्ति है, जिसके द्वारा आदर्श समाज के निर्माण करने की भावना को प्रकट किया गया है। यथा प्रेमचंद का 'गोदान'। इसके साथ ही दो अन्य राजनैतिक एवं राष्ट्रीय प्रवृत्ति और मनोवैज्ञानिक प्रवृत्ति के भी दर्शन होते हैं। इस युग के सर्वप्रमुख उपन्यासकार प्रेमचंद ही हैं। इन्होने उपन्यास क्षेत्र में एक क्रांतिकारी परिवर्तन कर समाज एवं राष्ट ‸ की

विविध गंभीर समस्याओं को अपने उपन्यासों का विषय बनाया है।

'कायाकल्प', 'कर्मभूमि', 'रंगभूमि', 'गोदान', 'सेवासदन', और 'गबन' आदि इनके प्रसिद्ध उपन्यास हैं। इस युग के दूसरे प्रमुख उपन्यासकार जयशंकर प्रसाद जी हैं। कंकाल, तितली तथा इरावती इनके प्रसिद्ध उपन्यास हैं। इरावती अपूर्ण है। प्रसाद जी ने कंकाल में भारतीय समाज के खोखलेपन का प्रदर्शन किया है। तितली में ग्रामों में विद्यमान दाम्पत्य जीवन की उज्ज्वल झांकी प्रस्तुत की है। श्री विश्वम्भरनाथ कौशिक के 'माँ' और भिखारिणी नामक उपन्यास दो प्रमुख हैं। जिनमें प्रेम, त्याग और मातृत्व की भावना का सजीव चित्र है। जो विशेष उल्लेखनीय है। उग्र जी के 'दिल्ली का दलाल', 'बंधुआ की बेटी' उपन्यास प्रसिद्ध हैं। डॉ. वृन्दावन लाल वर्मा का ऐतिहासिक उपन्यासों के क्षेत्र में विशेष स्थान है। उन्होने अधिकतर अपने उपन्यास के नायक बुंदेलखंड या उसके आस पास के निवासी रखे हैं। उनके उपन्यास देशप्रेम की भावना से ओत प्रोत रहते हैं। मृगनयनी, पद्मिनी, झांसी की रानी, माधवजी सिंधिया, गढ़ कुण्डा, आदि प्रमुख हैं।

प्रेमचंद युग के बाद उपन्यास क्षेत्र में कई प्रवृत्तियों के प्रादुर्भाव होने का मूल कारण प्रेमचंदयुगीन उपन्यासों में पायी जाने वाली कमियाँ थी, इस युग के उपन्यासों का सर्वप्रमुख दोष तटस्थता की भावना का अभाव था। प्रेमचंद उपन्यासों को जीवन की व्याख्या मानते हैं तथा मानव चरित्र का चित्रण मात्र समझते हैं। वह प्रारंभिक उपन्यासों में व्याख्या और चित्रण से अधिक जीवन की आलोचना प्राप्त होती है। इसका मूल कारण उनका आदर्शवादी दृष्टिकोण है। इस युग के उपन्यासों में घटना का बाहुल्य प्राप्त होता है। जिसके कारण पात्रों की मनोभूमि अधिक स्पष्ट नहीं होने पाती। यथा रंगभूमि, कायाकल्प, कर्मभूमि और गबन नामक उपन्यास इस तथ्य को प्रमाणित करते हैं। प्रेमचंदयुगीन उपन्यासों के अंतर्गत स्वानुभूति दर्शन का अभाव परिलक्षित होता है। नंददुलारे वाजपेयी कहते हैं, 'कल्पना के अभाव के साथ प्रेमचंद जी में तीव्र बौद्धिक दृष्टि और उसके फलस्वरूप निर्माण होने वाले व्यवस्थित जीवन दर्शन का भी अभाव है। इस युग के उपन्यासकारों में अपनी कृतियों में बौद्धिकता से काम न लेकर भावुकता से अधिक काम लिया है। जिसके फलस्वरूप पात्रों में व्यावहारिकता के स्थान पर कृत्रिमता के दर्शन होते हैं। इसका उदाहरण 'प्रतिज्ञा' नामक उपन्यास में मिलता है। प्रेमचंदयुगीन उपन्यासों में अपने कथन को व्यक्त करने के लिए उपन्यासकारों ने

सीधी सादी अर्थात् सरल अभिव्यंजना पद्धति को ग्रहण किया है। इन्होने व्यंजना की चरम शक्तियों का उपयोग नहीं किया। प्रेमचंदजी स्वयं कहते हैं 'जहाँ वाणी मौन रहती है, क्या वह साहित्य है? वह साहित्य नहीं गूंगापन है।' इन शब्दों में प्रेमचंद जी की बलहीनता दृष्टिगोचर होती है। क्योंकि उत्कृष्ट अभिव्यंजन के अभाव में साहित्य के अंतर्गत साहित्यिकता नहीं आ पाती है। इस शक्ति के द्वारा जीवन का सजीव एवं मोहक चित्र उपस्थित किया जा सकता है।

प्रेमचंदयुगीन उपन्यासों में उपर्युक्त दोषों के फलस्वरूप प्रेमचंद के बाद उपन्यास साहित्य का विकास प्रचुर मात्रा में हुआ, उस समय से लेकर आज तक के उपन्यास साहित्य को दो भागों में विभक्त कर सकते हैं- स्वतंत्रता प्राप्ति तक लिखे जाने वाले (1947) तथा स्वतंत्रता प्राप्ति के बाद लिखे जाने वाले। 1936 से लेकर 1947 ई. तक लिखे गये उपन्यासों में मनोविश्लेषणात्मक तथा यथार्थवादी प्रवृत्ति का विशेष योगदान रहा। इसका मूल कारण पाश्चात्य विद्वानों की प्रेरणा थी। फ्रायड और मार्क्स ने इन दोनो प्रवृत्तियों को अप्रत्यक्ष रूप से प्रेरणा प्रदान की थी। मनोविश्लेषणात्मक प्रवृत्ति के मूल में विद्वान फ्रायड ने स्वछंद विचार संसर्ग की प्रक्रिया द्वारा नये तथ्यों का उद्घाटन करना स्थित था। फ्रायड ने धर्म, दर्शन, समाजशास्त्र, कला एवं साहित्य की नये ढंग से व्याख्या की उन्होने साहित्य को कुंठाओं की अभिव्यक्ति के स्थान पर उन्नयन का माध्यम माना, उनका विचार अतृप्त वासना या इच्छाओं में बाधा या कठिनाई देखकर मानवमन तुष्टि के लिए उसे पुस्तकों में अभिव्यक्त करना है।

मनोविश्लेषण का सबसे अधिक प्रचलित सिद्धांत मनोग्रन्थियों का अथवा कुंठाओं का है। इस आधार पर मानव मन के तीन भाग अचेतन, अर्धचेतन और चेतन किये हैं। इनका दूसरा नाम द्वंद, अहं, अत्यहं किया गया। इसके अनुसार प्रत्येक मनुष्य इन तीनों की व्याख्या करके अपने हृदय में स्थित कुंठाओं को व्यक्त करना चाहता है। इसलिए मनोविश्लेषणात्मक प्रवृत्ति का प्रादुर्भाव हुआ। दूसरी प्रवृत्ति यथार्थवादी प्रवृत्ति, प्रेमचंद जी के बाद साहित्याकाश में विराजमान हुई, इस प्रवृत्ति का तात्पर्य यह है कि, लेखक अपने आपको समाज से तटस्थ रखकर उसमें प्राप्त होने वाली समता एवं विषमताओं को गुण तथा अवगुणों को अपने साहित्य में प्रगट करता है। इसकी सबसे बड़ी विशेषता निष्पक्षता की भावना है।

प्रेमचंदोत्तर युग में समाजवादी यथार्थवादी, सामाजिक यथार्थवादी और मनोवैज्ञानिक यथार्थवादी तीन रूपों के साहित्य में दर्शन होते हैं। समाजवादी यथार्थवाद से तात्पर्य यह है कि, जिसमें उपन्यासकार या लेखक द्वन्द्वात्मक भौतिकवादी विचारधारा से प्लावित होकर केवल निम्नवर्ग के ऊपर शोषक वर्ग या उच्च वर्ग के अत्याचारों का दृश्य उपस्थित करता है। इस प्रवृत्ति में लेखक तटस्थ रहने का प्रयत्न करता हुआ पूर्णतः तटस्थ नहीं रह पाता। सामाजिक यथार्थवादी प्रवृत्ति में लेखक न तो किसी विचारधारा से प्रभावित होता है और न किसी वर्ग विशेष के प्रति अपनी सहानुभूति रखता है। इसके लेखक का ध्येय केवल निरपेक्ष भाव से समाज का निरीक्षण करना है। तीसरी मनोवैज्ञानिक यथार्थवादी प्रवृत्ति थी जिसका संबंध मनोविज्ञान से था। इस प्रवृत्ति में लेखक सम्पूर्ण समाज का चित्रण प्रस्तुत न कर किसी व्यक्ति विशेष के मनोगत भावों का वर्णन करता हुआ जीवन के आलोचक की अपेक्षा जीवन का दृष्टा बनने का प्रयत्न करता है। अतः उपर्युक्त विवरण से यह स्पष्ट हो जात है कि, प्रथम प्रवृति मनोविश्लेषणात्मक प्रवृत्ति व्यक्ति प्रधान थी दूसरी यथार्थवादी पूर्णतः प्रवृत्ति समाज प्रधान थी। क्योंकि उसमें वर्गविशेष का ही स्पष्ट चित्रण होता था।

1936 से लेकर 1947 ई. तक के युग में सर्वप्रमुख उपन्यासकार जैनेन्द्र जी हुए। वे हिन्दी के पहले व्यक्तिवादी एवं मनोवैज्ञानिक उपन्यासकार थे, जिन्होने अपने पात्रों को प्रेमचंद के पात्रों के समान आदर्शवादी पुरूष के रूप में चित्रित न कर सामान्य व्यक्ति के चित्र के रूप में चित्रित किया, उन्होने स्वतः इस बारे में कहा है, कि कहानी सुनाना मेरा उददेश्य नहीं, अतः तीन चार पात्रों से ही मेरा काम चल जाता है। डॉ. देवराज के अनुसार ''बौद्धिक गहनता और नैतिक सूक्ष्म विश्लेषण में शायद देश के श्रेष्ठ उपन्यासकार हैं। इस युग के दूसरे उपन्यासकार इलाचंद जोशी हैं। इन्होने मनोविश्लेषणात्मक प्रवृत्ति को अपनाया और फ्रायड के सिद्धांतों को सैद्धान्तिक रूप में स्वीकार किया। उसको व्यावहारिक रूप में भी स्वीकार किया है उन्होने स्वयं साहित्य चिंतन के अंतर्गत फ्रायडवादी होने का खंडन करके कहा है ''मैं फ्रायडवाद का समर्थक नहीं हूँ, उसका लक्ष्य ध्वंश की ओर अधिक है, निर्माण की ओर नहीं। फ्रायडवादी होना एक बात है, और फ्रायडवाद से लाभ उठाना दूसरी बात।'' अज्ञेय जी इस युग के तीसरे प्रमुख उपन्यासकार हैं। ''शेखर एक जीवनी'' में अज्ञेय जी ने

शेखर को अपनी उपन्यास कथा का मेरूदंड बनाया है। इस उपन्यास की विशेषता भाव संयम के आनन्द की अनुभूति है। उपर्युक्त तीनों उपन्यासकारों के उपन्यासों में हमको मानवीय संवेदना का अभाव प्राप्त होता है। इसका प्रमुख कारण मनोविश्लेषणात्मक प्रवृत्ति को अपनाना है। इसके अतिरिक्त इस युग में अन्य उपन्यासकारों का नाम भी विशेष उल्लेखनीय है।

श्री भगवतीचरण वर्मा हिन्दी के बहुमुखी प्रतिभा सम्पन्न कलाकार हैं। उनके उपन्यास पतन, चित्रलेखा, टेढ़े मेढ़े रास्ते, तीन वर्ण, आखिरी दांव और फिर वह न आयी आदि उपन्यास प्रमुख हैं। इनके साहित्यिक व्यक्तित्व के दो पक्ष हैं- मादकता से ओतप्रोत दूसरा विद्रोह भावना से ओत प्रोत। इनके साहित्यिक व्यक्तित्व का दूसरा गुण बुद्धिवादिता है। उनका स्वयं का कथन है कि "मैं बुद्धिवादी हूँ। मेरा देवता ज्ञान है। इस देवता के अलावा मुझे किसी देवता पर विश्वास नहीं।" इस प्रकार अहं और बुद्धिवादिता इनके साहित्यिक व्यक्तित्व के अनिवार्य अंग हैं। प्रेमचंदोत्तर नवीन उपन्यासकारों में यशपाल जी का भी अपना विशेष स्थान है। वे हिन्दी साहित्य के अंतर्गत एक विशिष्ट राजनीतिक विचारधारा को उपस्थित करने वाले लेखक वर्ग के समर्थ प्रतिनिधि हैं। इनके उपन्यासों में तीन प्रवृत्ति रोमानी प्रवृत्ति, सामाजिक प्रवृत्ति या यथार्थवादी प्रवृत्ति तथा प्राकृतवादी प्रवृत्ति हैं। दादा कामरेड, पार्टी कामरेड, देशद्रोह, दिव्या, झूठा सच आदि इनके प्रमुख उपन्यास हैं।

डॉ. रांगेय राघव जी का भी उपन्यासकारों में विशेष स्थान है। इनके उपन्यासों को दो भागों में सामाजिक तथा ऐतिहासिक में विभक्तकिया जा सकता है। सामाजिक उपन्यास काव्या, पराया, कब तक पुकारूँ, राई और पर्वत, पथ का पाप, छोटी सी बात आदि उपन्यास हैं। ऐतिहासिक उपन्यास दो प्रकार के हैं। एक तो जिनमें ऐतिहासिक पात्र या ऐतिहासिक युग चित्रण है। परन्तु कथानक की दृष्टि से लेखक में स्वतंत्रता ली हैं, जैसे मुर्दो का बोल, चींबर, प्रतिदानी, पक्षी और आकाश आदि दूसरे वे उपन्यास हैं जिनको लेखक ने ऐतिहासिक जीवन की संज्ञा प्रदान की है। 'देवकी का वंश', 'यशोधरा जीत गई' आदि। इस युग के उपन्यासकारों में भगवतीप्रसाद वाजपेयी, ऐसे उपन्यासकार हैं, जिन्होंने प्रेमचंद युग और प्रेमचंदोत्तर युग के बीच की कड़ी का काम किया है। वाजपेयीजी समाज की समग्र उन्नति के लिए व्यक्ति का विकास अनिवार्य

मानते हैं प्रेमपंथ, विपासा, पतिता की साधना, मीठी चुटकी, सूनी राह आदि उपन्यास प्रसिद्ध हैं। उपेन्द्रनाथ अश्क, अमृतलाल नागर, सियाराम शरण, मन्मथनाथ गुप्त का नाम भी उपन्यासकारों में लिया जाता है।

1947 ई. से अब तक के युग को हम स्वातंत्र्योत्तर युग का नाम प्रदान कर सकते हैं। इस युग में हमें उपन्यासकारों में तीन प्रवृत्तियाँ दृष्टिगोचर होती हैं - टैक्निक मोह, व्यक्ति स्वातंत्र्य और आंचलिकता। इस युग की नव्यतम एवं प्रमुख प्रवृत्ति आंचलिकता की प्रवृत्ति है जिसका विकास पूर्णतः गतदशक में हुआ है। इस प्रवृत्ति के अंतर्गत लेखक किसी अंचल विशेष को अपने उपन्यास का मूल केन्द्र मानता है। उस अंचल में निवास करने वाले व्यक्तियों का या बोलियों का अथवा अन्य विशेषताओं का उद्‌घाटन करता है। सबसे बड़ी विशेषता यह है कि इसके अंतर्गत अंचलगत सौंदर्य का उद्‌घाटन करता है। दूसरी विशेषता इसके द्वारा हमको सत्य का सहज आभास प्राप्त होता है। तीसरी विशेषता उपन्यास की आत्मा मूलतः लोकतंत्रात्मक होती है, इस प्रवृत्ति में एक ओर कुछ और विशेषता दृष्टिगोचर होती है तथा दूसरी ओर कुछ दुर्बलतायें भी हैं, पाठक आंचलिक बोली से उकता जाता है तथा सार्वभौमिकता के दब जाने की आशंका रहती है। इस युग के प्रमुख उपन्यासकार धर्मवीर भारती हैं। 'गुनाहों का देवता,' 'सूरज का सांतवां घोड़ा' में भारती ने मध्यमवर्गीय समाज में स्थित वैषम्य, रूढ़िवादिता तथा विकृतियों का निरूपण करने का प्रयत्न किया है।

स्वातंत्र्योत्तर काल में आचार्य चतुरसेन शास्त्री का नाम लिया जाता है, ''हृदय की परख और हृदय की प्यास'' इनके दो उपन्यास हैं। इनका नाम इसलिए विशेष उल्लेखनीय है कि इनके उपन्यास स्वतंत्रता प्राप्ति के बाद जितने प्रसिद्ध हुए उतने पहले नहीं। शास्त्री जी ने ''वैशाली की नगरवधू'' में बौद्धकालीन भारत की राजनैतिक परिस्थिति और ''वयंरक्षामः'' में वेद पूर्वकालीन भारत के नर-नाम, देव, दैत्य, दानव, आर्य, अनार्य, आदि नृ वंशों का चित्रण किया। सोमनाथ, धर्मयुग, और गोली अन्य उपन्यास भी लिखे। इनके अतिरिक्त प्रभाकर माचवे, विष्णु प्रभाकर, विष्णुकांत, गुरूदत्त, देवेन्द्र सत्यार्थी आदि उपन्यासकारों ने उपन्यास लिखकर उपन्यास साहित्य के अजस्र स्रोत को प्रभावित किया। इस युग की प्रमुख प्रवृत्ति आंचलिकता की है। इन आंचलिक उपन्यासकारों में से नागार्जुन, फणीश्वरनाथ रेणु का नाम प्रसिद्ध है।

नागार्जुन को आंचलिक उपन्यास का संस्थापक माना जाता है। इन्होने 1948 में ''रतिनाथ की चाची'' लिखा था। जिसमे उन्होने एक विधवा का दुर्भाग्य दिखाया है। इनका प्रसिद्ध उपन्यास 'बलचनमा' है। जिसमें लेखक ने बालचन नामक एक अनपढ़ एवं ग्रामीण युवक द्वारा विद्रोह भावना को प्रज्वलित करने का प्रयास किया है। बाबा बटेश्वरनाथ, वरूण के बेटे, दुखमोचन, कुम्भीपाक आदि प्रमुख उपन्यास हैं। इस युग के दूसरे फणीश्वरनाथ रेणु हैं। जिन्होने, मैला आंचल, परती परिकथा लिखे हैं। कुछ आलोचकों ने मैला आंचल को गोदान के समान मानकर लिखा गया बताया है। महेन्द्र चतुर्वेदी कहते हैं कि ''भैने इसे गोदान के बाद हिन्दी का दूसरा महान उपन्यास माना है। यह एक नायकविहीन उपन्यास है। जिसके द्वारा लेखक ने साधारण को असाधारण के धरातल पर उठाने की अपेक्षा साधारणता की अपेक्षा स्वीकार की है और उसे दीप्ति से सजाया है। नागर ने 'बूंद और समुद्र' तथा महाकाल में इसी आंचलिकता को अपनाया है। अंत में हम कह सकते हैं कि प्रेमचंद के बाद से हिन्दी उपन्यास साहित्य का निरंतर विकास होता जा रहा है। आज समाज में साहित्य के इस अंग की अत्यधिक मांग है। औपन्यासिक शैली तथा रूप विधान के क्षेत्र में नये प्रयोग हो रहे हैं। अतः प्रगति के कारण हिन्दी उपन्यासों का भविष्य उज्जूवल और महान है और हम उसकी उन्नति के लिए सतत् प्रयत्न करने की कामना करते हैं।

साहित्य मर्मज्ञ ब्रजभाषाचार्य महाकवि श्री बाबू जगन्नाथ दास जी 'रत्नाकर'

आपने 'रसिकमण्डल' प्रयाग के द्वारा प्रकाशित सन् 1968 में 'वी.एल. यादव इंडियन प्रेस प्राइवेट लिमिटेड प्रयाग से मुद्रित पुस्तक 'उद्धव शतक' में लिखा है। ''भैंने इस पुस्तक की भूमिका श्री रमाशंकर शुक्ल 'रसाल' एम.ए. से लिखवाकर इसे श्री रायकृष्ण दास जी की अनुमति से श्रीयुत हरिकेशवजी घोष की कृपा से ही प्रकाशित कराया है और वे कहते हैं कि मैंने सम्वत् 1977 तक अस्सी पिच्चासी कवित्त उद्धव विषयक लिख लिये थे। किन्तु सम्वत् 1978 में हरिद्वार में मेरा बक्सा चोरी हो गया, उसमें मेरे विविध विषयक 500 कवित्त चले गये। फिर कुछ स्मरण करने 1986 सम्वत् तक 100 कवित्त पुनः रचे, तब रसिक मंडल के सभापति श्री डॉ. रामप्रसाद त्रिपाठी और उपसभापति श्री रसाल जी के साहाय्य से यह ग्रंथ प्रकाशित हुआ। इस समय श्री रत्नाकरजी शिवाला घाट काशी पर निवास करते थे। रसाल जी के अनुसार ''उद्धव शतक

वह चित्रोंमय सत्काव्य है, जिसमें प्रबंधात्मक मुक्तक का प्राधान्य है और जिसमें अभिधा, लक्षणा, व्यंजना तीनों का अच्छा उत्कर्ष मिलता है। रसात्मकता, सरसता अर्थ गौरव और ललित मृदुल पदावली की मधुरता तो कूट-कूटकर ही भरी हुई है।'' इसमें 126 धनाक्षरी है। उद्धवनाम से ही काव्य विषय ज्ञात हो जाता है। इसे हम वार्तात्मक काव्य भी कह सकते हैं। उद्धव की ज्ञान गठरी ब्रज की वीथियों और कछारों में खुलकर बिखर जाती है। अर्थात् दार्शनिक विचारों को सरस शैली में व्यक्त किया है। इस ग्रंथ में रत्नाकर की बहुज्ञता प्रतिभासित होती है। यथा, वैद्यक, रसायन मनोविज्ञान, वेदान्त, तर्क योग और विज्ञान ज्योतिष के दृष्टान्त दृष्टव्य है। कृष्ण के दूर चले जाने पर 'ज्यौं ज्यौं बसे जात दूरि-दूरि प्रिय प्रानमूरि, त्यौं त्यौं धंसे जात मन मुकुर हमारे मैं'' । इसकी भाषा मधुर ब्रज की है जो भावानुकूल एवं प्रसंगानुकूल है। भाषा में विच्छिति (वाक्वैचित्र्य या वक्रोक्ति) है। इसीलिए कहा गया है ''चरनधरत चिंता करत चितवत चारिहु ओर, सुबरन को खोजत फिरत कवि, व्यभिचारी चोर।''

प्रसाद और माधुर्य गुण की व्याप्ति दृष्टव्य है। धनाक्षरी या कवित्त छंद प्रयुक्त है, यह वर्णिक छंद (वृत) है। इसमें 8, 8, 8 और 7 के क्रम से 16 और 15 पर विराम या यति देते हुए 31 वर्ण लिखे जाते हैं। काव्य सौंदर्य, भाव सौंदर्य की दृष्टि से यह काव्य ब्रजभाषा का सर्वोकृष्ट काव्य है। यद्यपि रत्नाकर जी भारतेन्दु युग के कवि थे, परन्तु उनपर रीतिकाल का प्रभाव बड़ा गहरा था। इसलिए हम उनकी कविता में शब्दों की करामात एवं अलंकारों की प्रौढ़ता पाते हैं। किन्तु इसका अर्थ यह नहीं है कि उनके हृदय में अभाव था, शब्दों के करामाती होते हुए भी उन्होंने भक्ति भावना का प्रदर्शन अपनी कविता में प्रचुर मात्रा में किया है। भक्ति के दो पक्ष होते हैं, आश्रय तथा आलम्बन। भक्त भगवान की प्राप्ति हेतु अनेक मार्गो को टटोलता है। अनेक साधनों का आश्रय लेता है। ज्ञानी ज्ञान मार्ग पर चलते हुए ज्ञेय को प्राप्त करने के लिए बुद्धि का आश्रय लेता है। परन्तु शरीर में एकमात्र बुद्धि ही वस्तु नहीं है। मन भी उतना ही महत्वपूर्ण है, मन मार्ग से यदि बुद्धि को संतोष मिल जाता है, पर मन असंतुष्ट ही रहता है। कभी-कभी ज्ञान की साधना में ही मन और बुद्धि का संघर्ष होने लगता है। बुद्धि मार्ग पर चलने वाला प्राणी मन को शांत कर लेने में तथा अपनी विषय वासनाओं को दबाने में ही आदर्श शक्ति प्राप्त कर लेता है। अतएव ज्ञान मार्ग

कष्टकर होता है। इस मार्ग की सीढी पर से साधक फिसलने लगता है। तुलसी ने ज्ञान को कृपाण की धार कहा है। भक्ति मार्ग पर चलने वाले भक्त को मन वश में करने के लिए अधिक कठिनाई का सामना नहीं करना पड़ता क्योंकि उसे तो वासनाओं को एक अभिप्रेत मार्ग पर मोड़ना ही होता है। सांसारिक सौंदर्य में रमने वाली अपनी प्रवृत्ति को केवल भगवान की ओर उन्मुख करना पर्याप्त होता है। अतएव भक्तों ने भगवान के परम सुंदर एवं चित्ताकर्षक रूप की कल्पना की अपने मन की प्रवृत्तियों को उसी की ओर उन्मुख कर दिया, रसखान और तुलसी इसके प्रमाण हैं। रत्नाकर जी भी ज्ञान मार्ग को त्यागकर भक्ति मार्ग पर चलने वाले कवि हैं। उन्होने भक्ति मार्ग को पुष्ट करने वाले भगवान के ललित स्वरूप की ओर ध्यान दिया गंगावतरण शृंगारलहरी तथा हिल्लोल में भगवान श्रीकृष्ण के ललित स्वरूप का वर्णन हैं। उनके अन्य फुटकर पद्यों में भी कृष्ण के मनमोहक रूप का चित्रण प्रस्तुत है। गंगावतरण में रत्नाकर ने राधाकृष्ण की युगल मूर्ति का चित्ताकर्षक वर्णन किया है। जिसे पढ़कर भावुक हृदय पर अनायास अमिट छाप पड़ती है, मन मुग्ध हो जाता है।

''दो दोउन की प्रभापाय एक रंग भरमाने दोउन की छवि दोउ ललकतलल छोड़े'' इनके कृष्ण का सौंदर्यवर्णन कलापूर्ण एवं सजीव है। उसको पढ़ते समय शब्द चित्र हमारे नेत्रों के सामने आ खड़े होते हैं। रत्नाकर की सबसे बड़ी विशेषता यह है कि भक्त होने के कारण उन्होने इन वर्णनों के भावपक्ष पर अधिक बल देते हुए, क्योंकि वे जानते थे कि जबतक इन वर्णनों के पीछे सच्चा अनुराग एवं सहृदयता नहीं होगी, तब तक वे भक्त हृदयों पर प्रभाव डालने में पूर्ण असमर्थ होंगे। भक्त के लिए भगवान का वर्णन तब तक अपूर्ण रहेगा जब तक भगवान के आसपास की वस्तुओं तथा उनके आयुध आदि का वर्णन न हो, क्योंकि तुलसी ने भी भगवान राम के सौंदर्य का वर्णन करते हुए धनुष का वर्णन किया है। उसी पद्धति का अनुकरण करते हुए कृष्णभक्त कवियों ने कृष्ण की मुरली आदि का वर्णन तथा मर्यादा पुरूषोत्तम राम का तुलसीकृत वर्णन में आस्था आदि तथा उससे होने वाले प्रभाव का रूचिकर वर्णन उपलब्ध होता है। रत्नाकर ने भी इसी परिपाटी का पूर्णपालन किया है। स्पष्ट लिखा है, कि किस प्रकार संध्या के समय गोपिकायें अटटालिकाओं पर चढ़ जाती हैं और उनकी मुरली की ध्वनि की प्रतीक्षा करती हैं। गोपियाँ ही नहीं अपितु

शिव भी मुग्ध हैं। शिव भी वृक्ष पर चढ़कर मुरली का संगीत सुनने कैलाश पर्वत से चल पड़ते हैं। इससे स्पष्ट है कि प्रिय की प्रत्येक वस्तु में ही प्रिय का मोह स्पष्टतः हो जाता है। अतःएव भक्तों ने भगवान के निवास स्थान को पुण्य भूमि समझा, जैसे कृष्ण भक्तों ने वृन्दावन और ब्रज का, रामभक्त तुलसी आदि ने चित्रकूट, अयोध्या का वर्णन किया।

रत्नाकर दूसरी पद्धति का अनुसरण करते हुए कृष्ण की जन्मभूमि ब्रज के प्रति भाव दिखाते हुए लिखते हैं कि वे लोग उस पुण्य भूमि के कण कण को कितना प्रेम करते हैं कि, उसे त्यागकर कृष्ण के दर्शनार्थ नहीं जाना चाहते, ''तब घनश्याम श्याम सौं हम मिलन न जायं'' यह कृष्ण के बाहय रूप का एवं बाहय गुणों के साथ-साथ आंतरिक रूपशील एवं वत्सलता आदि का वर्णन किया। रत्नाकर जी भी उसमें पीछे नहीं रहे। उन्होने भगवान की भक्तवत्सलता का वर्णन करने के लिए फुटकर तीन अष्टक लिखे, सुदामा चरित, द्रौपदी चीरहरण और गजेन्द्र मोक्ष। इन तीनों में अपनी कल्पना तथा काव्य कौशल का सहारा लेते हुए रत्नाकर ने बड़ी सुन्दर व मोहक उक्तियाँ कही हैं।

गजेन्द्र मोक्ष में उन्होने लिखा है कि भगवान गजेन्द्र की इच्छा पर आये और डर हुआ कि कहीं मेरे विलम्ब से आने के कारण गज को कष्ट न हुआ हो, इसीलिए उन्होंने अपने पीताम्बर से इसके अंगों को तथा कमल से उसकी शुण्ड पौंछी। ''कंजन सौं पौंछत शुण्ड गजराज कौ।'' इसी प्रकार द्रौपदी की असहायावस्था का बड़ा मार्मिक चित्र उपस्थित करते हुए उनके चक्र का उनकी अंगुली पर घूमना उनकी सफलता का परिचायक है। उसी प्रकार भक्त वत्सलता के कारण अपने भक्त के लिए वे उसकी प्रतिज्ञा का ध्यान भी तोड़ देते हैं। इसका चित्रण उन्होने भीष्म विषयक पद लिखकर किया है। भगवान अपनी प्रतिज्ञा से अधिक अपने भक्त की प्रतिज्ञा को पूर्ण करने का ध्यान रखते हैं। तभी तो भीष्म के मुख पर कृष्ण के प्रतिज्ञा भंग की मुस्कान दौड़ गई। यहाँ काव्य कौशल झलक उठा है। जैसे गंगानंद आनन पै आई मुस्कान मंद।'' कितनी सुंदर भाव व्यंजना बन पड़ी है। गंगानंद शब्द का प्रयोग व्यर्थ नहीं, उन्होने (भीष्म) अपनी मां गंगा की कसम खाकर प्रतिज्ञा की थी ''आज हरि पन प्रतीति उठ जायेगी।'' रत्नाकर ने भगवान की कृपा पर अत्यधिक लिखा है

क्योंकि शील चित्रण के बिना भगवान का रूपचित्रण अधूरा ही रहता। भक्त की भगवत्प्राप्ति की तीव्र अभिलाषा हो उठती है। तो भगवान को भी भक्त की मर्यादा रखने का ध्यान तो रखना ही पड़ता है। भगवान और भक्त का संबंध माता और शिशु की भांति होता है। भक्त के विश्वासानुरूप ही भगवान अनुग्रह करते हैं यह विश्वास केवल पुष्टि मार्ग पर चलने वाले भक्तों का ही नहीं अपितु सभी का है। ईश्वर की दृष्टि में समानता रहती है वे नहीं चाहते कि किसी को हानि हो, वे भक्त के वशीभूत हो उसकी रक्षार्थ दौड़ पड़ते हैं। इसी से वह ढीठ होकर कहने लगता है। जब तक भगवान अपनी कृपादृष्टि नहीं डालेंगे तब तक मैं कुमार्ग कैसे छोड़ सकता हूँ।

"तौलौं बान हमहूँ उठान भी न छोडेंगे।" यहाँ यह विचारणीय है कि जीव ब्रहम की कृपा का याचक है तो क्यों? ब्रहम ही स्वयं जीव के अंगी हैं जीव उन्हीं का अंग है, ईश्वर अंश जीव अविनाशी" ब्रहम की प्रेरणा से वह कार्य करता है या अपने विवेक से क्योंकि ब्रहम घट घटवासी हैं। तभी तो जीव जब संसारी हो जाता है तो उसमें न्यूनता आ जाती है। उस संसार को माया कहें, तो कोई अत्युक्ति नहीं। प्रभु ब्रहम की निकटता जीव को उसकी हीनता से परिचित कराती है। अतः रत्नाकर ने तो यह भी लिख दिया है कि पहले हमारे स्वामी को देखो तब हमें देखना। यम से ऐसा कहकर रत्नाकर तुलसी की भांति मोक्ष प्राप्ति हेतु भगवान से वियोग को अधिक महत्व देते हैं। सच्चा अनुराग और उसकी अनुभूति ही प्रिय प्राप्ति का श्रेष्ठ साधन है। यही अद्वैतवाद है। यही सेव्य सेवक भाव है।

रत्नाकर ने लिखा है " यह सब प्रपंच गुने ज्ञान मतवारे बैठे, हम तौ तुम्हारे प्रेम पानि मतवारे हैं।" यहाँ ज्ञान भक्ति और प्रेम के त्रिकोण से प्रेम अधिक पल्लवित हुआ है। अब रत्नाकर के श्रृंगार पक्ष पर विचार करने पर ज्ञात होता है कि साहित्य के स्वकीया निष्ठ प्रेम और परकीया निष्ठ प्रेम इन दो प्रणालियों में से स्वकीया प्रेम प्रणाली प्रायः महाकाव्यों और प्रबंधकाव्यों में मिलती है। जैसे रामायण, पद्मावत आदि में। किन्तु मुक्तक काव्यों में तो प्रायः परकीया निष्ठ प्रेम प्रणाली ही अपनाई गई है। जैसे रत्नाकर लिखते हैं "लाज कुल कानि के समाज पर गाज गेरि, आजु ब्रजराज की लुनाई लखि लेन देहु।" रत्नाकर की कल्पना में तो वियोगिनी के आंसू ही पैरों पर गिरकर पैरों को प्रिय के पास जाने को प्रेरित करते हैं और चन्द्रमा की पूर्णता को

देखिकर गोपी उसे अपने प्रिय से दूर होने का आभास अनुभव करती हैं। यह कितनी कोमल और स्वाभाविक कल्पना है ''ज्यौं ज्यौं मन्द बढ़ि आवत गरूर बढ़ि, त्यौं त्यौं चन्द्रचूर मानौं दूरि चलि जात है।'' कल्पनायें मर्यादित हैं। जो पाठक को भावभूमि पर पहुँचाकर रमण हेतु उसके विवेक पर छोड़ देती है। संयोग शृंगार में अंग प्रत्यंग वर्णन के साथ भाव भंगिमाओं और स्मिति का सहाया लिया तो है किन्तु वियोग में पूर्व राग, मान, प्रवास, और करूणा को भी लेकर चले हैं। रत्नाकर का वियोग दो प्रकार का है। पहला परनुमोदित जो प्राचीन कवियो की नकल सा है और दूसरा स्वानुभूतियों पर आधारित है। यद्यपि उन्होने प्राचीन परिपाटी का अनुकरण करके नायिका भेद की चाहरदीवारी में उछल कूद मचाई है, पर समस्यापूर्ति तथा पिष्टपेषण होने के कारण प्रथम प्रकार का वियोग वर्णन आकर्षक नहीं रहा, हाँ उर्दू के प्रभाव से प्रिय की कठोरता अवश्य दृष्टव्य है। एक की खीझ, दूसरे की रीझ भी दृष्टव्य है।

बिहारी की भांति ऊहात्मक उक्ति अधिक प्रयुक्त नहीं है। ऊहा के स्थान पर संवदेन पक्ष को उभारा है। इनके कटाक्षों में भी माधुर्य है। तो वियोगदग्ध गोपी पपीहा को कहती है, ''जराय देती जीहा पपीहा बजकारे की'' कहीं-कहीं इनका शृंगार अमर्यादित भी हुआ है जहाँ इन्होंने दस काम दशाओं का वर्णन किया है। अंतिम कामदशा मरण निषिद्ध है। उसकी जगह मरणासन्नता को ही महत्व दिया गया है। लेकिन यह दशा भी औचित्यपूर्ण नहीं है। भ्रमरगीत का प्रसंग सहृदय नर और नारी के हृदय का सूक्ष्माति सूक्ष्म भाव अध्ययन के लिए उद्धवशतक अद्वितीय ग्रंथ है। इस प्रसंग पर सूरदास और नंददास का प्रभाव स्पष्ट लक्षित है। जिसे हरिऔद्य और रत्नाकर ने परंपरित रूप में अग्रसर किया है। उद्धवशतक के भ्रमर कृष्ण आये नहीं उद्धव को भेजा- यहाँ दोनो ओर प्रेम पक्ष प्रबल है। उद्धव को उपहार देकर विदा करना इसका प्रमाण है। इस ग्रंथ के भाव और कलापक्ष दोनो ही समन्वित होकर समृद्ध हैं। अलंकार प्रधान चित्र देखिये ''वारन कितंक तुम्हें वारन कितेक करें, वारन उबारन है वारन वन्यौ नहीं।'' और प्रेमदृश्य ''नेकु कही वैननि, अनेक कही नैननि, रही सही सोऊ वह दीनी हिचकनि सौ'' बसन्त के चित्रों का भी भाव और कलापक्ष दृष्टव्य है। ''कामनिधि नाम की कला में मीन मेव कहाँ, ऊधौ नित बसत बसंत बरसाने में'' यहाँ 'मीन मेष' मुहावरा है जिसका अर्थ यहाँ शंका करना है।

ज्योतिष के दर्शन ''वगर वगर वृष भानु के नगर नित भीषण प्रभाव ऋतु ग्रीष्म बनी रहै'' में वृष राशि पर सूर्य आने से ग्रीष्म का चरमोत्कर्ष स्पष्ट है। सूक्ष्म भावों की गहन अनुभूति जितनी रत्नाकर को हुई है उतनी अन्य कवियों को नहीं। वियोग की सांकेतिक व्यंजना का उदाहरण ''जाके या वियोग दुखहू में, सुख ऐ सौ कछू, जाहि पाहि ब्रहम सुख हूँ में दुखमानैं हम'' तात्पर्य यह है कि, प्रिय विरह का दुख भी हमें उस स्थिति में सुख प्रदान करता है उस दुख के रहते हमें ब्रहम सुख भी फीका प्रतीत होता है। लालस भरा चित्र ''रिझवन आतुरी हमारी अंखियान माहि, स्विजवन चातुरी तुम्हारी मुस्कान में।'' गांव की सुकुमारता ''आंख भरि ऐ हैं औ उदास मुख ह्वै है, ब्रज दुख त्रास की न ताते बात की जियौ, श्याम सौं हमारी राम राम कह दी जियौ।'' गोपी स्वयं को ब्रहम की चेरी नहीं मानती -''चेरी हैं न ऊधौ काऊ ब्रहम के बबा की हम, सूधौ कह देत एक कान्ह की कमेरी है'' सूर की गोपी और रत्नाकर की गोपियों में भिन्नता है। इनके व्यंग्य तीखे और चुटीले हैं, कुब्जा के कूबड के व्यंग्य और योग के उपहास के व्यंग्य चित्ताकर्षक हैं।

एक अलंकृत वाक्य ''टूक टूक ह्वै है मन मुकुर हमारौ हाय, चूकि हू कठोर वैन पाहन चलाऔ ना, एक मनमोहन ही बसि कै उजार्‌यौ मोहि, अनेक मनमोहन हिये में बसाऔना'' मन मुकुर दर्पण जब टूटेगा अनेक टुकड़े होंगे तो अनेक मनमोहन उनमें दींखेगे। भाषा में व्यंजना, लक्षणा, लोकोक्ति, मुहावरे, वक्रता, व्याकरण सम्मत स्वरूप एवं आलंकारिकता विद्यमान है। जो भावोद्रेक में सहायक है। मनोवैज्ञानिकता के समावेश ने अर्थ रमणीयता के साथ भाव गाम्भीर्य को स्थायित्व प्रदान किया है। इस प्रकार हम कह सकते हैं कि जगन्नाथ दास रत्नाकर की सभी कलाकृतियाँ और विशेषकर उद्धवशतक भक्तिकाल और रीतिकाल के प्रभाव से प्रभावित हैं, जिसमें ब्रजभाषा का लालित्य, माधुर्य तथा रसयुक्त भाव सौंदर्य सर्वत्र दृष्टव्य है। गोपी उद्धव संवाद तो विशेष आकर्षक है ही साथ ही कृष्णानुरक्ति भी ब्रहमानुरक्ति से ऊपर चढ़कर बोलती प्रतीत होती है। काव्य के भाव पक्ष और कलापक्ष को रत्नाकर जी ने जिस कला से संवारा है वह आज भी एक अनुपम उदाहरण के रूप में सहृदय पाठक श्रोता को भावमुग्ण्ध कर देती है।

उद्धव शतक में हमें गहन अध्ययन के बाद यह पता चलता है कि यह काव्य

है, भारतीय संस्कृति और दर्शन की दृष्टि से भी एक अनुपम ग्रंथ है, जिसमें श्रेष्ठ काव्य है। भारतीय संस्कृति के स्पष्ट दर्शन है और दर्शन की दृष्टि से तो भारतीय दर्शन को अचंभित सा कर दिया है। यही श्रेष्ठ काव्यकार का ध्येय भी होता है। जो रत्नाकर जी में विद्यमान था जो हमारे समक्ष उद्धव शतक के रूप में उपस्थित है।

तुलसी की रामकथा और साकेत की रामकथाः एक विश्लेषण

साकेत- राष्ट्र कवि मैथिलीशरण गुप्त की एक मौलिक कल्पना- तुलसी के रामचरित मानस के पश्चात् इस विषय में किसी का लिखने का साहस नहीं रहा, रामचन्द्रिका(केशव) लोकप्रिय नहीं हो सकी। लेकिन गुप्त जी को कुछ ऐसी सामग्री मिल गई जो मानस में नहीं थी। जैसे उर्मिला की मनोदशा का वर्णन, केकई के चरित्र का परिमार्जन तथा लक्ष्मण शक्ति पर अयोध्या की कोई प्रतिक्रिया न होना- इसी भाव भूमि पर साकेत की नींव पड़ी और साकेत बन गया, सर्वप्रथम इस काव्य का नाम ''उर्मिला उत्ताप'' अथवा ''उर्मिला काव्य'' रखा जाना था, किन्तु गुप्त जी के भी इष्ट राम ही थे किन्तु गुप्त जी के गुरू श्री महावीर प्रसाद द्विवेदी की प्रेरणा उर्मिला के उल्लेख की थी, तथा गुप्त जी के इष्ट राम उसमें कैसे उपेक्षित रहते, अतः उर्मिला को विशिष्टता देते हुए और अंतःप्रेरणा से राम का गुणगान करते हुए दोनों कार्यो का सिद्धिरूप ''साकेत'' नाम ही प्रदान किया, क्योंकि साकेत अयोध्या का पौराणिक नाम है, जो इस महाकाव्य को दिया गया। काव्य शास्त्रीय नियमानुसार काव्य का नाम कवि, कथावस्तु, नायक आदि के नाम पर होना चाहिए। जैसे भट्टिकाव्य कवि नाम पर, रामचरितमानस कथावस्तु के आधार पर, पृथ्वीराज रासौ नायक के आधार पर मिलते हैं। किन्तु काव्य में वर्ण्य विषय से संबद्ध नाम होना चाहिए। नाम में सम्पूर्ण घटनाओं का केन्द्रबिन्दु समाहित हो। वह चित्ताकर्षक हो। जिससे उत्सुकता की वृद्धि हो। इन बिन्दुओं के आधार पर साकेत कहाँ तक खरा उतरता है, देखते हैं - साकेत के मुख्य वर्ण्य विषय हैं, उर्मिला का विरह वर्णन, केकई के दूषित चरित्र का परिमार्जन तथा लक्ष्मण शक्ति लगने पर अयोध्यावासियों की अकर्मण्यता, ये तीनों प्रसंग साहित्य से उपेक्षित थे। सर्वप्रथम उर्मिला साकेत में ही बिलखती विसूरती है। और अपने विरह की दीर्घ अवधि को भी वहीं व्यतीत करती है। केकई के पावन और अपावन चरित्र का सम्बन्ध साकेत से ही है, क्योंकि

भरत के लिए साकेत का ही राज्य मांगा था। तीसरे लक्ष्मणशक्ति से उत्पन्न हलचल साकेत में ही दिखाई गई है। अतः साकेत नाम वर्ण्य विषय से सुसम्बद्ध और सार्थक है।

दूसरे लक्ष्मण के उर्मिला से विनोदपूर्ण वाग्विलास से लेकर भरत आगमन तक की घटनायें साकेत में ही दिखाई गई हैं। फिर कवि चित्रकूट आकर भी कहता है, "सम्प्रति साकेत समान वहीं है सारा" कहकर कवि ने चित्रकूट को भी साकेत में ही मिला दिया है। उर्मिला का विरही जीवन साकेत में ही बीता। तथा साकेत में ही उर्मिला सूर्यवंशी राजाओं की गाथा से लेकर धनुषयज्ञ एवं विवाह तक की घटना बताती है। फिर हनुमान और शत्रुघ्न साकेत में शूर्पनखा नासिका भंग से लेकर लक्ष्मणशक्ति तक की घटनायें सुनाते हैं। फिर शेष रामकथा का मेघनाद वध से पुष्पक विमान से अयोध्या आने की कथा गुरू वशिष्ठ योग द्वारा साकेत में ही सभी को दिखा देते हैं। अतः साकेत सम्पूर्ण कथा का केन्द्र है। इस तरह भी यह नाम सार्थक है।

साकेत नाम में पौराणिकता, गुरूता, पवित्रता और चित्ताकर्षकता है वह अयोध्या शब्द में नहीं है। वैसे साकेत शब्द स्वर्ग का भी पर्याय माना गया है। साकेत शब्द से पाठक भी उत्सुकता की वृद्धि होती है। कवि ने कथा को उर्मिला लक्ष्मण संवाद से उठाया और दोनो के मिलन पर ही समाप्त कर दिया, अतः हम कह सकते हैं कि इस काव्य का नाम सर्वतोभावेन उपयुक्त और सार्थक है।

साकेत में प्रबन्ध काव्यत्व, महाकाव्यत्व एवं भावुकता-

1. सानुबन्ध कथा का होना प्रबंध काव्य के लिए अनिवार्य है। साकेत की कथा उर्मिला लक्ष्मण के वियोग एवं संयोग से सम्बद्ध है। इसमें सानुबद्धता है इसमें आदि, मध्य, अंत होना चाहिए। साकेत में आदि में लक्ष्मण उर्मिला प्रेमालाप मध्य में उर्मिला का विरह तथा अंत में दोनो का मिलन सानुबद्धता को प्रकट करता है। केवल प्रथम, नवम्, दशम् और द्वादश सर्ग में उर्मिला की प्रधानता है, शेष में रामकथा है। अतः साकेत एक प्रबंधकाव्य है।

2. अवान्तर कथा एवं घटनायें- ये सभी किसी भी प्रबंधकाव्य के लिए आवश्यक हैं। साकेत में अवान्तर कथाओं और घटनाओं का संगुंफन भी पर्याप्त मात्रा में मिलता है। कवि ने रामकथा के विभिन्न प्रसंगों को यथावसर मुख्य कथा से सम्बद्ध

करने की चेष्टा की है। राज्याभिषेक से लेकर चित्रकूट प्रवास की घटनायें तो घटित की गई हैं, तथा उर्मिलादि का जन्म से विवाह तक की घटना कवि ने उर्मिला से कहलाई हैं। दण्डक वन आदि का हाल शत्रुघ्न से कहलाया है। हनुमान ने भी लक्ष्मण शक्ति तक के प्रसंग कहे हैं तथा योग द्वारा वशिष्ठ ने सबकुछ दिखा दिया है। अर्थात् रामकथा संबंधी सभी घटनायें उर्मिला लक्ष्मण की मुख्य कथा से संबंधित हैं। इस प्रकार सम्पूर्ण अवान्तर कथाओं एवं घटनाओं का पूरा -पूरा संबंध उर्मिला की जीवन गाथा से जोड़ा गया है। जिससे उर्मिला केन्द्र बिन्दु बन गई है। इसी से काव्य के इतिहास में क्रमबद्धता न होने पर भी समस्त उपकथाओं एवं घटनाओं में क्रमबद्धता आ गई है।

3. भावुकता- भावात्मक स्थलों सहित वस्तुवर्णन भी प्रबंधकाव्य में होना चाहिए। साकेत में भावुक स्थलों एवं वस्तुवर्णनों की कमी नहीं है। जैसे प्रथम सर्ग में उर्मिला लक्ष्मण का प्रेमालाप, द्वितीयसर्ग में मंथरा केकई वार्तालाप, तृतीय में केकई का प्रकोप एवं वर याचना, चतुर्थ में विदाई वर्णन, पंचम में प्रजाजन का प्रेम एवं गुहराज का मिलन, तथा गंगा पार होने का वर्णन छठवें में दशरथ मरण, सातवें में शोक संतप्त साकेत में भरत का आगमन आठवें में सीता की कुटी में राजभवन तथा चित्रकूट की सभा, नौंवे में विरह की तीव्र वेदना दशवें में जनक के महलो की बालक्रीड़ायें, ग्याहरवें में भरत माण्डवी की तपश्चर्या, बारहवें में साकेत वासियों की रण सज्जा आदि वर्णन हृदयोदधि में भाव लहरियाँ उठाते हैं। इससे यह प्रबंध काव्य रसात्मक हो गया है। तथा साथ ही ये भावात्मक स्थल स्थानगत एवं देशगत विशेषताओं से युक्त हैं। जैसे नौंवे सर्ग में उर्मिला के कहे जाने पर शत्रुघ्न एक किसान की पत्नी का उत्तर इस तरह बताते हैं कि इन्द्रदेव की कृपा से सभी कुछ है। किन्तु हमें उसमें स्वाद नहीं और वह पत्नी रो उठती है। चित्रकूट की प्रातःकालिक मनोरम झांकी षट्ऋतुओं का वर्णन भावों को जागृत करते हैं, तथा भारतीय जीवन की झलक मिलती है। ये वर्णन इस काव्य को प्रबंध रूप देने में सफल है।

4. सम्बन्ध निर्वाह प्रबंध काव्य का आवश्यक अंग है। साकेत में कवि ने यथाशक्ति सभी प्रासंगिक एवं अवान्तर कथाओं को मुख्य कथा से सम्बद्ध करके ही अंकित किया है। इसकी मुख्यकथा लक्ष्मण उर्मिला के विरह एवं मिलन की कथा है। जिसमें सीता उद्धार तक की सभी प्रासंगिक कथायें यथावसर आकर मिलती चली

गई हैं। इतना अवश्य है कि संबंध निर्वाह के लिए कवि को परंपरागत रामकथा में क्रमभंग करना पड़ा है, क्योंकि यहाँ राम लक्ष्मण का जन्म भी नहीं दिखाया है। यह दोष पाठक सहसा नहीं समझ पाता, यहाँ तक है कि साकेत के नौंवे और दशवें सर्ग को निकाल भी दिया जाय तो कथा की धारा में कोई रूकावट नहीं होगी। अतएव कवि ने सम्पूर्ण अवान्तर कथाओं एवं घटनाओं को मुख्यकथा से सम्बद्ध करके ही उपस्थित किया है। परन्तु उनकी योजना यथोचित न होने के कारण प्रबंधधारा में गुरूता एवं गंभीरता नहीं आस की है।

5. कार्य की दृष्टि से एकरूपता प्रबंध काव्य में होनी आवश्यक है। साकेत का कार्य है, चौदह वर्ष उपरांत लक्ष्मण उर्मिला का मिलन, उर्मिला को कवि ने अधिक महत्व दिया है। उर्मिला की कथा रामकथा से मिलकर प्रमुख नहीं रह सकी है। पहले तो कवि अपने लक्ष्य को लेकर सफल होता दिखाई दिया है, किन्तु रामकथा के झंझावत में पड़कर आठ कदम आगे चलने के बाद उसे (नौवें सर्ग) में नौवें कदम पर लक्ष्य याद आता है, किन्तु पुनः रोड़े आ जाते हैं। जिससे वह नवीन कल्पनाओं का सहारा लेता है। फिर भी कवि ने सभी उपकथाओं एवं घटनाओं को लक्ष्य की ओर मोड़ दिया है। जिससे प्रबंधात्मकता के साथ ही एकरूपता आ गई है। इसे निःसंकोच प्रबंध काव्य कहा जा सकता है।

महाकाव्यत्व- साकेत में किसी एक घटना या जीवन के किसी एक अंग का वर्णन नहीं है। अतः यह खंडकाव्य नहीं। पं. विश्वनाथ प्रसाद मिश्र इसे एकार्थ काव्य कहते हैं, क्योंकि इसकी कथा वस्तु की महाकाव्योचित गरिमा नष्ट हो गई है। फिर भी यह काव्य मानव जीवन के विभिन्न पहलुओं पर प्रकाश डालते हैं, इसका वस्तुवर्णन चकित कर देता है। इसमें महच्चरित्र का भी चित्रण हुआ है। जीवन की विविधता भी है। विद्रोह एवं संघर्ष के स्वर भी हैं। जनकल्याण के प्रयत्नों का उल्लेख भी है। मानव जीवन के सत्य भी हैं। अतः इसकी कथालघु नहीं है। अतः इसे एकार्थकाव्य कहना भी समीचीन नहीं। यह निम्न शीर्षकों से महाकाव्य है या नहीं?

1. कथानक- कवि ने प्रासंगिक एवं आधिकारिक कथायोजना में कौशल दिखाया है। योग की दिव्य शक्ति प्रदर्शन प्रभावोत्पादक है। इसके अतिरिक्त कथा की ऐतिहासिकता एवं शास्त्रीय विधान उसके रमणीय स्थल इसे महाकाव्य की कोटि

में ले जाते हैं। मानव जीवन के सभी व्यवहार इसमें विद्यमान है।

मानस से तुलना- रामचरितमानस में तो ईश्वर की लीलाओं का विवरण प्रस्तुत किया गया है और साकेत में मानव के जीवन की घटनायें अंकित की गई हैं। इसलिए वहाँ मर्यादा का ध्यान रखा गया है। जबकि साकेत में मर्यादा की कोई परवाह नहीं की गई है। यहाँ लक्ष्मण और उर्मिला साधारण दम्पतियों की तरह कामक्रीड़ाओं में निमग्न दिखाई देते हैं। जबकि रामचरित मानस में ऐसी क्रियाओं के लिए कवि को मर्यादा का पर्याप्त ध्यान रखना पड़ा है। यहाँ लक्ष्मण साधारण व्यक्तियों की तरह अपने माता पिता को बुरा भला कहने में नहीं चूकते माता को नागिन, अनार्या, हतभागिनी आदि कहकर उसके विषदंत तोड़ने की धमकी देते हैं। तथा पिता को उस दस्युजा का दास तक कह डालते हैं। जबकि रामचरितमानस में लक्ष्मण क्रोध प्रकट करके भी असंतुलित वाक्य नहीं कह पाते।

वाल्मीकि रामायण में भी राम के मर्यादा पुरूषोत्तम रूप की प्रतिष्ठा में अनुकूल कथानक की योजना की गई है। जबकि साकेत में राम के साधारण मानवोचित जीवन की ओर अधिक संकेत दिया गया है। इसी कारण साकेत में राम समष्टि के लिए व्यष्टि की भावना को महत्व देते हैं। वाल्मीकि रामायण में मानव के पुरूषोत्तम रूप की झांकी है। साकेत का कथानक इन दोनों से भिन्न है। इसी कारण साकेत के कथानक में अन्यान्य त्रुटियों एवं विशृंखलताओं के रहते हुए भी महाकाव्य के अनुकूल विस्तृत परिधि एवं जीवन की विविधता विद्यमान हैं।

2. नायकत्व- प्रियप्रवास (हरिऔद्य) में राधा, कामायनी (प्रसाद) में श्रद्धा, यशोधरा (गुप्तजी) ने गोपा, नूरजहाँ में नूरजहाँ, वैदेही वनवास में सीता, अतः साकेत की कथा का नेतृत्व उर्मिला ने किया है। उर्मिला को नायिका कहने में कोई आपत्ति नहीं। किन्तु भरत को नायक कहना उचित नहीं, कुछ लोगों ने राम को नायक माना है। किन्तु वे भी सर्वत्र नहीं, अतएव कथा योजना, चारित्रिक विकास एवं फल की दृष्टि से केवल उर्मिला ही साकेत का नायकत्व ग्रहण करती हुई ज्ञात होती है।

3 चरित्र चित्रण उर्मिला- साकेत में सर्वप्रथम उर्मिला का दर्शन एक दिव्य सौंदर्य सम्पन्न नवविवाहिता राजवधू के रूप में होता है। कवि ने उसे मूर्तिमती उषा,

कनकलतिका, कल्पशिल्पी की कला, सुवर्ण की सजीव प्रतिमा कहा है। उर्मिला लक्ष्मण व्यंग्य एवं हास्य राजकुलोचित ही करती है। "दास बनने का बहाना किसलिए, क्या मुझे दासी कहाना इसलिए"। उर्मिला उच्च कोटि की चित्रकार है। राज्याभिषेक चित्र बड़ा ही अनुपम खींचा है। उर्मिला में त्याग, धैर्य एवं बलिदान की भावना विद्यमान है। लक्ष्मण के जाने पर मन को समझाती है। "तू प्रिय पथ का विघ्न न बन।" उर्मिला कोमल हृदया नारी है। लक्ष्मण वन जाते हैं तो हाय! कहकर गिर पड़ती है। उर्मिला का विरहिणी रूप अत्यंत करूणा एवं शोक से परिपूर्ण है। निरंतर आंसू बहाती रहती है। तथा काम को सिंदूर बिन्दु के शिव नेत्र से भगा देती है। वह उदार एवं सहृदय होने से शत्रुघ्न से देश की दशा पूछती है। लंका लूटने के आग्रह को टालकर शत्रुघ्न से दुर्गा रूप धारण करके युद्ध के लिए तैयार होकर कहती है। "यहाँ न लाना भले सिंधु में वहीं डुबोना लंका सोना।" वह सादा जीवन उच्च विचार की मूर्ति है। साकेत में इस उपेक्षिता उर्मिलाा को बड़े ही मनोयोग से चित्रित किया है। वह दिव्य सौंदर्य सम्पन्न उसका शील सौजन्य, व्यवहार कुशलता, त्यागमयी तपस्या, स्वाभिमान, देश प्रेम, उसकी तितिक्षा, सरलता, दया, क्षमा, धैर्य, साहस, निरभिमानता आदि गुणों से युक्त है। वह पतिपरायणा, सहधर्मचारिणी से ऊपर उठकर उच्च आदर्श स्थापित करती है।

4. प्रकृति चित्रण- साकेत में प्रकृति आलम्बन रूप में, उददीपन रूप में, संवेदनात्मक रूप में वातावरण निर्माण के रूप में, प्रतीकात्मक रूप में, अलंकार रूप में, लोकशिक्षा के रूप में, मानवीकरण के रूप में, दूत या दूती के रूप में आदि रूपों में चित्रित की गई है। सारांश यह है कि गुप्त जी ने साकेत में प्रकृति के सुरम्य एवं भयंकर दोनों रूपों की मनोरम झांकियाँ दिखाई हैं। प्रकृति के चेतन अचेतन स्वरूपों को दिखाया है। ऋतुओं के साथ-साथ उषा, संध्या, रजनी, वन, पर्वत, नदी, निर्झर, पुष्प, लता, वृक्ष, पशु पक्षी चित्रित करके उनमें मानवीय चेष्टायें दिखाई हैं। इनमें स्वदेश प्रिय की छाप भी है। आसेतु हिमालय प्रकृति को काव्य में दिखाया है। सरयू की लहरैं भी दिखाई हैं तो कहीं जय गंगे आनंद तरंगे कहकर चित्रित किया है। चित्रकूट की झांकी अनुपम है। अतः साकेत के प्रकृति चित्रण में विविधता होते हुए भी तीव्रता, तन्यमता और तल्लीनता का अभाव दिखाई देता है।

5. युग चित्रण- एक महाकाव्य का प्रधान अंग है। कवि अपने युग की सभी प्रवृत्तियों को इसमें दिखाता है। तथा विश्व बंधुत्व का उपदेश देता है। इस तरह साकेत को अपने युग का प्रतिनिधि काव्य बना दिया है। गांधी के रामराज्य की झांकी ''एक तरू के विविध सुमनों से खिले, पौरजन रहते हैं परस्पर मिले''। स्वतंत्रता के बाद जब अधिकार का स्वर ''स्वत्वों की शिक्षा कैसी? दूर रहे इच्छा ऐसी।'' भरत के मुख से राजतंत्र की व्याख्या- "राजपद ही क्यों न अवहट जाय" सत्याग्रह की प्रणाली का प्रचार "राजा हमने राम तुम्हीं को है चुना"। युद्ध जाते समय संदेश- "जाओ बेटा राम काज क्षण भंगु शरीरा"। नारी स्वातन्त्र्य की भावना "औरों के हाथों यहां नहीं पलती हूँ"। पूंजीपतियों का विरोध- "जो संग्रह करके त्याग नहीं करता है, वह दस्यु लोकधन लूट-लूट धरता है"।

शुद्धि आन्दोलन- "मैं दूंगा अब आर्यत्व उन्हें निजकर से"। "मैं आर्यों का आदर्श बनाने आया"। ग्रामीण कर्मशील व्यक्ति के उद्‌गार जो "वसुधैव कुटुंबकम्" मानता है। "एक देश क्या अखिल विश्व का तात चाहता हूँ मैं त्राण"। परतंत्रता की भी दशा वर्णित है। "भारत लक्ष्मी पड़ी राक्षसों के बंधन में" आदि अनेक प्रवृत्तियों का प्रतिनिधित्व यह साकेत काव्य करता है। इसमें भाव एवं रस निरुपण का भी सुन्दर परिपाक है।

साकेत में समन्वय भावना- साकेतकार भी अपने पूर्ववर्ती काव्यकारों की भाँति समन्वयवादी है। साकेत में कितने ही विचारों, मान्यताओं धारणाओं में समन्वय स्थापित किया गया है। साकेत में राम सीता के आदर्शमय जीवन के त्याग और भोग का समन्वय किया गया है। "मैं वन में भी रहा गृही" समन्वय दर्शाता है। यही हाल लक्ष्मण उर्मिला तथा भरत माण्डवी का है। भक्ति तथा भोग का समन्वय दिखाया है। "सखे समन्वय करो भक्ति का मुक्ति से"। बंधन और मोक्ष का भी समन्वय है। नगर के जीवन और वन के जीवन का समन्वय है। संग्रह और त्याग का समन्वय है। ऊँच-नीच वर्ग का समन्वय है। राजा प्रजा का समन्वय है। अतः साकेत में अनेक समन्वय मिलते हैं। जो हमें "रामादिवत् वर्तितव्यम् न तु रावणादिवत्" का उपदेश देते हैं।

साकेत का भाषा सौन्दर्य शैली और साहित्यिक सौन्दर्य- साकेत की भाषा

विशुद्ध खड़ी बोली हिन्दी है। गुप्त जी साकेत से पूर्व रंग में भंग, जयद्रथवध, भारत भारती, बैतालिक, पंचवटी आदि कई अच्छे अच्छे काव्य खड़ी बोली में लिख चुके हैं। जिसमें आपकी लेखनी पर्याप्त मंज चुकी है। और शब्द भंडार भी बड़ा हो गया। इसके फलस्वरूप साकेत की भाषा में प्रेषणीयता भी आ गई। भावानुकूल शब्दों का प्रयोग भाषा की विशेषता है। चित्रोमयता भी विद्यमान है। उदाहरण के लिए नववधू सीता की अनुपम छटा का चित्र देखिये- "थी कमला सी कल्याणी वाणी में वीणा पाणि" लाक्षणिक एवं प्रतीकात्मक शब्द भी प्रयोग किये हैं। "जीवन के पहले पहले प्रभात में आंख खुली जब मेरी" स्वर मैत्री का उदाहरण- "काली काली कोयल बोली" व्यंजन मैत्री "सखि निरखि नदी की धारा"। कर्णकटु शब्दों का प्रयोग- "पुनर्गता, वरवर्णिता, उत्कर्णता" आदि। संस्कृत के परिनिष्ठित शब्दों का प्रयोग- "मिथ्याऽलीक, मृगयाऽभिनय" आदि। संस्कृत के अप्रचलित शब्द- "स्वरावट, त्वेष, साहित्य" आदि। देशज शब्द- मतिया, घाटे, जुग टक आदि। अप्रचलित न वीन शब्द- आरुण्य, सारल्य, उत्क्रान्ति, आदि। विदेशी शब्द- जुदे जुदे। दीर्घ समासान्तपद- प्रजावर्ग की धर्मधान्य धनवृद्धियां शिथिल तुकबंदी लोकोक्ति एवं मुहावरे आदि भाषा की विशेषतायें हैं। इसके साथ ही साकेत में रस अलंकार, छंद, शब्दशक्ति, वृत्ति, रीति, औचित्य एवं वक्रोक्ति का सुंदर परिपाक है। साकेत का महत्व और संदेश अथवा उद्देश्य अथवा ध्येय यही निर्दिष्ट करता है कि इस वसुन्धरा पर विकसित मानव जाति के अभ्युदय की चेष्टा प्रबुद्ध समाज को अवश्य करनी चाहिए। "संदेश नहीं मैं यहां स्वर्ग का लाया, इस भूतल को ही स्वर्ग बनाने आया"। यह काव्य हमें वसुधैव कुटुम्बकम् का संदेश दे रहा है। मानवता के सच्चे पुजारी बनने का संदेश दे रहा है। सारांश यह है कि परंपरा में भी आदर्श व्याप्त था, किन्तु आज का प्रबुद्धचेता परंपरा के आदर्श में भी सूक्ष्माति सूक्ष्म आदर्श के बीज ढूंढकर उसको पल्लवित करके उसे भी उत्तम से उत्तमोत्तम की ओर ले जाकर यह संदेश प्रदान करता है कि, परंपरा का भी परिष्कार यदि हो सकता है तो उसे अवश्य करना चाहिए। बौद्धिक दृष्टि से, तर्क दृष्टि से, सृजन की दृष्टि से यदि धूल को हटाया जा सके तो और असत् को सत् बनाया जा सके तो ऐसा यत्न करना जरूरी है। आगे आने वाला भविष्य केवल बुराई की गिनती न करके उस बुराई को समाप्त करके एक नया प्रकाश और एक नई मौलिक राह बनाना और उस राह के राहगीर तैयार करना

भी तो समाज के लिए श्रेयस्कर होगा, कवि का मूल ध्येय भी यही रहा है।

साकेत की नवीन उद्भावनायें- साकेत में कवि ने राम के परंपरागत रूप में परिवर्तन किया है। तथा रामकथा के उपेक्षित अंशों पर प्रकाश डाला है। जैसे-

1. लक्ष्मण उर्मिला- लक्ष्मण उर्मिला का प्रेमी जीवन साकेत का श्री गणेश की लक्ष्मण उर्मिला की विनोद वार्ता से हुआ है। जिसमें हास परिहास, एकान्त विलास एवं दाम्पत्य प्रेम की झांकी है। साथ ही विनोद वार्ता द्वारा राम के राज्याभिषेक की संरचना भी मिल जाती है फिर ये दोनों चित्रकूट में मिले हैं। ये दोनों एक दूसरे को देखते ही गद्-गद् हो उठे हैं। प्रियतम प्रिया के चरणों में गिर पड़ता है। "गिर पड़े दौड़ सौमित्र प्रियापद तल में, वह भीग उठी प्रियचरण धरे हगजल में" (आठवां सर्ग) यहां उर्मिला भी बहुत सोचकर भी कुछ भी नहीं कह पाती। फिर चौदह वर्ष बाद मिलन होता है। इसी हेतु पहले मिलन फिर वियोग का चित्रण है। ये चित्रण मार्मिक होते हुए भी अस्पृश्य रूप से रामकथा में है।

2. साकेत का कौटुम्बिक जीवन- कवि ने राम सीता लक्ष्मण, उर्मिला, भरत, माण्डवी तथा शत्रुघ्न, श्रुतिकीर्ति के कौटुम्बिक जीवन का उल्लेख किया है, जो वाल्मीकि रामायण से लेकर साकेत तक अस्पृश्य था। मंथरा कहती है कि- "सरलता भी है ऐसी व्यर्थ समझ जो सके न अर्थानर्थ, भरत को करने घर से त्याज्य राम को देते हैं नृपराज्य", "भरत से सुत पर भी संदेह, बुलाया तक न उन्हें जो गेह" फिर कहती हैं, "किन्तु चाहे जो कुछ हो जाय, सहूँगी कभी न यह अन्याय" लक्ष्मण की उक्ति- "अरे मातृत्व तू अब भी जताती....." "भरत को मार डालूँ और तुझकों बहन के साथ भाई न छोड़ूँ"। राम भी नर लीला करके कौटुम्बिक भावना की प्रतिष्ठा करने को अवतीर्ण हुए हैं। "इस भूतल को ही स्वर्ग बनाने आया" भरत की छिन्न-भिन्न कुटुम्ब प्रणाली, इन वर्णनों से कुटुम्बी जीवन, ऊँच, नीच की भावनाओं को वाणी देना आदि झांकियाँ कवि ने प्रस्तुत की हैं।

3. केकई के चरित्र सम्बंधी दोष का निवारण- केकई के चरित्र लांझन को वाल्मीकि, अध्यात्म तथा तुलसीकृत राम कथानको में खूब बढ़ा चढ़ाकर कहा तथा कुछ-कुछ इस लांझन को निर्दोष सिद्ध करने का भी प्रयत्न किया है। जैसे वाल्मीकि ने लिखा है कि दशरथ पहले ही केकई से वचनाबद्ध हो चुके थे, कि तेरा पुत्र ही

राजा होगा। तथा अध्यात्म रामायण में केकई को दोषमुक्त करने के लिए सरस्वती की भी कल्पना की गई, तथा तुलसी ने भी सरस्वती द्वारा मंथरा की मति फेरने का वर्णन किया, किन्तु कोई कवि उसे पूर्ण उन्मुक्त नहीं कर सका। यह कार्य गुप्त जी ने मातृ भावना एवं वात्सल्य पर आघात होने पर केकई के सहज दर्प को जागृत किया है। और मनोविज्ञान के सहारे उसके किये कुकृत्य को देख उसी का पुत्र भरत चल दिया। तो उसे पाश्चात्ताप के अतिरिक्त क्या करना चाहिए था, अतः वह राम को भरत से अधिक समझकर कहती है, "यह सच है तो अब लौट चलो तुम घर को" तथा युग-युग तक चलती रहे ये कठोर कहानी, रघुकुल में थी एक अभागिन रानी, इस तरह उसका प्रत्येक शब्द हृदय की सफाई सच्चे पश्चात्ताप से पूर्ण है। यही पश्चात्तप उसके कलंक को धो डालता है। तथा अपना अपराध चित्रकूट में स्वीकार कर लिया है। यह उद्‌भावना सर्वथा नवीन और मौलिक है।

4. उर्मिला का विरह- कवि ने उर्मिला के चौदह वर्षो की कसक, टीस, तड़फन, व्यथा और वेदना का अनुभव किया और उस अनुभूति को वाणी दी, जिसकी ओर आज तक किसी कवि ने निहारा तक न था इस विरहिणी का चित्र नौवें सर्ग में विरह की तीव्र वेदना से करवटें बदलती, प्रत्येक ऋतु, उत्सव पर उसके हृदय की प्रत्येक प्रतिक्रिया का वर्णन कवि ने किया है। इस विरह पर रीतिकाल का प्रभाव तो है, तभी कुछ हास्यस्पद भी बन गया है। किन्तु इसकी मूल कथा सर्वथा असंदिग्ध है। इस उपेक्षित विरह जीवन का रामकथा में नया अध्याय गुप्त जी ने जोड़ा है।

5. भरत जी और संजीवन बूटी का सम्बंध- अनेक राम कथानकों में हनुमान द्वारा बूटी का प्रसंग दो-तीन बार है। किन्तु यहाँ यह बूटी साकेत में स्थित भरत पर ही हनुमान को प्राप्त हो जाती है। जो उन्हें एक योगी से मिली, जो मानसरोवर से यहां आये थे। तथा प्रयोग भी उन्होंने बताया था भरत को। यहीं पर हनुमान द्वारा भरत को राम का सभी वृत्तान्त सुनाने का अवसर मिल जाता है। तथा साकेत के सभी लोग राम लक्ष्मण वृत्तान्त को सुन लेते हैं। तथा हनुमान जी को संवीजनी बूटी भी मिल जाती है। कवि की यह अभिनवता सराहनीय है।

6. अयोध्यावासियों की रणसज्जा- राम कथा के अन्य ग्रन्थों में लक्ष्मण शक्ति तथा सीता हरण का समाचार हनुमान द्वारा पाकर भरत तथा अयोध्या वासी चिंतित ही

दिखाये गये हैं। किन्तु यहाँ समाचार पाते ही भरत के कहने पर सम्पूर्ण अयोध्यावासी लड़ने को तैयार हो जाते हैं। और उर्मिला भी वीर वेश में आ खड़ी होती है। तथा रावण की लंका पर आक्रमण करने को तैयार हो जाती है। यद्यपि यहाँ कवि की राष्ट्र भावना नजर आती है। फिर भी यहाँ मनोविज्ञान से यह सत्य उतरता है कि अपने प्रिय राम की आपत्ति में भला उनका नगर साथ न दे यह असंभव है। यह उद्भावना भी मौलिक है।

7. वशिष्ठ की योग शक्ति - जिस समय साकेत समाज युद्ध के लिए सुसज्जित है, तभी वशिष्ठ जी उस समाज को सान्त्वना देने के लिए वहीं योग द्वारा रावण राम युद्ध के चित्र उन सभी को दिखा देते हैं और साकेतवासियों को शांति मिलती है। यह घटना साकेत केन्द्र स्थल में ही दिखाई देते हैं। यह घटना है तो नवीन किन्तु हास्यापद है क्योंकि यहाँ गुप्त जी ने सिनेमा से ही अपना संबंध स्थापित किया है। जहाँ तीन घंटे में ही पूरे जीवन का चित्र दिखा दिया जाता है। यह उद्भावना सजीवता लाने में असमर्थ रहती है। सारांश यह है कि साकेत की नवीन उद्भावनायें साकेत को ही कथा का केन्द्र बनाती हैं। तथा कुछ उपेक्षित अंशों को प्रकाश में लाती है। मगर इनके कारण कथा में क्रमबद्धता नष्ट हो गई है। जैसे राम राज्याभिषेक, वनवास आदि प्रसंग पहले आ गये तथा चारों भाईयों के विवाह आदि बाद में दिखाये गये हैं। यहाँ कारण यह है कि कवि को उर्मिला का विरही जीवन दिखाना है। साथ ही राम को भी छोड़ना नहीं चाहता। इनसे चमत्कार कौतूहल तो अवश्य आ गया है, किन्तु कथा योजना सुसम्बद्धता ये सर्वथा हीन हो गई है।

साकेत के विरह का स्वरूप- गुप्त जी ने विरह वर्णन में प्राचीन और अर्वाचीन पद्धतियों को अपनाया है। चतुर्थ सर्ग में उर्मिला कहती है। "कहकर हाय धड़ाम गिरी" विरह में पति की आरती बनती है। " मानस मंदिर में सती पति की प्रतिमा थाप, जलती सी उस विरह मे बनी आरती आप।" "आठ प्रहर चौंसठ घड़ी स्वामी का ही ध्यान, छूट गया पीछे स्वयं उससे आत्म ज्ञान" "यही आता है इस मन में छोड़ धाम धन जाकर मैं भी रहूँ उसी वन में।" विरहिणी के अनेक प्रकार के विरही जीवन में विचार, सोच, भावना तरंगें तीव्रतर होती जाती हैं, और अंत में उर्मिला अर्धमूर्च्छित हो जाती है। प्रेम के हजारों रूप देखे, रात्रिवर्णन, प्रलाप, उन्माद, मूर्च्छा, जड़ता, व्याधि, गुणकथन, स्मृति, चिंता आदि अनेक भाव जागे।"

साकेत के प्रकृति वर्णन- "मूंदे अनन्त ने नयन धार वह झांकी" "शशि खिसक गया निश्चिंत हंस हंस वाकी" यह प्रकृति आलंबन रूप है। "आकाश जाल सब ओर तना, रवि तंतुवाय है आज वना" "नाचो मयूर नाचो कपोत के जोड़े, नाचो कुरंग तुम लो उठान के तोड़े"। ग्रीष्म ऋतु- "लपट से झट, सूख जले जले, नद नदी घट सूख चले चले"। वर्षा ऋतु- "दरसो परसो धन वरसौ"। शरद ऋतु- ''निरख सखी ये खंजन आये'' हेमन्त ऋतु-आलिकाल है काल अंत में उष्ण रहे चाहे वह शीत "शिशिर न फिरि गिरिवन में"। वसन्त ऋतु- "काली काली कोयल बोली होली होली होली"। उद्दीपन रूप में प्रकृति- "मैं निज अलिंद में खड़ी थी सखि एक रात रिमिझम बूंदे पड़ती थी घटा छाई थी"। "कुलिश किसी पर कड़क रहे हैं। आली तोपर तड़क रहे हैं"। संवेदन रूप- "वह कोयल जा कूक रही थी आज हूँक भरती है"। "है वनी साकेत नगरी नागरी और सात्विक भाव से सरयू नदी" यह उक्ति वातावरण निर्माण में सहयोग करती है। दूत दूती के रूप में- तुझ पर मुझ पर हाथ फेरते साथ यहां, शशक! विदित है तुझे आज वे नाथ कहाँ? । प्रकृति ने कथा विकास में सहयोग किया है। इस प्रकार हम कह सकते हैं कि हिन्दी रामकाव्यों से पूर्व वाल्मीकि रामायण, रघुवंश, भट्‌ट का रावण वध, जानकी हरण इसे कुमारदास ने लिखा है। स्वयंभू का अपभ्रंश है "पउमचरिउ"।

हिन्दी में तुलसी की रामचरितमानस तथा नवीन युग में साकेत एक प्रसिद्ध कृति है। वैसे केशव की "रामचन्द्रिका", मधुसूदन की "रामाश्वमेघ" तथा रामचरित उपाध्याय की "रामचरित चिंतामणि" इस परंपरा की रचनायें हैं। गुप्त जी के साकेत के बाद रामनाथ ज्योतिषीकृत "श्रीराम चन्द्रोदय" भी लिखी गई और उपाध्याय कृत "वैदेही वनवासं" भी मिलता है। और बल्देव कृत "साकेतसंत" भी लिखा गया। तथा हरदयालु ने "रावण" काव्य लिखा इन सबके बाद बालकृष्ण का "उर्मिला" काव्य भी लिखा गया है। यों तो सभी काव्यों का अपना-अपना महत्व है, किन्तु संस्कृत की वाल्मीकि रामायण और हिन्दी की रामचरित मानस और साकेत ऐसे ग्रन्थ है जिन्हें विश्व मानस ने मान्यता प्रदान की है। इनकी उत्तमता का यही प्रमाण है कि अधिकांश लोग इन ग्रन्थों को अध्यात्म से जोड़कर पाते हैं, और आनन्दानुभूति प्राप्त करते हैं। वस्तुतः राम का चरित्र जीने की कला है। यही इन ग्रन्थों का मूल प्रति पाद्य है।

श्री जयशंकर प्रसाद कृत छायावाद की अनुपमकृति "कामायनी"

कामायनी ग्रन्थ की प्रबंधात्मकता ने उसे एक महाकाव्य की संज्ञा प्रदान की है। क्योंकि उसमें कथानक चरित्र, प्रकृति, युग, भाव, रस, उद्द्देश्य, कला, भाषा, शैली अलंकार और छंद आदि ऐसी विशेषतायें व्याप्त हैं, जिनसे यह काव्य एक अद्वितीय रचना और आधुनिक हिन्दी काव्य की प्रतिनिधि सृष्टि सिद्ध हुई है।

1. कथानक की दृष्टि से- कामायनी का कथानक प्रागैतिहासिक युग की कथा पर आधारित है। यह कथा सातवें मन्वन्तर से सम्बन्धित है। और सूर्य पुत्र वैवस्वत मनु की कथा को प्रसाद ने काव्य का रूप दिया है। कामायनी की कथा देव सृष्टि के विनाश के उपरान्त मनु द्वारा नवीन मानव सृष्टि के विकास से सम्बन्धित है। यह कथा एक स्थान पर नहीं मिलती। प्रसाद ने इसके कुछ सूत्र शतपथ ब्राह्मणों में देखे थे, और श्रीमद् भागवत को आधार बनाकर इस कथा का विकास किया है। मनु और श्रद्धा के मिलन से नवीन मानव सृष्टि के विकास की कथा में कल्पना का योग अधिक है। परन्तु घटनायें इतिहास सम्मत हैं। जैसे जलप्लावन ऐतिहासिक घटना है। मनु श्रद्धा मिलन इतिहास सम्मत घटना है। मनु इड़ा का सम्बन्ध तथा मनु तथा राज्य संचालन प्रजा के साथ संघर्ष आदि से सम्बन्धित घटना भी ब्राह्मण ग्रन्थों और पुराणों में विद्यमान है। अंतिम कथा भाग कवि कल्पित है। जौ शैव दर्शन के आधार पर निर्मित है। क्योंकि इसमें समरसता के द्वारा आनंदवाद की प्रतिष्ठा की गई है। इस प्रकार सारा कथानक कल्पित होते हुए भी ऐतिहासिक है, क्योंकि ऐतिहासिक घटनाओं को कवि ने अपनी कल्पना द्वारा सुसज्जित करके यहाँ रखा है। समस्त प्रासंगिक कथायें मुख्य कथा से सम्बद्ध है। और अंतिम कार्य की दृष्टि से परस्पर जुड़ी हुई है।

2. चरित्र चित्रण- कामायनी के प्रमुख तीन पात्र हैं, मनु-श्रद्धा और इड़ा इनके अतिरिक्त सभी पात्र गौण हैं। जिनमें से मानव, आकुलि, किरात, काम आदि हैं। मनु चरित्र नायक है। वे मानवीय गुणों से विभूषित दिखाये गये हैं। यद्यपि वे देवता हैं। प्रसाद ने मनु में जहां दृढ़ता, धैर्य, शालीनता, त्याग और तपस्या आदि गुण दिखाने की चेष्टा की है। वहां अनेक दुर्बलतायें भी दिखाई हैं। क्योंकि वे विलासी हैं। ईर्ष्यालु हैं। अनैतिक आचरण करने वाले हैं। और दम्भी तथा कामी भी हैं। इन दुर्गुणों को देखकर मनु को

इस श्रेष्ठ काव्य का नायक कहना कुछ असंगत जान पड़ता है। वैसे भी प्रसाद की दृष्टि में मनु की अपेक्षा श्रद्धा ही ऐसा पात्र है, जिसे हम सम्पूर्ण काव्य का नेतृत्व करने वाला कह सकते हैं। श्रद्धा में त्याग, बलिदान, सहनशीलता और सबसे अधिक लोकमंगल की भावना है। श्रद्धा भ्रमित मनु को केवल सत्यमार्ग पर ही नहीं लाती है, अपितु भौतिक संतापों से रक्षा करती हुई अंत में अखण्ड आनंद की प्राप्ति कराती है। सारी कथा मनु के साथ-साथ श्रद्धा के चारों और भी घूम रही है। इड़ा एक बुद्धिशीलानारी है जिसे वैज्ञानिक युग की प्रगतिशील नारी कह सकते हैं। जिसमें दम्भ, अहंकार, शासन करने की शक्ति और प्रेरणा भी हैं। किन्तु उसके सारे कार्य भौतिक समृद्धि तक ही सीमित हैं। जिसमें दम्भ, अहंकार, शासन करने की शक्ति और प्रेरणा भी है किन्तु उसके सारे कार्य भौतिक समृद्धि तक ही सीमित हैं। अंत में उसे भी जीवन का अभीष्ट पाने के लिए श्रद्धा का सहारा लेना पड़ता है। भौतिक तथा आध्यात्मिक दोनों के योग से इड़ा अपने राज्य में अभीष्ट आनंद उपलब्ध कर पाती है। शेष पात्रों में से मानव, विश्वास, श्रद्धा, शक्ति और मननशीलता का प्रतीक है, आकुलि और किरात, असुर, पुरोहित होने के कारण तामसी आवृत्ति के प्रतिनिधि हैं, काम अशरीरी पात्र है। जो मनु के पथ प्रदर्शक के रूप में आया है। इस प्रकार प्रसाद ने तीन पात्रों का ही चारित्रिक विकास यहां अंकित किया है, और दिखाया है कि मानव संसार में न केवल बुद्धि के द्वारा अभीष्ट फल को प्राप्त कर सकता है और न केवल हृदय की रागात्मिका वृत्ति द्वारा इच्छित फल प्राप्त कर सकता है, परन्तु दोनों के योग से (बुद्धि + हृदय) अपने मनोरथों को प्राप्त कर सकता है।

3. प्रकृति चित्रण- छायावादी कवि प्रायः प्रकृति की रम्य पटी पर भावों के चित्र अंकित किया करते हैं। इनके लिए प्रकृति न केवल प्रेरणा प्रदान करती है। अपितु क्रिया व्यापारों में सहायता प्रदान करती है। इसलिए कामायनी में प्रकृति के ऐसे संश्लिष्ट चित्र अधिक मिलेंगे जो मानव मनोभावों या मनो व्यापारों का यथार्थ रूप प्रस्तुत करते हैं। सर्वत्र प्रकृति पर भावों का आरोपण किया गया है। चाहे आलम्बन रूप में संध्या, रजनी, वर्षा, शरद आदि का वर्णन हो चाहे उद्दीपन के रूप में वसन्त, प्रलय या पाषाणी प्रकृति के चित्र अंकित हों, सर्वत्र प्रकृति सचेतन और सजीव दिखाई देती है। अद्भुत सौन्दर्य से ओत प्रोत जान पड़ती है, और सर्वत्र मानवों की तरह क्रिया व्यापार

करती हुई दिखती है। प्रकृति के ये भावाक्षिप्त चित्र कामायनी में भरे पड़े हैं। वैसे प्रसाद ने आलंबन के रूप में, उद्दीपन के रूप में, संवेदनात्मक रूप में, मानवीकरण के रूप में, तथा कई अन्य रूपों में प्रकृति का अत्यधिक प्रयोग किया है। कामायनी का प्रलय वर्णन, और रात्रि का अभिसारिका नायिका के रूप में वर्णन अद्वितीय है। कामसर्ग में वसन्त का वर्णन भी अद्भुत माना जाता है। ये सभी वर्णन स्थानीय विशेषताओं से परिपूर्ण है, और प्रकृति के सचेतन रूप में द्योतक है। भले ही यथार्थ प्रकृति में कठोरता या दुर्गमता या असुन्दरता दिखाई दे, किन्तु कामायनी के प्रकृति चित्रों में सर्वत्र सुकुमारता, सुन्दरता और सजीवता दिखाई देगी।

4. युग चित्रण- कामायनी आधुनिक युग का प्रतिनिधि काव्य है। इस युग में सामाजिक क्षेत्र के अन्तर्गत ऊँच-नीच की भावना को मिटाकर एकता का प्रचार ये सामाजिक संस्थायें कर रही हैं। आर्य समाज, प्रार्थना समाज आदि संस्थाओं ने मानव-मानव के बीच की खाई को दूर करके एक दूसरे के निकट लाने का प्रयास किया था, इसमें भी प्रसाद ने यही प्रयत्न क्रियात्मक रूप में किया है। क्योंकि यहां श्रद्धा के प्रयास से न केवल सारस्वत प्रदेश की सीमा में एकता एवं समता स्थापित होती है। किन्तु पारस्परिक विरोधी विचार वाले मनु और सारस्वत प्रदेश की प्रजा में भी समरसता स्थापित करके सामाजिक ऊँच नीच की भावना को मिटाया है। धार्मिक दृष्टि से इसे युग में सभी धर्मों के प्रति आदर भाव एवं धार्मिक सहिष्णुता का प्रचार सभी संस्थाओं ने किया था, प्रसाद ने भी कामायनी में धर्म के प्रतिनिधि वृषभ को हिमालय पर ले जाकर मुक्त कर दिया है। और यह सूचित किया है कि धर्म की दीवार तोड़कर मानव एक दूसरे के निकट आ सकता है। राजनीतिक क्षेत्र में गांध ीवादी विचारधारा पनप रही है। और सत्य अहिंसा के आधार पर क्रांति लाने या राजनैतिक उपद्रवों को शान्त करने का प्रचार अधिक मात्रा में हुआ था। प्रसाद ने कामायनी में भी श्रद्धा के विचारों द्वारा ज्ञान और अहिंसा का प्रचार किया है। श्रद्धा के सूत कातने को गृह उद्योग को बढ़ावा देने में तथा पशुवध का विरोध करने में गांधीवादी विचारधारा विद्यमान है। युद्ध को बुरा कहकर प्रसाद ने समरसता द्वारा जो सुख, शांति की व्यवस्था की है, इसमें भी गांधीवादी विचारधारा विद्यमान है। इस तरह कामायनी में अपने युग की प्रमुख विचारधारायें विद्यमान हैं।

5. भाव और रस की अभिव्यक्ति- कामायनी एक भाव प्रधान महाकाव्य है। इसमें विविध मनोभावों का अत्यन्त मार्मिक चित्रण किया गया है। मुख्यतया, चिंता, आशा, श्रद्धा, काम, वासना, ईर्ष्या, लज्जा आदि मनोभावों का तो सांगोपांग निरुपण किया गया है। विद्वानों की राय में लज्जा मनोभाव का चित्रण सर्वथा अलौकिक एवं अद्वितीय है, क्योंकि लज्जा मनोभाव के आविर्भाव के साथ-साथ एक नवयुवती के अंगों में क्या-क्या परिवर्तन होता है, और यह मनोभाव इस प्रकार हृदय और मन में उथल-पुथल मचाया करता है, इसका मनोवैज्ञानिक विश्लेषण कवि ने कामायनी काव्य में किया है। कामायनी में विविध भावों के संयोग अर्थात् भावोदय, भावशांती, भावशवलता, आदि के चित्र भी पर्याप्त मात्रा में मिलते हैं। जैसे संघर्ष सर्ग में मनु और इड़ा के वार्तालाप के समय प्रेम और घृणा अथवा प्रेम और भय का चित्रण उल्लेखनीय है। इन भावों के साथ-साथ कामायनी में शृंगार, वीर, अद्भुत, शांत, रौद्र आदि रसों का चित्रण भी मिल जाता है। वासना सर्ग में शृंगार के संयोग पक्ष का मार्मिक निरुपण हुआ है, और स्वप्न सर्ग में श्रद्धा के विरह वर्णन में विप्रलंभ शृंगार बड़ी सजीवता के साथ चित्रित है। इसी तरह रहस्य सर्ग में अद्भुत रस निर्वेद सर्ग में शांत रस और संघर्ष सर्ग में रौद्ररस विद्यमान है। इस तरह कामायनी में विविध भावों और रसों का मार्मिक निरुपण मिलता है।

उद्देश्य- कामायनी के उद्देश्य में उपनिषद् के आनंद तत्व का काव्य रूप उपलब्ध है। इस काव्य का यही महान उद्देश्य रहा है। तथा भौतिक संतापों से व्यथित मानव को आनंद या मोक्ष की प्राप्ति कराना प्रसाद ने इस लक्ष्यपूर्ति के लिए श्रद्धा और मनु की कथा का सहारा लिया है। और भौतिक कष्टों से पीड़ित मनु को श्रद्धा के द्वारा अखण्ड आनंद की उपलब्धि कराकर मोक्ष प्राप्ति का मार्ग प्रशस्त किया है। प्रसाद का उद्देश्य है, कि मानव इसी जीवन में शांति सुख एवं आनन्द प्राप्त कर सकता है। परन्तु उसे सभी प्रकार की विषमताओं का परित्याग करके समरसता को अपनाना पड़ेगा। आज मानव इसीलिए दुखी है, कि वह वैयक्तिक, पारिवारिक, और सामाजिक विषमताओं में लीन रहने के कारण निरंतर कष्ट झेलता रहता है। यदि वह वैयक्तिक समरसता के साथ-साथ पारिवारिक और सामाजिक समरसता को अपनालें तो सारस्वत नगर निवासी इड़ा और मनु आदि की तरह निश्चय ही अखंड आनंद या मोक्ष प्राप्त कर सकता है। वैयक्तिक विषमत के कारण ही आज मानव के इच्छा, ज्ञान और क्रिया में समन्वय

दिखाई नहीं देता। यदि इन तीनों में समन्वय हो जाये तो, वह वैयक्तिक सामरस्य को प्राप्त होकर मनु की तरह मोक्ष या अखण्ड आनंद प्राप्त कर सकता है। एक-एक मानव को इसी अखण्ड आनन्द की उपलब्धि कराना प्रसाद का लक्ष्य रहा है। और इसमें प्रसाद को कामायनी के द्वारा सफलता भी मिली है।

उत्कृष्ट रचना शैली (कला)- कामायनी की भाषा तत्सम प्रधान शुद्ध खड़ी बोली हिन्दी है। प्रायः प्रसाद ने परिनिष्ठित एवं परिमार्जित शब्दावली का प्रयोग किया है। जिसमें स्वरमैत्री है, व्यंजन मैत्री है। नाद सौन्दर्य है और सबसे अधिक कोमलता एवं मश्रणता (चिकनाहट) है। भावों के बहन करने में भाषा अत्यंत सफल रही है। इसमें प्रसाद और ओज का प्राधान्य है। क्योंकि अधिकांशतः कोमल कान्त पदावली का प्रयोग हुआ है। कामायनी में मधुर-मधुर भाव व्यंजक शब्दावली के कारण वैदर्मी रीति है। और उपनागरिक वृत्ति है। कामायनी लक्षण प्रधान ग्रन्थ है। इसलिए लाक्षणिकता और प्रतीकात्मकता स्थान-स्थान पर मिलती है। कामायनी में नये और पुराने विविध प्रकार के अलंकारों का प्रयोग हुआ है। उपमा, रुपक, रुपकातिशयोक्ति अलंकार तो सबसे अधिक अपनाये गये हैं। कुछ विद्वान "उपमा कालिदासस्य" के स्थान पर "उपमाप्रसादस्य" भी कहना समीचीन समझते हैं। क्योंकि प्रसाद की उपमा भी अनुपम एवं बेजोड़ है। नये अलंकारों में से मानवीकरण का सर्वाधिक प्रयोग हुआ है। इसीलिए यहां नदियां गलवांही डालकर रहती हैं। लतायें खिलखिलाकर हंसती है। भौरे मकरोत्सव मनाते हैं। पवन मृदंग बजाता है और बल्लरियां नाचती हैं। विशेषण विपर्यय अलंकार भी जहां तहां मिल जाता है। जैसे "अंगड़ाई जाती सोने" अथवा "खुली चेतना की पांखे" आदि में विशेषण विपर्यय है। इसके साथ ही "छप-छप का होता शब्द विरल" और "धंसती धारा धधकती ज्वाला" आदि पदों में ध्वन्यर्थ व्यंजना अलंकार है। कामायनी में विविध पदों का प्रयोग हुआ है। जिनमें से कुछ तो शास्त्रीय छंद है। वीर, ताटंक, उल्लाला, रोला छंद आदि। कुछ प्रसाद द्वारा नव निर्मित छंद है। जैसे इड़ा और आनन्द सर्ग के छंद। एक गीत भी लिखा है जो निर्वेद सर्ग में आया है। "तुमुल कोलाहल कलह में, मैं मलय की बात रे मन।"

प्रसाद का सबसे अधिक लोकप्रिय छंद आनंद सर्ग में मिलता है। इसी छंद का प्रयोग प्रसाद ने "आंसू" काव्य में किया है। अधिकांश छंद मधुर राग, यति और

गति से युक्त है। और भाव प्रेषणीयता में सर्वाधिक सहयोगी सिद्ध हुए हैं। इस प्रकार कामायनी महाकाव्य का अनुशीलन करने पर ज्ञात होता है कि छायावाद की गूढ़ गुम्फित शैली में लिखित होकर भी यह काव्य पर्याप्त सरस और मार्मिक है। इसकी लाक्षणिकता और प्रतीकात्मकता कहीं-कहीं इसे दुरुह अवश्य बना देती है। और दूरारुढ़ कल्पना के कारण कभी-कभी पाठकों को यह कठिन काव्य सा जान पड़ता है। किन्तु छायावाद के रचना विधान के जान लेने पर सभी समस्यायें हल हो जाती हैं। और फिर यह महाकाव्य अधिक सुन्दर सजीव और मनोहर जान पड़ता है। कामायनी छायावाद की उत्कृष्ट कृति इसलिए भी है कि इसमें मानवात्मा की उस चिरन्तन पुकार को काव्य रूप दिया गया है, जो निराश और भ्रमित मानवों का पथ प्रदर्शन कर रही है। तथा जो चिरदग्ध दुखी वसुधा को आनंद प्राप्ति का संदेश दे रही है। कामायनी प्रसाद की अंतिम कृति है। और छायावाद की प्रतिनिधि रचना है। इसलिए इसमें छायावाद के समस्त गुण दोष विद्यमान है।

गुण- 1. छायावाद द्विवेदी युग की इतिवृत्तात्मक प्रवृत्ति के विरूद्ध एक ऐसी क्रांति लेकर आया था, जिसमें स्वानुभूति, भावुकता, और कल्पना की प्रधानता थी और स्थूल के स्थान पर सूक्ष्म चित्रण को महत्व दिया गया था। कामायनी महाकाव्य में यही विशेषता है कि, इसमें स्थूल चित्रणों के स्थान पर सूक्ष्म चित्रणों को महत्व दिया गया है। सारी कथा भावुकता और कल्पना से भरी हुई है। और इसके वस्तु वर्णन रसात्मक हैं। 2. छायावाद ने जन जीवन में व्याप्त विषमता के सुन्दर चित्र अंकित किये, कामायनी में भी मानव जीवन की सारी विषमताओं और विभीषिकाओं के चित्र अंकित हैं। और यह बतलाया गया है कि कोई मानव भौतिकता के कुहासे (कुहरा) से निकलकर किस तरह आध्यात्मिकता के उन्मुक्त वातावरण में सांस ले सकता है। 3. छायावाद ने एक नवीन सौन्दर्य बोध प्रदान किया था, जिससे प्रत्येक कवि अणु-अणु और कण-कण में अनुपम सौन्दर्य की झांकी देखता था। कामायनी में प्रसाद ने इसीलिए ऐसे अतीन्द्रिय सौन्दर्य के चित्र अंकित किये हैं। जिनसे सर्वत्र चेतनता और रमणीयता दिखाई देती है। व्यक्ति सौन्दर्य भी यहां अनुपम और अलौकिक है। 4. छायावाद जड़ यांत्रिकता के विरूद्ध क्रान्ति का स्वर लेकर आया था। कामायनी में भी प्रसाद ने इस भौतिकतावादी जड़यांत्रिकता का घोर विरोध करके आध्यात्मिकता

का गुणगान किया है। और मानव को यन्त्रवत् जीवन बिताने की अपेक्षा सरल और प्राकृतिक जीवन व्यतीत करने की सलाह दी है। 5. छायावादी कवि सर्वात्मवाद और सर्वचेतनावाद के पुजारी रहे हैं। इसलिए कामायनी में प्रकृति के कण-कण में चेतन सत्ता का दर्शन किया गया है, और यहाँ सभी जड़ और चेतन पदार्थ एक चित् शक्ति के अंग प्रत्यंग जान पड़ते हैं। 6. छायावाद में नारी की महत्ता का सर्वाधिक प्रचार किया गया है। कामायनी काव्य में नारी के गौरवपूर्ण गुणों का निरुपण करते हुए उसे दया, ममता, त्याग, बलिदान, सेवा, अगाध विश्वास श्रद्धा आदि की जीवन्त मूर्ति बताया गया है। 7. छायावाद में नायक के स्थान पर आदर्श नायिका की सृष्टि की है। कामायनी की श्रद्धा ऐसी ही आदर्श नायिका है, जिसमें परंपरागत मान्यताओं के विरूद्ध एक नायक के समस्त गुण विद्यमान हैं। यहाँ नेता के पद पर श्रद्धा की स्थापना की गई है। न कि मनु की। 8. छायावादी कवि प्रायः अन्तर्मुखी रहे हैं। और मन की गहराईयों में उतर कर उन्होंने मनोभावों के सुंदर चित्र अंकित किये हैं। कामायनी तो मनोभावों की ही चित्रपटी है। इसमें एक नही अनेक मनोभावों के सजीव चित्र अंकित हैं। और लज्जासर्ग तो सर्वथा अनुपम और अद्वितीय है। 9. छायावाद ने कला एवं चमत्कार प्रियता को अधिक महत्व दिया है। इसीलिए कामायनी में उपचार, वक्रता, मानवीकरण लाक्षणिकता, प्रतीकात्मकता आदि कला के सभी उत्कृष्ट उपकरण विद्यमान हैं। जिनसे अभिव्यक्ति अत्यन्त सुन्दर और सजीव हो गई है। 10. छायावाद ने जिन- जिन नूतन प्रणालियों का आविष्कार किया था वे सब कामायनी में विद्यमान हैं। इसीलिए यहां स्थूल वर्णनों के स्थान पर लक्ष्यार्थ को महत्व दिया गया है। बाह्‌य संघर्ष के स्थान पर अन्तर्द्वन्द्व को अपनाया गया है। बौद्धिकता के स्थान पर भावुकता को श्रेयस्कर माना है। अभिधे यार्थ के स्थान पर लक्ष्यार्थ को महत्व दिया गया है। और बाह्‌य सादृश्य के स्थान पर सौन्दर्य चित्रण में आंतरिक सादृश्य को प्रधानता दी गई है। यहां प्रकृति को विश्वात्मा का प्रतिबिम्ब मानकर अहं (जीवात्मा) का इदं (प्रकृति) में समावेश किया गया है। और इस तरह स्थान-स्थान पर बाह्‌य प्रकृति और अंतः प्रकृति के सजीव चित्र अंकित किये गये हैं।

दोष- 1. छायावाद ने एक ऐसी रोमांटिक स्वच्छंदता प्रदान की थी, जिसने कवियों का व्यक्तिवादी कविता लिखने के लिए प्रोत्साहन दिया और कवि जगत का

चित्र न देकर अपनी वैयक्तिक अनुभूतियों को अंकित करने लगे, कामायनी में भी यही दोष है, कि यहाँ कवि ने निजी अनुभूतियों अथवा वैयक्तिक विषयताओं के चित्र अधिक अंकित किये। 2. कल्पना और भावुकता का आधिक्य होने के कारण छायावादी रचनायें प्रायः यथार्थ जगत से दूर पड़ जाती है। कामायनी में भी यही बात है क्योंकि यहाँ कवि ने एक यथार्थ जगत का चित्र न देकर काल्पनिक जगत को अधिक चित्रित किया है। रहस्य सर्ग इसी का प्रमाण है। 3. छायावादी कवि प्रायः अन्तर्मुखी होते हैं। इसलिए दर्शन और मनोविज्ञान में अधिक उलझे रहते हैं। कामायनी का कवि भी दर्शन और मनोविज्ञान का शिकार हुआ है। इसीलिए कामायनी भाव एवं उसका उत्कृष्ट ग्रंथ न होकर दर्शन और मनोविज्ञान का 'ट्रीटाइज' (Treetise) है। 4. छायावादी कवि धूमिल छाया संकेतों के द्वारा अपनी बातें अधिक कहते हैं। इसलिए उनके मर्म को समझना कठिन हो जाता है। इनकी अधिकांश बातें अस्पष्ट और दुरुह रहती हैं। कामायनी में भी यही धूमिलता और अस्पष्टता विद्यमान है। इसीलिए लोगों ने कामायनी की मनमाने ढंग से व्याख्या की है। 5. छायावाद ने नारी को महत्व तो प्रदान किया परन्तु उसे अशरीरी एवं अतीन्द्रिय सौन्दर्य देकर इस संसार की नहीं अपितु कल्पना लोक की सुन्दरी बना दिया। जो वास्तविकता से परे भावुकता की बाल पर ही स्थित है। और जिसको हम इस जगत की मानवी नहीं, स्वर्ग लोक की देवी कह सकते हैं। 6. छायावादियों ने अज्ञात सत्ता के प्रेम की प्रवृत्ति को इतना बढ़ावा दिया है कि वह प्रेम हास्यापद बन गया। आज इस परोक्ष्य सत्ता के जानने में सर्वसाधारण के लिए बड़ी कठिनाई प्रतीत होती है। 7. छायावाद ने प्रतीकों का आश्रय लेकर चित्रण तो बड़े सुंदर ढंग से किया, किन्तु इनके प्रतीकों में एकरूपता और समता नहीं है। कामायनी में भी प्रत्येक चित्रण के लिए नये-नये प्रतीकों का प्रयोग हुआ है। ऐसे प्रतीक विधान को समझना अत्यन्त दुष्कर और कठिन है। 8. छायावादी कविता में अधिकांश स्थलों पर रसामास के दर्शन होते हैं। क्योंकि अचेतन प्रकृति को चेतन मानकर इन कवियों ने बड़ा अन्याय किया है। कामायनी भी इनसे अछूती नहीं बची है। 9. छायावाद लक्षणा का अधिक सहारा लेकर चला है। इसीलिए कामायनी में लाक्षणिक मूर्तिमत्ता ने प्रत्येक पंक्ति को जटिल, दुरुह और क्लिष्ट बना दिया है। 10. छायावादी कवियों का अधिकांश ध्यान अभिव्यंजना शैली की विचित्रता पर रहा है, इसलिए इनके वर्णनों में सांकेतिकता,

अलौकिकता, और चमत्कार प्रियता अधिक है। जो अभिव्यक्ति की सरसता को समाप्त कर देती है। अतः छायावाद का चरमोत्कर्ष रहते हुए भी कामायनी में कितने ही ऐसे दोष हैं, जो इस काव्य को जटिल एवं दुरुह बना देते हैं। किन्तु कामायनी मानवता के इतिहास को प्रस्तुत करने वाला ऐसा नूतन महाकाव्य है, जिसमें गुण अधिक हैं किन्तु दोष कम हैं। ये सभी दोष चन्द्रमा में विद्यमान कलंक की तरह विलीन हो जाते हैं। इसीलिए कामायनी महाकाव्य केवल छायावाद युग का ही नहीं अपितु आधुनिक युग का सर्वोत्कृष्ट काव्य माना जाता है।

सारांश यह है कि कामायनी एक ऐसा काव्य है जो आधुनिक युग में छायावाद से पूर्णतः प्रभावित है जिसका रुपक तत्व और प्रगीति तत्व दोनों ही महाकाव्यत्व के अनुरूप हैं जबकि ये महाकाव्य के रोड़े बन जाते हैं। कामायनी के मनु अनेक भावों के प्रतीक हैं। और प्रत्येक सर्ग मनोविज्ञान के अनुरुप भाव और नाम से सार्थक सिद्ध हुआ है। कामायनी का शांत रस ही आनन्द रस नाम से विख्यात हो गया। इस काव्य में ज्ञान कर्म और भक्ति का त्रिगुणात्मक दर्शन की दृष्टि से अद्वैत चेतना का प्रतीक है। यह ग्रन्थ निखिल ब्रह्माण्ड की प्रकृति का होकर अखिल का और जीवन की पूर्ण अभिव्यक्ति का काव्य है। हिन्दी विद्वान इस काव्य को प्रतीक काव्य मानते हैं मुक्तिबोध लिखते हैं, कि मनु मध्यवर्गीय व्यक्ति के प्रतीक हैं। और सर्वत्र प्रतीकों की भरमार है। देव सभ्यता, सारस्वतनगर, हिमालय, कैलाश, प्रलय, संघर्ष आदि सब प्रतीक होते हैं। आधार रुपक तो प्राचीन है, भाव शाश्वत हैं, समस्यायें आधुनिक हैं। इसे आधुनिक सभ्यता का काव्य कहना भी अनुचित नहीं होगा। अंग्रेजी विद्वान इलियट का "वेस्टलैण्ड" ही यहाँ सारस्वत नगर है। हिन्दी के विद्वान श्री पतराम गौड़ के अनुसार प्रसाद की कामायनी का रहस्यसर्ग समरस अवस्था को व्याख्यायित करता है, जबकि वह है "स्थानिक योग की समाधि का चित्रण"। दर्शन की दृष्टि से यह विचार भले ही पूर्णतः उपयुक्त न हो किन्तु कवि ने समरसता का संदेश देकर अपने उद्देश्य की पूर्ति कर ली है। कामायनी के सर्गों के नामों में भाव व्यंजना है। इसके पन्द्रह सर्ग ये हैं। चिंता, आशा, श्रद्धा, काम, वासना, लज्जा, कर्म, ईर्ष्या, इड़ा, स्वप्न, संघर्ष, निर्वेद, दर्शन, रहस्य और आनन्द। कामायनी की भावगत विशेषतायें ये हैं-

(क) नूतन वर्ण्य पद्धति- भारतीय दर्शन की उलझन में फंसा जीव अंत में

"अहं ब्रह्माऽस्मि" की स्थिति तक पहुँचता है। यही नूतनता है। (ख) सर्वचेतनतावाद- समस्त प्रकृति की चैतन्यता इसका प्रत्यक्ष प्रमाण है। (ग) मानवतावाद- शक्तिशाली हो विजयी बनो यही मानवता है। (घ) नूतन सौन्दर्यबोध एवं रसबोध- "कुसुम कानन अंचल में मंद पवन प्रेरित सौरभ साकार" रचित परमाणु पराग शरीर खड़ा हो ले मधु का आधार। (ड़) आध्यात्मिकता- "हे विराट् हे विश्वदेव! तुम कुछ हो ऐसा होना मान"। (च) प्रकृति की रमणीयता- "पंचभूत का भैरव मिश्रण शम्पाओं के सकल निपात। उल्का लेकर अमर शक्तियाँ खोज रहीं जो खोया प्रात"। (छ) स्वानुभूत सुख दुख की विवृत्ति। (ज) नारी की महत्ता- नारी तुम केवल श्रद्धा हो विश्वास रजत नग पद तल में, पीयूष स्रोत सी बहा करो जीवन के सुंदर समतल में।

यह काव्य चित्र भाषात्मक है- "हाहाकार हुआ कुन्दनमय कठिन कुलिश होते ये चूर" वसन्त आगमन पर प्रतीकात्मकता देखें-

"मधुमय वसन्त जीवन वन के बह अंतरिक्ष की लहरों में,

कब आये थे तुम चुपके से रजनी के पिछले प्रहरों में।"

लाक्षणिकता- "कामायनी कुसुम वधुधा पर पड़ी, न वह मकरन्द रहा, एक चित्र वस रेखाओं का अब उसमें है रंग कहाँ"।

1. उपचार वक्रता- "भुजलता पड़ी सरिताओं की शैलों के गले सनाथ हुए"।

2. नादात्मकता- सघन गगन में भीम प्रकंपन।

3. नूतन अलंकार- (क) मानवीकरण- संध्या की लाली में हंसती उसका ही आश्रय लेती सी। छाया प्रतिका गुनगुना उठी श्रद्धा का उत्तर देती सी। (ख) विशेषण विपर्यय- "जलधि लहरियों की अंगड़ाई बार-बार जाती सोने"। (ग) ध्वन्यर्थ व्यंजना- "छप-छपा होता शब्द विरल, थर-थर कंप रहती दीप्ति तरल।"

4. नूतन छंद योजना- आनंद छंद या प्रसाद छंद नाम से इड़ा सर्ग में और आनंद सर्ग में नूतन और मौलिक छंद की उद्भावना स्पष्ट दृष्टव्य है। सारांश यही है कि श्रेष्ठ काव्यत्व से युक्त कामायनी एक श्रेष्ठ काव्य ही है।

"प्रकृति का सुकुमार कवि, कोमल कल्पना का कवि
प्रकृति तथा भारतीय दर्शन का ज्ञाता कवि"

--- सुमित्रानंदन पंत

पंत जी की रचनायें- 1. वीणा पंत जी की प्रथम रचना है, इसे बाल कल्पना की संज्ञा दी है। 2. ग्रन्थि में विरहदग्ध हृदय के उद्‌गार हैं। 3. पल्लव- में शब्द रचना और ध्वनि सौन्दर्य है। 4. गुंजन में सौन्दर्य के दर्शन की झांकी है। 5. युगान्त में- गांधीवादी आदर्श एवं मानव प्रकृति का वर्णन है। 6. युगवाणी में- सामाजिक जीवन का विकसित रूप है। 7. ग्राम्या में- सामाजिक चित्रण है। 8. स्वर्णकिरण- आध्यात्मिक भावों से भरी है। 9. स्वर्णधूलि- लोकमंगल की भावना है। 10. उत्तरा में विश्व परिवर्तन की भावना है। साहित्य शास्त्र में काव्य के चार तत्व स्वीकार किये गये हैं। राग, कल्पना, बुद्धि तथा शैली तत्व। इनमें से राग तत्व का सम्बंध भावों से होता है। कल्पना तत्व निर्माण में सहायता देता है। बुद्धितत्व विचार प्रदान करता है। और शैली तत्व अभिव्यक्ति में सहायक होता है। इन चारों में कल्पना तत्व का सर्वाधिक महत्व है। कल्पना ही कवि की वह अद्‌भुत शक्ति होती है, जिसके सहारे वह जीवन जगत के प्रत्यक्ष एवं परोक्ष चित्र अंकित किया करता है। यह कल्पना कला वृक्ष के समान होती है। इसके दो भेद माने गये हैं। (क) विधायिनी कल्पना और (ख) ग्राहृय कल्पना। कवि में विधायिनी कल्पना होती है और श्रोता या पाठक में ग्राहय (ग्राहक) कल्पना होती है। कविवर पंत ने इसी कल्पना का सहारा लेकर नये-नये भावों के चित्र अंकित किये हैं। सौन्दर्य की अद्‌भुत सृष्टि की है। और अपनी अभिव्यक्ति को सरस एवं कोमल बनाया है। यह कल्पना कई प्रकार की होती है। क्योंकि अभिव्यक्ति की दृष्टि से क्लिष्ट कल्पना, दूरारुढ़ कल्पना, रंगीन कल्पना, मधुर कल्पना, सुकुमार कल्पना आदि कई नाम दिये जाते हैं।

पंत जी की कविताओं का अनुशीलन करने पर यही ज्ञात होता है कि उनकी कविताओं में रागतत्व की प्रधानता नहीं है। कल्पना तत्व का प्राधान्य है और वह कल्पना की कोमलता का झीना-झीना सचिक्कण आवरण पहनकर प्रस्फुटित हुई है। कविवर बच्चन ने ठीक ही लिखा है- "पंत जी कल्पना के गायक हैं। अनुभूति के नहीं"। निस्संदेह कविपंत की कविताओं में अनुभूति की अपेक्षा कल्पना का प्राधान्य

है। और वह कल्पना भी अधिकतर कोमलता और सुकुमारता से ओत-प्रोत है। जैसे-

1. नारी सौन्दर्य निरुपण में कोमलता- कविवर पंत में नारी के प्रतिभाव व्यक्त करते हुए उसे देवी मां, सहचरि, प्राण आदि अनेक रूपों में देखा है। और पंत की दृष्टि में नारी के स्पर्श में प्राण रहता है। उसके सामीप्य में गंगा स्थान की सी पवित्रता रहती है, और उसकी वाणी में त्रिवेणी की लहरों का मनोगान रहता है। इतना ही नहीं कवि उसके हृदय, मुख, स्वभाव और विचारों का उल्लेख करते हुए यहाँ तक कहता है, ''उषा का था उर में आवास, मुकुल का मुख में, मृदुल विकास, चांदनी का स्वभाव में वास, विचारों में बच्चों की सांस।

2. प्रकृति चित्रण में कोमलता- पंत जी प्रकृति के भी सजीव चितरे हैं। पंत की कोमल कल्पना का आश्रय पाकर पर्वत निर्झर, चांदनी, ऊषा, संध्या, फूल, कौंपल आदि सभी एक सहज सौन्दर्य से ओतप्रोत हो गये हैं, और सारी प्रकृति एक दिव्यनारी के सुकुमार सौन्दर्य से परिपूर्ण दिखाई देती है। कारण यह है कि पंत जी ने प्रकृति को नारी के रूप में देखा है। इसीलिए पर्वत की पाषाणी प्रकृति में भी पंत जी को कोमलता दिखाई दी है। जैसे- "खैंच ऐंचीला भ्रू सुरचाप शैल की सुधियौं बारम्बार, हिला हरियाली का सुदुकूल, झुला झरनों का झलम लहार, जलद पट से दिखला मुख चंद, पलक पल पल चपला के मार भग्न उर पर मूधर सा हाय सुमुखि धर देती है साकार"।

3. वस्तु वर्णन में कोमलता- कवि पंत ने जगत के पदार्थों का वर्णन भी बड़ी कोमलता के साथ किया है। उनकी ग्राम्य युवती, ग्रामवधू, आदि कवितायें इस बात की प्रमाण हैं, कि पंत जी कितने सहज कोमल भाव से ग्रामीण जीवन के चित्र अंकित करते हैं जैसे ग्राम युवती का चित्र देखिये- "उन्मद यौवन से उभर घटा सी नव आषाढ़ की सुन्दर अति श्याम वर्ण स्थल मंद चरण इठलाती आती ग्राम युवति, वह गजगति सर्प डगर पर, सरकाती पट खिसकती लट शरमाती झट"।

4. भाव निरुपण में कोमलता- पंत ने भावों के चित्र भी बड़ी कोमलता के साथ अंकित किये हैं, जैसे ग्रन्थि कविता में कवि ने अपने टूटे हुए हृदय का निराशा और पीड़ा से भरा हुआ कोमल चित्र इस तरह अंकित किया है- "चंद्रिके चूमो तरंगों के अधर, उड़गनो गाओ मधुर वीणा बजा, पर हृदय सब भांति तू कंगाल है"।

5. जीवन की विविध दशाओं के कोमल चित्त- पंत जी की परिवर्तन कविता में जीवन की गहन अनुभूति का चित्रण मिलता है, उन्होंने परिवर्तन के माध्यम से जीवन के विविध चित्र अंकित किये हैं। एक नवविवाहिता युवती का वह चित्र देखिये, जिसमें वैधव्य के कारण उसकी करूणा, वेदना और पीड़ा किस तरह साकार हो उठी है। वह पंत की कोमल कल्पना का प्रवाह है- “अभी तो मुकुट बंधा था मांथ, हुए कल ही हल्दी के हाथ, खुले भी न थे लाज के बोल, खिले न चुम्बन शून्य कपोल, हाय रुक गया यहीं संसार, बना सिन्दूर अंगार, बात हत लतिका वह सुकुमार पड़ी है छिन्नाधार”।

6. शब्द चयन में कोमलता- पंत भावानुकूल भाषा लिखने में बड़े सिद्ध हस्त हैं। शब्द उनके संकेतों पर नाचते हैं। और वे शब्दों की आत्मा को भलीप्रकार पहचानते हैं। उनका स्पष्ट विचार है कि वैसे ही कविता में भिन्न-भिन्न स्वर राग की लय में ऐसे मिल जाते हैं, कि हम उन्हें अलग नहीं कर पाते वैसे ही कविता में भिन्न-भिन्न प्रकार के शब्द रस की धारा में डूब जाते हैं। और हम उनको छांट नहीं पाते रस धार बहाने के लिए पंत ने शब्दों को अत्यधिक कोमल और सुकुमार बनाया है। इसलिए कण के लिए “कन” मरण के लिए “मरन” ही नहीं लिखा यहां तक कि “बादल” कविता में शब्दों को और भी कोमल बना दिया है। जैसे- “धूंम धुमारे काजर कारे, हम ही बिकरारे वादर, मदनराज के वीर बहादुर पावस के उड़ते फणिधर”।

7. अलंकारों में कोमलता- पंत ने भाषा को सुसज्जित करने के लिए अलंकारों की जो योजना की है। उसमें भी कोमलता और सुकुमारता विद्यमान है। इसके लिए पंत ने उपमा और रुपक सादृश्य मूलक अलंकारों का प्रयोग किया है। उपमा देते समय कोमल से कोमल उपमानों की योजना करने में पंत सफल दिखाई देते हैं। जैसे छाया कविता में कवि छाया की उपमा देते हैं तरुवर के छायानुवाद सी उपमा सी भावुकता सी, अविदित भावाकुल भाषा सी कटी-छटी नव कविता सी। ये कल्पनायें बादल में और भी कोमल उपमाओं के सहारे इस तरह व्यक्त हुई हैं। “धीरे- धीरे संसय से उठ बढ़ अपयश से शीघ्र अछोह, नभ के उर में उमड़ मोह से फैल लालसा से निशि भोर”।

8. छंद योजना में कोमलता- पंत जी ने जहां भाषा को भावों के कोमल सांचे में ढ़ाला है, वहां छंदों को भी संगीत के कोमल सांचे में ढ़ालकर प्रस्तुत किया है।

इसीलिए पंत के छंदों में मधुर स्पंदन है। मादक रूनझुन है। हृत् कम्पन है और स्वरों का अनुरणन है। यह छंद योजना परिवर्तन कविता में बड़ी सजीवता के साथ दिखाई है- "आज बचपन का कोमल गात, जरा का पीला पात, चार दिन सुख चांदनी रात, और फिर अंधकार अज्ञात"। इसी तरह आंसू कविता में भी छंद की यह कोमलता विद्यमान है। जिसे कुछ आलोचक लचीलापन भी कहते हैं। "नवोढ़ा बाल लहर, अचानक उपकूलों के प्रसूनों के ढ़िंग रुककर सरकती है सत्वर"। सारांश यह है कि पंत ने अनुभूति की कमी को कल्पना से पूरा किया है। इसीलिए उनके शब्द चित्रों में, अलंकारों में, छंदों में सर्वत्र मधुर कल्पना दिखाई पड़ती है। यह कल्पना पंत जी की काव्य की विशेषता है, यही उनके काव्य का मेरुदण्ड है। और इसी को आधार बनाकर पंत जी छायावाद से प्रगतिवाद की ओर प्रगतिवाद से अन्तश्चेतनावाद की ओर और अन्तश्चेतानावाद से मानवतावाद की ओर बढ़ते चले गये हैं। पंत की काव्य कला का क्रमिक विकास इसी कल्पना पर आधारित है। इसीलिए आचार्य नंददुलारे वाजपेयी ने ठीक ही लिखा है- "कल्पना केवल पंत जी की शैली में ही नहीं है, काव्य विषय में भी है। क्योंकि कल्पना ही पंत जी की कविता का मेरुदण्ड उनकी काव्य सृष्टि का मापदण्ड है।" अतः यह निःसंकोच कहा जा सकता है कि कविवर पंत गहन अनुभूति के कवि नहीं अपितु कोमल कल्पना के कवि है। और उनके काव्य में सुकुमार कल्पना का विलास भी देखा जा सकता है।

पंत का चिंतन क्रम- स्वर्ण किरण एवं स्वर्ण धूलि में अरविंद दर्शन का प्रभाव देखा जा सकता है। अरविंद चेतना और पदार्थ में अभिन्नता मानते हैं। और वेदान्त के समान अद्वैत का लोक धर्म से समन्वय चाहते हैं। लेकिन अध्यात्मवाद को महत्व देते हैं। पंत जी भी आंतरिक जीवन की उपलब्धि को सामाजिक जीवन उपलब्धि से अधिक महत्व देते हैं। स्वर्ण किरण, चिंतन, भूप्रेमी में संक्रमण, इन्द्रधनुष आदि कविताओं में वे सामाजिक समस्यओं पर विचार करते हैं। पर उनका विचार है कि वे मानवीय उदारता से सुलझ जायेंगी। डॉ. विश्वम्भरनाथ उपाध्याय ने स्वर्ण किरण में पंत को प्रतिक्रियावादी कवि कहा है। उत्तरा और इसके बाद की रचनाओं में भी पंत का लगभग यही दृष्टिकोण मिलता है। डॉ. उपाध्याय के इस कथन में पर्याप्त सत्यांश है- "वह भौतिकतावादी और आध्यात्मिकतावादी न होकर मानवतावादी हैं।

भौतिकवाद और आध्यात्मवाद का प्रयोग वे अपने मानववाद के लिए करते हैं। साम्यवादी उसे प्रगतिवादी मानें या न मानें पर मानवतावादी उनके स्वभाव को सदैव प्रगतिशील घोषित करते रहेंगे"। यहां यह बात स्पष्ट करनी चाहिए कि पंत ने जिस प्रकार मार्क्सवाद को पूरी तरह नहीं अपनाया, उसी तरह अरविन्द दर्शन से भी प्रभावित होने पर भी उसे पूर्ण रूप से स्वीकार नहीं किया। "छायावाद का पुनर्मूल्यांकन" नामक पुस्तक में पंत जी ने अपने तथा अरविंद के दृष्टिकोण की विस्तृत चर्चा की है। सारांश यह है कि पंत जी अपने रचनाकाल के आरंभिक युग में भावुक प्रेमी, प्रकृति प्रेमी अथवा छायावादी, अधिक है। दूसरे युग में "युगान्त से ग्राम्या तक वे समाजवादी और मार्क्सवादी रहे हैं।" तीसरे युग में उन्होंने विशुद्ध अध्यात्मवादी तथा मानवतावादी दृष्टिकोण को महत्व दिया है। अतः उन्हें अध्यात्मवादी और मानवतावादी कहा जा सकता है। पंत जी चिंतनशील कलाकार हैं। वे अपने गहन अध्ययन तथा चिंतन के आधार पर अपनी विचारधारा का युगानुसार संशोधन, परिवर्धन करते रहे हैं।

पंत जी का काव्य सौष्ठव

पंत जी के काव्य का चित्र फलक बड़ा विस्तृत तथा साथ ही वह कलात्मक सृष्टि से युक्त है। उसमें सौन्दर्य के काव्य का चित्र फलक बड़ा विस्तृत तथा साथ ही वह कलात्मक सृष्टि से युक्त है। उसमें सौन्दर्य के भव्य चित्र, कल्पना की ऊँची उड़ान तथा दार्शनिक विचारों का वैभव है। उन्होंने काव्य का लक्ष्य सत्यं, शिवं सुन्दरम् कहा है। पंत सौन्दर्यवादी है। यद्यपि उनमें सत्यं शिवम् का समन्वय भी है। प्रसिद्ध आलोचक श्री शान्तिप्रिय द्विवेदी तथा डॉ. नगेन्द्र नगाइच ने पंत के सौन्दर्य वादी होने पर बल दिया। द्विवेदी छायावादी युग में पंत को सौन्दर्यवादी, फिर प्रगतिवादी और अब अध्यात्मवादी मानते हैं। सत्यं शिवम् सुन्दरम् में उनका रचना क्रम पहले सुन्दरम् फिर सत्यं और बाद में शिवम् हैं। पंत जी की सौन्दर्य चेतना के तीन केन्द्र बिन्दु हैं। (क) प्रकृति (ख) नारी (ग) कला सौन्दर्य। डॉ. नगेन्द्र नगाइच ने इसी को प्राकृतिक, मानसिक और आत्मिक सौन्दर्य की संज्ञा दी है। पंत के भाव जगत को समझने के लिए तीन केन्द्र बिन्दुओं का विवेचन आवश्यक माना है।

1. प्रकृति सौन्दर्य- पंत जी प्रकृति पर इतने मुग्ध हैं, कि आलेचक उन्हें

मूलतः प्रकृति प्रेमी मानना पसंद करते हैं। अंग्रेजी कवि वाइटन ने लिखा है कि I love not the menless but nature not इसका हवाला देते हुए डॉ. प्रभाकर माचवे ने यह विचार व्यक्त किया है, कि उनका प्रथम विषय है "प्रकृति और गौण विषय है मानव"। अपनी प्रारंभिक रचनाओं में वीणा पल्लव आदि में पंत जी विशुद्ध प्रकृति के कवि हैं। युगान्त के बाद की कविताओं में प्राकृतिक सौन्दर्य की एक स्मृति ही शेष है। परवर्ती काव्य में जहाँ कवि चिंतन प्रधान हो गये हैं। वहाँ प्रकृति से अनेक उपमान आदि उपकरण अवश्य लिये हैं। या कवि मानव के वर्तमान तथा भविष्य के लिए चिंतनशील हो गया, फिर भी आधुनिक हिन्दी काव्य में पंत के प्रकृति काव्य का वही स्थान है, जो अंग्रेजी में वर्डसवर्थ की प्रकृति रचनाओं का। पंत के प्रकृति चित्रण की एक विशेषता यह है कि वह द्विवेदी युगीन रचनाओं के समान इतिवृत्तात्मक नहीं अपितु भावात्मक है। उसमें प्रकृति के अणु-अणु का कथन है। लहर, पल्लव आदि सुरभि, परछाई, नदी, नाले आदि प्रकृति रूपों तथा व्यापारों के सौन्दर्य पर कवि मुग्ध है। और उनके सान्निध्य से आनंदित हुआ है। वीणा की अधिकांश कविताओं में श्रेष्ठ प्रकृति चित्र है। कवि स्वयं को बालिका समझकर प्राकृतिक सुषमा के प्रति मुग्ध तथा विस्मित है। वीणा संग्रह की अनेक रचनायें झरना, लहर आदि के विविध वर्णन है। तो कहीं वह "उस फैली हरियाली में कौन अकेली खेल रही माँ वह अपनी वयवाली" में अथवा "छोड़ द्रुमों की मृदु छाया, तोड़ प्रकृति से भी माया, वाले तेरे बाल जाल में कैसे उलझा दूँ लोचन" आदि पंक्तियों में हार्दिक उल्लास की अभिव्यक्ति है। इस सम्बंध में यह उल्लेखनीय है कि पंत जी के प्रकृति के कोमल मधुर स्वरूप का अधिक वर्णन किया। पल्लव की परिवर्तन आदि रचनायें इसका अपवाद हो सकती हैं।

2. नारी सौन्दर्य- पंत जी की सौन्दर्यवादी काव्य चेतना का दूसरा आयाम शारीरिक सौन्दर्य है। जिसके चित्रण के लिए नारी सौन्दर्य से अधिक उपयुक्त साधन नहीं मिल सकता था। डॉ. नगेन्द्र नगाइच कहते हैं- "प्राकृतिक सौन्दर्य के अतिरिक्त पंत की शारीरिक सौन्दर्य अनुभूति बड़ी तीव्र है"। "भावी पत्नी के प्रति" शीर्षक कविता का अंश दृष्टव्य है। "अरुण अधरों की पल्लव गात, कलियों का हिलता हास, इन्द्र धनुषी पट से ढंक प्रात, हृदय में खिल उठता तत्काल, अधखुले अंगों का मधुमास, तुम्हारी छवि का कर अनुमान, प्रिये प्राणों की प्यास"। यहां

प्रकृति और नारी का सौन्दर्य जैसे एकाकार हो गया है। पंत जी की सौन्दर्य चेतना नारी के वेश के बाह्य रूप का वर्णन करके ही संदुष्ट नहीं होती, इनकी प्रेमिका शरीर से ही नहीं मन से भी सुंदर है। डॉ. नगेन्द्र ने इसी विशेषता को ऐन्द्रिकता की संज्ञा दी है। और अंग्रेजी की कवि कीट्स ने पंत को ऊपर उठाते हुए बताया है कि वे नारी के अन्तर्बाह्य दोनों सौन्दर्य का चुनाव करते हैं। जबकि कीट्स की दृष्टि नारी के बाह्य सौन्दर्य तक ही रहती है। रस की दृष्टि से पंत के काव्यों में विविधता तो है। परन्तु कुछ आलोचकों के अनुसार छायावादी अस्पष्ट शैली के कारण रस का परिपाक नहीं हो पाया। डॉ. द्विवेदी की मत है कि "आजकल सम्यक् उद्बुद्ध रसों की योजना न होकर भावों की ही अभिव्यक्ति होती है"। इस बात को डॉ. नगेन्द्र ने भी माना है। इसलिए उन्होंने लिखा है कि "पंत की अधिकांश कविताओं में मूल वृत्ति भाव या तो पर्याप्त रूप में उद्दीप्त नहीं रहा था, चिंतन या और किसी कारण से लिखते समय ठंडा पड़ गया है। सच तो यह है कि पंत जी आवेश प्रधान कवि नहीं हैं"। यह सही है कि पंतजी प्रारंभ से चिंतनशील कवि हैं, और चिंता, शक्ति तथा कल्पना के विकास के कारण उनकी अनुभूति दबती गई। फिर भी उनके काव्य में शृंगार रस का विकसित रूप मिलता है।

मैं डॉ. द्विवेदी के इस मत से सहमत नहीं कि छायावादी काव्य में रस परिपाक नहीं होता। पंत काव्य में अनुभूति की तन्मयता और आत्म विभोरता के दर्शन होते हैं 'ग्रन्थि' एक प्रेम काव्य ही है। जिसमें विरह भावनाओं का प्राधान्य है। वीणा तथा गुंजन में अनेक प्रेम गीत हैं। जिनमें संयोग तथा वियोग सम्बंधी अनेक मनःस्थितियों के अनेक मनोरम चित्र हैं, लेकिन उसमें लौकिकता एवं मांस लता के साक्ष्य उसमें एक अतीन्द्रिय वायवी और काल्पनिक उड़ान की प्रधानता है। कदाचित् इसी कारण रस परिपाक में बाधा पड़ने की बात कही जाती है। एक योगिनी का चित्र है "कौन तुम परहित बसना, म्लान मना भूपतिता सी, धूरि धूसिता मुक्त कुन्तला किसके चरणों की दासी"। शृंगार के बाद करुण रस का परिपाक पंत जी के काव्य में है। ग्रन्थि के अनेक स्थलों में, पल्लव की अनेक कविताओं में तथा अन्यत्र करुण रस का एक उदाहरण- "अभी तो मुकुट बंधा था माथ"।

कलापक्ष- पंत के काव्यों में भावों के उत्कर्ष के साथ विकसित काव्य कला

भी है। जिस प्रकार भाव के क्षेत्र में उन्होंने हिन्दी कविता को इतिवृत्तात्मकता से मुक्त किया, उसी प्रकार कलात्मक प्रयोगों द्वारा हिन्दी काव्य का श्रृंगार किया। पल्लव की भूमिका में पंत का भाषा विषयक अपना दृष्टिकोण विस्तारपूर्वक कहा है। ब्रजभाषा के स्थान पर खड़ी बोली के प्रयोग पर बल देकर उन्होंने संतोष नहीं कर लिया, बल्कि कला सम्बंधी अपने क्रान्तिकारी प्रयोगों द्वारा खड़ी बोली को कविता के लिए सक्षम सिद्ध कर दिखाया। इसमें कोई संदेह नहीं कि पंत ने खड़ी बोली को माधुर्ययुक्त बनाया। उनकी भाषा प्रतीकात्मक, ध्वन्यात्मक, चित्रात्मक, शब्दों से युक्त संगीत और लय प्रधान है। उनकी शब्द योजना कोमल कान्त पदावली बींसवी सदी के हिन्दी काव्य को प्रसादित करने में सुविख्यात है। उन्होंने नये शब्दों का ही निर्माण नहीं किया, प्रचलित शब्दों में नये अर्थों का संचार कर उन्हें पुनः जीवित तथा गतिशील बनाया।

शांतिप्रिय द्विवेदी के अनुसार- "शब्दों पर ऐसी बारीक निगाह किसी की नहीं गई।" तभी तो पंत जी अनेक पर्यायवाची शब्दों में सूक्ष्म अंतर देख सके। स्वयं पंत जी ने लिखा है- "अनिल से एक प्रकार की कोमलता, शीतलता का अनुभव होता है। वायु में निर्मलता तो है, पर लचीलापन भी है। यह शब्द रबड़ के फीते की तरह खिंचकर अपने ही स्थान पर आ जाता है। श्वसन की संसनाहट छिप नहीं सकती। पवन शब्द ऐसा लगता है, जैसे हवा रुक गई हो, समीर लहराता हुआ बहता है। उन्होंने आवश्यकतानुसार शब्दों के रूप में परिवर्तन कर प्रयोगशीलता का परिचय दिया"। तितली को तिली, हर सिंगार को सिंगार, मधुमक्खी को ममाखी करने का कार्य शब्दों में कोमलता का संचार करना है। शब्दों की ध्वन्यात्मकता देखिये- "मृदुमंदमद मंथर मंथर लघु तरिणी, हंसिनी सी सुंदर तिर रही खोल पालों के पर"। प्रतीकात्मक शब्दों की योजना कवि की मौलिकता प्रकट करती है। कवि ने निशीथ को निराशा का प्रतीक माना है। प्रभात को आशा, रजतातप के आत्मा परमात्मा, बच्चों की सांस को सरलता का प्रतीक बनाकर उनका व्यवहार किया है। यों तो सभी रचना प्रतीकात्मक प्रयोगों से युक्त हैं। पर ज्योत्स्ना (काव्य रुपक) 'कला और बूढ़ा चांद' (काव्य संग्रह) इस दृष्टि से उल्लेखनीय हैं। पंत की भाषा में तत्सम शब्दों की प्रधानता है। विषय तथा वातावरण के अनुसार बंगला, अंग्रेजी तथा फारसी आदि के शब्दों का भी प्रयोग है। ब्रजभाषा के अजान, दई, दीठ, काज, कारे आदि। फारसी के नादान, चोज, अंग्रेजी के रूप आदि ऐंचीला, अम्बियों

आदि देशज शब्दों के प्रयोग उनके काव्य में विद्यमान हैं। भाषा की नवीनता, प्रयोगशीलता, मार्मिकता, लयात्मकता की दृष्टि से पंत एक उच्च कोटि के कलाकार सिद्ध होते हैं। डॉ. नगेन्द्र का मत है कि ''हमारा कवि भाषा का सूत्रधार है, भाषा कलात्मक संकेत पर नाचती है। करूण एवं शृंगार में उसका उन्मन गुंजन है। तो वीर और भयानक में वह अग्नि कण भी उगल सकती है। भाषा का इतना बड़ा विधायक हिन्दी में और कोई नहीं है।''

पंत भी हिन्दी में मांत्रिक छंदों के पक्षपाती हैं और निराला वर्णिक के। संस्कृत के वर्णवृत्तों का वे समर्थन नहीं करते। मुक्तक छंद में भी वे ह्रस्व, दीर्घ मात्रिक संगीत की लय पर बराबर ध्यान रखते हैं। युगवाणी में मुक्त छंद का प्रयोग है। 'कला और बूढ़ा चांद' में छंद युक्त कविता की है। जिसे कवि ने 'रश्मिपदी' काव्य कहा है। पंत जी ने रूपक रूपकातिशयोक्ति, विभावना, अपन्हुति आदि भारतीय अलंकारों तथा मानवीकरण और विशेषण विपर्यय, ध्वन्यर्थ व्यंजना आदि पाश्चात्य अलंकारों का प्रयोग किया है। शांतिप्रिय द्विवेदी का मत है कि ''छायावाद ने अपने सौंदर्यबोध से भावों की तरह ही अलंकारों को भी स्वाभाविकता दी।'' पंत का काव्य क्षेत्र बहुत विस्तृत और कलात्मक है। उसमें सौंदर्य, कल्पना तथा दर्शन के तत्व भी मिलते हैं। इस प्रकार हम कह सकते हैं कि पंत जी कोमल कल्पना के कवि होने के साथ-साथ प्रकृति के भी सुकुमार कवि हैं। इनका रचना क्षेत्र पर्याप्त विस्तृत है। उनका प्रथम संग्रह 'वीणा' 1919 में छपा। तथा अतिमा सन् 15 में छपा, उनके काव्य में अनेक प्रवृत्तियाँ उपलब्ध हैं। पंत एक चिंतनशील कलाकार रहे हैं। इसलिए उनके काव्य में उनके चिंतन का क्रमिक विकास मिलता है। यदि पंत के कृतित्व पर समग्र दृष्टि से विचार किया जाय तो वे आदर्शवादी, अध्यात्मवादी कवि सिद्ध होते हैं। यह अध्यात्मवाद उन्हें प्रकृति प्रेम की प्रेरणा भी देता है।

अतः अध्यात्मवाद और प्रकृति प्रेम ऐसी मूल प्रवृत्तियाँ हैं, जो उनके काव्य में आदि से लेकर अंत तक विद्यमान हैं। अतः पंत जी मूलतः प्रकृति प्रेमी तथा अध्यात्मवादी कवि हैं। डॉ. नगेन्द्र के अनुसार पंत जी सुन्दर के कवि हैं। आनंद की अनुभूति का एक दृश्य ''यह तो तुतली बोली में है एक बालिका का उपहार।'' डॉ. कमलकांत पाठक के अनुसार, ''किशोरवय की इस आदर्शवादिता के साथ बाल सुलभ

अबोधता और विस्मय का भाव कल्पना के शत शत रूपों में प्रकट हुआ है। कवि प्राकृतिक विभूतियों पर मुग्ध होकर उसके साथ तदाकार हो जाने की आतुरता दिखाता है। कवि की इस सूक्ष्म दृष्टि का परिचय वीणा संग्रह की छाया, अंधकार, सरिता, किरण, प्रथम रश्मि आदि कविताओं में मिलता है। पल्लव (1918-1925) में प्रकृति प्रेम की समृद्ध कल्पना तथा उसकी प्रांजल अभिव्यक्ति मिलती है। वीणा की रहस्यमयी बालिका मुग्धा का रूप ले लेती है, तात्पर्य है कि प्रकृति प्रेम ने रहस्य और कौतूहल का रूप ले लिया है। प्रकृति में विराट सत्ता दीखने लगती है। वे स्वयं कहते हैं कि "प्राकृतिक रहस्य की भावना ज्ञान की जिज्ञासा में परिणत हो गई है।" गुंजन में मानवहित और सत्य की जीत का दृश्य देखिये, "मैं प्रेमी उच्चादर्शों का संस्कृति के स्वर्गिक स्पर्शों का, जीवन के हर्ष विमर्शों, का लगता अपूर्ण मानव जीवन।" उपनिषदों से चिंतन लेकर मानव को बिना अध्यात्म के दुखी दिखाया है। युगान्त में ये क्रांति से आवेशित हो गये हैं। संकीर्ण भौतिकवादियों से ये कहते हैं "आत्मवाद पर हंसते हो भौतिकता का रट नाम" मानवता की मूर्ति गढोगे, तुम संवार कर चाम।" ग्रामीण जीवन का चित्र ग्राम्या की 'धोबियों का नृत्य' कहारों का रूद्र नृत्य, चमारों का नाच, गंगा, संध्या के नाद, ग्रामश्री, ग्रामयुवति, नहान आदि कविताओं में मिलता है। इनकी बौद्धिक जागरूकता के बारे में विश्वम्भर मानव कहते हैं- गांव की ओर पंत का उन्मुख होना भारत के यथार्थ से परिचित कराना है। उत्तरा और अतिमा रचनाओं की भूमिका में इन्होने लिखा है, "मैं मार्क्सवादी (आर्थिक दृष्टि से वर्ग संतुलन) जनतंत्र भारतीय जीवन दर्शन को विश्वशांति तथा लोक कल्याण के लिए आदर्श संयोग मानता हूँ।' इस विश्लेषण से पंत के पूर्ण कवित्व और काव्यत्व के दर्शन हो जाते हैं।

प्रसाद और पंत के प्रकृति चित्रण की तुलना

जयशंकर प्रसाद और सुमित्रानंदन पंत दोनों ही छायावादी युग के कीर्ति स्तम्भ हैं। दोनो ने छायावाद के प्रचार और प्रसार में पर्याप्त योग दिया है और दोनो ही प्रकृति की अनिन्दय सुषमापर मुग्ध होकर उसके विविध व्यापारों को चित्रित करने में सफल हुए हैं। दोनों कवियों का प्रकृति चित्रण अनुपम एवं अद्वितीय है। इसलिए दोनों की तुलना के लिए उनके साम्य और वैषम्य पर ध्यान देना स्वाभाविक है।

1. साम्य- दोनों कवियों ने प्रकृति के अंदर एक सचेतन क्रिया व्यापार को देखा है और दोनों ने मानवीय चेष्टाओं से युक्त प्रकृति के चित्र अंकित किये हैं। इसलिए पंत को "सिहरती लतिका मुकुलित गात" के रूप में यदि लताओं के शरीर में सिहरन दिखाई दी है, तो प्रसाद को "भुजलता पड़ी सरिताओं की शैलों के गले सनाथ हुए" के रूप में सरिता में पर्वतों के गले में बाँहे डालकर घूमती हुई दिखायी दी है।

2. दोनों कवियों को काव्य रचना की सबसे अधिक प्रेरणा प्रकृति से मिली है। क्योंकि दोनों ही कवि प्रकृति के अनुपम सौंदर्य पर मुग्ध होकर उसके विविध परिवर्तनों के चित्र अंकित करते रहे हैं। इसलिए यदि प्रसाद को "सिंधु सेज पर धरा वधू बैठी हुई दिखाई दी है। तो पंत को कुंजों में छाया और आलोक बाहें बांधे घूमते हुए दिखाई दिये हैं।

3. पंत और प्रसाद दोनों की दृष्टि में प्रकृति एक ऐसी रूप सुंदरी जिसके दिव्य सौंदर्य को देख देखकर सहज आकर्षण होता है। इसलिए दोनों की दृष्टि में प्रकृति नारी रूपा है और नारी का सा सहज आकर्षण दोनों को प्रकृति में दृष्टिगोचर हुआ है।

4. पंत जी की विचारधारा जब तक छायावादी रही, तब तक तो पंत प्रकृति से दूर हटकर किसी और का चित्रण करना नहीं चाहते, प्रसाद प्रकृति के सहज सौंदर्य में लीन होकर उसी के माध्यम से मानव मनोभावों का चित्रण करना नहीं चाहते, प्रसाद भी प्रकृति में सारे मानव व्यापार दिखाई देते हैं तो प्रसाद को भी समस्त मानवीय भावों से ओत प्रोत प्रकृति मानव जगत की तरह ही आचरण करती जान पड़ती है। यही कारण है कि पंत ने 'नवोढा लहर' को नदी के किनारे झुरमुट में अठखेलियाँ करते देखा है। तो प्रसाद जी ने बासन्ती लताओं को मधुपों के साथ आनन्दी क्रीड़ा में निमग्न देखा है।

5. दोनों कवि प्रकृति में उस अलक्षित और अगोचर सत्ता का दर्शन करते हैं। जो विविध रूपों में व्यक्त होकर कभी उन्हें अपने पास बुलाती है कभी तारों के माध्यम से संकेत देती है, कभी पवन के रूप में आकर थपकियाँ देती है और कभी बिजली के रूप में चमककर अपने सौंदर्य से चकाचौंध पैदाकर देती है। इसी को साहित्यिक भाषा में रहस्यवाद कहा गया है और दोनों ने प्रकृति से इस रहस्यात्मक रूप का सजीव चित्रण किया है।

6. प्रायः छायावादी कवि संवेदनशील होते हैं। इनमें से पंत और प्रसाद सर्वाधिक संवेदनशील हैं। इसीलिए पंत को इस संसार की अस्थिरता और नश्वरता पर पवन आहें भरती दिखाई देती है। आकाश ओस के रूप में आंसू बहाता दिखाई देता है। तो कोई आश्चर्य नहीं, उधर प्रसाद को भी विरहिणी श्रद्धा के साथ सहानुभूति प्रकट करने वाले पर्वत अपने तृण गुल्मों के रूप में रोमांचित दिखाई देते हैं और सारी प्रकृति शोक मनाती जान पड़ती है।

7. दोनों कवियों ने अलंकारों के लिए भी प्रकृति का खुलकर प्रयोग किया है। इनके अधिकांश उपमान और अधिकांश प्रतीक प्रकृति से ही लिए गये हैं। इतना ही नहीं वातावरण के निर्माण में भी दोनों ने प्रकृति का खुलकर प्रयोग किया है। इसके लिए पंत की परिवर्तन कविता दृष्टव्य है। इसी तरह प्रसाद की प्रलय वर्णन की पंक्तियाँ अथवा नये विकास को प्रदर्शित करने वाली प्रकृति के परिवर्तन वाली कविता में दृष्टव्य है।

8. दोनों कवियों के प्रकृति चित्रण में देशगत कालगत और सांस्कृतिक विशेषतायें विद्यमान हैं। इसीलिए दोनों कवियों ने अपने देश के ही वन, पर्वत, निर्झर, पुष्प, लता, मेघ आदि का वर्णन किया है। अपने समय में ही विकसित होने वाले पुष्पों की मनोरम झांकियाँ अंकित की हैं। पशु पक्षियों के वर्णन किये हैं। तथा अपनी सांस्कृतिक परंपरा में विकसित प्रकृति संबंधी मान्यताओं को अपने काव्यों में स्थान दिया है। इसीलिए दोनों के काव्य में संध्या, रजनी, षट्ऋतु हिमालय आदि भारतीय प्रकृति के सौंदर्य की झांकियाँ मिल जाती है।

वैषम्य- 1. पंत कोमल कल्पना के कवि माने गये हें। इसलिए पंत ने अधिकतर प्रकृति के सुकुमार और मधुर रूप का ही चित्रण किया है। जबकि प्रसाद ने प्रकृति के सुकुमार और भयानक दानों रूपों का पर्याप्त वर्णन किया है।

2. पंत के लिए प्रकृति प्रायः नित्य संकेत करने वाली एक अगोचर स त्ता अधिक रही है। जबकि प्रसाद प्रकृति को उस अगोचर सत्ता की वशवर्ती एक ऐसी शक्ति मानते हैं, जो कभी-कभी मानवों का नियमन करती है। और जिसे नियति कहते हैं।

3. पंत ने प्रकृति के सर्वत्र नारी रूप में ही देखा है। इसीलिए वे उसमें दिव्य सुकुमार रूप पर ही अधिक मुग्ध हुए हैं। जबकि प्रसाद ने प्रकृति के विविध रूपों

का वर्णन विविध प्रकार से किया है। उन्हें यदि रजनी के रूप में प्रकृति एवं सुकुमार युवति के रूप में दिखाई दी है। तो प्रलय के रूप में नहीं प्रकृति भयंकर विनाश लीला करने वाली एक अजेय शक्ति या परमात्म शक्ति के रूप में दृष्टिगोचर हुई है।

4. प्रकृति की सुंदर गोद में जन्म लेने के कारण पंत का सम्बंध प्रकृति के साथ जन्म से ही रहा है। जबकि प्रसाद ने प्रकृति को उसके समीप जाकर बहुत पीछे देखा है। इसीलिए पंत प्रकृति के साथ अधिक तादाम्य कर लेते हैं। जबकि प्रसाद ने प्रकृति के साथ पूर्ण तादात्म्य नहीं किया है।

5. पंत पर यह प्रकृति का प्रभाव कुछ दिन ही रहा, और वे प्रकृति को छोड़कर मानवीय सौन्दर्य में उलझ गये तथा मानव को प्रकृति से भी सुन्दर बताने लगे जैसाकि पंत ने कहा- "सुन्दर हैं विहग, सुमन सुंदर मानव तुम सबसे सुंदरतम" किन्तु प्रसाद का प्रकृति प्रेम सदैव एक सा रहा, उन्होंने न प्रकृति की अपेक्षा मानव सृष्टि को अधिक सुंदर समझा और न मानवों की अपेक्षा प्रकृति को ही सुंदरतम कहा।

6. पंत के प्रकृति चित्रण में देशगत विशेषताओं के साथ-साथ कुछ विदेशगत भावनायें भी विद्यमान हैं। क्योंकि उनके प्रकृति चित्रण पर "शैली, वर्डसवूर्थ आदि अंग्रेजी कवियों का भी प्रभाव पड़ा है। पंत की 'बादल' कविता शैली के 'क्लाउड' का भावान्तर मानी जाती है। जबकि प्रसाद के प्रकृति चित्रण में देशगत, विशेषतायें ही अधिक मिलती है। प्रसाद ने प्रकृति के मानवीकरण की जो पद्धति अपनाई है उसका मूल स्रोत वेदों में विद्यमान है। जिसका उल्लेख प्रसाद ने अपने निबंधों में स्वयं किया है"।

7. पंत ने कहीं-कहीं यथार्थ वादी ढंग पर प्रकृति का निरुपण किया है। जैसे "बांसों का झुरझुट, संध्या का झुटमुट, चटकर रही चिड़ियां टी वी टुट टुट"। प्रसाद ने ऐसा दृष्टिकोण नहीं अपनाया। उस तरह पंत और प्रसाद ने प्रकृति चित्रण में जहां कतिपय समानतायें हैं, वहां विषमतायें भी बहुत हैं। क्योंकि पंत ने प्रकृति को मानव जीवन से पृथक् करके देखा है। जबकि प्रसद ने अपने अभेदवादी दृष्टिकोण के आधार पर प्रकृति को जड़ और चेतन में आनंद स्थापित करते हुए समरसता के आधार पर प्रकृति के चित्र अंकित किये हैं। इसीलिए पंत प्रकृति की सुकुमार छवि में ही लीन रहे, जबकि प्रसाद प्रकृति के विराट रूप का चित्र अंकित करने में सफल रहे।

सूर्यकान्त त्रिपाठी निराला की राम की शक्ति पूजा

'राम की शक्ति पूजा' का प्रकाशन पहली बार निराला जी के काव्य संग्रह "अनामिका" में हुआ। जो सन् 1938 में प्रकाशित हुआ था। काव्य कला की दृष्टि से इसका मूल्यांकन करने के लिए हमें इस रचना को अनेक दृष्टियों से मूल्यांकित करना है। इसके काव्य रूप का भी संक्षिप्त निरूपण आवश्यक है। शक्ति की पूजा उदात्त शैली में लिखित एक ओजस्वी रचना है। उदात्त गुण जिसे "लौंगीनस Sublimity" कहता है। जो महाकाव्य का एक गुण कहा जाता है। उदात्त गुण की उपस्थिति के कारण कुछ आलोचक उस रचना को महाकाव्य कहना पसंद करते हैं। ओजपूर्ण शैली को अंग्रेजी आलोचक मैथ्यू आर्नल्ड में 'ग्रेन्ड स्टाल' कहा है। संभवतः इसी कारण जानकी वल्लभ शास्त्री ने अपनी पुस्तक त्रयी में इसके महाकाव्यत्व का समर्थन किया है। एक अन्य आलोचक हरिशरण शर्मा ने 'एवर क्रोम्बी' केमत का उल्लेख करते हुए इसे महाकाव्य माना है। क्रोम्बे का विचार है कि बड़े आकार की कोई रचना महाकाव्य नहीं बन सकती, जब उसकी शैली महाकाव्य की होगी तब ही उसे महाकाव्य माना जा सकता है, और वह शैली कवि की कल्पना, विचारधारा तथा उसकी अभिव्यक्ति से जुड़ी रहती है। इधर कुछ दूसरे आलोचकों ने इसे महाकाव्य तो क्या खण्डकाव्य भी नहीं माना है। इसमें महाकाव्य और खण्डकाव्य के पूरे लक्षण भी नहीं मिलते हैं।

डॉ. निर्मल जैन ने अपनी पुस्तक "आधुनिक हिन्दी काव्य में रूप विधान" में राम की शक्ति पूजा में महाकाव्योचित गरिमा के बावजूद इसे महाकाव्य न मानते हुए लिखा है, कि- "कथा के विस्तार की सीमा के कारण इस कृति को महाकाव्य नहीं कहा जा सकता है और न खण्डकाव्य ही। यदि केवल आत्मा और शैली के आधार पर निर्णय संभव हो तो, निश्चय ही यह रचना किसी भी महाकाव्य के समकक्ष कही जा सकती है। किन्तु बाह्य विधान की अवहेलना उतनी सहज नहीं अतः इस रचना को लघुपद्य कथा से अलग नहीं माना जा सकता।" आचार्य नन्द दुलारे वाजपेयी ने भी इसे महाकाव्य मानने से इंकार किया है। और कहा है- "राम की शक्ति पूजा वस्तुतः एक गाथा काव्य है। जिसे निराला ने गाथा की भूमि से उठाकर महाकाव्योचित रूप देना चाहा है। संक्षेप में, यही कहा जा सकता है, कि जिसमें कुछ वीर गीति लक्षण भी हैं, इसका काव्य रूप मिश्रित काव्य रूप है। इसमें गाथा प्रगीति तथा महाकाव्य के लक्षणों को मिलाने का

प्रयास किया गया है। इसे आख्यानिक प्रगीत अथवा गाथात्मक वीरगीति भी कहा जा सकता है।" राम की शक्ति पूजा के भावपक्ष पर विचार किया जाय तो यह रचना महत्वपूर्ण प्रतीत होती है। इसमें वीर रस का प्राधान्य है। उसके बाद शातरस का समावेश है, और साथ ही रौद्र, भयानक, करुण, शृंगार, वात्सल्य आदि का समन्वय भी है। निराला जी की ओजमयी वाणी का चरमोत्कर्ष इसी रचना में देखने को मिलता है। ओजगुण के प्राधान्य को लक्ष्य करते हुए इसीलिए डॉ. राम विलास शर्मा ने लिखा है कि - "निराला काव्य का प्रमुख स्वर उदात्त है। और उसका सहज गुण है औज। यह उदात्त तत्व काव्य की विषय वस्तु, मूर्त विधान शब्दों की ध्वनि और छंदों की लय में एक साथ व्याप्त रहता है।" इस रचना के शुरू में युद्ध का वर्णन है। जिसमें एक ओर रावण का अहंकार और दूसरी ओर हनुमान की हुंकार और राम का तीक्ष्ण शरसंधान "आज का तीक्ष्ण शरसंधान" इन पंक्तियों में वीररस का परिपाक हुआ है। निराला जी ने हनुमान के माध्यम से भी वीररस की अभिव्यजंना की है। राम की आंखों में अश्रु देखकर हनुमान में जो उत्तेजना आयी हे। जिसके वशीभूत हनुमान धरती आकाश को एक कर देते हैं। इसका बड़ा मार्मिक वर्णन हुआ है। "तोड़ता वंध, प्रतिसंघ धरा हो"। इस रचना में शांतरस का समन्वय उस स्थल में हुआ है, जहाँ राम तंत्र साधना में लीन होकर महाशक्ति की आराधन करते हैं। उनकी तन्मयता, भाव प्रवणता, आत्मोत्सर्ग की आतुरता, महाशक्ति के चरणों में आत्मसमर्पण हठ, यौगिक साधना के कष्टकर मार्ग में आगे बढ़ने का दृढ़ निश्चय, अंतिम कमल के लुप्त होने पर राम की खिन्नता किन्तु फिर उनकी आत्मोत्सर्ग की भावना के चित्रण में शांतरस का परिपाक हुआ है। यद्यपि इस रचना में युद्ध का वातावरण है। किन्तु उसमें भी पूजा की पावनता का दृश्य उपस्थित हो गया है। विपरीत तथा भिन्न भावनाओं के चित्रण में निराला जी को सफलता मिली है। वीर भाव को पुष्ट करने के लिए शृंगार रस युक्त वर्णन भी है। राम का सीता के प्रति पवित्र प्रेम और सीता के प्रति कर्तव्य भावना, सीता का राम के प्रति एकनिष्ठ प्रेम इन दृश्यों के मार्मिक चित्र इस रचना में संकेत रूप में विद्यमान हैं। युद्ध क्षेत्र में संयोग शृंगार का वर्णन सीता की स्मृति के मध्यम से अंकित हुआ है। जैसे सूरदास के भ्रमरगीत में गोपियों के संयोग शृंगार का वर्णन उनके विगत जीवन की स्मृतियों के माध्यम से हुआ है। निराला जी लिखते हैं- ऐसे क्षण अंधकार धन में ज्यों विद्युत....। शृंगार वर्णन में कवि ने वियोग

वर्णन को भी छोड़ा नहीं। राम सीता की मुक्ति के लिए प्रयत्नशील हैं। यह एक वियोग की ही स्थिति है। राम का मानवोचित वर्णन करते हुए भी कवि ने उन्हें एक कामुक व्यक्ति नहीं दिखाया। रावण से राम का युद्ध अपनी पत्नी सीता की मुक्ति के लिए ही नहीं, बल्कि अन्याय के दमन के लिए भी है। इस रचना में राम किसी वियोगी की तरह कामातुर चित्रित नहीं हुए है। लेकिन उनकी वियोग भावना सांकेतिक रूप में बड़ी कलात्मकता के साथ सिर्फ एक पंक्ति में हुई है "जानकी हाय उद्धार प्रिया का हो न सका" वात्सल्य रस का वर्णन उस स्थल पर हुआ है। जहाँ हनुमान को प्रबोध देने के लिए अंजना का रुप उदित हुआ है। अंजना द्वारा हनुमान को जो प्रबोधन दिया गया है। उसमें माता की पुत्र के प्रति शुभांकाक्षा, उसका स्वाभाविक वात्सल्य और अधिकारपूर्वक चेतावनी प्रगट की है। राम द्वारा शक्ति को माता के रूप में पुकारना भी वात्सल्य की ओर संकेत करता है। तात्पर्य है कि इस संक्षिप्त रचना में वीररस का प्राधान्य होते हुए भी अनेक रसों का समाधान हुआ है। भाव योजना की दृष्टि से विचार करने पर निराला का कला कौशल प्रकट हो जाता है। विभिन्न रसों की उद्भावना में मानव की मनोभावनाओं को आधार बनाया ही गया है। किंतु साथ ही मानव मन की निबिड़ कन्दराओं में प्रवेश करने का प्रयत्न भी हुआ है। मानव मन कोई सरल वस्तु नहीं, उसके मुख्यतम रहस्यों को प्रकट करना महाकवियों का ही काम है। निराला जी ने एक मनोवैज्ञानिक की भांति मानव मन को समझा है। राम, हनुमान, विभीषण, लक्ष्मण, जाम्बवन्त आदि अनेक पात्रों के चित्रण में उन्होंने मानव मन की विविध भावनाओं का वर्णन किया है। ये पात्र जीवन के विभिन्न स्तर से सम्बन्धित हैं। मानव मन की संश्लिष्ट स्थितियों, अन्तर्द्वन्द्व तथा विविध विरोधी भावनाओं का वर्णन करके निराला जी ने मानव मन को स्वाभाविक रूप में प्रस्तुत किया। इस रचना की एक विशिष्टता इसकी नाटकीयता है। यद्यपि यह काव्यात्मक नाटक नहीं है। किन्तु इसमें काव्य तथा नाटकीयता का समावेश है। कथावस्तु का विकास पात्रों के अभिनय, संवाद, आंतरिक संघर्ष के चित्रण द्वारा तथा अनेक नाटकीय स्थलों की उद्भावना करके किया गया है। पात्रें के संवादों में पर्याप्त नाटकीयता है।

भाषा शैली- निराला जी की भाषा में जो विविधता मिलती है, वह अन्य किसी छायावादी की भाषा में नहीं है। इस रचना में यद्यपि इनकी भाषा संस्कृत निष्ठ

है, समास प्रधान है। तथापि अनेक रचनाओं में जो लोक प्रचलित सरल शब्दावली का प्रयोग हुआ है, इसी तथ्य की ओर संकेत करते हुए नंददुलारे वाजपेयी ने लिखा है कि भाषा के सम्बंध में वे शब्द को काव्य के लिए परित्याज्य नहीं मानते। जो वैविध्य, विस्तार, अनेक रुपता और अनेकार्थी हो। ऐसे शब्द निराला के काव्य में हैं। यह कला पंत जी के काव्य में नहीं आ पाई है। पंत जी की कविता अधिक परिष्कृत और कलापूर्ण हो सकती है। परन्तु निराला की कविता में जीवन के जिन बहुरुपी पक्षों का समाहार हो सका उसी के अनुरूप उनकी भाषा भी बहुरंगिणी है। निराला की भाषा में कुछ बाह्‌य स्वरूप गत विशेषता है, जो इस प्रकार है। उनकी भाषा तत्सम प्रधान तथा समास प्रधान है। युद्ध की भयंकरता के प्रकाशन के लिए संयुक्त वर्णों का प्रयोग हुआ है। राम की शक्ति पूजा तथा तुलसीदास में संस्कृत निष्ठ भाषा मिलती है। तुलसी की विनय पत्रिका में भी ऐसी भाषा है। निराला जी ने ऐसी भाषा का प्रयोग वातावरण में गांभीर्य लाने के लिए या मानसिक द्वन्द्व की व्यंजना के लिए अथवा संश्लिष्ट परिस्थितियों के वर्णन के लिए किया है। निराला के इस तत्सम प्रधान युक्त शब्दावली के कुछ लोगों ने आलोचना करते हुए अस्वाभाविक तथा कृत्रिम बताया है।

वस्तुतः डॉ. विश्वम्भरनाथ उपाध्याय का कथन है कि- "संश्लिष्ट पदावली संकुल मानसिक स्थिति के अधिक अनुकूल है"। उसमें निराला जी की भाषा की दूसरी विशेषता यह है, कि वह रसानुकूल है। वीररस के प्रसंग में कठोर शब्दों तथा श्रृंगार रस में कोमल कान्त पदावली का प्रयोग हुआ है। राम की शक्ति पूजा का प्रारंभिक अंश कर्ण कटु शब्दों से युक्त है। "आज का तीक्ष्ण शर विधृत- राक्षस विरूद्ध प्रत्यूह क्रुद्धकपि विषम हूह"। जहां सीता की स्मृति का वर्णन है, वहां कोमल शब्दावली का वर्णन हुआ है। जैसे- "नयनों का नयनों से गोपन प्रिय संभाषण पलकों का पलकों पर प्रथमोत्थान पतन"। यहां न, य, ल वर्णों की आवृत्ति हुई है। जिनमें वैदर्भी रीति देखी जा सकती है। कवि की भाषा की एक अन्य विशेषता उसकी संक्षिप्तता एवं सांकेतिकता है। कम से शब्दों का व्यवहार करते हुए निराला जी ने अधिक से अधिक कहना चाहा है। मिलन की आंतरिक अनुभूति, उससे प्राप्त सात्विक आनंद, नारी सुलभ संकोच, मर्यादा का भाव आदि अनेक भावनाओं का चित्रण कवि ने इन दो पंक्तियों में कर दिया है। "नयनों का नयनों से गोपन प्रिय संभाषण, पलकों का पलकों पर उत्थान पतन" इसी

प्रकार विरह की व्याकुलता, निराशा जनक परिस्थिति, कर्त्तव्य भावना का चित्रण इस एक पंक्ति में हुआ है, "जान की हाय उद्धार प्रिया का हो न सका"। निराला जी की भाषा में कुछ आंतरिक विशेषतायें भी हैं।

1. प्रतीकात्मकता- कवि ने प्राकृतिक, सांस्कृतिक, सामाजिक आदि अनेक प्रतीकों का प्रयोग किया है। अन्य छायावादी कवियों में भी प्रतीकात्मकता मिलती है। राम की शक्ति पूजा में अनेक प्रतीक मिलते हैं। जैसे- 'उद्‌गीरितबह्नि' में बह्नि अग्नि का प्रतीक है। **2. विम्वात्मकता-** इस रचना में आदि से लेकर अंत तक अनेक बिम्बों की सृष्टि हुई है। जहां कवि रुपक का निर्वाह कर सका है। वहाँ एक पूर्ण बिम्ब हमारे सामने आता है। जहाँ ऐसा नहीं हुआ वहां भी अनेक खंडित विम्ब दृष्टिगोचर होते हैं। किसी वस्तु के संश्लिष्ट वर्णन में अनेक विम्बों को संयुक्त कर दिया गया है। **3. लाक्षणिकता-** निराला ने शब्द की अभिधाशक्ति का प्रायः तिरस्कार ही किया है। उसके स्थान पर लक्षण व्यंजना शक्तियों का अधिक प्रयोग किया है। राम की शक्ति पूजा की भाषा लाक्षणिक तथा व्यंजनात्मक है। कुछ आलोचकों ने जिनमें नंददुलारे वाजपेयी भी हैं, निराला की परवर्ती रचनाओं नये पत्ते, वेला, अर्चना, आराधना तथा गीत कुन्ज के आधार पर निराला को अभिधा का कवि कहा है। क्योंकि इन पुस्तकों में सरल भाषा का प्रयोग हुआ है। लेकिन ऐसा निष्कर्ष निकालना उपयुक्त नहीं है। परवर्ती काव्यों की भाषा सरल होते हुए भी एक अभिधामूलक नहीं है। नंद दुलारे वाजपेयी ने अपनी पुस्तक 'कवि निराला' में निराला पर पाण्डित्य दर्शन का आरोप लगाया और राम की शक्ति पूजा तथा तुलसीदास को यत्न साध्य कहा, जिनमें अभिधामूलक कृत्रिम और आलंकारिक भाषा का प्रयोग किया गया, लेकिन वाजपेयी जी की यह धारणा तर्क युक्त प्रतीत नहीं होती। इसका खंडन करते हुए डॉ. रामरतन भटनागर ने लिखा है। "निराला के एक काव्य का एक बड़ा भाग संस्कृत तत्सम शब्दों तथा लक्षणा व्यंजना के नये प्रयोगों के कारण कुछ अस्पष्ट सा है"। अंग्रेजी लेखक डॉ. टी. हक्सले ने जिसे "वरबल रेक्लैसनेस" (शाब्दिक स्वेच्छाचार) कहा है वह इस रचना में दर्शनीय है। वास्तव में निराला का शब्द भंडार असीमित था और उनमें ओजगुण की प्रधानता थी। इसीलिए वे भाषा के साथ खिलवाड़ कर सकते थे, यह शाब्दिक स्वेच्छाचार उनकी भाषा के ओजगुण की तरफ ही संकेत करता है। राम की शक्ति पूजा में चौबीस मात्राओं का

एक नवीन छंद प्रयोग हुआ है। जिसमें गति एवं लय का नियमन भावानुकूल स्वच्छंदता से किया गया है। यति, विराम का प्रयोग निश्चित नियमों के अनुसार नहीं हुआ है। भावना के विस्तार के साथ लय में स्फीतता करने के लिए 'अ' की संधि पर आश्रित समासों का प्रयोग हुआ है। जैसे- "उतराज्यौ दुर्गम पर्वत पर नैषान्धकार"। भावों में उर्ध्व उच्छ्वास छंद की गति में ओज तीव्रता लाने के लिए उ, ए, ओ आदि स्वरों की संधि पर आश्रित समासों का प्रयोग किया गया है। जैसे- "विंघ महोल्लास से" तक का प्रयोग कवि ने कहीं मध्य और अंत दोनों में किया है। ताकि प्रवाह की वृद्धि हो सके। जैसे- "तोड़ता बंधप्रतिसंघ"। एक आलोचक पी.एल. शुक्ल ने अपनी पुस्तक "आधुनिक हिन्दी कविता में छंद विधान" में किसी परंपरागत नाम के अभाव में निराला द्वारा प्रयुक्त छंद को 'शक्ति पूजा छंद' कहा है। जानकी वल्लभ शास्त्री ने अपनी पुस्तक "साहित्य दर्शन" में इस छंद की मुक्त कंठ से प्रशंसा की है। और निराला को ओजस्वी छंद के प्रयोग में माइकेल मधुसूदन दत्त और मिल्टन से भी आगे बताया है।

अलंकार योजना- राम की शक्ति पूजा एक आलंकारिक रचना है। इसमें यथा समय अनेक अलंकारों का प्रयोग किया है। इस रचना में रुपकोक्ति और विशेषक्ति का प्रयोग कई जगह हुआ है। कहीं अतिशयोक्ति पूर्ण प्रसंग भी है। अनुप्रास तो प्रत्येक पंक्ति में मिल जायेंगे। वृत्यानुप्रास का एक सुन्दर उदाहरण देखिये- "पलकों का नव पलकों पर प्रथमोत्थान पतन" इसी प्रकार यमक उत्प्रेक्षा, श्लेष अपहुति, मानवीकरण, विशेषण विपर्यय आदि अनेक अलंकारों का प्रयोग हुआ है। अपहुति का उदाहरण है "ये नहीं चरण राम के बने श्यामा के शुभ"। निष्कर्षतः कहा जा सकता है कि राम की शक्ति पूजा निराला की एक उत्कृष्ट रचना है। जिसमें उनकी काव्य कला का चरमोत्कर्ष उपलब्ध होता है। सुमित्रानंदन पंत के अनुसार राम की शक्ति पूजा उनकी सूक्ष्म जटिल कलावादिता तथा संकल्प शक्ति की द्योतक हैं। जानकी वल्लभ शास्त्री के अनुसार राम की शक्ति पूजा कैसे स्वल्प आकार प्रकार का परम प्रौढ़ प्रबंध काव्य विश्व की किसी भी भाषा में नहीं लिखा गया। ऐसा ही विचार डॉ. विश्वम्भरनाथ उपाध्याय ने प्रगट करते हुए लिखा है- "हिमालय में जो स्थान गौरीशंकर शृंग का है, वही निराला के उक्त कलाश्रृंगों में राम की शक्ति पूजा का है"।

राम की शक्ति पूजा में मौलिकता एवं रस योजना- निरालाकृत राम की

शक्ति पूजा का कथानक पौराणिक है। उसमें पौराणिक वृत के कलात्मक चित्रण के साथ कुछ धार्मिक मनोवैज्ञानिक, सामाजिक तथा व्यावहारिक संकेत भी हैं। इस रचना का यही वैशिष्ट्र्य है। शक्ति पूजा का यह प्रसंग निराला जी ने कुछ पौराणिक ग्रन्थों से लिया है। देवी भागवत में यह प्रसंग आया है। जहाँ रावण वध के समय अंतिम दिन के युद्ध के पहले राम की देवी पूजा का उल्लेख है। दूसरा आधार शिवमहिम्न स्त्रोत का है, इसका वह संदर्भ है जिसमें विष्णु शिव की पूजा करते है। सहस्र कमल चढ़ाते समय एक कमल की कमी रह जाने पर वे अपने एक नेत्र को शिव पर समर्पित कर देते है। अंत में शिव प्रसन्न हो जाते हैं। एक अन्य संस्कृत रचना "दुर्गा सप्तशती" तथा "चण्डीशतक" में भी इस प्रसंग का उल्लेख हुआ है। निराला जी ने इन रचनाओं से कुछ प्रभाव अवश्य ग्रहण किया है। लेकिन उन पर सबसे अधिक प्रभाव बंगला की "कृत्तिवासीयरामायण" का है।

निराला जी का बचपन बंगाल में बीता था। बंगला साहित्य का उनपर प्रभाव था। इसलिए उन्होंने बंगला कृति से अधिक सहायता ली। एक आलोचक डॉ. पी. जे. रामन अपनी पुस्तक "महाकवि सुब्रह्मण्यम् शास्त्री एवं महाकवि सूर्यकान्त त्रिपाठी निराला के काव्यों का तुलनात्मक अध्ययन" में कृत्तिवासीय रामायण के उद्धरण देकर यह स्पष्ट किया है कि किस प्रकार निराला जी ने कथानक विधान, राम के चरित्र गठन की शक्ति पूजा के विधान आदि पर उक्त प्रभाव ग्रहण किया है। लेकिन राम की शक्ति पूजा औदात्य, गाम्भीर्य, समास शैली आदि के द्वारा कवि की मौलिकता का पता चलता है। निराला जी ने शक्ति की जो कल्पना की है, उसमें अनेक मौलिक संकेत हैं। वह निरी पौराणिक कल्पना नहीं है। शक्ति की पूजा, शाक्त वैष्णव तथा शैव लोगों में प्रचलित है। तांत्रिक एवं हठ यौगिक साधनाओं में भी शक्ति पूजा का महत्व है। बंगाल में शक्ति पूजा का विशेष प्रजार है। वहाँ दुर्गा पूजा का पर्व एक विशेष उत्सव के रूप में मनाया जाता है। निराला ने शक्ति पूजा प्रसंग को काव्य का विषय बनाया।

स्वामी विवेकानंद ने भी "अम्बा स्तोत्र" तथा बंगला रचना "नाचुकतहातेश्यामा" आदि रचनाओं में शक्ति को प्रलयकारी एवं मृत्युरूपिणी बताया है। लेकिन निराला की मौलिकता यह है कि उन्होंने शक्ति को कठोर भयानक रूप के साथ उसके कोमल रूप का भी चित्रण किया है। अंजना के रूप में महाशक्ति को एक स्नेहमयी माता के रूप

में दिखाया गया। राम द्वारा नेत्र समर्पण के अवसर पर दुर्गा का रूप एक माता और आदर्श पत्नी के रूप में दिखाया गया है। वहाँ दुर्गा अपने पुत्रों तथा शिव सहित दिखाई है। निराला जी की इस रचना में शक्ति पूजा का धार्मिक वातावरण उपस्थित है। लेकिन शक्ति की कल्पना केवल धार्मिक एवं शाक्त न होकर मौलिक अर्थात् सांस्कृतिक एवं प्रतीकात्मक है। निराला की मौलिकता इस बात में है, कि वे शक्ति पूजा की धार्मिक पौराणिक कल्पना के भीतर अन्य प्रतीकार्थ भी भर देते हैं। जहाँ तक शक्ति के स्वरूप के वर्णन का प्रश्न है, निराला ने उस पर्वत के रूप में चित्रित किया है। जिसके चरणों में गरजता हुआ सागर शक्ति का वाहन सिंह है। दश दिशायें उसकी भुजायें हैं। मानव का मर्दित गर्व एक असुर है। इन पंक्तियों में यही चित्र उभरता है- "सामने स्थित जो यह भूधर" कवि ने राम की शक्ति पूजा में यौगिक साधनात्मक संकेत भी दिये हैं।

राम की शक्ति उपासना, विधि का आधार भारतीय यौगिक साधना है। यह योग साधना वस्तुतः अन्तः शक्ति को जगाने की चेष्टा है। साधना द्वारा योगी अपनी गुप्त शक्ति का परिचय पाता है, और उसे जगा कर विविध यौगिक क्रियाओं के माध्यम से अन्ततः सिद्धि प्राप्त करता है। योग साधना विषयक संकेत इन पंक्तियों में है- "बीता वह दिवस हुआ मन स्थिर" इस प्रसंग में कवि ने आज्ञा चक्र, त्रिकुटि, सहस्राह आदि शब्दों का प्रयोग किया है। जिनका उल्लेख योग साधना की चर्चा में होता है। तात्पर्य यह है कि कवि ने शक्ति पूजा के प्रसंग में भारतीय योग साधना की अनेक प्रक्रियाओं की ओर भी संकेत किया है। जिनका उद्देश्य अंतः शक्ति को जगाना है। इस विशिष्ट रचना में कुछ मनोवैज्ञानिक संकेत भी हैं। इसमें शक्ति एक देवी रूप में चित्रित की गई है। जिसके प्रतिभक्ति भाव धारण करते राम अपनी खोई हुई शक्ति प्राप्त करते हैं। इसके माध्यम से कवि ने नारी को एक शक्ति के रूप में प्रतिष्ठित किया है। जिसके प्रेम का आधार पुरूष को कठिन कार्य की प्रेरणा देता है। इसी बात की ओर संकेत करते हुए डॉ. विश्वम्भर नाथ उपाध्याय ने लिखा है, ''इस मनोवैज्ञानिक सत्य का साक्षात्कार करके पूर्वजों ने इसे नारी तत्व माना था। क्योंकि यह कोमल भाव (प्रेम अथवा भक्ति) ही कठोर कार्यो के लिए भी प्रेरक बनता है। अतः इसे शक्ति कहा गया और शक्ति को स्पष्ट करने के लिए ही शक्ति

या देवी के विविध कोमल और भयंकर रूप रचे गये। जो वस्तुतः प्रतीकात्मक हैं।

शक्ति की कल्पना पौराणिक स्रोत से प्राप्त होने पर भी उस मनोवैज्ञानिक रूप को धारण कर लेती है, जब राम भक्ति में विराट रूप की कल्पना पर्वत के रूप में करते हैं। जबकि मानव मन का गर्व ही महिषासुर के रूप में अंकित किया गया है। आशय यही है कि जब तक उसे नैतिक तथा आत्मिक शक्ति प्राप्त नहीं होती। व्यावहारिक और सामाजिक दृष्टि से देखा जाय तो निराला ने इस रचना के माध्यम से शक्ति की ऐसी मौलिक कल्पना की है जिसके द्वारा आत्मविश्वास, स्पष्ट मूल्यबोध, तथा शक्ति सम्पन्न होने का संदेश दिया है। जबतक मानव स्पष्ट मूल्यबोध धारण नहीं करता, उसमें आत्मविश्वास नहीं जागता, वह स्वयं को शक्तिहीन समझने लगता है। इस प्रकार संसार में सफलता पाने के लिए आत्मविश्वास पहली शर्त है। जिसके आने पर वह शक्ति की ओर अग्रसर होता है। निराला के लिए शक्ति साधना का अर्थ है, यह आत्मविश्वास उत्पन्न करना कि राम अन्यायी नहीं रावण ही अन्यायी है। एक आलोचक ने इस प्रसंग में राम की शक्तिपूजा में वर्ग संघर्ष को देखा है। जो समाज में निरंतर चल रहा है।

श्री रमेश कुल्ल 'मेघ' ने एक निबंध में लिखा है कि ''यह नर वानर का राक्षस से पौराणिक रण न होकर मानव के मन में एक ओर सूर्यमुखी गौरव तथा असुरधर्मी गर्व का शाश्वत युद्ध है तो दूसरी ओर ऐसा युद्ध है। जहाँ साधक तथा वीर पुरूषोत्तम तथा मनुष्य की विजय नहीं होती। बल्कि शक्ति उसके पक्ष में होती है जहाँ अन्याय होता है। इसलिए यह युद्ध मिथक (पौराणिक विश्वास) से विश्व इतिहास पटल पर अवतरित होकर मानव वर्ग संघर्ष का व्याख्याता बन जाता है। इस रचना में एक अन्य सामजिक संकेत भी है। जो विश्व मानवता की ओर संकेत करता है। जब व्यक्ति अपने स्वार्थ से ऊपर उठकर परमार्थ का चिंतन करता है। अर्थात् जब उसका व्यक्तिगत हित सार्वजनिक हित का पर्याय बन जाता है। तभी वह महाशक्ति महाभाव बनकर मानव के मन में उदित होती है। निराला के शब्द हैं ''लख महाभाव मंगल पदवल धंस रहा गर्व' मानव के मन का असुर मंद हो रहा खर्व'' इन शब्दों में यही संकेत है कि व्यक्तिगत गर्व और असुरत्व का नाश तब तक नहीं होता, जब लोकल्याण महागर्व और महाभाव उत्पन्न नहीं हो सकता। इस स्थिति के बाद मनुष्य में समर्पण की भावना उत्पन्न हो जाती है। राम द्वारा कमल के समर्पण में अहं समर्पण ही चित्रित हुआ है। इसीलिए

डॉ. विश्वम्भरनाथ उपाध्याय ने कहा है, ''राम की शक्ति पूजा'' में व्यक्तिगत हित और लोकहित के संघर्ष की अंतिम परिणति राम की आत्मविजय के रूप में प्रस्तुत करके अंत में लोकहित ही महाशक्ति विजय का स्रोत है। यही सत्य प्रकट किया गया है।

सारांश यह है कि इस रचना के मूल में भले ही जग परिचित रामकथा का इतिवृत है किन्तु निराला के प्रस्तुतीकरण एवं उनकी भाव सौंदर्य की मौलिकता उद्भावना ने और कलापक्षीय चातुर्यपूर्ण कौशल ने पाठक के मानस में विभिन्न भाव लहरियों का सृजन किया है और प्रतीकात्मक शैली से अतीत और वर्तमान का समन्वय करके उसे इस प्रकार व्याख्यायित किया है कि जनमानस को आज भी पढ़कर परितुष्टि की प्राप्ति होती है। वस्तुतः यथानाम तथा काम करके निराला ने निराली ही साहित्य सृष्टि की है।

आधुनिक हिन्दी काव्य के दृढ़ स्तम्भ डॉ. सच्चिदानंद हीरानन्द वात्स्यायन 'अज्ञेय' का प्रयोगवाद एवं भाषा वैशिष्ट्य

अज्ञेय प्रयोगवाद के संस्थापक एक ख्याति प्राप्त कवि हैं। उनके सम्पादकत्व में सन् 1943 में 'तार सप्तक' का प्रकाशन हुआ, जिसकी बहुचर्चित भूमिका में अज्ञेय जी ने काव्य में प्रयोगशीलता की आवश्यकता पर बल दिया। दूसरा 'तार सप्तक' तथा तीसरा 'तार सप्तक' संपादिक करके उन्होंने प्रयोगवादी काव्यान्दोलन में सैद्धान्तिक पक्ष को ही पुष्ट नहीं किया बल्कि अनेक कविता संग्रहों के रूप में अपनी कवि प्रतिभा का परिचय देते हुए वस्तुगत तथा शिल्पगत नवीन प्रयोगों द्वारा प्रयोगवादी कविता की सम्भावनाओं को मूर्त रूप दिया। 'तार सप्तक' की भूमिका में ऐसा लगता है, कि प्रयोगवाद एक रुपात्मक अथवा शिल्पगत आन्दोलन था, यह सही है कि प्रारंभ में शिल्प सम्बंधी नये प्रयोगों पर ही बल दिया गया, पर धीरे-धीरे प्रयोगवाद उन प्रवृत्तियों का सूचक हो गया, जो छायावादोत्तर हिन्दी काव्य में उदित हो रही थीं। अज्ञेय के प्रारंभिक काव्य संग्रहों 'भग्नदूत' 1933 और 'चिंता' 1941 तथा 'इत्यलम्' 1946 की कुछ रचनाओं में वे छायावादी कवि ही मालूम पड़ते हैं। लेकिन "हरी घास पर क्षण भर" "बाबराअहेरी" "इन्द्रधनुष रौंदे हुए थे" 'अरिओ? करुणा प्रभामय' तथा 'आंगन के पार द्वार' आदि संग्रहों में प्रयोगवादी काव्य का उत्कर्ष देखा जा सकता है। "आंगन के पार द्वार, भीतर

की ओर जितना खुलता है, उतना ही बाहर की ओर"।

अज्ञेय की अन्तः सलिला का यह सबसे स्फीत और श्रद्धापूत प्रवाह है। पर इसमें केवल एक उछली मछली की जिजीविषा भर नहीं, इसमें हैं, दाता सागर का, धरती का, और है उस दाता का खुलापन इस संग्रह की अंतिम कविता ''असाध्य वीणा'' जो अज्ञेय की अब तक की सबसे लंबी कविता है इसमें अन्तस् और बाह्य जगत की एकाकारता का सबसे सजीव चित्र है। इस संग्रह तक आते-आते अज्ञेय का काव्य निखार और गहराई के ऐसे उत्कर्ष पर पहुँचा है, जिसमें भारतीय चिंतन परंपरा का विश्व से संयोजन की क्षमता साकार हो उठी है। अज्ञेय प्रश्न छेड़ने में ही नहीं उत्तर पाने में भी कुशल है। यह जरूर है कि ये उत्तर उन्होंने बाहर से नहीं भीतर से पाये हैं। 'आंगन के पार द्वार' नई कविता सी नहीं, आधुनिक हिन्दी कविता की अत्यंत प्रांजल और प्रौढ़ उपलब्धि है। डॉ. इन्द्रनाथ मदान ने अज्ञेय के काव्य को छायावादी या उत्तर छायावादी दो कालों में विभाजित करते हुए उसका विश्लेषण करना उपयुक्त समझा है। इसका कारण यही है कि उनके अनुसार प्रयोगवाद में कुछ छायावादी प्रवृत्तियाँ भी मिलती है। श्री सुमित्रानंदन पंत तो प्रगतिवाद तथा प्रयोगवाद को छापावादी काव्य सरिता की दो धारायें मानते हैं। "रश्मिबंध" की भूमिका में पंत ने ऐसा ही विचार प्रकट किया है। इस धारणा का एक कारण यह भी है, कि स्वच्छंदतावाद (रोमान्टिसिज्म) के पश्चिमी साहित्यिक आन्दोलन से जिस प्रकार छायावादी काव्य ने प्रेरणा ग्रहण की उसी प्रकार प्रयोगवादी काव्य ने भी। अज्ञेय का अधिकांश काव्य पाश्चात्य विचारधाराओं से प्रभावित है। यद्यपि उसमें भारतीय जीवन के खंडित चित्र भी हैं। उनके काव्य में चेतना वही है, जो प्रयोगवादी काव्य की प्रेरणा है।

द्वितीय विश्वयुद्ध के बाद मानव मूल्यों का ह्रास हुआ, मानव मन जिस कुंठा, निराशा और युद्ध जनित अभिशाप से भर गया, उसी की प्रतिक्रिया, कविता में अभिव्यक्त हुई। अज्ञेय का काव्य भी द्वितीय युद्ध के बाद की संश्लिष्ट मनोदशा से जुड़ा है। उन्होंने घोषणा भी की है। "उनके कृतित्व को द्वितीय महायुद्धोत्तर साहित्य धाराओं से सम्बद्ध माना जाय।" अज्ञेय काव्य के भाव जगत में व्यक्तिवाद का स्वर अधिक मुखर है। व्यक्ति के अहं को उभारकर उसे नव निर्माण की ओर उन्मुख करना कुछ सामाजिक उपयोगिता रखता है। पर अज्ञेय जी अहं का उदात्तीकरण इस ढंग से करते

हैं कि उनका स्वर कहीं असामाजिक होता है। यदि कुछ कविताओं में तत्कालीन परिस्थितियों के दबाव के कारण कुछ सामाजिक संकेत मिलते हैं। तो वे गौण ही हैं। "हरी घास पर क्षण भर" नामक संग्रह में कवि की मनोदशा कैसी है। इसका विश्लेषण करते हुए डॉ. शिव कुमार मिश्र लिखते हैं- "ऐसा लगता है जैसे उनका व्यक्तित्व अहं की घुटन और कुंठा भरे वातावरण से निकलना चाहता है। परन्तु वस्तुतः ऐसा नहीं हो पाता और पुनः हमें व्यक्तित्व के संकट से प्रताड़ित और शंकाकुल कवि के अहं की वकालत करने वाले स्वर ही सुनाई पड़ते हैं"। यह बात 'आंगन के पार द्वार' के बारे में भी कही जा सकती है। इस संग्रह की ये पंक्तियां व्यक्तिवादी चेतना ध्वनित करती है। "सपने की एक किरण मुझको दो ना" "है मेरा इष्ट तुम्हारे उस सपने का कण होना" "और सब पराया है, बस उतना क्षण अपना, तुम्हारी पलकों का कंपना" इन पंक्तियों में कवि प्रेम की वैयक्तिक कल्पना ही प्रकट हुई है। जो कि प्रयोगवादी काव्य की विशेषतायें हैं। प्रणय और प्रकृति उनकी कविता के मुख्य विषय हैं। उनकी प्रेम भावना छायावादी कवियों के समान काल्पनिक और अतीन्द्रिय नहीं। वरन् यथार्थ एवं भौतिक हैं। वह वासना से युक्त एवं सिक्त हैं। कहीं उसकी स्पष्ट अभिव्यक्ति है, और कहीं प्रतीकात्मक। ये पंक्तियां- "तुम्हारी देह मुझको कनक चम्पे की कली है, दूर से ही स्मरण में भी गंथ देती है।" ये पंक्तियां "बाबरा अहेरी" से उधृत है। यौन भावनाओं को प्रकृति के उपकरणों द्वारा उभारने में अज्ञेय कुशल है। "भूमि के कंपित उरोजों पर मेघ का झुकना, लाल गुलाब की दो होठों से तुलना करना, हरियाली का बादलों के चुम्बन से खिल उठना ऐसी ही अभिव्यक्तियाँ है।

डॉ. इन्द्रनाथ मदान के अनुसार "उनकी कविता में प्रणय की अनुमति शारीरिक वासना, नवीन विचार बोध तथा सौन्दर्य बोध से युक्त है जो प्रयोगवादी काव्य की विशेषता है"। डॉ. शिवकुमार मिश्र का यह विचार ठीक है- "उनकी अधिकांश श्रेष्ठ कवितायें इस तथ्य का प्रमाण प्रस्तुत करती हैं, कि वे मूलतः रोमान्टिक संवेदना के ही कवि हैं। प्रणय संबंधी इस दृष्टिकोण का प्रेरणा स्रोत फ्राइड का सैक्स मनोविज्ञान है। अज्ञेय की मनःचेतना का निर्माण जिन तत्वों से हुआ है, उनकी यह स्वाभाविक परिणति है कि वे क्षणवादी तथा भोगवादी विचारधारा के समर्थक हैं। डी. एच. लॉरेन्स की तरह अज्ञेय की कविता इसी क्षण की अभिव्यक्ति

है। चिरन्तन की नहीं। डॉ. प्रभाकर माचवे का कथन है, "अज्ञेय की कविता में इम्प्रैसिनिष्ट (प्रभाववादी) चित्रकारों का साक्षण चित्र प्रधान है"। यह बात उल्लेखनीय है कि उनके काव्य में वैचारिक धरातल बड़ा उच्च है, पर वह पश्चिमी मान्यताओं से आक्रान्त है। आंगन के पार द्वार की रचनाओं में कवि के व्यक्तिवादी रोमान्टिक भोगवादी दृष्टिकोण के अतिरिक्त रहस्यवादी स्वर भी है। 'इत्यलम्' की कुछ कविताओं में भी रहस्यवाद की झलक है। पर वहाँ सूत्रों में ही रहस्यवादी संकेत दिये हैं। आंगन के पार द्वार में उसका रहस्यवादी स्वरूप निखरकर सामने आया है। इस काव्य की यह एक प्रमुख भावगत विशेषता है। बाहर के संघर्ष से छुटकारा पाने के लिए किसी अनन्त सत्ता का आश्रय लेना कोई अस्वाभाविक या विचित्र बात नहीं है। 20वीं सदी के अनेक बुद्धि जीवियों की परिणति रहस्यवाद में हुई, इलियट जैसा बुद्धिवादी भी अंत में ईसाई रहस्यवादियों की तरह शून्य की आराधना में लग गया। आंगन के पार द्वार की अंतिम कविता 'असाध्य वीणा' तथा 'अरीओ करुणा प्रभामय' की अनेक कविताओं में भी यही चेतना है। उनमें यह रहस्य भावना कबीर के विशिष्टाद्वैत, जायसी के सूफीमत से प्रभावित रहस्यवाद तथा महादेवी के रहस्यवाद से भिन्न है। प्रयोगवादी काव्य शिल्प का वैभव अज्ञेय के काव्य में बिखरा पढ़ा है। भाषा को एक नये अर्थ तथा संवेदना से युक्त करना, नये प्रतीकों, विम्बों तथा उपमानों द्वारा उसकी व्यंजना शक्ति का विकास करना अज्ञेय जैसे कुशल शिल्पी का यह काम है। उनकी भाषा चाहे अटपटी हो, दुरुह तथा संश्लिष्ट हो, पर उसमें नवीन अर्थ व्यंजना की चमत्कारिक शक्ति है। उनका काव्य भांति-भांति के प्रतीकों का अक्षय कोष है। "बिछलती डगर सी सुनसान सरिता, भाले की अनी सीवनी बगुलों की डाल" आदि ऐसे ही नये प्रयोग हैं। उदासीन मनः स्थिति के लिए शिशिर जीवन की शुष्कता को व्यक्त करने के लिए बालू का अंगुलियों में से यों ही बह जाना आदि का प्रयोग मिलता है। उनकी प्रतीक योजना भावात्मक न होकर बौद्धिक है।

भाषा की दृष्टि से अज्ञेय की "हरीघास पर क्षण भर" से ज्ञात होता है कि वे तद्भव शब्दों का अधिक प्रयोग करते हैं। गद्य रचनाओं की भाषा तत्सम तथा अंग्रेजी के शब्दों से युक्त है। अज्ञेय अपनी कविता के लोक मानस के निकट लाना चाहते थे। उनकी कविताओं में आभिजात्यता है, कृत्रिमता नहीं। कहीं-कहीं गद्य में कृत्रिमता

का आभास प्रतीत होता है। “इत्यलम्” के अंतिम खण्ड “मिट्टी की ईहा” में तद्भव शब्दों का प्रयोग- “किन्तु वसन्त के उस अल्हड़ दिन में एक मिड़े हुए, फटे हुए लौंदे ने तुनक कर कहा कि अंकुर ही ईहा है।” इसका कारण यह है कि वे जीवन के प्रति लगाव अनुभव करते हैं। अर्थात् मिट्टी को महत्व देते हैं। इसलिए तद्भव प्रयोग किये। ग्रामीण जीवन से अधिक बिम्ब ग्रहण किये है। “कलगी बाजेगी” “पहला दौंगरा” हरीघास पर क्षण भर ‘‘सबरे सबेरे’’, बावरा अहेरी, इन्द्रधुन रौंदे हुए ये, इन सबमें तद्भव का प्रयोग है। “शोषक भैया” हमने पौधे से कहा मैं वही हूँ” आदि रचनाओं में भी तद्भव शब्द हैं। भाषा को जनजीवन के निकट लाने का प्रयास है। “अरी ओ करुणा प्रभामय, आंगन के द्वार पार में भाषा का उत्कर्ष देखने को मिलता है”। इन्होंने दो संग्रहों में प्रकृति, ग्रामीण जीवन की झांकी के अनुकूल शब्द चुने हैं। ठाटफकीरी, मंगनी के सुखसाज से, पुनर्मन्द गुण का, कुलबुलाती, डाला हमने एक कुआं, अन्टी आदि शब्दों का भी प्रयोग किया है। तद्भव और देशज शब्द का पर्याप्त प्रयोग किया है। यत्र तत्र संस्कृत शब्दों को भी अपनाया है। भावों की प्रेषणीयता के लिए तत्सम शब्दों का प्रयोग किया है। असाध्य वीणा इसका श्रेष्ठ उदाहरण है। यथा- “उसे बटुली में बहुत दिनों के बाद सौंधी खुद बुद” बटिया कुलिया, मेंड आदि शब्द प्रयोग किये हैं। कवि अपने को जन जीवन से सम्पृक्त करना चाहता है। कविता को अधिक प्रकृत रूप देना चाहता है। अलंकार आदि को मुख्य नहीं मानता। केवल संज्ञा शब्द का विशेषण शब्द ही तद्भव नहीं। बल्कि क्रियापद भी तद्भव शब्दों में अपनाये हैं। यथा ‘हरी घास पर क्षण भर’ संग्रह में “सवेरे सवेरे” कविता में “जैसे ही जागा कहीं पर अभागा, कहीं पर अड़राता कागा” “पकी ज्वार से निकल, शशों की जोड़ी गई फलांगती”। “तू अंतहीन फलक पर टांक दे, नहीं मैं भी छू सकूँ, घेरे सभोले।” अंग्रेजी शब्दों का बहुत कम प्रयोग किया है। जबकि 1940 के बाद इन्होंने अंग्रेजी में एक उपन्यास लिखा वह प्रकाशित नहीं हुआ, और उन्होंने अंग्रेजी में भी कविता लिखीं। जिनका कुछ प्रभाव उनकी प्रारंभिक रचनाओं पर है। जैसे- “भग्नदूत”। ‘नदी के द्वीप’ में अंग्रेजी शब्दों का प्रयोग है।

“शेखर एक जीवनी” में अंग्रेजी से प्रभावित गद्य है। पद्य नहीं, अंग्रेजी का प्रभाव नहीं है। इसी प्रसंग में रामस्वरूप चतुर्वेदी लिखते हैं। वे जानते हैं कि कविता

की प्रतीक और बिम्ब प्रधान भाषा को वस्तुतः देशीय जमीन से ही विकसित करना होता है। वस्तुतः अज्ञेय की कविता में तद्भवता और भारतीयता के जो गुण मिलते हैं, वे समकालीन हिन्दी कविता में कठिनाई से ही ढूंढ़े जा सके हैं। इनकी भाषा विम्ब प्रधान है। और उनके ठेठ देशी जीवन से लिए गये हैं"। जैसे- "आंगन के पार द्वार में" "दूज का चांद में" "घर कुटीर का दिया" एक चित्र उपस्थित करता है। भारतीय परिवेश का बिम्ब दृश्य देखें "सूप सूपमर कनक धूप धूप पर उरद"। "गोदी में सोये शिशु को पालने में डालकर" यहाँ भी चित्र बिम्ब हैं। प्रतीकात्मकता "सागर की उछली मछली" जिजीविषा का प्रतीक है। "ब्रज अनजाने अंधकारों में दीप" "अर्थहीन आकारों की अर्थहीन तरभीड़" में प्रतीक योजना दृष्टव्य है। आत्मज्ञान का बोध प्रतीकों से होता हे। "पास और दूर" में नई खाद पोषक तत्वों का प्रतीक है। इनके प्रतीक चार प्रकार के हैं। 1. प्राकृतिक प्रतीक 2. सांस्कृतिक प्रतीक 3. ऐतिहासिक प्रतीक 4. जीवन से सम्बंधित प्रतीक। और इन्होंने संकेत तथा मित कथन अर्थात् कम कहने को ही अपनाया है। यह सांकेतिकता इनकी असाध्य वीणा में मिलती है। मौन के रूप में। भाषा की विविधता और विस्तार के अधीन इन्होंने छोटी से छोटी अनुभूति को कह दिया है।

अज्ञेय का काव्य सौष्ठव- अज्ञेय प्रयोगवादी धारा के प्रवर्तक कवि हैं। यह धारा 1940 के आसपास आरंभ हुई। इसका शुभारंभ तार सप्तक प्रथम के प्रकाशन से माना जाता है। इनके तीन तारसप्तक निकले हैं। जिनका संपादक अज्ञेय जी रहे हैं। पहला तार सप्तक 1943 में प्रकाशित हुआ। दूसरा 1951 में और तीसरा 1961 में प्रकाशित हुआ। जो सात कवि प्रथम तार सप्तक में थे, उनको छोड़कर नये सात कवि दूसरे तार सप्तक में हैं। और तीसरे तार सप्तक में उनसे भिन्न नये सात कवि हैं। इस तरह एक नई काव्यधारा का प्रवर्तन करते हुए अज्ञेय ने इन तार सप्तकों को प्रकाशित किया। इस काव्यधारा में न तो छायावाद की सी मधुर एवं दूरारुढ़ कल्पनाओं की रंगीनी थी और न प्रगतिवाद की सी ठोस यथार्थता एवं नीरसता थी। अपितु इन सभी कविताओं में नये-नये प्रतीकों की तरफ ललक थी। काव्य की नई-नई राहों के अन्वेषण की प्रवृत्ति थी, और छायावादी रोमान्टिक भावुकता से छुटकारा दिलाने की प्रेरणा थी। अज्ञेय जी ने भी इन्हीं प्रवृत्तियों के आधार पर अपनी भी कुछ कवितायें लिखीं। उनके आठ काव्य संग्रह निकल चुके हैं। भग्नदूत, चिंता,

इत्यलम्, हरी घास पर क्षण भर, वावरा अहेरी, इन्द्रधनुष रोंदे हुए ये, अरी ओ करुणा प्रभामय, और आंगन के पार द्वार। ये सभी काव्य संग्रह उनकी विविध भावनाओं के व्यंजक हैं। जैसे भग्नदूत में अधिकांश ऐसी कवितायें हैं, जिनमें प्रणय का स्वर अधिक मुखरित हुआ है। तो चिंता में प्रेमानुभूति का चित्रण मिलता है। इसी तरह 'इत्यलम्' में क्रान्तिकारी विचारों के साथ-साथ देशभक्ति और राष्ट्र प्रेम अधिक मुखरित हुआ है। हरी घास पर क्षण भर तथा वावरा अहेरी में कई प्रतीकात्मक और व्यंग्यपूर्ण कवितायें हैं। उसी तरह आंगन के पार द्वार में भी कवि की प्रेमानुभूति के साथ-साथ बौद्धदर्शन और अन्तः चेतनावादी विभिन्न कवितायें संकलित है। अज्ञेय भी सत्य के अन्वेषक हैं। और प्रयोगवाद के प्रवर्तक होने के कारण वे नई-नई राहों नई नई अभिव्यंजना पद्धतियों और नई-नई शैलियों की ओर उन्मुख रहे हैं।

अज्ञेय पर पाश्चात्य प्रभाव पर्याप्त मात्रा में पड़ा है। मुख्यतया अंग्रेजी के सुप्रसिद्ध लेखक और कवि टी.एस. इलियट से बहुत प्रभावित हैं। क्योंकि जिस तरह इलियट ने प्राचीन इतिहास, पुराण, धर्म, दर्शन आदि से पारिभाषिक शब्दावली लेकर या प्रसंग लेकर नये युग की नई बात कही है। उसी तरह अज्ञेय भी क्रौंच वध के प्रतीक को लेकर व्यंग्यपूर्ण शैली में स्पष्ट लिखते हैं। "क्रौंच बैठा हो कभी वाल्मिकि पर तो मत समझ, वह अनुष्टुप् वांचता है, संगिनी के स्मरण के जान ले, वह दीम कों की टोह में" इसी तरह एकलव्य और द्रोणाचार्य जैसे नामों को लेकर क्या अजीब कल्पना की है। "मेरे चेहरे में बागड़ियों के झोंपड़े से झांकता है, एकलव्य, द्रोणाचार्य अभिसंधि करते हैं"। इसी तरह अज्ञेय जी अपनी कुछ कविताओं में जीवन और जगत् की ओर भी झांकते हैं। और देखते हैं, कि जैसे समुद्र में असंख्य गतियाँ है, दबाव है, तनाव है, और उसमें रहने वाली एक मछली जीवित रहने के लिए ऊपर उछलती है। वही दशा हमारे जीवन की भी है। जो 'वनादे चितेरे' में व्यक्त हुई है। प्रायः जीवन में यह देखा जाता है कि जिसे हम बहुत पास, बहुत स्नेही और बहुत हितैषी मानते हैं वही सबसे अधिक दूर, सबसे अधिक शत्रु और सबसे अधिक दुख देने वाला होता है।

अज्ञेय की 'पास और दूर' कविता जीवन के इसी रहस्य का उद्‌घाटन करती है। ऐसे ही कवि असाध्य वीणा में जाकर एक कथा के माध्यम से जीवन के उस सत्य का उद्‌घाटन करता है, जिसे आध्यात्मिक या दार्शनिक सत्य कहा जाता है।

प्रायः देखा जाता है कि जो व्यक्ति स्वयं को निःशेष रूप में उस महाशून्य को समर्पित कर देता है। अथवा अपनी सत्ता को परसत्ता में विलीन कर देता है, वही उस सर्वव्यापक सत्ता के दर्शन कर सकता है। जिसकी खोज योगी, तपस्वी अथवा सिद्ध पुरूष किया करते हैं। 'असाध्य वीणा' कविता अपने आख्यान द्वारा इसी रहस्य का उद्घाटन करती है। अज्ञेय प्रकृति के पुजारी हैं। उन्होंने प्रकृति के संश्लिष्ट चित्र भी अंकित किये हैं। और कुछ खंडित अनुभूतियों वाले अधूरे चित्र भी अंकित किये हैं। जैसे- 'वनादेचितेरे' कविता में सागर का संश्लिष्ट चित्र अंकित किया है। "विस्तीर्ण, प्रगाढ़, नीला, ऊपर, हलचल से भरा पवन के थपेड़ो से आहत, शतशत तरंगों से उद्वेलित, फेनोर्मियों से टूटा हुआ किन्तु प्रत्येक टूटन में अपार शोभा लिये हुए" ऐसे ही अज्ञेय ने और भी प्रकृति के सुन्दर चित्र अंकित किये हैं। जिनमें असाध्य वीणा के अन्तर्गत आयी हुई भयंकर प्रवृत्ति भी है, और प्रकृति के अन्य कोमल रूप भी हैं। प्रकृति के ये सभी चित्र अधिकांश बौद्धिकता के कुहासे से ढ़के हुए जान पड़ते हैं क्योंकि इनमें इसी एक क्षण के सत्य को अधिक महत्व दिया गया है। अज्ञेय के भाव बड़े गहन हैं। किन्तु विचारों का प्राधान्य होने के कारण भावात्मकता अधिक मुखरित नहीं हो पायी है। कहीं-कहीं भावों के स्थान पर विचार अधिक मुखरित हो गया है। 'अंधकार के दीप', 'परायी राहें', 'सांस का पुतला', 'भीतर जागा दाता' आदि ऐसी कवितायें हैं। जिनमें भावों की अपेक्षा बौद्धिकता का प्राधान्य है। किन्तु कहीं-कहीं प्रेमभावना भी झलक उठती है। जैसे 'पलकों का कंपना' कविता में कवि कहता है ''और सब पराया है, बस उतना क्षण अपना, तुम्हारी पलकों का कंपना।''

कवि दार्शनिक होकर कहीं-कहीं रहस्यात्मक ढंग से उस अगोचर अगम्य एवं निराकार सत्ता के साथ तादात्म्य भी स्थापित करता है और कहता है कि ''मैं सोते के साथ बहता हूँ, पक्षी के साथ गाता हूँ 'नये प्राण पाता हूँ'' इस तरह कवि अपने विचारों और भावों में नयी नयी राहों पर खूब भटका है, चला है, और तादात्म्य भी स्थापित किया है। किन्तु असाध्य वीणा में जाकर वह पूरा दार्शनिक हो गया है। बौद्ध दर्शन ने उसे इतना आकृष्ट कर लिया है कि उसकी सारी रहस्य भावना जो ''चक्रान्तशिला'' में व्यक्त हुई थी, यहाँ पूर्ण आस्था और सुदृढ़ विश्वास में बदल जाती है। अज्ञेय की भाषा जहाँ एक ओर संस्कृत निष्ठ है, वहाँ स्थान विशेष या प्रान्त विशेष के शब्दों से भी भरी हुई

है, इसीलिए अज्ञेय यदि ''पुष्पिताग्र'', ''क्वचिद'', ''नीरन्ध्र'', ''उन्मेषिता'' लिखते हैं, तो साथ ही अंजुरी, कनवतियाँ, खुदबुद, अकारथ, अगोरते, विलगना, हुरकी, बतियाते, उकेरूंगी, आदि शब्दों का प्रयोग भी करते हैं। जो देशज हैं। कहीं-कहीं प्रज्ञा, पारमिता, प्रगनद्ध जैसे पारिभाषिक शब्दों का प्रयोग भी किया है, किन्तु नये पुराने शब्दो से छोटे बड़े वाक्यों से और प्रकृति के माध्यम से कवि ने सुंदर चित्र बनाये हैं। जैसे उछली हुई मछली के माध्यम से जीवन का एक साकार बिम्ब प्रस्तुत किया है। 'सूनी सांझ' के माध्यम से एक अभिसारिका का सजीव चित्र अंकित किया है, ऐसे ही 'अंतःसलिला' के द्वारा पददलित एवं पतित जीवन का सजीव बिम्ब प्रस्तुत किया है।

अज्ञेय जी ने नये पुराने सभी प्रकार के अलंकार अपनाये हैं। किन्तु आपको सादृश्यमूलक अलंकार अधिक प्रिय है। जैसे 'चिमटी से जकड़ी सी नभ की पिगली में तारों की बिसरी सुइयां सी यादें' अथवा अरूणाली पर घुटन की एक स्याही सी छा गई' आदि प्रयोगों में नई-नई उपमायें देखने को मिलती है। तो कहीं सांगरूपक सागर पर मचलती हुई लहरों के चित्र में मिल जाता है। और विरोधाभास का तो कहना ही क्या। पास और दूर आदि कविताओं में कहीं हरियाली, उझकती और झांकती दिखाई देती है। कहीं यादें सहमी, ठिठकी, और प्यासी सी अपने को टटोलती फिरती है। कहीं सूनी सांझ दबे पांव कमरे में आती है। कहीं पथ सो रहा है। और किनारे मतिया रहे हैं। झूम रहे हैं। इतना ही नहीं अज्ञेय ने असाध्य वीणा में ध्वन्यर्थ व्यंजना जैसे अलंकारों को अपनाकर ध्वनि चित्रों का भी अच्छा निर्माण किया है। जैसे रेतों के कगार पर गिरना छाप छडापू, अथवा मैंड से बहते जल की घुल छुले। या संध्या गोधूली की लघु टुनटुन। अज्ञेय ने प्रतीकों का भी बहुत प्रयोग किया है। उनकी 'सरस्वती पुत्र', 'बना दे चितेरे', 'अंधकार के दीप' कवितायें प्रतीकों से भरी पड़ी हैं। ये प्रतीक कहीं जीवन के अनुभव को व्यक्त करते हैं। कहीं प्रेम भावना को व्यक्त करते हैं। तो कहीं रहस्यानुभूति को भी प्रकट करते हैं। असाध्य वीणा स्वयं एक प्रतीकात्मक आख्यान है। जिसमें वीणा आत्मा का प्रतीक है। जिसमें से जो ध्वनि निकलती है, वह उस अविभाज्य, अद्रवित, अप्रमेय एवं शब्दहीन, महाशून्य में संगीत का प्रतीक है। जो सर्वत्र व्याप्त है। इस तरह प्रतीकों के माध्यम से अज्ञेय अनेक पूर्ण और अपूर्ण चित्र अंकित करते हैं। अज्ञेय का छंद विधान अनुपम है। पहले तो

अज्ञेय मात्रिक और वर्णिक छंद लिखा करते थे। किन्तु आगे चलकर मुक्त छंदों में उतर आये। अब इन छंदों में पूर्ण स्वतंत्रता है। कोई बंधन नहीं है। इसलिए कहीं दूसरी चौथी और छठी पंक्ति में तुक मिल जाती है। कहीं दूसरी पांचवी और आठवीं में जाकर तुक मिलती है और कहीं तान, गति और तुक बिल्कुल नहीं मिलती। इस तरह छंद के क्षेत्र में पूर्ण स्वतंत्रता का प्रयोग दिखाई देता है। फिर भी पंक्तियों में प्रवाह है, गति है, लय है, और एक संगीतात्मकता का प्रवाह भी है।

सारांश यह है कि अज्ञेय प्रयोगवादी नई काव्य धारा के प्रवर्तक होने के कारण नये-नये प्रयोगों की ओर अग्रसर हुए हैं। नये प्रयोगों की ओर अग्रसर होना बुरा नहीं है। उनका अंधानुकरण करना बुरा है। इससे कवि के हृदय में अहं जागृत होता है, और वह अपने पूर्वजों का ऋण न मानकर अपने को ही सब कुछ मानने लगता है। यही बात अज्ञेय जी में भी है। इसीलिए अज्ञेय की नई कवितायें परंपरा से भिन्न नई कल्पना, नई अलंकार योजना, नई प्रतीक योजना, आदि की ओर उन्मुख दिखाई देती हैं। इसलिए इन कविताओं के साथ कहीं साधारणीकरण होता है और कहीं बिल्कुल नहीं। वैसे कवि का रचना शिल्प प्रौढ़ है। भावों के चित्रण की क्षमता भी कवि में पर्याप्त है। किन्तु अभी इन नये भावों की अभिव्यक्ति अथवा नई अभिव्यंजना पद्धति के अनुकूल वातावरण न बनने के कारण ये कवितायें अस्पष्ट और अनगढ़ सी जान पड़ती है। किन्तु यह तो सुनिश्चित है कि कवि को भारत के अतीत तथा पाश्चात्य के प्रभाव के ज्ञान से उद्भूत जो भावाभिव्यक्तियाँ हैं, वही उसकी निजी अनुभूतियों से व्यक्त हुई हैं। कवि यह जानता है कि काव्य के क्षेत्र में परंपरा से हटकर, इतिहास से भी हटकर केवल कविता द्वारा वर्तमान परिप्रेक्ष्य के संदर्भ में काव्य सृष्टि एक स्तम्भ साबित हो यही उसका अभिप्राय प्रतीत होता है। और इस कसौटी पर कवि खरा उतरता प्रतीत हो रहा है। इसे ही कवि की मौलिक उद्भावना कहा जा सकता है। तभी तो आधुनिक काव्य जगत में अज्ञेय अज्ञेय नहीं अपितु 'ज्ञेय' (जानने योग्य) हो गये हैं और होते रहेंगे।

16

आचार्य रामचन्द्र शुक्ल एवं नंद दुलारे वाजपेयी

आचार्य रामचन्द्र शुक्ल की निबंधगत विशेषतायें

पं. रामचन्द्रशुक्ल हिन्दी साहित्य के क्षेत्र में निबंध सम्राट कहलाते हैं। इनके निबंध साहित्य की अनुपम कृतियाँ है। इन निबंधों में शुक्ल जी का व्यक्तित्व और उनकी चिंतन शक्ति सर्वत्र अनुस्यूत है। शुक्ल जी के निबंध के बारे में यह विचार रहा है कि यदि "गद्य कवियों की कसौटी है तो निबंध गद्य की कसौटी है। अपनी इस धारणा के आधार पर शुक्लजी ने सभी निबंध लिखे हैं"। वे निबंध को निःबंध कहते हैं। जहाँ तनिक भी शिथिलता न हो जो विषय से तनिक भी परांग मुख न हो। शुक्ल जी के निबंधों को साधारणतया दो भागों में बांटा जाता है। (क) मनोविकारों पर लिखे गये निबंध- जैसे क्रोध, उत्साह, श्रद्धा और भक्ति, लोभ और प्रीति आदि। (ख) सैद्धान्तिक निबंध- ये निबंध दो भागों में बांटे जाते हैं। पहले कवियों पर लिखित आलोचनात्मक निबंध जैसे- सूर, तुलसी, जायसी आदि पर लिखित समीक्षात्मक निबंध। दूसरे साहित्य शास्त्र विषयक समीक्षात्मक निबंध जैसे कविता क्या है? लोकमंगल की साधनावस्था, साधारणीकरण और व्यक्ति वैचित्र्यवाद आदि। इन सभी निबंधों में निम्नलिखित विषयगत विशेषतायें दृष्टिगोचर होती हैं।

1. मननशीलता- शुक्ल जी ने सभी निबंधों का निर्माण बड़े चिन्तन और मनन के साथ किया, उनके सभी निबंध गहन चिंतन के बाद निर्मित जान पड़ते हैं। जैसे भक्ति, प्रीति, लोभ, श्रद्धा आदि का विवेचन इनकी मननशीलता का परिचायक है।

2. गम्भीरता- शुक्ल जी के निबंधों में आरंभ से अंत तक भाव एवं विचार का प्रयोग करते हैं। "कविता क्या है?" या साधारणीकरण और व्यक्ति वैचित्र्यवाद जैसे निबंध उनकी गंभीरता का द्योतक हैं।

3. तर्कमूलता- शुक्लजी अपने विचारों के समर्थन के लिए सदैव तर्क का सहारा लेते हैं। और वे तर्क बड़े अकाट्य तथा तथ्यपूर्ण होते हैं। भले ही कोई उनकी बात से सहमत न हो, किन्तु वे अपनी बात की पुष्टि के लिए अच्छे से अच्छे तर्क दिया करते हैं। "रसात्मक बोध के विविध स्वरूप" में शुक्ल जी के तर्क देखे जा सकते हैं।

4. स्पष्टता- शुक्ल जी अपने विचारों का उद्घाटन बड़ी स्पष्ट रीति से करते हैं। और जब तक कोई बात पूर्णतया स्पष्ट नहीं हो जाती तब तक उसका पीछा नहीं छोड़ते। साधारणीकरण को समझाने में शुक्ल जी की स्पष्टता दर्शनीय है।

5. यथार्थता- शुक्ल जी बड़े यथार्थ वक्ता हैं, उनके लेखों में भी यह यथार्थता स्थान-स्थान पर दृष्टिगोचर होती है। अपनी इसी दृष्टि के कारण शुक्ल जी ने लोभ और प्रीति नामक निबंध में उन लोभियों को बड़ा फटकारा है, जो अपने लिए तनिक भी खर्च नहीं करते और धन संचय में लगे रहते हैं।

6. आदर्शप्रियता- शुक्ल जी आदर्शवादी निबंधकार हैं। वे यथार्थ को वहीं तक ग्रहण करते हैं, जहाँ तक वह उनके आदर्शवाद में बाधक नहीं होता, क्योंकि उनकी दृष्टि में नैतिकता एवं आदर्श का बड़ा मूल्य है। इसलिए शुक्ल जी ने रामचरित मानस में भरत और विभीषण की वकालत करते हुए उनको सर्वश्रेष्ठ पात्र घोषित किया है। क्योंकि वे लोकहित के कारण अपनी माता को और अपने भाई को बुरा भला कहते हैं।

7. प्रकृति प्रेम- शुक्ल जी के निबंधों में प्रकृति अपने अद्भुत सौन्दर्य के साथ अंकित हुई है। शुक्ल जी का कवि हृदय प्रकृति की रमणीय छटा में इतना उल्लसित रहा है कि उन्हें जहाँ अवकाश मिला है, वहीं वे प्रकृति के सौन्दर्य की झांकी देना नहीं भूले हैं। कविता क्या है निबंध में प्रकृति का काव्यात्मक वर्णन दृष्टव्य है।

8. सगुण प्रियता- शुक्ल जी एक धर्म परायण निबंधकार थे, ये राम के अनन्य भक्त थे और तुलसी के अनन्य प्रेमी, स्थान-स्थान पर दृष्टिगोचर होता है। शुक्ल जी की इन विषयगत विशेषताओं के अतिरिक्त शैलीगत विशेषतायें भी पर्याप्त मात्रा में मिलती हैं। जिनके फलस्वरूप उनके निबंध अनुपम एवं अद्वितीय कहलाते हैं। शैलीगत विशेषतायें इस प्रकार हैं- (क) शुक्ल जी के निबंध व्यक्ति प्रधान भी हैं और विषय प्रधान भी, इसलिए उनके निबंधों में आत्म परक घटनायें भी मिल जाती हैं और विषय परक भी परंतु सर्वत्र विचारों की कसावट दिखाई देती है। जहां न तनिक भी शिथिलता है और न विश्रृंखला अपितु निगमन शैली का प्रयोग करके पहले अपना विचार लिख देते हैं। और फिर उसकी व्याख्या किया करते हैं। (ख) शुक्ल जी ने समास शैली का पर्याप्त प्रयोग किया है। परन्तु कुछ विद्वान इनकी रचना शैली को बादाम तोड़ शैली कहते हैं। क्योंकि जैसे दो तीन बार तोड़ने पर बादाम की गिरी निकलती है वैसे ही किसी वाक्य को दो तीन बार समझने पर उसका भावार्थ समझ में आता है। (ग) शुक्ल जी का प्रत्येक वाक्य कसा हुआ है। प्रत्येक प्रघट्टक (पैरा) का एक-एक वाक्य एक दूसरे का हाथ पकड़ कर चलता है। और शब्दों में विचारों का रसभरा रहता है। (घ) शुक्ल जी की भाषा तत्सम प्रधान है शुद्ध खड़ी बोली हिन्दी के परिनिष्ठित रूप को आपने अपनाया है। परन्तु कहीं-कहीं उर्दू फारसी के शब्द भी आये हैं। जैसे इमारत, तारीफ, नकल, जवाब, खुशामद, सफाई आदि। इतना ही नहीं मुहावरों के प्रयोग ने भाषा को अधिक सजीव और मार्मिक बना दिया है। जैसे घड़ों पानी पड़ना, चुल्लूभर पानी में डूब मरना, छोटे मुंह बड़ी बात करना। (ड.) शुक्ल जी ने अपने मनोविकार संबंधी निबंधों में व्यंग्य विनोद का भी सहारा लिया है। जैसे लोभियों! यदि तुम अपने अंदर से ही सही, तनिक दुबले हो जाते तो न जाने कितनी ठठरियों पर मांस चढ़ जाता। (च) शुक्ल जी ने बीच-बीच में भावात्मक भाषा का भी प्रयोग किया है, उनके ये काव्यात्मक प्रयोग रेगिस्तान में नरबलिस्तान की तरह हैं, और इनके फलस्वरूप निबंधों की नीरसता सरसता में परिणत हो गई है। (छ) शुक्ल जी की शैली में अध्यापकीय गुण अधिक देखा जाता है। इसीलिए वे अपना निबंध या अपनी बात समाप्त करते समय "सारांश यह है कि"- लिखना नहीं भूलते। इससे न केवल विचार स्पष्ट हो जाते हैं, अपितु विषय भी श्रोता, पाठक अथवा विद्यार्थी की स्मृति में बैठ जाता है। सारांश यह है कि शुक्ल जी उच्च कोटि के निबंधकार है।

उनके निबंधों में विचार और विषय के औचित्य के साथ-साथ शैली की प्रांजलता और भाषा की गंभीरता सर्वत्र दृष्टिगोचर होती है। उनके निबंध व्यक्तित्व को भी समाहित किये हुए हैं और विषय प्रधान भी हैं परंतु भाषण पद्धति पर अधिक लिखे गये हैं। और विषय के प्रतिपादन में आदर्श प्रस्तुत करते हैं।

शुक्ल जी की आलोचना पद्धति का विश्लेषण और विशेषतायें

पं. रामचन्द्र शुक्ल एक उच्च कोटि के निबंधकार और समालोचक हैं। शुक्ल जी से पूर्व हिनदी आलोचना अपने आरंभिक स्वरूप में थी। इसलिए या तो उसमें किसी लेखक या कृति की प्रशंसाा की जाती थी अथवा केवल अभिव्यक्ति के सौन्दर्य को निरख पर उसका वर्णन किया जाता था। अभिव्यक्ति में आलोचकों का प्रमुख ध्यान अलंकारों पर रहता था। इस तरह आलोचना की स्वस्थ परंपरा स्थापित करने में शुक्ल जी का बड़ा हाथ रहा है। उनकी समालोचनायें पांच रूपों में मिलती हैं। जो इस प्रकार हैं-

1. कवि सम्बंधी विस्तृत समीक्षायें- जिनमें जायसी, सूर तुलसी पर लिखे हुए समीक्षात्मक निबंध आते हैं।

2. काव्य शास्त्रीय आलोचनायें- जिनमें कविता क्या है? साधारणीकरण और व्यक्ति वैचित्र्यवाद, रसात्मक बोध के विविध रूप, लोकमंगल की साधनावस्था आदि निबंध आते हैं।

3. ऐतिहासिक विवरण- इसके अन्तर्गत कवियों और रचनाओं सम्बंधी वे विवरण आते हैं, जो हिन्दी साहित्य के इतिहास में संकलित हैं।

4. साहित्यिक ग्रन्थों की भूमिकायें- इसके अन्तर्गत वे विस्तृत भूमिकायें आती हैं जो ग्रन्थों का संपादन के उपरांत शुक्ल जी ने लिखी हैं। जैसे जायसी ग्रन्थावली की भूमिका, भ्रमरगीत सार की भूमिका, विनय पत्रिका भूमिका आदि।

5. भाषण- इनके अन्तर्गत शुक्ल जी के वे भाषण आते हैं, जो उन्होंने अध्यक्ष के पद से या सभापतित्व करते हुए दिये थे। जैसे चौबीसवें हिन्दी साहित्य सम्मेलन के अवसर पर इन्दौर में दिया हुआ भाषण। यह भाषण था "काव्य में

अभिव्यंजनावाद"। इस प्रकार शुक्ल जी की विविध आलोचना कृतियों को देखकर ऐसा प्रतीत होता है कि शुक्ल जी ने एक ओर तो भारतीय साहित्य के मान्य सिद्धान्तों के आधार पर ही आलोचना की, और दूसरी ओर आलोचना को नवीन मनोवैज्ञानिक आधार भी प्रदान किया, क्योंकि शुक्ल जी ने रस और अलंकार को केवल लक्षण ग्रन्थों वाले निःशक्त रूप में नहीं रहने दिया। अपितु उन्हें नवीन प्राणों से भी अनुप्राणित किया। इसलिए शुक्ल जी ने "हृदय की मुक्तावस्था" को रस कहा है, और मुक्तावस्था का अर्थ किया है कि जब व्यक्ति संसार की बद्ध दशा से ऊपर उठकर अपने वैयक्तिक सम्बंधों से ऊपर उठकर लोक सामान्य भाव भूमि पर जा पहुँचता है। जिस तरह शुक्ल ने रस विवेचन में मौलिकता दिखलाई है। उसी तरह अलंकारों को भी "कथन के प्रकार" कहकर उनका नवीनीकरण किया है। अभी तक तो लोग अलंकारों को पार्थिव अलंकारों (आभूषणों) की तरह कविता के लिए बोझ माना करते थे, किन्तु शुक्ल जी ने उनके बोझिल पने को दूर करके अभिव्यंजना में अलंकारों को महत्व प्रदान किया।

शुक्ल जी ने संचारी भावों का वर्गीकरण भी मौलिकता के साथ किया है। विरोध एवं अविरोध की दृष्टि से संचारियों के चार रूप माने हैं। (क) सुखात्मक (ख) दुःखात्मक (ग) उभयात्मक (घ) उदासीन। स्वरूप की दृष्टि से संचारियों के पांच भेद किये हैं, पहला स्वतंत्र विषय युक्त भाव दूसरा मन के वेग, तीसरा अंतःकरण वृत्ति चौथा मानसिक अवस्था, पांचवा शारीरिक अवस्था, शुक्ल जी का यह वर्गीकरण सर्वथा मौलिक है। शुक्ल जी ने अपनी आलोचनाओं में काव्य की स्थापना ऐसी ऊँची मानसिक संवेदना के स्तर पर की कि लोग यह भूल गये कि रसों और अलंकारों का भी दुरुपयोग हो सकता है। उन्होंने लोकहित और लोकधर्म को अपनी आलोचना का मुख्य आधार बनाया और सभी आलोचनायें नैतिक आदर्शों के आधार पर कीं। इतना अवश्य है कि शुक्ल जी की अपनी निजी रुचि और कुछ पूर्वाग्रह भी थे। जिन्हें वे दबा नहीं सके और उन्हीं के आधार पर आलोचना करने के कारण सूर की अपेक्षा तुलसी के अधिक उच्च स्थान दे गये। इसलिए शुक्ल जी में उस निष्पक्षता का अभाव रहा है, जो साहित्य के वैज्ञानिक समीक्षक के लिए अपेक्षित होती है। शुक्ल जी ने अपनी समीक्षाओं में सामाजिकता अथवा सामाजिक सम्पर्क का आह्वान तो किया है, परन्तु नवीन सामाजिक प्रगति से शुक्ल जी का घनिष्ठ सम्बंध न होने के कारण

वे साहित्य की आधुनिक प्रवृत्तियों के साथ उतना तादात्म्य स्थापित नहीं कर सके जितनी कि उनसे आशा थी। इसीलिए वे छायावाद, प्रगतिवाद आदि नवीन साहित्यिक वादों की ठीक-ठीक समीक्षा नहीं कर पाये हैं। और न उनके साथ न्याय कर सके हैं। शुक्ल जी ने लेखक या कवि की व्यक्तिगत मनः परिस्थिति को परख कर आलोचना करने का दावा तो किया है। किन्तु मनोविश्लेषण शास्त्र से परिचय न होने के कारण अथवा शुक्ल जी के समय तक इस शास्त्र का प्रचार न होने के कारण शुक्ल जी अपनी आलोचनाओं में मनोविश्लेषण शास्त्र का विश्लेषण नहीं कर पाये हैं। शुक्ल जी वादों के पक्षपाती नहीं थे। उधर यूरोप में नये-नये वादों के प्रादुर्भाव से साहित्य में बड़ी प्रगति हो रही थी। उसकी प्रतिच्छाया हिन्दी साहित्य पर भी पड़ी। किन्तु शुक्ल जी इन वादों तथा नवीन रचना पद्धतियों के साथ न्याय नहीं कर पाये।

शुक्ल जी ने मुख्यतया आलोचना की तीन पद्धतियां अपनाई हैं। (क) निर्णयात्मक (ख) तुलनात्मक (ग) नीतिवादी। वैसे शुक्ल जी को जितनी सफलता सिद्धान्तों के निरुपण में मिली है उतनी उन सिद्धान्तों के व्यावहारिक प्रयोग करने में नहीं मिली, कहीं-कहीं वे अपने सिद्धान्त के निरुपण में साहित्य शास्त्र के राजमार्ग से भी भटक गये। जैसे साधारणीकरण के निरुपण में क्योंकि वे साधारणीकरण केवल आलम्बन या आलम्बनत्व धर्म का ही मानते हैं। जबकि साधारणीकरण आश्रय आलंबन, अनुभाव संचारी भाव, उद्दीपन आदि सबका होता है। शुक्ल जी ने काव्य भाषा की चार प्रमुख विशेषतायें बतलाई हैं। (क) लाक्षणिकता (ख) जाति संकेत वाले शब्दों की अपेक्षा रूप व्यापार सूचक शब्दों की अधिकता (ग) नाद सौष्ठव (घ) व्यक्ति या स्थान के रूप गुण बोधक शब्दों का होना, शुक्ल जी का यह विवेचन मौलिक है। परन्तु रसात्मक बोध के जिन विविध रूपों का विवेचन उन्होंने मौलिक दृष्टि से किया है। उसमें वे इतने खो गये हैं कि काव्य और मानव जीवन का अंतर नहीं कर पाये हैं और दोनों को मिलाकर एक मान बैठे हैं। जबकि वैयक्तिक स्मृति, कल्पना आदि से प्राप्त रस और काव्य रस में बड़ा अंतर होता है। शुक्ल जी का आदर्श तो बड़ा ऊँचा है। क्योंकि वे नैतिकता के अनुयायी हैं और वे साहित्य की समीक्षा किसी एक अंग की समीक्षा नहीं मानते। बल्कि उनका सिद्धान्त है कि सभी अंगों को ध्यान में रखकर आलोचना होनी चाहिए। इस दृष्टि से शुक्ल जी ने समीक्षा के क्षेत्र

में क्रान्तिकारी परिवर्तन किया और एक नये युग का शुभारंभ किया। निःसन्देह शुक्ल जी नूतन आलोचना पद्धति के प्रवर्तक थे।

नंद दुलारे वाजपेयी के निबंध एवं उनकी विशेषतायें

नंद दुलारे वाजपेयी का स्थान निबंध क्षेत्र में महत्वपूर्ण माना जाता है। आपने प्रायः समीक्षात्मक निबंध अधिक लिखे हैं। जिनका सम्बन्ध लेखकों, कवियों, और उनकी कृतियों से है। इन समीक्षात्मक निबंधों में आपने नवीन मनौवैज्ञानिक दृष्टिकोण को महत्व देते हुए निबंध की नई परंपरा स्थापित की है आपके निबंधों में समीक्षा के साथ-साथ स्वतंत्र विचारों का भी उन्मेष मिलता है। ये विचारात्मक निबंध वाजपेयी जी की मौलिक विचार पद्धति के द्योतक हैं। इस प्रकार वाजपेयी के निबंधों को मुख्यतया दो वर्गो में विभाजित कर सकते हैं- समीक्षात्मक निबंध तथा विचारात्मक निबंध।

वाजपेयी जी के समीक्षात्मक निबंधों के अंतर्गत मुख्यतया '20वीं शताब्दी' में संकलित हिन्दी निबंध आते हैं, इनमें वाजपेयी जी ने महादेवी वर्मा, प्रसाद, पंत, मैथिलीशरण गुप्त आदि पर अपनी स्वतंत्र समीक्षायें प्रस्तुत की हैं। जो रूढिवादी परंपरा से सर्वथा भिन्न नूतन सभीक्षा पद्धति की द्योतक हैं। दूसरे विचारात्मक निबंधों में आपके विविध वादों, काव्य सिद्धांतों आदि पर लिखे हुए निबंध आते हैं, जिनका एक संकलन 'आधुनिक साहित्य' नाम से प्रकाशित हो चुका है। उसमे छायावाद, रहस्यवाद, नई कहानी, नई कविता, नया साहित्य नये प्रश्न, आदि पर अनेक निबंध मिलते हैं। इन सभी निबंधों में वाजपेयी जी एक नई विचारधारा लेकर प्रस्तुत हुए हैं। उनकी ये विचारधारा स्वछंद मनोवृत्ति के साथ-साथ नूतन विचार पद्धति की भी द्योतक है।

विषयगत विशेषतायें

1. विविधता- वाजपेयी जी ने समसामयिक साहित्यिक प्रश्नों पर स्वतंत्र एवं मौलिक विचार प्रस्तुत किये हैं। इसलिए इनके निबंधों में विषय संबंधी विविधता के दर्शन होते हैं।

2. अन्वेषणशीलता- वाजपेयी जी की दृष्टि बड़ी तीक्ष्ण व पैनी है। वे प्रत्येक

नई वस्तु को सहसा स्वीकार नहीं करते अपितु उसका उद्गम एवं उद्भव मानवतावादी धरातल खोज निकालना उनका ही कार्य है। अन्यथा सभी लोग छायावाद को परंपरागत धार्मिक भावनाओं, दार्शनिक विचारों आदि से सम्बद्ध मानते थे।

3. वस्तुमुखी अभिरूचि- वाजपेयी जी के निबंधों में एक ऐसी अभिरूचि के दर्शन होते हैं, जो समीक्षा के योग्य वस्तु का व्यक्ति की ओर विशेष उन्मुख रहते हैं। वे न तो इधर उधर भटकना पसन्द करते हैं और न अपने वर्ण्य विषय से इतर पदार्थों के प्रति अधिक आकर्षित होते हैं। इसलिए उनके निबंध उनकी वस्तुमुखी अभिरूचि के परिचायक हैं।

4. स्वछंदता एवं वाद निरपेक्षता- वाजपेयी जी न तो पूर्व निर्धारित शास्त्रीय नियमों से परिचालित होते हैं, और न किसी वाद को स्वीकार करके तदनुकूल अपने विचार प्रकट करते हैं अपितु इन साम्प्रदायिक या परंपरागत विचार पद्धतियों से स्वतंत्र होकर अपने विचार प्रकट करते हैं। उनका निबंध 'नया साहित्य नये प्रश्न' उनकी इसी स्वतंत्र मनोवृत्ति का द्योतक है।

5. चिन्तनशीलता- वाजपेयी जी के निबंधगत विचारों में गहन चिंतन एवं मनन के दर्शन होते हैं। महादेवी या प्रसाद पर अपने मौलिक विचार प्रस्तुत करते हुए वाजपेयी जी ने न केवल उनकी विशिष्ट काव्य दृष्टि की ओर संकेत किया है, अपितु अपने गहन चिंतन का भी रूप प्रस्तुत किया है। यही बात उनके 'साहित्य का प्रयोजन' 'आत्मानुभूति' निबंध में दृष्टिगोचर होती है।

6. समन्वयवादिता- वाजपेयी जी ने अपने साहित्यिक निबंधों में काव्यशास्त्र संबंधी विचार प्रकट करते समय न तो केवल भारतीय काव्य सिद्धांतों का पूर्ण रूप से समर्थन किया है। और न पाश्चात्य काव्य सिद्धांतों का अंधानुसरण किया है। अपितु दोनों का समन्वय करके काव्य के वास्तविक तथ्यों को प्रस्तुत किया है। क्योंकि वे काव्य को जीवन की प्रेरणा, सांस्कृतिक चेतना और भावना के परिष्कार का सर्वोच्च साधन मानते हैं। इस दृष्टि से उनका 'ध्वनि और रस' निबंध उल्लेखनीय है।

7. तुलनात्मक दृष्टिकोण- वाजपेयी जी ने अपने निबंधों में किसी तथ्य के उद्घाटन के समय तुलना करना नहीं भूलते, वे यदि कामायनी की महत्ता बताना

चाहते हैं। तो अन्य महाकाव्यों से तुलना करके उसके मौलिक रहस्य पर प्रकाश डालेंगे। यदि साकेत की आलोचना करनी है तो रामचरितमानस कामायनी आदि से तुलना करना न भूलेंगे। इतना ही नहीं 'छायावाद' निबंध में उन्होने भक्तिकालीन आध्यात्मिकता और छायावाद युगीन आध्यात्मिकता की तुलनात्मक विवेचना प्रस्तुत की है। जो सर्वथा सटीक और समीचीन है।

8. स्पष्टवादिता- वाजपेयी जी के निबंध अपने दृष्टिकोण के लिए प्रसिद्ध हैं वे चाहे पंत, प्रसाद, निराला, या महादेवी की आलोचना करें या छायावाद को समझायें उनकी आलोचना पद्धति एवं विवेचन पद्धति में सर्वत्र स्पष्टता दृष्टिगोचर होती है। क्योंकि वे न तो भक्तिभाव की प्रधानता के कारण सूर और तुलसी के काव्य को महत्व देते हैं। और न श्रृंगार की प्रधानता के कारण रीतिकालीन कविता को निकृष्ट बताते हैं। उनका तो यह दृष्टिकोण है कि रचयिता की मनःस्थिति और जीवन दृष्टि तथा भाव की भावपीठिका को आधार बनाकर साहित्य का आकलन होना चाहिए। दूसरे शब्दों में अनुभूति के आधार पर रचना और रचयिता की समीक्षा को वे महत्व देते हैं।

शैलीगत विशेषतायें-

1. आपने सर्वत्र तर्कपूर्ण विवेचनात्मक शैली का प्रयोग किया है।
2. आप अपने निबंधों में समास और व्यास दोनों पद्धतियों का समन्वय करके चले हैं।
3. आपके वाक्य छोटे-छोटे किन्तु उनका विन्यास बड़ा चुस्त और विचारपूर्ण होता है।
4. आपके निबंधों में वक्तृता या व्याख्यान के तत्व विद्यमान रहते हैं।
5. आपने शुद्ध तत्सम प्रधान परिनिष्ठित भाषा का प्रयोग किया है और जहाँ तहाँ भावों के स्पष्टीकरण के लिए संस्कृत के उद्धरण तथा अंग्रेजी के शब्द एवं वाक्यों का भी प्रयोग किया है।
6. आपकी भाषा संयत एवं गम्भीर है। उसमें मुहावरे और लोकोक्तियों का सर्वथा

अभाव है। किन्तु सूक्ष्मता के ग्रहण करने की अपूर्व शक्ति है। सारांश यह है कि वाजपेयी जी के निबंधों में व्याख्यात्मक एवं विवेचनात्मक शैली का प्रयोग हुआ है। आपके विवेचन में गंभीरता और गुरूता बराबर विद्यमान रहती है। गंभीर चिंतन क्रम और विचारों की संयत परंपरा आपके निबंधों की विशेषता है। आप किसी तथ्य को सूत्र रूप में उपस्थित करके उसकी व्याख्या नहीं करते अपितु एक के बाद दूसरे तथ्यों का बराबर उल्लेख करते हैं।

नंद दुलारे वाजपेयी की आलोचना पद्धति की समीक्षा- नंद दुलारे वाजपेयी का स्थान समीक्षा के क्षेत्र में बड़ा महत्वपूर्ण माना जाता है, क्योंकि आचार्य शुक्ल ने आलोचना की जिस विश्लेषणात्मक पद्धति का श्री गणेश किया था, उसे विकसित करके निगमनात्मक रूप देने का श्रेय वाजपेयी जी को है। वाजपेयी जी ने आलोचना को अधिक व्यापक और विस्तीर्ण बनाया तथा साहित्य की पाश्चात्य समीक्षा पद्धति का समावेश करके आलोचना को नये वैज्ञानिक पथ की ओर अग्रसर किया था। इनकी आलोचना पद्धति में ऐतिहासिक, प्रगतिशीलता, स्वछंदतावादिता और फ्रायडवादिता आदि विविध आलोचना पद्धतियों का समन्वय दृष्टिगोचर होता है। मुख्यतया वाजपेयी जी की आलोचनायें पांच रूपों में मिलती है।

1.**कवि विषयक स्वतंत्र समीक्षायें**- जैसे प्रसाद पंत, महादेवी आदि पर लिखी हुई आलोचनायें जो 'हिन्दी साहित्य 20 वीं शताब्दी' नामक पुस्तक में संकलित हैं।

2.**ऐतिहासिक समीक्षायें**- जो उनके हिन्दी साहित्य के इतिहास में विद्यमान हैं।

3.**आलोचनात्मक निबंध संबंधी समीक्षायें**- जो 'आधुनिक साहित्य' नामक पुस्तक में संकलित है।

4.**स्वतंत्र समीक्षा पुस्तकों के रूप में**- जैसे 'जयशंकर प्रसाद' प्रेमचन्द आदि पुस्तकें।

5.**भूमिकाओं के रूप में**- जैसे जयशंकर प्रसाद कृत ''काव्य कला और अन्य निबंध'' की भूमिका आदि के रूप में। वाजपेयी जी की अलोचनाओं का सम्यक् अनुशीलन करने के उपरांत हम इस निष्कर्ष पर पहुँचते हैं कि उन्होने पुरातन्नीतिवादी दृष्टिकोण को बदलकर आलोचना में मानवतावादी दृष्टिकोण का समावेश किया।

वाजपेयी जी काव्यशास्त्र के सिद्धांतों का तिरस्कार तो नहीं करते किन्तु उन्हें सर्वत्र आवश्यक भी नहीं समझते। इसलिए उन्होनें सर्वत्र प्रयोगात्मक आलोचना को अधिक महत्व दिया है। वाजपेयी जी रस सिद्धान्त के अनुयायी नहीं है। इसलिए उन्होने भारतीय रस सिद्धान्त की व्याख्या नवीन पाश्चात्य पद्धति पर की है। उसका पाश्चात्य संवेदनीयता से सामन्जस्य स्थापित किया है और रस को काव्य का मूलभूत तत्व मानते हुए भी न तो रस को ब्रहमानंद सहोदर कहा है, और न उसकी अलौकिकता स्वीकार की है। अपितु वे तो अलौकिकता को पाखंड कहकर भाव, रस, रसाभास, भावाभास अलंकार, ध्वनि आदि सबको आनंद का प्रतीक मानते हैं और कलामात्र के आनंद को 'रस' कहना अभीष्ट समझते हैं। आचार्य शुक्ल ने निर्णयात्मक, तुलनात्मक एवं नीतिवादी आलोचना का प्रचार किया। किन्तु वाजपेयी जी ने इन सभी आलोचना पद्धतियों में स्वछंदतावाद का समावेश किया और एक ऐसी आलोचना पद्धति का सूत्रपात किया जिसमे लेखक या कवि अनुभूति को महत्व दिया जाता है। और केवल भक्ति या केवल किसी वाद के आधार पर किसी कवि को श्रेष्ठ घोषित नहीं किया जाता। वाजपेयी जी काव्यशास्त्रों के तत्वों से ऊपर उठकर सौंदर्य का उद्‌घाटन करना आलोचक का प्रधान कर्तव्य मानते हैं। और भावना का उद्रेक, परिष्कृति, प्रेरकता आदि को आलोचक के प्रमुख गुण कहते हैं। इसीलिए उन्होने भावों के उदात्त एवं सार्वजनिक स्वरूप और उनकी साहित्यिक मार्मिकता का दर्शन करके सौष्ठववादी समालोचना की है। वाजपेयी जी काव्य को जीवन की प्रेरणा सांस्कृतिक चेतना और भावना के परिष्कार का सर्वोच्च साधन मानते हैं। उनका विचार है कि काव्य का स्वतंत्र होना ठीक है। उसमें नैतिक सिद्धान्तों का नियंत्रण होना परोक्ष रूप से तो ठीक है किन्तु प्रत्यक्ष ठीक नहीं है। वाजपेयी जी के मत से जो काव्य उच्च कोटि का है, कभी अश्लील नहीं होता। अश्लीलता को अथवा शृंगारिकता को धर्मशास्त्र की सीमित परिधि में न देखकर उच्च मानवता की दृष्टि से देखना चाहिए। इसीलिए वे जीवन संदेश के साथ उदात्त और ललित कल्पनायें ही साहित्य के आवश्यक तत्व मानते हैं। वाजपेयी जी ने अलंकारों को रस सिद्धि का साधन माना है। वे अलंकारों को काव्य के अनिवार्य तत्व नहीं मानते। क्योंकि अलंकार शब्द की भंगिमायें हैं। कवि प्रयत्न सापेक्ष न होकर अलंकार, अभिव्यक्ति

के सहज अंश होते हैं। वाजपेयी जी ने काव्य को केवल अभिव्यंजना नहीं माना है, अपितु उससे उच्चतर तत्व माना है। जिसका सीधा संबंध जीवन और जगत से है। और मानसिक वृत्तियों से है। जबकि अभिव्यंजना का संबंध केवल सौंदर्यपूर्ण प्रकाशन से होता है। वाजपेयी जी ने अपनी समीक्षा में विवेचना एवं व्याख्या को अधिक महत्व दिया है और उनकी विवेचना में गहनता, संयम और शालीनता है। वाजपेयी जी की पहली, दूसरी, तीसरी और चौथी विशेषताओं का उल्लेख करके किसी कृति के संबंध में नये-नये तथ्यों का उल्लेख करते हैं। और अपनी समीक्षा में तुलनात्मक पद्धति का अपनाकर चलते हैं। जैसे भक्तिकालीन आध्यात्मिकता और छायावाद कालीन आध्यात्मिकता की तुलना आपके 'छायावाद' निबंध में देखी जा सकती है। इसी तरह साकेत की आलोचना करते समय आप कामायनी, कुरूक्षेत्र, रामचरितमानस आदि से भी उसकी तुलना करते चलते हैं। वाजपेयी जी की भाषा पूर्ण संयत और गंभीर है। उसमें व्याख्या एवं समीक्षा की अद्‌भुत शक्ति है। आपके वाक्यों में विचार अंगूर के गुच्छों की तरह गुंफित रहते हैं आवश्यकतानुसार आपने अंग्रेजी के शब्दों का भी प्रयोग किया है। वैसे आप छोटे-छोटे तथ्यपूर्ण वाक्य अपनाते हैं। किन्तु कहीं-कहीं भाव प्रवाह में आपके वाक्य कुछ बड़े भी मिलते हैं। सारांश यह है कि वाजपेयी जी की आलोचना पूर्णतया निगमात्मक है। और इंगित शैली पर चली है। उन्होने भारतीय और पाश्चात्य दोनों समीक्षा शास्त्रों का समन्वय करके नवीन समीक्षा पद्धति का विकास किया है। जिसमें स्वछंदतावादी दृष्टिकोण एवं मनोविश्लेषणवाद का भी समावेश है। इस तरह वाजपेयी जी ने भारतीय साहित्य शास्त्र की सभ्यताओं को समुन्नत अर्थ में प्रतिष्ठित करके उसके आधार पर कवि और लेखकों की अंतर्वृतियों का सामाजिक भूमि पर विश्लेषण किया है।